CASIO *fx-9860GII* 图形机原理与

CASIO *fx-9860GII* TUXINGJI YUANLI YU

道路桥梁隧道测量工程案例

DAOLU QIAOLIANG SUIDAO CELIANG GONGCHENG ANLI

覃 辉 段长虹 覃 楠 编 著

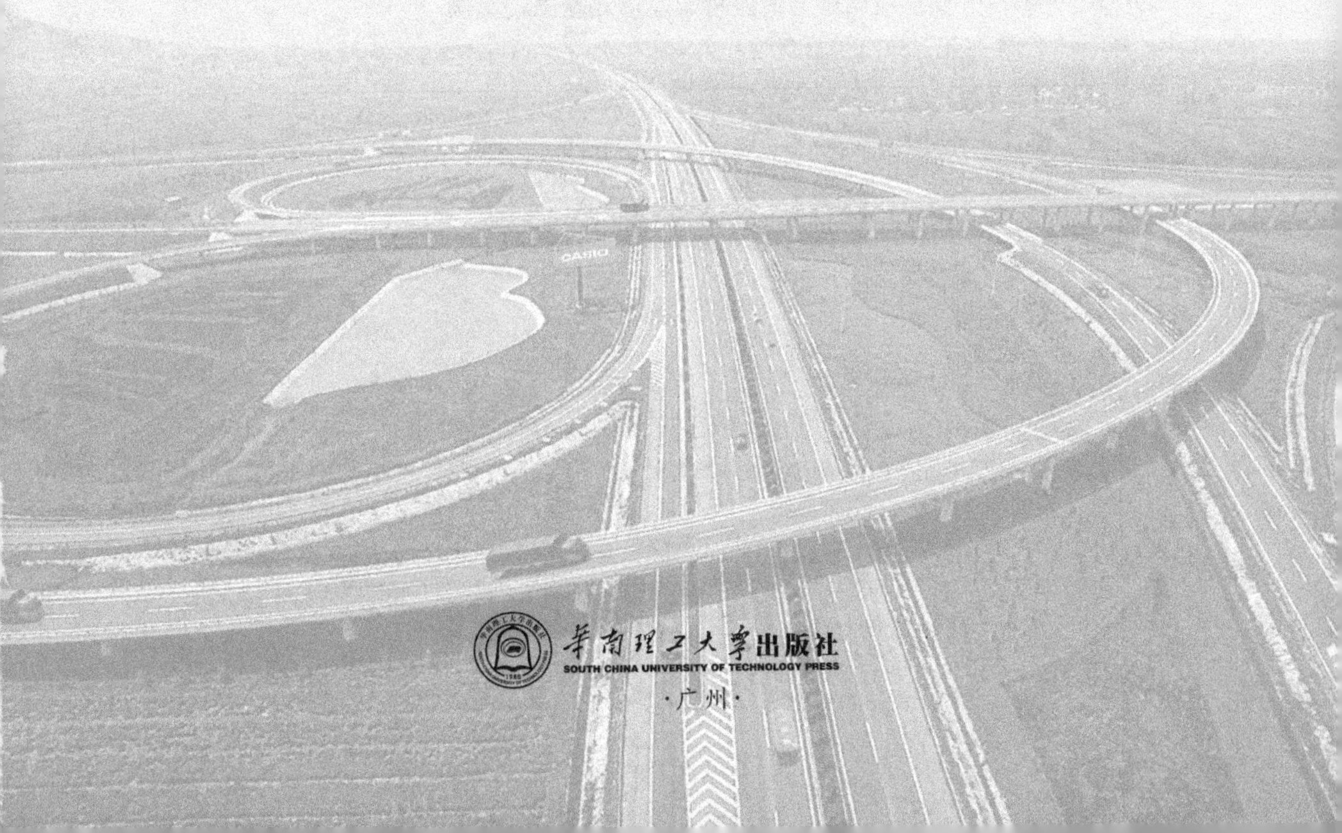

华南理工大学出版社
SOUTH CHINA UNIVERSITY OF TECHNOLOGY PRESS
·广州·

内容提要

本书在文献[1]（见参考文献）的基础上，改进研发了新版的交点法路桥隧三维坐标计算程序 Q2X8 与线元法路桥隧三维坐标计算程序 Q2X9。新版程序充分应用了 fx-9860GⅡ/SD 的 1.5MB 永久存储器与大容量 SD 卡存储器的功能，可以同时存储、按工作需要随时调用数百条路线的三维设计数据，实现了大型交通土建标段路线三维坐标计算的全数字化。

对交点法设计的平曲线，实现了应用直线、曲线及转角表，在 MS-Excel 选项卡快速定位非完整缓和曲线位置并准确计算其参数与起讫半径的方法，这对于工程用户快速编写新版 Q2X8 程序的串列设计数据文件有重要的意义。新版 Q2X8 与 Q2X9 程序均实现了施工测量计算成果数据的集中显示，与文献[1]的旧版程序比较，可以显著地提高道路、桥梁与隧道施工测量的效率。

本书为 fx-9860GⅡ的基本操作与全部工程案例的数据输入及其计算录制了 avi 格式视频文件，放置在随书标配单面双层 DVD 光盘的"操作视频"文件夹下，用户可以使用任意视频播放软件观看。

本书适合于公路与铁路施工测量领域的工程技术人员使用，也可供高等院校交通土建与测绘类专业师生参考。

图书在版编目(CIP)数据

CASIO fx-9860GⅡ图形机原理与道路桥梁隧道测量工程案例/覃辉，段长虹，覃楠编著.—广州：华南理工大学出版社，2013.11（2018.3 重印）
 ISBN 978-7-5623-4100-0

Ⅰ.①C… Ⅱ.①覃… ②段… ③覃… Ⅲ.①桥梁测量-可编程序计算器-应用程序 ②隧道测量-可编程序计算器-应用程序 Ⅳ.①U442-39 ②U452.1-39

中国版本图书馆 CIP 数据核字（2013）第 266403 号

CASIO fx-9860GⅡ图形机原理与道路桥梁隧道测量工程案例
覃 辉 段长虹 覃 楠 编著

出 版 人:	卢家明
出版发行:	华南理工大学出版社
	（广州五山华南理工大学17号楼，邮编510640）
	http://www.scutpress.com.cn E-mail:scutc13@scut.edu.cn
	营销部电话：020-87113487 87111048 （传真）
策划编辑:	赖淑华
责任编辑:	方 琅 骆 婷
印 刷 者:	虎彩印艺股份有限公司
开 本:	787mm×1092mm 1/16 印张：23.25 字数：554千
版 次:	2013年11月第1版 2018年3月第5次印刷
印 数:	7501～8500册
定 价:	49.00元（含光盘）

版权所有 盗版必究 印装差错 负责调换

前　　言

文献[1]（见参考文献）出版后，书中的交点法程序 Q2X8 与线元法程序 Q2X9 在道路、桥梁与隧道施工企业得到了广泛的应用，虽然所用数学模型的理论精度及其适用性、程序计算的准确度、计算速度及其效率都得到了广大工程用户的充分肯定，成为路桥隧施工企业事实上的标准计算工具，但大多数工程用户还是希望程序能在下列四个方面进行改进：

（1）程序计算结果能够集中显示，应尽可能用一屏集中显示完某项施工测量所需要的全部计算成果数据，这样做的好处是可以减少按 EXE 键的次数。

（2）大型交通土建标段 6 条以上路线的数据存储与调用问题。一个串列文件只能存储一条路线的平竖曲线设计数据，6 个串列文件只能存储 6 条路线的平竖曲线设计数据，这对于大型交通工程显然是不够的，希望程序能解决同时计算 6 条以上路线平竖曲线设计数据的存储、调用与计算问题。

（3）视频教学文件问题。Q2X8 与 Q2X9 程序设计是用串列文件存储平竖曲线设计数据，用矩阵存储路基标准横断面与边坡设计数据、路基超高设计数据、路基加宽设计数据、墩台中心设计参数、桩基的墩台中心坐标、隧道二衬轮廓线的主点数据、洞身支护参数等，数据输入过程比较繁杂，希望能录制一些数据采集与输入方法的视频文件放入图书标配光盘，从而降低学习成本，提高学习使用程序的效率。

（4）如何应用交点法设计的直曲表，快速定位非完整缓和曲线的位置并准确确定其起讫半径？

文献[1]出版后的一年半时间内，根据工程用户的意见及提供的工程案例，笔者再次深入研发并发送给工程用户反复测试，结果表明，本书标配光盘的 Q2X8 与 Q2X9 新版程序（以下简称新版程序）比较圆满地解决了工程用户提出的所有问题。

由于新版程序设计数据的输入规则与旧版程序完全相同，所以，用户可以使用新版程序计算文献[1]第 4、5 章的所有工程案例，包括这两章练习题的工程案例。

本书是与文献[1]紧密关联的非独立专著。为节省篇幅，凡是在文献[1]介绍过的计算原理与验证程序功能的案例内容，本书一概不再重复介绍。如果尚未阅读过文献[1]，建议购买文献[1]，否则，将无法获取新版程序某些复杂功能使用方法。例如，使用线性渐变或三次抛物线渐变加宽方式加宽路基功能、线性内插隧中偏距的隧道超欠挖计算功能、标段同时含有道路、桥梁与隧道时设计数据的组织与输入方法等，这些功能都需要阅读文献[1]的相关章节内容才能全面掌握。而对于文献[1]的工程用户，新程序使用起来一定会更加顺手，因为这是新程序测试用户反馈回来的普遍意见。

在路线平曲线设计数据的输入中，最麻烦的是非完整缓和曲线。在含非完整缓和曲线较多的路线或互通式立交匝道中，手工逐个验算缓和曲线的完整性是一件很琐碎的事情，且效率较低。本书介绍了一种在 MS-Excel 输入设计数据的同时，快速验算非完整缓和曲线的方法，实现了在 MS-Excel 选项卡输入设计数据同时，一并完成非完整缓和曲线的验算与定位工作，并精确计算非完整缓和曲线的参数 A。

文献[1]只详细介绍了线元法设计的匝道平曲线非完整缓和曲线起讫半径的确定方法，而从文献[1]的用户所提供的大量工程案例分析，在某些交点法设计的案例直曲表中，获取非完整缓和曲线的起讫半径也绝非易事，需要探索一些实用的方法来实现，本书第 2 章应用 23 个经典案例详细介绍了这些方法原理与使用。

在写作本书的过程中，网名"大歪哥"的工程用户为笔者提供了大量帮助，"大歪哥"将在文献[1]的 Q2X8 与 Q2X9 程序上添加的挂线测量程序模块无私贡献给了作者，但由于测试时间有限，本次新版的 Q2X8 与 Q2X9 程序未能加入挂线测量程序模块，谨此表示歉意。

为了便于读者识别盗版图书，本书的部分 fx-9860GⅡ按键采用了深灰色背景按键——F1 F2 F3 F4 F5 F6 PRGM SET UP MENU SHIFT ALPHA INS OFF DEL AC/ON EXE，如果是誊印制版印刷的盗版图书，书中的深灰色背景按键将会全部变成黑键，基本看不清按键内的字符。购书时，如果读者发现图书存在上述问题，说明您购买的是盗版图书，请您向华南理工大学出版社举报(020-87113489)，并要求经销商为您调换正版图书。因为您花费了正版图书的价钱，购买了一本盗版图书，经销商侵害了您的权利。

与文献[4]、[5]被广泛盗版不同，文献[1]~[3]至今未发现盗版的一个重要原因就是其排版中采用了上述深灰色背景按键。

很多用户都是从电商网购文献[1]，在快递过程中，有些图书出现了随书标配光盘被折断的现象，本书发行中，如果出现此类现象，请用户电邮联系作者(qh-506@163.com)，作者可以将光盘的程序与工程案例数据打包发送给购书用户(光盘中的视频文件太大，无法传送)，但需要用户将购买本书的凭证图片文件发送到作者邮箱。

本书只发行纸质版图书，不发行电子版图书，电商网上凡是有售本书电子版的图书均为使用纸质图书扫描后制成 pdf 文件的盗版图书，作者承诺尽最大努力为正版图书用户提供售后服务，但不为盗版图书用户提供服务，感谢广大用户支持正版图书。

本书仍按"基于问题、基于项目、基于案例"的指导思想编写，其中第 2 章与第 3 章的案例是从文献[1]~[5]的工程用户发送来的大量真实工程案例中精心挑选的，读者每学习完一个案例，都可以起到举一反三的作用。借此，也对提供本书真实工程案例的用户一并表示感谢，希望今后继续得到您的支持，以改进我们的研发工作。

敬请读者将使用本书时发现的问题和建议及时发送到作者邮箱 qh-506@163.com。

编 者
2013 年 10 月

随书标配 DVD 光盘的使用方法

本书的全部程序可以在 fx-9860GⅡ/SD、fx-9750GⅡ、fx-CG20 三种第二代图形机上执行。

读者使用本书程序出现问题时，请发电子邮件到 qh–506@163.com 咨询。

有关 fx-9860GⅡ 机器事宜请咨询卡西欧（上海）贸易有限公司客服热线（021–62820809），或发电子邮件到 liu.hang@casio.com.cn 咨询。

随书赠送一片单面双层 DVD 光盘，光盘总容量约为 5.88GB，目录如图 1 所示，其价格已包含在图书售价中，请读者购书时向经销商索取。光盘文件在刻录前已同时使用多种正版杀毒软件全面杀毒，请放心使用。光盘使用前，请先阅读下列说明：

（1）请将光盘放入 DVD 光驱中使用。

（2）图书各章的程序及案例数据文件位于光盘的相应章节文件夹下，建议读者将光盘的全部文件夹复制到用户 PC 机的硬盘或 U 盘上使用。

（3）在光盘"1~3 章"文件夹下，扩展名为 g1m 的文件为 fx-9860GⅡ 源程序文件，File1.g1m~File6.g1m 文件为图书案例的串列数据文件，扩展名为 g1m 的矩阵文件为不含复数单元的矩阵文件，扩展名为 g2m 的矩阵文件为含复数单元的矩阵文件。

图 1 随书标配 DVD 光盘目录

这些文件都可以根据学习的需要输入到 FA-124 通信软件，使 fx-9860GⅡ 与 FA-124 数据同步后，可以将其上传到 fx-9860GⅡ 内存，方法参见本书第 1.11 节。

（4）在光盘的"2~3 章"文件夹下，扩展名为 exe 的文件为相应的 fx-9860GⅡ 程序的 PC 机成果整理程序，它们可以在 Win98、WinXP、Win7/32bit 等操作系统下直接执行，但不能在 Win7/64bit 操作系统下执行。应将它们复制到用户 PC 机的硬盘或 U 盘上才可以执行，不能直接在光盘上执行。

（5）光盘"\FA-124"文件夹为通信软件 FA-124 的安装文件及 CESG502 USB 设备驱动程序，安装说明参见本书第 1.12 节的内容。

（6）在光盘"操作视频"文件夹下，放置了扩展名为 avi、容量大约为 5.6GB 的视频文件，这些视频文件是放置在以章节号命名的子文件夹下，用户可以使用任意视频播放软件播放。

编　者

2013 年 10 月

目 录

第1章 fx-9860GⅡ图形编程计算器的基本操作 ... 1
1.1 基本操作 ... 2
1.2 **RUN·MAT** 模式的基本计算 ... 6
1.3 存储器 ... 12
1.4 角度设置与三角函数计算 ... 16
1.5 求解、微分、积分与求和计算 ... 20
1.6 长度、面积、体积单位的换算 ... 24
1.7 STAT 模式及统计回归计算 ... 27
1.8 复数计算 ... 46
1.9 矩阵计算 ... 58
1.10 PRGM 模式与程序 ... 65
1.11 MEMORY 模式 ... 74
1.12 LINK 模式与数据通信 ... 79

第2章 新版交点法程序 Q2X8/H2X8 计算工程案例 ... 110
2.1 交点法程序 Q2X8 设计数据的串列规划 ... 110
2.2 基本型交点平曲线缓和曲线起讫半径的确定方法 ... 119
2.3 交点法设计的高速公路匝道工程案例 1 ... 120
2.4 交点法设计的高速公路匝道工程案例 2 ... 135
2.5 交点法设计的高速公路匝道工程案例 3 ... 139
2.6 交点法设计的高速公路匝道工程案例 4 ... 142
2.7 交点法设计的高速公路匝道工程案例 5 ... 150
2.8 交点法设计的高速公路匝道工程案例 6 ... 153
2.9 交点法设计的高速公路匝道工程案例 7 ... 157
2.10 交点法设计的高速公路匝道工程案例 8 ... 162
2.11 交点法设计的高速公路匝道工程案例 9 ... 164
2.12 交点法设计的高速公路匝道工程案例 10 ... 167
2.13 交点法设计的高速公路匝道工程案例 11 ... 170
2.14 交点法设计的高速公路主线工程案例 1 ... 173
2.15 交点法设计的高速公路主线工程案例 2 ... 178
2.16 交点法设计的高速公路主线工程案例 3 ... 185
2.17 交点法设计的高速公路主线工程案例 4 ... 189
2.18 交点法设计的高速公路主线工程案例 5 ... 193

2.19	交点法设计的高速公路主线工程案例 6	197
2.20	交点法设计的普通公路工程案例	199
2.21	单交点卵形平曲线拆分为双交点基本型平曲线程序 QC28	205
2.22	单交点卵形平曲线拆分为双交点基本型平曲线工程案例 1	206
2.23	单交点卵形平曲线拆分为双交点基本型平曲线工程案例 2	215
2.24	单交点卵形平曲线拆分为双交点基本型平曲线工程案例 3	219
2.25	单交点双圆平曲线拆分为双交点基本型平曲线与直转点工程案例	223
2.26	桥梁墩台桩基坐标的验算	228
2.27	斜交涵洞的坐标计算	233
2.28	高速公路隧道超欠挖测量工程案例	238
2.29	隧道二衬轮廓线主点数据的获取方法	262
2.30	含 15 条路线的高速公路标段工程施工测量计算案例	270

第 3 章 新版线元法程序 Q2X9/H2X9 计算工程案例 ··· 317

3.1	线元法程序 Q2X9 设计数据的串列规划	317
3.2	线元法设计的高速公路互通式立交匝道工程案例 1	319
3.3	线元法设计的高速公路互通式立交匝道工程案例 2	329
3.4	线元法设计的高速公路互通式立交匝道工程案例 3	332
3.5	线元法设计的高速公路互通式立交匝道工程案例 4	334
3.6	线元法设计的高速公路互通式立交匝道工程案例 5	337
3.7	线元法设计的高速公路互通式立交匝道工程案例 6	339
3.8	线元法设计的城市互通式立交匝道工程案例 7	341
3.9	线元法设计的高速公路互通式立交匝道工程案例 8	345
3.10	线元法设计的高速公路互通式立交匝道工程案例 9	347
3.11	线元法设计的高速公路互通式立交匝道工程案例 10	351
3.12	线元法程序 Q2X9 计算平曲线主点数据的精度分析	353
3.13	起点走向方位角与线长对平曲线主点数据计算精度的影响	359

参考文献 ··· 364

第 1 章　fx-9860GⅡ图形编程计算器的基本操作

fx-9860GⅡ图形编程计算器有 fx-9860GⅡ与 fx-9860GⅡSD 两种机型，是卡西欧公司于 2009 年 6 月推出的 fx-9860G 的换代产品（键面如图 1-1 所示），它具有如下特点：

（1）62 700 字节主存储器：62 700 字节主存储器为闪存，无需后备电池保存主存储器数据，更换电池不会丢失机内程序与数据。

（2）1.5MB 永久存储器：可以在主存储器与永久存储器之间相互复制文件。

（3）SD 卡：fx-9860GⅡSD 机型具有标准 SD 卡插槽，且对插入的 SD 卡容量无限制。插入 SD 卡后，可以在主存储器、永久存储器、SD 卡之间相互复制文件。

（4）串列：内置 6 个串列文件 File 1~File 6，每个串列文件又可以使用 26 个串列 List 1~List 26。

（5）矩阵：能定义的矩阵最大行数或列数为 999，可以直接对矩阵进行连续 +、?、×、转置、行列式、赋值与求逆运算，便于使用矩阵编写严密平差程序。

（6）类 BASIC 结构化程序语言：程序语言与卡西欧另两款图形机——fx-9750GⅡ、fx-CG20 完全相同。

（7）与 PC 机数据通信功能：使用与普通数码相机相同的通用 USB 数据线连接 fx-9860GⅡ和 PC 机的 USB 口，使用 FA-124 通信软件可以实现 fx-9860GⅡ与 PC 机相互传输数据与程序；可以在通信软件 FA-124 上直接输入程序，然后将 FA-124 的程序上传到 fx-9860GⅡ内存，从而提高程序输入与编辑的效率。

（8）两台机器之间的数据通信功能：使用与 fx-5800P 相同的 SB-62 数据线连接两台计算器的 3Pin 口，可以在两台 fx-9860GⅡ

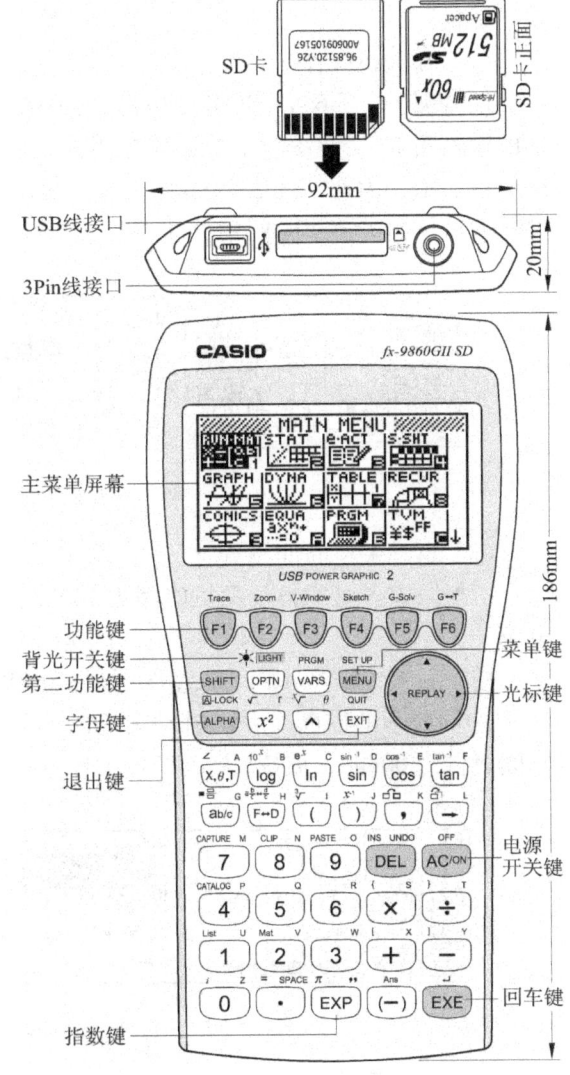

图 1-1　fx-9860GⅡSD 图形编程计算器键面

之间、fx-9860GⅡ与fx-9750GⅡ之间、fx-9860GⅡ与fx-CG20之间进行数据通信。

1.1 基本操作

1）电源、开关机操作、自动关机时间设置、背景光设置

（1）电源

fx-9860GⅡ使用4节7号电池供电，机器功耗为0.7W（fx-9750GⅡ的功耗为0.35W，fx-5800P的功耗为0.12W），新装入的4节7号电池可供机器连续使用150h。无论机器使用量如何，每隔一年都应更换一次电池，请勿将耗尽电量的电池留在机内，以免电池液泄漏损坏机器。

（2）开关机操作

按 AC/ON 键打开 fx-9860GⅡ的电源，按 SHIFT OFF 键为关闭电源。对于新机器，按 AC/ON 键开机即进入图1-2左图所示的主菜单界面。由于fx-9860GⅡ能自动记忆关机前的当前模式与屏幕显示，因此，按 SHIFT OFF 键，屏幕显示图1-2右图所示的关机界面1s后才能关机，比普通计算器的关机时间稍长。

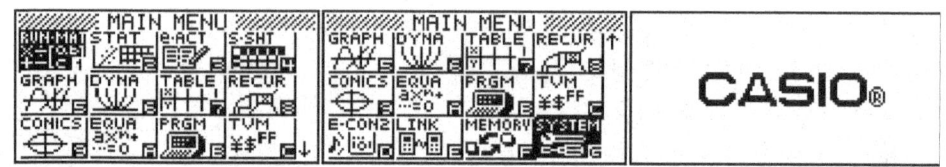

图1-2　fx-9860GⅡ的开关机界面

（3）自动关机时间设置

机器缺省设置的自动关机时间为10min，连续10min不进行任何操作，机器自动关闭电源。

按 MENU G 键进入图1-3左图所示的 **SYSTEM** 模式界面；按 F2 (⊡) 键，进入图1-3中图所示的界面，表示自动关机时间设置为10min，按 F2 (60) 键为将自动关机时间设置为60min，或按 F1 (10) 键为恢复自动关机时间为10min。

图1-3　设置fx-9860GⅡ的自动关机时间

（4）背景光设置

在图1-3中图所示的界面下，按 ▼ 键移动光标到背景光"Backlight Setting"行，结果如图1-4左图所示，缺省设置为按 SHIFT LIGHT 键打开或关闭背景光，按 F2 (ANY) 键设置为

按任意键打开背景光，结果如图 1-4 中图所示；再按 F1 (LIGHT) 键为恢复按 SHIFT LIGHT 键打开或关闭背景光。

图 1-4 设置 fx-9860GⅡ 的背景光开关键及自动关闭背景光时间

在图 1-4 左图所示的界面下，按 ▼ 键移动光标到背景光延迟"Backlight Duration"行，结果如图 1-4 右图所示，按 F1 (10) 键为设置背景光延迟时间为 10s，按 F2 (30) 键为设置背景光延迟时间为 30s，按 F3 (Alway) 键为设置背景光为长开。完成设置后，按 MENU 键返回主菜单。

在 fx-9860GⅡ 执行 Q2X8 或 Q2X9 程序的隧道超欠挖计算功能时，因为隧道掌子面光线较弱，建议设置图形机的背光为长开。

2）操作键

fx-9860GⅡ 键面有 40 个与其他普通计算器基本相同的操作键，每个操作键一般有 1～3 种功能，直接按键为输入键面白色或黑色字符；先按橘黄色键 SHIFT，光标变成闪烁字符 ⌧，再按其余键为输入该键左上方橘黄色字符一次；先按红色键 ALPHA，光标变成闪烁字符 ⌧，再按其余键为输入该键右上方红色字符一次。按键上方的红色字符为 26 个英文字母 A～Z、双引号"、SPACE（空格）、r、θ，若要多次输入这些字符，可先按 SHIFT A-LOCK 键锁定为字母输入状态，此时，光标始终为闪烁字符 ⌧。

以图 1-5 的 log 键为例，在 **RUN·MAT** 模式下，按 log 键为输入以 10 为底的对数函数 **log**，按 SHIFT log 键为输入指数函数 **10^x**（以后将该按键操作书写为 SHIFT 10^x），按 ALPHA log 键为输入字母 **B**（以后将该按键操作书写为 ALPHA B）。

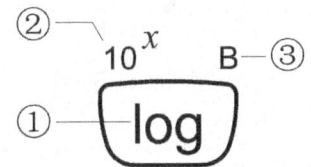

图 1-5 fx-9860GⅡ 的按键

EXE 为执行键，如在 **RUN·MAT** 模式下按 EXE 键为执行输入表达式的值并显示其计算结果；而按 SHIFT ↵ 键为输入回车符 ↵、执行表达式并换行，但不显示表达式的计算结果；在 **PRGM** 模式的程序编辑状态下按 EXE 键为输入回车符 ↵。

例如，在 **RUN·MAT** 模式下，按 SHIFT SETUP 键进入设置模式，光标自动停留在第一行，系统缺省设置的"输入/输出"为数学格式显示，按 F2 (Line) 键设置"输入/输出"为线性格式显示，按 F1 (Math) 键为恢复"输入/输出"为数学格式显示。如无特别说明，本章的数值计算的"输入/输出"均为线性格式显示。

按 log 100 SHIFT ↵ 键为计算对数函数 $\log_{10}100$ 的值，结果应为 2，但屏幕不显示计算结果，如图 1-6 左图所示；再按 SHIFT 10^x SHIFT Ans EXE 键，结果如图 1-6 右图所示。

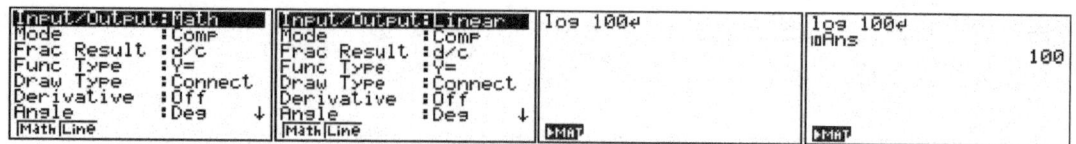

图 1-6 设置表达式为线性格式显示与计算对数和指数函数案例

本书约定，为了节省篇幅，凡是键入用于计算的数值（含负号），直接使用数字而不用方框键。

3）光标移动与表达式重演键

在一圆盘的四个象限位置分布了 4 个光标移动键 ◁、▷、△、▽，其中 ◁ 与 ▷ 兼重演最近计算的表达式功能，表达式重演是指恢复并编辑最近一次按 EXE 键或按 SHIFT ↵ 键计算的表达式。按 ◁ 键为使光标位于最近输入表达式的尾部，按 ▷ 键为使光标位于最近输入表达式的首部，再按 ◁、▷、△ 或 ▽ 键移动光标到表达式需要编辑的字符位置，根据需要，重复按 SHIFT INS 键使光标在覆盖（_）与插入（|）模式之间切换。当光标为覆盖模式时，新输入的字符将覆盖光标_处的字符；光标为插入模式时，新输入的字符将插入光标|处，光标|后的字符自动右移一个字符位。无论光标位于表达式的何处，按 EXE 键均为立即计算编辑后的表达式值，除非表达式运行出错。

［例 1-1］ 计算表达式 $2\times(5.2^2+4)\div(\pi+4)$ 和表达式 $2\times(5.2^2+4)\div(\pi+8)$ 的值。

［解］ 按 MENU 1 键进入 **RUN·MAT** 模式；按 AC/ON 2 (5.2 x^2 + 4) ÷ (SHIFT π + 4) EXE 键，计算出第一个表达式的值，结果如图 1-7 左图所示；按 ◁ 键重演表达式，光标位于最近输入的表达式尾部，按 ◁ ◁ 键移动光标到数字 4 处，按 SHIFT INS 键将光标设置为覆盖模式，按 8 键将数字 4 修改为数字 8，按 EXE 键计算出第二个表达式的值，结果如图 1-7 右图所示。

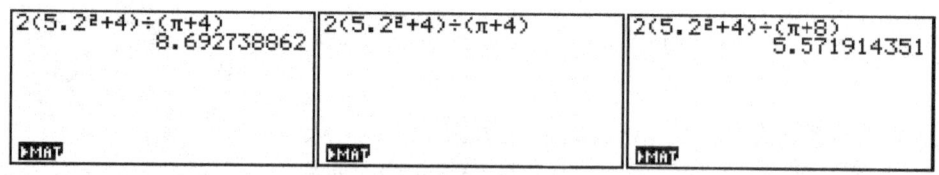

图 1-7 例 1-1 的操作过程

请读者播放光盘"\ 操作视频\ 1.1\［例 1-1］操作视频.avi"文件观看操作方法。
☞ 输入表达式计算之前，一般应先按 AC/ON 键清除屏幕。

4）主菜单的操作

在任意模式下，按 MENU 键均可调出图 1-2 左图所示的主菜单，主菜单共有 16 个图标，分别代表 16 种模式，其功能列于表 1-1。

表 1-1　fx-9860GⅡ的 16 种模式的功能与意义

按键	图标	模式名	功能与意义
1	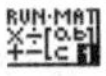	RUN·MAT	算术、函数及矩阵计算，2、8、10、16 进制数值计算
2		STAT	依据串列数据进行单/双变量统计计算与作图，假设检验与区间估计计算，数据存入主存储器的〈LISTFILE〉文件夹
3		e·ACT	在记事本中输入文本、表达式或其他数据，结果可以命名存入永久存储器
4		S·SHT	类似于 MS-Excel 的电子表格计算，电子表格文件命名存入主存储器的〈S-SHEET〉文件夹，每个电子表格有 A~Z 等 26 列，最多可以输入 999 行
5		GRAPH	输入与存储图形函数，绘函数图，表达式与数据存入主存储器
6		DYNA	输入与存储动态函数，绘动态函数图，表达式与数据存入主存储器
7		TABLE	存储函数，改变函数的变量值生成数表，绘数表函数图，输出存入主存储器
8		RECUR	存储递归公式，生成不同解的数值表格，绘数表函数图，数据存入主存储器
9		CONICS	绘圆锥截面函数图，数据存入主存储器
A		EQUA	求 2~6 个未知数的线性方程及一元 2~6 次方程的数值解，数据存入主存储器
B		PRGM	输入、编辑与运行程序，输入的程序文件命名存入主存储器的〈PROGARM〉文件夹
C	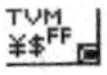	TVM	财务计算与绘现金流图，数据存入主存储器
D	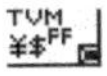	E-CON2	控制选购设备 EA-200 数据分析仪的连接
E		LINK	两台 fx-9860GⅡ间及 fx-9860GⅡ与 PC 机间的数据通信及通信端口设置
F		MEM	检查主存储器、永久存储器与 SD 卡的使用情况、删除数据及初始化
G		SYSTEM	设置屏幕对比度、自动关机时间、背景光按键及其延迟时间、语言、显示软件版本号、复位

用户应根据需要在其中选择一种模式才可以开始正常操作，方法有两种：

① 按 ◀、▶、▲ 或 ▼ 键移动光标到需要的模式图标上，此时的模式图标为反白显示，按 EXE 键选择模式。

② 直接按模式图标右下方数字（**1~9**）或字母（**A~G**），当按 **A~G** 七个字母键选择模式时，只需直接按 A ~ G 字母键选择模式，不需要先按 ALPHA 键。

5）功能菜单与功能键

受计算器键面范围与按键数量的限制，在 16 种模式下，fx-9860GⅡ将许多数学函数、程序命令及菜单选项放置在功能菜单中。功能菜单显示于屏幕底部，每屏最多可以显示 6 个功能菜单，分别按屏幕下的 F1 ~ F6 六个功能键选择。当功能菜单的个数多于 6 个时，F6 键上的功能菜单显示为 ▷，此时，按 F6（▷）键为显示下一页功能菜单；当屏幕显示为最后一页功能菜单时，按 F6（▷）键为返回第一页功能菜单。不同模式下的功能菜单内容有一定的差异。

1.2　RUN·MAT 模式的基本计算

手动计算一般在 **RUN·MAT** 模式下进行，通过输入表达式进行算术与函数运算。

1）基本设置

按 SHIFT SETUP 键，调出图 1-8 左图所示 **RUN·MAT** 模式设置菜单，共有 14 项设置，按 ▲ 或 ▼ 键移动光标到需要设置的选项，按 F1 ~ F6 键选择光标选项的设置内容；完成设置后，按 EXE 或 EXIT 键退出设置菜单。本节只介绍数值计算所需的基本设置，其余设置内容请参考标配光盘中的 pdf 格式说明书文件。

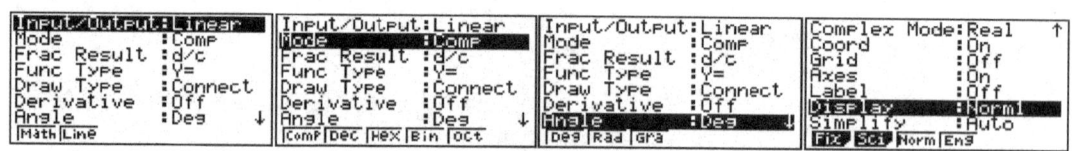

图 1-8　**RUN·MAT** 模式的设置菜单

（1）输入输出格式的设置（**Input/Output**）

按 SHIFT SETUP F1（Math）EXE 键为设置"输入/输出"为数学格式显示，按 SHIFT SETUP F2（Line）EXE 键为设置"输入/输出"为线性格式显示。

［例 1-2］　分别用两种"输入/输出"格式计算正态分布密度函数的数值积分 $\int_{-2}^{2}\dfrac{1}{\sqrt{2\pi}}e^{-\frac{x^2}{2}}\mathrm{d}x$。

［解］　① 设置"输入/输出"为数学格式显示，按 OPTN F4（CALC）F4（∫dx）键输入积分符，结果如图 1-9 左二图所示；按 a b/c 1 ▼ SHIFT √ 2 SHIFT π ▶ SHIFT e^x (−) a b/c ALPHA X x^2 ÷ 2 键输入积分函数，结果如图 1-9 右二图所示；按 ▶ ▶ ▶ 键移动光标到积分下限，按 -2 ▲ 2 EXE 键输入积分下限与上限数值并计算，结果如图 1-9 右图所示。

"输入/输出"设置为数学格式显示时，按 ALPHA UNDO 键为取消最近一次按键输入的函数或字符，再次按 ALPHA UNDO 键为恢复最近一次按键输入的函数或字符。

② 设置"输入/输出"为线性格式显示，按 OPTN F4（CALC）F4（∫dx）键输入积分符，结果如图 1-10 中图所示；按 1 a b/c SHIFT √ 2 SHIFT π X SHIFT e^x ((−) ALPHA X x^2 ÷

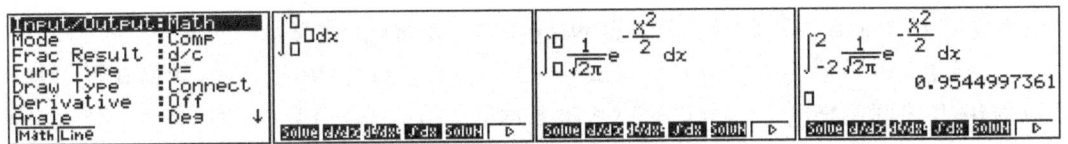

图 1-9 设置"输入/输出"为数学格式显示计算例 1-2 的操作过程

2 () (**.**) **- 2** (**.**) **2** ( ) EXE 键输入积分函数与上、下限数值并计算,结果如图 1-10 右图所示。

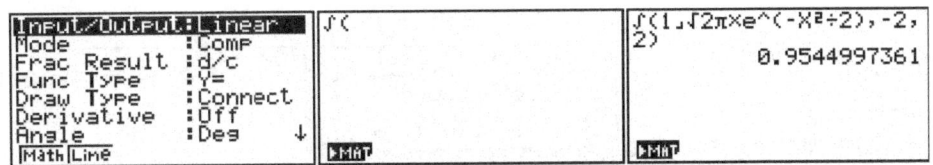

图 1-10 设置"输入/输出"为线性格式显示计算例 1-2 的操作过程

请读者播放光盘"\操作视频\1.2\[例 1-2]操作视频.avi"文件观看操作方法。

(2) 数值进制(**Mode**)

按 SHIFT SETUP ▼ 键,使光标位于 **Mode** 行,功能菜单如图 1-8 左二图所示。机器初始设置为 **Comp** 进制,它是普通进制计算,按 F1 (Comp) 键为设置 **Comp** 进制。

按 F2 (Dec) 键为设置十进制计算,按 F3 (Hex) 键为设置十六进制计算,按 F4 (Bin) 键为设置二进制计算,按 F5 (Oct) 键为设置八进制计算。

与普通进制计算不同,二、八、十、十六进制计算的数值只能是整数,不能有小数;不能使用科学函数对二、八、十、十六进制数进行计算。

(3) 角度(**Angle**)

进行三角函数或微分、积分计算时,应正确设置角度单位。移动光标到 **Angle** 行,功能菜单如图 1-8 右二图所示。按 F1 (Deg) 键为设置十进制度,按 F2 (Rad) 键为设置弧度,按 F3 (Gra) 键为设置公制度。

(4) 数值显示格式(**Display**)

如图 1-8 右图所示,机器初始设置的数值显示格式为 **Norm1**。

① 指定小数位数(**Fix n**):显示数值在第 **n** 位小数位四舍五入,**n** 应为 0~9 之间的整数。

例如,在 **RUN·MAT** 模式下,设置 **Fix 4** 显示的操作过程为:按 SHIFT SETUP ▲ ▲ F1 (Fix) 4 EXE EXE 键,按 AC⁰ᴺ 2 SHIFT π EXE 键的结果如图 1-11 右图所示,表达式计算结果只显示到小数点后第四位。

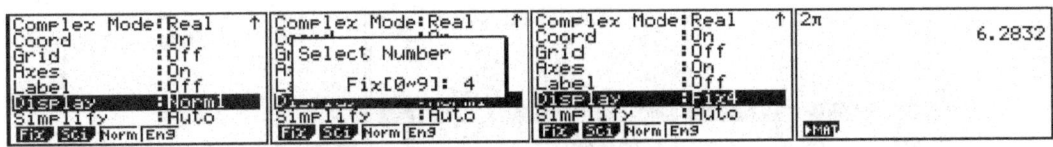

图 1-11 设置 **Fix** 四位小数位显示操作过程与计算案例

如要取消 **Fix n** 格式显示，应设置 **Norm1** 或 **Norm2** 格式显示。

② 指定有效数位的科学格式（**Sci n**）：按 **n** 位有效数位四舍五入科学格式显示数值，**n** 应为 **0~9** 之间的整数，**n=0** 时表示科学显示的有效数位为 **10**，与 **Fix n** 不同的是，**Sic n** 中的 **n** 包含整数位，整数通常为 **1** 位。

例如，在 **RUN·MAT** 模式下，设置 **Sci 8** 显示的操作过程为：按 SHIFT SETUP ▲ ▲ F2（Sci）8 EXE EXE 键设置 **Sci 8** 显示格式，按 AC/on 100 SHIFT π EXE 键，结果如图 1-12 右图所示。由图可知，8 位有效位实际包含了 1 位整数位。如要取消 **Sci n** 格式显示，需选择 **Norm1** 或 **Norm2** 格式显示。

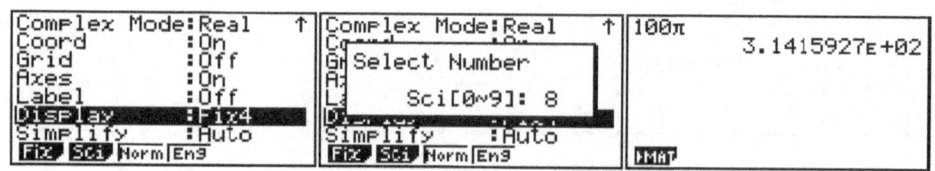

图 1-12　设置 Sci 八位小数位显示操作过程与计算案例

③ 指定指数显示范围（**Norm**）：重复按 F3（Norm）键为使显示格式在 **Norm1** 与 **Norm2** 之间切换。

Norm1：小于 10^{-2} 和大于等于 10^{10} 的数值，此记法被自动采用。

Norm2：小于 10^{-9} 和大于等于 10^{10} 的数值，此记法被自动采用。

④ 工学记法显示（**Eng**）：以 10^3 或 10^{-3} 的整数倍指数格式显示，其数字部分的表示范围为 1~999，显示字母的意义列于表 1-2。

表 1-2　11 种工学记法显示字母的意义

序	符号	数值	中文名	序	符号	数值	中文名
1	**m**	10^{-3}	毫	6	**k**	10^3	千
2	μ	10^{-6}	微	7	**M**	10^6	兆
3	**n**	10^{-9}	毫微	8	**G**	10^9	千兆
4	**p**	10^{-12}	微微	9	**T**	10^{12}	万亿
5	**f**	10^{-15}	毫微微	10	**P**	10^{15}	千万亿
				11	**E**	10^{18}	千兆兆

Eng 显示格式只能与 **Fix n**、**Sci n**、**Norm** 显示格式共同使用，只有重复设置一次 **Eng** 格式显示，才可以取消 **Eng** 格式显示。

图 1-13 为在 **Fix 4** 的基础上，按 F4（Eng）EXE 键设置工学记法显示，再按 AC/on SHIFT π × 2 EXP 10 EXE 键，结果如图 1-13 右图所示，对照表 1-2 可知，**E** = 10^{18}。

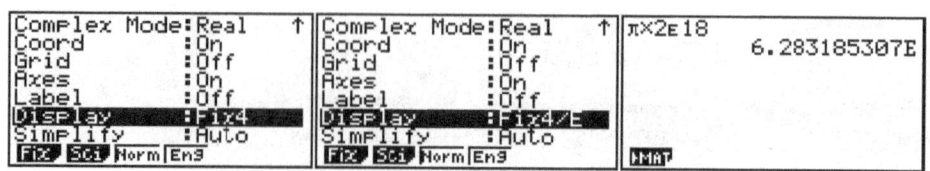

图 1-13　同时设置 Fix 4 与 Eng 显示格式与计算案例

输入表达式时,也可以使用表 1-2 的工学显示字母,按 ⓞᵖᵀⁿ Ⓕ⁶ (▷) Ⓕ⁶ (▷) Ⓕ¹ (ESYM)键调出工学显示字母功能菜单,共有 3 页功能菜单,按 Ⓕ⁶ (▷)键翻页,如图 1-14 所示,每页工学显示字母功能菜单都给出了一个表达式计算案例。

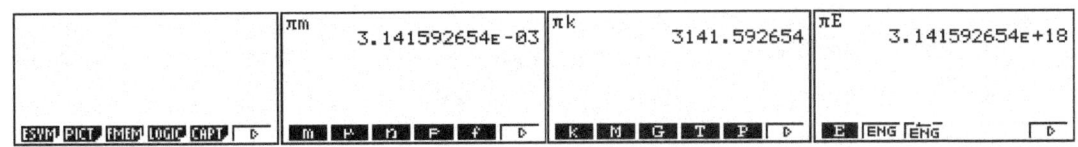

图 1-14 工学显示字母功能菜单及使用案例

✍ 功能菜单右下角为缺口三角形时(如 Fix 与 ESYM),表示该操作下还有功能菜单,需要再次按键展开该菜单选择,否则为可立即执行的功能菜单操作,例如 Norm 与 Eng 。

2)表达式计算

[例 1-3] 计算表达式 $2\pi\sin30°\div\cos10°\div\sin20°$ 的值。

[解] 按 ⓢᴴᴵᶠᵀ ⓢᴱᵀᵁᴾ ▽▽▽▽▽▽▽ Ⓕ¹ (Deg)键设置角度单位为十进制度,按 ▽▽▽▽ Ⓕ³ (Norm) Ⓔˣᴱ 键设置 **Norm1** 显示格式,按 ᴬᶜ/ᵒⁿ 2 π sin 30 ÷ cos 10 ÷ sin 20 Ⓔˣᴱ 键,结果如图 1-15 所示。

请读者播放光盘"\操作视频\1.2\[例 1-3]操作视频.avi"文件观看操作方法。

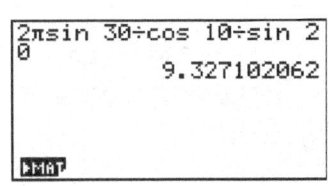

图 1-15 三角函数计算案例

3)计算的优先顺序

fx-9860GⅡ的计算优先顺序列于表 1-3,优先级别相同时,从表达式的由左向右执行,先执行括号内的运算,省略乘号的优先级别高于乘号"×"的优先级别,这一点与 fx-4800P/fx-4850P 相同,但与 fx-5800P 不同。

表 1-3 fx-9860GⅡ计算的优先顺序

优先级	计算类型	函数与运算符号
1	A 型函数	Pol, Rec, d/dx, d²/dx², ∫dx, Σ, Solve, FMin, FMax List→Mat, Fill, Seq, SortA, SortD, Min, Max, Median Mean, Augment, Mat→List, P, Q, R, t RndFix, Logab, List, Mat, fn, Yn, rn, Xtn, Xn
2	B 型函数	x^2, x^{-1}, $x!$, °'", ENG, °, ^{r}, ^{g}
3	乘方、方根	^, ˣ√
4	分数	ab/c
5	π、存储器或变量名前省略的乘号、递归、科学常数	π, 5A, Xmin, F Start 等

9

续表 1-3

优先级	计算类型	函数与运算符号
6	C 型函数	√, ³√, log, ln, e^x, 10^x, sin, cos, tan, sin^{-1}, cos^{-1}, tan^{-1}, sinh, cosh, tanh, sinh^{-1}, cosh^{-1}, tanh^{-1}, (-) BASE-N 模式下的 d, h, b, o, Neg, Not Det, Trn, Dim, Identity, Ref, Rref, Sum, Prod, Cuml, Percent, ⊿ List, Abs, Int, Frac, Intg, Arg, Conjg, ReP, ImP
7	A 型函数或 C 型前省略的乘号	2√3, Alog2 等
8	排列、组合	nPr, nCr
9	公制转换命令	▶
10	四则运算	×, ÷, Int÷, Rnd, +, -
11	关系运算	=, >, <, ≥, ≤
12	逻辑运算,位运算符	And, Or, Not, Xor, or, xor, xnor

☞ fx-5800P 只有 A 型与 B 型函数,而 fx-9860GⅡ则分为 A、B 与 C 型三种函数。

熟练掌握 fx-9860GⅡ的计算优先顺序对于正确编程是非常重要的,下面用一个案例说明。

[**例 1-4**] 设 $A=2$, $B=3$, 试分别用 fx-5800P 与 fx-9860GⅡ计算 $\frac{6}{AB}$ 与 $(\sin 30°)^2$ 的值。

[**解**] 用 fx-5800P 计算的操作步骤如下:

按 [AC/ON] **2** [FUNCTION] **3** **2** [ALPHA] **A** [SHIFT] **:** **3** [FUNCTION] **3** **2** [ALPHA] **B** [SHIFT] **:** **6** [÷] [ALPHA] **A** [ALPHA] **B** [EXE] 键,结果如图 1-16 左图所示。由于 fx-5800P 省略乘号与有乘号的运算级别相同,因此,机器先计算 **6÷A** 的值,结果为 **3**,再用 **3** 乘以 **B**,结果为 **9**,显然,这不是我们需要的结果。

按 [◀] 键重演表达式,将其修改为图 1-16 中图所示的表达式,按 [EXE] 键计算,结果如图 1-16 中图所示,这个结果是正确的,它是通过加括弧来改变计算的优先顺序。

按 [SHIFT] [SET UP] [3] (**Deg**) 键设置角度单位为十进制度,按 [AC/ON] [sin] **30** [)] [x²] [EXE] 键,结果如图 1-16 右图所示。

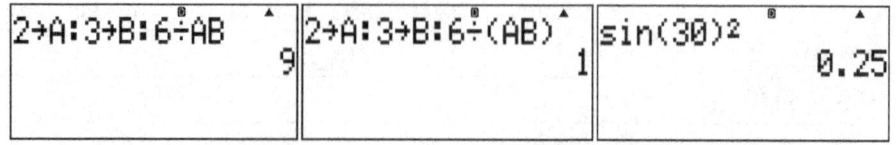

图 1-16 用 fx-5800P 计算例 1-4

按 [sin] 键为输入带括号正弦函数 **sin(**。由于 fx-5800P 中 sin 的运算级别高于平方函数的运算级别,因此,机器先计算 **sin(30)** 的值,再计算其平方的值,结果如图 1-16 右图所示。

用 fx-9860GⅡ计算本例的操作步骤如下：

按 [AC/ON] **2** [→] [ALPHA] [A] [SHIFT] [PRGM] [F6] ([▷]) [F5] ([:]) **3** [→] [ALPHA] [B] [F5] ([:]) **6** ÷ [ALPHA] [A] [ALPHA] [B] [EXE] 键，结果如图 1–17 左图所示；按 [◁] 键重演表达式，将其修改为图 1–17 左二图所示的表达式，按 [EXE] 键计算，其结果与图 1–17 左图所示的结果相同。

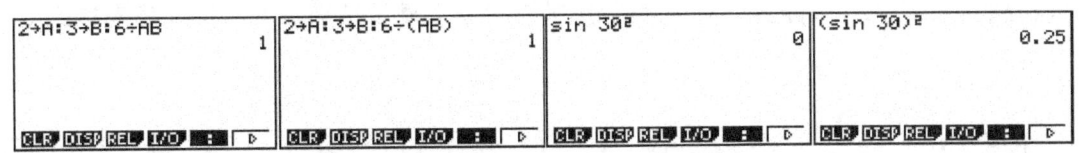

图 1–17 用 fx-9860GⅡ计算例 1–4

由表 1–3 可知，由于省略乘号的运算级别高于有乘号的运算级别，因此，机器先计算 **AB** 的值为 **6**，再用 **6** 除以 **6**，结果为 **1**。

按 [SHIFT] [SET UP] [▽] [▽] [▽] [▽] [▽] [▽] [F1] ([Deg]) [EXE] 键将角度单位设置为十进制度，按 [sin] **30** [x^2] [EXE] 键，结果如图 1–17 右二图所示。由表 1–3 可知，由于 fx-9860GⅡ平方函数的运算级别高于 sin 的运算级别，因此，机器先计算 30^2 为 **900**，再计算 **sin 900** 的值为 **0**。显然，这不是我们需要的结果。

按 [◁] 键重演表达式，将其修改为图 1–17 右图所示的表达式，按 [EXE] 键计算，结果如图 1–17 右图所示。这是通过加括弧来改变计算的优先顺序。

请读者播放光盘"\ 操作视频 \ 1.2 \ [例 1–4]操作视频.avi"文件观看操作方法。

4）多重表达式的使用

多重表达式是由若干个表达式连接而成，用于连续计算。如果只需要显示最后一个表达式的计算结果应使用冒号"："连接，按 [SHIFT] [PRGM] [F6] ([▷]) [F5] ([:]) 键输入"："；而对需要显示计算结果的表达式使用"◢"连接，按 [SHIFT] [PRGM] [F5] ([◢]) 键输入"◢"。

按 [AC/ON] **25** [→] [ALPHA] [A] [SHIFT] [PRGM] [F6] ([▷]) [F5] ([:]) **4** [→] [ALPHA] [B] [F5] ([:]) [ALPHA] [A] [ALPHA] [B] [EXE] 键，结果如图 1–18 左图所示；按 [◁] [◁] [◁] [F6] ([▷]) [F6] ([▷]) [F5] ([◢]) 键，将表达式修改为图 1–18 左二图所示，按 [EXE] 键，结果如图 1–18 右二图所示，在结果的下一行显示" -Disp- "字符的意义是表示该结果为多重表达式的中间结果，后面还有未计算的表达式，再按 [EXE] 键，结果如图 1–18 右图所示。

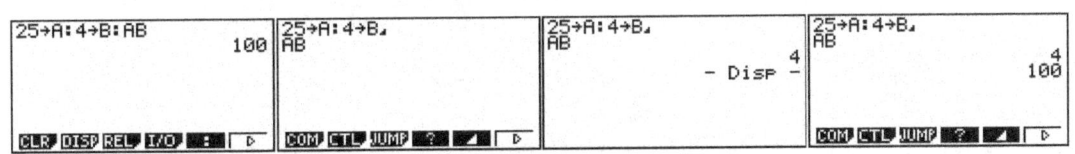

图 1–18 多重表达式计算案例

请读者播放光盘"\ 操作视频 \ 1.2 \ 多重表达式的使用.avi"文件观看操作方法。

☞ 计算器自动显示最后一个表达式的计算结果，无论它是否使用显示符◢；在多重表达式中，后一个语句不能直接使用前一个语句的执行结果。如按 [AC/ON] **123** [×] **456** [SHIFT]

PRGM F6 (▷) F5 (■) ÷ 5 EXE 键，屏幕显示句法错误提示"Syntax ERROR"。

5）分数计算

分数输入键为 a b/c，按 a b/c 键输入」，用于分隔分数的各个部分。带分数的输入格式为：整数 a b/c 分子 a b/c 分母；假分数的输入格式为：分子 a b/c 分母。分数的计算结果可以是假分数，也可以是带分数，应按 SHIFT SET UP 键设置分数显示结果，下面以计算表达式 $1\frac{2}{3}$ + $2\frac{3}{7}$ 为例说明。

按 AC/ON 1 a b/c 2 a b/c 3 + 2 a b/c 3 a b/c 7 键输入分数表达式，按 SHIFT SET UP ▼ F1 (d/c) EXE 键设置分数结果为假分数显示，按 EXE 键计算表达式，操作过程如图1-19所示。

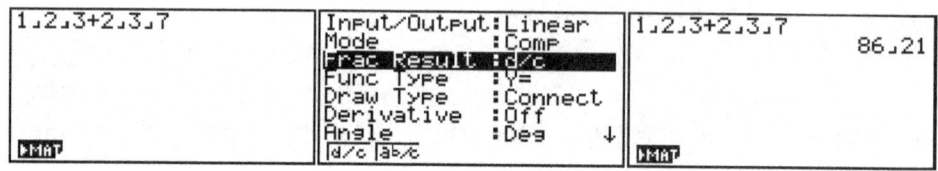

图1-19 设置分数结果为假分数及计算案例

按 SHIFT SET UP ▼ ▼ F2 (a b/c) EXE 键设置分数结果为带分数显示，按 ◀ 或 ▶ 键重演上述分数表达式，按 EXE 键计算，结果如图1-20左二图所示。

也可以按 SHIFT a b/c 键使分数结果在带分数与假分数之间切换，结果如图1-20右二图所示；或按 F-D 键使分数结果在当前分数显示格式与小数之间切换，结果如图1-20右图所示。

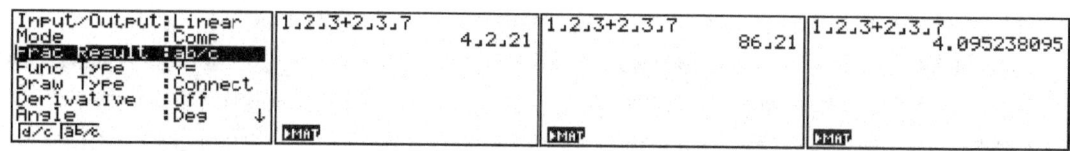

图1-20 设置分数结果为带分数显示、计算案例及其结果切换

请读者播放光盘"\操作视频\1.2\分数计算.avi"文件观看操作方法。

1.3 主存储器

fx-9860GⅡ主存储器容量约为62KB，主存储器中的存储器有很多种类型，本书只介绍字母变量存储器、函数存储器、答案存储器、串列存储器与矩阵存储器五类。其中串列存储器参见第1.7节，矩阵存储器参见第1.9节。

1）字母变量存储器

fx-9860GⅡ内置有 **A~Z**，**r**，θ 共 28 个字母变量存储器，按 Ⓐᴸᴾᴴᴬ 键加字母变量名键输入字母变量存储器名，例如按 Ⓐᴸᴾᴴᴬ Ⓐ 键为输入 **A**，按 Ⓐᴸᴾᴴᴬ ⓞ 键为输入 θ。

每个字母变量存储器固定占用 24 字节内存，28 个字母变量存储器固定占用 $24 \times 28 = 672$ 字节内存；后面将介绍的数值答案存储器 **Ans** 也占用 24 字节内存，一共占用 $672 + 24 = 696$ 字节。

每个字母变量存储器可以存储一个 15 位尾数加 2 位指数的数值，该数值可以是实数，也可以为复数。字母变量存储器的赋值命令为→，按 → 键输入→，字母变量存储器数值可以下传到 FA-124 中保存。

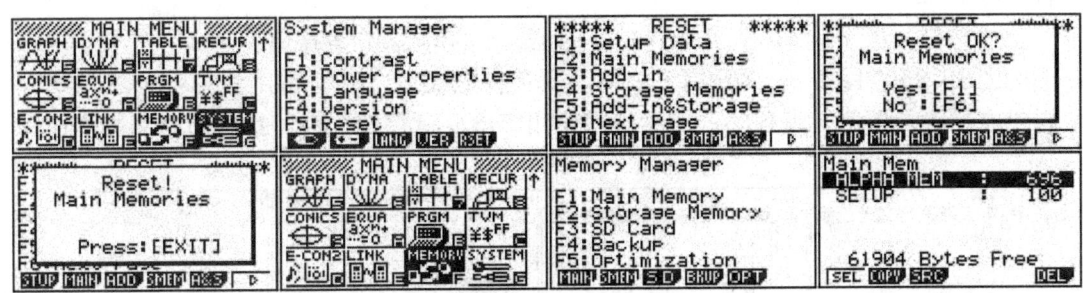

图 1-21 复位主存储器及其复位后的主存储器情况

例如，按 ᴹᴱᴺᵁ Ⓖ 键进入 **SYSTEM** 模式，按 Ⓕ⑤（**Reset**）Ⓕ②（**Main Memories**）Ⓕ①（**Yes**）ᴱˣᴵᵀ 键执行主存储器复位命令，操作过程如图 1-21 上方四幅图所示；按 ᴹᴱᴺᵁ Ⓕ 键进入 **MEMORY** 模式，按 Ⓕ①（**Main Memory**）键查看复位后的主存储器情况，结果如图 1-21 右下图所示。由图 1-21 右下图可知，复位主存储器后，字母变量存储器占用的 696 字节内存与设置占用的 100 字节内存没有释放，但 28 个字母变量存储器与答案存储器 **Ans** 全部被赋 0 值。

（1）字母变量存储器的赋值

28 个字母变量存储器都可以单独赋值，对于 **A~Z** 的 26 个字母变量存储器，还可以一次给多个相邻的字母变量存储器赋同一个值。

例如，按 ᴬᶜ/ᴼᴺ 5 ⊕ 6 → Ⓐᴸᴾᴴᴬ Ⓖ ᴱˣᴱ 键的结果如图 1-22 左图所示；按 ᴬᶜ/ᴼᴺ 7 ⊕ 8 → Ⓐᴸᴾᴴᴬ Ⓐ Ⓐᴸᴾᴴᴬ Ⓕ③（ ~ ）Ⓐᴸᴾᴴᴬ Ⓕ ᴱˣᴱ 键的结果如图 1-22 左二图所示，他是将 7+8 的计算结果同时赋值给 **A**、**B**、**C**、**D**、**E**、**F** 六个相邻的字母变量存储器。

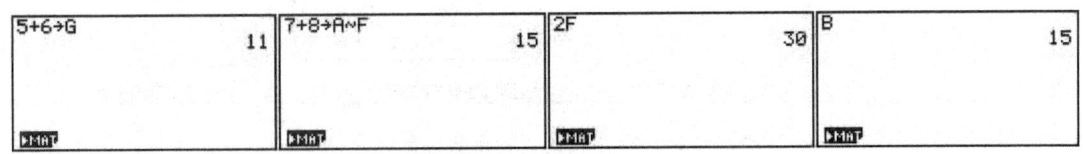

图 1-22 字母变量存储器赋值、使用及其显示案例

字母变量存储器的内容保持到重新为其赋值为止，按 ˢᴴᴵᶠᵀ ᴼᶠᶠ 键关机不改变其内容。

13

请读者播放光盘"\操作视频\1.3\字母变量存储器的赋值.avi"文件观看操作方法。

(2) 字母变量存储器的使用

在表达式和程序中可以直接使用字母变量存储器名,例如,当 **F** 变量存储器的值为 **15** 时,按 **2** ⒶⅬⲢⲎⲀ Ⓕ Ⓔ🄴 键的结果如图 1 - 22 右二图所示。

(3) 显示字母变量存储器的值

例如,按 ⒶⅬⲢⲎⲀ Ⓑ Ⓔ🄴 键为显示字母变量存储器 **B** 的数值,结果如图 1 - 22 右图所示。

(4) 清除字母变量存储器

按 ⓂⒺⲚⓊ Ⓕ 键进入 **MEMORY** 模式,光标位于 **ALPHA MEM** 行,按 Ⓕ1 (⌈SEL⌉) 键选择该行,按 Ⓕ6 (⌈DEL⌉) Ⓕ1 键为清除 28 个字母变量存储器,也即将其全部赋 0 值,操作过程如图 1 - 23 所示。

上述操作只能清除 28 个字母变量存储器,不能清除答案存储器 **Ans**。比较图 1 - 23 左图与图 1 - 23 右图可知,清除 28 个字母变量存储器后,其所占用的内存仍然是 696 字节,没有释放。因此,编程中,应尽量多使用字母变量存储器存储数值,以节约内存。

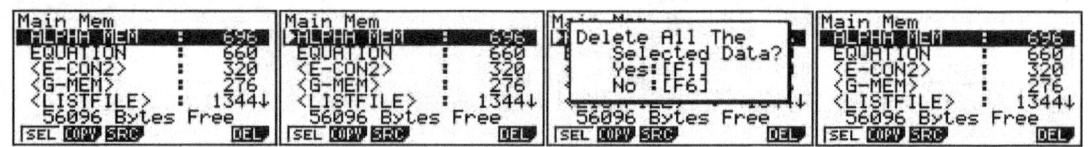

图 1 - 23 在 **MEMORY** 模式下清除字母变量存储器

2) 函数存储器

fx-9860G Ⅱ 内置了 20 个函数存储器 $f_1 \sim f_{20}$,函数存储器可用于输入表达式,在输入程序时也可以调用函数存储器的表达式到程序中,在 **RUN·MAT** 模式可以调用函数存储器进行计算。

(1) 存储表达式到函数存储器

例如,在 **RUN·MAT** 模式将函数 (A + G)(A - G) 存入函数存储器 f_{11} 的操作步骤为:按 Ⓐ🄲/🄾🄽 ⒧ ⒶⅬⲢⲎⲀ Ⓐ Ⓐ ⒶⅬⲢⲎⲀ Ⓖ ⒨ ⒶⅬⲢⲎⲀ Ⓐ ⊖ ⒶⅬⲢⲎⲀ Ⓖ ⒨ 键输入表达式,按 ⓄⲢⓉⓃ Ⓕ6 (⌈▷⌉) Ⓕ6 (⌈▷⌉) Ⓕ3 (⌈FMEM⌉) Ⓕ1 (⌈STO⌉) Ⓛ Ⓛ Ⓔ🄴 键将该表达式存入函数存储器 f_{11},操作过程如图 1 - 24 所示。按 Ⓔ🅇🄸🅃 键为退出图 1 - 24 右图的函数存储器界面。

图 1 - 24 存储表达式到函数存储器案例

也可以用赋值命令存储表达式到函数存储器。例如,将多重表达式 $(A + G)^2 \to H: H \div 2 \to I \blacktriangle$ 存入函数存储器 f_{12} 的操作步骤为:按 Ⓐ🄲/🄾🄽 ⒶⅬⲢⲎⲀ ⒯ ⒧ ⒶⅬⲢⲎⲀ Ⓐ ⊕ ⒶⅬⲢⲎⲀ Ⓖ ⒨ x^2

(→)(ALPHA)(H)(SHIFT)(PRGM)(F6)(▷)(F5)(:)(ALPHA)(H)(÷)(2)(→)(ALPHA)(I)(F6)(▷)(F6)(▷)(F5)(↵)(ALPHA)(")键输入双引号括弧的多重表达式,按(→)键输入赋值命令,按(OPTN)(F6)(▷)(F6)(▷)(F3)(FMEM)键调出函数功能菜单,按(F3)(fn)(1)(2)(EXE)键将该多重表达式存入 f_{12},操作过程如图 1-25 所示。

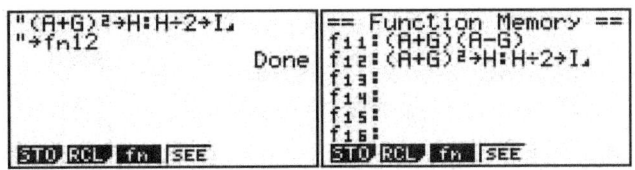

图 1-25 用赋值命令存储多重表达式到函数存储器案例

(2) 调用函数存储器

在 fx-9860GⅡ手工输入程序时,为了提高输入的效率,可以将程序中经常出现的语句段预先存入某个函数存储器,在需要时调用,此时,函数存储器相当于粘贴板的功能。

在 **RUN·MAT** 模式,可以执行函数存储器中表达式的值,但在调用函数存储器之前,应先为函数中的变量赋值。以图 1-24 的函数存储器 f_{11} 为例,假设在图 1-22 中已为 **G** 变量赋值 11,为 **A** 变量赋值 15,按(AC/ON)(OPTN)(F6)(▷)(F6)(▷)(F3)(FMEM)(F3)(fn)(1)(1)(EXE)键,结果如图 1-26 左图所示。

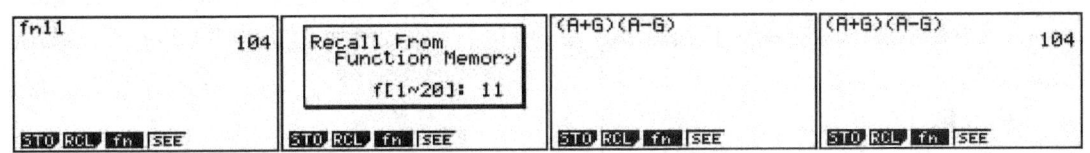

图 1-26 在 **RUN·MAT** 模式调用函数存储器的表达式计算案例

也可以按(AC/ON)(OPTN)(F6)(▷)(F6)(▷)(F3)(FMEM)(F2)(RCL)(1)(1)(EXE)键先调出 f_{11} 中的表达式内容,按(EXE)键计算函数 f_{11} 的值,操作过程如图 1-26 右三图所示。用户也可以根据需要修改调出的表达式后,再按(EXE)键计算。

(3) 显示函数存储器

按(OPTN)(F6)(▷)(F6)(▷)(F3)(FMEM)(F4)(SEE)键为显示函数存储器列表,如图 1-25 右图所示,再按(▼)或(▲)键向下或向上滚动屏幕查看。

(4) 删除函数存储器

按(EXIT)键退出函数存储器列表,按(OPTN)(F6)(▷)(F6)(▷)(F3)(FMEM)键调出函数存储器功能菜单,按(AC/ON)键清除屏幕,按(F1)(STO)(1)(1)(EXE)键为清除函数存储器 f_{11},或按(ALPHA)(")(ALPHA)(")(→)(F3)(fn)(1)(1)(EXE)键也可以清除函数存储器 f_{11}。

请读者播放光盘"\操作视频\1.3\函数存储器的使用.avi"文件观看操作方法。

3) 数值答案存储器 **Ans**

答案存储器又分为数值答案存储器、串列答案存储器与矩阵答案存储器三类,本节只介绍数值答案存储器的使用,串列答案存储器与矩阵答案存储器在其后相应章节介绍。

机器将最近一次数值表达式的计算结果存储在数值答案存储器 **Ans** 中，按 [SHIFT] [Ans] 键为输入 **Ans**。可以直接使用 +、−、×、÷ 四则运算或使用 B 型函数对答案存储器 **Ans** 的内容进行计算(也称连续计算)，如要使用 A 型或 C 型函数对 **Ans** 的数值进行计算，则应先输入函数，再按 [SHIFT] [Ans] 键调出 **Ans** 存储器的内容。有关 A、B、C 型函数的分类参见表 1–3，关机或按 [AC/ON] 键不会清除答案存储器的数值。

例如，先计算 **56 +74** 的值，然后用答案存储器计算其平方的值，最后用答案存储器计算其平方根的值。

按 **56** [+] **74** [EXE] 键，按 [x²] [EXE] 键，再按 [SHIFT] [√] [SHIFT] [Ans] [EXE] 键，操作过程如图 1–27 所示。

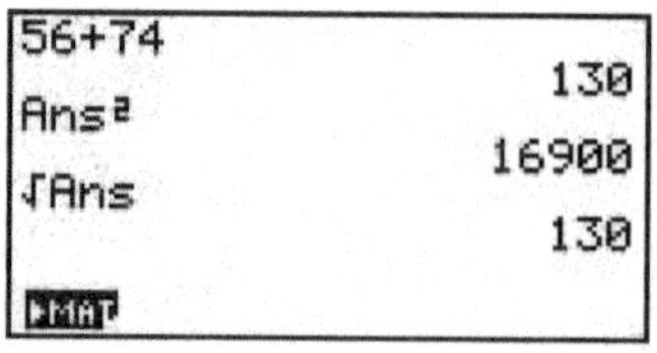

请读者播放光盘"\操作视频\1.3\数值答案存储器的使用.avi"文件观看操作方法。

图 1–27 数值答案存储器的使用

&用 B 型函数对数值答案存储器进行计算时，机器自动调出 **Ans** 符号。

1.4 角度设置与三角函数计算

如无特别说明，本节的案例均为在 **RUN·MAT** 模式下进行。

1) 角度设置

按 [SHIFT] [SETUP] 键调出模式设置菜单，按 [▼][▼][▼][▼][▼][▼] 键移动光标到 **Angle** 行(图 1–8 右二图)，按 [F1]([Deg])键为将角度单位设置为十进制度 **Deg**，或按 [F2]([Rad])键为将角度单位设置为弧度 **Rad**，或按 [F3]([Gra])键为将角度单位设置为公制度 **Gra**，完成角度单位设置后，按 [EXE] 或 [EXIT] 键退出设置菜单。

&中文彩色图形编程计算器 fx-CG20 有像 fx-5800P 那样的状态栏，而 fx-9860GⅡ没有状态栏，所示，无法从屏幕的显示状态判断已设置的当前角度单位。

2) 三角函数计算

fx-9860GⅡ没有像 fx-5800P 那样的六十进制角度输入键 [°'"]，当需要输入六十进制角度时，应按 [OPTN] [F6]([▷]) [F5]([ANGL]) 键调出角度功能菜单，按 [F4]([°'"]) 键输入 ° 来分隔六十进制角度的度、分、秒值。

[例 1–5]　计算 sin61°6′16″的值，并用 $\sin^{-1}$ 检核计算结果的正确性。

[解]　按 [SHIFT] [SETUP] [▼][▼][▼][▼][▼][▼] [F1]([Deg]) [EXE] 键设置角度单位为十进制度 **Deg**；

按 [AC/ON] [sin] **61** [OPTN] [F6]([▷]) [F5]([ANGL]) [F4]([°'"])**6** [F4]([°'"])**16** [F4]([°'"]) [EXE] 键；

按 [SHIFT] [sin⁻¹] [SHIFT] [Ans] [EXE] 键，求出的角度值是以十进制度为单位，按 [F5]([°'"])键将其变换为六十进制角度为单位，操作过程如图 1–24 所示。

请读者播放光盘"\操作视频\1.4\[例 1–5]操作视频.avi"文件观看操作方法。

图 1-28 正、反三角函数计算案例

3) 六十进制角度与弧度的相互变换

[例 1-6] 将弧度 π÷6.16 变换为六十进制角度。

[解] 按 ⑤ⁿⁱᶠᵗ ⑤ᴱᵀᵁᴾ ▽ ▽ ▽ ▽ ▽ ▽ ⒡1 ([Deg]) ⒠ˣᴱ 键将角度单位设置为 **Deg**；
按 ᴬᶜ/ᴼᴺ ⒧ ⑤ⁿⁱᶠᵗ π ÷ **6.16** ⒭ ⒪ᴾᵀᴺ ⒡6 (▷) ⒡5 ([ANGL]) ⒡2 (ʳ) ⒠ˣᴱ 键，按
⒡5 ([ᵒ''']) 键将其变换为六十进制角度显示，操作过程如图 1-29 所示。

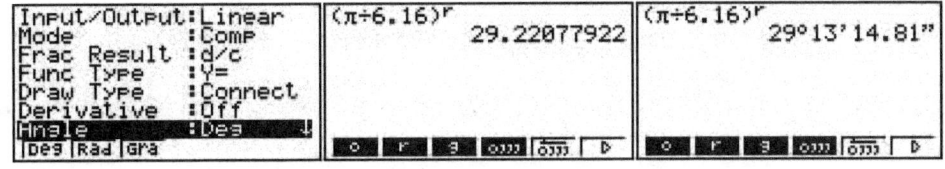

图 1-29 将弧度变换为六十进制角度案例

请读者播放光盘"\操作视频\1.4\[例 1-6]操作视频.avi"文件观看操作方法。

[例 1-7] 将六十进制角度 61°6′16″ 变换为弧度。

[解] 按 ⑤ⁿⁱᶠᵗ ⑤ᴱᵀᵁᴾ ▽ ▽ ▽ ▽ ▽ ▽ ⒡2 ([Rad]) ⒠ˣᴱ 键将角度单位设置为 **Rad**；
按 ᴬᶜ/ᴼᴺ **61** ⒪ᴾᵀᴺ ⒡6 (▷) ⒡5 ([ANGL]) ⒡4 (ᵒ''') **6** ⒡4 (ᵒ''') **16** ⒡4 (ᵒ''') ⒡1
(ᵒ) ⒠ˣᴱ 键，操作过程如图 1-30 所示。

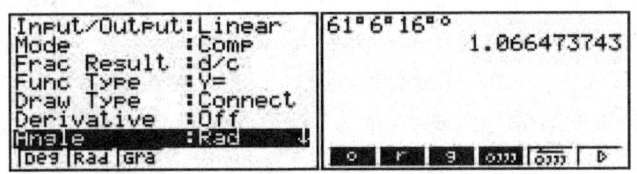

图 1-30 六十进制角度变换为弧度案例

请读者播放光盘"\操作视频\1.4\[例 1-7]操作视频.avi"文件观看操作方法。

4) 直角坐标与极坐标函数

极坐标函数 **Pol(** 与直角坐标函数 **Rec(** 位于功能菜单 [ANGL] 下，按 ⒪ᴾᵀᴺ ⒡6 (▷) ⒡5
([ANGL]) ⒡6 (▷) 键调出，如图 1-32 左图所示。

Pol(Δx, Δy) 为计算极坐标分量 r、θ，其中 r 值存储在串列答案存储器 **List Ans[1]** 单元，θ 值存储在 **List Ans[2]** 单元，称 θ 为辐角。按 ⑤ⁿⁱᶠᵗ ⒧ⁱˢᵗ 键输入 **List**，按 ⑤ⁿⁱᶠᵗ ⒜ⁿˢ 键输入 **Ans**。

在图 1-31 所示的高斯平面直角坐标系中，θ 的 0 方向为 +x 轴方向，取值范围为 0°~±180°。当坐标增量方向位于Ⅰ、Ⅱ象限时，θ > 0°；当坐标增量方向位于Ⅲ、Ⅳ象限时，θ < 0°。

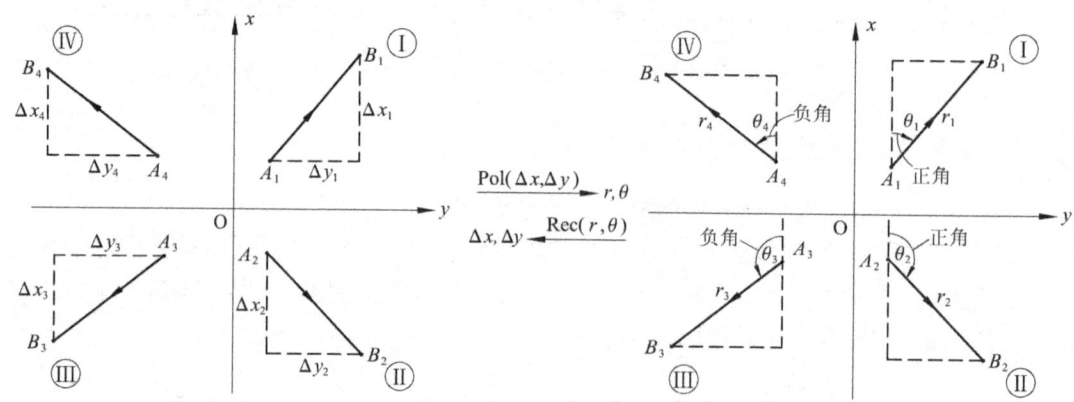

图 1-31　在高斯平面直角坐标系中 **Pol** 函数计算结果的意义

因此，辐角 θ 与其坐标方位角 α 的关系为：当 θ > 0°时，α = θ；当 θ < 0°时，α = θ + 360°。

Rec(r, θ)或者 **Rec**(r, α)为计算直角坐标分量 Δx、Δy，其中 Δx 值存储在 **List Ans[1]** 单元，Δy 值存储在 **List Ans[2]** 单元。

☞ 在 fx-5800P 中，**Pol**(Δx, Δy)或 **Rec**(r, θ)函数的计算结果分别存储在字母变量 **I** 与 **J** 中。

[例 1-8]　已知某边长的坐标增量分别为 Δx = 105.398 6、Δy = -74.968 2，试计算其水平距离和坐标方位角，要求角度单位为 **Deg**。

[解]　按 (SHIFT) (SETUP) (▼) (▼) (▼) (▼) (▼) (F1)(**Deg**) (EXE) 键将角度单位设置为 **Deg**；按 (AC^ON) (OPTN) (F6) (▷) (F5) (**ANGL**) (F6) (▷) (F1) (**Pol**) 105.3986 (,) -74.9682 ( )) (EXE) 键，计算结果存储在串列答案存储器中，如图 1-32 左二图所示，光标位于 **List Ans[1]** 单元，其值 **129.3410062** 为极坐标分量 r；按 (▼) 键移动光标到 **List Ans[2]** 单元，其值 **-35.42358396** 为极坐标分量 θ，它是以十进制度为单位的角度值。

图 1-32　使用极坐标函数 **Pol** 计算案例

因 **List Ans[2]** 单元的辐角 θ < 0°，所以还应加 360°才能得到边长的方位角。按 (AC^ON) 键清除屏幕，按 (SHIFT) (List) (SHIFT) (Ans) (SHIFT) ([ ) 2 (SHIFT) ( ]) (+) 360 (F3)(**DMS**) (EXE) 键计算边长的方位角，结果如图 1-32 右图所示。

请读者播放光盘"\操作视频\1.4\[例 1-8]操作视频.avi"文件观看操作方法。

☞ 也可以用功能菜单输入串列符 **List**，按 (OPTN) (F1)(**LIST**) (F1)(**List**)键输入 **List**。

[例1-9] 将水平距离为 $r=129.341$m、方位角为 $\alpha=324°34'35.1''$ 的极坐标变换为直角坐标。

[解] 按 [SHIFT] [SET UP] ▼ ▼ ▼ ▼ ▼ [F1] ([Deg]) [EXE] 键将角度单位设置为 **Deg**；
按 [AC^on] [OPTN] [F6] (▷) [F5] ([ANGL]) [F6] (▷) [F2] ([Rec]) 129.341 [,] 324 [F6] (▷) [F4] ([°''']) 34 [F4] ([°''']) 35.1 [F4] ([°''']) [)] [EXE] 键，计算结果存储在串列答案存储器中，如图1-33右二图所示，光标位于 **List Ans[1]** 单元，其值 **105.3985957** 为直角坐标分量 Δx，按 ▼ 键移动光标到 **List Ans[2]** 单元，其值 **-74.96819524** 为直角坐标分量 Δy。

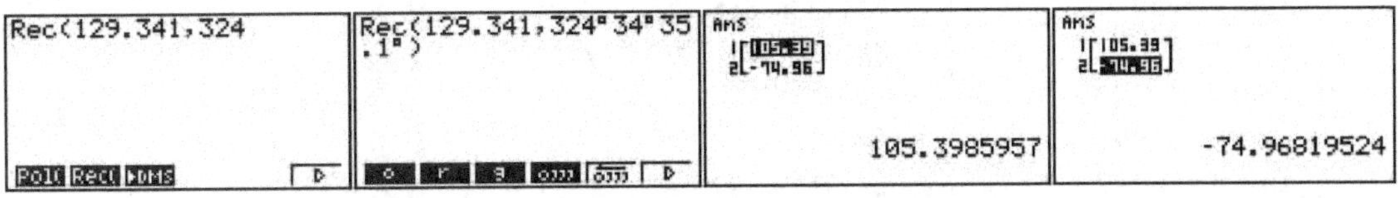

图 1-33 使用直角坐标函数 **Rec** 计算案例

请读者播放光盘"\操作视频\1.4\[例1-9]操作视频.avi"文件观看操作方法。

[例1-10] 编程计算表1-4中1号点分别至2、3、4、5号点的边长与方位角，要求方位角以六十进制角度显示。

表 1-4 计算边长与方位角案例

点号	x/m	y/m	边长起讫点号	D_{0j}/m	$\alpha_{0j}/°\ '\ ''$
1	2 543 885.634	483 114.471			
2	2 544 281.739	483 592.881	1→2	621.108 1	50°22'35.6''
3	2 543 356.668	483 419.507	1→3	610.616 1	150°01'46.09''
4	2 543 373.397	482 385.189	1→4	891.200 9	234°54'58.89''
5	2 543 968.103	483 005.750	1→5	136.460 2	307°10'54.11''

程序名：Q1V1，232字节，光盘源程序文件为"\1章\Q1V1.glm"。

程序	说明
"x/y →HD/α Q1V1"↵	显示程序标题
Deg:Fix4↵	设置角度单位与显示格式
"x_{star}(m)="?→A:"y_{star}(m)="?→B↵	输入起点 x，y 坐标
Lbl 0:"x_{end}(m),0⇒ end ="?→C↵	输入端点 x 坐标
C=0⇒Goto E↵	判断是否结束程序
"y_{end}(m)="?→D↵	输入端点 y 坐标
Pol(C-A,D-B)↵	计算平距与辐角
List Ans[2]→J:J<0⇒J+360→J↵	转换辐角为方位角
ClrTxet↵	清除屏幕
"HD(m)=": Locate 7,1, List Ans[1]↵	集中显示平距
"α =": Locate 7,2,"": J▶DMS◢	显示方位角
Goto 0↵	重复输入下一个端点的坐标
Lbl E:"Q1V1⇒End"	程序结束显示

按 MENU B 键进入 **PRGM** 模式，运行 Q1V1 程序，屏幕提示与用户操作过程如下：

屏幕提示	按键	说明
x/y→HD/α Q1V1		显示程序标题
$x_{star}(m)=?$	2543885.634 EXE	输入1号点坐标
$y_{star}(m)=?$	483114.471 EXE	
$x_{end}(m),0⇌end=?$	2544281.739 EXE	输入2号点坐标
$y_{end}(m)=?$	483592.881 EXE	
HD(m)=621.1081		显示1→2平距
α=50°22′35.6″	EXE	显示1→2方位角
$x_{end}(m),0⇌end=?$	2543356.668 EXE	输入3号点坐标
$y_{end}(m)=?$	483419.507 EXE	
HD(m)=610.6161		显示1→3平距
α=150°01′46.09″	EXE	显示1→3方位角
$x_{end}(m),0⇌end=?$	2543373.397 EXE	输入4号点坐标
$y_{end}(m)=?$	482385.189 EXE	
HD(m)=891.2009		显示1→4平距
α=234°54′58.89″	EXE	显示1→4方位角
$x_{end}(m),0⇌end=?$	2543968.103 EXE	输入5号点坐标
$y_{end}(m)=?$	483005.75 EXE	
HD(m)=136.4602		显示1→5平距
α=307°10′54.11″	EXE	显示1→5方位角
$x_{end}(m),0⇌end=?$	0 EXE	输入0结束程序
Q1V1⇌End		程序结束显示

请读者播放光盘"\操作视频\1.4\［例1-10］操作视频.avi"文件观看操作方法。

以为字母变量 **A** 输入数值为例，fx-5800P 有 **? A** 与 **?→A** 两种字母变量输入语句。当执行 **? A** 语句时，机器提示变量 **A** 的当前值，可以输入新数值后按 EXE 键，也可以直接按 EXE 键使用变量 **A** 的当前值；当执行 **?→A** 语句时，机器不提示变量 **A** 的当前数值，必须输入新数值后按 EXE 键，直接按 EXE 键机器不动作。

fx-9860GⅡ 只有 **?→A** 一种字母变量输入语句，因此执行程序 Q1V1 输入起点或端点的坐标时，程序不显示变量的当前值。

1.5 求解、微分、积分与求和计算

求解、微分、积分、最小、最大与求和函数位于功能菜单 **CALC** 下，按 OPTN F4 （**CALC**）键调出功能菜单，结果如图1-34所示。

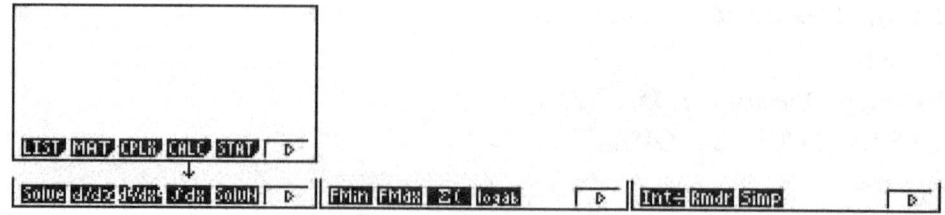

图1-34 **CALC** 功能菜单

除求和函数∑外，求解、微分、积分、最小、最大函数中的自变量只能是字母变量 **X**，当函数中出现其他变量 **A~Z**，**r**，**θ** 时，机器自动作为常数处理，计算时，用其当前值代入。按 X,θ,T 键或 ALPHA X 键输入 **X**。

1）求解——Solve

计算一元二次方程或一元三次方程 $f(x)=0$ 的实数解。

句法：**Solve(f(X), n, a, b)**

f(X) 不能含有 **Solve**、**d/dx**、**d²/dx²**、**FMin**、**FMax** 与 ∑ 函数，**n** 为解的初始估计值，**a** 为解的下限值，**b** 为解的上限值，要求 **a<b**，其中的 **n**、**a**、**b** 可以是数值，也可以为 **X** 以外的字母变量；也可以省略 **a**、**b** 值。

［例 1－11］ 已知一元二次方程 $2x^2+3x-4=0$ 两个解的近似值分别为 $X_1=0.8$，$X_2=-2$，试用 **Solve** 函数计算该方程解的精确值。

［解］ 按 AC/ON OPTN F4（CALC）F1（Solve）2 X,θ,T x² ＋ 3 X,θ,T － 4 , 0.8 ）EXE 键计算方程的第一个解，结果如图 1－35 左图所示；按 ◀ 键重演上述表达式，将解的初始估计值 **0.8** 修改为 **-2**，按 EXE 键计算方程的第二个解，结果如图 1－35 右图所示。

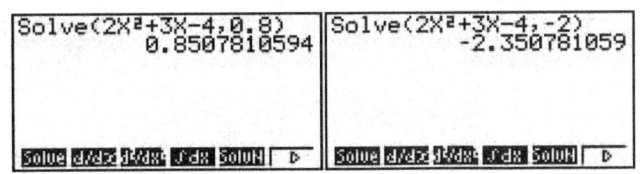

图 1－35　求一元二次方程的数值解案例

因为求解函数 **Slove** 要求预先知道解的初始估计值，所以，使用该函数解方程并不方便。

在 fx-9860GⅡ 的 **EQUA** 模式下，可以求一元二次～一元六次方程的解及求具有 2～6 个未知数的线性方程组的解。在 **EQUA** 模式下求解例 1－11 方程解的操作步骤如下：

按 MENU A 键进入图 1－36 左上图所示的 **EQUA** 模式，按 F2（POLY）F1（2）键选择一元二次方程，按 2 EXE 3 EXE －4 EXE 键输入方程式的三个系数值，按 F1（SOLV）或 EXE 键求方程的数值解，按 ▼ 键移动光标显示方程的第二个解，操作过程如图 1－36 所示。

图 1－36　在 **EQUA** 模式下求一元二次方程的数值解案例

请读者播放光盘"\ 操作视频\ 1.5\ [例1-11]操作视频.avi"文件观看操作方法。

[例1-12] 在 **EQUA** 模式下求一元三次方程 $x^3 + 2x^2 + 3x + 4 = 0$ 的三个解。

[解] 按 MENU A 键进入 **EQUA** 模式，按 F2（POLY）F2（3）键选择一元三次方程，按 **1** EXE **2** EXE **3** EXE **4** EXE 键输入方程式的四个系数值，按 SHIFT SET UP ▼ ▼ ▼ ▼ F2（a+bi）EXE 键设置复数模式为直角坐标格式，按 F1（SOLV）或 EXE 键求方程的数值解，结果如图1-37右图所示，该方程只有一个实数解，另外两个解为一对共轭复数解。

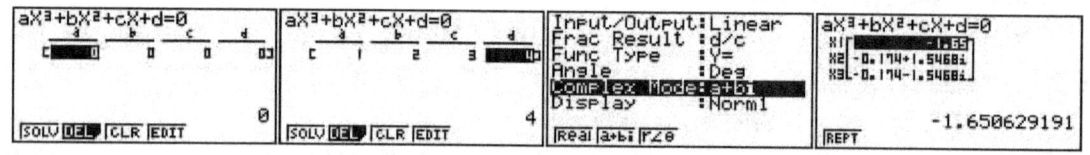

图1-37 **EQUA** 模式下解一元三次方程的数值解案例

按 EXIT 键返回图1-37左二图所示的界面，按 SHIFT SET UP ▼ ▼ ▼ ▼ F1（Real）EXE 键设置复数模式为实数格式，按 F1（SOLV）或 EXE 键求方程的实数解，操作过程如图1-38所示。

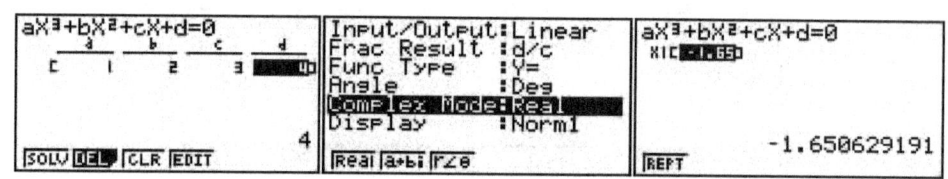

图1-38 在 **EQUA** 模式下求一元三次方程的实数解案例

请读者播放光盘"\ 操作视频\ 1.5\ [例1-12]操作视频.avi"文件观看操作方法。

2）微分

句法：一次微分 **d/dx(f(X), a, tol)**，二次微分 **d²/dx²(f(X), a, tol)**

f(X) 中不能含有 **Solve**、**d/dx**、**d²/dx²**、**FMin**、**FMax**、**Σ**、**RndFix**、$\log_a b$ 函数，**a** 为微分计算点，应为实数或 **X** 以外的字母变量；**tol** 为公差，是一个很小的数，如 1×10^{-5}，可以省略公差，当省略时，机器自动取一个适当的数作为 **tol**。当微分计算的函数式中包含有三角函数时，应将角度单位设置为弧度。

[例1-13] 分别计算标准正态概率密度函数 $f(x) = \dfrac{1}{\sqrt{2\pi}} e^{-\frac{x^2}{2}} dx$ 在 $x = 2$ 处的一次微分与二次微分值。

[解] 按 MENU 1 键进入 **RUN·MAT** 模式，按 AC/ON OPTN F4（CALC）F2（d/dx）1 a b/c SHIFT √ (2 SHIFT π) SHIFT e^x ((-) X,θ,T x² a b/c 2) , 2) EXE 键，结果如图1-39左图所示。

按 ▶ 键重演表达式，光标位于一次微分 **d/dx** 处，按 SHIFT INS 键将光标状态设置为覆盖模式，按 F3（d²/dx²）键将 **d/dx** 修改为 **d²/dx²**，按 EXE 键，结果如图1-39右图所示。

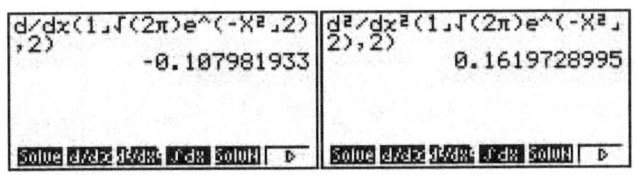

图1-39 一次微分与二次微分计算案例

请读者播放光盘"\操作视频\1.5\[例1-13]操作视频.avi"文件观看操作方法。

3）积分

fx-9860GⅡ只能使用高斯-克朗罗德法则计算函数的数值积分。

句法：∫ **(f(X), a, b, tol)**

f(X)中不能含有 **Solve**、**d/dx**、**d²/dx²**、**FMin**、**FMax**、**∑**、**RndFix**、**$\log_a b$** 函数，**a** 为积分下限，**b** 为积分上限，**a** 与 **b** 应为实数或 **X** 以外的字母变量，**tol** 为公差，是一个很小的数，如 1×10^{-5}，可以省略公差，当省略时，机器自动取一个适当的数作为 **tol**。当函数 **f(X)** 比较复杂时，积分计算可能需要较长时间，按 AC/ON 键为中断积分计算。当积分函数 **f(X)** 中含有三角函数时，应将角度单位设置为弧度。

[例1-14] 试计算 $\left.\dfrac{d^2 \sin x}{dx^2}\right|_{x=\frac{\pi}{3}}$ 与 $\int_0^\pi \sin x dx$ 的值。

[解] 按 SHIFT SET UP ▽ ▽ ▽ ▽ ▽ ▽ F2（Rad）EXE 键设置角度单位为弧度 **Rad**，结果如图1-40左图所示；按 AC/ON OPTN F4（CALC）F3（d²/dx²）sin X,θ,T , SHIFT π ÷ 3 ）EXE 键，结果如图1-40中图所示；按 OPTN F4（CALC）F4（∫dx）sin X,θ,T , 0 , SHIFT π ）EXE 键；结果如图1-40右图所示。

图1-40 在 **RUN·MAT** 模式下计算三角函数的微分与积分案例

请读者播放光盘"\操作视频\1.5\[例1-14]操作视频.avi"文件观看操作方法。

4）求和

计算数列函数 a_K 在变量 **K** 取值范围为 $\in (\alpha, \beta)$，步长为 **n** 的和。

句法：**∑(a_K, K, α, β, n)**

数列函数 a_K 中不能含有 **Solve**、**d/dx**、**d²/dx²**、**FMin**、**FMax**、**∑**、**RndFix**、**$\log_a b$** 函数，式中 **K** 为数列函数 a_K 中的唯一自变量，**K** 可以是 **A～Z** 变量中的任意字母，α 与 β 应为整数，且 α < β，当步长 **n=1** 时，可以省略 **n**。

[例 1-15] 计算 $\sum_{x=2}^{6} x^2 - 3x + 5$ 的值，步长 n = 1。

[解] 按 OPTN F4（CALC）F6（▷）F3（Σ（）X,θ,T
X² − 3 X,θ,T ＋ 5 , X,θ,T , 2 , 6) EXE 键，结果如图 1-41 所示。

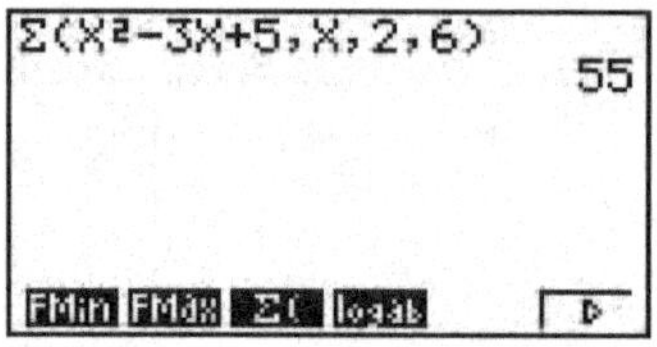

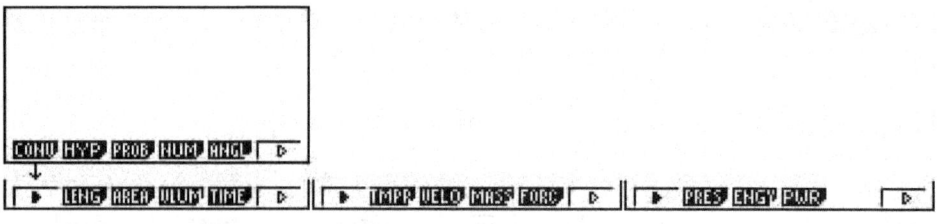

图 1-41 计算数列函数和案例

请读者播放光盘"\操作视频\1.5\[例 1-15]操作视频.avi"文件观看操作方法。

1.6 长度、面积、体积单位的换算

按 OPTN F6（▷）F1（CONV）键调出图 1-42 所示的单位功能菜单，共有 3 页功能菜单，按 F6（▷）键为向下循环翻页。本节只介绍第一页的长度、面积与体积单位功能菜单，其余如时间、温度、速度、质量、力、压力、能量与功率单位功能菜单请参见 fx-9860G Ⅱ 软件说明书。

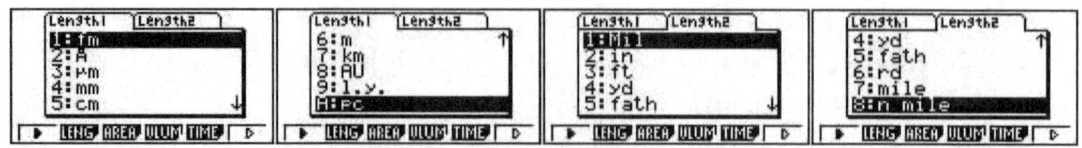

图 1-42 按 OPTN F6 F1 键调出的单位功能菜单

1) 长度单位功能菜单

按 OPTN F6（▷）F1（CONV）F2（LENG）键调出 10 个公制长度菜单（**Length1**），按 ▲ 键显示其余公制长度菜单，如图 1-43 左二图所示，按数字键 1 ~ 9 或字母键 A 选择单位，字母键 A 前不需要先按 ALPHA 键，也可以按 ▲ 或 ▼ 键移动光标到需要的长度单位按 EXE 键选择（后同）；继续按 ▶ 键调出 8 个英制长度菜单（**Length2**），按 ▲ 键显示其余英制长度菜单，如图 1-43 右二图所示，按数字键 1 ~ 8 选择单位，各种长度单位的意义列于表 1-5。

句法：[长度单位 1]▶[长度单位 2]，按 F1（▶）键输入单位转换命令▶。

图 1-43 公制与英制长度单位菜单

表1-5 长度单位的输入与意义

Length1			Length2		
选择键	屏幕显示	中文名	选择键	屏幕显示	中文名
①	[fm]	费米，1fm = 10^{-13}cm	①	[Mil]	千分之一寸，1Mil = 10^{-3}in
②	[Å]	埃	②	[in]	英寸
③	[μm]	微米	③	[ft]	英尺
④	[mm]	毫米	④	[yd]	码，1yd = 91.44cm
⑤	[cm]	厘米	⑤	[fath]	英寻(测水深单位)，1fath ≈ 6ft
⑥	[m]	米	⑥	[rd]	杆，1rd ≈ 5.5yd
⑦	[km]	公里	⑦	[mile]	英里，1mile = 1.609344km
⑧	[AU]	天文单位(日地平均距离)	⑧	[n mile]	海里，1n mile = 1.852km
⑨	[l.y.]	光年			
Ⓐ	[pc]	秒差距			

[例1-16] 试计算1AU等于多少km，1ft等于多少m。

[解] 按 SHIFT SETUP ▲ ▲ F3 (Norm) EXE 键设置数值显示格式为 **Norm1**，按 AC/ON **1** OPTN F6 (▷) F1 (CONV) F2 (LENG) ◀ **8** F1 (▷) F2 (LENG) **7** EXE 键，结果如图1-44左图所示，按 AC/ON **1** F2 (LENG) ▶ **3** F1 (▷) F2 (LENG) ◀ **6** EXE 键，结果如图1-44右图所示。

图1-44 长度单位换算案例

请读者播放光盘"\操作视频\1.6\[例1-16]操作视频.avi"文件观看操作方法。

2) 面积单位功能菜单

按 OPTN F6 (▷) F1 (CONV) F3 (AREA) 键调出图1-45左图所示的4个公制面积菜单(**Area1**)，按数字键①~④选择单位；继续按▶键调出图1-45右图所示的5个英制面积菜单(**Area2**)，按数字键①~⑤选择单位，各种面积单位的意义列于表1-6。

句法：[面积单位1]▶[面积单位2]，按 F1 (▷) 键输入单位换算命令▶。

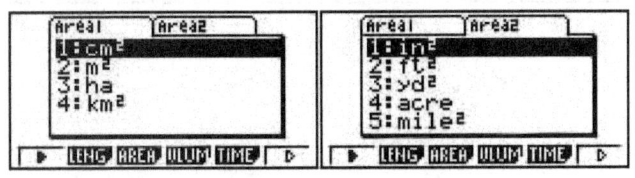

图1-45 公制与英制面积单位菜单

表1-6 面积单位的输入与意义

Area1			Area2		
选择键	屏幕显示	中文名	选择键	屏幕显示	中文名
①	[cm²]	平方厘米	①	[in²]	平方英寸
②	[m²]	平方米	②	[ft²]	平方英尺
③	[ha]	公顷，1ha = 10000m²	③	[yd²]	平方码
④	[km²]	平方公里	④	[acre]	英亩
			⑤	[mile²]	平方英里

[例1-17] 试计算1ha等于多少km²，1acre等于多少m²。

[解] 按 (AC/ON) 1 (OPTN) (F6) (▷) (F1) (CONV) (F3) (AREA) (◁) 3 (F1) (▷) (F3) (AREA) 4 (EXE) 键，结果如图1-46左图所示，按 (AC/ON) 1 (F3) (AREA) (▷) 4 (F1) (▷) (F3) (AREA) (◁) 2 (EXE) 键，结果如图1-46右图所示。

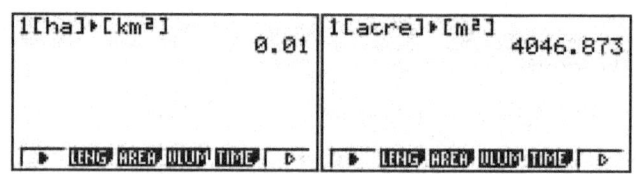

图1-46 面积单位换算案例

请读者播放光盘"\操作视频\1.6\[例1-17]操作视频.avi"文件观看操作方法。

3) 体积单位功能菜单

按 (OPTN) (F6) (▷) (F1) (CONV) (F4) (VLUM) 键调出10个公制与英制体积菜单（**Volume1**），按 ▲ 键显示其余公制与英制体积菜单，如图1-47左二图所示，按数字键 ① ~ ⑨ 或字母键 Ⓐ 选择单位；继续按 ▶ 键调出图1-47右图所示的5个医用体积菜单（**Volume2**），按数字键 ① ~ ⑤ 选择单位，各种体积单位的意义列于表1-7。

句法：[体积单位1]▶[体积单位2]，按 (F1) (▷) 键输入单位转换命令▶。

图1-47 公制、英制与医用体积单位菜单

表1-7 体积单位的输入与意义

Volume1			Volume2		
选择键	屏幕显示	中文名	选择键	屏幕显示	中文名
①	[cm³]	立方厘米	①	[pt]	品脱(医用)，1pt = 0.4731765L
②	[mL]	毫升	②	[qt]	夸脱(医用)，1qt = 0.9463529L
③	[L]	升	③	[tsp]	茶匙(医用)，1tsp = 4.928922mL
④	[m³]	立方米	④	[tbsp]	汤匙(医用)，1tbsp = 14.78676mL
⑤	[in³]	立方英寸	⑤	[cup]	杯(医用)，1cup = 0.2365882L
⑥	[ft³]	立方英尺			
⑦	[fl_oz(UK)]	盎司(英)			
⑧	[fl_oz(US)]	液量盎司(美)			
⑨	[gal(US)]	加仑(美)			
Ⓐ	[gal(UK)]	加仑(英)			

[例1-18] 试计算1L等于多少 m³，1gal(US)等于多少 1gal(UK)，1gal(US)等于多少 L。

[解] 按 AC/ON 1 OPTN F6（▷）F1（CONV）F4（VLUM）◁ 3 F1（▷）F4（VLUM）④ EXE 键，结果如图1-48左图所示；按 AC/ON 1 F4（VLUM）⑨ F1（▷）F4（VLUM）Ⓐ EXE 键，结果如图1-48中图所示，按 ◁ DEL F4（VLUM）③ EXE 键，结果如图1-48右图所示。

图1-48 体积单位换算案例

请读者播放光盘"\操作视频\1.6\[例1-18]操作视频.avi"文件观看操作方法。

1.7 STAT模式及统计回归计算

按 MENU ② 键进入图1-49所示的 STAT 模式界面。STAT 模式由串列与功能菜单组成，串列用于存储用户输入的数据，通过操作功能菜单对串列数据进行统计与回归计算。

串列是用于存储多个数据项的表列存储器，每个串列单元可以存储一个15位尾数加2位指数的实数，或存储一个复数。每存储一个实数需要占用12字节内存，每存储一个复数需要占用24字节内存。

用 fx-9860GⅡ 编写大型程序时，仅仅使用 $A \sim Z$，r，θ 等28个字母变量存储器是远远不够的。例如，工程编程计算器 fx-5800P 除了有26个字母变量存储器 $A \sim Z$ 外，还可

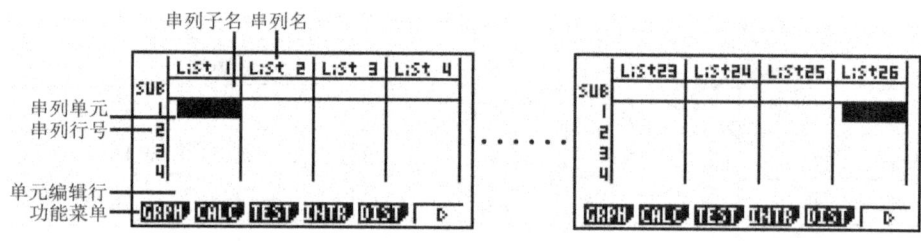

图 1-49 **STAT** 模式界面

以通过执行 **n ➔ DimZ** 语句定义 n 个额外变量存储器，额外变量存储器名为 Z[1]，Z[2]，…，Z[n]，或者使用三个统计串列 List X，List Y，List Freq 存储程序运行数据，而图形编程计算器 fx-9860GⅡ只有 28 个字母变量存储器 **A ~ Z，r，θ**，不能定义额外变量存储器，如要编写大型程序，只能使用串列存储程序运行的数据。

fx-5800P 只有 List X，List Y 与 List Freq 三个统计串列，而 fx-9860GⅡ内置了 File 1 ~ File 6 六个串列文件，每个串列文件又内置了 26 个串列 List 1 ~ List 26，也即用户共可以使用 26×6=156 个串列存储数据。由于 fx-9860GⅡ可以通过通信软件 FA-124 与 PC 机通信，串列数据可以上传到 FA-124 中并输出为 CSV 格式的逗号分隔文件保存。

众所周知，可以用 MS-Excel 打开与编辑 CSV 格式文件，也可以在 MS-Excel 输入串列数据，并另存为 CSV 格式文件。在 MS-Excel 中，A ~ Z 列的数据与 fx-9860GⅡ串列中的 List 1 ~ List 26 列的数据相对应。

在 fx-9860GⅡ程序中，可以通过执行 **n ➔ Dim List 1** 语句定义串列 List 1 的维数为 n，用于存储 n 个数值，n 的值最大可以为 999。当每个串列单元都存储一个实数时，定义 List 1 为 999 行需要占用 999×12=11988 字节内存，若将 List 1 ~ List 6 都定义为 999 行，则需要占用 6×999×12=71928 字节内存，这显然已经超出了机器可供用户使用的最大内存数 61904 字节（图 1-21 右下图）。因此，编程时应根据计算的需要定义各串列的维数，当程序不再需要已定义的串列时，应执行 **ClrList m** 语句清除 List m 串列的定义（m 为 1 ~ 26 间的任意整数），以释放被 List m 串列占用的内存空间。

1）单变量统计计算

（1）在 **STAT** 模式下进行单变量统计计算

［例 1-19］ 用 50m 钢尺丈量某段距离 7 次，其长度分别为 49.988m、49.988m、49.975m、49.981m、49.978m、49.987m、49.984m，求该距离的平均值、一次丈量的样本中误差与平均值的中误差。

［解］ 按 (MENU) (1) 键进入 **RUN·MAT** 模式，按 (SHIFT) (PRGM) (F6) (▷) (F1) (**CLR**) (F3) (**List**) (EXE) 键执行 ClrList 命令，清除当前串列文件，结果如图 1-50 左上图所示。

按 (MENU) (2) 键进入 **STAT** 模式，光标自动位于 List 1[1] 单元，如图 1-50 左上二图所示。

按 **49.988** (EXE) 键输入第一个长度值，按 (▶) 键移动光标到 List 2[1] 单元，按 **2** (EXE) 键输入第一个长度值的频率；按 (◀) 键移动光标到 List 1[2] 单元，按 **49.975** (EXE) **49.981** (EXE) **49.978** (EXE) **49.987** (EXE) **49.984** (EXE) 键依次输入余下的 5 个长度值，按 (▶) 键移动光

标到 List 2[2]单元，按 **1** EXE **1** EXE **1** EXE **1** EXE **1** EXE 键依次输入余下 5 个长度值的频率，结果如图 1 – 50 右上二图所示。

按 F2（CALC）键进入图 1 – 50 右上图所示的统计功能菜单。

按 F6（SET）F1（LIST）**1** EXE 键，设置单变量观测值串列为 List 1；按 ▼ 键移动光标到频率行"1Var Freq"，按 F2（LIST）**2** EXE 键，设置单变量观测频率值串列为 List 2；结果如图 1 – 50 左下图所示，按 EXE 键返回图 1 – 50 右上图的统计功能菜单。

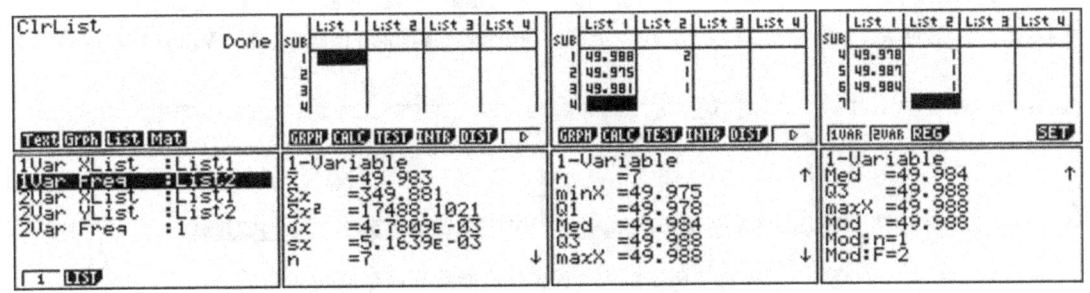

图 1 – 50　在 **STAT** 模式下进行单变量统计计算案例

按 F1（1VAR）键进行单变量统计计算，结果如图 1 – 50 左下二图所示，按 ▼ 键向下移动光标显示其余结果。

由图 1 – 50 左下二图可知，7 次距离的平均值为 $\bar{x} = 49.983$ m，每次丈量的样本中误差 $sx = \pm 5.1639 \times 10^{-3}$ m = 5.1639mm。

根据误差理论，7 次距离平均值中误差的计算公式为 $m_{\bar{x}} = \dfrac{sx}{\sqrt{n}}$，计算 $m_{\bar{x}}$ 的操作步骤为：按 MENU **1** 键进入 **RUN·MAT** 模式，按 VARS F3（STAT）F1（X）键调出单变量统计变量功能菜单，按 F6（▷）F1（SX）÷ SHIFT √ F6（▷）F1（n）EXE 键计算 7 次距离平均值的中误差，操作过程如图 1 – 51 所示。

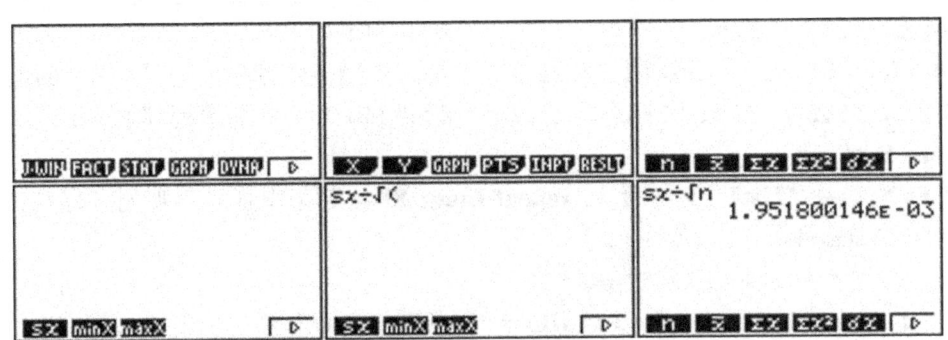

图 1 – 51　在 **RUN·MAT** 模式下计算平均值的中误差

请读者播放光盘"\ 操作视频 \ 1.7 \ [例 1 – 19]操作视频 . avi"文件观看操作方法。

（2）编程进行单变量统计计算

上述案例是在 **STAT** 模式下完成单变量统计计算后，再进入 **RUN·MAT** 模式计算样本平均值的中误差。实际上，可以在 **PRGM** 模式下编程进行单变量统计计算，这就需要在程序中用语句完成样本数据串列的设置及统计计算。

① 单变量统计计算语句

句法 1：**1 - Variable List X, List Freq**

句法 2：**1 - Variable List X, 1**

其中 **X =1～6**，为 X 观测值串列号，**Freq =1～6**，为频率值串列号。句法 2 适用于频率均为 1 的单变量统计计算。

在 **PRGM** 模式的程序编辑状态下，按 (F4)(MENU) (F1)(STAT) (F6)(CALC)键调出如图 1-52 右图所示的统计计算语句功能菜单，按 (F1)(1VAR)键输入 **1 - Variable** 语句。

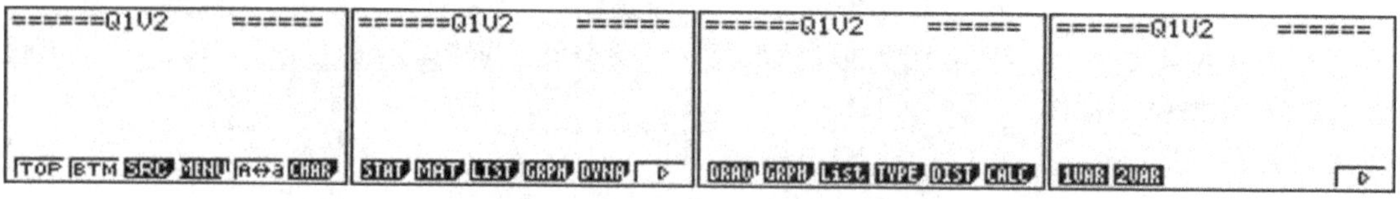

图 1-52　在 **PRGM** 模式下输入统计计算命令的功能菜单

② 单变量统计变量的输入

按 (VARS) (F3)(STAT) (F1)(X)键调出单变量统计变量功能菜单，操作过程如图 1-51 所示。

③ 程序案例

下面的程序 Q1V2 能自动计算单变量观测的平均值、一次观测样本中误差与平均值的中误差。

程序名：Q1V2，384 字节，光盘源程序文件为"\1 章\Q1V2.glm"。

程序	说明
"x/Freq⇒x̄/sx/m/x̄ Q1V2"↵	显示程序标题
LblX:"List X(1～6)="?→X↵	输入观测值串列号
If Frac X≠0 Or X<1 Or X>6↵	判断输入观测值串列号是否合法
Then "repeat input X!": Goto X: IfEnd↵	观测值串列号非法时重新输入观测值串列号
"D(m)"→List X[0]↵	赋观测串列子名
LblF:"List Freq(1～6),<0⇒1="?→F↵	输入观测值的频率串列号，<0 的数为 1
If F<0: Then 1 - Variable List X, 1↵	设置 List X 为观测串列/频率为 1
Goto S: IfEnd↵	
If F=X: Then "ListFreq=List X, repeat input X!"↵	频率串列号 = 观测串列号时重输
Goto F: IfEnd↵	
If Frac F≠0 Or F<1 Or F>6↵	
Then "repeat input F!": Goto F: IfEnd↵	频率串列号非法时重新输入频率串列号
"Freq"→List F[0]↵	赋频率串列子名
1 - Variable List X, List F↵	设置 List X 为观测串列/List F 为频率串列
Lbl S: Norm 1: ClrText↵	清除屏幕
"n =": Locate 9, 1, n↵	显示样本数
Fix 4:"x̄(m)=": Locate 9, 2, x̄↵	显示样本平均值
"sx(mm)=": Locate 9, 3, 1000sx↵	显示样本中误差

"m x̄(mm)=": Locate 9, 4, 1000sx ÷ √ n ↵   显示样本平均值的中误差
"Q1V2 ⇌ End"   程序结束显示

假设样本观测值已输入 List 1 串列，频率已依次输入 List 2 串列；按 MENU B 键进入 **PRGM** 模式，执行 Q1V2 程序，屏幕提示与用户操作过程如下：

屏幕提示	按键	说明
x/Freq⇌x̄/sx/mx̄ Q1V2		显示程序标题
List X(1~6)=?	1 EXE	输入观测值串列号
List Freq(1~6), 0⇌1 =?	2 EXE	输入频率串列号
n =7		显示样本数
x̄(m)=49.9830		显示样本平均值
sx(mm)=5.1640		显示样本中误差
m x̄(mm)=1.9518		显示平均值中误差
Q1V2 ⇌ End		程序结束显示

执行 Q1V2 程序的屏幕显示过程如图 1-53 所示，程序执行一次后，自动为观测值串列与频率串列添加子名，结果如图 1-53 右图所示。

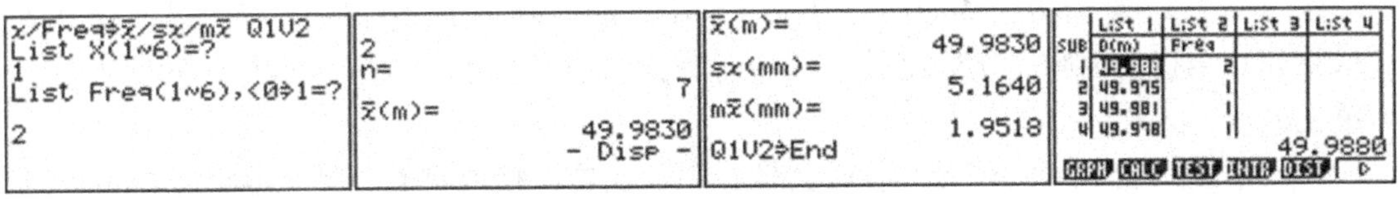

图 1-53 执行程序 Q1V2 计算例 1-19 的操作过程

请读者播放光盘"\操作视频\1.7\［例1-20］Q1V3 程序计算操作视频.avi"文件观看操作方法。

2) 串列的显示与基本设置

在 **STAT** 模式，用户可以"开/关"串列子名行，设置当前串列文件、串列单元的数值显示格式与角度单位。

(1) 串列子名显示(**Sub Name**)

如图 1-53 右图所示，串列子名是用于说明串列数据意义的字符串，是否为串列输入子名字符或串列子名是否打开对统计计算结果的正确性没有影响。为一个已定义维数的串列赋子名，对串列的数据没有影响；为一个没有定义维数的空串列赋子名，则该串列的维数自动变为 1，且第一行单元［1］的数值自动赋缺省值 0。

串列子名字符串最多为 8 位字符，凡是按键可以输入的字符都可以作为子名字符，通过执行程序为串列子名赋字符串，还可以输入更加丰富的字符作为串列子名。串列子名的单元号为［0］，在程序中应使用字符串赋值语句为串列子名赋值。例如，为 List 3 子名赋字符串"**sin 1234567**"的语句为

"sin 1234567"→List 3[0]

这里的 **sin** 为按 sin 键输入的正弦函数 **sin** 符号，机器将 **sin** 作为一个字符看待。

可以根据需要打开或关闭串列子名。按 MENU ② 键进入 **STAT** 模式，当串列子名行为"开"时，屏幕只能显示 List 1 ~ List 4 串列 4 行单元的内容，如图 1 - 54 左上图所示；按 SHIFT SETUP ▼ ▼ ▼ F2（Off）EXE 键为关闭串列子名，此时，屏幕显示 List 1 ~ List 4 串列 5 行单元的内容，结果如图 1 - 54 右上图所示。关闭串列子名只是不显示串列子名行，并没有删除串列子名中的字符串，只需再次打开即可显示串列子名中的字符串。

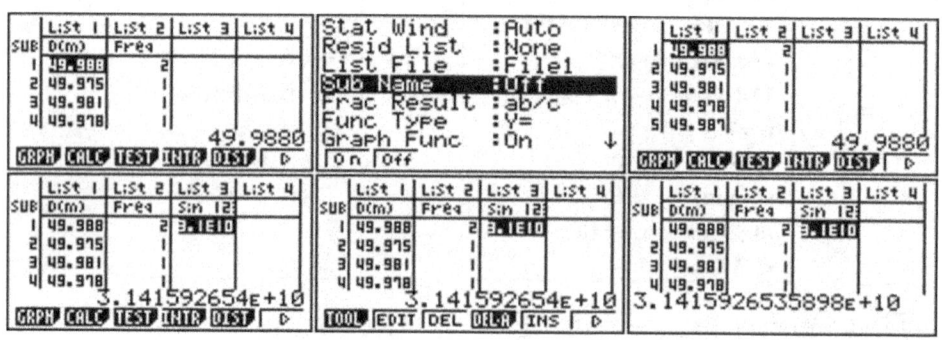

图 1 - 54　开/关串列子名和以 15 位数显示串列单元数值的操作过程

按 ◀ 或 ▶ 键为横向移动光标显示其余串列的内容，按 ▼ 或 ▲ 键为纵向移动光标显示串列其余行的内容。功能菜单上面一行称为当前串列单元内容显示与单元编辑行，简称单元编辑行。

串列单元只显示 6 位数字，包括负号、小数点位与指数符 **E**，单元编辑行最多可以 10 位尾数加 2 位指数显示当前单元数值，而在主存储器中却是以 15 位尾数加 2 位指数存储串列单元的数值，串列数值计算也是按此精度进行。若将串列数据下传到 FA-124 中，每个单元值都是 15 位尾数加 2 位指数的完整数值。

例如，移动光标到 List 3[1] 单元，按 SHIFT π × ① EXP ① ⓪ EXE 键在该单元输入表达式 $\pi \times 10^{10}$，再按 ▲ 键移动光标到 List 3[1] 单元，按 F6（▷）（EDIT）键即可以 15 位尾数及 2 位指数显示，操作过程如图 1 - 54 下图所示。

（2）设置当前串列文件（**List File**）

在 **STAT** 模式下，按 SHIFT SETUP 键调出图 1 - 55 左二图所示的设置菜单，按 ▼ ▼ 键移动行光标到 **List File** 行，按 F1（FILE）② EXE EXE 键为选择 File 2 为当前串列文件，操作过程如图 1 - 55 所示。机器内置有 File 1 ~ File 6 六个串列文件，按 ① ~ ⑥ 键选择。用户只能在 File 1 ~ File 6 六个串列文件中选择一个串列文件为当前串列文件。

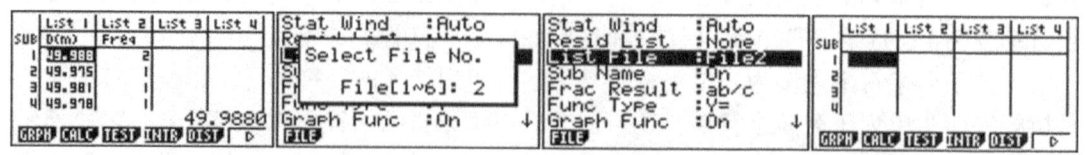

图 1 - 55　设置 **File 2** 为当前串列文件的操作过程

（3）分数显示（**Frac Result**）

按 MENU ② 键进入 **STAT** 模式，按 SHIFT SETUP ▼ ▼ ▼ ▼ 键移动行光标到 **Frac Result**

行,按 F1(d/c) EXE EXE 键为设置假分数格式显示;光标位于在 List 1[1]单元,按 **25** ┘ **3** EXE 键输入一个假分数,结果如图 1-56 左二图所示;按 SHIFT SETUP ▼ ▼ ▼ ▼ F2 (ab/c) EXE EXE 键设置带分数格式显示,结果如图 1-56 右图所示。

由图 1-56 可知,不同的分数显示格式,只影响串列单元编辑行的数值显示,而串列单元的数值总是以小数格式显示。

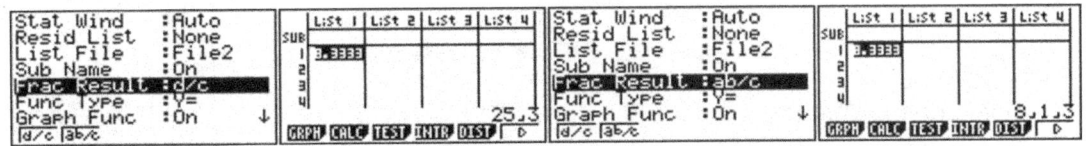

图 1-56　设置假分数与带分数显示格式的比较

(4) 角度单位(**Angle**)

当需要使用串列单元的数值进行三角函数计算时,应根据需要设置串列单元的角度单位。在 **STAT** 模式下,按 SHIFT SETUP ▲ ▲ ▲ ▲ ▲ ▲ ▲ 键移动行光标到 **Angle** 行,按 F1(Deg)键为设置角度单位 **Deg**,按 F2(Rad)键为设置角度单位 **Rad**,按 F3(Gra)键为设置角度单位 **Gra**,如图 1-57 左图所示。

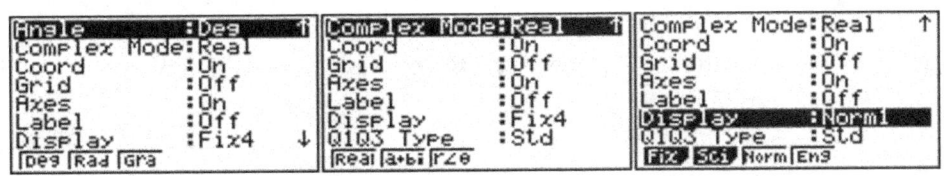

图 1-57　设置角度单位、复数显示格式、数值显示格式界面

(5) 复数模式(**Complex Mode**)

当需要存储复数到串列单元时,应根据需要设置复数模式。在 **STAT** 模式下,按 SHIFT SETUP ▲ ▲ ▲ ▲ ▲ ▲ 键移动行光标到 **Complex Mode** 行,按 F1(Real)键为设置复数模式为实数显示,按 F2(a+bi)键为设置复数模式为直角坐标格式显示,按 F3(r∠θ)键为设置复数模式为极坐标格式显示,如图 1-57 中图所示。

(6) 数值显示格式(**Display**)

在 **STAT** 模式下,按 SHIFT SETUP ▲ ▲ 键移动行光标到 **Display** 行,按 F1(Fix)0 ~ 9 EXE 键为设置固定小数位格式显示,按 F2(Sci)0 ~ 9 EXE 键为设置固定数据位科学格式显示,按 F3(Norm)键为在 **Norm1** 与 **Norm2** 格式间切换,按 F4(Eng)键为添加工程格式显示,如图 1-57 右图所示。

3) 串列的定义与单元值的输入

(1) **STAT** 模式数值的输入方法

在 **STAT** 模式,可以移动光标到串列子名单元、串列名或串列单元上。

以 List 1 为例,当串列子名打开、光标位于 List 1[1]单元时,按 ▲ 键移动光标到子名 List 1[0]单元,按 SHIFT A-LOCK Y E A R EXE 键为输入子名字符 **YEAR**,光标自动下移到 List 1[1]单元，结果如图 1-58 左图所示；按 **2011** EXE **2012** EXE **2013** EXE 键输入 3 个数值的同时，也将 List 1 的维数定义为 3，结果如图 1-58 左二图所示。

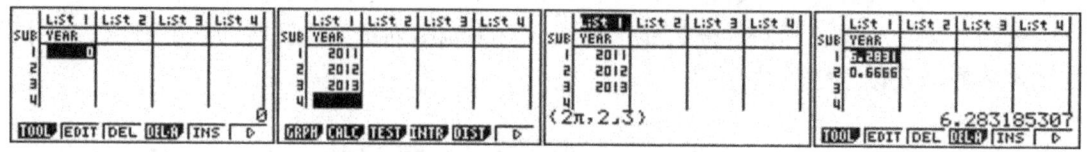

图 1-58 输入串列子名与单元数值的方法

当光标位于串列名 List n 时(n 为 1~26)，可以按{a, b, c, …}格式批量输入多个数据到当前串列，此时，串列的维数为{}内逗号分隔数据的个数，其中的 a, b, c, …分别为数值表达式或数值。

例如，移动光标到子名 List 1[0]，再按 ▲ 键移动光标到 List 1 名，按 SHIFT { 2 SHIFT π , 2 ⌐ 3 SHIFT } 键，结果如图 1-58 右二图所示，按 EXE 键将表达式{2 π, 2 ⌐ 3}算出的 2 个数值分别存入 List 1[1]与 List 1[2]单元，List 1 原有的维数定义及数据被清除，同时也将 List 1 的维数定义为 2，如图 1-58 右图所示。

(2) **RUN·MAT** 模式与程序中定义串列的方法

在 **RUN·MAT** 模式，执行 **n →Dim List m** 语句定义串列 List m 的维数为 n，其 n 个串列单元的缺省值均为 0；或执行**{a, b, c, …}→List m** 语句定义串列维数的同时为串列单元赋值，其中 m = 1~26, n = 1~999, **a, b, c,** …分别为数值或表达式，其个数应≤999。

也可以为没有定义维数的串列，按 [1], [2], [3], …的顺序分别赋值。例如，在 **RUN·MAT** 模式，执行下列语句是为空串列 List 3 的前三个单元分别赋值 7, 8, 9。

ClrList 3:7 →List 3[1]:8 →List 3[2]:9 →List 3[3]

但执行如下语句

ClrList 3:7 →List 3[2]:8 →List 3[3]:9 →List 3[4]

时，屏幕将显示错误信息"**Dimension ERROR**"。

4) **STAT** 模式串列数值的编辑方法

按 MENU 2 键进入 **STAT** 模式，按 F6 (▷)键翻页到二页功能菜单，如图 1-59 右图所示，该页菜单命令的功能是编辑串列数据。

(1) TOOL 命令

按 F1 (TOOL)键调出图 1-59 右下图所示的功能菜单。

① SRT·A 命令

对用户选择的若干个(最多为 6 个)维数相同的串列数值、以其中指定的串列为基础排升序。例如，图 1-60 左上图已在 List 1, List 2 与 List 4 串列分别输入了 4 行数据，以 List 2 的数据为基础，对这三个串列的数据排升序的操作方法为：

按 F1 (SRT·A) 3 EXE 键输入需要排升序的串列数为 3(最大允许串列数为 6)，按 2 EXE 键选择排升序的基础串列(Base List)为 List 2，按 1 EXE 键输入第二个串列 List 1，按 4 EXE 键输入第三个串列 List 4，结果如图 1-60 右下图所示。

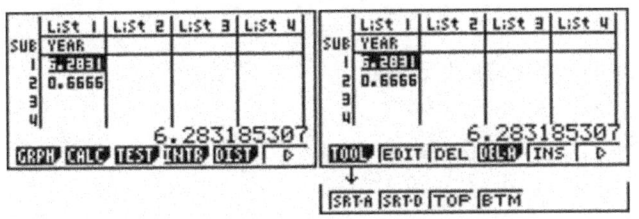

图 1-59 **STAT** 模式功能菜单

在程序中，执行 **SortA(List 2, List 1, List 4)** 语句为完成上述相同的操作，**SortA(** 后的串列数最多允许为 6 个，在程序编辑模式，按 F4（MENU）F3（LIST）F1（SRT-A）键输入排升序函数符 **SortA(**。

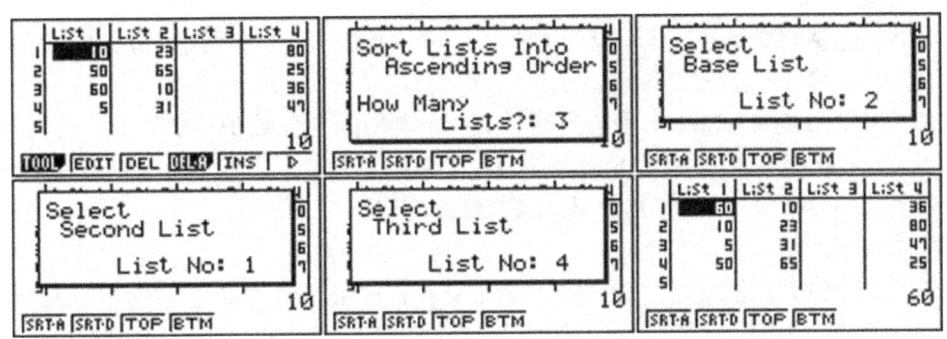

图 1-60 对 List 1、List 2、List 4 串列数据排升序的操作方法

② SRT-D 命令

对用户选择的若干个(最大允许串列数为 6)维数相同的串列数值，以其中指定的串列为基础排降序。

例如，对图 1-61 左上图 List 1，List 2 与 List 4 串列数据排降序的操作方法为：按 F2（SRT-D）3 EXE 2 EXE 1 EXE 4 EXE 键，结果如图 1-61 右下图所示。

在程序中，执行 **SortD(List 2, List 1, List 4)** 语句为完成上述相同的操作，**SortD(** 后的串列数最多允许为 6 个，在程序编辑模式，按 F4（MENU）F3（LIST）F2（SRT-D）键输入排降序函数符 **SortD(**。

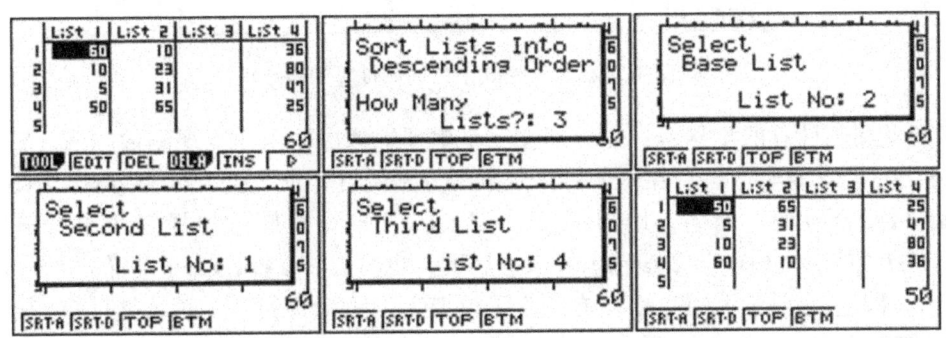

图 1-61 对 **List 1**，**List 2**，**List 4** 串列数据排降序的操作方法

③ TOP 命令

将光标快速移动到所在串列的第一单元。

④ BTM 命令

将光标快速移动到所在串列的最后一个单元。

（2）EDIT 命令

编辑光标所在串列单元的数值，此时，串列数值最多可以 15 位尾数加 2 位指数显示，案例如图 1-54 右下图所示。完成编辑后按 EXE 键保存编辑后的数值到当前单元。

（3）DEL 命令与按 DEL 键

按 F3（DEL）键（或按 DEL 键）为删除光标所在串列单元的数值，该单元下面的数值自动向上移动一个单元，光标所在串列的维数自动减 1。

（4）DEL·A 命令

按 F4（DEL·A）F1 键为清除光标所在串列的全部数值（含串列子名），同时也清除了该串列的定义，使其变成空串列。

在程序中，执行 **ClrList n** 语句为删除 List n 串列的全部数值（含串列子名），n = 1 ~ 26；执行 **ClrList** 语句为删除当前串列文件的全部数值（含串列子名），按 SHIFT PRGM F6（▷）F1（CLR）F3（List）键输入 **ClrList** 语句。

（5）INS 命令

每按 F5（INS）键一次，为在光标处插入一个其缺省值为 0 的空单元，光标下面的单元数值自动向下移动一行，该串列的维数自动增加 1。

5）双变量统计与回归计算

双变量回归计算也是在 **STAT** 模式下进行。按 MENU ② 键进入 **STAT** 模式，按 F2（CALC）键调出图 1-62 左上图所示的统计与回归计算功能菜单。

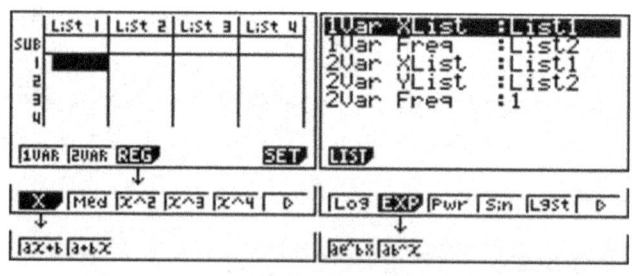

图 1-62　**STAT** 模式下的回归计算功能菜单

双变量回归计算的步骤是：先分别在三个串列中依次输入样本观测数据 **X**，**Y** 及其频率 **Freq**，按 F6（SET）键，在图 1-62 右上图分别设置样本数据 **2Var XList**，**2Var YList** 与 **2Var Freq** 所在的串列名，用户可以在 List 1 ~ List 6 中任意选择三个串列分别作为 **2Var XList**，**2Var YList** 与 **2Var Freq** 数据串列，也可以将 **2Var Freq** 设置为 1，按 EXE 键返回图 1-62 左上图所示的功能菜单，按 F2（2VAR）键为进行双变量统计计算，或按 F3（REG）键调出图 1-62 下图所示的回归模型功能菜单，根据需要可以在下列 10 种回归模型中选择一种进行回归计算。

① 线性回归(X)：回归方程为 $y = ax + b$(ax+b) 或 $y = a + bx$(a+bx)，有相关系数 r。

② 中位值回归(Med)。

③ 二次回归(X^2)：回归方程为 $y = ax^2 + bx + c$。

④ 三次回归(X^3)：回归方程为 $y = ax^3 + bx^2 + cx + d$。

⑤ 四次回归(X^4)：回归方程为 $y = ax^4 + bx^3 + cx^2 + dx + e$。

⑥ 对数回归(Log)：回归方程为 $y = a + b\ln x$，有相关系数 r。

⑦ 指数回归(EXP)：回归方程为 $y = ae^{bx}$(ae^bx) 或 $y = ab^x$(ab^x)，有相关系数 r。

⑧ 幂回归(Pwr)：回归方程为 $y = ax^b$，有相关系数 r。

⑨ 正弦回归(Sin)：回归方程为 $y = a\sin(bx + c) + d$。

⑩ 逻辑回归(Lgst)：回归方程为 $y = \dfrac{c}{1 + ae^{-bx}}$。

其中线性回归、对数回归、指数回归、幂回归等四种回归模型能算出相关系数 r。

[例 1-20] 混凝土的抗压强度 y 随养护时间 x 的延长而增加，表 1-8 列出了 12 组混凝土养护时间 x(天)与抗压强度 y(kg/cm^2)的测试数据，根据测得数据所作的散点图可以判定 x 与 y 基本成对数关系，试求回归方程 $y = a + b\ln x$，并计算 $x = 63$ 天时的 $\hat{y}$ 值和 $y = 110$kg/cm^2 时的 $\hat{x}$ 值。

表 1-8 混凝土养护时间 x 与抗压强度 y 的测试数据

时间 x/天	2	3	4	5	7	9	12	14	17	21	28	56
抗压强度 y/(kg/cm^2)	35	42	47	53	59	65	68	73	76	82	86	99

[解] 按 ⓂENU ② 键进入 **STAT** 模式，在 List 1 串列输入混凝土养护时间天数 x，在 List 2 串列输入混凝土抗压强度 y 的值，结果如图 1-63 左上图所示。

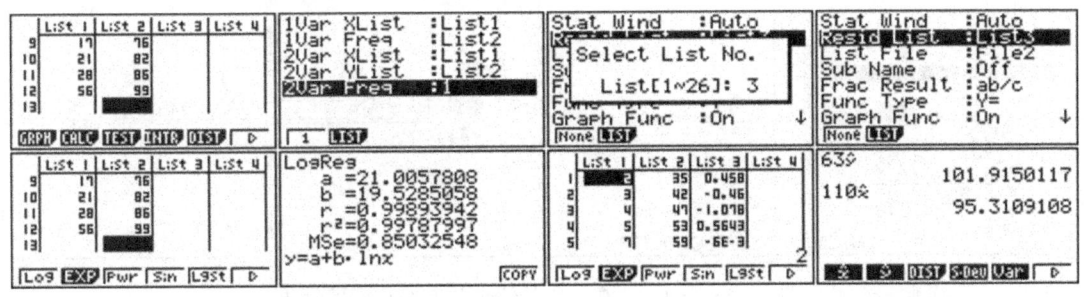

图 1-63 在 **STAT** 模式输入例 1-20 的样本数据、进行对数回归计算，在 **RUN·MAT** 模式计算估值

按 F2(CALC) F6 (SET) ▼ ▼ F1 (LIST) ① EXE 键设置 **2Var XList** 为 List 1，按 ▼ F1 (LIST) ② EXE 键设置 **2Var YList** 为 List 2，按 ▼ F1 (LIST) F1 (1) 键设置 **2Var Freq** 为 1，结果如图 1-63 左上二图所示，按 EXE 键返回图 1-63 左上图所示的界面；按 SHIFT SETUP ▼ F2 (LIST) ③ EXE EXE 键设置回归方程残差串列为 List 3，结果如图 1-63 右上二图所示。

按 F3 (REG) F6 (▷) F1 (Log) 键进行对数回归计算，结果如图 1-63 左下二图所示；按 EXE 键，**List 3** 已存储了回归方程残差，结果如图 1-63 右下二图所示。

按 MENU ① 键进入 **RUN·MAT** 模式，按 **63** OPTN F5 (STAT) F2 (■) EXE 键，计算 $x=63$ 天的抗压强度估值 $\hat{y}$；按 **110** F1 (■) EXE 键，计算 $y=110\ kg/cm^2$ 时的养护天数估值 $\hat{x}$，结果如图 1-63 右下图所示。

按 MENU ② 键进入 **STAT** 模式，按 F2 (CALC) F2 (2VAR) 键进行双变量统计计算，多次按 ▼ 键向下移动光标查看其余结果，操作过程如图 1-64 所示。

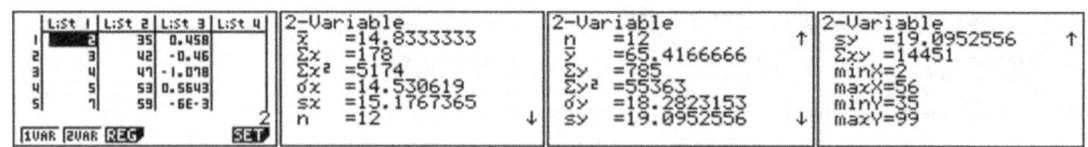

图 1-64 例 1-20 双变量统计计算结果

6) 双变量统计与回归作图

回归作图也是在 **STAT** 模式下进行。以上述例 1-20 的数据为例，在 **STAT** 模式下，按 F1 (GRPH) 键调出图 1-65 左上二图所示的功能菜单，按 F6 (SET) 键将统计图设置为 **StatGraph1**，**Graph Type** 设置为 **Scatter**（散点图），**XList** 设置为 **List 1**，**YList** 设置为 **List 2**，**Frequency** 设置为 **1**，点类型 **Mark Type** 设置为 □，按 EXE 键返回图 1-65 左上二图所示的功能菜单。

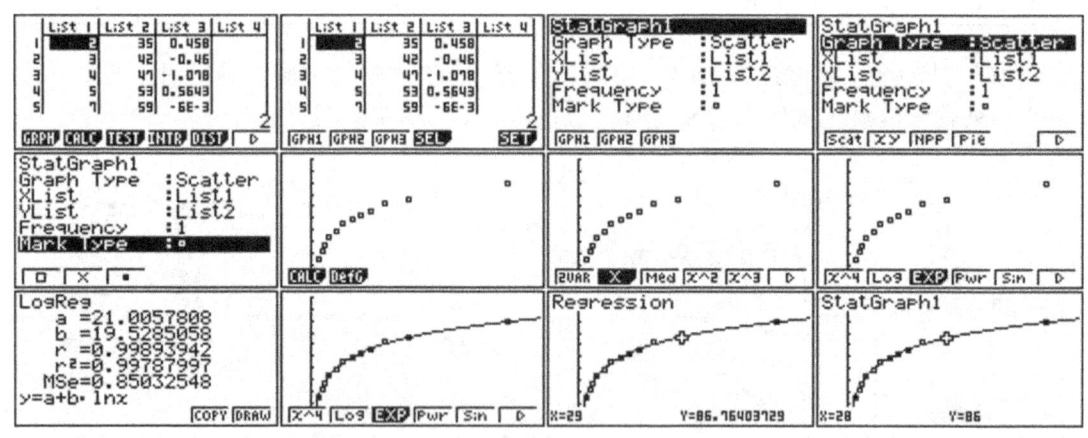

图 1-65 例 1-20 双变量统计与回归作图的结果

按 F1 (GPH1) 键作双变量的统计散点图，结果如图 1-65 左中二图所示；按 F1 (CALC) F6 (▷) F2 (Log) 键进行对数回归计算，结果如图 1-65 左下图所示；按 F6 (DRAW) 键在已作散点图的基础上再作对数回归方程曲线图，结果如图 1-65 左下二图所示；按 SHIFT Trace 键进入图形追踪模式，结果如图 1-65 右下二图所示，屏幕顶部显示字符"**Regression**"表示光标位于回归曲线上，屏幕底部显示光标的坐标，按 ◀ 或 ▶ 键为向左或向右在回归曲线上移动光标，结果如图 1-65 右下图所示；按 ▲ 或 ▼ 键为移动光标到散点图上，屏幕顶部显示字符"**StatGraph1**"表示光标位于散点图上，屏幕底部显示光标处散点的坐标,按Ⓐ键返回图 1-65 左上二图所示的界面。

请读者播放光盘"\操作视频\1.7\[例 1-20]手工计算操作视频.avi"文件观看操作方法。

7)编程回归计算

编程进行双变量统计与回归计算时,所需使用的统计变量及回归变量是通过功能菜单输入的。

(1)统计变量的输入

在 **PRGM** 模式的程序编辑状态下,按⒱ⓕ3(**STAT**)ⓕ1(**X**)键为调出 **X** 变量功能菜单,按⒱ⓕ3(**STAT**)ⓕ2(**Y**)键为调出 **Y** 变量功能菜单,结果如图 1-66 所示。

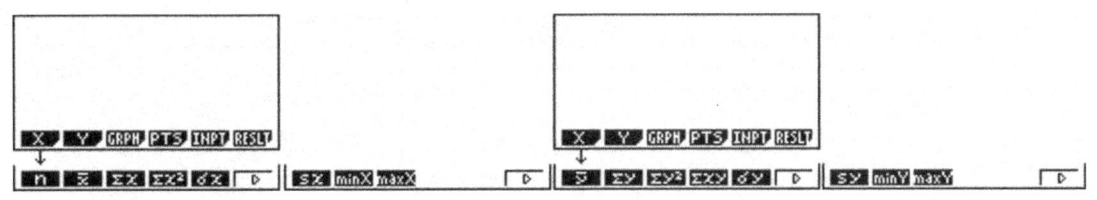

图 1-66 在 **RUN·MAT** 或 **PRGM** 模式下的统计变量功能菜单

按⒪ⓕ5(**STAT**)键调出图 1-63 右下图所示的估值功能菜单。

(2)回归模型语句的输入

在 **PRGM** 模式的程序编辑状态下,按ⓕ4(**MENU**)ⓕ1(**STAT**)ⓕ6(**CALC**)键调出图 1-67 右图所示的统计与回归语句功能菜单,各功能菜单所输入的语句及功能列于表 1-9。

图 1-67 在 **PRGM** 模式下输入统计与回归计算命令功能菜单

表 1-9 **PRGM** 模式输入回归计算语句的方法

先按ⓕ4(**MENU**)ⓕ1(**STAT**)ⓕ6(**CALC**)键调出功能菜单			
序	按键	输入语句	功能
1	ⓕ1	1-Variable	设置单变量统计的观测与频率串列
2	ⓕ2	2-Variable	设置双变量统计的观测与频率串列
3	ⓕ6 ⓕ1 ⓕ1	LinearReg(ax+b)	线性回归 1
2	ⓕ6 ⓕ1 ⓕ2	LinearReg(a+bx)	线性回归 2
3	ⓕ6 ⓕ2	Med-MedLine	中位值回归
4	ⓕ6 ⓕ3	QuadReg	二次回归

续表 1-9

	先按 F4 (MENU) F1 (STAT) F6 (CALC) 键调出功能菜单		
序	按键	输入语句	功能
5	F6 F4	**CubicReg**	三次回归
6	F6 F5	**QuartReg**	四次回归
7	F6 F6 F1	**LogReg**	对数回归
8	F6 F6 F2 F1	**ExpReg(a·e^bx)**	指数回归 1
9	F6 F6 F2 F2	**ExpReg(a·b^x)**	指数回归 2
10	F6 F6 F3	**PowerReg**	幂回归
11	F6 F6 F4	**SinReg**	正弦回归
12	F6 F6 F5	**LogisticReg**	逻辑回归

(3) 求最大相关系数的回归模型程序

当希望选择相关系数 r 最大的回归模型计算估计值时，由于线性回归、对数回归、指数回归与幂回归等四种回归模型都能计算出相关系数 r，因此，当对观测数据的分布规律不太了解时，可以用下列程序自动选择相关系数 r 的绝对值最大的回归模型计算估计值。

① 主程序名：Q1V3，980 字节，光盘源程序文件为"\ 1 章 \ Q1V3.glm"。

"auto regression Q1V3"↵	显示程序标题 1
"x, y, Freq →⁂, ⁂:r →max"↵	显示程序标题 2
LblX:"List X(1~6)="?→X↵	输入 X 观测串列号
If Frac X≠0 Or X<1 Or X>6↵	
Then "repeat input X!": Goto X: IfEnd↵	X 观测串列号非法时重新输入 X 观测串列号
"X"→List X[0]↵	赋 X 观测串列子名
LblY:"List Y(1~6)="?→Y↵	输入 Y 观测串列号
If Y=X: Then "ListY=List X,repeat input Y!"↵	Y 观测串列号 = X 观测串列号
GotoY: IfEnd↵	
If Frac Y≠0 Or Y<1 Or Y>6↵	
Then "repeat input Y!": Goto Y: IfEnd↵	Y 观测串列号非法时重新输入观测值串列号
"Y"→List Y[0]↵	赋 Y 观测串列子名
LblF:"List Freq(1~6),0⇒1="?→F↵	输入频率串列号，输任意负数取 1
F≤0 ⇒ Goto R↵	
If F=X Or F=Y Or F>6↵	
Then "ListFreq=List X Or List Freq =List Y, repeat input Freq!"↵	
Goto F: IfEnd↵	频率串列号 = 观测串列号
"Freq"→List F[0]↵	赋频率串列子名
Lbl R:"resid List(1~6)="?→R↵	输入残差观测串列号
If R=X: Then "resid List=List X, repeat input resid!": Goto R: IfEnd↵	
If R=Y: Then "resid List=List Y, repeat input resid!": Goto R: IfEnd↵	

If Frac R≠0 Or R=F↵	
Then "resid List =List Freq, repeat input resid!": Goto R: IfEnd↵	
Resid→List R↵	设置残差串列
Norm 1:4→Dim List 7:0→A↵	定义串列 List 7 用于存储 4 个相关系数
For 1→I To 4↵	循环进行有相关系数的四种回归计算
Prog"SUB1－31": r→List 7[I]↵	调子程序进行回归计算并存储相关系数
If Abs List 7[I] >Abs A: Then List 7[I]→A: I→N: IfEnd↵	
	保存最大相关系数与回归模型号
Next↵	
ClrText: "MAX r regression!"↵	显示最大相关系数的回归模型
N=1⇒"LinearReg(ax +b)": N=2⇒"LogReg"↵	
N=3⇒"ExpReg(a·e＾bx)": N=4⇒"PowerReg"↵	
Lbl 0: N→I: Prog "SUB1－31"↵	调子程序重新计算 r 为最大的回归模型
"resid"→List R[0]↵	赋残差串列子名
If F>0: Then n→M: Else Dim List X→M: IfEnd↵	提取样本数
"n=": M◢	集中显示样本数
ClrText↵	清除屏幕显示
"a=": Locate 3, 1, a↵	显示回归方程常数项
"b=": Locate 3, 2, b↵	显示回归方程系数项
"r=": Locate 3, 3, r◢	显示回归方程相关系数
S－WindAuto↵	设置自动视窗范围
If F>0: Then S－Gph1 DrawOn, Scatter, List X, List Y, List F, Square↵	
	设置统计图 1 为散点图
Else S－Gph1 DrawOn, Scatter, List X, List Y, 1, Square: IfEnd↵	
Prog"SUB1－32": DrawStat↵	调子程序作图
Lbl 1: "x=" ?→C: "ŷ=": C ŷ◢	输入 x 的值，计算估计值 ŷ
"y=" ?→D: "x̂=": D x̂◢	输入 y 的值，计算估计值 x̂
"press [MENU][2]⇒stop!"◢	按 MENU ② 键中断或按 EXE 键继续计算估值
Goto 1↵	循环计算估值
"Q1V3 ⇒ End"	

② 回归计算类型子程序——SUB1－31，占用内存 264 字节

If F>0↵	有频率串列时
Then If I=1: Then LinearReg(ax +b) List X, List Y, List F: Return: IfEnd↵	
	线性回归
If I=2: Then LogReg List X, List Y, List F: Return: IfEnd↵	对数回归
If I=3: Then ExpReg(a·e＾bx) List X, List Y, List F: Return: IfEnd↵	指数回归
If I=4: Then PowerReg List X, List Y, List F: Return: IfEnd↵	幂回归
Else If I=1: Then LinearReg(ax +b) List X, List Y, 1: Return: IfEnd↵	
	频率为 1/线性回归

```
If I=2:Then LogReg List X,List Y,1:Return:IfEnd↵         对数回归
If I=3:Then ExpReg(a·e^bx) List X,List Y,1:Return:IfEnd↵ 指数回归
If I=4:Then PowerReg List X,List Y,1:Return:IfEnd:IfEnd↵ 幂回归
```

③ 回归作图子程序——SUB1-32，占用内存 292 字节

```
If I=1:Then If F>0↵
Then S-Gph2 DrawOn,Linear,List 1,List 2,List F↵        设置统计图2为线性回归图
Else S-Gph2 DrawOn,Linear,List 1,List 2,1:IfEnd↵
Return:IfEnd↵
If I=2:Then If F>0↵
Then S-Gph2 DrawOn,Log,List 1,List 2,List F↵           设置统计图2为对数回归图
Else S-Gph2 DrawOn,Log,List 1,List 2,1:IfEnd↵
Return:IfEnd↵
If I=3:Then If F>0↵
Then S-Gph2 DrawOn,Exp(a·e^bx),List 1,List 2,List F↵
                                                       设置统计图2为对数回归图
Else S-Gph2 DrawOn,Exp(a·e^bx),List 1,List 2,1:IfEnd↵
Return:IfEnd↵
If I=4:Then If F>0↵
Then S-Gph2 DrawOn,Power,List 1,List 2,List F↵         设置统计图2为对数回归图
Else S-Gph2 DrawOn,Power,List 1,List 2,1:IfEnd↵
Return:IfEnd↵
```

假设已将表 1-8 的样本观测值 X 输入 **List 1**，Y 输入 **List 2**；按 (MENU) (B) 键进入 **PRGM** 模式，执行 Q1V3 程序，屏幕提示与用户操作过程如下：

屏幕提示	按键	说明
auto regression Q1V3		显示程序标题 1
x, y, Freq →$\hat{x}$, $\hat{y}$:r →max		显示程序标题 2
List X(1~6) =?	**1** (EXE)	输入 X 观测值串列号
List Y(1~6) =?	**2** (EXE)	输入 Y 观测值串列号
List Freq(1~6), 0 ≑ 1 =?	**0** (EXE)	输入 0 设置频率为 1
resid List(1~6) =?	**3** (EXE)	输入残差串列号
Max rregression!		
LogREG		显示最大相关系数 r 的回归模型为对数回归
n =12	(EXE)	显示样本数
a =21.00578087		显示回归模型系数 a
b =19.52850588		显示回归模型系数 b
r =0.9989394237		显示回归模型的相关系数 r
x =?	**63** (EXE)	输入养护时间天数
$\hat{y}$ =101.9150117	(EXE)	显示混凝土抗压强度估计值
y =?	**110** (EXE)	输入混凝土抗压强度
$\hat{x}$ =95.3109108	(EXE)	显示养护时间天数估计值
press [MENU][2]⇒ stop!	(MENU) (2)	中断程序并进入 **STAT** 模式查看残差结果

执行 Q1V3 程序的屏幕显示过程如图 1-68 所示，执行程序一次后，自动为观测值串列、频率串列、残差串列添加子名，并将回归方程算出的残差结果存入残差串列，结果如图 1-68 右图所示。

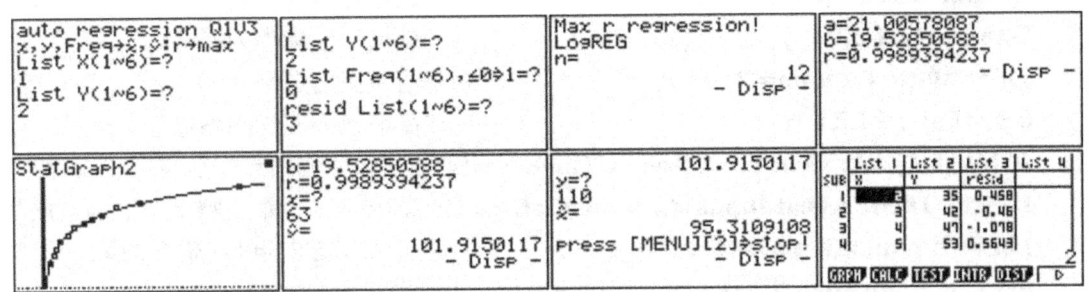

图 1-68　执行程序 Q1V3 计算例 1-20 的操作过程

由于每调用子程序 SUB1-31 执行一次回归计算时，都将自动清空残差串列，因此，残差子名赋值语句应放在最后一次回归计算之后，否则，完成计算后的残差串列子名将为空串。

请读者播放光盘"\ 操作视频 \ 1.7 \ ［例 1-20］Q1V3 程序计算操作视频.avi"文件观看操作方法。

8) 基于串列输入数据的编程计算案例

测量计算程序的功能是对输入数据进行处理并输出用户需要的计算结果。可以在执行程序之前，预先将已知数据输入到串列中，执行程序时，自动从串列中调用数据计算，称这种编程方法为基于串列输入数据的编程法。

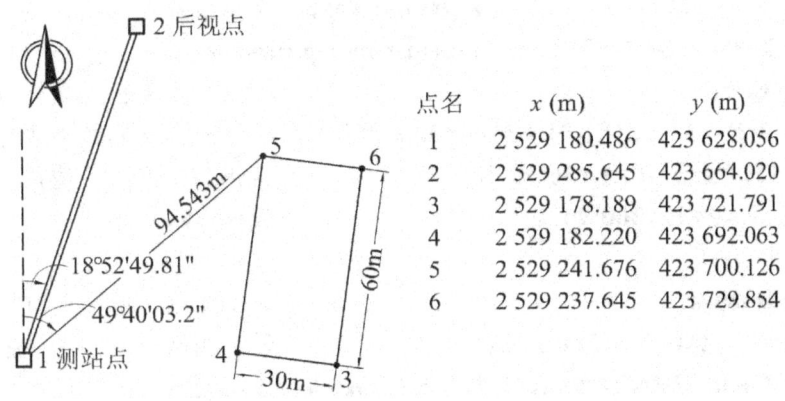

点名	x(m)	y(m)
1	2 529 180.486	423 628.056
2	2 529 285.645	423 664.020
3	2 529 178.189	423 721.791
4	2 529 182.220	423 692.063
5	2 529 241.676	423 700.126
6	2 529 237.645	423 729.854

图 1-69　建筑物极坐标法放样的已知点与放样点坐标

如图 1-69 所示，1，2 号点为已知点，3~6 号点为设计建筑物的轴线交点。在 1 号点设站，以 2 号点为后视零方向，当使用极坐标法放样 3~6 号点时，需要计算出 1 号点分别至 3~6 号点的水平距离 d_i 及 3~6 号点方向与零方向的水平夹角 β_i。

① 程序名：Q1V4，732 字节，光盘源程序文件为"\ 1 章 \ Q1V4.glm"。

`"Station≑set-out HR/HD Q1V4"↵`	显示程序标题
`Deg: Fix 4↵`	设置角度单位，数值显示格式
`Dim List 1→N:"Total p num=":N◢`	显示串列的总点数
`"p num"→List 1[0]↵`	赋点号串列子名
`"x(m)"→List 2[0]:"y(m)"→List 3[0↵`	赋点的坐标串列子名
`LblS:"station p num="?→A↵`	输入测站点号
`0→S: For 1→I To N↵`	在串列中搜索测站点号
`If List 1[I]=A: Then I→S: Break: IfEnd: Next↵`	保存测站点号所在的串列序号
`If S=0: Then "repeat input sta p num!": Goto S: IfEnd↵`	非法则重新输入测站号
`Lbl 0:"0 p num(0≑no)="?→B↵`	输入零方向点号（输0为无零方向）
`0→Z: If B=0: Then 0→O: Goto P: IfEnd↵`	无零方向时
`For 1→I To N↵`	在串列中搜索零方向点号
`If List 1[I]=B: Then I→Z: Break: IfEnd: Next↵`	保存零方向所在的串列序号
`If Z=0 Or Z=S: Then "repeat input 0 p num!"`	
`Goto 0: IfEnd↵`	非法则重新输入零方向号
`Pol(List 2[Z]-List 2[S], List 3[Z]-List 3[S])↵`	计算零方向的平距与辐角
`List Ans[2]→O: O<0≑O+360→O↵`	将辐角转换为方位角
`ClrText↵`	清除屏幕显示
`"HD₀(m)=":Locate 8,1,List Ans[1↵`	显示零方向平距
`"α₀=":Locate 8,2,"":O▸DMS◢`	显示零方向方位角
`Lbl P:"set-out p num,<0≑end="?→C↵`	输入放样点号，输入任意负数结束程序
`C<0≑Goto E↵`	
`0→P: For 1→I To N↵`	在串列中搜索放样点号
`If List 1[I]=C: Then I→P: Break: IfEnd: Next↵`	保存放样点号所在的串列序号
`If P=0 Or P=S Or P=Z: Then "repeat input p num!"↵`	
`GotoP: IfEnd↵`	非法则重新输入放样点号
`Pol(List 2[P]-List 2[S], List 3[P]-List 3[S])↵`	计算放样方向的平距与辐角
`List Ans[2]→J: J<0≑J+360→J↵`	将辐角转换为方位角
`J-O→E: E<0≑E+360→E↵`	放样点水平角
`ClrText↵`	清除屏幕显示
`"α=":J▸DMS◢`	显示测站→放样点方位角
`"HD(m)=":Locate 8,3,List Ans[1↵`	显示测站→放样点平距
`If O≠0: Then "HR=":Locate 8,4,"":E▸DMS◢`	显示测站→放样点水平角
`IfEnd: Goto P↵`	重复输入下一个端点的坐标
`Lbl E:"Q1V4≑End"`	

② 案例

执行程序 Q1V4 之前，应先请按 MENU ② 键进入 **STAT** 模式，在 List 1 串列输入图 1-69 中6个点的点号，分别在 List 2 与 List 3 串列输入点号的 x，y 坐标，点号与坐标可以按任意顺序输入，结果如图 1-70 左二图所示。

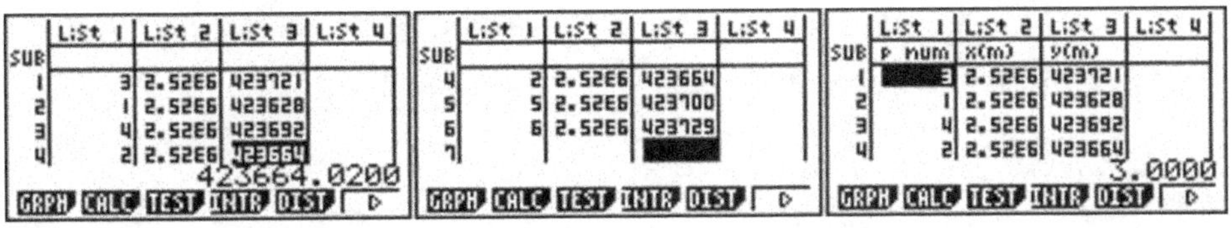

图 1-70 在串列中输入已知点与放样点的点号与平面坐标

按 (MENU) (B) 键进入 **PRGM** 模式，执行 Q1V4 程序，屏幕提示与用户操作过程如下：

屏幕提示	按键	说明
Station⇒set-out HR/HD Q1V4		显示程序标题
total p num=6.0000	EXE	显示统计串列的坐标点数
station p num=?	1 EXE	输入测站点号 1
0p num(0⇒no)=?	2 EXE	输入零方向点号 2
HD_0(m)=111.1388		显示测站→0 方向平距
$α_0$=18°52′49.81″	EXE	显示测站→0 方向方位角
set-out p num,<0⇒end=?	3 EXE	输入放样点号 3
α=91°24′13.56″	EXE	显示测站→3 号点方位角
HD(m)=93.7631		显示测站→3 号点平距
HR=72°31′23.75″	EXE	显示测站→3 号点水平角（右旋角）
set-out p num,<0⇒end=?	4 EXE	输入放样点号 4
α=88°26′53.49″	EXE	显示测站→4 号点方位角
HD(m)=64.0305		显示测站→4 号点平距
HR=69°34′03.68″	EXE	显示测站→4 号点水平角（右旋角）
set-out p num,<0⇒end=?	5 EXE	输入放样点号 5
α=49°40′03.2″	EXE	显示测站→5 号点方位角
HD(m)=94.5426		显示测站→5 号点平距
HR=30°47′13.39″	EXE	显示测站→5 号点水平角（右旋角）
set-out p num,<0⇒end=?	6 EXE	输入放样点号 6
α=60°41′09.73″	EXE	显示测站→6 号点方位角
HD(m)=116.7475		显示测站→6 号点平距
HR=41°48′19.92″	EXE	显示测站→6 号点水平角（右旋角）
set-out p num,<0⇒end=?	-1 EXE	输入任意负数结束程序
Q1V4⇒End		程序结束显示

执行完程序后，程序自动为当前串列文件的 List 1~List 3 串列赋予名，按 (MENU) (2) 键进入 **STAT** 模式查看，结果如图 1-70 右图所示。

请读者播放光盘 "\ 操作视频 \ 1.7 \ [例 1-20] Q1V4 程序操作视频.avi" 文件观看操

作方法。

☞ 只有串列子名单元可以输入字符串，其余串列单元只能输入数值，因此，List 1 串列的点号只能是数值，不能输入字符串。

1.8 复数计算

复数(complex number)最早出现在解方程中，由于负数无法开根号，所以很多方程无法解，但这些方程确实不能说没有意义，引进复数概念后，方程就可以解了。后来在几乎所有需要数学的领域复数都有应用。

使用复数编程进行测量坐标计算，无论是变量输入还是计算公式都比使用实数计算要简便得多，尤其是进行坐标变换计算。

fx-9860GⅡ可以在 **RUN·MAT** 模式下进行复数计算，也可以在程序中进行复数计算。按 OPTN F3 (**CPLX**)键调出复数功能菜单，结果如图 1-71 所示。

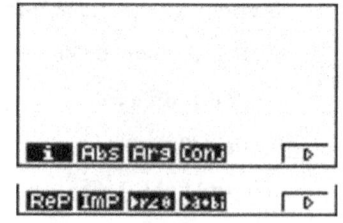

图 1-71 复数功能菜单

1) 复数表示方法与计算

复数有式(1-1)所示的直角坐标、极坐标与指数等三种表示方法，其中前两种表示方程也称复数的几何表示法，fx-9860GⅡ只能对直角坐标与极坐标表示的复数进行计算。

$$z = x + yi = r\angle\theta = re^{i\theta}, \quad 要求 r > 0 \qquad (1-1)$$

（1）直角坐标表示法

复数的直角坐标格式为 $a + bi$，称 a 为复数的实部(real part)，b 为复数的虚部(imaginary part)，$i^2 = -1$，按 SHIFT i 键输入 i，也可以按 OPTN F3 (**CPLX**)键调出图 1-71 所示的复数功能菜单，按 F1 (**i**)键输入 i。

如果将一个复数存入字母变量 **A**，则 **ReP A** 为提取复数变量 **A** 的实部，**ImP A** 为提取复数变量 **A** 的虚部，按 OPTN F3 (**CPLX**) F6 (▷) F1 (**ReP**)键输入 **ReP**，按 F2 (**ImP**)键输入 **ImP**，案例如图 1-72 所示。

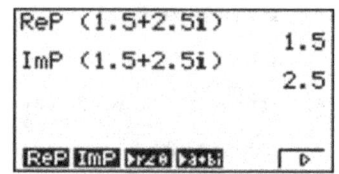

图 1-72 复数的实部与虚部

复数的几何意义是一个复数对应于一个复平面上的点。在图 1-73a 所示的笛卡儿坐标系中，是以横轴为实数轴，纵轴为虚数轴，象限为逆时针编号；而在图 1-73b 所示的高斯平面直角坐标系中，是以纵轴为实数轴，横轴为虚数轴，象限为顺时针编号。

［例 1-21］ 试分别计算复数函数 $(1.5 + 2.5i)^2$ 与 $\sqrt{1.5 + 2.5i}$ 的值。

［解］ 按 1.5 + 2.5 SHIFT i x^2 EXE 键；再按 SHIFT √ 1.5 + 2.5 SHIFT i EXE 键，结果如图 1-74 所示。

使用 fx-9860GⅡ进行复数计算时，下列函数的自变量可以是复数：√, x^2, x^{-1}, ^, $\sqrt[3]{\ }$, $\sqrt[x]{\ }$, ln, log, $\log_a b$, 10^x, e^x, Int, Frac, Rnd, Intg, RndFix(; 数值显示格式设置语句 **Fix**, **Sci**, **ENG** 对复数的实部与虚部数值同样起作用。

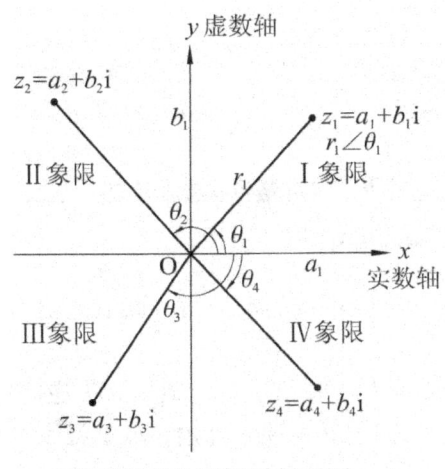
(a) 数学笛卡儿坐标系复平面

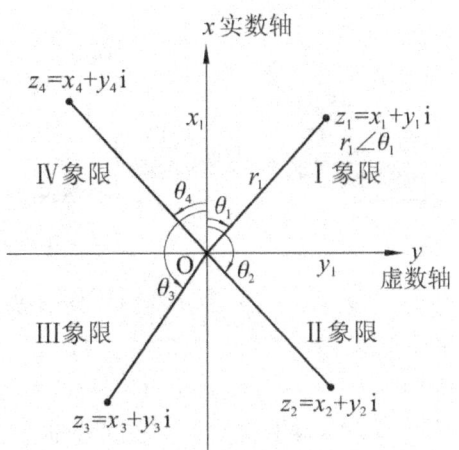
(b) 测量高斯平面直角坐标系复平面

图 1-73 复数的直角坐标表示法与极坐标表示法的关系

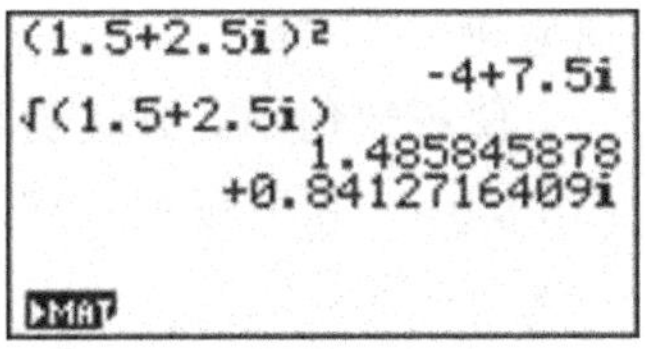

请读者播放光盘"\操作视频\1.8\[例1-21]操作视频.avi"文件观看操作方法。

[例1-22] 试分别计算复数 1.5+2.5i 取整数与小数的结果。

[解] 按 OPTN F6 (▷) F4 (NUM) F2 (Int) ( ) 1.5 + 2.5 SHIFT (i)) EXE 键，再按 F3 (Frac) ( ) 1.5 + 2.5 SHIFT (i)) EXE 键，结果如图 1-75 所示。

图 1-74 复数函数计算案例

请读者播放光盘"\操作视频\1.8\[例1-22]操作视频.avi"文件观看操作方法。

(2) 极坐标表示法

复数的极坐标格式为 $r∠θ$，称 r 为复数 z 的模（absolute value），$θ$ 为复数 z 的辐角（argument），按 SHIFT (∠) 键输入 ∠。辐角的单位应与计算器的当前角度单位相同。

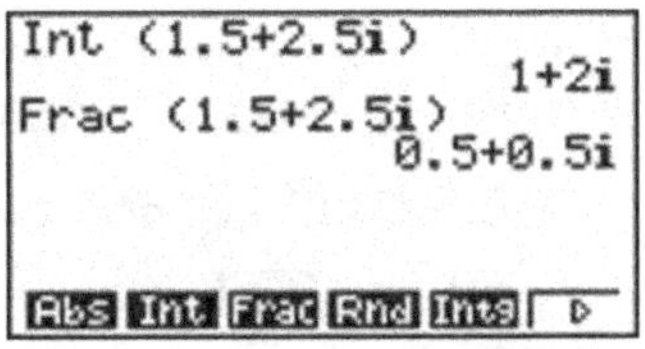

图 1-75 复数函数计算案例

如果将一个复数存入字母变量 **A**，则 **Abs A** 为计算复数变量 **A** 的模，**Arg A** 为计算复数变量 **A** 的辐角，按 OPTN F3 (CPLX) F2 (Abs) 键输入 Abs，按 F3 (Arg) 键输入 Arg。

[例1-23] 试计算复数 1.5+2.5i 的模与辐角值。

[解] 按 SHIFT SET UP ▼ ▼ ▼ ▼ ▼ ▼ F1 (Deg) EXE 键，设置角度单位为十进制度；按 OPTN F3 (CPLX) F2 (Abs) ( ) 1.5 + 2.5 SHIFT (i)) EXE 键，再按 F3 (Arg) ( ) 1.5 + 2.5 SHIFT (i)) EXE 键，结果如图 1-76 中图所示，屏幕显示的辐角为十进制度；按 OPTN F6 (▷) F5 (ANGL) F5 (°′″) 键将辐角变换为六十进制单位显示，结果如图 1-76 右图所示。

请读者播放光盘"\操作视频\1.8\[例1-23]操作视频.avi"文件观看操作方法。

☞按极坐标格式 $r∠θ$ 输入复数时，要求 $r>0$，如果 $r<0$ 机器将出错。例如，在 **RUN·MAT** 模式，按 **2** SHIFT ∠ **-45** EXE 键，结果为 **1.414213562-1.414213562i**；而按 **-2** SHIFT ∠ **-45** EXE 键，屏幕显示错误信息 "**Ma ERROR**"。

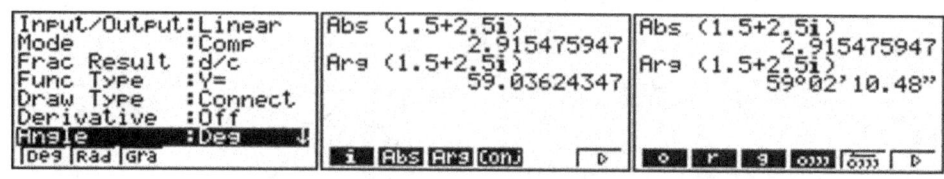

图 1-76 计算复数的模与辐角

复数 $z = a + bi$ 的辐角 θ 是以实数轴为零方向,原点→z 点的水平角,取值范围为 $0° \sim \pm180°$。

在图 1-73a 所示的笛卡儿坐标系中,当 z 点位于 Ⅰ、Ⅱ 象限时,辐角 θ 为逆时针角,取值范围为 $0° \sim +180°$;当 z 点位于 Ⅲ、Ⅳ 象限时,辐角 θ 为顺时针角,取值范围为 $0° \sim -180°$。

在图 1-73b 所示的高斯平面直角坐标系中,当 z 点位于 Ⅰ、Ⅱ 象限时,辐角 θ 为顺时针角,取值范围为 $0° \sim +180°$;当 z 点位于 Ⅲ、Ⅳ 象限时,辐角 θ 为逆时针角,取值范围为 $0° \sim -180°$。

使用辐角函数 **Arg** 算出的 θ 与极坐标函数 **Pol** 算出的 θ 定义相同。用 **Arg** 函数计算边长复数的测量方位角 α 时,如果算出的辐角 $\theta > 0°$,则 $\alpha = \theta$;如果算出的辐角 $\theta < 0°$,则 $\alpha = \theta + 360°$。

[例 1-24] 在高斯平面直角坐标系中,已知某边长的坐标增量分别为 $\Delta x = 105.3986$, $\Delta y = -74.9682$,试用复数计算该边的平距 r 与方位角 α。

[解] 按 SHIFT SETUP ▼▼▼▼▼▼ F1 (Deg) EXE 键,设置角度单位为十进制度;

按 **105.3986** − **74.9682** SHIFT i → ALPHA A EXE 键将复数赋值给 **A** 变量;

按 OPTN F3 (CPLX) F2 (Abs) ALPHA A EXE 键计算复数 **A** 的模;

按 F3 (Arg) ALPHA A EXE 键计算复数的辐角,因辐角小于 $0°$,再按 + 360 EXE 键计算复数的方位角,按 OPTN F6 (▷) F5 (ANGL) F5 (° ' ") 键将十进制角度变换为六十进制显示,操作过程如图 1-77 所示。

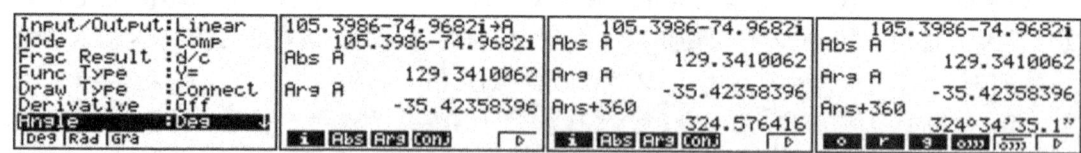

图 1-77 用坐标增量复数计算边长的模与方位角

与例 1-8 用 **Pol** 函数计算的结果比较可知,两者完全相同。

请读者播放光盘"\ 操作视频 \ 1.8 \ [例 1-24]操作视频.avi"文件观看操作方法。

(3) 复数模式的设置

按 SHIFT SETUP ▼▼▼▼▼▼▼ 键,调出设置菜单并移动光标到 **Complex Mode** 行,结果如图 1-78 左图所示。按 F1 (Real) 键为设置只在实数范围内计算;按 F2 (a+bi) 键为以直角坐标格式显示复数计算结果;按 F3 (r∠θ) 键为以极坐标格式显示复数计算结果。

例如，将 **Complex Mode** 行设置为 [Real] 时，在实数范围内，可以计算 $\sqrt{1.5+2.5i}$ 的值，但计算 $\sqrt{-1}$ 的值是将出错，结果如图 1-78 所示。

图 1-78　复数模式设置为 [Real] 时的复数计算案例

但将 **Complex Mode** 行设置为 [a+bi] 或 [r∠θ] 时，计算 $\sqrt{-1}$ 的值就不会出错，图 1-79 为设置为 [a+bi] 格式时的复数计算案例。

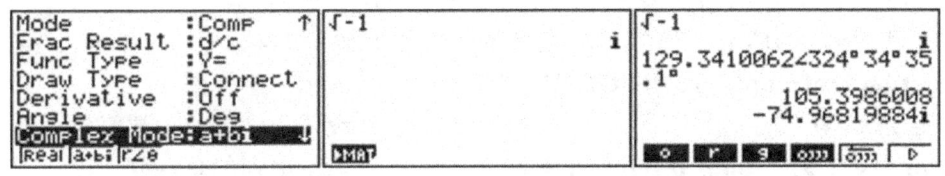

图 1-79　复数模式设置为 [a+bi] 时的复数计算案例

图 1-80 左三图为将 **Complex Mode** 行设置为 [r∠θ] 格式时的复数计算案例。

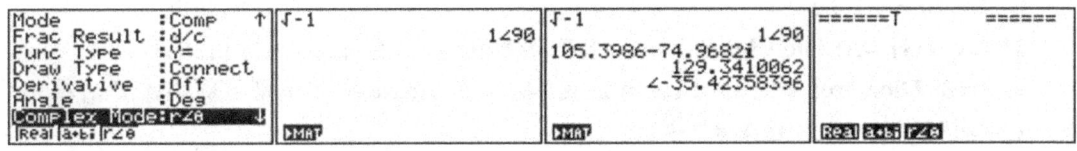

图 1-80　复数模式设置为 [r∠θ] 时的复数计算案例及在程序中设置复数显示格式功能菜单

在 **PRGM** 模式的程序编辑状态下，可以输入复数模式语句 **Real**、**a+bi** 或 **r∠θ** 设置，在该模式下，按 (SHIFT)(SET UP)(F6)(▷)(F6)(▷)(F6)(▷)(F4)(CPLX) 键调出图 1-80 右图所示的复数模式设置功能菜单，按 (F1)([Real]) 键为输入 **Real** 语句，按 (F2)([a+bi]) 键为输入 **a+bi** 语句，按 (F3)([r∠θ]) 键为输入 **r∠θ** 语句。

(4) 应用功能菜单转换复数格式

按 (OPTN)(F3)([CPLX])(F6)(▷) 键调出复数二页功能菜单，在复数表达式后按 (F3)([▷r∠θ]) 键输入 ▷r∠θ，其功能是将其前面的复数表达式计算结果转换为极坐标格式显示；在复数表达式后按 (F4)([▷a+bi]) 键输入 ▷a+bi，其功能是将其前面的复数表达式计算结果转换为直角坐标格式显示，案例如图 1-81 所示。

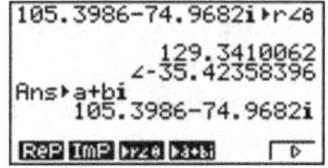

图 1-81　复数显示格式转换

(5) 共轭复数

称复数 $a-bi$ 与复数 $a+bi$ 互为其共轭复数(conjugate complex number)。例如，3+4i

的共轭复数为 3 − 4i，3 − 4i 的共轭复数为 3 + 4i。

由图 1 − 73 可知，无论是在数学笛卡儿坐标系还是高斯平面直角坐标系，复数与其共轭复数的几何意义都是关于实数轴 x 对称。

[例 1 − 25] 分别计算 3 + 4i 与 $(3+4i)^2$ 的共轭复数。

[解] 按 ⓞ𝚙𝚃𝙽 Ⓕ³ (𝙲𝙿𝙻𝚇) Ⓕ⁴ (𝙲𝚘𝚗𝚓) (3 + 4 𝚂𝙷𝙸𝙵𝚃 i) 𝙴𝚇𝙴 键；再按 Ⓕ⁴ (𝙲𝚘𝚗𝚓) (3 + 4 𝚂𝙷𝙸𝙵𝚃 i) x^2 𝙴𝚇𝙴 键，结果如图 1 − 82 所示。

请读者播放光盘"\操作视频\1.8\[例 1 − 25]操作视频.avi"文件观看操作方法。

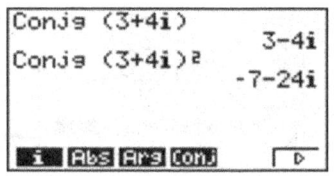

图 1 − 82 共轭复数计算案例

2）基于串列输入已知数据的复数编程计算

下面程序 Q1V5 是将 Q1V4 程序修改为复数形式，他要求将已知点与放样点的点号预先存入 List 1 串列，点的平面坐标以复数形式存入 List 2 串列。

（1）程序名：Q1V5，676 字节，光盘源程序文件为"\1 章\Q1V5.glm"。

程序	说明
"Station⇒set − out HR/HD Q1V5"↵	显示程序标题
Deg:Fix 4↵	设置角度单位，数值显示格式
Dim List 1→N:"total p num=":N ◢	显示串列的总点数
"p num"→List 1[0]↵	赋点号串列子名
"x +yi(m)"→List 2[0]↵	赋点的坐标串列子名
Lbl S:"station p num="?→A↵	输入测站点号
0→S:For 1→I To N↵	在串列中搜索测站点号
If List 1[I] =A:Then I→S:Break:IfEnd:Next↵	保存测站点号所在的串列序号
If S=0:Then "repeat input sta p num!"Goto S:IfEnd↵	非法则重新输入测站号
Lbl 0:"0 p num(0⇒no) ="?→B↵	输入零方向点号（输 0 为无零方向）
0 →Z:If B=0:Then 0→O:Goto P:IfEnd↵	无零方向时
For 1→I To N↵	在串列中搜索零方向号
If List 1[I]=B:Then I→Z:Break:IfEnd:Next↵	保存零方向所在的串列序号
If Z=0 Or Z=S:Then "repeat input 0 p num!"↵	
Goto 0:IfEnd↵	非法则重新输入零方向号
List 2[Z]− List 2[S]→F↵	测站至零方向点的复数差及其辐角
Arg F→O:O<0⇒O +360→O↵	将辐角转换为方位角
ClrText↵	清除屏幕显示
"HD₀(m)=":Locate 8, 1, Abs F↵	显示零方向平距
"α₀ =":Locate 8,2,"":O ▶DMS ◢	显示零方向方位角
Lbl P:"set − out p num,<0⇒end ="?→C↵	输入放样点号，输入任意负数结束程序
C<0⇒Goto E↵	
0→P:For 1→I To N↵	在串列中搜索零方向号
If List 1[I]=C:Then I→P:Break:IfEnd:Next↵	保存放样点号所在的串列序号

If P=0 Or P=S Or P=Z: Then "repeat input p num!"↵	
Goto P: IfEnd↵	非法则重新输入放样点号
List 2[P]− List 2[S]→G↵	测站至放样点的复数差
Arg G →J: J<0⇒J+360→J↵	转换辐角为方位角
J − O →E: E<0⇒E+360→E↵	放样点水平角
ClrText↵	清除屏幕显示
"α =": J ▸DMS ◢	显示测站→放样点方位角
"HD(m)=": Locate 8, 3, Abs G↵	显示测站→放样点平距
If O≠0: Then "HR=": Locate 8, 4,"": E ▸DMS ◢	显示测站→放样点水平角
IfEnd: Goto P↵	重复输入下一个端点的坐标
Lbl E: "Q1V5⇒End"	

（2）案例

执行 Q1V5 程序之前，应先按 MENU ② 键进入 **STAT** 模式，在 List 1 串列输入图 1 – 69 中 6 个点的点号，在 List 2 串列以复数形式 $x+yi$ 输入对应点号的平面坐标，点号与坐标可以按任意顺序输入，结果如图 1 – 83 左二图所示。

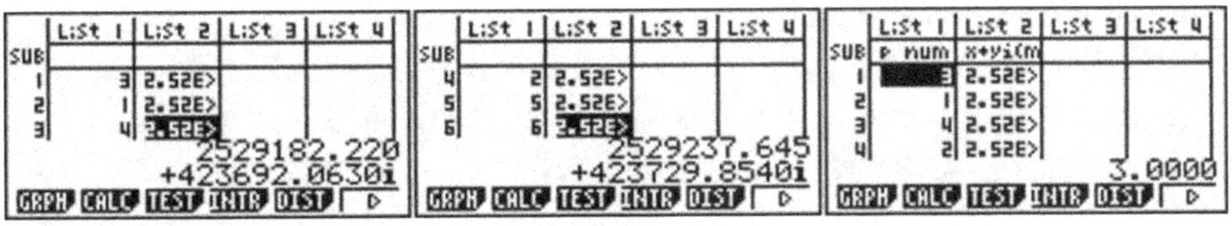

图 1 – 83　在串列中输入点号与复数形式平面坐标

按 MENU Ⓑ 键进入 **PRGM** 模式，执行 Q1V5 程序，屏幕提示与用户操作过程如下：

屏幕提示	按键	说明
Station⇒set − out HR/HD Q1V5		显示程序标题
total p num=6.0000	EXE	显示统计串列的坐标点数
station p num=?	1 EXE	输入测站点号1
0 p num(0⇒no)=?	2 EXE	输入零方向点号2
HD_0(m)=111.1388		显示测站→0 方向平距
$α_0$=18°52′49.81″	EXE	显示测站→0 方向方位角
set − out p num,<0⇒end=?	3 EXE	输入放样点号3
α=91°24′13.56″	EXE	显示测站→3 号方位角
HD(m)=93.7631		显示测站→3 号点平距
HR=72°31′23.75″	EXE	显示测站→3 号点水平角（右旋角）
set − out p num,<0⇒end =?	4 EXE	输入放样点号4
α=88°26′53.49″	EXE	显示测站→4 号点方位角
HD(m)=64.0305		显示测站→4 号点平距

续表

屏幕提示	按键	说明
HR＝69°34′03.68″	EXE	显示测站→4号点水平角（右旋角）
set‑out p num,<0÷end=?	5 EXE	输入放样点号5
α＝49°40′03.2″	EXE	显示测站→5号点方位角
HD(m)=94.5426		显示测站→5号点平距
HR＝30°47′13.39″	EXE	显示测站→5号点水平角（右旋角）
set‑out p num,<0÷end=?	6 EXE	输入放样点号6
α＝60°41′09.73″	EXE	显示测站→6号点方位角
HD(m)=116.7475		显示测站→6号点平距
HR＝41°48′19.92″	EXE	显示测站→6号点水平角（右旋角）
set‑out p num,<0÷end=?	－1 EXE	输入任意负数结束程序
Q1V5÷End		程序结束显示

执行完程序后，程序自动为当前串列文件的 List 1 与 List 2 串列赋子名，按 MENU ② 键进入 **STAT** 模式查看，结果如图 1－83 右图所示。

请读者播放光盘"\ 操作视频\ 1.8\ Q1V5 程序操作视频.avi"文件观看操作方法。

☞fx-9860GⅡ的串列单元可以存储复数，而 fx-5800P 的三个统计串列 List X、List Y、List Freq 单元只能存储实数，不能存储复数。

3）复数形式高斯平面坐标线性变换程序

（1）原理

复数形式高斯平面坐标线性变换的理论基础是复数模与辐角的下面定理：

定理一：两个复数乘积的模等于它们模的乘积，两个复数乘积的辐角等于它们的辐角的和。设有两个复数

$$\left.\begin{array}{l}z_1 = x_1 + y_1\mathrm{i} = r_1 \angle \theta_1 \\ z_2 = x_2 + y_2\mathrm{i} = r_2 \angle \theta_2\end{array}\right\} \quad (1-2)$$

根据定理一，则有 $z_1 z_2 = r_1 r_2 \angle (\theta_1 + \theta_2)$，其实，根据式(1－1)很容易证明该定理。

因 $z_1 = r_1 \angle \theta_1 = r_1 \mathrm{e}^{\mathrm{i}\theta_1}$，$z_2 = r_2 \angle \theta_2 = r_2 \mathrm{e}^{\mathrm{i}\theta_2}$，故有

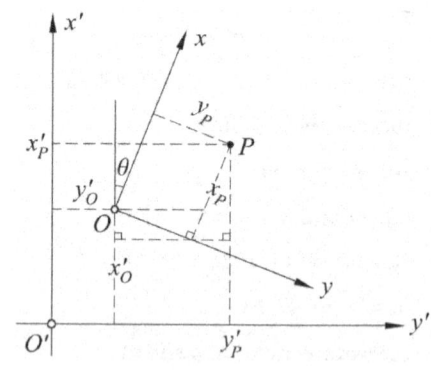

图 1－84 高斯平面坐标系的线性变换

$$z_1 z_2 = r_1 \mathrm{e}^{\mathrm{i}\theta_1} r_2 \mathrm{e}^{\mathrm{i}\theta_2} = r_1 r_2 \mathrm{e}^{\mathrm{i}(\theta_1+\theta_2)} = r_1 r_2 \angle (\theta_1 + \theta_2)$$

如图 1－84 所示，两个高斯平面坐标系线性变换的几何意义是：将源坐标系 xOy 旋转角度 θ，缩放尺度参数 λ，加平移参数 x'_O，y'_O 后即变换为目标坐标系 $x'O'y'$ 的坐标。

在高斯复平面中，平移参数的复数形式为 $z'_O = x'_O + y'_O \mathrm{i}$，旋转角度 θ 为旋转尺度复数的辐角，尺度参数 λ 为旋转尺度复数的模，旋转尺度复数写成复数的极坐标形式为 z_θ

$= \lambda \angle \theta$。

设公共点 P 在源坐标系 xOy 的复数形式坐标为 $z_P = x_P + y_P\mathrm{i}$，在目标坐标系 $x'O'y'$ 的复数形式坐标为 $z'_P = x'_P + y'_P\mathrm{i}$。

根据复数的几何意义及定理一，将源坐标系复平面上的点 z_P 乘以旋转尺度复数 z_θ，加平移复数 z'_O，应等于目标坐标系复平面上的点 z'_P，也即有下列复数方程成立

$$z'_P = z'_O + z_\theta z_P \tag{1-3}$$

设任意点 1、2 点在源坐标系 xOy 中的复数形式坐标为 $z_1 = x_1 + y_1\mathrm{i}$，$z_2 = x_2 + y_2\mathrm{i}$，在目标坐标系 $x'O'y'$ 中的复数形式坐标为 $z'_1 = x'_1 + y'_1\mathrm{i}$，$z'_2 = x'_2 + y'_2\mathrm{i}$，将其坐标分别代入式(1-3)可得下列两个复数方程

$$\left. \begin{array}{l} z'_1 = z'_O + z_\theta z_1 \\ z'_2 = z'_O + z_\theta z_2 \end{array} \right\} \tag{1-4}$$

将式(1-4)的第一式减式(1-4)第二式解得旋转尺度复数为

$$z_\theta = \frac{z'_1 - z'_2}{z_1 - z_2} \tag{1-5}$$

将式(1-5)代入式(1-4)的第一式得平移复数为

$$z'_O = z'_1 - z_\theta z_1 \tag{1-6}$$

由式(1-3)很容易写出目标坐标反向变换为源坐标的公式为

$$z_P = \frac{z'_P - z'_O}{z_\theta} \tag{1-7}$$

(2) 程序

程序名：Q1V6，420 字节，光盘源程序文件为"\1 章\Q1V6.glm"。

"x/y →x'/y', x/y ←x'/y' Q1V6"↵	显示程序标题
Deg: a+bi↵	设置角度单位与复数显示格式
"new(0)/old(≠0)="? →N↵	重新输入公共点坐标或用旧参数计算
N≠0⇒Goto 0↵	用旧参数计算
"x_1+y_1i(m)="? →A↵	输入复数形式公共点 1 的源坐标
"x_2+y_2i(m)="? →B↵	输入复数形式公共点 2 的源坐标
"$x_1'+y_1'$i(m)="? →C↵	输入复数形式公共点 1 的目标坐标
"$x_2'+y_2'$i(m)="? →D↵	输入复数形式公共点 2 的目标坐标
(C−D)÷(A−B)→F↵	计算旋转尺度复数 z_θ，式(1-5)
C−FA→E↵	计算平移复数 $z_{O'}$，式(1-6)
"$x'_0+y'_0$i(m)=":E◢	显示平移复数 $z_{O'}$
Norm 1:"λ=": Abs F◢	显示尺度参数 λ
"θ=": Arg F▸DMS◢	显示旋转参数 θ
Fix 3:Lbl 0↵	
"x/y →x'/y'(0), x/y←x'/y'(≠0)="? →G↵	输入坐标变换方向控制系数
G≠0⇒Goto 2↵	转移到目标坐标→源坐标程序
Lbl 1:"x+yi(m),0⇒end ="? →X↵	输入复数形式任意点的源坐标
Abs X=0⇒Goto E↵	判断是否结束程序

E +FX→Y:"x'+y'i(m)=":Y◢	计算并显示复数形式目标坐标，式(1-3)
Goto 1↵	循环进行坐标线性变换正算
Lbl 2:"x'+y'i(m), 0⇒end ="?→Y↵	输入复数形式任意点的目标坐标
Abs Y=0⇒Goto E↵	判断是否结束程序
(Y−E)÷F→X:"x+yi(m)=":X◢	计算并显示复数形式源坐标，式(1-7)
Goto 2↵	循环进行坐标线性变换反算
Lbl E:"Q1V6⇒End"	

（3）案例

公共点1、2两点在源坐标与目标坐标，3、4、5点的源坐标及目标坐标列于表1-10。

表1-10　计算高斯平面坐标线性变换参数与坐标转换案例

点号	源坐标/m		目标坐标/m	
	x	y	x'	y'
1	2505788.356	406164.803	55500.563	48677.583
2	2493038.151	405552.812	42748.292	48142.600
4个线性变换参数				
参数名	参数值			
x'_o	−2452418.779			
y'_o	−342316.4241			
λ	0.9998906361			
θ	−0°20′44.67″			
3	2505506.417	402922.768	55199.099	45437.663
4	2504400.133	401850.093	54086.484	44371.799
5	2502274.739	401462.177	51959.020	43996.757

执行 Q1V6 程序，输入1、2两个公共点的坐标计算坐标线性变换参数，分别输入3、4、5点的源坐标，计算其目标坐标的屏幕提示与操作过程如下：

屏幕提示	按键	说明
x/y→x'/y', x/y←x'/y' Q1V6		显示程序标题
new(0)/old(≠0)=?	0 EXE	输入0重新计算转换参数
$x_1 + y_1 i(m)=?$	2505788.356 + 406164.803 SHIFT i EXE	输入公共点1的源坐标复数
$x_2 + y_2 i(m)=?$	2493038.151 + 405552.812 SHIFT i EXE	输入公共点2的源坐标复数
$x_1' + y_1' i(m)=?$	55500.563 + 48677.583 SHIFT i EXE	输入公共点1的目标坐标复数
$x_2' + y_2' i(m)=?$	42748.292 + 48142.6 SHIFT i EXE	输入公共点2的目标坐标复数
$x_0' + y_0' i(m)=$ -2452418.779 −342316.424i	EXE	显示复数形式平移参数

续表

屏幕提示	按键	说明
λ =0.9998906361	EXE	显示尺度参数
θ = −0°20′44.67″	EXE	显示旋转参数(负数为逆时针)
x/y →x'/y'(0), x/y← x'/y'(≠0) =?	0 EXE	输0选择源变换为目标坐标
x +yi(m), 0÷end=?	2505506.417 + 402922.768 SHIFT i EXE	输入第3点的源坐标复数
x' +y'i(m)= 55199.099 +45437.663i	EXE	显示第3点的目标坐标复数
x +yi(m),0÷end=?	2504400.133 + 401850.093 SHIFT i EXE	输入第4点的源坐标复数
x' +y'i(m)= 54086.484 +44371.799i	EXE	显示第4点的目标坐标复数
x +yi(m),0÷end=?	2502274.739 + 401462.177 SHIFT i EXE	输入第5点的源坐标复数
x' +y'i(m)= 51959.020 +43996.757i	EXE	显示第5点的目标坐标复数
x +yi(m),0÷end=?	0 EXE	输入0结束程序运行
Q1V6 ÷End		程序结束显示

重复执行程序 Q1V6，使用上述求出的坐标线性变换参数，分别输入3、4、5点的目标坐标，计算其源坐标进行正算检核的屏幕提示与操作过程如下：

屏幕提示	按键	说明
x/y →x'/y', x/y←x'/y' Q1V6		显示程序标题
new(0)/old(≠0)=?	1 EXE	使用已有坐标变换参数计算
x/y →x'/y'(0), x/y←x'/y'(≠0)=?	1 EXE	输1选择目标变换为源坐标
x' +y'i(m),0÷end=?	55199.099 + 45437.663 SHIFT i EXE	输入第3点的目标坐标复数
x' +y'i(m)= 2505506.417 +402922.768i	EXE	显示第3点的源坐标复数
x' +y'i(m),0÷end=?	54086.484 + 44371.799 SHIFT i EXE	输入第4点的目标坐标复数
x' +y'i(m)= 2504400.133 +401850.093i	EXE	显示第4点的源坐标复数
x' +y'i(m),0÷end=?	51959.02 + 43996.757 SHIFT i EXE	输入第5点的目标坐标复数
x' +y'i(m)= 2502274.739 +401462.177i	EXE	显示第5点的源坐标复数
x' +y'i(m),0÷end=?	0 EXE	输入0结束程序运行
Q1V6 ÷End		程序结束显示

请读者播放光盘"\操作视频\1.8\ Q1V6 程序操作视频.avi"文件观看操作方法。

4）复数形式建筑坐标与测量坐标变换程序

（1）原理

如图 1-85 所示，设测量坐标系为 xOy，坐标复数形式为 $z = x + yi$；建筑坐标系为 $x'Ay'$，坐标的复数形式为 $z' = x' + y'i$。已知原点 A 的测量坐标复数为 $z_A = x_A + y_A i$，$+x'$ 轴的测量坐标方位角为 α，尺度参数 $k=1$，则建筑坐标 z' 变换到测量坐标 z 的复数公式为

$$z = z_A + k\angle\alpha z' \qquad(1-8)$$

由此容易推导出测量坐标 z 变换到建筑坐标 z' 的复数公式为

$$z' = \frac{z - z_A}{k\angle\alpha} \qquad(1-9)$$

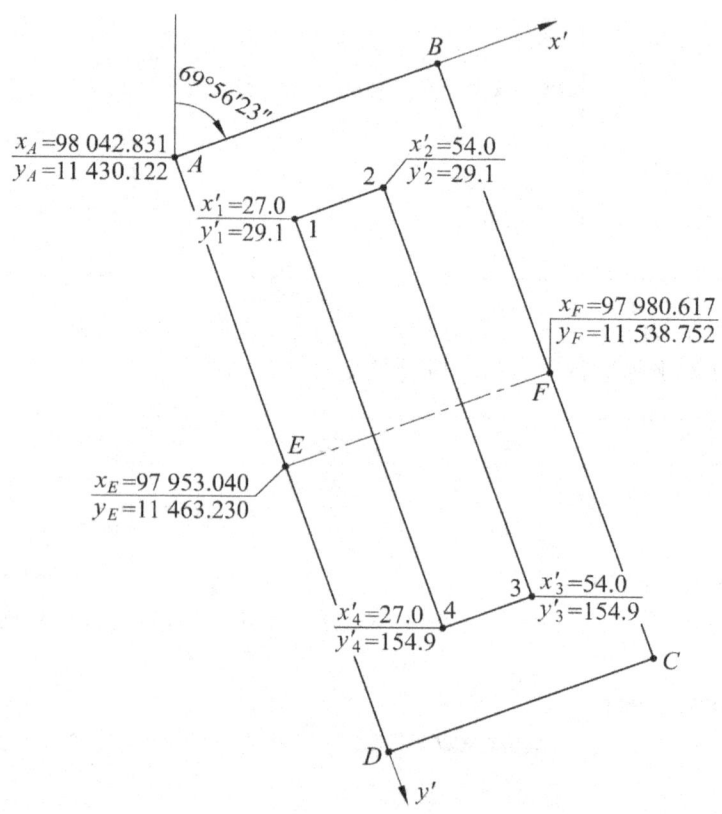

图 1-85　建筑坐标与测量坐标的相互变换案例

（2）程序

程序名：Q1V7，408 字节，光盘源程序文件为"\1章\Q1V7.glm"。

"x/y, sur→arc, sur←arc Q1V7"↵	显示程序标题
Deg: Fix 3: a+bi↵	设置角度单位与显示格式
"new(0)/old(≠0)=?"→N↵	是否重新输入坐标变换参数
N≠0⇒Goto 0 ↵	用旧参数计算
"x_A sur(m)=?"→A:"y_A sur(m)=?"→B↵	输入 A 点的测量（survey）坐标

A+Bi→A↵	将 A 点测量坐标变换为复数形式
"α$_{+x}$'(Deg)="?→θ↵	输入 +x′轴的坐标方位角
Lbl 0:"arc→sur(0)/arc←sur(≠0)="?→G↵	输入坐标变换方向控制系数
G≠0⇒Goto 2↵	
Lbl 1:"x arc(m),0⇒end ="?→U↵	输入任意点的建筑（architecture）横坐标
U=0⇒Goto E↵	判断是否结束程序
"y arc(m)="?→V↵	输入任意点建筑纵坐标
U+Vi→U:A+1∠θ×U→X↵	变换为复数形式测量坐标
"x +yisur(m)=":X▲	显示变换后的测量坐标
Goto 1↵	循环进行建筑坐标→测量坐标计算
Lbl 2:"x sur(m),0⇒end ="?→X↵	输入任意点测量横坐标
X=0⇒Goto E↵	判断是否结束程序
"y sur(m)="?→Y↵	输入任意点测量纵坐标
X+Yi→X:(X−A)÷1∠θ→U↵	变换为复数形式建筑坐标
"x +yi arc(m)=":U▲	显示变换后的建筑坐标
Goto 2↵	循环进行测量坐标→建筑坐标计算
Lbl E:"Q1V7⇒End"	

（3）案例

在图 1–85 中，已知 A 点的测量坐标及 +x′轴的测量方位角，试计算 1、2、3、4 点的测量坐标与 E、F 点的建筑坐标。

执行 Q1V7 程序，输入建筑坐标变换为测量坐标的线性变换参数，分别输入 1、2、3、4 点的建筑坐标计算其测量坐标的屏幕提示与操作过程如下：

屏幕提示	按键	说明
x/y, sur→arc/sur←arc Q1V7		显示程序标题
new(0)/old(≠0)=?	0 [EXE]	重新输入坐标变换参数
x_A sur(m)=?	98042.831 [EXE]	输入 A 点测量坐标
y_A sur(m)=?	11430.122 [EXE] [OPTN] [F4] [F5]	
α$_{+x}$'(Deg)=?	69 [F4] 56 [F4] 23 [F4] [EXE]	输入 +x′轴测量方位角
arc→sur(0)/arc←sur(≠0)=?	0 [EXE]	选择建筑坐标→测量坐标
x arc(m),0⇒end=?	27 [EXE]	输入 1 点建筑坐标
y arc(m)=?	29.1 [EXE]	
x +yi sur(m)=98024.758 +11465.466i	[EXE]	显示 1 点测量坐标复数
x arc(m),0⇒end=?	54 [EXE]	输入 2 点建筑坐标
y arc(m)=?	29.1 [EXE]	
x +yi sur(m)=98034.019 +11490.827i	[EXE]	显示 2 点测量坐标复数
x arc(m),0⇒end=?	54 [EXE]	输入 3 点建筑坐标

续表

屏幕提示	按键	说明
y arc(m)=?	154.9 EXE	
x +yi sur(m)=97915.851 +11533.978i	EXE	显示 3 点测量坐标复数
x arc(m), 0⇒end=?	27 EXE	输入 4 点建筑坐标
y arc(m)=?	154.9 EXE	
x +yi sur(m)=97906.590 +11508.616i	EXE	显示 4 点测量坐标复数
x arc(m), 0⇒end=?	0 EXE	输 0 结束程序
Q1V7⇒End		程序结束显示

重复执行 Q1V7 程序，使用上述已输入的坐标线性变换参数，分别输入 E、F 点的测量坐标计算其建筑坐标的屏幕提示与操作过程如下：

屏幕提示	按键	说明
x/y, sur→arc/sur←arc Q1V7	EXE	显示程序标题
new(0)/old(≠0)=?	1 EXE	选择已有坐标变换参数
arc→sur(0)/arc←sur(≠0)=?	1 EXE	选择测量坐标→建筑坐标
x sur(m), 0⇒end=?	97953.04 EXE	输入 E 点测量坐标
y sur(m)=?	11463.23 EXE	
x +yi arc(m)=0.300 +95.700i	EXE	显示 E 点建筑坐标复数
x sur(m), 0⇒end=?	97980.617 EXE	输入 F 点测量坐标
y sur(m)=?	11538.752 EXE	
x +yi arc(m)=80.700 +95.701i	EXE	显示 F 点建筑坐标复数
x sur(m), 0⇒end=?	0 EXE	输入 0 结束程序
Q1V7⇒End		程序结束显示

请读者播放光盘"\操作视频\1.8\Q1V7 程序操作视频.avi"文件观看操作方法。

1.9 矩阵计算

fx-9860GⅡ具有比 fx-5800P 更加强大的矩阵功能，主要表现如下：

① 只要内存容量允许，矩阵的行或列数最大理论值为 999，而 fx-5800P 允许的矩阵行或列数最大只能是 10。

② 矩阵单元的数值可以是复数，而 fx-5800P 的矩阵单元数值只能是实数。

③ 用户可以使用 **Mat A ~ Mat Z** 共 26 个字母矩阵，设置了矩阵维数定义语句 **Dim**。例如，执行 {m, n}→Dim Mat Y 语句为定义矩阵 **Mat Y** 为 **m** 行×**n** 列矩阵，且 **m** 与 **n** 的值可以是正整数，也可以是变量；而 fx-5800P 只有 **Mat A ~ Mat F** 共 6 个字母矩阵，没有矩阵维数定义语句，只能使用为矩阵赋值的方式定义矩阵维数，例如定义矩阵 **Mat B**

为3行×2列的阵列数值赋值语句为：**[[0, 0][0, 0][0, 0]]→Mat B**。

④ 设置了 **Mat →List(** 矩阵函数，可以实现从指定矩阵中按列抽取数值并存入指定串列。

1）矩阵的定义与输入

fx-9860GⅡ内置了名称为 **Mat A ~ Mat Z** 的 26 个字母矩阵及矩阵答案存储器 **Mat Ans**，按 SHIFT Mat 键输入 **Mat**，按 SHIFT Ans 键输入 **Ans**。为字母矩阵输入数值之前，应先定义矩阵的维数。矩阵答案存储器 **Mat Ans** 的维数不需要定义，它能自动存储最近一次矩阵表达式的计算结果。

在 **RUN·MAT** 模式下，按 F1（MAT）键调出图 1 – 86 左上图所示的矩阵列表菜单，按 ▼ 或 ▲ 键移动光标到需要定义的字母矩阵行上，或按 ALPHA A ~ Z 键为使光标快速移动到输入字母的矩阵行，按 SHIFT Ans 键为使光标快速移动到矩阵答案存储器 **Mat Ans** 行；按 F1（DEL）F1 键为删除光标所在矩阵的定义，按 F2（DEL·A）F1 键为删除全部矩阵的定义，按 F3（DIM）键为在弹出的矩阵维数对话框中输入矩阵的行值 m 与列值 n，在内存容量允许的情况下，每个矩阵行、列的最大值为 999。

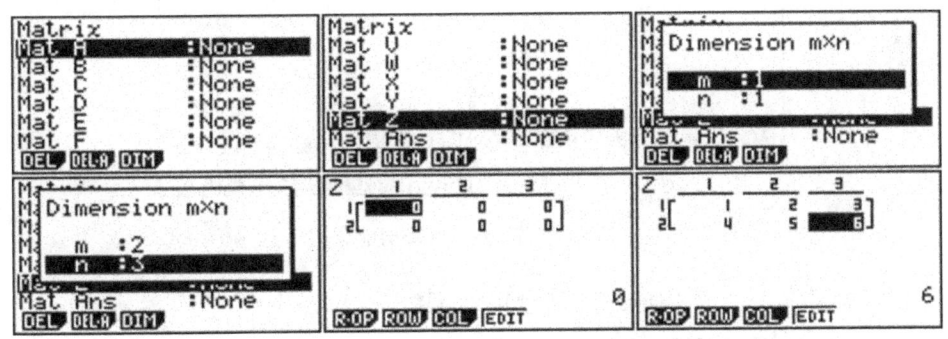

图 1 – 86 定义并输入 **Mat Z** 为 2 行 ×3 列的矩阵案例

也可以在 **RUN·MAT** 模式或程序中执行 **ClrMat** 语句清除全部矩阵定义，按 SHIFT PRGM F6（▷）F1（CLR）F4（Mat）键为输入 **ClrMat** 语句。

图 1 – 86 为按 ALPHA Z 键移动光标到 **Mat Z**，按 F3（DIM）2 EXE 3 EXE EXE 键定义 **Mat Z** 为 2 行 ×3 列矩阵，按 1 EXE 2 EXE 3 EXE 4 EXE 5 EXE 6 EXE 键按行输入 **Mat Z** 六个单元值的操作过程。

矩阵单元的值可以是实数、复数或表达式，当为表达式时，机器自动将表达式的计算结果存入光标所在矩阵单元，完成输入后按 EXIT 键返回矩阵列表，可以继续定义与输入其余字母矩阵。完成矩阵单元值输入后，按 EXIT EXIT 键返回计算状态。

图 1 – 86 是先定义矩阵的维数，再输入矩阵各单元的数值。在程序中，是用语句 **{2, 3}→Dim Mat Z** 定义矩阵 **Mat Z** 为 2 行 ×3 列。

也可以在 **RUN·MAT** 模式或程序中用赋值语句 →，在输入完矩阵单元值的同时定义矩阵。

例如，在 **RUN·MAT** 模式下，将复数矩阵 $\begin{bmatrix} 1+1i & 2+2i \\ 3+3i & 4+4i \end{bmatrix}$ 输入到矩阵 **Mat A** 的操作方法如下：

按 SHIFT [SHIFT [1 + SHIFT i , 2 + 2 SHIFT i] SHIFT [3 + 3 SHIFT i , 4 + 4 SHIFT i] SHIFT] → SHIFT Mat ALPHA A 键输入语句 **[[1 +i, 2 +2i][3 +3i, 4 +4i]]→Mat A**，按 EXE 键，结果如图 1 - 87 所示。

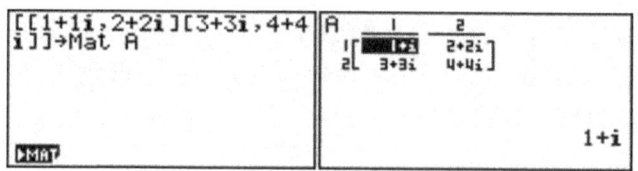

图 1 - 87　执行赋值语句输入矩阵单元值的同时定义矩阵

2) 矩阵的函数运算

按 OPTN F2（MAT）键调出图 1 - 88 右图所示的矩阵函数符功能菜单，其中按 F1（Mat）键与按 SHIFT Mat 键都是输入矩阵符 **Mat**，两者的功能相同。

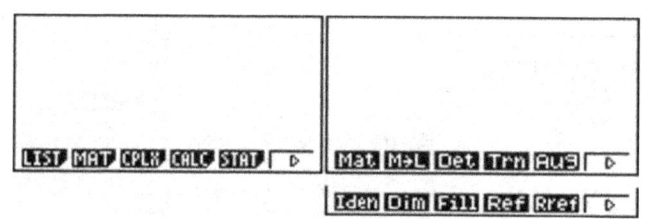

图 1 - 88　矩阵函数符功能菜单

(1) 从矩阵中抽取一列数值到串列语句（M→L）

句法：**Mat →List(Mat a, n)**

按 OPTN F2（MAT）F2（M→L）键输入 **Mat →List(**；**a** 为 **A ~Z** 与 **Ans** 矩阵中已定义的矩阵，**n** 为需要从矩阵中抽取的列号，求出的串列答案可以直接赋值给串列 **List 1 ~ List 26**。图 1 - 89 左图为从图 1 - 87 所定义的矩阵 **Mat A** 抽取第 2 列数值给 **List 1** 串列的操作过程，按 MENU 2 键进入 **STAT** 模式查看 **List 1** 的结果如图 1 - 89 中图所示。

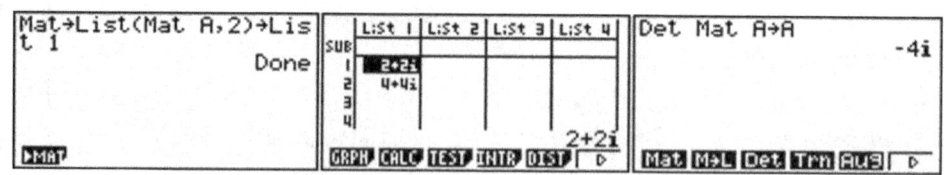

图 1 - 89　从 **Mat A** 矩阵抽取第 2 列数值给 **List 1** 串列与计算 **Mat A** 矩阵的行列式值

(2) 方阵行列式语句（Det）

句法：**Det Mat a**

按 OPTN F2（MAT）F3（Det）键输入 **Det**，**a** 为 **A ~Z** 与 **Ans** 矩阵中已定义的方形矩阵，方形矩阵的行数等于列数，简称方阵。求出方阵的行列式值可以是实数，也可以是复数，可以将行列式值赋给 **A ~Z** 字母变量存储器、串列单元或矩阵单元。图 1 - 89 右图为求图 1-87 所定义的矩阵 **Mat A** 的行列式，并将其值赋值给 **A** 变量的操作过程。

(3) 矩阵转置语句（**Trn**）

句法：**Trn Mat a**

按 (OPTN) (F2)（**MAT**）(F4)（**Trn**）键输入 **Trn**，**a** 为 **A ~Z** 与 **Ans** 矩阵中已定义的矩阵，转置操作是将矩阵的行与列互换，转置的结果可以赋值给其余矩阵。图 1-90 为求图 1-86 所定义的矩阵 **Mat Z** 的转置，并将结果赋值给矩阵 **Mat B** 的操作过程。**Mat Z** 矩阵的行列数为 2 行×3 列，转置后的 **Mat B** 矩阵的行列数为 3 行×2 列。

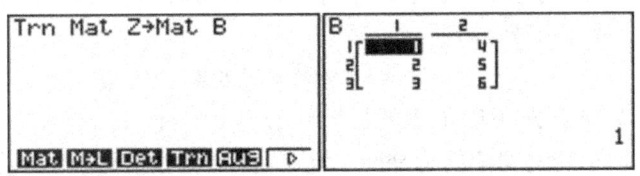

图 1-90　求 **Mat Z** 矩阵的转置并赋值给 **Mat B** 矩阵案例

(4) 矩阵合并语句（**Aug**）

句法：**Augment(Mat a, Mat b)**

按 (OPTN) (F2)（**MAT**）(F5)（**Aug**）键输入 **Augment(**，**a** 与 **b** 应为 **A ~Z** 字母矩阵中的行数相同的已定义矩阵，作为特殊情况，**a**，**b** 可以是同一个已定义矩阵。合并后的矩阵可以直接赋值给 **a**，**b** 或其余矩阵。图 1-91 为合并 **Mat A** 与 **Mat Z** 矩阵，并将结果赋值给 **Mat C** 矩阵的操作过程。

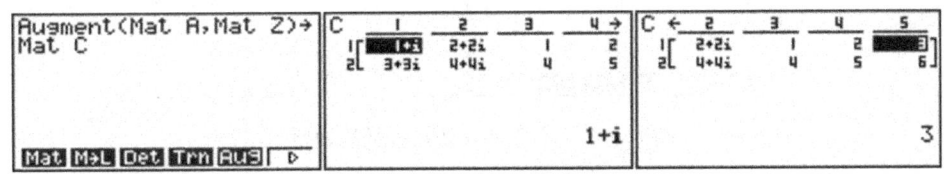

图 1-91　合并 **Mat A** 矩阵与 **Mat Z** 矩阵并将结果赋值给 **Mat C** 矩阵

(5) 单位矩阵语句（**Iden**）

句法：**Identity n**

称对角线单元值为 1、其余单元值为 0 的方阵为单位矩阵。按 (OPTN) (F2)（**MAT**）(F6)（▷）(F1)（**Iden**）键输入 **Identity**，**n** 为单位矩阵的行或列数（因单位矩阵一定是方阵，所以其行数 = 列数）。可以将生成的单位矩阵赋值给 **A ~Z** 字母矩阵。图 1-92 为将 3 阶（3 行×3 列）单位矩阵赋值给 **Mat B** 的操作过程。

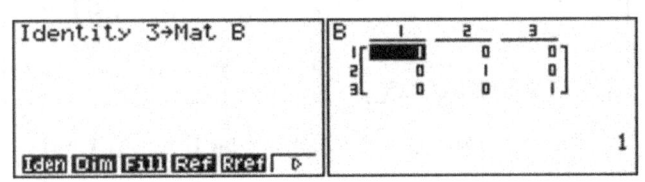

图 1-92　定义 3 阶单位矩阵

（6）定义矩阵维数语句（`Dim`）

① 定义矩阵维数句法：**{m, n}→Dim Mat a**

按 `OPTN` `F2`（`MAT`）`F6`（`▷`）`F2`（`Dim`）键输入 **Dim**，**m** 为矩阵的行数，**n** 为矩阵的列数，**m** 与 **n** 可以为数值或字母变量，其值应为小于等于 999 的正整数及机器剩余内存的允许范围内。

每定义一个新矩阵，需要占用 36 字节内存，每个存储实数的矩阵单元占用 12 字节内存，每个存储复数的矩阵单元占用 22 字节内存。用户可以使用的 fx-9860GⅡ内存字节数为 61904 字节。假设仅仅定义 **Mat A** 矩阵为 n 行×n 列，则 **Mat A** 有 n^2 个单元，以每个单元都存储实数计，则有下列方程

$$36 + 12 \times n^2 = 61904$$

解上述方程求出方阵 **Mat A** 可以定义的最大阶数为 n = 71。

虽然矩阵行列数的最大理论值是 999，但在实际编程进行矩阵计算时，应尽量少定义大阶数矩阵，对程序以后不再需要使用的矩阵，应执行 **ClrMat a** 语句清除其定义，释放所占用的主存储器空间。**a** 为 **A ~Z** 字母。

② 查询矩阵维数句法：**Dim Mat a**

执行 **Dim Mat a** 语句的结果是一个 2 行的串列，其中 **Mat a** 矩阵的行数存储在 **List Ans[1]** 单元，**Mat a** 矩阵的列数存储在 **List Ans[2]** 单元。图 1 – 93 为查询图 1 – 86 所定义的 **Mat Z** 矩阵的维数。

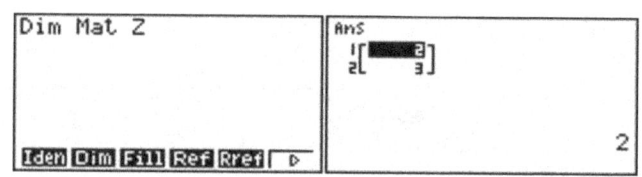

图 1 – 93　查阅 **Mat Z** 矩阵的维数案例

查询一个未定义矩阵的维数时显示"**Dimension ERROR**"错误信息。

（7）为已定义矩阵单元赋同值语句（`Fill`）

句法：**Fill(n, Mat a)**

按 `OPTN` `F2`（`MAT`）`F6`（`▷`）`F3`（`Fill`）键输入 **Fill(**，其中 **a** 应为 **A ~Z** 字母矩阵中的任意一个已定义的矩阵，**n** 为数值或表达式。图 1 – 94 为将复数 **1 + 2i** 赋值给图 1 – 92 所定义的 3 阶矩阵 **Mat B** 的操作过程。

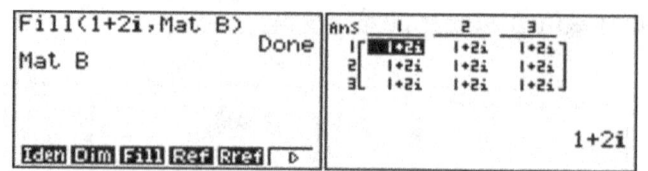

图 1 – 94　为已定义的 3 阶矩阵 **Mat B** 赋复数 **1 + 2i**

（8）非奇异方阵的逆（$^{-1}$）

句法：**Mat a**$^{-1}$

按 SHIFT x^{-1} 输入 $^{-1}$，其中 **a** 为 **A ~ Z**，应为非奇异方阵，称行列式不等于 0 的方阵为非奇异方阵。图 1 – 95 右二图为计算图 1 – 87 所定义的矩阵 **Mat A** 的逆，如图 1 – 95 左二图所示，**Mat A** 矩阵的行列式值不等于 0。

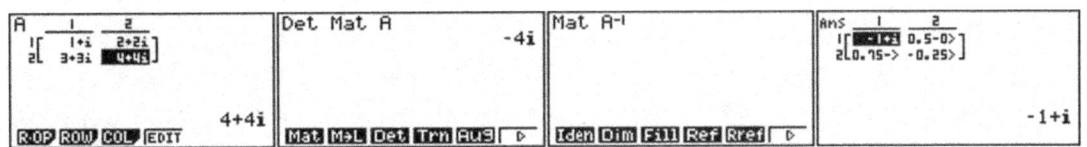

图 1 – 95 求非奇异方阵 **Mat A** 逆案例

3) 矩阵的算术运算

矩阵的算术运算包括 +、-、× 运算，计算时，应符合矩阵的运算规则，也即，矩阵 **a** 与矩阵 **b** 相加或相减时，矩阵 **a** 的行列数应分别等于矩阵 **b** 的行列数；矩阵 **a** 与矩阵 **b** 相乘时，矩阵 **a** 的列数应等于矩阵 **b** 的行数，乘号 × 可以省略。

[例 1 – 26] 已知某水准网的观测值列矩阵为

$$L^T = (1.359 \quad 2.009 \quad 0.363 \quad 1.012 \quad 0.657 \quad 0.238 \quad -0.595)(\text{m})$$

条件方程 $AV - W = 0$ 的系数矩阵 A 与闭合差列矩阵 W 分别为

$$A = \begin{pmatrix} 1 & -1 & 0 & 0 & 1 & 0 & 0 \\ 0 & 0 & 1 & -1 & 1 & 0 & 0 \\ 0 & 0 & 1 & 0 & 0 & 1 & 1 \\ 0 & 1 & 0 & -1 & 0 & 0 & 0 \end{pmatrix}, \quad W = \begin{pmatrix} -7 \\ -8 \\ -6 \\ 3 \end{pmatrix} (\text{mm})$$

高差观测值的协因数方阵为

$$Q = \begin{pmatrix} 1.1 & 0 & 0 & 0 & 0 & 0 & 0 \\ 0 & 1.7 & 0 & 0 & 0 & 0 & 0 \\ 0 & 0 & 2.3 & 0 & 0 & 0 & 0 \\ 0 & 0 & 0 & 2.7 & 0 & 0 & 0 \\ 0 & 0 & 0 & 0 & 2.4 & 0 & 0 \\ 0 & 0 & 0 & 0 & 0 & 1.4 & 0 \\ 0 & 0 & 0 & 0 & 0 & 0 & 2.6 \end{pmatrix}$$

平差值函数的系数列矩阵为

$$f^T = (0 \quad 0 \quad 0 \quad 0 \quad 1 \quad 0 \quad 0)$$

试求高差观测改正数的最小二乘解、观测值的平差值、单位权中误差与权函数的中误差。

[解] 根据条件平差原理[17]，法方程的解为 $K = (AQA^T)^{-1}W$，改正数为 $V = QA^TK$，高差观测值的平差值为 $\hat{L} = L + V$，单位权中误差为 $\hat{\sigma}_0 = \sqrt{\dfrac{V^TPV}{r}}$，式中的 $r = 4$ 为多余观测数，平差值函数的协因数为 $Q_{\varphi\varphi} = f^TQf - f^TQA^TN_{aa}^{-1}AQf = f^TQ(f - A^TN_{aa}^{-1}AQf)$，

平差值函数的中误差为 $\sigma_\varphi = \sigma_0 \sqrt{Q_{\varphi\varphi}}$。

在 **RUN·MAT** 模式下，按 [SHIFT] [PRGM] [F6] (▷) [F1] (**CLR**) [F4] (**Mat**) [EXE] 键执行 **ClrMat** 语句清除全部矩阵的定义，按 [EXIT] [EXIT] 键退出程序语句功能菜单。

按 [F1] (**▶MAT**) [ALPHA] [L] [F3] (**DIM**) [7] [EXE] [1] [EXE] [EXE] 键定义 **Mat L** 为 7 行 ×1 列矩阵，按 **1.359** [EXE] **2.009** [EXE] **0.363** [EXE] **1.012** [EXE] **0.657** [EXE] **0.238** [EXE] **－0.595** [EXE] 键输入观测值矩阵，结果如图 1－96 左图所示，按 [EXIT] 键返回矩阵列表。

按 [ALPHA] [A] [F3] (**DIM**) [4] [EXE] [7] [EXE] [EXE] 键定义 **Mat A** 为 4 行 ×7 列矩阵，按题目给出的系数矩阵 **A** 的值完成输入，结果如图 1－96 左二图所示，按 [EXIT] 键返回矩阵列表。

按 [ALPHA] [W] [F3] (**DIM**) [4] [EXE] [1] [EXE] [EXE] 键定义 **Mat W** 为 4 行 ×1 列矩阵，按题目给出的闭合差矩阵 **W** 的值完成输入，结果如图 1－96 右二图所示，按 [EXIT] 键返回矩阵列表。

按 [ALPHA] [Q] [F3] (**DIM**) [7] [EXE] [7] [EXE] [EXE] 键定义 **Mat Q** 为 7 行 ×7 列方阵，按题目给出的协因数阵 **Q** 的值完成输入，结果如图 1－96 右图所示，按 [EXIT] [EXIT] 键退出矩阵列表，返回计算状态。

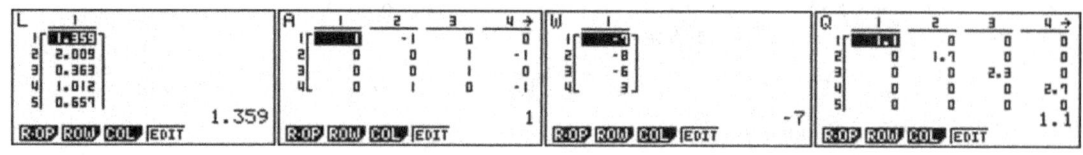

图 1－96　定义与输入 **Mat L**, **Mat A**, **Mat W**, **Mat Q** 矩阵数值的结果

输入并执行两重矩阵表达式 (**Mat AMat QTrn Mat A**)$^{-1}$→**Mat N**:**Mat NMat W**→ **Mat K** 计算法方程系数阵的逆阵与联系数的解，结果如图 1－97 左上二图所示。

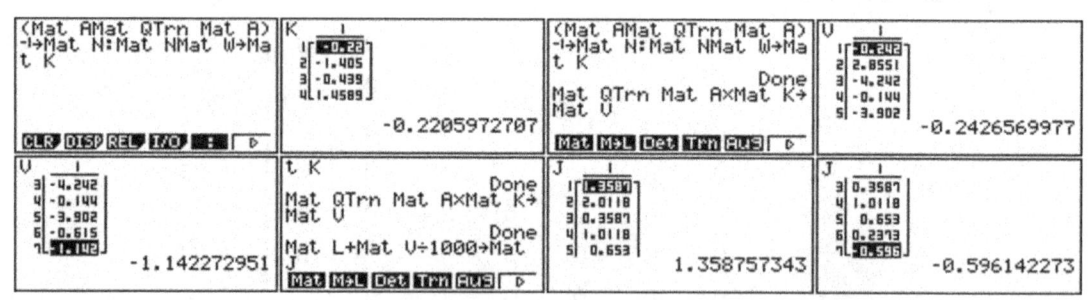

图 1－97　求法方程的解、高差观测改正数、高差观测平差值

输入上述矩阵表达式时，按 [SHIFT] [x⁻¹] 键输入 $^{-1}$，按 [OPTN] [F2] (**MAT**) [F4] (**Trn**) 键输入 **Trn** 键，按 [SHIFT] [PRGM] [F6] (▷) [F5] (**:**) 键输入冒号**：**。

按 [EXIT] 键退出矩阵答案存储器显示界面，输入并执行矩阵表达式 **Mat QTrn Mat A** × **Mat K** →**Mat V** 计算高差观测改正数矩阵，结果如图 1－97 右上二图所示。注意，在转置矩阵 **Trn Mat A** 与矩阵 **Mat K** 相乘时不能省略乘号×，因为省略乘号的矩阵相乘运算优先于矩阵转置运算，而 **Mat A** 与 **Mat K** 相乘不符合矩阵相乘的规则。

按 [EXIT] 键退出矩阵答案存储器显示界面，输入并执行矩阵表达式 **Mat L ＋0.001Mat V**

→Mat J 算出高差观测值的平差值,结果如图 1-97 右下图所示。因为观测值的单位为 m,而观测值改正数的单位为 mm,所以,应将改正数矩阵 **V** 除以 1000。

按 EXIT 键退出矩阵答案存储器显示界面,按 AC/ON 键清除屏幕显示,输入并执行两重表达式 **Trn Mat V ×Mat Q⁻¹Mat V →Mat S:√(Mat S[1, 1]÷4)→S** 算出单位权中误差并存入字母变量存储器 **S**,结果如图 1-98 左图所示,式中 **Mat S[1, 1]** 代表矩阵 **S** 第一行第一列单元的数值。

按 EXIT 键返回 **RUN·MAT** 模式缺省功能菜单,按 F1(▶MAT)ALPHA F F3(DIM) 7 EXE 1 EXE EXE 键定义 **Mat F** 为 7 行 ×1 列矩阵,按题目给出的平差值函数的系数矩阵 *f* 的值完成输入,结果如图 1-98 中图所示,按 EXIT EXIT 键退出矩阵列表,返回计算状态。

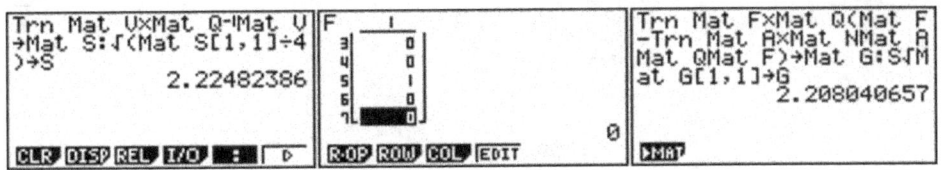

图 1-98 计算单位权中误差与平差值函数的中误差

按 AC/ON 键清除屏幕显示,输入并执行两重表达式 **Trn Mat F × Mat Q(Mat F - Trn Mat A × Mat NMat A Mat QMat F)→Mat G:S √ Mat G[1, 1]→G** 计算平差值函数的中误差并存入字母变量 **G**,结果如图 1-98 右图所示。

请读者播放光盘"\ 操作视频 \ 1.9 \ [例 1-26] 操作视频.avi" 文件观看操作方法。

1.10 PRGM 模式与程序

1)PRGM 模式的功能菜单

按 MENU B 键进入 **PRGM** 模式,屏幕显示如图 1-99 所示的程序列表界面,有两页功能菜单,按 F6(▷)键为翻页到图 1-99 下图所示的功能菜单,按 ▼ 或 ▲ 键为移动光标到需要的程序。

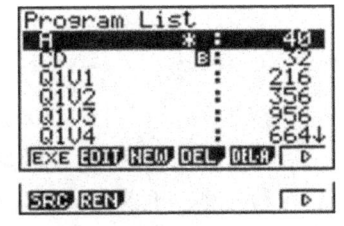

图 1-99 **PRGM** 模式程序列表

在图 1-99 所示的程序列表中,左边的字符为程序文件名,右边的数字为占用的内存字节数,新建一个程序需要 32 字节存储程序名及计算模式与密码。中间符号的意义为:符号 * 表示该程序设置了密码,符号 B 表示该程序的运行模式为基数(**BASE**)模式。

① 按 EXE 键或按 F1(EXE)键为执行光标行的程序。

② 按 F2(EDIT)键为编辑光标行程序,当光标行程序设置有密码时,机器将提示用户输入密码,所输密码不正确时将不允许用户在机器上编辑程序,但可以将程序下传到通信软件 FA-124 中,再从 FA-124 的 Calculator 窗口复制程序到 FA-124 窗口,鼠标左键双击 FA-124 窗口的程序进行编辑。即,在 FA-124 软件的 FA-124 窗口可以编辑任意程序,包括加密程序。由此可见,fx-9860GⅡ的程序加密功能仅限于在机器上使用。

③ 按 F3(NEW)键进入图 1-100 左图所示的程序文件名输入界面，机器自动锁定为字母输入模式，等价于已自动按 SHIFT A-LOCK 键。用户最多可以输入 8 个字符作为程序文件名，可以作为文件名的字符是：**A~Z**、**r**、**θ**、空格、[、]、{、}、'、"、**~**、**0~9**、**+**、**-**、**×**、**÷**，当需要输入字符'、"、~作为文件名时，应按 F6(SYBL)键调出图 1-100 下中图所示的功能菜单。

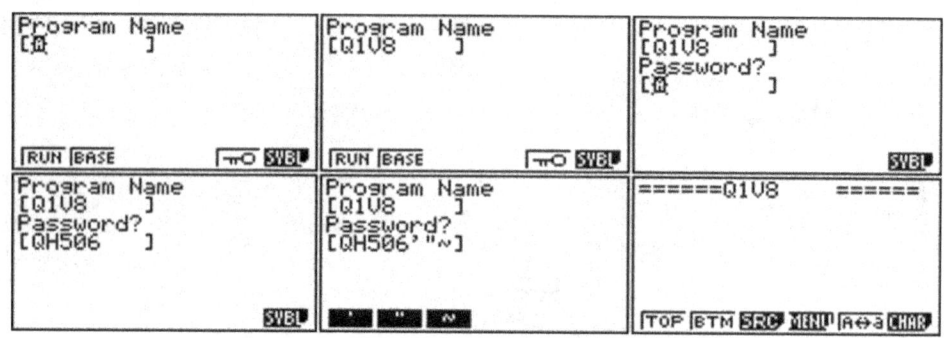

图 1-100　新建程序与设置密码界面

完成文件名的输入后，按 F1(RUN)键为设置程序为一般计算模式，这也是新建程序的缺省设置，一般不需要按该键重复设置；按 F2(BASE)键为设置程序为基数计算模式，程序名右边显示 B 符号；按 F5(┳○)键为输入程序密码，用户最多可以输入 8 个字符作为程序密码，可用作程序密码的字符与程序名相同，当需要输入字符'、"、~作为文件密码时，应按 F6(SYBL)键调出图 1-100 下中图所示的功能菜单。

完成程序名及密码(如果需要)输入后，按 EXE 键进入图 1-100 右下图所示的程序编辑界面，即可开始手工输入程序。在 fx-9860GⅡ 中手工输入程序的效率较低，建议用户在通信软件 FA-124 中输入程序。

④ 按 F4(DEL)F1 键为删除光标行的程序。

⑤ 按 F5(DELA)F1 键为删除内存的全部程序。

按 F6(▷)键翻页到图 1-99 下图所示的功能菜单。

⑥ 按 F1(SRC)键为在程序列表中搜索用户输入字符的文件，完成程序名字符输入后按 EXE 键，机器将光标定位在满足要求的程序上，操作案例如图 1-101 上图所示。当主存储器存储了较多的程序文件，逐行查找比较麻烦时才使用该功能。

⑦ 按 F2(REN)键为编辑光标行的程序名，操作案例如图 1-101 下图所示。

2) 程序编辑模式功能菜单

按 MENU B 键进入程序列表界面，按 ▽ 或 △ 键移动光标到程序需要编辑的程序名上，按 F2(EDIT)键进入程序编辑模式，图 1-102 左图为编辑程序 Q1V5 的界面，其功能菜单称为程序编辑模式功能菜单。

① 按 F1(TOP)键为将光标快速移动到程序开头。

② 按 F2(BTM)键为将光标快速移动到程序末尾。

③ 按 F3(SRC)键为搜索程序中的程序语句、文本与数字。按 F3(SRC)键进入图

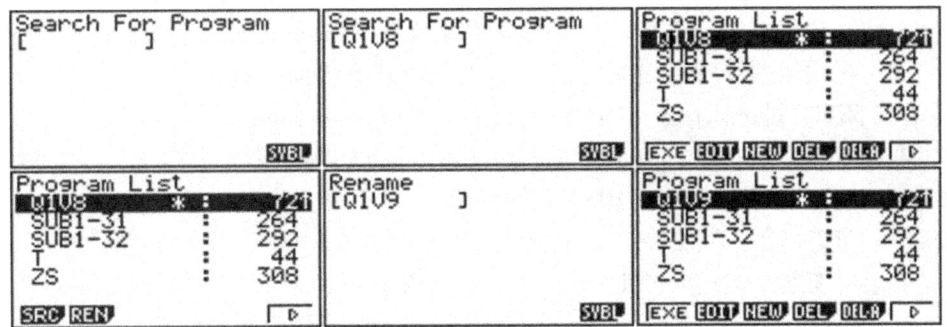

图 1-101　在程序列表中搜索指定字符的程序文件和编辑程序名案例

1-102 左二图所示的界面，按 SHIFT PRGM F6（▷）F1（CLR）F1（Text）键输入 **ClrText** 语句，按 EXE 键，结果如图 1-102 右二图所示，按 F1（SRC）键为继续搜索，如当前光标后的程序语句中已没有 **ClrText** 语句时，屏幕返回程序编辑模式功能菜单，如图 1-102 右图所示。

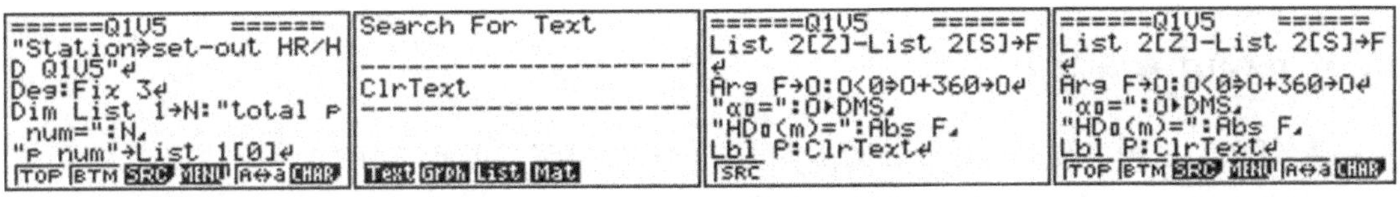

图 1-102　在程序中搜索 **ClrText** 语句

④ 按 F5（A↔a）键为输入英文小写字母，该功能键有两种使用方法：

第一种，先按 ALPHA 键，再按 F5（A↔a）键，再按字母键为输入单个英文小写字母，例如，按 ALPHA F5（A↔a）Q 键为输入小写字母 **q**。

第二种，先按 SHIFT A-LOCK 键锁定大写字母输入模式，再按 F5（A↔a）键锁定小写字母输入模式，再连续按字母键为连续输入英文小写字母。例如，按 SHIFT A-LOCK F5（A↔a）C A M E L L I A 键为输入小写字母 **camellia**。

⑤ 按 F6（CHAR）键进入图 1-103 所示的特殊字符输入界面，屏幕显示最近一次调用的特殊字符页面。

图 1-103　特殊字符功能菜单

按 F1（MATH）键进入图 1-103 左上图所示的数学字符界面，光标自动位于第一行第一列字符位置，按 ◀、▶、▼ 或 ▲ 键移动光标到需要输入的字符，按 EXE 键输入光标处的字符，在下面字符界面中也采用同样的方法选择界面字符。

按 F2（SYBL）键进入图 1-103 右上图所示的特殊字符界面。

按 F3（ABΓ）键进入图 1-103 左下图所示的大写希腊字符界面。

按 F4（αβγ）键进入图 1-103 左下中图所示的小写希腊字符界面。

按 F5（ABC）键进入图 1-103 右下图所示的英文大小写下标字符界面。

⑥ 按 F4（MENU）键进入图 1-104 所示的模式语句。

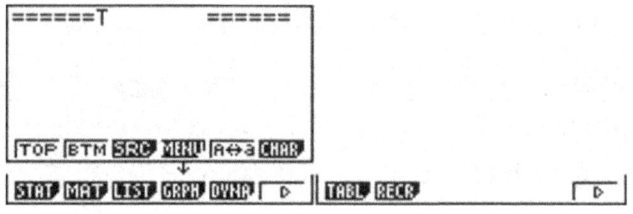

图 1-104　展开 MENU 功能菜单

3）类 BASIC 程序语句

在程序编辑状态按 SHIFT PRGM 键调出图 1-105 左图所示的程序语句一页功能菜单，共有三页功能菜单，按 F6（▷）键循环翻页。

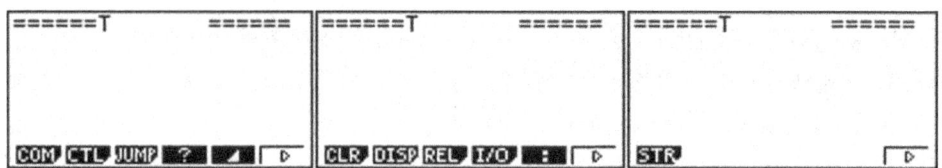

图 1-105　类 BASIC 语言程序语句一级功能菜单

（1）COM 功能菜单下的程序语句

按 SHIFT PRGM F1（COM）键调出图 1-106 左图所示的程序语句功能菜单。

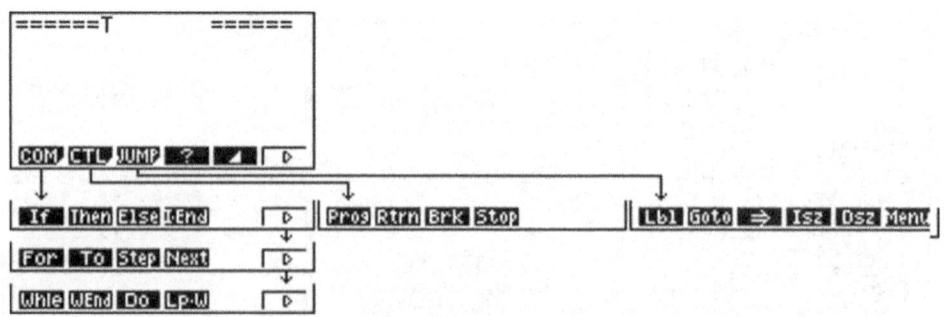

图 1-106　按 SHIFT PRGM 键调出的程序语言第一页功能菜单

① 条件语句：If ~Then ~Else ~IfEnd

输入：按 F1（ If ）键输入 If，按 F2（ Then ）键输入 Then，按 F3（ Else ）键输入 Else，按 F4（ IfEnd ）键输入 IfEnd。

句法 1：If ＜条件＞ ⏎ Then ＜语句块＞ ⏎ IfEnd ⏎

说明：符号 ⏎ 的意义是，在该符号位置可以输入回车符↵、连接符:与显示符◢中的任一个命令字符，下同；语句块是指由多个语句用回车符↵、连接符:或显示符◢连接的集合，下同。

条件为真时执行 Then 后的语句块，否则从 IfEnd 后开始执行。条件式的关系运算符有 =，≠，＞，＜，≥，≤ 六个，也可以包含多个逻辑运算语句 And，Or，Not。

句法 2：If ＜条件＞ ⏎ Then ＜语句块 1＞ ⏎ Else ＜语句块 2＞ ⏎ IfEnd ⏎

说明：条件为真时执行语句块 1，否则执行语句块 2，然后执行 IfEnd 后的语句。

② For 循环语句：For ~To ~Step ~Next

输入：按 F6（ ▷ ）键翻页到 COM 的二页功能菜单，按 F1（ For ）键输入 For，按 F2（ To ）键输入 To，按 F3（ Step ）键输入 Step，按 F4（ Next ）键输入 Next。

句法 1：For ＜始值＞→＜控制变量＞To ＜终值＞ ⏎ ＜语句块＞ ⏎ Next

说明：控制变量应为字母变量 A ~Z，始值与终值可以为其他变量。控制变量从始值开始，步长为 1，重复执行语句块，直至终值为止。始值应小于终值，如果始值大于终值，则不执行语句块而是直接执行 Next 后的语句。

句法 2：For ＜始值＞→＜控制变量＞To ＜终值＞Step ＜步长＞ ⏎ ＜语句块＞ ⏎ Next

说明：控制变量应为字母变量 A ~Z，其余如始值、终值、步长可以为其他变量。它与 For ~To ~Next 句法的功能相同，唯一区别是增加了步长语句 Step。当步长值为负数时，要求始值大于终值。

③ While 循环语句：While~WhileEnd

输入：按 F6（ ▷ ）键翻页到 COM 的三页功能菜单，按 F1（ Whle ）键输入 While，按 F2（ WEnd ）键输入 WhileEnd。

句法：While ＜条件＞ ⏎ ＜语句块＞WhileEnd ⏎

说明：先测试条件，当条件为真时执行语句块，然后再测试条件，条件为真时重复执行语句块，直到条件为假时执行 WhileEnd 后的语句结束循环。

④ Do 循环语句：Do~LpWhile

输入：按 F3（ Do ）键输入 Do，按 F4（ LpW ）键输入 LpWhile。

句法：Do ⏎ ＜语句块＞ ⏎ LpWhile ＜条件＞ ⏎

说明：先执行语句块，然后测试条件，条件为真时重复执行语句块，否则执行 ＜条件＞ 后的语句。无论条件是否为真，语句块至少被执行一次。

（2）CTL 功能菜单下的程序语句

按 (SHIFT) (PRGM) (F2) (CTL)键调出图 1-106 中图所示的控制类语句。

① 调子程序语句：**Prog**

输入：按 (F1)(Prog)键输入 **Prog** 语句。

句法 1：**Prog "subfilename"**

说明：**subfilename** 代表子程序名，该语句只能出现在主程序或子程序中，功能是调用 **subfilename** 子程序；子程序是独立于主程序的程序，它也保存在机器内存中，主程序与子程序的变量都是全局的，子程序执行完成后应通过 **Return** 语句返回主程序，继续执行主程序中 **Prog** 语句之后的语句。

句法 2：**Prog "mainfilename"**

说明：**mainfilename** 代表主程序名，该语句只能在 **RUN·MAT** 模式下执行，其功能等价于在 **PRGM** 模式执行 **mainfilename** 主程序。

② 返主(子)程序语句：**Return**

输入：按 (F2)(Rtrn)键输入 **Return** 语句。

说明：**Return** 语句只能出现在子程序中，子程序中应至少有一条 **Return** 语句，机器执行到该语句时，控制执行返回调用该子程序的主程序或子程序。主程序一般不应有 **Return** 语句，若在主程序中使用了 **Return** 语句，程序执行到该语句时会停止执行，原理如图 1-107 所示。

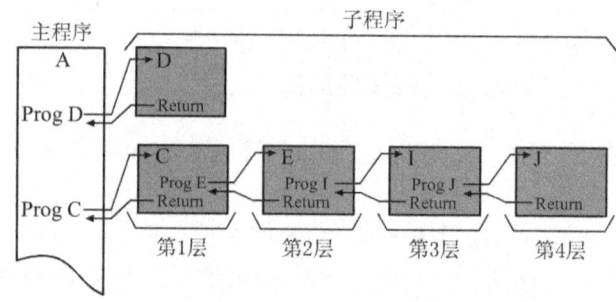

图 1-107　子程序调用原理

③ 中断语句：**Break**

输入：按 (F3)(Brk)键输入 **Break** 语句。

说明：中断 **For**，**Do**，**While** 循环语句并继续执行循环语句之后的语句，该语句一般应位于这三种循环语句内的某个条件语句中，当条件满足时跳出循环语句。

④ 终止程序语句：**Stop**

输入：按 (F4)(Stop)键输入 **Stop** 语句。

说明：程序被 **Stop** 语句终止后就不再执行任何语句，该语句常用于调试程序时设置临时断点。

(3) JUMP 功能菜单下的程序语句

按 (SHIFT) (PRGM) (F3) (JUMP)键调出图 1-106 右图所示的转移类语句。

① 转移与标记语句：**Goto ~Lbl**

输入：按 (F1)(Lbl)键输入 **Lbl** 语句，按 (F2)(Goto)键输入 **Goto** 语句。

句法：**Goto n ~Lbl n**。

说明：**n** 可以为 **0~9** 间的整数或 **A~Z**，**r**，θ 字母变量，**Goto n** 语句一般位于条件语句中，其功能是将程序执行转移到 **Lbl n** 处。

② 简单条件语句⇒

输入：按 F3（⇒）键输入⇒语句

句法：<条件>⇒<语句1>⏎<语句2>。

说明：条件满足时执行单个语句1，否则执行语句2。与 fx-4800P/fx-4850P 的条件语句比较，在上述"语句1"后不需要使用◢符号结束条件语句，因为 fx-9860GⅡ 没有◢符号。

简单条件语句常用于下面的 **Pol** 或 **Arg** 函数后，将算出的辐角转换为方位角。

Pol(X, Y): List Ans[2]→J: J<0 ⇒ J+360→J

Arg (X +Yi)→J: J<0 ⇒ J+360→J

③ 增1计数转移语句：**Isz**

输入：按 F4（**Isz**）键输入 **Isz** 语句。

句法：**Isz** <变量>⏎<语句1>⏎<语句2>，变量应为 **A~Z**，**r**，θ 字母变量。

说明：以1为增量逐次增加变量的值，当变量的值不等于0时，执行语句1，否则执行语句2。

④ 减1计数转移语句：**Dsz**

输入：按 F5（**Dsz**）键输入 **Dsz** 语句。

句法：**Dsz** <变量>⏎<语句1>⏎<语句2>，变量应为 **A~Z**，**r**，θ 字母变量。

说明：以1为减量逐次减小变量的值，当变量的值不等于0时，执行语句1，否则执行语句2。

⑤ 分支菜单语句：**Menu**

输入：按 F6（**Menu**）键输入 **Menu** 语句。

句法：**Menu "string","string1","value or variable1","string2","value or variable2",**…

说明：**string** 为表示分支菜单名的字符串，**string n** 为表示分支菜单下的子字符串，**value or variable n** 应为 **0~9** 的数值或 **A~Z**，**r**，θ 的字母变量。

☞**Menu** 是 fx-9860GⅡ 新增加的语句，fx-5800P 没有该语句。

（4）变量输入语句：**?**

输入：按 F4（**?**）键输入 **?** 语句。

句法：**?→**<变量>⏎；"提示字符"**?→**<变量>⏎。

说明：最多允许使用 255 个字符作为提示字符，凡按键可以输入的字符都可以作为提示字符；变量可以是字母变量 **A~Z**、**r**、θ，串列单元 **List n[a]**（**a** 为 1~26），矩阵单元 **Mat a[m, n]** 等。

程序执行到变量输入语句时，屏幕不显示变量的原有值，用户必须输入数值或数值表达式后按 EXE 键，机器自动将用户输入的数值或表达式结果赋值给变量，不输入任何数值按 EXE 键空响应，机器不会往下执行程序。

☞fx-5800P 也有上述功能相同的变量输入语句，还有"**?变量**"与""提示字符"**?**〈变量〉"格式的变量输入语句，执行该变量输入语句时，屏幕显示变量的原有值，按 EXE 键空响应为使用变量的原有值计算，但 fx-9860GⅡ没有这种格式的变量输入语句。

(5) 显示符：◢

输入：按 F5（◢）键输入◢符。

说明：程序执行过程中，显示◢符号前表达式的值。

(6) CLR 功能菜单下的程序语句

按 SHIFT PRGM F6（▷）F1（CLR）键调出图 1-108 左下图所示的清除类语句。

① 清除屏幕字符显示语句：**ClrText**

输入：按 F1（Text）键输入 **ClrText** 语句。

句法：**ClrText**。

② 清除屏幕图形显示语句：**ClrGraph**

输入：按 F2（Grph）键输入 **ClrGraph** 语句。

句法：**ClrGraph**。

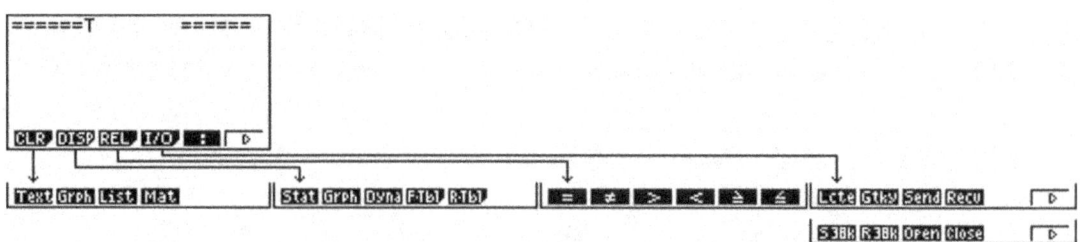

图 1-108　按 SHIFT PRGM F6 键调出的第二页程序语言功能菜单

③ 清除串列数据语句：**ClrList**

输入：按 F3（List）键输入 **ClrList** 语句。

句法：**ClrList** 或 **ClrList** n，n 为 1~26 整数或 **Ans**。

说明：执行 **ClrList** 语句为清除当前串列文件 **List 1 ~List 26** 的所有串列数据（含串列子名），执行 **ClrList n** 语句为清除当前串列文件 **List n** 的串列数据（含串列子名）。

④ 清除矩阵数据语句：**ClrMat**

输入：按 F4（Mat）键输入 **ClrMat** 语句。

句法：**ClrMat** 或 **ClrMat a**，a 为 A~Z 字母或 **Ans**。

说明：执行 **ClrMat** 语句为清除全部矩阵的定义与数据，执行 **ClrMat a** 语句为清除 Mat a 矩阵的定义与数据。

(7) REL 功能菜单下的程序语句

按 SHIFT PRGM F6（▷）F3（REL）键调出图 1-108 右下二图所示的条件关系类语句。

按 F1（=）键输入 =，也可以按 SHIFT （=）键输入 =；按 F2（≠）键输入 ≠，按 F3（>）键输入 >，按 F4（<）键输入 <，按 F5（≧）键输入 ≧，按 F6（≦）键输入 ≦。

(8) I/O 功能菜单下的程序语句

按 SHIFT PRGM F6（▷）F4（I/O）键调出图 1-108 右下图所示的输入/输出类语句。

① 在文字屏幕的指定位置显示语句：**Locate**，按 F1（ Lcte ）键输入 **Locate** 语句。

句法 1：**Locate** ＜列号＞，＜行号＞，＜值＞

句法 2：**Locate** ＜列号＞，＜行号＞，＜表达式＞

句法 3：**Locate** ＜列号＞，＜行号＞，"＜字符串＞"

行号应为 1~7 之间的整数，列号应为 1~21 之间的整数。一般应在执行第一个 **Locate** 语句之前，先执行 **ClrText** 语句。

② 获取用户按键代码语句：**Getkey**

输入：按 F2（ Gtky ）键输入 **Getkey** 语句。

说明：如图 1-109 所示，fx-9860GⅡ共有 50 个按键，除 AC/ON 键外，其余 49 个键都有一个代码。**Getkey** 语句的功能是获取用户按键的代码。

下面程序的功能是在屏幕的第 1 列第 4 行位置开始显示一个随机数，在 1 列 5 行位置开始显示字符串 "**Press 0**"，只要用户不按 0 键(代码为 71)就重复上述显示，按 0 键为终止程序运行。

图 1-109　fx-9860GⅡ的按键代码

程序名：**Q1V8**，占用内存 68 字节。

ClrText: Do ↵

Locate 1, 4, Ran# ↵

Locate 1, 5,"Press 0 ⇒ **End"** ↵

LpWhile Getkey ≠ 71

输入程序时，按 OPTN F6（ ▷ ）F3（ PROB ）F4（ RAND ）F1（ Ran# ）键输入 **Ran#** 函数。

③ 发送/接收数据语句：**Send(/Receive(**

输入：按 F3（ Send ）键输入 **Send(** 语句，按 F4（ Recv ）键输入 **Receive(** 语句。

句法：**Receive(** ＜数据＞**)/Send(** ＜数据＞**)**。

说明：＜数据＞可以是字母变量、矩阵或串列，应先用 SB-62 数据线连接外部设备，例如，**Send(Mat A)** 语句为向外设发送矩阵 **A** 的全部数据，**Receive(Mat A)** 语句为从外设接收数据到矩阵 **A**。

④ **Send38k/Receive38k**

输入：按 F1（ S38k ）键输入 **Send38k** 语句，按 F2（ R38k ）键输入 **Receive38k** 语句。

句法：**Send38k(** ＜表达式＞**)**，**Receive38k(** ＜变量名＞或＜串列名＞**)**。

说明：以 **38 kbps** 的速率发送/接收数据。应先执行 **OpenComport38k** 命令打开 3-pin COM 通信口端口，才能执行 **Receive38k/Send38k** 命令，命令执行完成后，应执行 **CloseComport38k** 命令关闭通信端口，两设备没有用数据线连接好时出错。

⑤ 打开/关闭 3-pin COM 通信口语句：**OpenComport38k/CloseComport38k**

输入：按 F6（ ▷ ）F3（ Open ）键输入 **OpenComport38k** 语句，按 F4（ Close ）键输入 **Close Comport38k** 语句。

(9) 多重语句连接符：

输入：按 F5（■:■）输入：。

说明：用以连接前后 2 个语句，连续执行不作停顿。与显示符◢不同，使用多重语句连接符:连接的语句可连续执行不作停顿，也不显示:前一条语句的计算结果，可以使用回车符↵代替:。

（10）回车符↵

输入：按 EXE 输入↵。

说明：连接前后 2 个语句，连续执行不作停顿。与多重语句连接符:的功能完全相同，唯一区别是↵后的语句自动放置在下一行。当编辑光标为插入模式时（按 SHIFT INS 键使光标在插入与覆盖模式切换），按 EXE 键为在光标位置插入一个↵，且光标后的语句另起一行。

（11）注释文字分隔符'

输入：按 ALPHA F1（■'■）键输入'。

说明：程序中，以'命令开始的语句为注释语句，用以说明程序段或语句的功能，程序运行时，不执行也不显示它们。它类似于 BASIC 语言中的 **REM** 命令，或 True BASIC 语言中的! 命令。

1.11　MEMORY 模式

按 MENU F 键进入图 1 – 110 右图所示的 **MEMORY** 模式菜单，它有 5 个菜单选项，按 F1 ~ F5 键选择。

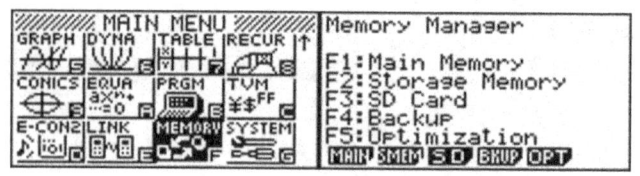

图 1 – 110　按 MENU F 键进入 **MEMORY** 模式

1) 主存储器（**Main Memory**）

在图 1 – 110 右图所示的界面下，按 F1（MAIN）键选择主存储器，进入图 1 – 111 左上图所示的主存储器界面。第 2 ~ 6 行左侧的字符为数据名，< > 为数据组，右侧的数字为数据项占用的字节数，第 7 行的数字为主存储器的剩余字节数。

当光标位于数据组 < > 行时，按 EXE 键为展开该数据组下的数据项。当某个数据组（例如 <**PROG RAM** >数据组）下有较多文件时，可以按 F3（SRC）键搜索指定文件名以快速定位光标。

用户可以对数据项进行复制与删除操作，方法是：先移动光标到需要操作的数据项或数据组，按 F1（SEL）键选择，此时，选中数据项或数据组的左侧显示▶符号，重复上述操作可以继续选择多个数据项或数据组；完成选择后，按 F2（COPY）键为将所选数据项或数据组复制到永久存储器或 SD 卡存储器，或按 F6（DEL）键为删除所选数据项或数据组。

(1) 复制程序到永久存储器案例

移动光标到 **<PROGRAM >** 行按 [EXE] 键展开程序数据组；移动光标到 **Q1V3** 程序名，按 [F1]（[SEL]）键选择主程序 **Q1V3** 文件，同理选择子程序 **SUB1-31** 与 **SUB1-32** 文件，结果如图 1-111 右二图所示。

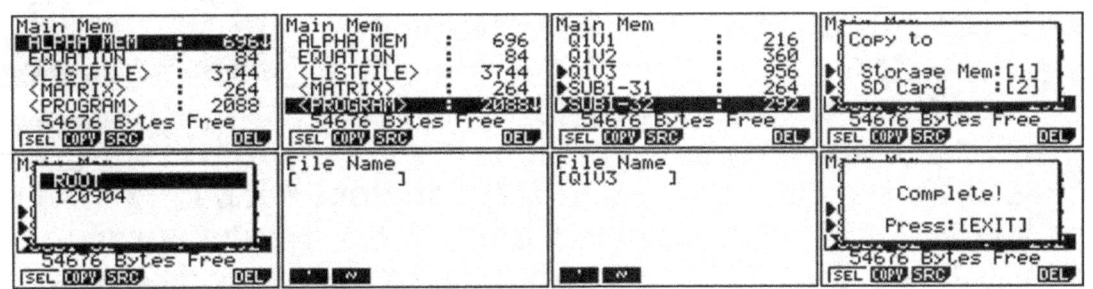

图 1-111　复制主存储器程序到永久存储器文件案例

按 [F2]（[COPY]）键，进入图 1-111 右上图所示的界面，按 [1] 键选择永久存储器，进入图 1-111 左下图所示的界面，"**ROOT**"为永久存储器的根目录，"**120904**"为用户在永久存储器根目录下创建的子目录。移动光标到需要的目录按 [EXE] 键，进入图 1-111 左下二图所示的文件名界面，输入文件名 Q1V3 按 [EXE] 键，即将所选程序以文件名 Q1V3 存入永久存储器，结果如图 1-111 右下图所示。

◎ 在图 1-111 右上图所示的界面下，按 [2] 键为将所选程序文件存入 SD 卡存储器。从主存储器复制程序或数据到永久存储器或 SD 卡存储器，文件的扩展名为 g1m。

(2) 删除串列与矩阵数据组案例

在图 1-112 左图所示的主存储器界面下，移动光标到 **<LISTFILE >** 数据组按 [F1]（[SEL]）键，移动光标到 **<MATRIX >** 数据组按 [F1]（[SEL]）键，结果如图 1-112 左二图所示。

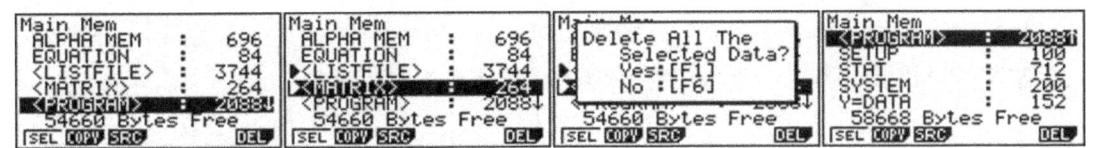

图 1-112　删除主存储器全部串列文件与矩阵案例

按 [F6]（[DEL]）键进入图 1-112 右二图所示的提示界面，按 [F1]（**Yes**）键完成删除全部串列与矩阵数据组操作。

如只需要删除部分串列文件或当前串列文件的部分串列数据项，当光标位于 **<LIST-FILE >** 数据组行时，应按 [EXE] 键展开其内容，再移动光标选择需要删除的串列文件或当前串列文件的部分串列。

同理，如只需要删除部分矩阵，当光标位于 **<MATRIX >** 数据组行时，应按 [EXE] 键展开其内容，再移动光标选择需要删除的矩阵项。

2）永久存储器（**Storage Memory**）

在图 1-110 右图所示的 **MEMORY** 模式界面下，按 ⓕ₂（ SMEM ）键选择永久存储器，进入图 1-113 所示的永久存储器界面。第 2~6 行左侧的字符为文件夹名或文件名，[ ]为文件夹，右侧的数字为文件的字节数，第 7 行的数字为永久存储器的剩余字节数。

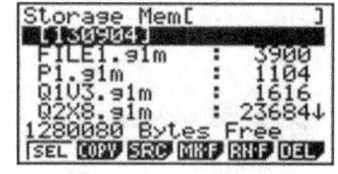

图 1-113　永久存储器界面

首次将数据保存到永久存储器时，机器将自动保留一个管理存储区域，永久存储器的剩余内存将减小 65 536 字节。

永久存储器内的数据文件有三个来源，一是在 **MEMORY** 模式的主存储器界面下，执行 COPY 命令，将所选的数据项复制到永久存储器；二是在 **MEMORY** 模式的 SD 卡存储器界面下，执行 COPY 命令，将所选的数据项复制到永久存储器；三是在 FA-124 的永久存储器模式( )下，在 FA-124 窗口执行右键菜单命令 Import，从 PC 机输入文件到 FA-124 窗口，使 fx-9860GⅡ 与 FA-124 通信软件同步后，将输入到 FA-124 窗口的文件复制到 Calculator 窗口。

（1）ⓕ₂（ COPY ）命令：先用 ⓕ₁（ SEL ）键选择需要复制的数据文件项，案例如图 1-114 左图所示；再按 ⓕ₂（ COPY ）键，屏幕弹出图 1-114 右图所示的界面，按 ①（**Main Mem**）键为复制到主存储器，或按 ②（**SD Card**）键为复制到 SD 卡存储器。

图 1-114　复制永久存储器文件的操作过程

（2）ⓕ₃（ SRC ）命令：在当前路径下，搜索指定文件名的文件。

（3）ⓕ₄（ MK·F ）命令：在永久存储器的根目录下创建一个文件夹，图 1-115 为在永久存储器的根目录下创建一个名称为"130906"文件夹的操作过程。

图 1-115　在永久存储器根目录下创建"130906"的文件夹

☞ 由于只能在永久存储器下创建一级子目录，所以，执行 MK·F 命令时，光标可以位于任意一个文件夹行，也可以位于任意一个文件行；文件夹名最多允许 8 位字符，凡是按键可以输入的字符都可以作为文件夹名字符。

（4）ⓕ₅（ RN·F ）命令：更名文件夹，图 1-116 为将文件夹"130906"更名为"130907"的操作过程。

图 1-116　将文件夹"130906"更名为"130907"的操作过程

☞ 执行 RN·F 命令，不能修改永久存储器下数据文件的名称。

(5) F6（DEL）命令：删除所选的数据文件或文件夹。

3）SD 卡存储器（**SD Card**）

在图 1-110 右图所示的 **MEMORY** 模式界面下，按 F3（SD）键选择 SD 卡存储器，进入图 1-117 右图所示的 SD 卡存储器界面。第 2~6 行左侧的字符为文件夹名或文件名，[ ]为文件夹，右侧的数字为文件的字节数，第 7 行的数字为 SD 卡存储器的剩余字节数。

图 1-117　复制永久存储器文件的操作过程

功能菜单操作方法及其功能与图 1-113 所示的永久存储器界面相同。

SD 卡存储器内的数据文件有三个来源，一是在 **MEMORY** 模式的主存储器界面下，执行 COPY 命令，将所选的数据项复制到 SD 卡存储器；二是在 **MEMORY** 模式的永久存储器界面下，执行 COPY 命令，将所选的数据项复制到 SD 卡存储器；三是将 SD 卡取出并插入读卡器，再插入 PC 机的 USB 接口，应用 Windows 的资源管理器，从 PC 机复制数据文件到 SD 卡。

虽然应用 Windows 的资源管理器可以在 SD 卡创建多级文件夹，但在图 1-117 右图所示的 SD 卡存储器界面下，只能显示一级文件夹下的数据文件。

(1) F2（COPY）命令：如图 1-118 左图所示，假设 File1.g1m 文件为 File1 串列文件，将该文件复制到主存储器的操作方法是：移动光标到 File1.g1m 行，按 F1（SEL）键选择该文件；按 F2（COPY）键，进入图 1-118 左二图所示的界面，按 1（**Main Mem**）键复制到主存储器，当主存储器的 File1 串列文件有数据时，进入图 1-118 右二图所示的提示界面，按 F1（**Yes**）键为覆盖主存储器 File1 串列文件的数据。

☞ 在图 1-118 左二图所示的界面下，按 2 键为将所选数据文件复制到永久存储器。

图 1-118　将 SD 卡存储器的 File1.g1m 文件复制到主存储器的操作过程

（2）⒡₃（**SRC**）命令：在当前路径下，搜索指定文件名的文件。

（3）⒡₄（**MK·F**）命令：在 SD 卡存储器的根目录下创建一个文件夹，操作方法与永久存储器界面下的同名命令相同。

⌒ **MK·F** 命令只能在 SD 卡存储器下创建一级子目录，所以，执行该命令时，光标可以位于任意一个文件夹行，也可以位于任意一个文件行；文件夹名最多允许 8 位字符，凡是按键可以输入的字符都可以作为文件夹名字符。

当将 SD 卡插入读卡器，再插入 PC 机的 USB 接口时，可以通过 Windows 的资源管理器创建多级文件夹，也可以将其他类型的文件复制到 SD 卡，但一般只有扩展名为 g1m 的文件可以复制到主存储器或永久存储器。

（4）⒡₅（**RN·F**）命令：更名文件夹，操作方法与永久存储器界面下的同名命令相同。

（5）⒡₆（**DEL**）命令：删除所选的文件或文件夹。

4）主存储器备份（**Backup**）

将主存储器内的全部数据打包备份到永久存储器或 SD 卡存储器，系统自动设置备份文件名为 BACKUP.g2m；或从永久存储器或 SD 卡存储器将备份文件 BACKUP.g2m 的数据全部装入主存储器。

（1）备份主存储器数据到 BACKUP.g2m 文件

在图 1-119 左上图所示的 **MEMORY** 模式界面下，按 ⒡₄（**Backup**）键，进入图 1-119 上中图所示的界面。按 ⒡₁（**SAVE**）键进入图 1-119 右上图所示的界面，按 ①（**Storage Mem**）键进入图 1-119 左下图所示的界面，ROOT 表示为根目录，其余为子目录。移动光标到需要的目录名，按 ⒺⓍⒺ 键启动备份操作，结果如图 1-119 右下图所示。

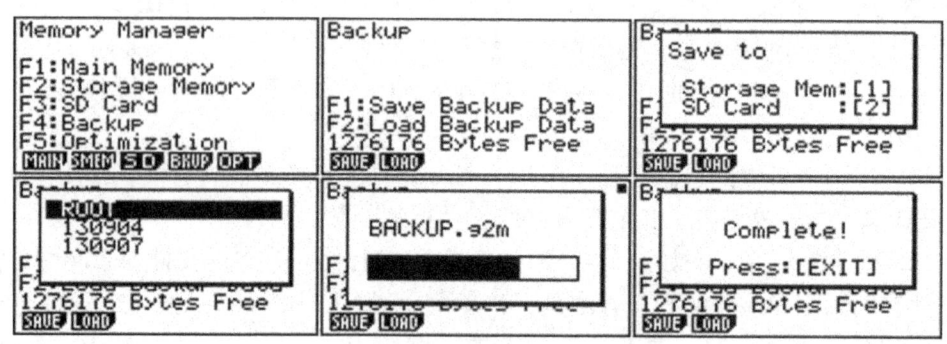

图 1-119　备份主存储器内的全部数据到永久存储器的操作过程

⌒ 在图 1-119 右上图所示的界面下，按 ②（**SD Card**）键为备份到 SD 卡存储器。无论是备份到永久存储器还是 SD 卡存储器，其文件名均为 BACKUP.g2m，为了使后面备份的文件不覆盖前已备份的文件，建议预先在永久存储器或 SD 卡存储器按日期创建子文件夹，再将主存储器的数据备份到相应的子文件夹下。

（2）载入 BACKUP.g2m 文件数据到主存储器

在图 1-120 左上图所示的界面下，按 ⒡₂（**LOAD**）键，进入图 1-120 上中图所示的界面；按 ①（**Storage Mem**）键进入图 1-120 右上图所示的界面，光标位于根目录

ROOT，按 EXE 键进入图 1-120 左下图所示的提示界面，按 F1（**Yes**）键启动载入 BACK-UP.g2m 文件数据到主存储器操作，结果如图 1-120 右下图所示。

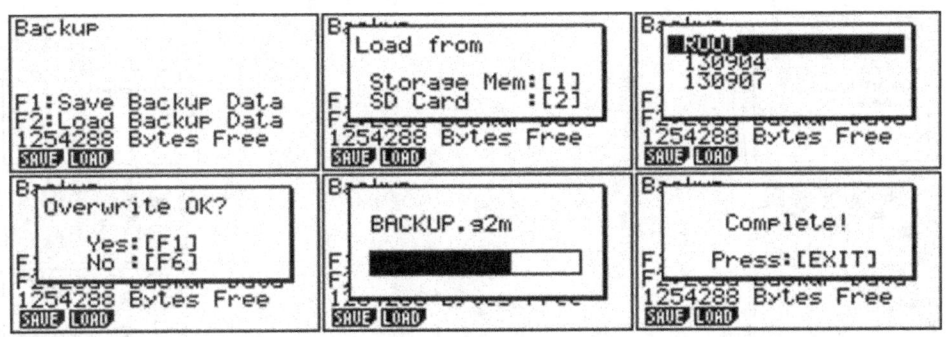

图 1-120　载入备份文件数据到主存储器的操作过程

5）永久存储器或 SD 卡存储器优化（**Optimization**）

经过大量存储和载入操作之后，永久存储器或 SD 卡存储器可能会产生大量的文件碎片，文件碎片的存在可能导致存储器中的存储区无法存储数据。因此，您应定期执行永久存储器或者 SD 卡优化操作，该操作可重新安排永久存储器或者 SD 卡中的数据，提高存储器使用的效率。

在图 1-121 左图所示的 **MEMORY** 模式界面下，按 F5（**OPT**）键，进入图 1-121 左二图所示的界面下，按 1（**Storage Mem**）键为优化永久存储器，或按 2（**SD Card**）键为优化 SD 卡存储器，完成优化后，结果如图 1-121 右图所示。

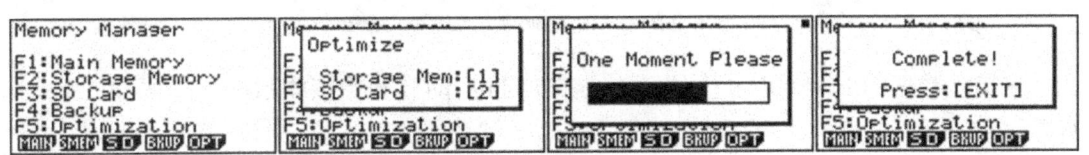

图 1-121　优化永久存储器的操作过程

1.12　LINK 模式与数据通信

fx-9860GⅡ有一个通用 USB 口与一个 3-Pin 通信口，机器标配一条通用 USB 数据线与一条 SB-62 数据线进行数据通信，其中通用 USB 数据线与普通数码相机的 USB 线相同，用于 fx-9860GⅡ与 PC 机通信，SB-62 数据线用于两台 fx-9860GⅡ通过 3-Pin 插口相互对传程序或数据文件，也可用于两台 fx-5800P 之间通过 3-Pin 插口相互对传程序。

1）两台 fx-9860GⅡ的数据通信

用 SB-62 数据线连接好两台 fx-9860GⅡ的 3-Pin 插口，如图 1-122 所示。

分别在两台计算器上按 AC/ON 键打开电源，按 MENU E F4（**CABL**）F2（**3PIN**）键将 Ca-

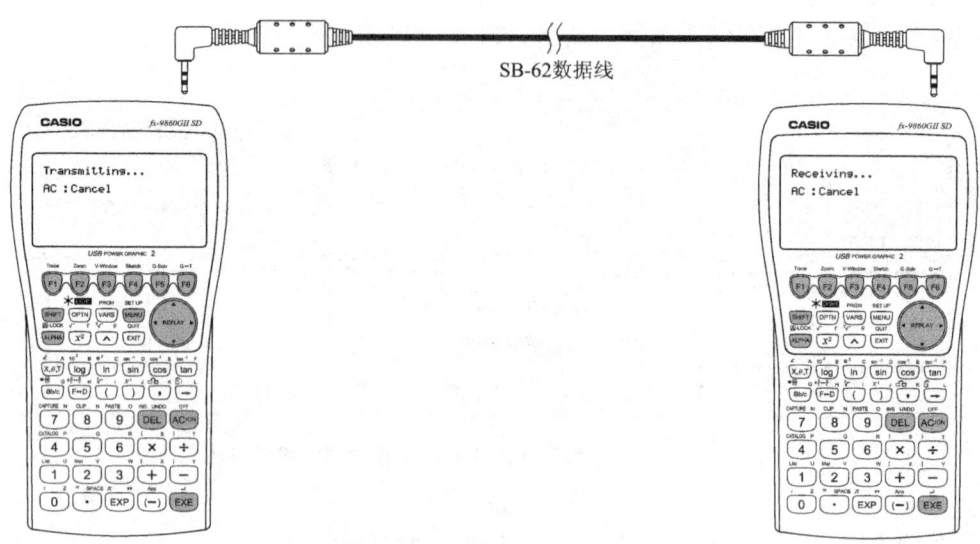

图 1-122　用 SB-62 数据线连接两台 fx-9860GⅡ的 3-Pin 插口

ble Type 设置为 **3Pin**，操作过程如图 1-123 所示。此时，两台 fx-9860GⅡ数据通信的速率被固定为 115 200bps，奇偶校验为无校验，用户不能改变。

图 1-123　将两台 fx-9860GⅡ的 Cable Type 项均设置为 **3Pin** 与启动接收机接收数据

在接收数据的 fx-9860GⅡ上按 F2（RECV）键启动其开始接收数据，界面如图 1-123 右图所示。

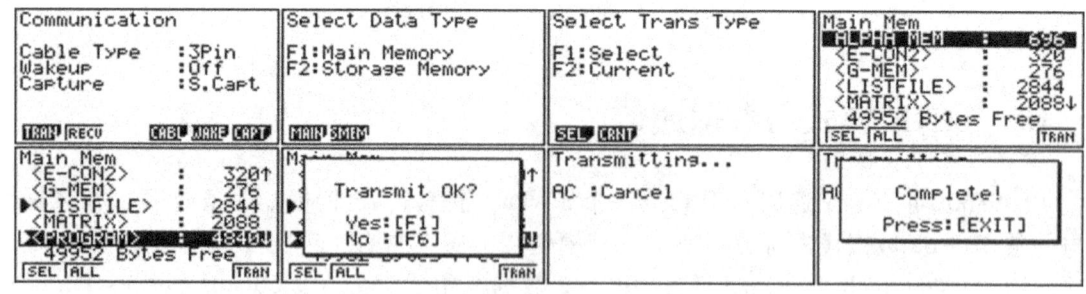

图 1-124　在另一台 fx-9860GⅡ主存储器选择需要发送的数据项并启动其发送数据

在需要发送数据的 fx-9860GⅡ上按 F1（TRAN）键进入图 1-124 左上二图所示的界面；按 F1（MAIN）键选择主存储器，进入图 1-124 右上二图所示的界面；按 F1（SEL）键进入图 1-124 右上图所示的主存储器数据列表界面，按 ▼ 或 ▲ 键移动行光标到需要发送的数据项，按 EXE 键为展开数据组 < > 的内容，或直接按 F1 (SEL) 键为选择光标处数据项或数据组的全部数据项，重复上述操作完成需要发送的数据项或数据组的选择；或按 F2 (ALL) 键为选择全部数据项与数据组；选中数据项或数据组的左边显示▶符；按 F6 (TRAN) F1 (Yes) 键为发送已选的数据，完成数据发送后的屏幕显示如图 1-124 右下图所示。

完成数据发送后，若要再次发送前次选择的数据，可以在图 1-124 右上二图所示的界面下按 F2 (CRNT) F6 (TRAN) F1 (Yes) 键即可。

在图 1-124 左上二图所示的界面下，按 F2 (SMEM) 键为选择永久存储器，用户可以在永久存储器下选择需要发送的数据文件。如图 1-124 左上二图所示，执行 TRAN 命令不能发送 SD 卡存储器的文件与数据。用户可以先按 MENU F 键进入 **MEMORY** 模式，再按 F3 (SD) 键进入 SD 卡存储器界面，选择需要的数据文件并将其复制到永久存储器，然后再执行 TRAN 命令，在永久存储器选择数据项发送。

接收机接收到的数据自动进入接收机的主存储器。如果发送数据的总容量超过主存储器的总容量 62 700 字节，会产生错误，此时，应按 EXIT 键清除错误，删除发送机器上的部分多余数据项后再试一次。如果接收机的主存储器剩余容量小于发送的数据容量时，应先删除接收机主存储器的多余数据。

☞ 当作为接收机的 fx-9860GⅡ的唤醒功能打开时[按 F5 (WAKE) F1 (On) 键]，只需要在作为发送机的 fx-9860GⅡ上执行选择与发送数据操作，接收机自动接收发送来的数据。

2) fx-9860GⅡ与 PC 机的数据通信

应先在 PC 机上安装通信软件 FA-124，才能使用通用 USB 数据线连接 fx-9860GⅡ的 USB 口与 PC 机的任一个 USB 口。

(1) 安装 FA-124 通信软件

FA-124 通信软件的安装程序位于 fx-9860 GⅡ随机配送光盘的"\ FA124 \ FA124_inst"路径下，执行该路径下的安装文件 CASIO FA-124.exe，按屏幕提示操作完成软件安装，安装完 FA-124 后的 Windows 桌面图标如图 1-125 左图所示。

图 1-125　FA-124 桌面图标及其自动创建的文件夹

完成 FA-124 通信软件的安装后，安装程序自动在 Windows 桌面"我的文档"文件夹下创建"CASIO"文件夹，在该文件夹下，还分别创建了"FA-124"与"Screen Receiver"两个子文件夹(图 1-125 右图)。其中，子文件夹"FA-124"用于自动存储 FA-124 通信软件 FA-124 窗口的数据文件。

(2) 安装 CESG502 USB 设备驱动程序

用通用 USB 数据线连接 fx-9860GⅡ的 USB 口与 PC 机的任一个 USB 口，如图 1 – 126 所示。

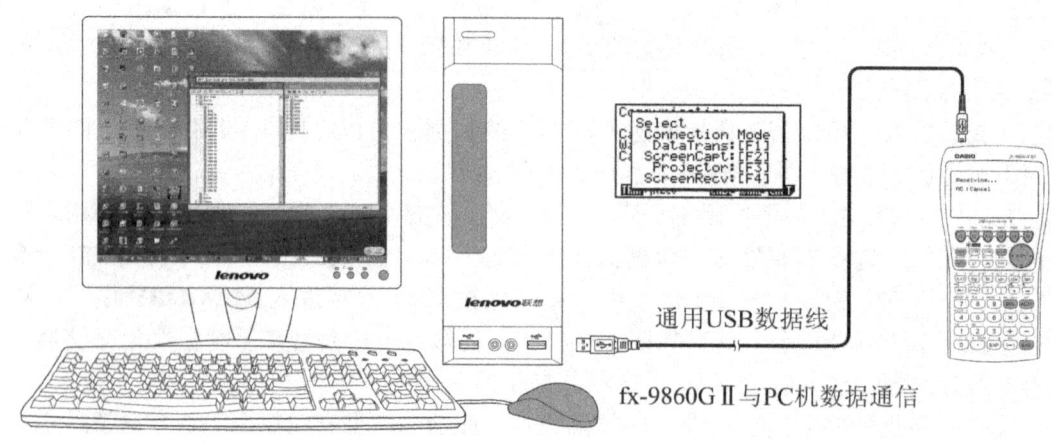

图 1 – 126　用通用 USB 数据线连接 fx-9860GⅡ的 USB 口与 PC 机的 USB 口

按 [AC/ON] 键打开 fx-9860GⅡ的电源，按 [MENU] [E] 键进入 **LINK** 模式，按 [F4]（[CABL]）[F1]（[USB]）键将 **Cable Type** 设置为 USB 数据线，按 [F2]（[RECV]）键启动 fx-9860GⅡ与 FA-124 的数据同步操作，此时，PC 机提示用户安装 CESG502 USB 设备的驱动程序，如图 1 – 127 左图所示的对话框。

单击"是，仅这一次(Y)"单选框，单击[下一步(N)>]按钮，进入图 1 – 127 右图所示的对话框，单击"从列表或指定位置安装(高级)(S)"单选框，单击[下一步(N)>]按钮，将驱动程序选择指向随机配送光盘的根路径，按对话框的提示操作，即可完成 CESG502 USB 设备驱动程序的安装。

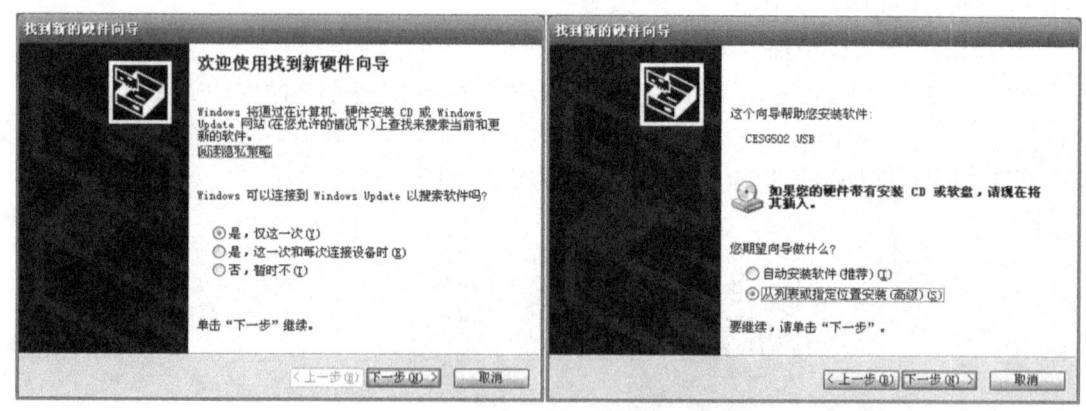

图 1 – 127　安装 CESG502 USB 设备驱动程序

每次只安装 USB 数据线当前插入的 USB 口的设备驱动程序，如果用户 PC 机有多个 USB 口，当使用没有安装驱动程序的 PC 机的 USB 口进行数据通信时，还应重复上述操作安装该端口的 CESG502 USB 设备驱动程序。

将通用 USB 数据线插入 fx-9860GⅡ的 USB 接口时，机器屏幕显示图 1 – 126 所示连接模式界面——"Connection Mode"，其下有四个选项：

① F1 (**DataTrans**)：启动 fx-9860GⅡ与 PC 机的数据同步操作，等价于在图 1-123 左图所示的 **LINK** 模式界面下按 F2 (RECV) 键，屏幕显示图 1-123 右图所示的界面。

② F2 (**ScreenCapt**)：设置屏幕捕捉模式，等价于在图 1-123 左图所示的 **LINK** 模式界面下按 F6 (CAPT) F2 (**ScreenCapture**) 键。此时，鼠标左键单击 FA-124 工具栏的 图标启动 FA-124 接收 fx-9860GⅡ的屏幕捕捉图像，在 fx-9860GⅡ按 SHIFT CAPTURE 键启动图形机发送当前屏幕显示图像，机器的屏幕图像窗口出现在 FA-124 通讯软件中。

③ F3 (**Projector**)：设置 fx-9860GⅡ与卡西欧数据投影仪连接模式，等价于在图 1-123 左图所示的 **LINK** 模式界面下按 F6 (CAPT) F3 (**Projector**) 键。此时，如果已用通用 USB 数据线连接好卡西欧 XJ 系列数据投影仪，投影仪将实时显示 fx-9860GⅡ的屏幕图像。

④ F4 (**ScreenRecv**)：设置 fx-9860GⅡ与模拟器的屏幕接收器连接模式，等价于在图 1-123 左图所示的 **LINK** 模式界面下按 F6 (CAPT) F4 (**ScreenReceiver**) 键。此时，如果通用 USB 数据线已与 PC 机连接，且已启动 fx-9860GⅡ模拟器软件，在模拟器软件执行下拉菜单"Tool/Screen Receiver"命令启动"Screen Receiver"窗口，此时，"Screen Receiver"窗口将实时显示 fx-9860GⅡ的屏幕图像。

（3）设置 FA-124 与 fx-9860GⅡ数据通信

鼠标左键双击 Windows 桌面的 FA-124 图标，启动 FA-124 通信软件。FA-124 可以与卡西欧的 fx 系列图形机进行数据通信，它同时也包含了 FA-123 通信软件的全部功能，使用前应执行下拉菜单"Tool/Mode Type/fx-9860G Series/fx-9860GⅡ/fx-7400GⅡ"命令，将其设置为与 fx-9860G Series 通信，界面如图 1-128 所示。

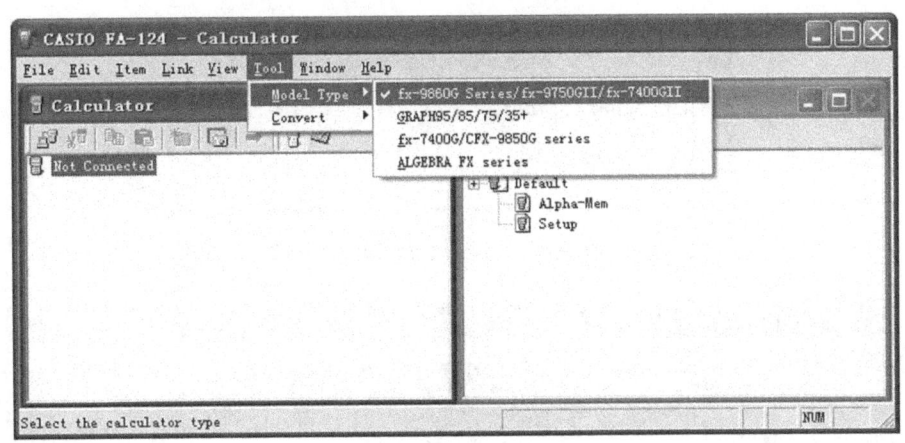

图 1-128　鼠标左键单击 FA-124 的下拉菜单设置与 FA-124 通信的图形机类型

（4）在 FA-124 通信软件输入输出主存储器程序文件的方法

下面以新建名称为 Q1V1 的程序文件为例，介绍在 FA-124 中输入程序的操作方法。

如图 1-129 所示，FA-124 通信软件有 Calculator 与 FA-124 两个窗口，在 Calculator 窗口与 FA-124 窗口工具栏均有 与 两个按钮，鼠标左键单击任一窗口工具栏的 按钮为设置两个窗口均为主存储器（容量为 62 700B）窗口，鼠标左键单击 按钮为设置两个窗口均为永久存储器（容量为 1.5MB）窗口。下面介绍在主存储器窗口输入输出程序文件的操作方法。

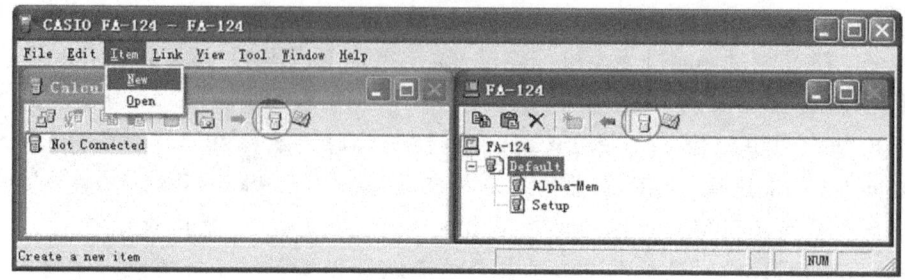

图1-129 在FA-124的主存储器窗口执行下拉菜单"Item/New"命令的界面

如图1-129所示,鼠标左键单击 按钮为设置两个窗口均为主存储器窗口。 FA-124 窗口缺省创建的文件夹名为"Default",鼠标左键双击 Default 图标展开文件夹,其下只有"Alpha-Mem"与"Setup"两个子数据项,"Alpha-Mem"用于存储字母变量数据与数值答案存储器,"Setup"用于存储设置数据。FA-124通信软件自动将 FA-124 窗口"Default"文件夹下的所有数据存入用户PC机"我的文档 \ CASIO \ FA-124 \ Default.g2r"文件中。

① 新建程序文件

在FA-124执行下拉菜单"Item/New"命令(图1-129),弹出图1-130所示的对话框,输入最多8位字符作为新建程序的合法程序文件名(图1-130中输入Q1V1),单击 OK 按钮,即在 FA-124 窗口的 Default 文件夹创建 Program 图标,该图标下新建Q1V1程序文件,结果如图1-131所示。

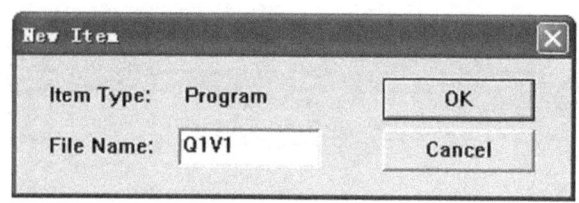

图1-130 在FA-124执行下拉菜单"Item/New"命令

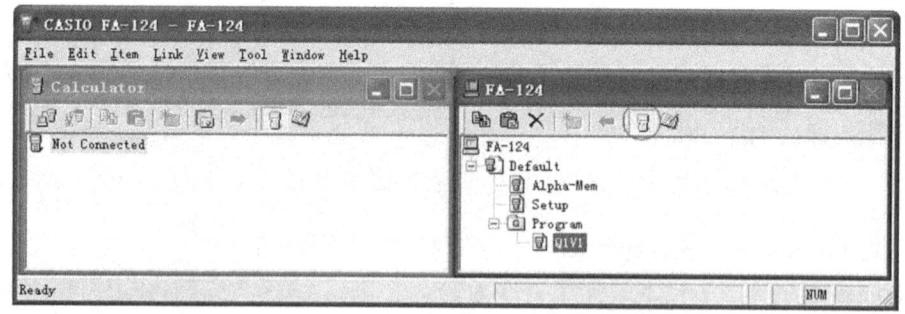

图1-131 在 FA-124 主存储器窗口新建的Q1V1程序文件自动位于Program文件夹下

② 输入程序内容

鼠标左键双击 Program 图标下的Q1V1程序文件,进入程序编辑窗口,左键单击程序编辑窗口右上角的 按钮为使该窗口最大化,以便于全屏幕查看输入程序的内容,图

1-132 为已输入的 Q1V1 程序文件内容。

如图 1-132 所示，当光标位于程序编辑窗口时，FA-124 下拉菜单的内容变成了用于输入 fx-9860GⅡ程序的功能菜单：其中"**MENU**"下拉菜单为在 fx-9860GⅡ的 **PRGM** 模式程序编辑状态按 F4（MENU）键调出的功能菜单，"**PRGM**"下拉菜单为在 fx-9860GⅡ中按 SHIFT PRGM 键调出的功能菜单，"**VARS**"下拉菜单为在 fx-9860GⅡ中按 VARS 键调出的功能菜单，"**OPTN**"下拉菜单为在 fx-9860GⅡ中按 OPTN 键调出的功能菜单，"**KEY**"下拉菜单为在 fx-9860GⅡ中直接按键输入的函数或字符，"**SET UP**"下拉菜单为在 fx-9860GⅡ中按 SHIFT SET UP 键调出的设置功能菜单。

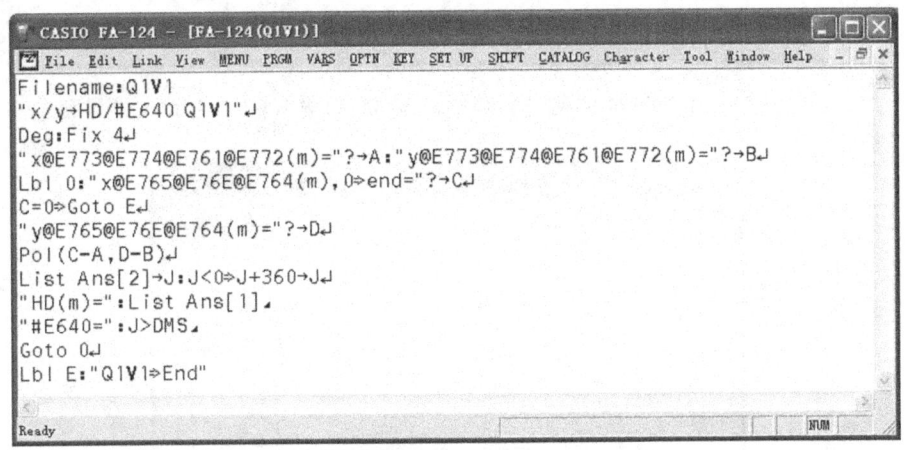

图 1-132　在 FA-124 的 FA-124 主存储器窗口输入 Q1V1 程序文本界面

③ **存储程序到 PC 机文件**

完成程序输入与编辑后，按 Ctrl + S 键将其存入用户 PC 机"我的文档 \ CASIO \ FA-124 \ Default. g2r"文件中。即使关闭 FA-124 软件，Default. g2r 文件中的数据也不会丢失。重新启动 FA-124 通信软件时，系统自动从 PC 机文件 Default. g2r 中读入全部数据到 FA-124 的 FA-124 窗口。

在图 1-132 所示界面完成程序输入后，鼠标左键单击程序编辑窗口右上角的 × 按钮为关闭程序编辑窗口。再执行 FA-124 执行下拉菜单"Window/Tile Vertical"命令，可以恢复图 1-131 所示的 FA-124 与 Calculator 双窗口界面。

FA-124 通信软件有 Calculator 与 FA-124 两个窗口，执行下拉菜单"Window/Tile Vertical"命令为使 FA-124 与 Calculator 窗口按垂直等分左右排列，其中当前激活的窗口位于左边，另一个窗口位于右边。执行该下拉菜单命令之前，可以用鼠标左键点击 FA-124 或 Calculator 窗口的任意点，设置激活窗口。

④ **输出程序为 g1m 格式文件**

如图 1-133 所示，在 FA-124 窗口，右键单击 Q1V1 程序，在弹出的快捷菜单下，左键单击"Export"命令选项，在弹出的图 1-134 所示的对话框中输入需要存储的 PC 机路径与并输入文件名 Q1V1，缺省路径为"我的文档 \ CASIO \ FA-124"，单击 保存(S) 按钮，即将程序 Q1V1 存储为用户 PC 机硬盘的"我的文档 \ CASIO \ FA-124 \ Q1V1. g1m"的文件。

⑤ **从 PC 机硬盘或光盘输入 g1m 格式程序文件**

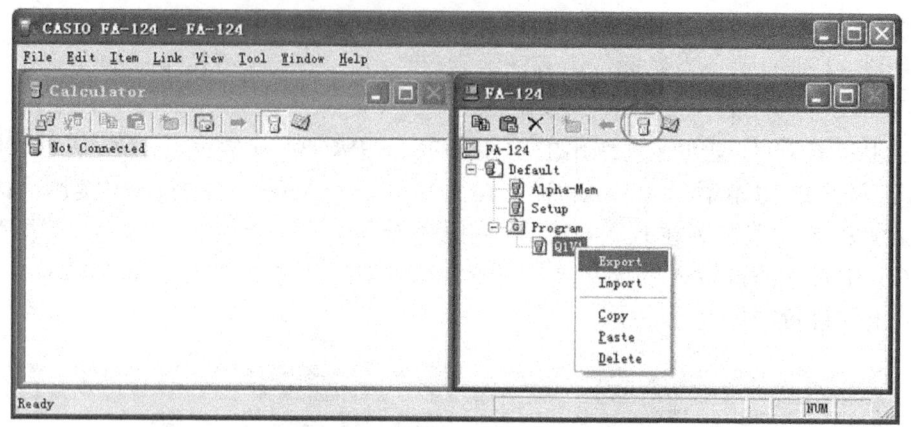

图1-133 在FA-124的 FA-124 主存储器窗口输出Q1V1程序文件界面

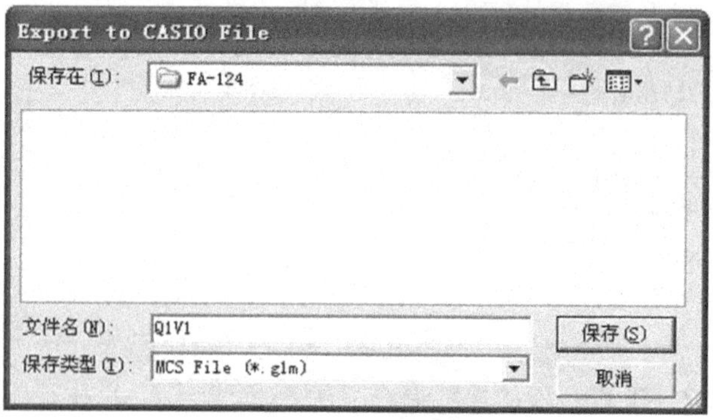

图1-134 输出程序文件到PC机文件对话框

扩展名为glm的文件只能在FA-124软件的 FA-124 窗口调入。

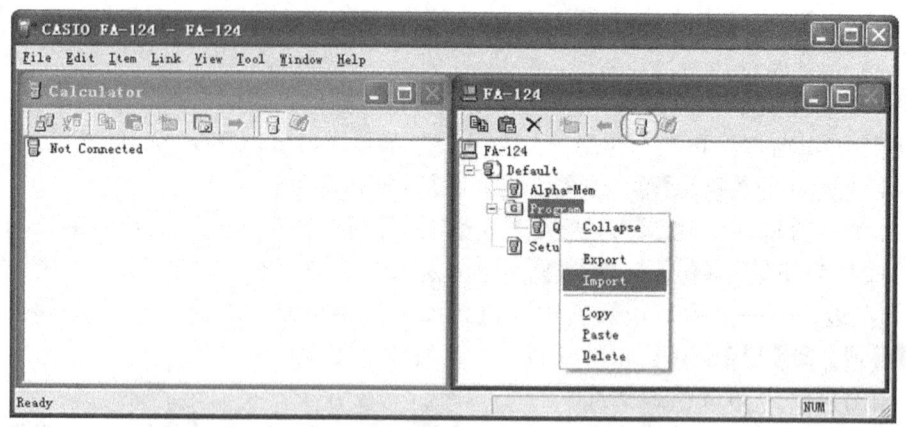

图1-135 在FA-124的 FA-124 主存储器窗口输入Q1V1.glm程序文件界面

例如，从PC机输入Q1V2.glm文件的操作步骤为：在FA-124通信软件的 FA-124 窗口，右键单击 Program 或 Default 图标，在弹出的快捷菜单中，左键单击"Import"命令选项(图1-135)，在弹出的图1-136所示的对话框中，选择需要输入的程序文件

Q1V2.g1m，单击 [打开(O)] 按钮，PC 机程序文件 Q1V2.g1m 即输入到 FA-124 通信软件的 [FA-124] 窗口，结果如图 1-137 所示。

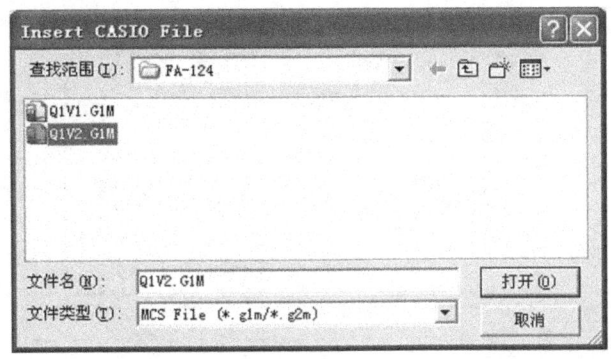

图 1-136　从 PC 机文件夹输入 Q1V2.g1m 文件对话框

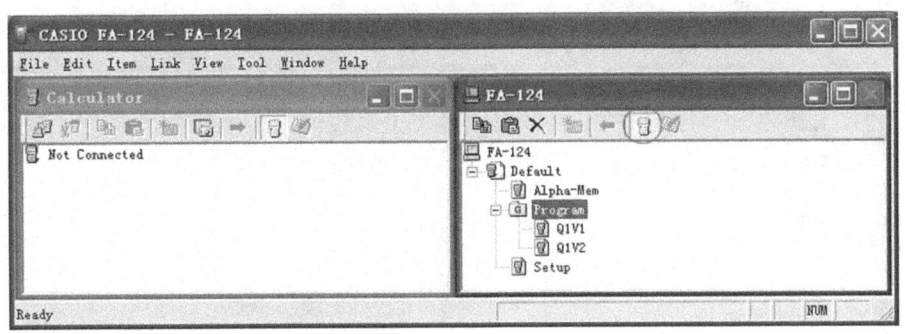

图 1-137　在 FA-124 的 [FA-124] 主存储器窗口已输入 Q1V2.g1m 程序文件界面

(5) FA-124 与 fx-9860GⅡ的数据同步

当 FA-124 没有与 fx-9860GⅡ内存数据同步时，[Calculator] 窗口显示 [Not Connected]，表示 fx-9860GⅡ未与 FA-124 连接。

用通用 USB 数据线连接好 PC 机与 fx-9860GⅡ的 USB 通信口，在 fx-9860GⅡ上按 [MENU] [E] 键进入 **LINK** 模式，按 [F4]（[CABL]）[F1]（[USB]）键设置数据线为 USB 线，按 [F2]（[RECV]）键启动 fx-9860GⅡ与 FA-124 的数据同步操作。

在 FA-124 通信软件上，鼠标左键单击 [Calculator] 窗口的工具栏图标 [图]，启动 FA-124 的数据同步操作，FA-124 与 fx-9860GⅡ的数据同步界面如图 1-138 所示。

当 fx-9860GⅡ与 FA-124 通信软件实现数据同步后，用户即可使用 Windows 的粘贴板，在 [Calculator] 与 [FA-124] 窗口之间相互复制程序与数据文件。

从 [FA-124] 窗口复制程序文件 Q1V1 与 Q1V2 的方法是：在 [FA-124] 窗口展开 [G] Program 数据项，按住 Ctrl（或 Shift）键，鼠标左键分别单击 Q1V1 与 Q1V2 程序创建程序文件集，右键单击选中的程序文件集，左键单击"Copy"命令选项，将选择的数据文件集复制到 Windows 的粘贴板（也可以在 PC 机上按 Ctrl + C 键代替上述鼠标右键操作），如图 1-139 所示。

鼠标左键单击 [Calculator] 窗口激活该窗口，鼠标右键单击 [图] User1 或 [G] Program 数

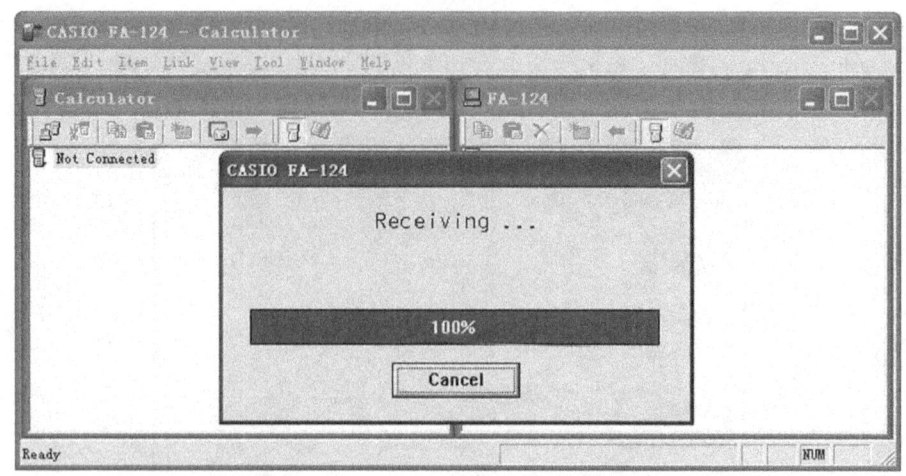

图1-138 FA-124 与 fx-9860GⅡ数据同步传输界面

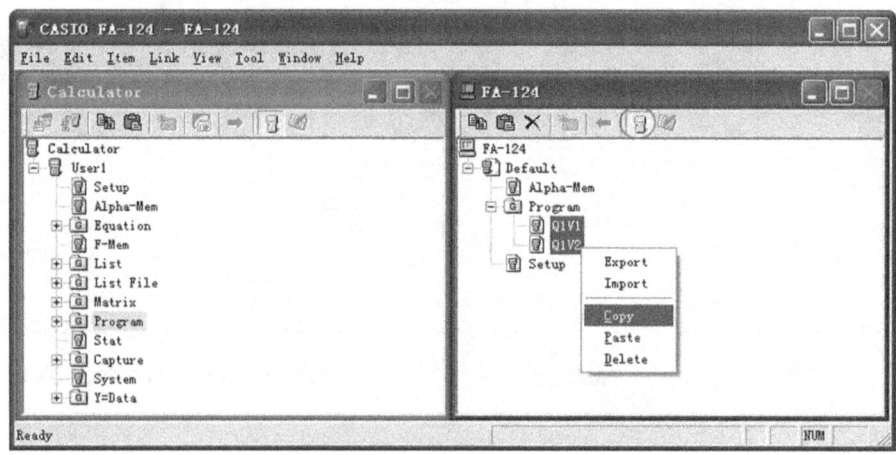

图1-139 在 FA-124 的 FA-124 主存储器窗口复制程序文件 Q1V1 与 Q1V2 界面

据项图标,在弹出的图1-140所示的快捷菜单下,左键单击"Paste"命令选项,将 Windows 粘贴板的数据内容复制到 Calculator 窗口(也可以在 PC 机按 Ctrl + V 键代替上述鼠标右键操作)。

完成数据同步后,FA-124 通信软件 Calculator 窗口的数据与当前 fx-9860GⅡ主存储器的数据完全相同,或者说, Calculator 窗口的数据实际上是当前 fx-9860GⅡ主存储器数据在 PC 机的映射,用户可以通过 Windows 的粘贴板,在 Calculator 窗口与 FA-124 窗口相互复制与粘贴数据。但是,为了保证用户 fx-9860GⅡ机器主存储器的数据安全,不能在 Calculator 窗口删除机器主存储器的数据。

由于 Calculator 窗口的数据实际上是当前 fx-9860GⅡ内存数据在 PC 机的映射,其数据容量应小于 62 700 字节,因此, FA-124 窗口"Default"文件夹下的数据容量也应小于 62 700 字节,而"Default"文件夹的数据内容自动存储在 PC 机的"我的文档\CASIO\FA-124\Default.g2r"文件中,也即 Default.g2r 文件的容量应小于 62 700 字节。

在 FA-124 窗口执行快捷菜单命令"Import",从 PC 机硬盘或光盘输入 g1m 格式文件

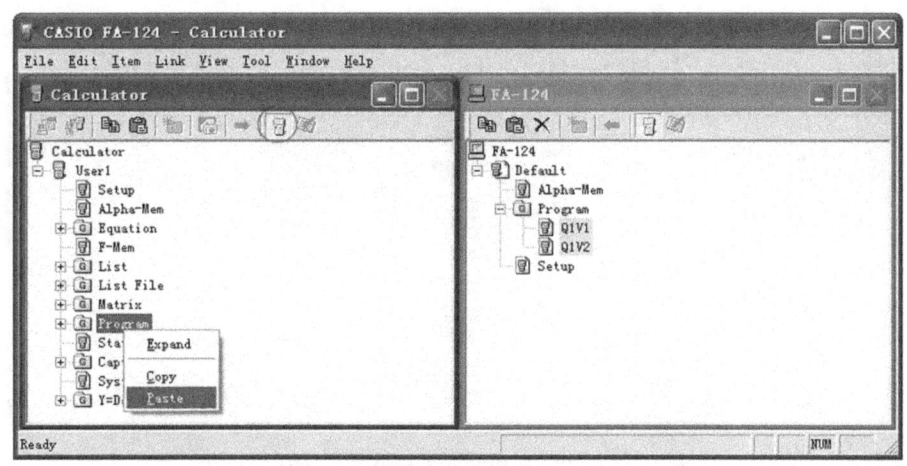

图 1-140　在 FA-124 的 ▓Calculator 主存储器窗口粘贴程序文件 Q1V1 与 Q1V2 界面

时,或从 ▓Calculator 窗口复制数据项到 ▓FA-124 窗口时,如果将使"Default"文件夹的数据容量超过 62 700 字节,FA-124 将提示图 1-141 所示的错误信息。有下列两种方法解决该问题:

① 删除 ▓FA-124 窗口"Default"文件夹下的部分不需要的数据项,以腾出空间用于存储新输入的数据项;

② 在 ▓FA-124 窗口的 ▓FA-124 下新建另一个文件夹,将新输入的数据项复制到新文件夹下。

图 1-141　▓FA-124 主存储器窗口容量大于 62 700 字节提示

3) FA-124 通信软件 ▓FA-124 主存储器窗口的数据管理

(1) 在 ▓FA-124 窗口新建文件夹

鼠标右键单击 ▓FA-124 窗口的 ▓FA-124 图标,在弹出的快捷菜单中单击"Add New Image"命令,在弹出的对话框中输入文件夹名"Q2X8",鼠标左键单击 ▓OK▓ 按钮,操作过程如图 1-142 所示。

在新创建的"Q2X8"文件夹下,只有"Alpha-Mem"与"Setup"两个数据项,系统自动在 PC 机创建"我的文档\CASIO\FA-124\Q2X8.g2r"文件,用于存储"Q2X8"文件夹的数据。同理,该文件的数据容量最大也不能超过 62 700 字节。

重复上述操作,用户可以在 ▓FA-124 窗口的 ▓FA-124 图标下继续创建新文件夹,FA-124 通信软件对在 ▓FA-124 窗口的 ▓FA-124 图标下创建的文件夹个数没有限制。

用户不能编辑已在 ▓FA-124 图标下创建的文件夹名。

(2) 在 ▓FA-124 窗口移除文件夹

鼠标右键单击需要移除的文件夹,在弹出的快捷菜单中单击"Remove Image"命令,图 1-143 为移除"Q2X8"文件夹的操作界面。

执行该命令移除"Q2X8"文件夹后,系统并未删除"我的文档\CASIO\FA-124\Q2X8.g2r"文件,只是设置 FA-124 不载入该文件的数据。

当需要重新载入"Q2X8"文件夹的数据时,只需要鼠标右键单击 ▓FA-124 窗口的

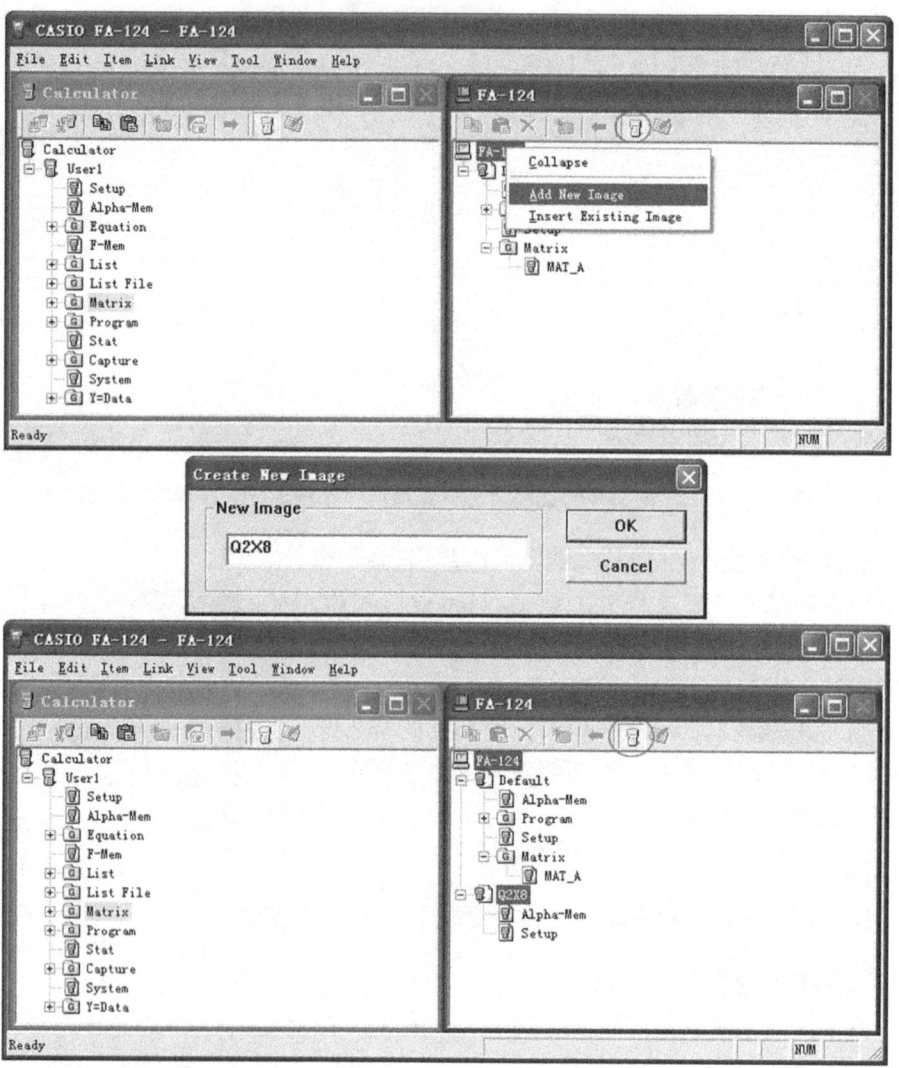

图 1－142　在 FA-124 的 FA-124 主存储器窗口新建 Q2X8 文件夹的操作过程

FA-124 图标,在弹出的快捷菜单中单击"Insert Existing Image"命令(参照图 1－142 上图),在弹出的对话框中选择"Q2X8. g2r"文件即可。

(3)在 FA-124 窗口删除文件夹

以删除"Q2X8"文件夹为例,鼠标右键单击需要删除的"Q2X8"文件夹,在弹出的快捷菜单下,单击"Delete"命令。

执行该命令删除"Q2X8"文件夹后,系统自动删除"我的文档 \ CASIO \ FA-124 \ Q2X8. g2r"文件,并且不可恢复。

4) fx-9860GⅡ的主存储器的数据项操作

如图 1－143 所示,fx-9860GⅡ的数据项内容有很多,下面只介绍 Program、List 与 List File、Matrix 图标下的数据项内容及其操作方法。

(1) Program 图标数据项

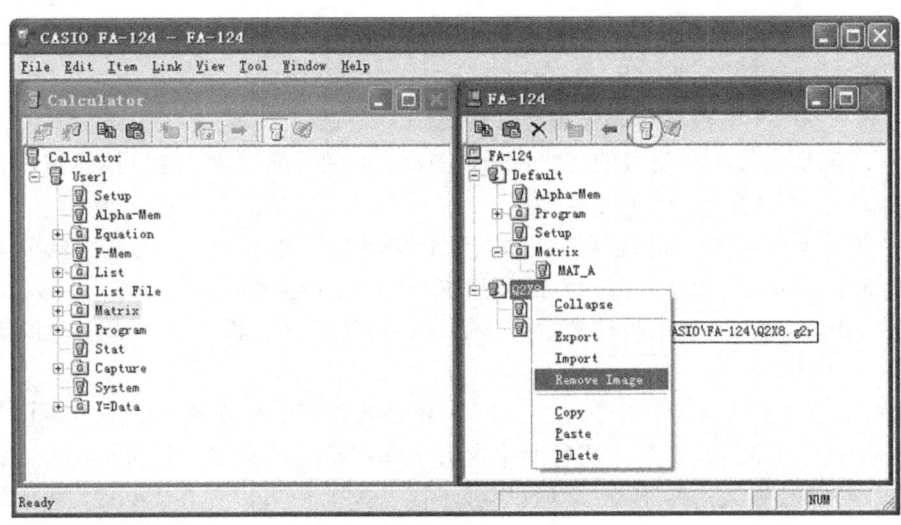

图1-143 在FA-124的 FA-124 主存储器窗口移除文件夹界面

① Calculator 窗口

如图1-144所示，FA-124与fx-9860GⅡ实现数据同步后，鼠标右键单击 Calculator 窗口的 Program 图标或其下的程序文件，弹出的快捷菜单只有"Copy（复制）"与"Paste（粘贴）"两个命令选项，没有 FA-124 窗口快捷菜单（图1-143）的"Export"（输出）、"Import"（输入）与"Delete"（删除）命令，也就是说，在 Calculator 窗口只能对程序文件进行复制与粘贴操作，不能对程序文件进行输出、输入、删除等操作，这些操作只能在fx-9860GⅡ上实现，以确保图形机主存储器数据域程序文件的安全。

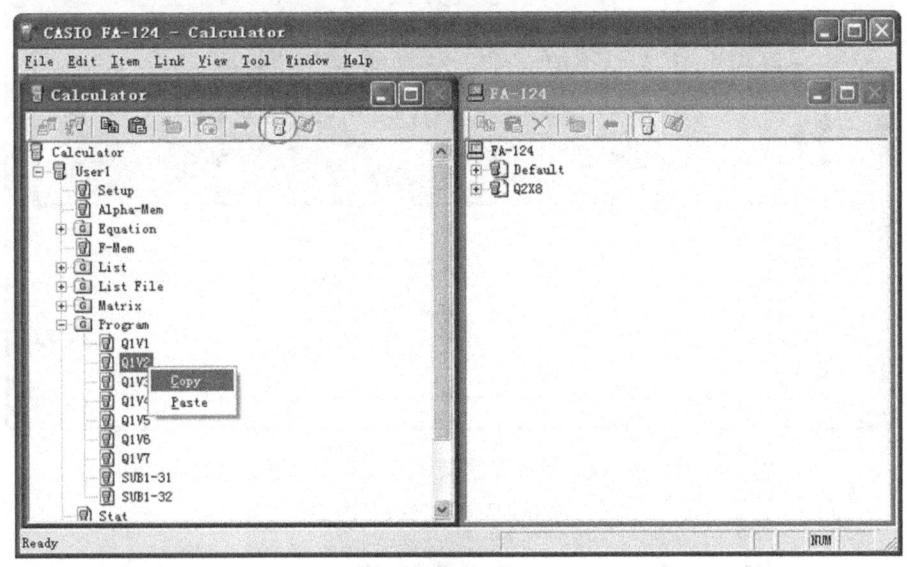

图1-144 在FA-124的 Calculator 主存储器窗口的快捷菜单

② FA-124 窗口

如图1-135所示，鼠标右键单击 FA-124 窗口的 Program 图标或其下的程序文件,弹出的快捷菜单有"Export"(输出)、"Import"(输入)、"Copy(复制)"、"Paste(粘贴)"与"Delete"(删除)5个命令。

要将 fx-9860GⅡ主存储器的程序文件输出到 PC 机保存,应先将 Calculator 窗口的程序文件复制到 FA-124 窗口的 Program 图标,再在 FA-124 窗口执行鼠标快捷菜单"Export"命令,将其存入 PC 机的硬盘。

要将 PC 机硬盘或光盘的程序文件输入到 fx-9860GⅡ内存,应先在 FA-124 窗口执行鼠标快捷菜单"Import"命令,将外设的程序文件输入到 FA-124 窗口的 Program 图标,使 fx-9860GⅡ与 FA-124 通讯软件数据同步后,再将该程序文件复制到 Calculator 窗口的 Program 图标下。

一般地,在 FA-124 通信软件(图1-132)中输入程序的效率要比在 fx-9860GⅡ中通过按键输入程序的效率高,但是,当程序中含有下标字符、希腊字母等特殊字符时,虽然也可以通过下拉菜单输入这些字符,但效率并不高。这时,可以先在 FA-124 通信软件中输入程序的主要部分,存盘后再将其复制到 Calculator 窗口;断开 FA-124 与 fx-9860GⅡ连接,在 fx-9860GⅡ按 MENU B 键进入 **PRGM** 模式并进入程序编辑模式,最后通过按键补充输入程序中的特殊字符。

(2) List File 图标数据项

List File 图标下的数据项最多可以有 **File1 ~File 6** 共六个串列文件。

与 Program 图标下的程序文件不同的是,双击串列文件下的串列名,只能查看该串列的数据,不能修改它们。图1-145 为双击 File 1 串列文件下的 List 7 串列的界面。

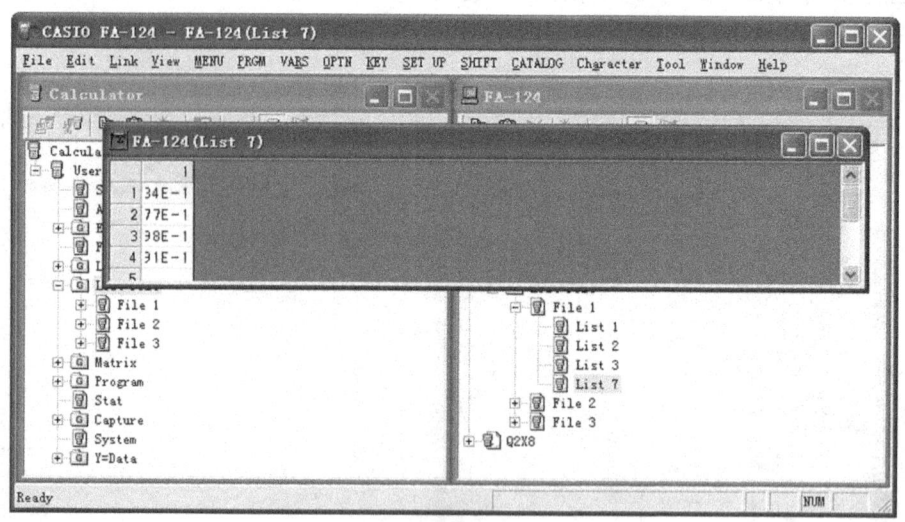

图1-145 在 FA-124 的 FA-124 主存储器窗口查看 File 1
串列文件 List 7 串列的数据内容

与 Program 图标的数据项相同, Calculator 窗口 List File 图标数据项的快捷菜单也只有"Copy(复制)"与"Paste(粘贴)"命令。

① FA-124 窗口输入输出 glm 格式串列文件

FA-124 窗口 List File 图标数据项的快捷菜单有"Export"(输出)、"Import"(输

入)、"Copy(复制)"、"Paste(粘贴)"与"Delete"(删除)5个命令。其中"Export"命令为将选择的串列文件输出为g1m格式文件到PC机,"Import"命令为将PC机的g1m格式串列文件输入到 FA-124 窗口。操作方法和界面与输入、输出g1m格式程序文件相同。

② FA-124 窗口输出CSV格式串列文件

g1m格式文件只有在FA-124中可以读入的PC机文件,而CSV格式文件为MS-Excel可以打开与编辑的逗号分隔文件,也可以用Windows记事本打开与编辑CSV格式文件。

假设fx-9860GⅡ的File 1串列文件存储了表1-8的数据,其中12组混凝土养护时间存储在List 1串列,测试的抗压强度存储在List 2串列,执行Q1V3程序后,回归方程残差存储在List 3串列,具有相关系数的线性回归、对数回归、指数回归、幂回归等四种回归模型的相关系数分别存储在List 7串列的1~4行。

执行完Q1V3程序后,使fx-9860GⅡ与FA-124数据同步,将File 1串列文件从 Calculator 窗口复制到 FA-124 窗口,在 FA-124 窗口鼠标左键单击File 1串列文件,执行下拉菜单"File/ Save as CSV"命令(图1-146上图),在弹出的对话框(图1-146

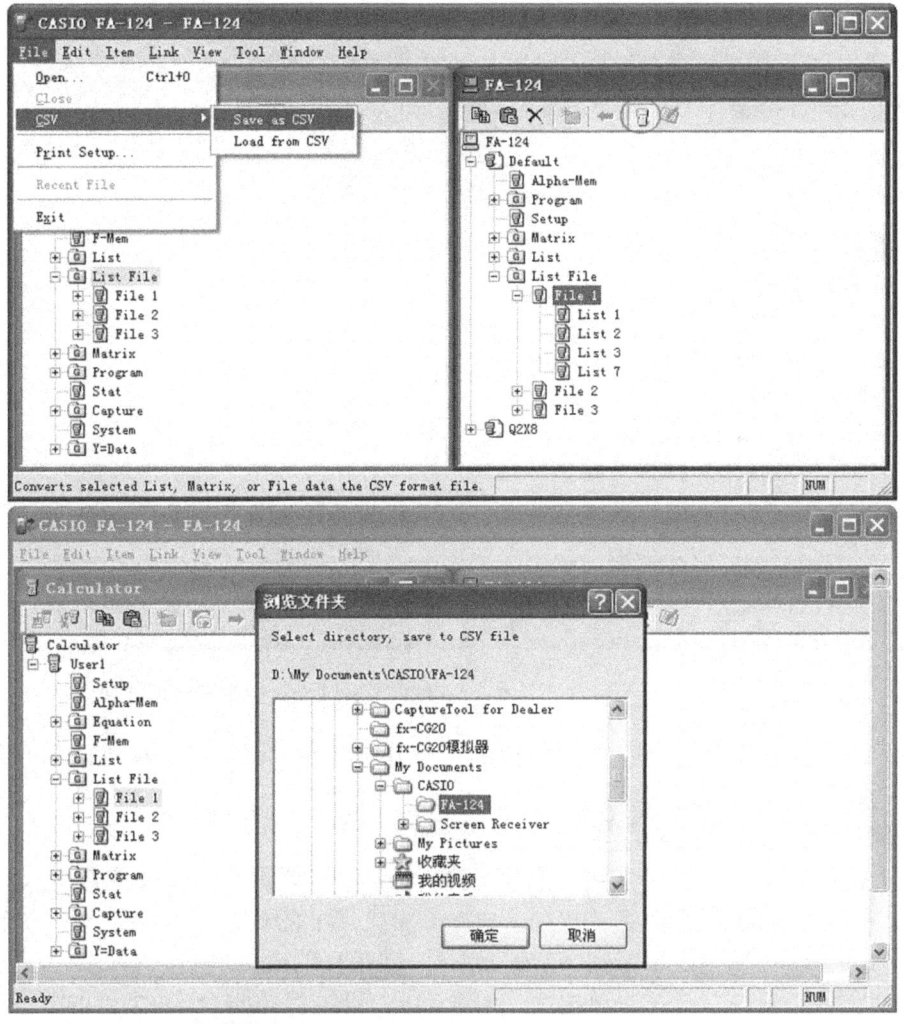

图1-146 将 FA-124 主存储器窗口File 1串列文件输出为CSV格式文件界面

下图）中单击 确定 按钮，即将 File 1 串列文件的数据另存为“我的文档 \ CASIO \ FA-124 \ File1. CSV”文件。系统自动使用串列文件名 File1，用户不能输入文件名，File1. csv 文件的缺省存储路径为“我的文档 \ CASIO \ FA-124”，用户可以在图 1 – 146 所示的“浏览文件夹”对话框中修改存储路径。

当所输出的串列文件（例如 File1）的串列单元含有复数时，则复数所在串列的所有数据均为空。例如，假设 File1 串列文件的 List 3[4]单元含有复数，则在 File1. csv 文件中，List 3 串列（用 MS-Excel 打开 File1. csv 文件时为 C 列）的所有数据均为空。

这一点与矩阵数据不同，当执行下拉菜单“File/ Save as CSV”命令输出某个矩阵，且该矩阵的任一个单元含有复数时，将弹出图 1 – 159 下图所示的出错对话框。

图 1 – 147 为用 MS-Excel 打开 FA-124 输出的 File1. CSV 文件的界面，图 1 – 148 为用 Windows 记事本打开 File1. CSV 文件的界面。

图 1 – 148 反白显示的数据为 List 7[1]单元的数据，它是线性回归方程的相关系数，该数值是以 15 位数据 +2 位指数显示。这说明，执行下拉菜单“File/Save as CSV”命令输出的串列文件 File1. CSV 的数值精度是很高的。

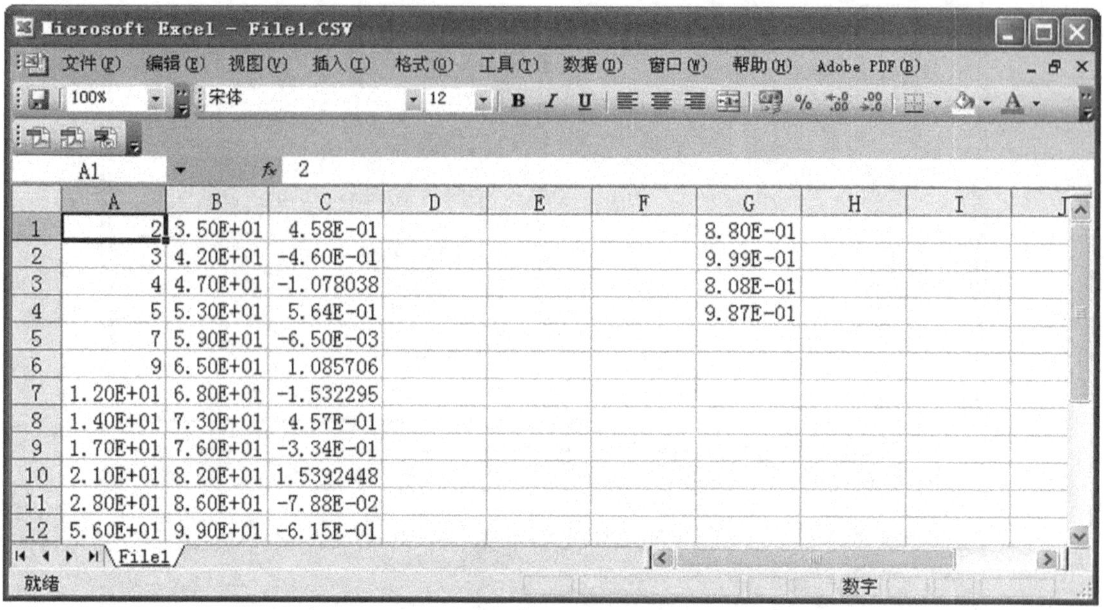

	A	B	C	D	E	F	G	H	I
1	2	3.50E+01	4.58E-01				8.80E-01		
2	3	4.20E+01	-4.60E-01				9.99E-01		
3	4	4.70E+01	-1.078038				8.08E-01		
4	5	5.30E+01	5.64E-01				9.87E-01		
5	7	5.90E+01	-6.50E-03						
6	9	6.50E+01	1.085706						
7	1.20E+01	6.80E+01	-1.532295						
8	1.40E+01	7.30E+01	4.57E-01						
9	1.70E+01	7.60E+01	-3.34E-01						
10	2.10E+01	8.20E+01	1.5392448						
11	2.80E+01	8.60E+01	-7.88E-02						
12	5.60E+01	9.90E+01	-6.15E-01						

图 1 – 147 用 MS-Excel 打开 FA-124 输出的 File1. CSV 文件的界面

由图 1 – 148 下图可知，FA-124 输出的逗号分隔文件，每行的末尾为软回车符■，因此，每行数据不会自动换行显示。

③ FA-124 窗口输入 CSV 格式串列文件

将上述输出的 File1. CSV 串列文件数据输入到 FA-124 窗口 File 4 串列文件的方法是：鼠标左键单击 FA-124 窗口的 FA-124 图标或其下的任意文件夹图标，执行下拉菜单“File/Load from CSV”命令（图 1 – 149 上图），在弹出的对话框中，左键单击需要输入的 File1. CSV 文件，鼠标左键单击单选框 List File，设置将 File1. CSV 文件的数据输入到串列文件；鼠标左键单击串列文件名列表框，使其为 File 4，表示将 File1. CSV 文件的

图 1-148 用 Windows 记事本打开 FA-124 输出的 File1.CSV 文件的界面

数据输入到 File 4 串列文件(图 1-150 上图),单击 OK 按钮,即将 File1.CSV 文件的数据输入到 FA-124 窗口一个新文件夹(图 1-150 下图为 No title 2 文件夹)下的 File 4 串列文件。

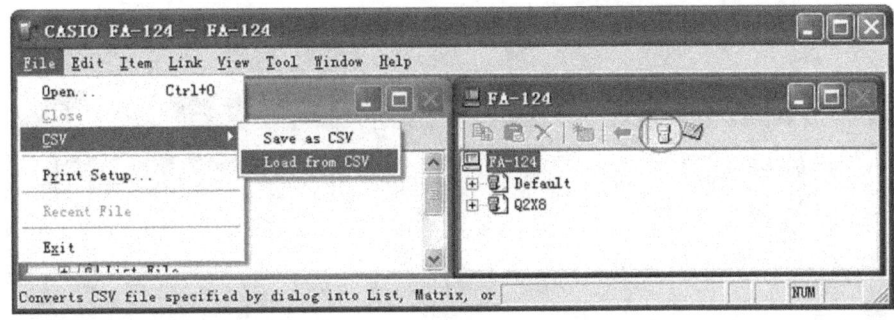

图 1-149 在 FA-124 主存储器窗口执行下拉菜单"File/CSV/Load from CSV"命令

上述案例是执行下拉菜单"File/Save as CSV"命令输出的 File1.CSV 文件,其实,用户也可以在 MS-Excel 中输入串列数据并另存为 CSV 文件,然后将其输入到 FA-124 窗口的指定串列文件中。

a. 在 FA-124 的 FA-124 窗口输入 CSV 格式文件的负号丢失问题

Ver2.00 版 FA-124 通信软件是卡西欧公司 2009 年推出的,它存在一个设计缺陷:在 CSV 文件中,绝对值 ≤0.09 的负数,在 FA-124 执行下拉菜单"File/Load from CSV"命令时,上传 FA-124 窗口的数值将自动变为正数,下面通过一个试验来验证。

启动 MS-Excel 软件,在 A 列输入 -0.08, -0.09, -0.1, -0.11 四个数值(图 1-151 上图),按 Ctrl+S 键存盘,在弹出的图 1-151 下图所示的对话框中,鼠标左键单击"保存类型"列表框,选择"CSV(逗号分隔)"选项,单击 保存(S) 按钮,在弹出的对话框中单击 确定 按钮,在最后弹出的对话框中单击 是(Y) 按钮,将上述数值输出为 Book1.CSV 文件。鼠标左键点击 MS-Excel 的 X 图标关闭 MS-Excel。

在 FA-124 执行下拉菜单"File/Load from CSV"命令,将 Book1.CSV 文件输入到 FA-124 窗口的 File5 串列,再将 File5 串列文件复制到 Calculator 窗口,鼠标左键单击 Calculator 窗口工具栏的 图标,中断 FA-124 与 fx-9860GⅡ的连接。

在 fx-9860GⅡ上按 MENU ② 键进入 **STAT** 模式,按 SHIFT SETUP ▼ ▼ F1 (FILE) ⑤ EXE EXE 键,设置当前串列文件为 File5,结果如图 1-152 右图所示。

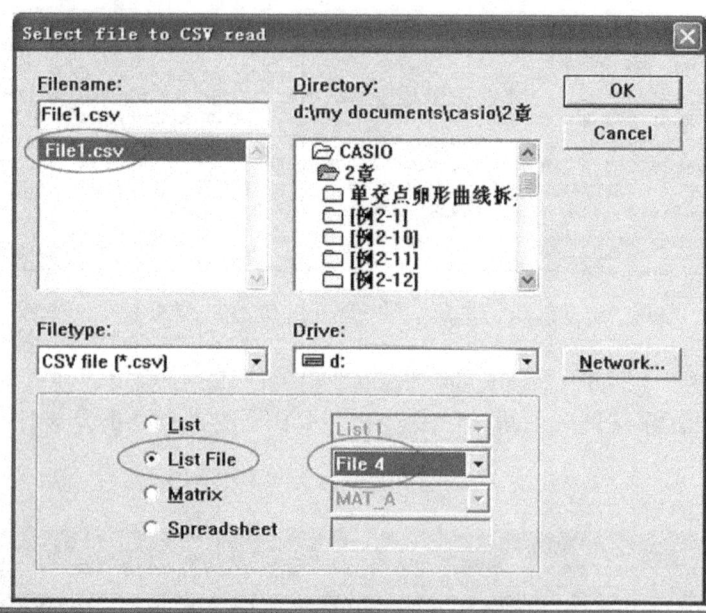

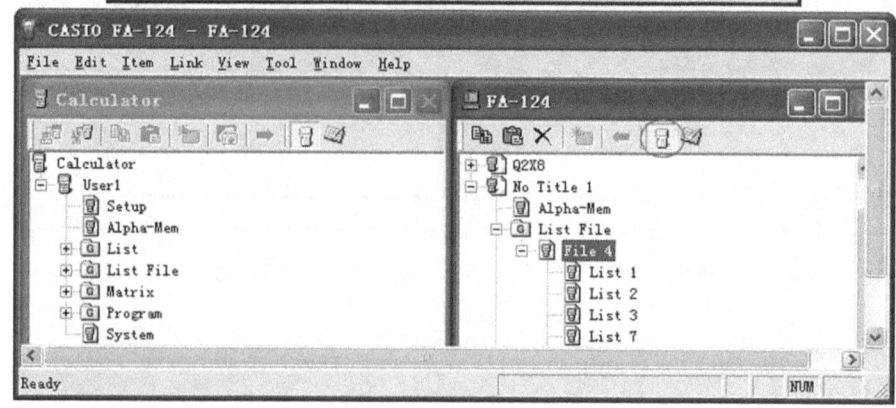

图 1-150 输入 File1.CSV 文件到 FA-124 主存储器窗口 File4 串列文件的对话框设置

与图 1-151 上图的 Book1.CSV 文件的单元数据比较，**List 1[1]**串列单元的 **-0.08** 丢失负号后变成了 **0.08**，**List 1[2]**串列单元的 **-0.09** 丢失负号后变成了 **0.09**，而 **List 1[3]**串列单元的 **-0.1**，**List 1[4]**串列单元的 **-0.11** 与原值相同，没有改变。

为了避开 FA-124 通信软件的上述设计缺陷，对今后需要重复使用的串列文件，建议在 FA-124 窗口执行快捷菜单 Export 命令，将其存为 Filen.g1m 文件(n = 1 ~ 6)，今后再在 FA-124 窗口执行快捷菜单 Import 命令输入 Filen.g1m 文件时，就不会出现上述丢失负号的问题。

卡西欧公司2013年新推出的V2.01版 FA-124 通信软件已消除了该设计缺陷，查询用户 PC 机 FA-124 通信软件版本的方法是，执行 FA-124 通讯软件下拉菜单"Help/About FA-124"命令，在弹出的 About FA-124 提示框中有版本号显示。

b. 在 FA-124 的 FA-124 窗口输入 CSV 格式文件的数据位数问题

在 MS-Excel 中输入串列或矩阵数据时，缺省设置每个单元最多可以显示 10 位数字，高斯平面直角坐标的 x 坐标一般含有 7 位整数，这时，小数位就只能显示到 0.001m；不

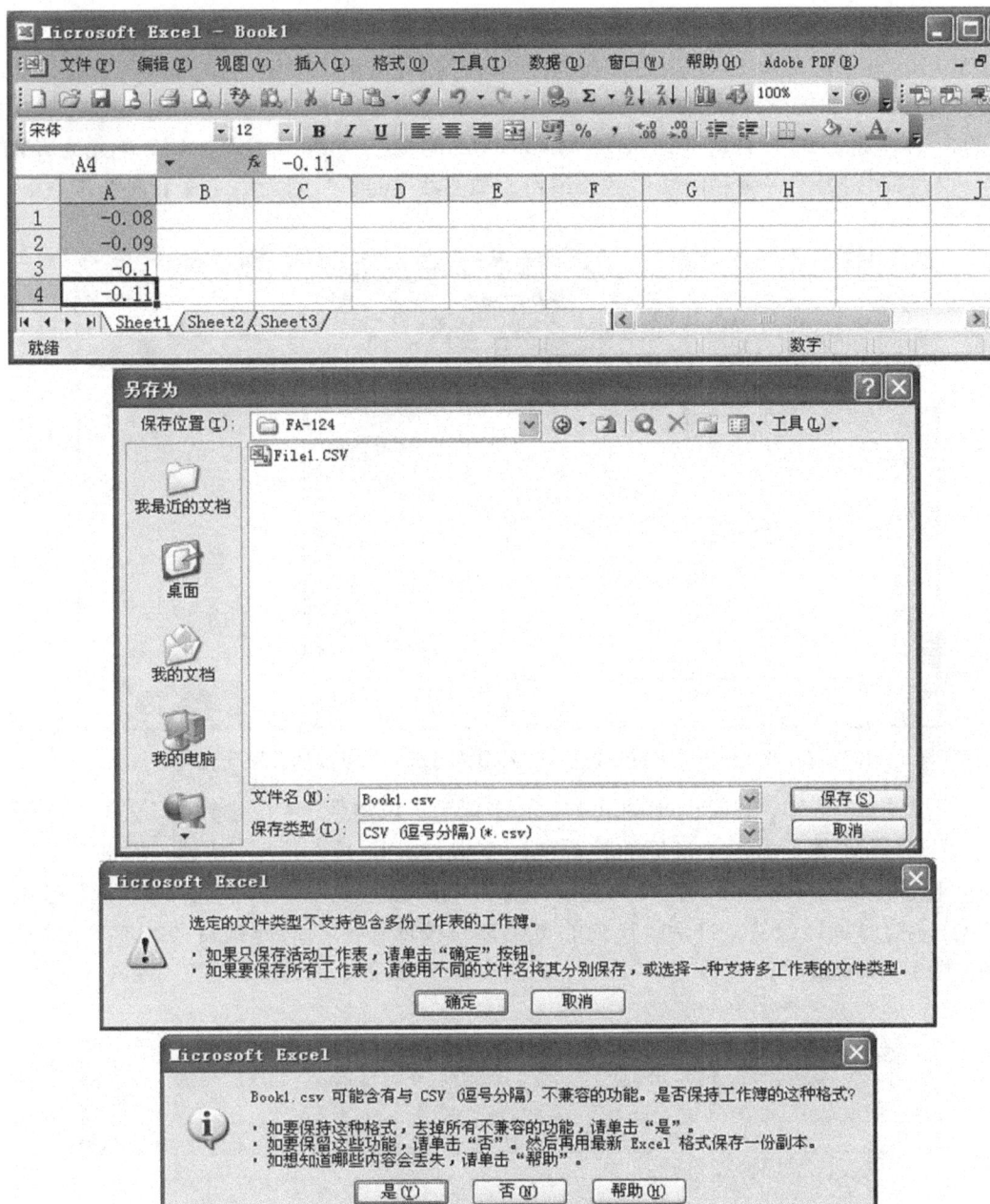

图 1-151 在 MS-Excel 的 A 列输入 4 个数值并存储为 Book1.CSV 文件操作界面

图 1-152 在 **STAT** 模式查看 **File5** 串列文件的内容

含带号的 y 坐标一般含有 6 位整数，这时，小数位就可以显示到 0.0001m。

图 1－153 为按表 2－1 的规定，在 MS-Excel 的 File1 选项卡输入山西岢岚至临县高速公路 3 合同段平曲线设计数据的结果，其中 A1 单元为平曲线 *QD* 桩号；B1 与 C1 单元为 *QD* 的 x，y 坐标，B2～B11，C2～C11 为 10 个 *JD* 的 x，y 坐标，B12 与 C12 单元为 *ZD* 的 x，y 坐标；D 列为第一缓和曲线参数，E 列为圆曲线半径，F 列为第二缓和曲线参数。

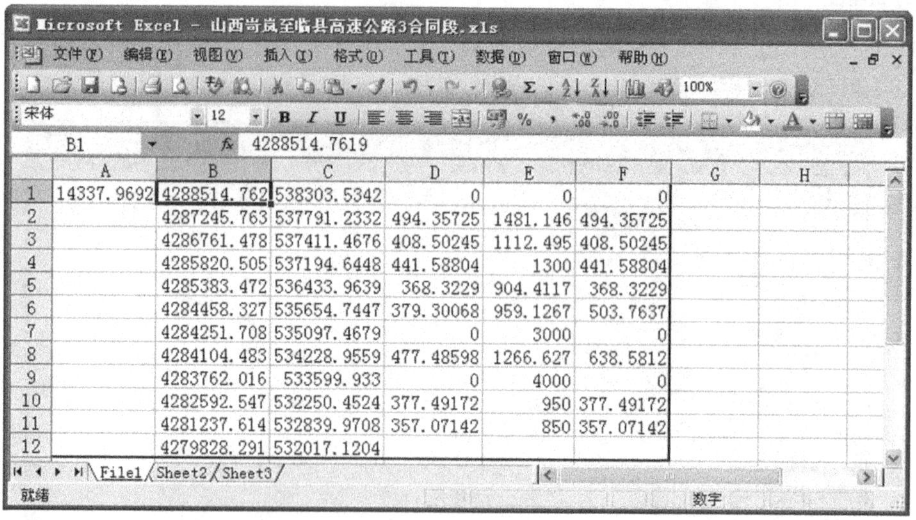
Microsoft Excel － 山西岢岚至临县高速公路3合同段.xls

B1　4288514.7619

	A	B	C	D	E	F
1	14337.9692	4288514.762	538303.5342	0	0	0
2		4287245.763	537791.2332	494.35725	1481.146	494.35725
3		4286761.478	537411.4676	408.50245	1112.495	408.50245
4		4285820.505	537194.6448	441.58804	1300	441.58804
5		4285383.472	536433.9639	368.3229	904.4117	368.3229
6		4284458.327	535654.7447	379.30068	959.1267	503.7637
7		4284251.708	535097.4679	0	3000	0
8		4284104.483	534228.9559	477.48598	1266.627	638.5812
9		4283762.016	533599.933	0	4000	0
10		4282592.547	532250.4524	377.49172	950	377.49172
11		4281237.614	532839.9708	357.07142	850	357.07142
12		4279828.291	532017.1204			

File1 / Sheet2 / Sheet3

图 1－153　在 MS-Excel 的 File1 选项卡输入山西岢岚至临县高速公路 3 合同段直曲表

由图 1－153 可知，设计给出的 B 列的 x 坐标为 7 位整数、4 位小数，C 列的 y 坐标为 6 位整数、4 位小数。由于 x 坐标的整数位＋小数位＝11 位，大于 10 位，因此，尽管 B 列的 x 坐标输入了 4 位小数，但也只能按四舍五入的原则显示 3 位小数。将 File1 选项卡的数据另存为 File1. CSV 文件后，B 列的 x 坐标将按四舍五入的原则自动截取 3 位小数，结果如图 1－154 所示。

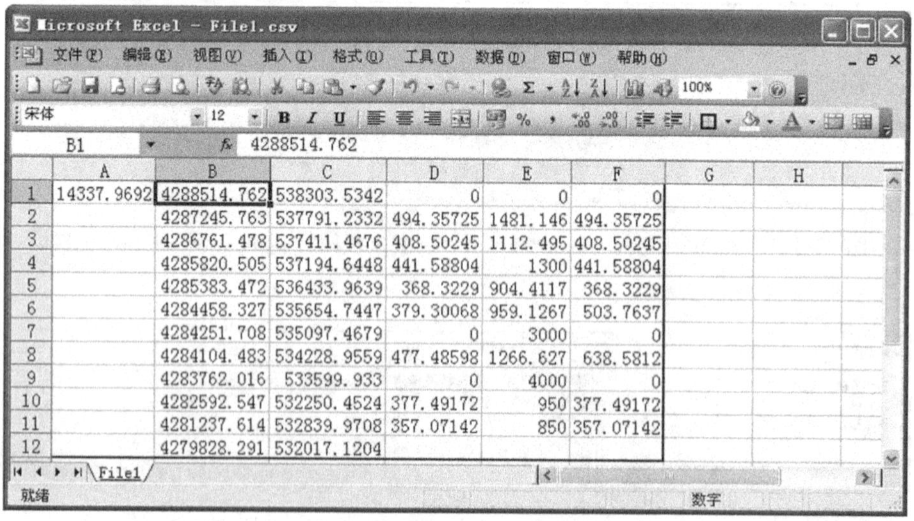
Microsoft Excel － File1.csv

B1　4288514.762

	A	B	C	D	E	F
1	14337.9692	4288514.762	538303.5342	0	0	0
2		4287245.763	537791.2332	494.35725	1481.146	494.35725
3		4286761.478	537411.4676	408.50245	1112.495	408.50245
4		4285820.505	537194.6448	441.58804	1300	441.58804
5		4285383.472	536433.9639	368.3229	904.4117	368.3229
6		4284458.327	535654.7447	379.30068	959.1267	503.7637
7		4284251.708	535097.4679	0	3000	0
8		4284104.483	534228.9559	477.48598	1266.627	638.5812
9		4283762.016	533599.933	0	4000	0
10		4282592.547	532250.4524	377.49172	950	377.49172
11		4281237.614	532839.9708	357.07142	850	357.07142
12		4279828.291	532017.1204			

File1

图 1－154　将 File1 选项卡的数据另存为 File1. CSV 文件的结果

要想使 File1. CSV 文件 B 列的 x 坐标仍然保留 4 位小数，就应在图 1 – 153 的 xls 格式文件中，选择 B 列数据，鼠标左键单击"格式"工具栏的 图标，使 B 列的 x 坐标以 4 位小数显示，结果如图 1 – 155 所示。

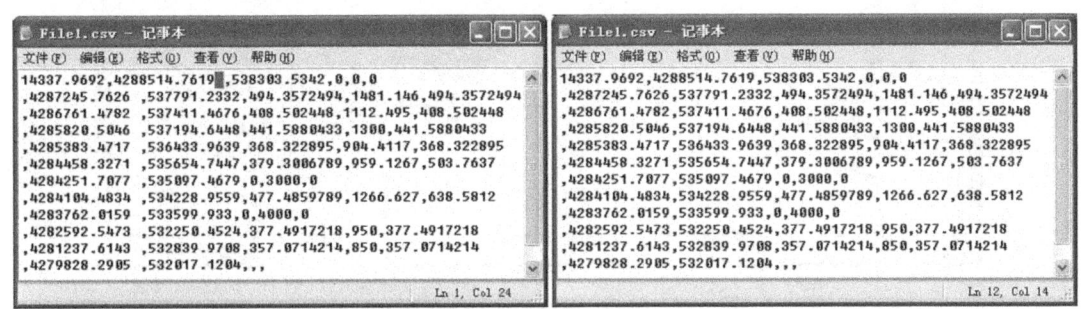

图 1 – 155　选择 File1 选项卡的 B 列数值，使 x 坐标以 4 位小数显示

再将 File1 选项卡的数据另存为 File1. CSV 文件，用 Windosw 的记事本打开 File1. CSV 文件的结果如图 1 – 156 左图所示。由图可知，每行的 x 坐标数值虽然保留了 4 位小数，但却在 x 坐标数值后面添加了一个空格，应将 12 行的 x 坐标数值后的空格删除，并存盘保存后，才能在 FA-124 执行下拉菜单 "File/CSV/Load from CSV" 命令，将 File1. CSV 文件输入到 FA-124 的 FA-124 窗口；使 FA-124 与 fx-9860GⅡ实现数据同步后，再将 FA-124 窗口的 File1 文件复制到 Calculator 窗口。鼠标左键单击 Calculator 窗口工具栏的 图标，中断 FA-124 与 fx-9860GⅡ的连接。

图 1 – 156　使用 Windows 的记事本打开 File1. CSV 文件并删除每行 x 坐标后的空格并存盘保存

在 fx-9860GⅡ上按 MENU ② 键进入 **STAT** 模式，按 SHIFT SETUP ▼ ▼ F1 ① EXE EXE 键，设置 **File1** 为当前串列文件，移动光标到 **List 2[1]** 串列单元，结果如图 1 – 157 左图所示。此时，屏幕底部显示的 x 坐标虽然只有 3 位小数，但它实际上含有 4 位小数。

图 1 – 157 在 **STAT** 模式查看上传到 fx-9860GⅡ内存 **File1** 串列文件的数据

按 F6 键翻页到第 2 页功能菜单，按 F2 键执行 EDIT 命令，此时，屏幕底部显示为 4 位小数，结果见图 1 – 157 右图所示。

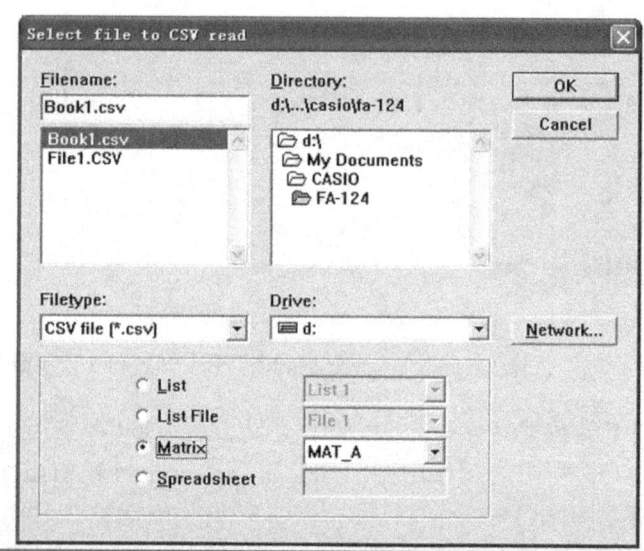

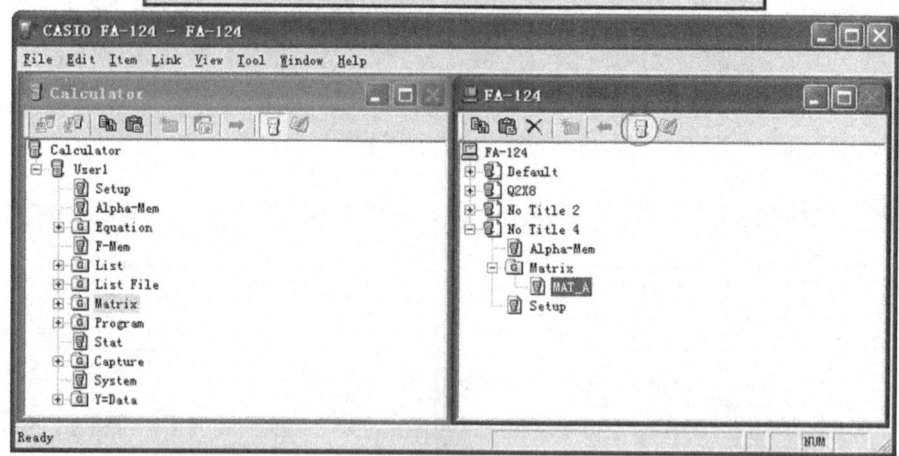

图 1 – 158 将 Book1.CSV 文件输入 FA-124 主存储器窗口 MAT_A 矩阵的操作过程

(3) Matrix 图标数据项

Matrix 图标下的数据项为矩阵文件，最多可以有 MAT_A ~ MAT_Z 与 MAT_ANS 共 27 个矩阵文件。FA-124 通信软件与 fx-9860GⅡ实现数据同步后，可以在 Calculator 与 FA-124 窗口之间相互复制与粘贴矩阵文件。

与 [G] List File 图标下的串列文件相同，在 ▇FA-124 窗口，双击矩阵文件只能查看该矩阵的数据，不能修改它们，不能在 ▇FA-124 窗口输入矩阵数据。

与串列文件相同，在 ▇FA-124 窗口可以执行快捷菜单 Export 命令，将矩阵数据输出为 g1m 格式文件；也可以执行快捷菜单 Import 命令，从 PC 机输入 g1m 格式文件。

执行 FA-124 的下拉菜单"File/Save as CSV"命令，可以将 ▇FA-124 窗口的矩阵数据输出为 CSV 格式文件，但要求所输出矩阵的各单元数值只能是实数，不能含复数。如图 1－158 为将 ▇FA-124 窗口的 Mat B 矩阵数据输出为 MAT_B.csv 文件的操作过程，文件名 MAT_B.csv 为系统自动设置，用户不能输入文件名，且在 PC 机缺省设置的存储路径为"我的 \ CASIO \ FA-124"，一次只能输出一个矩阵的数据。

当所输出矩阵的任一个单元含有复数时，将给出图 1－159 下图所示的出错对话框。

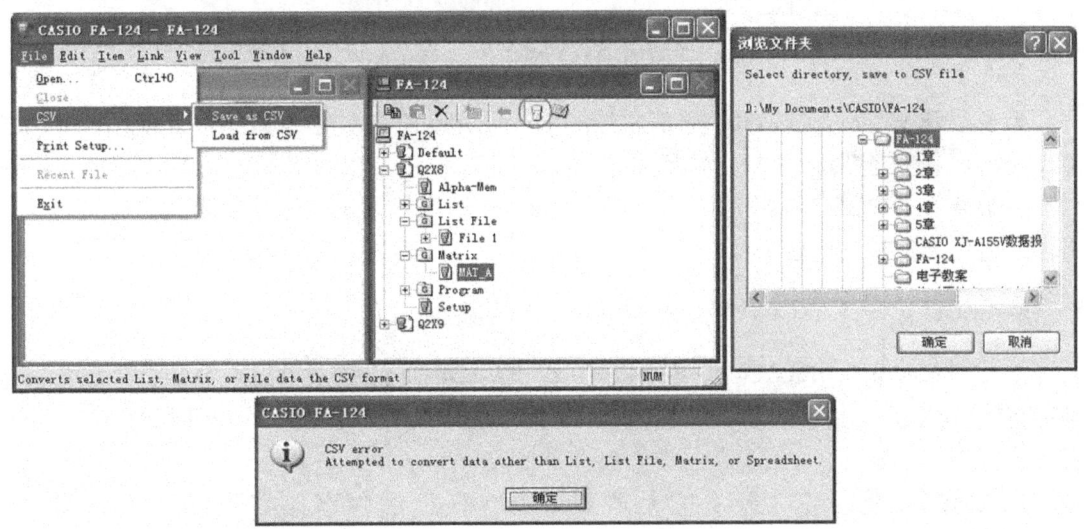

图 1－159　执行下拉菜单"File/Save as CSV"命令输出 Mat B 矩阵为 MAT_B.csv 文件的操作过程

也可以执行 FA-124 的下拉菜单"File/Load from CSV"命令，将 PC 机的 CSV 格式文件输入 ▇FA-124 窗口的指定矩阵。

与输入 CSV 格式串列文件到 ▇FA-124 窗口类似，当用户 PC 机安装的是 Ver2.00 版 FA-124 通信软件，CSV 文件单元数值 ≤ －0.09 时，输入到 ▇FA-124 窗口后，将丢失负号。

例如，将图 1－151 上图所示的 Book1.CSV 文件输入到 ▇FA-124 窗口的 MAT_A 矩阵的操作步骤如下：

鼠标左键单击 ▇FA-124 窗口 ▇FA-124 图标或其下的任意文件夹图标，在 FA-124 执行下拉菜单"File/Load from CSV"命令，将弹出的对话框设置为图 1－158 上图所示，鼠标左键单击 [OK] 按钮，即将 Book1.CSV 文件的数据输入到 MAT_A 矩阵文件，结果如图 1－158 下图所示。

使 FA-124 与 fx-9860GⅡ数据同步，将 ▇FA-124 窗口的 MAT_A 矩阵文件复制到 ▇Calculator 窗口，鼠标左键单击 ▇Calculator 窗口工具栏的 ▇ 图标，中断 FA-124 与 fx-9860GⅡ的连接。

101

在 fx-9860GⅡ上按 MENU ① 键进入 **RUN·MAT** 模式，按 F1（MAT）EXE 键，屏幕显示 Mat A 矩阵的内容，结果如图 1 – 160 右图所示。

与图 1 – 151 上图的 Book1.CSV 文件的单元数据比较，**Mat A[1, 1]** 矩阵单元的 **- 0.08** 丢失负号后变成了 **0.08**，**Mat A[2, 1]** 矩阵单元的 **- 0.09** 丢失负号后变成了 **0.09**，而 **Mat A[3, 1]** 矩阵单元的 **- 0.1**，**Mat A[4, 1]** 矩阵串列单元的 **- 0.11** 与原值相同，没有改变。

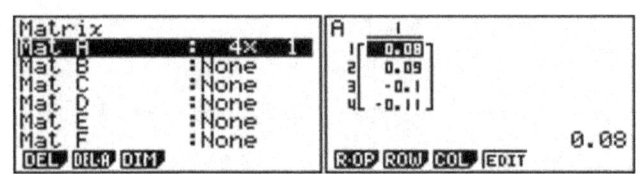

图 1 – 160　在 **RUN·MAT** 模式查看 **Mat A** 矩阵的内容

为了避开 V2.00 版 FA-124 通信软件的上述设计缺陷，对今后需要重复使用的矩阵文件，建议在 FA-124 窗口执行快捷菜单 Export 命令，将其存为 MAT_a.g1m 文件（a = A ~ Z），今后再在 FA-124 窗口执行快捷菜单 Import 命令输入 MAT_a.g1m 文件时，就不会出现上述丢失负号的问题。

5）fx-9860GⅡ与 FA-124 永久存储器窗口的数据通信

使 fx-9860GⅡ与 FA-124 数据同步，在 FA-124 通信软件的 Calculator 窗口或 FA-124 窗口的工具栏点击 按钮进入 FA-124 的永久存储器窗口，结果如图 1 – 161 所示。

在 Calculator 窗口显示的是联机 fx-9860GⅡ永久存储器下的文件目录，在 FA-124 窗口显示了缺省设置的 Default 图标项的文件目录，这些文件存储在用户 PC 机"我的文档 \ CASIO \ FA-124 \ Default.gls"文件中。即使关闭 FA-124 软件，Default.gls 文件中的数据也不会丢失。重新启动 FA-124 通信软件时，系统自动从 PC 机文件 Default.g2r 中读入全部数据到 FA-124 的 FA-124 永久存储器窗口。

（1）Calculator 窗口的常用操作

在 Calculator 窗口右键点击 User1 图标项弹出图 1 – 161 所示的快捷菜单。

①Optimization 命令：优化联机 fx-9860GⅡ的永久存储器，等价于在 fx-9860GⅡ按 MENU F F5（OPT）键。

② Create New Folder 命令：在联机 fx-9860GⅡ的永久存储器新建文件夹，等价于在 fx-9860GⅡ按 MENU F F2（SMEM）F4（MK·F）键。

③ Copy 命令：复制联机 fx-9860GⅡ的永久存储器的所有文件到 Windows 粘贴板（等价在 PC 机按 Ctrl + C 键），其后一般是右键点击 FA-124 窗口的图标项，在弹出的快捷菜单下左键点击 Paste 命令，将 Windows 粘贴板的文件复制粘贴到 FA-124 窗口的相应图标项下。

④ Paste 命令：粘贴 Windows 粘贴板的文件到联机 fx-9860GⅡ的永久存储器（等价在 PC 机按 Ctrl + V 键），执行该命令之前，一般应先右键单击 FA-124 窗口的相应图标项

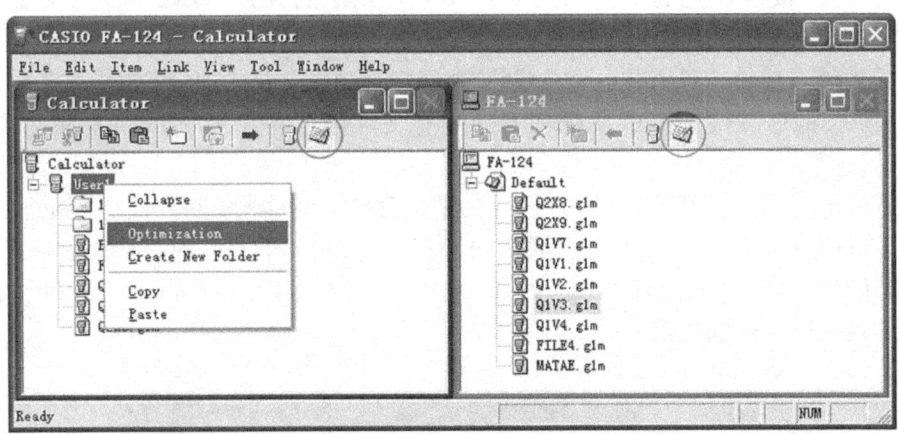

图 1-161　右键点击 Calculator 永久存储器窗口图标项的快捷菜单

下的文件，在弹出的快捷菜单下左键点击 Copy 命令，将其复制到 Windows 粘贴板。

Calculator 窗口与 FA-124 窗口的两个快捷菜单命令 Copy 与 Paste，是 fx-9860GⅡ永久存储器与 FA-124 的永久存储器窗口相互交换文件的重要命令。

右键单击 Calculator 窗口文件的快捷菜单如图 1-162 所示，它只有 Copy 与 Paste 两个命令。

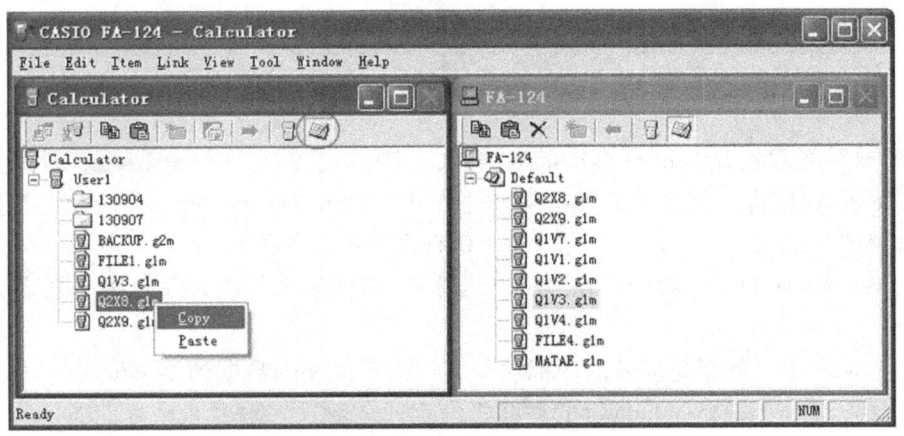

图 1-162　右键点击 Calculator 永久存储器窗口文件的快捷菜单

需要特别说明的是，在 FA-124 的永久存储器窗口下，用户只能在联机 fx-9860GⅡ的永久存储器与 FA-124 永久存储器窗口之间相互交换文件，不能在联机 fx-9860GⅡ的永久存储器与其主存储器之间相互交换文件，不能在联机 fx-9860GⅡ的主存储器与 FA-124 窗口的永久存储器之间相互交换文件，不能在联机 fx-9860GⅡ的永久存储器与 FA-124 窗口的主存储器之间相互交换文件。

简单说就是，使用 FA-124 通信软件，只能在联机 fx-9860GⅡ的主存储器与 FA-124 的主存储器窗口之间相互交换文件，在联机 fx-9860GⅡ的永久存储器与 FA-124 的永久存储器窗口之间相互交换文件。fx-9860GⅡ的主存储器与永久存储器之间相互交换文件只能在 fx-9860GⅡ按 MENU (F) 键，进入图 1-110 右图所示的 **MEMORY** 模式下才能进行。

（2）FA-124 窗口的常用操作

在 FA-124 窗口右键点击 Default 图标项弹出图 1-163 所示的快捷菜单。

① Export 命令：将 Default 图标项下的所有文件逐个输出为 g1m 格式文件到用户 PC 机。

② Import 命令：将用户 PC 机的 g1m 格式文件输入到 FA-124 永久存储器窗口。

③ Remove Image 命令：从 FA-124 永久存储器窗口移除 Default 图标项，移除 Default 图标项后，系统并未删除"我的文档 \ CASIO \ FA-124 \ Default.gls"文件，只是设置 FA-124 不载入该文件的数据。

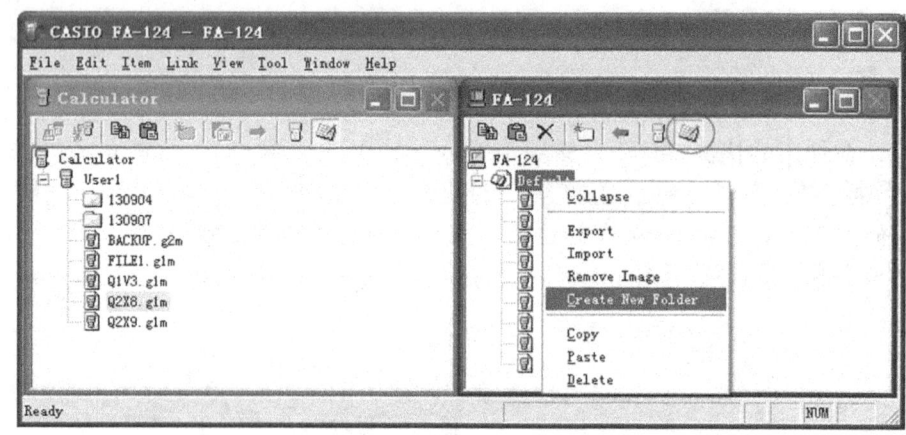

图 1-163　右键点击 FA-124 永久存储器窗口图标项的快捷菜单

当需要重新载入 Default 图标项的数据时，只需要鼠标右键单击 FA-124 永久存储器窗口的 FA-124 图标，在弹出的快捷菜单中单击"Insert Existing Image"命令，在弹出的对话框中选择"我的文档 \ CASIO \ FA-124 \ Default.gls"文件即可。

④ Create New Folder 命令：在 Default 图标项下创建文件夹，文件夹名最多允许 8 位有效字符。

⑤ Copy 命令：复制光标处的图标项、文件或文件夹的数据到 Windows 的粘贴板。

⑥ Paste 命令：粘贴 Windows 的粘贴板内容到 Calculator 永久存储器窗口。

Copy 与 Paste 命令的功能是 FA-124 永久存储器窗口与 Calculator 永久存储器窗口之间相互交换数据文件。

⑦ Delete 命令：删除所选的图标项。

按住 Ctrl 键，鼠标左键分别点击 Default 图标项下的文件选择多个文件，再点击右键，弹出的快捷菜单如图 1-164 所示，五个快捷菜单命令的功能与图 1-163 所示快捷菜单的同名命令相同。

图 1-163 所示快捷菜单下的命令是对 Default 图标项下的所有文件进行操作，而图 1-164 所示快捷菜单下的命令是对所选的文件进行操作。

FA-124 永久存储器窗口的缺省图标项 Default 下存储的数据文件最大容量为 1.5MB，如果在 FA-124 永久存储器窗口执行 Import 命令或 Paste 命令，可能使其容量超

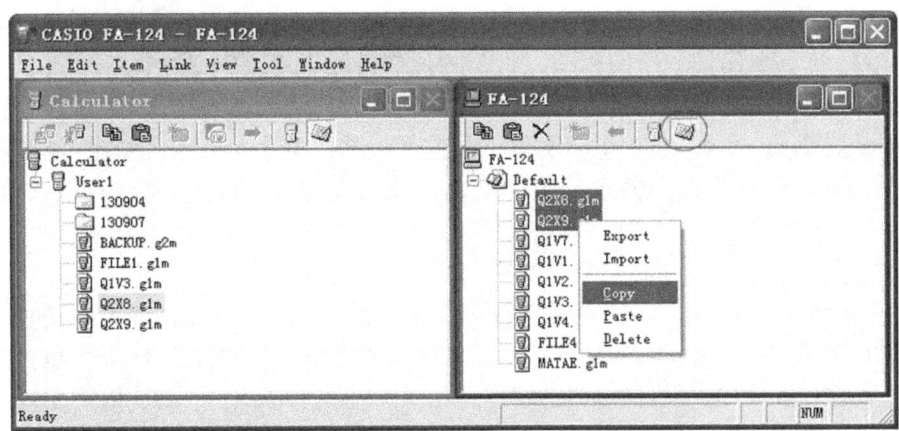

图 1-164　右键点击 FA-124 永久存储器窗口图标项下的文件快捷菜单

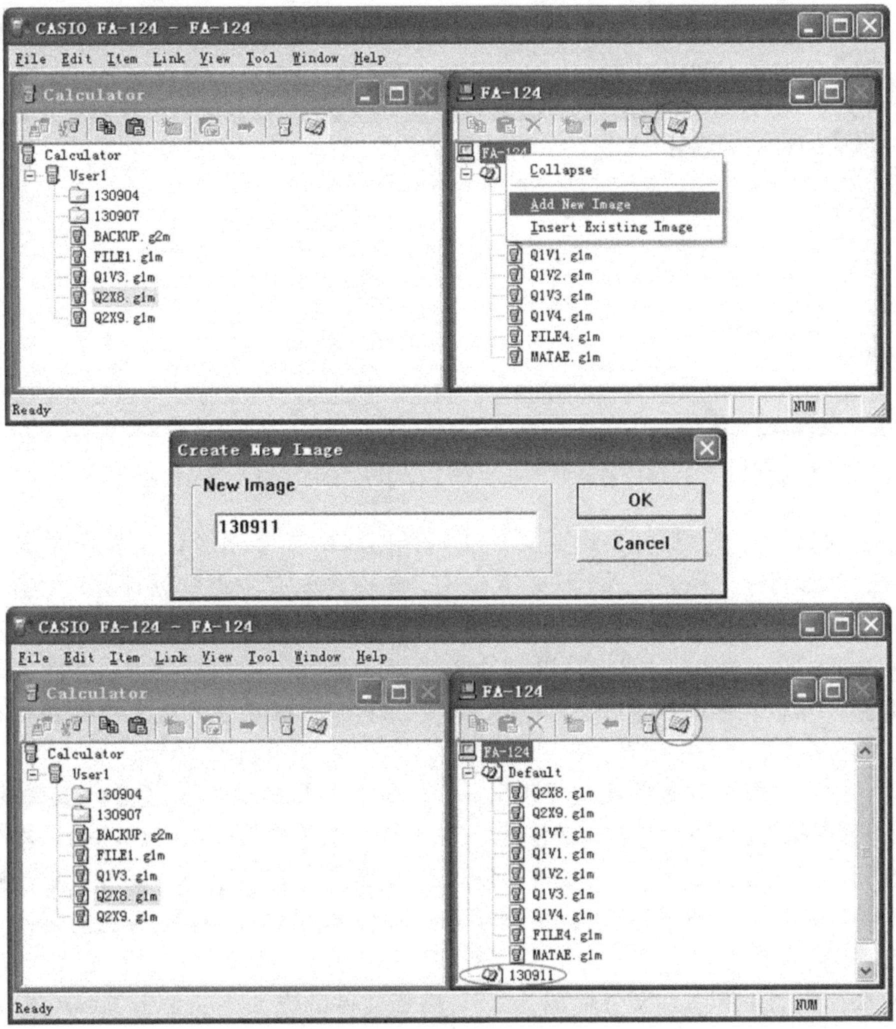

图 1-165　右键点击根图标 FA-124 执行"Add New Image"命令的操作过程

过1.5MB时，将弹出图1-142所示的提示对话框。此时，可以在 FA-124 永久存储器窗口的 FA-124 下新建另一个图标项，将新数据文件输入或复制到新图标项下。

在根图标 FA-124 下新建一个图标项的方法是：右键点击 FA-124 永久存储器窗口的根图标 FA-124，在弹出的快捷菜单下，左键点击"Add New Image"命令，在弹出的"Create New Image"对话框中输入新图标项名，单击 OK 按钮，操作过程如图1-165所示。

(3) 将 FA-124 永久存储器窗口的串列文件输出为 CSV 格式文件

如图1-166所示，左键点击 FA-124 主存储器窗口的串列文件或矩阵文件，执行下拉菜单"File/CSV/Save as CSV"命令可以将所选串列或矩阵数据输出为 CSV 格式文件；或执行下拉菜单"File/CSV/Load from CSV"命令，可以从 PC 机输入 CSV 格式文件数据到指定串列文件或矩阵文件。但是，在 FA-124 永久存储器窗口执行上述操作时，不能输出或输入 CSV 格式文件，结果如图1-166所示。

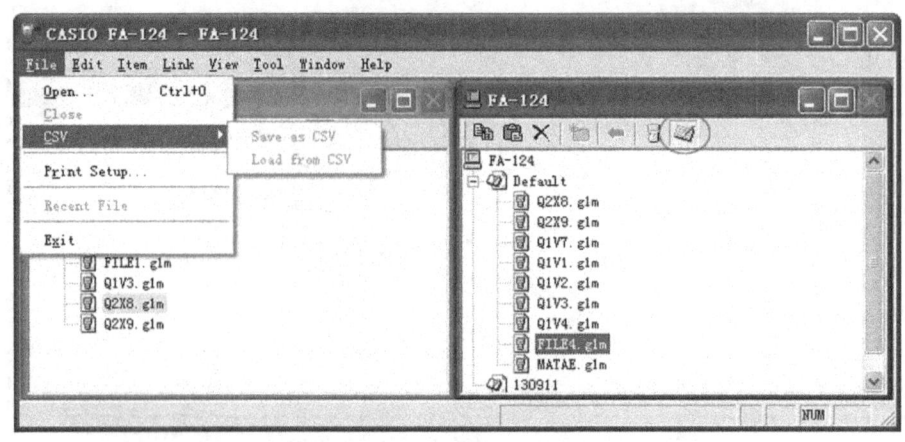

图1-166　在 FA-124 永久存储器窗口不能执行下拉菜单"File/CSV"命令输出或输入 CSV 格式文件

当用户项目的路线数超过6时，可以将每条路线的平竖曲线设计数据都输入到 File1 串列文件，例如对第1条路线执行 Q2X8 或 Q2X9 程序完成主点数据计算后，在 fx-9860GⅡ按 MENU F F1（MAIN）键进入主存储器界面，选择 File1 串列文件，按 F2（COPY）1（**Storage Mem**）EXE ALPHA 1 键将其以文件名 1.glm 存入永久存储器根目录；同理，将完成主点数据计算后的第2条路线的串列文件以文件名 2.glm 存入永久存储器根目录，依次类推。

以后，当要计算对某条路线进行正反算计算时，可以按 MENU F F2（SMEM）键进入永久存储器，选择需要计算路线的串列文件，按 F2（COPY）1（**Main Mem**）F1（**Yes**）键将其复制到主存储器的 File1 串列文件。以后只需要重复上述操作，就可以更换路线串列文件，即使项目标段有30条路线，借助于永久存储器或 SD 卡存储器也能方便地存储全部设计数据。

将永久存储器中的串列文件输出为 CSV 格式文件的方法是：使 fx-9860GⅡ与 FA-124 同步，鼠标左键点击 FA-124 工具栏的 按钮进入永久存储器窗口，将 Calculator 永久存储器窗口的串列文件复制到 FA-124 永久存储器窗口，在 FA-124 永久存储器窗口执行快捷菜单命令 Export，将所选的串列文件输出为 PC 机的 g1m 格式文件。

左键点击 FA-124 工具栏的 ▣ 按钮进入主存储器窗口，在 ▇FA-124 主存储器窗口执行快捷菜单命令 Import，从 PC 机输入 g1m 格式文件。鼠标左键点击需要输出的串列文件，执行下拉菜单"File/ CSV/Save as CSV"命令将所选串列数据输出为 PC 机的 CSV 格式文件。

6）LINK 模式下的其余功能命令

（1）唤醒功能

按 F5（WAKE）键进入图 1 - 167 右图所示的界面，按 F1（On）键为打开唤醒功能，按 F2（Off）键为关闭唤醒功能，图 1 - 167 左图为已打开唤醒功能。

唤醒功能只能由外设发送到 fx-9860GⅡ 的 3 - Pin 通信口的数据启动。例如，当用 SB - 62 数据线连接两台 fx-9860GⅡ 时，如果接收机的唤醒功能已打开，则在作为发送的 fx-9860GⅡ 机发送数据时，作为接收机的 fx-9860GⅡ 都能自动接收发送来的数据，无需在接收机上进行任何操作；当作为接收机的 fx-9860GⅡ 处于关机状态时，机器也会自动开机并接收数据。唤醒功能对用 USB 数据线连接的 fx-9860GⅡ 不起作用。

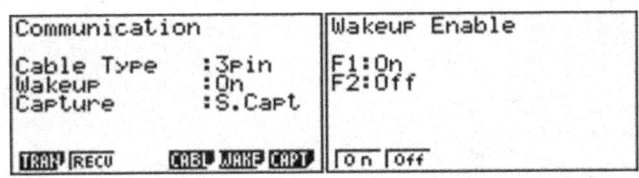

图 1 - 167　设置 fx-9860GⅡ 3 - Pin 通信口的唤醒功能

（2）屏幕捕捉

按 SHIFT CAPTURE 键，可以将 fx-9860GⅡ 的屏幕捕捉图像发送到 CAPT 命令指定的设备中。按 F6（CAPT）键进入图 1 - 168 中图所示的界面，可以设置 fx-9860GⅡ 的屏幕捕捉图像发送到下列四种设备中保存。

① 主存储器的图像存储器：按 F1（Mem）键为设置 fx-9860GⅡ 的屏幕捕捉图像文件发送到本机主存储器的图像寄存器 <CAPTURE> 中保存，<CAPTURE> 最多可以存储名称为 CAPT1～CAPT20 的 20 个屏幕捕捉图像，存储在 <CAPTURE> 数据项中的屏幕捕捉图像只能用作绘图时的背景图像，不能通过 FA-124 通信软件输出到 PC 机。

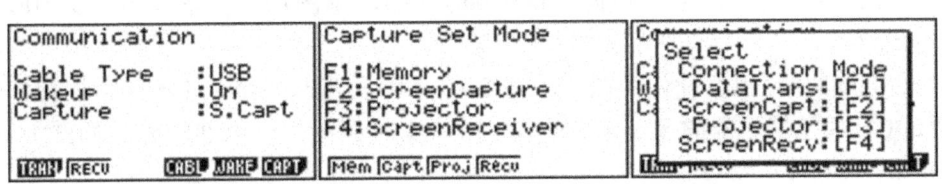

图 1 - 168　设置 fx-9860GⅡ 的屏幕捕捉图像存储功能

② FA-124 通信软件的图像窗口：按 F2（Capt）键为设置 fx-9860GⅡ 的屏幕捕捉图像发送到与本机连接的 FA-124 的图像窗口中，这是获取 fx-9860GⅡ 屏幕捕捉图像的唯一设

置。

发送屏幕捕捉图像的方法是：先在 FA-124 的 Calculator 窗口左键单击工具栏的图标，或执行下拉菜单"Link/Screen Capture"命令，再按 SHIFT CAPTURE 键将 fx-9860GⅡ 的当前屏幕捕捉图像发送到 FA-124 的图像窗口，可以在 FA-124 中将其存储为 bmp 格式的位图文件，也可以在 PC 机上按 Alt + Print Screen 键将 FA-124 通信软件界面连同全部图像窗口复制到粘贴板上，再将其复制到专业图像处理软件 Photoshop 中进行编辑处理。

图 1-169　fx-9860GⅡ 模拟器软件界面

③ 投影仪：按 F3（Proj）键为设置 fx-9860GⅡ 的屏幕捕捉图像发送到卡西欧的 OHP 投影仪或卡西欧 XJ 系列数字投影仪实时显示，如 XJ – A155/XJ – A150/XJ – A145/XJ – A140，该设置主要用于在课堂上演示 fx-9860GⅡ 的屏幕图像，投影仪与 fx-9860GⅡ 通过 USB 数据线连接。

④ fx-9860GⅡ 模拟器软件：按 F4（Recv）键为设置 fx-9860GⅡ 的屏幕捕捉图像发送到 fx-9860GⅡ 模拟器软件的 Screen Receiver 窗口实时显示，模拟器的界面如图 1-169 所示。

fx-9860GⅡ 模拟器软件是卡西欧公司专为学校开展 fx-9860GⅡ 教学研发的，不公开出售，但可以提供给学校使用，具体请咨询卡西欧（上海）贸易有限公司。

使用 fx-9860GⅡ 的图像模拟器软件，在多媒体课室进行本书的教学，是一种很好的多媒体教学方法。fx-9860GⅡ 机器与图像模拟器软件的 Screen Receiver 窗口连接很简单：先在 PC 机的 fx-9860GⅡ模拟器软件上执行下拉菜单"Tools/Screen Receiver"命令，打开模拟器软件的 Screen Receiver 窗口，界面如图 1-170 左图所示。

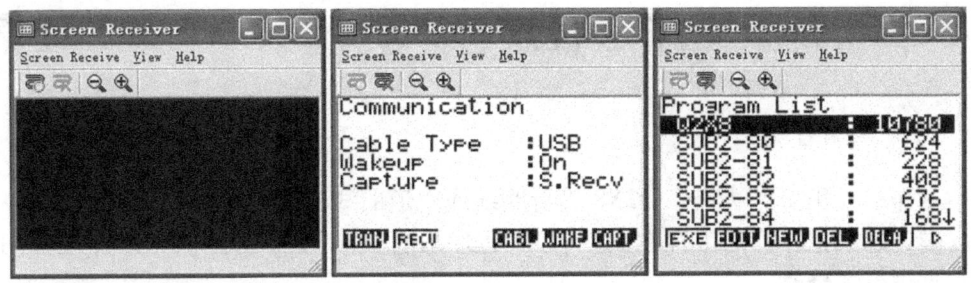

图 1-170　在 fx-9860GⅡ模拟器软件的 Screen Receiver 实时接收 fx-9860GⅡ屏幕显示内容

将通用 USB 数据线插入 fx-9860GⅡ机器的 USB 接口，fx-9860GⅡ机器的屏幕自动显示图 1-171 左图所示的界面，按 F4 键选择"ScreenRecv"选项，进入图 1-171 右图所示的界面，按 EXIT 键完成 fx-9860GⅡ机器与模拟器软件屏幕接收器 Screen Receiver 的连接操作。此时，在 PC 机的 Screen Receiver 窗口显示的结果见图 1-170 中图所示。以后，用户操作 fx-9860GⅡ机器的所有屏幕显示内容都将在 PC 机的 Screen Receiver 窗口实时显示。

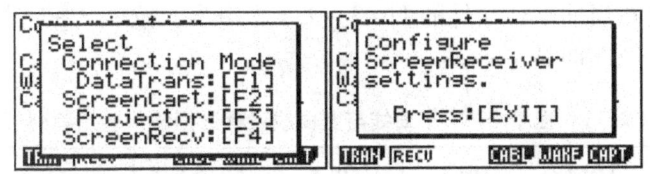

图 1-171　将 USB 数据线插入 fx-9860GⅡ的 USB 通信口后的操作界面

鼠标左键单击屏幕接收器 Screen Receiver 软件工具栏的 图标为放大 1 倍 Screen Receiver 界面，左键单击 图标为缩小 1 倍 Screen Receiver 界面。在 PC 机按 Alt + Print Screen 键可以将 Screen Receiver 窗口的图像复制到 Windows 的粘贴板，启动图像处理软件 Adobe Photoshop，按 Ctrl + N 键，再按 Enter 键新建图像文件，最后按 Ctrl + V 键将 Windows 粘贴板的图像复制到新建图像窗口，即可应用 Adobe Photoshop 软件编辑图像。

第2章 新版交点法程序 Q2X8/H2X8 计算工程案例

本章介绍使用交点法程序 Q2X8 进行路线或匝道曲线三维坐标正反算、桥墩桩基坐标计算与隧道超欠挖计算的工程案例，Q2X8 程序取自文献[1]，引入本书时，根据工程用户的意见进行了修改。

2.1 交点法程序 Q2X8 设计数据的串列规划

1）平曲线设计数据的串列规划

当路线或匝道是采用交点法设计时，项目的平曲线设计文件即为"直线、曲线及转角表"（以下简称直曲表）。Q2X8 程序最简单的功能是对交点平曲线进行坐标正反算计算，此时，用户只需要在当前串列文件的 List 1 ~ List 6 串列，按表 2-1 的规定，从直曲表摘要输入平曲线设计数据即可。

表 2-1 程序 Q2X8 平曲线与竖曲线设计数据输入输出串列规划

行数	List 1	List 2	List 3	List 4	List 5	List 6		
Excel	A	B	C	D	E	F		
子名	Z_{JD}(m)	x_{JD}(m)	y_{JD}(m)	A_1	R(m)	A_2		
1	起点设计桩号	起点 x 坐标	起点 y 坐标	$0/R_{ZH}$ 数	$0/$断链数	$0/R_{HZ}$ 数		
2	交点设计桩号	交点 x 坐标	交点 y 坐标	$A_1 + R_{ZH}$i	$\pm R^*$	$A_2 + R_{HZ}$i		
...	...	...	...	...	...	...		
N-1	交点设计桩号	交点 x 坐标	交点 y 坐标	$A_1 + R_{ZH}$i	$\pm R^*$	$A_2 + R_{HZ}$i		
N	终点设计桩号	终点 x 坐标	终点 y 坐标	断链1后桩号	断链1前桩号	断链值1		
				断链2后桩号	断链2前桩号	断链值2		
				...	...	...		
行数	List 7	List 8	List 9	List 10	List 11	List 12	List 13	List 14
Excel	G	H	I	J	K	L	M	N
子名	Δ(Deg)	T_1(m)	T_2(m)	L_{h1}(m)	L_y(m)	L_{h2}(m)	E(m)	J(m)
1	0	0	0	0	0	0	0	0
2	交点转角	第一切线长	第二切线长	第一缓曲线长	圆曲线长	第二缓曲线长	外距	切曲差

续表

行数	List 7	List 8	List 9	List 10	List 11	List 12	List 13	List 14
…	…	…	…	…	…	…	…	…
N−1	交点转角	第一切线长	第二切线长	第一缓曲线长	圆曲线长	第二缓曲线长	外距	切曲差
N	交点号	R_{ZH}	交点号	R_{HZ}				
…	…	…	…	…	…	…	…	…

行数	List 15	List 16	List 17	List 18	List 19	List 20	List 21	List 22
Excel	O	P	Q	R	S	T	U	V
子名	$Z_m(m)$	$x_m(m)$	$y_m(m)$	$H_m(m)$	$\alpha_m(Deg)$	$R_m(m)$	±1, 0	ctrl
1	起点连续桩号	x 坐标	y 坐标	高程	走向方位角	曲率半径	偏转系数	平曲交点数
2	主点连续桩号							竖曲变坡点数
…	…	…	…	…	…	…	…	…

行数	List 23	List 24	List 25	List 26				
Excel	W	X	Y	Z				
子名	Z/H/R	$Z_{main}(m)$	$H_{main}(m)$	i/R				
1	起点设计桩号	起点连续桩号	起点高程	纵坡 i_s				
2	起点高程	SZY_1连续桩号	SZY_1高程	竖曲线半径 R_1				
3	变坡点1设计桩号	SYZ_1连续桩号	SYZ_1高程	纵坡 i_1				
4	变坡点1高程	SZY_2连续桩号	SZY_2高程	竖曲线半径 R_2				
5	变坡点1竖曲半径	SYZ_2连续桩号	SYZ_2高程	纵坡 i_2				
…	…	…	…	…				
3N+3	终点设计桩号	终点连续桩号	终点高程					
3N+4	终点高程							

注：① 表中灰底色所示串列单元的数据为用户输入，其余串列单元的数据为程序计算结果；② 表中"Excel"行的字母代表在 MS-Excel 中输入设计数据时的字母列号。

(1) 起点桩号与平面坐标的输入规则

应在 List 1[1] 单元输入起点桩号，在设计图纸中，起点名通常应标注为 SP(start point) 或 QD(Qi Dian)。

当一条路线分成若干标段招标时，通常只有第一标段的起点标注为 SP 或 QD，计算其余标段的平曲线时，有时需要使用小于该标段起始桩号的最近的一个交点(JD_S)作为该标段平曲线计算的起点，此时，当直曲表给出了 JD_S 的切曲差时，可以使用下列公式反求该标段的起点桩号 Z_{SP}

$$Z_{SP} = Z_{JD_S} - J_{JD_S} \tag{2-1}$$

式中，Z_{SP} 为该标段平曲线计算的起点桩号，Z_{JD_S} 为 JD_S 的设计桩号，J_{JD_S} 为 JD_S 的切曲差。

当设计图纸未给出 JD_S 的切曲差 J_{JD_S} 时，可以用下列公式反求起点桩号 Z_{SP}

$$Z_{SP} = Z_{JD_S+1} - D_{JD_S - JD_S+1} \qquad (2-2)$$

式中，$D_{JD_S-JD_S+1}$ 为用 JD_S 与 JD_{S+1} 的平面坐标反求出的两个交点之间的平距。

在 List 2[1] 与 List 3[1] 串列单元应输入起点的平面坐标。当标段内含有 n 个交点的平曲线设计数据时，List 2[2] 与 List 3[2] 为输入第 1 个交点的平面坐标，List 2[3] 与 List 3[3] 为输入第 2 个交点的平面坐标，⋯，List 2[$n+1$] 与 List 3[$n+1$] 为输入第 n 个交点的平面坐标，List 2[$n+2$] 与 List 3[$n+2$] 为输入终点的平面坐标。

Q2X8 程序最少可以计算一个交点的平曲线，也即 List 2 与 List 3 串列最少应输入 3 行数据。

（2）交点平曲线设计数据的输入规则

每个交点有三个平曲线设计数据，它们分别是：第一缓和曲线参数复数 $A_1 + R_{ZH}i$；圆曲线半径 R；第二缓和曲线参数复数 $A_2 + R_{HZ}i$。其中，A_1 为第一缓和曲线参数，R_{ZH} 为第一缓和曲线的起点半径，A_2 为第二缓和曲线参数，R_{HZ} 为第二缓和曲线的终点半径。

当第 j 个交点没有第一缓和曲线时，List 4[$j+1$] 单元应输入 0；当第 j 个交点的第一缓和曲线为完整缓和曲线时，有 $R_{ZH} = \infty$，R_{ZH} 应输入为 0，也即，List 4[$j+1$] 单元只需要输入第一缓和曲线参数 A_1；当其为非完整缓和曲线时，有 $R_{ZH} \neq \infty$，List 4[$j+1$] 单元应输入复数 $A_1 + R_{ZH}i$。

当第 j 个交点的转角绝对值 $|\Delta| < 180°$ 时，List 5[$j+1$] 单元的圆曲线半径 R 应输入为正数；当第 j 个交点的转角绝对值 $|\Delta| > 180°$ 时，表示该交点曲线为回头曲线，List 5[$j+1$] 单元的圆曲线半径 R 应输入负数。

同理，当第 j 个交点没有第二缓和曲线时，List 6[$j+1$] 单元应输入 0；当第 j 个交点的第二缓和曲线为完整缓和曲线时，有 $R_{HZ} = \infty$，R_{HZ} 应输入为 0，也即，List 6[$j+1$] 单元只需要输入第二缓和曲线参数 A_2；当其为非完整缓和曲线时，有 $R_{HZ} \neq \infty$，List 6[$j+1$] 单元应输入复数 $A_2 + R_{HZ}i$。

执行 Q2X8 程序重新计算平曲线主点数据后，程序将自动在全部交点的三个平曲线数据中搜索，将第一缓和曲线中的非完整缓和曲线的个数存入 List 4[1] 串列单元，第二缓和曲线中的非完整缓和曲线的个数存入 List 6[1] 串列单元。也即，如果完成平曲线主点数据计算后，List 4[1] 单元的数值仍为 0，表示该标段所有交点的第一缓和曲线均为完整缓和曲线；List 6[1] 单元的数值仍为 0，表示该标段所有交点的第二缓和曲线均为完整缓和曲线。

（3）断链桩数据的输入规则

每个断链桩有两个数据，它们分别是——断链桩后桩号与断链桩前桩号，以路线走向为前进方向，断链桩的断链值 = 后桩号 − 前桩号。断链值 < 0 为短链，表示路线长缩短了断链值；断链值 > 0 为长链，表示路线长延长了断链值。

假设当前串列文件含有 n 个交点的平曲线数据，则断链桩数据应从 List 4[$n+2$] 与 List 5[$n+2$] 串列单元开始输入，其中，List 4[$n+2$] 与 List 5[$n+2$] 串列单元分别输入标段内第 1 个断链桩的后桩号与前桩号，List 4[$n+3$] 与 List 5[$n+3$] 串列单元分别输入标段内第 2 个断链桩的后桩号与前桩号，依次类推。

执行 Q2X8 程序重新计算平曲线主点数据后，程序自动计算各断链桩的断链值，并依次存入 List 6[$n+2$]、List 6[$n+3$]、⋯串列单元，断链桩的个数存入 List 5[1] 串列单元。

完成平曲线主点数据计算后，如果 List 5[1] 单元的数值仍为 0，表示该标段没有断链桩数据。

List 6[n+2]、List 6[n+3]、…串列单元的断链值是程序计算平曲线主点数据时自动计算的，不需要用户输入。即使用户输入了每个断链桩的断链值，也不会出错，但在计算平曲线主点数据时，会自动应用程序计算的结果覆盖用户输入的断链值。

(4) 竖曲线设计数据的输入规则

竖曲线设计数据有起点设计桩号 Z_{SP} 与高程 H_{SP}；第 1 个变坡点设计桩号 Z_{SJD1}，高程 H_{SJD1}，竖曲线半径 R_1；第 2 个变坡点设计桩号 Z_{SJD2}，高程 H_{SJD2}，竖曲线半径 R_2，…，第 m 个变坡点设计桩号 Z_{SJDm}，高程 H_{SJDm}，竖曲线半径 R_m；终点设计桩号 Z_{EP} 与高程 H_{EP}。需要将上述竖曲线设计数据顺序输入到 List 23 串列。m 个变坡点的设计数据，需要占用 List 23 串列 $4+3\times m$ 行。当某个变坡点没有竖曲线，也即为竖直转点时，其竖曲线半径 R 应输入数值 0。

如果用户只希望计算平曲线数据，List 23 串列不需要输入竖曲线数据；当标段内只有一个变坡点时，$m=1$，List 23 串列应输入 7 行数据。

用户可以在 MS-Excel 的 File$n$ 选项卡($n=1\sim6$)输入平竖曲线设计数据，将其另存为 File$n$.csv 文件后，输入到 FA-124 的 FA-124 窗口，再复制到 Calculator 窗口并上传到 fx-9860 GⅡ的主存储器。

(5) 路基标准横断面设计数据矩阵 Mat A

应将路基标准横断面设计数据输入到 Mat A 矩阵，每个标准横断面设计数据需要占用 Mat A 矩阵 3 行，其中，第 1 行为输入 10 个"车道与路缘设计数据"，第 2 行为输入填方边坡设计数据，第 3 行为输入挖方边坡设计数据，每级填、挖方边坡设计数据需要占用 4 列。

Q2X8 程序对边坡的级数没有要求，当没有边坡设计数据时，Mat A 矩阵至少应定义为 10 列，以满足输入 10 个"车道与路缘设计数据"的要求，此时第 2，3 行应输入 10 个 0。详细列于表 2-2。

表 2-2 路基标准横断面矩阵 Mat A(n 行 × ≥10 列)的数据规划

行,列	车道与路缘设计数据	行,列	填方边坡设计数据	行,列	挖方边坡设计数据
1,1/A	左土路肩宽度	2,1/A	一级填方边坡坡率 n_{T1}	3,1/A	一级挖方边坡坡率 n_{W1}
1,2/B	左土路肩横坡度	2,2/B	一级填方边坡高度 H_{T1}	3,2/B	一级挖方边坡高度 H_{W1}
1,3/C	左路缘+车道+硬路肩宽	2,3/C	一级填方平台坡度 i_{T1}	3,3/C	一级挖方平台坡度 i_{W1}
1,4/D	中央分隔带左宽度	2,4/D	一级填方平台宽度 d_{T1}	3,4/D	一级挖方平台宽度 d_{W1}
1,5/E	中央分隔带右宽度	2,5/E	二级填方边坡坡率 n_{T2}	3,5/E	二级挖方边坡坡率 n_{W2}
1,6/F	右路缘+车道+硬路肩宽	2,6/F	二级填方边坡高度 H_{T2}	3,6/F	二级挖方边坡高度 H_{W2}
1,7/G	右土路肩横坡度	2,7/G	二级填方平台坡度 i_{T2}	3,7/G	二级挖方平台坡度 i_{W2}
1,8/H	右土路肩宽度	2,8/H	二级填方平台宽度 d_{T3}	3,8/H	二级挖方平台宽度 d_{W3}
1,9/I	边沟+碎落台宽度	2,9/I	三级填方边坡坡率 n_{T3}	3,9/I	三级挖方边坡坡率 n_{W3}
1,10/J	路基结构层厚度	2,10/J	三级填方边坡高度 H_{T3}	3,10/J	三级挖方边坡高度 H_{W3}

续表

行,列	车道与路缘设计数据	行,列	填方边坡设计数据	行,列	挖方边坡设计数据
1,11/K	0	2,11/K	三级填方平台坡度 i_{T3}	3,11/K	三级挖方平台坡度 i_{W3}
1,12/L	0	2,12/L	三级填方平台宽度 d_{T3}	3,12/L	三级挖方平台宽度 d_{W3}
…	…	…	…	…	…

注：① 输入 m 个标准横断面，最大边坡级数为 n 时，Mat A 矩阵应定义为 $3m$ 行 $\times 4n$ 列；

② 填方边坡坡率 n_T、挖方边坡坡率 n_W 均应输入为正数；填方边坡平台横坡度 i_T、挖方边坡平台横坡度 i_W 均应输入正数；

③ 表中字母为在 MS-Excel 中输入数据的字母列号。

用户可以在 MS-Excel 的 MAT_A 选项卡输入 Mat A 矩阵的路基标准横断面设计数据，将其另存为 MAT_A.csv 文件后，输入到 FA-124 的 FA-124 窗口，再复制到 Calculator 窗口并上传到 fx-9860GⅡ主存储器。

(6) 路基超高横坡设计数据矩阵 Mat B ~ Mat G

① 路基超高横坡矩阵的定义及选择

fx-9860GⅡ内置有 File1 ~ File6 六个串列文件，Q2X8 程序设计为每个串列文件分配一个路基超高横坡矩阵，因此，用户可以将各串列文件的路基超高横坡数据分别输入到 Mat B、Mat C、Mat D、Mat E、Mat F 或 Mat G 矩阵。执行 Q2X8 程序，当程序探测到当前串列文件的 List 23 串列有竖曲线设计数据时，屏幕将显示下列提示：

$i_L\%$, $i_R\%$ Mat B(1)/C(2)/D(3)/E(4)/F(5)/G(6)/no(0) = ?

用户输入 0 响应时，表示没有路基超高矩阵，此时，程序只能计算路线中线的设计高程，不能计算边桩点的设计高程。

用户输入 1~6 之间的整数为选择路基超高矩阵，其合法输入的数字存入 List 22[19]串列单元。原则上，无论当前串列文件为 File1~File6 中的哪一个，用户都可以在 Mat B~Mat G 的六个路基超高横坡矩阵中任意选取，但为了便于记忆，建议按串列文件的序号选择：当前串列文件为 File1 时选择 Mat B 为路基超高横坡矩阵；当前串列文件为 File2 时选择 Mat C 为路基超高横坡矩阵；…，当前串列文件为 File6 时选择 Mat G 为路基超高横坡矩阵。

每个路基超高横坡需要输入四个数据：路基超高设计桩号、左路基横坡度、右路基横坡度、路基标准横断面类号，其中，路基标准横断面类号代表使用 Mat A 矩阵行号的数据。断面类号为 1 时，程序从 Mat A 矩阵的 1~3 行提取路基标准横断面数据；断面类号为 2 时，程序从 Mat A 矩阵的 4~6 行提取路基标准横断面数据，依此类推。

当 Mat A 矩阵只输入了 1 个路基标准横断面的 3 行数据时，路基标准横断面类号应全部输入数字 1，详见表 2-3。

表 2-3　路基超高横坡矩阵 Mat B/Mat C/Mat D/Mat E/Mat F/Mat G(4 列)的数据规划

行\列号	1/A	2/B	3/C	4/D
1	路基超高设计桩号 1	左路基横坡度 i_{L1}	右路基横坡度 i_{R1}	标准横断面号 1
2	路基超高设计桩号 2	左路基横坡度 i_{L2}	右路基横坡度 i_{R1}	标准横断面号 2
…	…	…	…	…

注：① 左右路基超高横坡度 i_L, i_R，以路中线为基准，降坡应输入正数，升坡(超高)应输入负数；

② 表中的字母为在 MS-Excel 中输入数据的字母列号。

用户可以在 MS-Excel 的 MAT_B、MAT_C、MAT_D、MAT_E、MAT_F、MAT_G 选项卡分别输入 Mat B、Mat C、Mat D、Mat E、Mat F、Mat G 矩阵的路基超高横坡设计数据，分别另存为 MAT_B.csv、MAT_C.csv、MAT_D.csv、MAT_E.csv、MAT_F.csv、MAT_G.csv 文件，并上传到 fx-9860 GⅡ 主存储器。

② Q2X8 程序对路基超高横坡矩阵的处理

执行 Q2X8 程序，选择重新计算当前串列文件的平竖曲线主点数据时，用户在 Mat B ~ Mat G 六个路基超高横坡矩阵中选择了一个矩阵后，程序先提取该矩阵的列数，如果列数等于 4，则为其增加 1 列，使其变成 5 列，然后将第 1 列的设计桩号依次转换为连续桩号并存入新增的第 5 列，最后将该路基超高横坡矩阵赋值给 Mat O 矩阵。

当前串列文件没有断链时，所选的路基超高横坡矩阵第 1 列的设计桩号与第 5 列的连续桩号是相同的。

完成当前串列文件的平竖曲线主点数据计算后，程序实际上已对用户选择的路基超高横坡矩阵进行了上述处理，所以，用户应将当前串列文件及所选的路基超高横坡矩阵下传到 FA – 124，并另存为 g1m 或 g2m 格式文件保存。以后再将 g1m 或 g2m 格式的串列文件与路基超高横坡矩阵文件上传到 fx-9860GⅡ 主存储器，并重复执行 Q2X8 程序时，就不再需要重新计算当前串列文件的平竖曲线主点数据，程序能自动从 List 22[19] 串列单元提取最近一次选择的路基超高横坡矩阵控制数字，并将该矩阵赋值给 Mat O 矩阵。

(7) 路基加宽设计数据矩阵 Mat H ~ Mat M

① 路基加宽矩阵数据的定义及选择

与路基超高横坡矩阵相同，Q2X8 程序设计为每个串列文件分配一个路基加宽矩阵，因此，用户可以将各串列文件的路基加宽数据分别输入到 Mat H、Mat I、Mat J、Mat K、Mat L 或 Mat M 矩阵。执行 Q2X8 程序，当程序探测到当前串列文件的 List 23 串列有竖曲线设计数据，且用户已选择了路基超高矩阵后，屏幕将显示下列提示：

+W_L, +W_R Mat H(1)/I(2)/J(3)/K(4)/L(5)/M(6)/no(0)=?

用户输入 0 响应时，表示没有路基加宽矩阵。

用户输入 1~6 之间的整数为选择路基加宽矩阵，其合法输入的数字存入 List 22[21] 串列单元。为了便于记忆，建议按串列文件的序号选择：当前串列文件为 File1 时选择 Mat H 为路基加宽矩阵；当前串列文件为 File2 时选择 Mat I 为路基加宽矩阵；…，当前串列文件为 File6 时选择 Mat M 为路基加宽矩阵。

每个路基加宽需要输入四个数据：左路基设计桩号、左路基加宽值、右路基设计桩号、右路基加宽值，详见表 2 – 4。

表 2 – 4　路基加宽矩阵 Mat H/Mat I/Mat J/Mat K/Mat L/Mat M(4 列)的数据规划

行 \ 列号	1/A	2/B	3/C	4/D
1	左路基设计桩号 1	左路基加宽 w_{L1}+i*	右路基设计桩号 1	右路基加宽 w_{R1}+i*
2	左路基设计桩号 2	左路基加宽 w_{L2}+i*	右路基设计桩号 2	右路基加宽 w_{R2}+i*
…	…	…	…	…

表 2-4 中的加宽值，当加宽渐变方式为线性渐变时，应输入为实数；当加宽渐变方式为三次抛物线渐变时，应输入为复数，其实部为加宽值，虚部为"i"。

用户可以在 MS-Excel 的 MAT_H、MAT_I、MAT_J、MAT_K、MAT_L、MAT_M 选项卡分别输入 Mat H、Mat I、Mat J、Mat K、Mat L、Mat M 矩阵的路基加宽设计数据，分别另存为 MAT_H.csv、MAT_I.csv、MAT_J.csv、MAT_K.csv、MAT_L.csv、MAT_M.csv 文件，并上传到 fx-9860 GⅡ 主存储器。

② Q2X8 程序对路基加宽矩阵的处理

执行 Q2X8 程序重新计算当前串列文件的平竖曲线主点数据时，用户在 Mat H~Mat M 六个路基加宽矩阵中选择了一个矩阵后，程序先提取该矩阵的列数，如果列数等于 4，则为其增加 2 列，将其变成 6 列。然后将第 1 列的左路基加宽设计桩号转换为连续桩号并依次存入新增的第 5 列；将第 3 列的右路基加宽设计桩号转换为连续桩号并依次存入新增的第 6 列，最后将该加宽矩阵赋值给 Mat P 矩阵。

当前串列文件没有断链时，所选的路基加宽矩阵第 1 列的左路基加宽设计桩号与第 5 列的连续桩号是相同的，第 3 列的右路基加宽设计桩号与第 6 列的连续桩号是相同的。

完成当前串列文件的平竖曲线主点数据计算后，程序实际上已经对用户选择的路基加宽矩阵进行了上述处理，所以，用户应将当前串列文件、所选的路基超高横坡矩阵及路基加宽矩阵下传到 FA-124，并另存为 g1m 或 g2m 格式文件保存。以后再将 g1m 或 g2m 格式的串列文件、路基超高横坡矩阵文件、路基加宽矩阵文件上传到 fx-9860GⅡ，并重复执行 Q2X8 程序时，就不再需要重新计算当前串列文件的平竖曲线主点数据，程序从 List 22[19] 串列单元提取最近一次选择的路基超高横坡矩阵控制数字，并将该矩阵赋值给 Mat O 矩阵；从 List 22[21] 串列单元提取最近一次选择的路基加宽矩阵控制数字，并将该矩阵赋值给 Mat P 矩阵。

（8）墩台中心坐标设计数据矩阵 Mat V

每类桥墩桩基的墩台中心坐标需要占用 Mat V 矩阵 2 列，m 类桥墩桩基需要占用 $2m$ 列。详见表 2-5。

表 2-5　桥墩桩基的墩台中心坐标矩阵 Mat V 的数据规划

墩类	1 类墩		2 类墩		3 类墩		4 类墩		…	
行\列	1	2	3	4	5	6	7	8	…	…
Excel	A	B	C	D	E	F	G	H	…	…
1	X_1	Y_1	X_1	Y_1	X_1	Y_1	X_1	Y_1	…	…
2	X_2	Y_2	X_2	Y_2	X_2	Y_2	X_2	Y_2	…	…
3	X_3	Y_3	X_3	Y_3	X_3	Y_3	X_3	Y_3	…	…
…	…	…	…	…	…	…	…	…	…	…

（9）桥墩墩台中心设计参数矩阵 Mat U

每个桥墩有四个墩台中心设计参数，它们是墩类号 n、设计桩号 Z、法向偏距 d、走向偏角 δ，需按桥墩号 0#、1#、2#、… 的顺序分别输入到 Mat U 矩阵的 1、2、3、… 行，每个桥墩的四个墩台中心设计参数需要占用 Mat U 矩阵 4 列，Mat U 矩阵的数据规划列于

表2-6。

表2-6　桥墩墩台中心设计参数矩阵 Mat U 的数据规划

桥墩号	参数	墩类号	桩号	法向偏距	走向偏角
	行\列	1	2	3	4
	Excel	A	B	C	D
0#	1	$n_{0\#}$	$Z_{0\#}+Z_{0\#R}i$	$d_{0\#}+d_{0\#R}i$	$\delta_{0\#}+\delta_{0\#R}i$
1#	2	$n_{1\#}$	$Z_{1\#}+Z_{1\#R}i$	$d_{1\#}+d_{1\#R}i$	$\delta_{1\#}+\delta_{1\#R}i$
2#	3	$n_{2\#}$	$Z_{2\#}+Z_{2\#R}i$	$d_{2\#}+d_{2\#R}i$	$\delta_{2\#}+\delta_{2\#R}i$
…	…	…	…	…	…

在表2-6中，当桥墩的左右幅桩基共用一个墩台中心桩号时，Mat U 矩阵的第2列输入实数设计桩号 $Z_{0\#}$，$Z_{1\#}$，$Z_{2\#}$，…；当桥墩的左右幅桩号不相同时，Mat U 矩阵的第2列应输入复数设计桩号 $Z_{0\#}+Z_{0\#R}i$，$Z_{1\#}+Z_{1\#R}i$，$Z_{2\#}+Z_{2\#R}i$，其中，复数实部为墩台中心左幅设计桩号，复数虚部为墩台中心右幅设计桩号。此时，法向偏距也应输入复数为 $d_{0\#}+d_{0\#R}i$，$d_{1\#}+d_{1\#R}i$，$d_{2\#}+d_{2\#R}i$，其中复数实部为墩台中心左幅法向偏距，复数虚部为墩台中心右幅法向偏距；走向偏角也应输入复数为 $\delta_{0\#}+\delta_{0\#R}i$，$\delta_{1\#}+\delta_{1\#R}i$，$\delta_{2\#}+\delta_{2\#R}i$，其中复数实部为墩台中心左幅走向偏角，复数虚部为墩台中心右幅走向偏角。在很多情况下，墩台中心的法向偏距与走向偏角均等于0，此时，只需要输入0即可。

(10) 二衬轮廓线主点设计数据矩阵 Mat Z

将隧道二衬轮廓线按线元数或尺寸的不同进行分类，为每类二衬轮廓线建立隧中坐标系。隧中坐标系为笛卡尔坐标系，纵轴 Y 应为隧道中线，$+Y$ 轴指向拱顶方向；X 轴应为通过路线竖曲线算出的设计高程位置的水平线，$+X$ 轴指向路线走向的右边。

在 AutoCAD 中，应以 m 为单位，按1:1的比例精确绘制各类二衬轮廓线，分别建立各类二衬轮廓线的隧中坐标系 XOY。称二衬轮廓线线元在隧中坐标系 XOY 的圆心坐标 (X_{Oj}, Y_{Oj})、半径 R_j、端点坐标 (X_j, Y_j) 等5个数据为二衬轮廓线主点数据，在 Mat Z 矩阵中，按行输入每个线元二衬轮廓线的主点数据需要占用5列矩阵单元，输入 m 类二衬轮廓线主点数据需要占用 $5m$ 列矩阵单元，详见表2-7。

表2-7　隧道二衬轮廓线主点数据矩阵 Mat Z 单元数据规划

序	1类二衬轮廓线主点数据					2类二衬轮廓线主点数据					…
列	1	2	3	4	5	1	2	3	4	5	…
Excel	A	B	C	D	E	F	G	H	I	J	…
1	X_{O1}	Y_{O1}	R_1	X_1	Y_1	X_{O1}	Y_{O1}	R_1	X_1	Y_1	
2	X_{O2}	Y_{O2}	R_2	X_2	Y_2	X_{O2}	Y_{O2}	R_2	X_2	Y_2	
…	…	…	…	…	…	…	…	…	…	…	

续表2-7

序	1类二衬轮廓线主点数据					2类二衬轮廓线主点数据					…
列	1	2	3	4	5	1	2	3	4	5	…
Excel	A	B	C	D	E	F	G	H	I	J	…
t	X_{Ot1}	Y_{Ot1}	R_{t1}	0	100	…	…	…	…	…	
						…	…	…	…	…	
						X_{Ot2}	Y_{Ot2}	R_{t2}	0	100	

由于二衬轮廓线是关于 Y 轴的对称图形,所以,每类二衬轮廓线只需要输入右半幅线元的主点数据,其左半幅线元的主点数据由 Q2X8 程序按对称原则反求出。

当某类二衬轮廓线包含 n 个线元时,应输入 $t=(n-2)/2+2=n/2+1$ 个线元的主点数据,它也是该类二衬轮廓线主点数据所占用的 Mat Z 矩阵的行数。例如,$n=6$ 时,应输入 $t=4$ 个线元的主点数据,其主点数据需要占用 Mat Z 矩阵 4 行;$n=10$ 时,应输入 $t=6$ 个线元的主点数据,其主点数据需要占用 Mat Z 矩阵 6 行。

设 1 类二衬轮廓线的线元数为 n_1,其主点数据占用 Mat Z 矩阵 1~5 列的 $t_1=n_1/2+1$ 行;设 2 类二衬轮廓线的线元数为 n_2,其主点数据占用 Mat Z 矩阵 6~10 列的 $t_2=n_2/2+1$ 行;Q2X8 程序允许 $n_1 \neq n_2$。

包含 t 个主点的二衬轮廓线,其第 t 行的圆心坐标(X_{Ot},Y_{Ot})与半径 R_t 是属于仰拱线元的,其端点坐标(X_t,Y_t)是 $t-1$ 行主点线元端点坐标(X_{t-1},Y_{t-1})的对称点($-X_{t-1}$,Y_{t-1}),也即有

$$\left. \begin{array}{l} X_t = -X_{t-1} \\ Y_t = Y_{t-1} \end{array} \right\} \quad (2-3)$$

也就是说,包含 t 个主点的第 m 类二衬轮廓线,存储在 Mat Z[t,$5m-1$] 与 Mat Z[t,$5m$] 矩阵单元的主点数据不需要输入,但为了自动计算 m 类二衬轮廓线主点数据个数 t 的需要,Q2X8 程序规定,应在 Mat Z[t,$5m$] 矩阵单元输入固定数值 100,对 Mat Z[t,$5m-1$] 矩阵单元没有规定,一般输入 0,如表 2-7 灰底色单元所示。

(11) 围岩洞身支护参数设计数据矩阵 Mat Y/Mat X

计算单线隧道时,应将围岩洞身支护参数输入到 Mat Y 矩阵;计算双线隧道时,通常将左洞围岩洞身支护参数输入到 Mat Y 矩阵,右洞围岩洞身支护参数输入到 Mat X 矩阵。

每级围岩的洞身支护参数有 4 个:起始设计桩号 Z_j、"二衬厚+预留变形量" δ_{j1}、喷射层厚 δ_{j2}、隧中偏距 δ_{j3},需要占用 Mat Y 或 Mat X 矩阵 5 列,其中增加的 1 列用于输入 Mat Z 矩阵的二衬轮廓线类号 c。Mat Y 与 Mat X 矩阵各单元数据的规定列于表 2-8。

表2-8 围岩洞身支护参数矩阵 Mat Y/Mat X 单元数据规划

行\列	1	2	3	4	5
Excel	A	B	C	D	E
1	Z_1	c_1	δ_{11}	δ_{12}	$\delta_{13}+i$

续表 2-8

行\列	1	2	3	4	5
Excel	A	B	C	D	E
2	Z_2	c_2	δ_{21}	δ_{22}	$\delta_{23}+i$
…	…	…	…	…	…

表 2-8 中，隧中偏距复数 $\delta_{j3}+i$ 的实部数值 δ_{j3}，是以路中线为基准，隧道中线偏离路中线左侧为负数，隧道中线偏离路中线右侧为正数。当隧中偏距为固定不变时，只需要输入实数 δ_{j3}；当隧中偏距需要与下一个隧中偏距按垂点桩号线性内插时，需要输入复数 $\delta_{j3}+i$。

"开挖轮廓线"与"初期支护轮廓线"都是由"二衬轮廓线"分别外偏距离 δ_1 与外偏距离 $\delta_1+\delta_2$ 获得，称该二衬轮廓线为外偏二衬轮廓线。当外偏二衬轮廓线与净空测量的二衬轮廓线不相同时，二衬轮廓线类号 c 应输入为复数，其实部为外偏二衬轮廓线类号，虚部为净空测量二衬轮廓线类号。

作为特例，当只有 1 个围岩洞身支护参数时，只需要将 Mat Y 或 Mat X 矩阵定义为 1 行 ×6 列。

2.2 基本型交点平曲线缓和曲线起讫半径的确定方法

如图 2-1 所示，称由"第一缓和曲线 + 圆曲线 + 第二缓和曲线"组成的交点平曲线为基本型交点平曲线，曲线半径过渡的原则是：第一缓和曲线的终点半径应等于圆曲线半径 R，第二缓和曲线的起点半径应等于圆曲线半径 R。

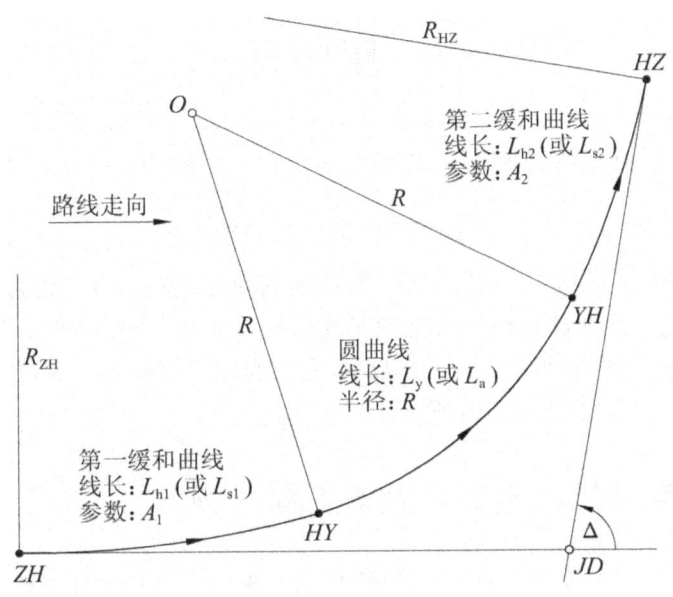

图 2-1 基本型交点平曲线的曲线要素

在图 2-1 中，A_1 为第一缓和曲线参数，L_{h1} 为线长；A_2 为第二缓和曲线参数，L_{h2} 为线长；L_y 为圆曲线线长。某些设计图纸习惯用英文单词的第一个字母做下标表示曲线长，因缓和曲线的英文单词为 spiral，故用 L_{s1} 表示第一缓和曲线线长，故用 L_{s2} 表示第二缓和曲线线长；因圆弧的英文单词为 arc，故用 L_a 表示圆曲线线长。

在图 2-1 所示的基本型平曲线中，当 $A_1 = A_2 \neq 0$ 时，称为对称基本型平曲线；当 $A_1 \neq A_2$ 时，称为非对称基本型平曲线；当 $A_1 = A_2 = 0$ 时，称为单元平曲线。

使用 Q2X8 程序计算交点平曲线时，最重要的工作是计算第一缓和曲线的起点半径 R_{ZH} 与第二缓和曲线的终点半径 R_{HZ}，而在设计院给出的直曲表中，一般并不给出 R_{ZH} 与 R_{HZ} 的值，需要用户利用直曲表的曲线数据计算确定。

一般地，设任意缓和曲线的参数为 A，线长为 L_h，一端的半径为 R，另一端的半径为 R_X，当 $R_X > R$ 时，有缓和曲线线长方程

$$\frac{A^2}{R} - \frac{A^2}{R_X} = L_h \tag{2-4}$$

解方程，得

$$R_X = \left(R^{-1} - \frac{L_h}{A^2} \right)^{-1} \tag{2-5}$$

当 $R_X < R$ 时，有缓曲线长方程

$$\frac{A^2}{R_X} - \frac{A^2}{R} = L_h \tag{2-6}$$

解方程，得

$$R_X = \left(R^{-1} + \frac{L_h}{A^2} \right)^{-1} \tag{2-7}$$

综合式(2-5)与式(2-7)，得

$$R_X = \left(R^{-1} \pm \frac{L_h}{A^2} \right)^{-1} \tag{2-8}$$

式中的"±"，当 $R_X < R$ 时取"+"，当 $R_X > R$ 时取"−"。

当缓和曲线为完整缓和曲线时，有 $R_X = \infty > R$，代入式(2-6)，得

$$\frac{A^2}{R} = L_h \text{ 或 } A = \sqrt{RL_h} \tag{2-9}$$

式(2-9)即为缓和曲线参数的定义公式，可以用其验证缓和曲线是否为完整缓和曲线。

当直曲表给出的缓和曲线设计数据满足式(2-9)时，则该缓和曲线为完整缓和曲线，有 $R_X = \infty$；当直曲表给出缓和曲线设计数据不满足式(2-9)时，则该缓和曲线为非完整缓和曲线，应用式(2-8)反算 R_X 的值。

2.3 交点法设计的高速公路匝道工程案例1

[例2-1] 如图2-2所示的高速公路C匝道采用交点法设计，有3个交点，试验算各交点缓和曲线的起讫半径，用 Q2X8 程序计算平曲线的主点数据；计算加桩 CK0+075 的中边桩坐标，其中左边距取 3.5m，右边距取 5m；使用全站仪实测边桩点坐标为

(3 956 339.588，481 390.536)，反算其垂点桩号与中桩坐标。

山西省高平至泌水高速公路ZB1合同段第四分段郑庄互通式立交C匝道直线、曲线及转角表(局部)
设计单位：山西交通规划勘察设计院
施工单位：山西路桥集团有限公司

交点号	交点桩号及交点坐标		转 角	半 径	曲线要素/m				
					缓和曲线参数	缓和曲线长	切线长	曲线总长	切曲差(校正值)
SP	桩	CK0+000							
	N	3 956 375.246							
	E	481 293.273							
CJD1	桩	CK0+053.411	25°18′58.2″(Z)	700	181.632	130	53.411	130	2.012
	N	3 956 348.370			0	0	78.601		
	E	481 339.429							
CJD2	桩	CK0+229.594	16°00′14.8″(Z)	700	0	0	99.594	232.642	1.324
	N	3 956 333.164			227.948	74.229	134.372		
	E	481 516.974							
CJD3	桩	CK0+590.369	40°36′40.3″(Y)	500	192.651	74.229	227.728	501.145	17.091
	N	3 956 402.930			331.106	219.262	390.508		
	E	481 872.289							
EP	桩	CK0+863.787							
	N	3 956 259.867							
	E	482 125.128							

图 2-2　郑庄互通式立交 C 匝道直线、曲线及转角表(局部)

［解］　(1) 在 MS-Excel 输入平曲线设计数据并探测非完整缓和曲线的位置

启动 MS-Excel，将缺省选项卡名 Sheet1 修改为 File1，按表 2-1 的规定，在 File1 选项卡输入本例 3 个交点的平曲线设计数据。

可以利用 MS-Excel 单元的表达式计算功能，快速探测非完整缓和曲线的位置。因为设计图纸直曲表同时给出了圆曲线半径 R、缓和曲线长 L_h、缓和曲线参数 A 的值，如果应用 $\sqrt{RL_h}$ 反求出的缓和曲线参数等于设计值 A，则该缓和曲线为完整缓和曲线，否则为非完整缓和曲线。

① 各交点第一缓和曲线参数的验证

在 D1 单元输入 0，在 D2 单元输入表达式"=SQRT($E2*130)"，其中 130 为 CJD1 的第一缓和曲线长，算出 JD1 的第一缓和曲线参数为 301.662，不等于其设计值 181.632。所以，该缓和曲线为非完整缓和曲线，标记 D1 单元为灰底色，需要确定其起点半径 R_{ZH}。

将 D2 单元复制到 D3～D4 单元，CJD2 无第一缓和曲线，应在 D3 单元输入 0。

修改 D4 单元的缓和曲线长为 74.229，计算 CJD3 的第一缓和曲线参数为 192.651，等于其设计值 192.651，所以，该缓和曲线为完整缓和曲线。

② 各交点第二缓和曲线参数的验证

在 F1 单元输入 0，CJD1 无第二缓和曲线，应在 F2 单元输入 0。

复制 D2 单元到 F3 单元，修改 F3 单元的缓和曲线长为 74.229，计算 CJD2 的第二缓和曲线参数为 227.948，等于其设计值 227.948，所以，该缓和曲线为完整缓和曲线。

复制 F3 单元到 F4 单元，修改 F4 单元的缓和曲线长为 219.262，计算 CJD3 的第二缓和曲线参数为331.106，等于其设计值331.106，所以，该缓和曲线为完整缓和曲线。

本例共有4条缓和曲线，只有1条缓和曲线为非完整缓和曲线，其位置如图2-3灰底色单元所示，需要重新计算这些单元非完整缓和曲线的起讫半径及其参数的精确值。

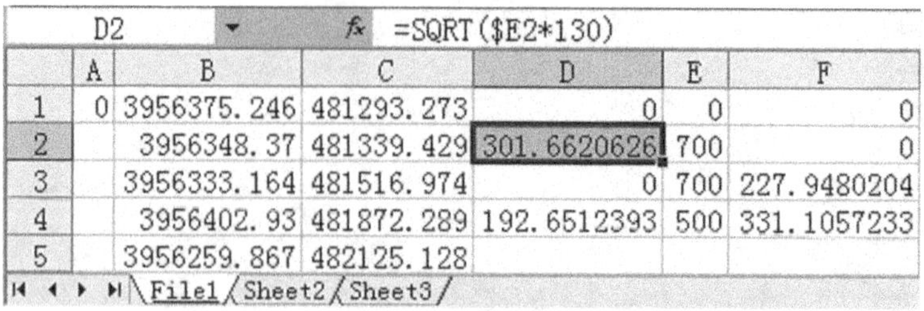

D2 =SQRT($E2*130)

	A	B	C	D	E	F
1	0	3956375.246	481293.273	0	0	0
2		3956348.37	481339.429	301.6620626	700	0
3		3956333.164	481516.974	0	700	227.9480204
4		3956402.93	481872.289	192.6512393	500	331.1057233
5		3956259.867	482125.128			

File1 / Sheet2 / Sheet3

图2-3　在MS-Excel的File1选项卡输入C匝道的交点法平曲线设计数据并探测非完整缓和曲线的位置

(2) CJD1第一缓和曲线起点半径R_{ZH}的确定

设$R_{ZH}>R$，由式(2-8)，得

$$R'_{ZH}=\left(R^{-1}-\frac{L_{h1}}{A_1^2}\right)^{-1}=\left(700^{-1}-\frac{130}{181.632^2}\right)^{-1}=-398.090\ 008\ 9\text{m}$$

设$R_{ZH}<R$，由式(2-8)，得

$$R''_{ZH}=\left(R^{-1}+\frac{L_{h1}}{A_1^2}\right)^{-1}=\left(700^{-1}+\frac{130}{181.632^2}\right)^{-1}=186.249\ 651\ 1\text{m}\approx 186.25\text{m}$$

因半径不能为负数，所以，取$R_{ZH}=R''_{ZH}=186.25\text{m}$，CJD1缓和曲线起讫半径验算结果汇总于表2-9。

表2-9　C匝道非完整缓和曲线起讫半径的验算结果

交点号	第一缓和曲线		圆曲线半径	第二缓和曲线	
	A_1	R_{ZH}	R	A_2	R_{HZ}
CJD1	181.632 231 8	186.25	700	无	无

(3)非完整缓和曲线参数A的精确计算

使用Q2X8程序计算时，需要在List 4与List 6串列输入缓和曲线参数A，且缓和曲线参数A取位越多，平曲线的计算精度越高，而直曲表的缓和曲线参数A一般只取位到0.001。

对于完整缓和曲线，可以应用式(2-9)计算其缓和曲线参数的精确值，对于非完整缓和曲线，当确定了其两端的半径R、R_X后，可以应用缓和曲线线长方程解算缓曲参数A的精确值。

当$R_X>R$时，由式(2-4)，得

$$A=\sqrt{\frac{L_h}{R^{-1}-R_X^{-1}}} \tag{2-10}$$

当$R_X<R$时，由式(2-6)，得

$$A = \sqrt{\frac{L_h}{R_X^{-1} - R^{-1}}} \tag{2-11}$$

综合式(2－10)与式(2－11)，得

$$A = \sqrt{\frac{L_h}{|R^{-1} - R_X^{-1}|}} \tag{2-12}$$

应用式(2－12)计算本例第一缓和曲线参数的精确值应为

$$A = \sqrt{\frac{L_h}{|R^{-1} - R_X^{-1}|}} = \sqrt{\frac{130}{|700^{-1} - 186.25^{-1}|}} = 181.632\,231\,8$$

可以在 D2 单元直接输入 181.632 231 8，也可以依据式(2－12)，在 D2 单元输入表达式"=SQRT(130/(1/186.25－1/700))"计算非完整缓和曲线参数的精确值，结果如图 2－4 所示。

D2 fx =SQRT(130/(1/186.25-1/700))

	A	B	C	D	E	F
1	0	3956375.246	481293.273	0	0	0
2		3956348.37	481339.429	181.6322318	700	0
3		3956333.164	481516.974	0	700	227.9480204
4		3956402.93	481872.289	192.6512393	500	331.1057233

File1 / Sheet2 / Sheet3

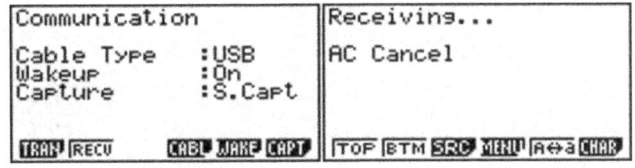

图 2－4　在 D2 单元重新输入表达式计算非完整缓和曲线参数值

(4) 输出 CSV 格式文件并上载到 fx-9860GⅡ主存储器

将 File1 选项卡的数据另存为 File1. csv 文件后，退出 MS-Excel。

如图 2－4 所示，应在灰底色 D2 单元输入复数"181.6322318 ＋186.25i"，但因在 MS-Excel 单元不能输入复数的虚部，所以只输入了其实数部分的数值，复数虚部的 R_{ZH} 值应在 fx-9860GⅡ的 **STAT** 模式输入。

使用通用 USB 数据线连接 PC 机与 fx-9860GⅡ的 USB 接口，在 fx-9860GⅡ上按 MENU E F2 (RECV)键，先启动 fx-9860GⅡ的数据同步操作，界面如图 2－5 所示。

图 2－5　在 fx-9860GⅡ启动图形机的数据同步操作

在 PC 机鼠标左键单击 FA－124 通信软件 Calculator 窗口的工具栏图标，再启动 FA－124 的数据同步操作。每次 fx-9860GⅡ与 FA－124 通信软件同步后的窗口，缺省设置为主存储器窗口。也可以用鼠标左键单击 FA－124 Calculator 窗口或 FA-124 窗口的工具栏按钮切换为主存储器窗口，或单击工具栏按钮切换为永久存储器窗口。

如图 2－6 上图所示，在 FA－124 通信软件执行下拉菜单"File/CSV/Load from CSV"命令，在弹出的图 2－6 下图所示的"Select file to CSV read"对话框中，选择 PC 机的

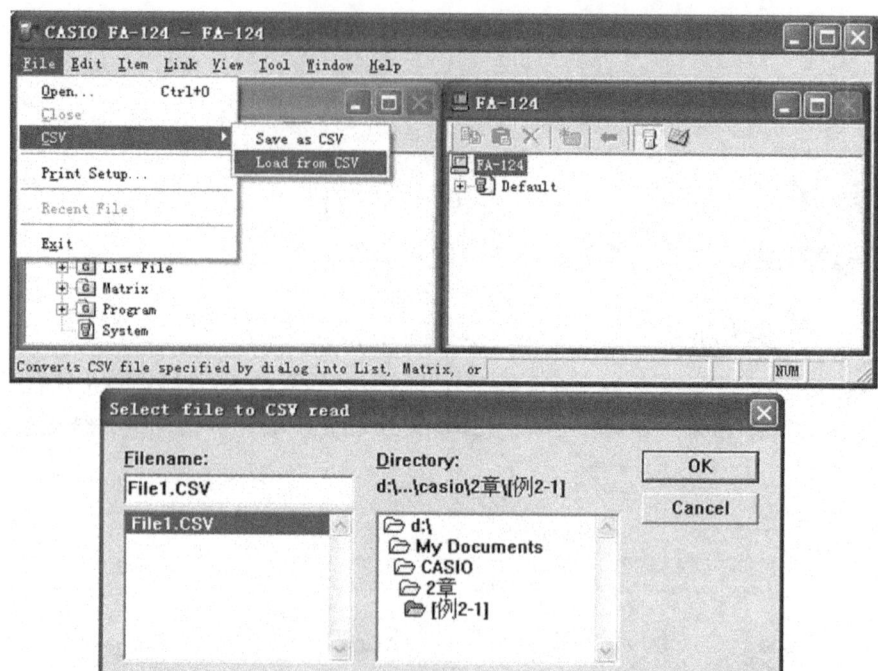

图 2-6　在 FA-124 窗口执行下拉菜单"File/CSV/Load from CSV"命令

File1.csv 文件，鼠标左键点击 List File 单选框，再点击右侧的列表框，选择 File1 文件，点击 OK 按钮关闭对话框，File1.csv 文件数据就被输入到 FA-124 软件 FA-124 窗口的新建文件夹"No Title 1"下，如图 2-7 所示。

从 File1.csv 文件输入数据到 File1 串列文件的操作过程

展开 FA-124 窗口"No Title 1"文件夹下的内容，鼠标左键单击 List File 图标下的 File1 文件，按 Ctrl+C 键复制到 Windows 的粘贴板（或执行快捷命令 Copy）；左键单击 Calculator 窗口的任一图标，按 Ctrl+V 键将 Windows 的粘贴板的内容复制到 Calculator 窗口（或执行快捷命令 Paste）。

☞在 MS-Excel 的 File1 选项卡下，执行下拉菜单"文件/另存为"命令，将 File1 选项卡的数据输出为 File1.csv 文件后，如果不退出 MS-Excel 软件，在 FA-124 通信软件执行下拉菜单"File/CSV/Load from CSV"命令，在弹出的图 2-6 下图所示的"Select file to CSV read"对话框中，选择 PC 机的 File1.csv 文件，鼠标左键点击 List File 单选框，再点击右侧的列表框，选择 File1 文件，最后点击 OK 按钮，将会弹出图 2-8 所示的出错对话框。

消除错误的方法是，先退出 MS-Excel 软件，再在 FA-124 通信软件执行上述命令。

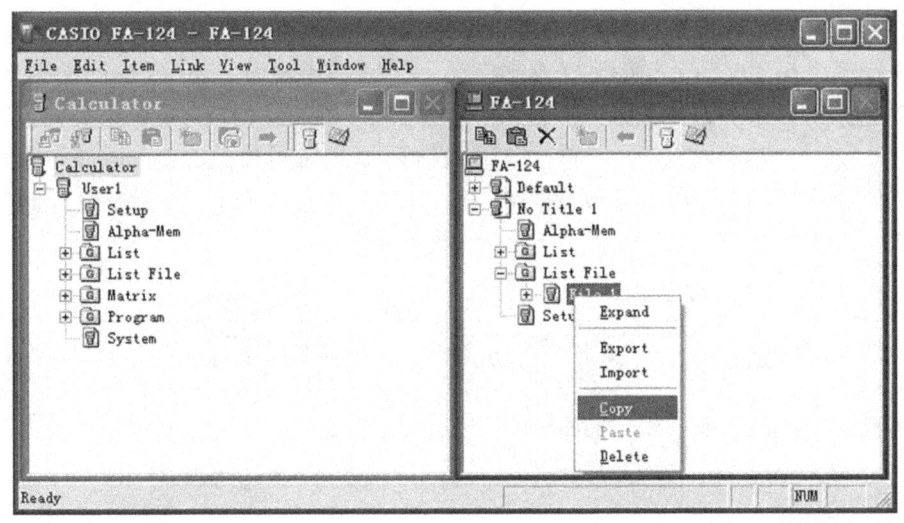

图 2-7 将 FA-124 窗口"No Title 1/List File/File 1"文件复制到 Calculator 窗口

（5）从随书标配光盘输入程序文件 Q2X8.g1m 到 fx-9860GⅡ主存储器

鼠标右键单击 FA-124 窗口下的 图标，执行右键快捷菜单 Import 命令，在弹出的文件对话框中选择光盘"\2 章\Q2X8.g1m"程序文件，左键单击 打开(O) 按钮，就将 Q2X8.g1m 程序文件输入到 FA-124 的 FA-124 窗口。

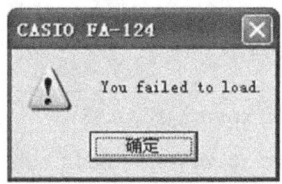

图 2-8 FA-124 出错界面

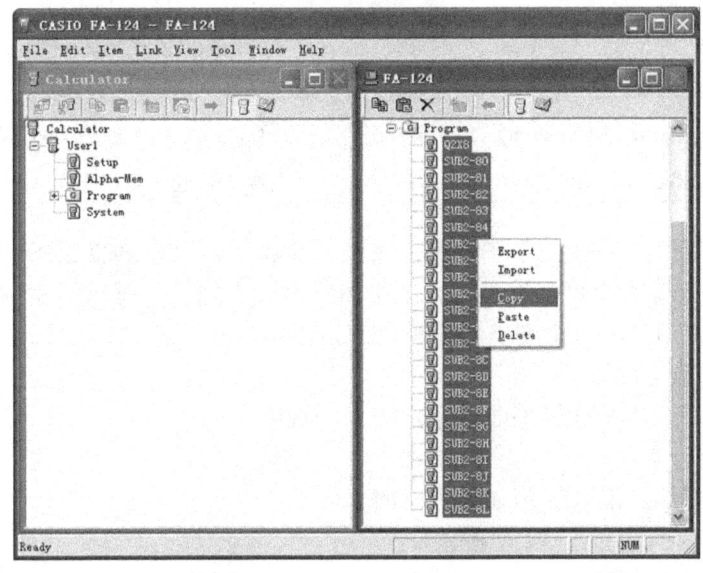

图 2-9 在 FA-124 的 FA-124 窗口复制程序文件到 Calculator 窗口界面

将 FA-124 窗口 Program 图标下的全部程序文件（图 2-9）复制到 Calculator 窗口；鼠标左键单击 Calculator 窗口的 图标，断开 FA-124 与 fx-9860GⅡ的连接。

（6）为非完整缓和曲线参数单元添加起讫半径为其复数虚部数值

在 fx-9860GⅡ按 MENU ② 键进入 **STAT** 模式，按 SHIFT SETUP 键调出设置菜单，按 ▼ ▼ 键移动光标到"List File"行，按 F1（FILE）① EXE EXE 键设置 File1 为当前串列文件。

移动光标到 List 4[2]串列单元（图 2 - 10 左图），按 F6（▷）键翻页到下页功能菜单（图 2 - 10 左二图），按 F2（EDIT）键进入串列单元编辑模式，移动光标到数据末尾，按 ＋ **186**．**25** SHIFT i 键输入复数虚部数值（图 2 - 10 右二图），按 EXE 键存储复数结果（图 2 - 10 右图）。

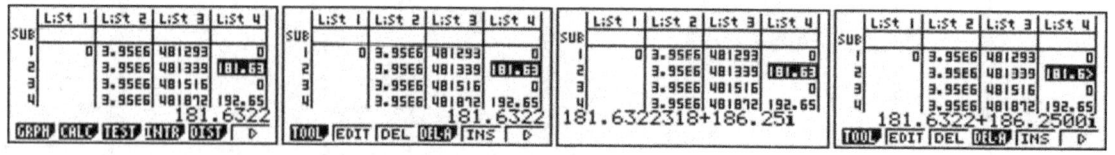

图 2 - 10　在 **STAT** 模式添加 List 4[2]串列单元的复数虚部数值

（7）执行 Q2X8 程序计算平曲线主点数据

在 fx-9860GⅡ按 MENU Ⓑ 键进入 **PRGM** 模式，移动光标到 Q2X8 主程序文件，按 EXE 键执行 Q2X8 程序，计算 C 匝道平曲线主点数据的屏幕提示与用户操作过程如下：

屏幕提示	按键	说明
JD curve xyH Q2X8		显示程序标题
new(0)/old(≠0) main point data =?	**0** EXE	输入 0 为重新计算主点数据
hor - curve first JD num =?	**1** EXE	输入平曲线起始交点号（number）
Z_{ZD}(m)=863.7866	EXE	显示平曲线终点设计桩号（-0.4mm）/耗时 4.07s
$α_{ZD}$=119°30′08.39″	EXE	显示平曲线终点走向方位角
Press [MENU][2]≑Stop!	EXE	继续计算
Del List 4/List 6 Imp, yes(0)/no(≠0)=?	**0** EXE	输入 0 删除 List 4 与 List 6 串列复数虚部数值
st xy new(0)/old(>0)/no(<0)=?	MENU ②	停止程序并进入 **STAT** 模式查看主点数据

执行 Q2X8 程序，完成交点平曲线主点数据计算后，只要屏幕显示的终点桩号 Z_{ZD} 与设计图纸相符，就说明用户已正确输入了平曲线设计数据。而屏幕显示的平曲线终点走向方位角 $α_{ZD}$，是应用最后一个交点的坐标与终点的坐标反求出的，它只能说明最后一个交点及终点的坐标输入无误。

（8）执行 Q2X8 程序计算平曲线主点数据的说明

① 主点数据计算

执行 Q2X8 程序，屏幕显示如下提示时：

new(0)/old(≠0) main point data =?

输入 0 响应为重新计算主点数据，输入任意非零数值响应为使用已有主点数据计算。

本例只在当前串列文件输入了平曲线设计数据，因此，输入 0 响应为计算平曲线主点数据。完成主点数据计算后，以后再重复执行 Q2X8 程序时，只需要输入任意非零数值响应即可。

完成主点数据计算后，可以通过 FA - 124 通信软件，将 File1 串列文件输出为

File1.g1m 文件，以后再将 File1.g1m 文件上载到 fx-9860GⅡ机器主存储器并设置为当前串列文件时，重新执行 Q2X8 程序时就不再需要重新计算主点数据了。

也可以将串列文件 File1 输出到永久存储器或 SD 卡存储器的 File1.g1m 文件，需要时再从永久存储器或 SD 卡存储器调入 File1.g1m 文件即可。

② 删除 List 4 与 List 6 串列的复数虚部数值

完成平曲线主点数据计算后，当 List 4 或 List 6 串列的任一个单元的数值为复数时，屏幕将显示下列提示

Del List 4/List 6 Imp, yes(0)/no($\neq$0)=?

输入 0 响应为删除 List 4 与 List 6 串列单元的复数虚部数值，输入任意非零数值响应为不删除 List 4 与 List 6 串列单元复数的虚部数值。如果屏幕显示的终点设计桩号与设计图纸相符，应输入 0 响应选择删除 List 4 与 List 6 串列单元的复数虚部数值。

首次执行 Q2X8 程序计算平曲线主点数据时，已自动将存储在 List 4 串列单元复数的虚部数值依次转存到 List 7 与 List 8 串列末尾行开始的行后，其中 List 7 串列单元存储其所在的行号数值，List 8 串列单元存储其虚部数值；自动将存储在 List 6 串列单元复数的虚部数值转存到串列 List 9 与 List 10 串列末尾行开始的行后，其中 List 9 串列单元存储其所在的行号数值，List 10 串列单元存储其虚部数值。以后，重复执行 Q2X8 程序，重新计算平曲线主点数据时，程序直接从 List 7 ~ List 10 串列单元调用非完整缓和曲线的起讫半径值。因此，是否删除 List 4 与 List 6 串列单元复数的虚部数值，对在 fx-9860GⅡ机器上计算没有任何影响，即使删除了 List 4 与 List 6 串列单元复数虚部数值，也可以重复执行 Q2X8 程序重新计算平曲线主点数据。

完成平曲线主点数据计算后，如果不删除 List 4 与 List 6 串列单元的复数虚部数值，将图形机的串列文件输出为 csv 格式文件后，将丢失含有复数的 List 4 或 List 6 串列的数据。

	A	B	C	D	E	F	G	H
1	0	3956375.246	481293.273		0	0	0	0
2	53.41063	3956348.37	481339.429		700	0	-25.3164486	53.41185099
3	229.5935	3956333.164	481516.974		700	227.9480204	-16.0038927	99.59230291
4	590.3692	3956402.93	481872.289		500	331.1057233	40.61102085	227.7267272
5	863.7866	3956259.867	482125.128				2	186.25

图 2 – 11　未删除 List 4[2]串列单元复数虚部数值输出的 File1.csv 文件局部结果

对于本例，使 fx-9860GⅡ与 FA – 124 数据同步后，将 Calculator 窗口的 File1 串列文件复制到 FA-124 窗口，再将 FA-124 窗口的 File1 文件数据另存为 File1.csv 文件，复数所在串列的数据将为空。如图 2 – 10 右图所示，因本例 List 4[2]串列单元复数为 181.6322 + 186.25i，这就使输出的 File1.csv 文件的 D 列（在 fx-9860GⅡ中为 List 4 串列）数据丢失。图 2 – 11 为用 MS-Excel 打开未删除 List 4[2]串列单元复数的 File1.csv 文件的结果，图中灰底色的 D 列已全部丢失。

当 File1.csv 文件的 D 列数据为空时，在 PC 机执行成果整理程序 H2X8.exe，对 File1.csv 文件进行处理时，其输出的系列成果文件的结果将是错误的。

（9）坐标正算

在 fx-9860GⅡ重复执行 Q2X8 程序，不设置测站点，计算加桩 CK0+075 中边桩坐标的屏幕提示与用户操作过程如下：

屏幕提示	按键	说明
JD curve xyH Q2X8		显示程序标题
new(0)/old(≠0) main point data=?	1 EXE	输入非零数为使用现有主点数据计算
st xy new(0)/old(>0)/no(<0)=?	-1 EXE	输入负数为不输入测站点(station)坐标
Z→xy(1)/xy→Z(2)/pier(4)=?	1 EXE	输入 1 选择坐标正算
+Z(m),<QD÷end=?	75 EXE	输入加桩号
Z_j=75.0000		显示加桩号/耗时 0.79s
x_j=3956349.333		显示中桩坐标
y_j=481363.3173		
$α_j$=102°01′26.09″	EXE	显示中桩走向方位角
W_L(m) ± ∠γi,0÷no=?	3.5 EXE	输入左边距
Z_j=75.0000		显示加桩号
x_L=3956352.756		显示左边桩坐标
y_L=481364.0465		
H_L=no design H	EXE	显示无设计高程
W_L(m) ± ∠γi,0÷no=?	0 EXE	输入 0 结束左边桩坐标计算
W_R(m),0÷no=?	5 EXE	输入右边距
Z_j=75.0000		显示加桩号
x_R=3956344.443		显示右边桩坐标
y_R=481362.2757		
H_R=no design H	EXE	显示无设计高程
W_R(m),0÷no=?	0 EXE	输入 0 结束右边桩坐标计算
+Z(m),<QD÷end=?	-2 EXE	输入小于 QD 的桩号结束程序
Q2X8÷End		程序结束显示

执行 Q2X8 程序，屏幕提示字符的意义说明如下：

① 测站点坐标输入菜单

执行 Q2X8 程序，屏幕显示下列提示时

st xy new(0)/old(>0)/no(<0)=?

输入 0 响应为重新输入测站点坐标；输入任意正数响应为使用最近输入的测站点坐标；输入任意负数响应为不计算中边桩的极坐标放样数据。

当输入了测站点坐标时，屏幕显示完程序算出的中边桩坐标后，还将继续显示测站点→加桩中桩或边桩的方位角 α 及其平距 HD，以便于用全站仪放样加桩点位。有三种输入测站点坐标的方法。

在上述提示下，输入 0 响应为选择重新输入测站点坐标，屏幕显示下列提示

station JD(<0)/Mat S(>0)/x(m)=?

a. 输入负整数响应为选择起点(-1)、第一个交点(-2)、……或终点(-N)为测站点坐标,其中 N 为 List 2 串列的行数,N = 交点总数 +2。

b. 输入正整数 n 响应为使用预先存储在 Mat S 矩阵第 n 行的导线点坐标为测站点坐标。

c. 直接输入任意点的平面坐标为测站点,先输入测站点的 x 坐标,后输入 y 坐标。

② Q2X8 程序主功能菜单

当前串列文件只有平曲线设计数据时,执行 Q2X8 程序,屏幕显示程序主功能菜单如下:

Z→xy(1)/xy→Z(2)/pier(4)=?

字母 **Z** 代表桩号,**xy** 代表测量平面坐标,**pier** 代表桥墩。输入 1 为选择平面坐标正算,输入 2 为选择平面坐标正交反算(以后简称坐标反算),输入 4 为选择桥墩桩基坐标计算。

如要选择桥墩桩基坐标计算,应预先在 Mat V 矩阵输入各类桥墩桩基的墩台中心坐标(详见表 2-5),在 Mat U 矩阵依次输入每个桥墩的 4 个墩台设计参数——墩类号、墩台中心设计桩号、法向偏距及走向偏角(详见表 2-6)。

(10) 坐标反算

在 fx-9860GⅡ重复执行 Q2X8 程序,不设置测站点,计算边桩点(3 956 339.588,481 390.536)坐标反算的屏幕提示与用户操作过程如下:

屏幕提示	按键	说明
JD curve xyH Q2X8		显示程序标题
new(0)/old(≠0) main point data=?	1 [EXE]	输入非零数为使用现有主点数据计算
st xy new(0)/old(>0)/no(<0)=?	-1 [EXE]	输入负数为不设置测站点(station)
Z→xy(1)/xy→Z(2)/pier(4)=?	2 [EXE]	输入 2 选择坐标反算
$x_j(m)/\pi \div end=?$	3956339.588 [EXE]	输入边桩点坐标
$y_j(m)+ni=?$	481390.536 [EXE]	
$Z_R=103.3036$		显示垂点桩号/耗时 1.69s
n=2.0000		显示垂点所在平曲线线元号
$d_R(m)=5.0000$		显示正数为右边距
$x_p=3956344.543$		显示垂点坐标
$y_p=481391.2059$		
$x_j(m)/\pi \div end=?$	[SHIFT] [π] [EXE]	输入 π 结束程序
Q2X8÷End		程序结束显示

(11) 下传串列文件到通信软件 FA-124 并输出为 CSV 格式文件

用通用 USB 数据线连接好 fx-9860GⅡ与 PC 机的 USB 口;在 PC 机启动 FA-124,先在 fx-9860GⅡ上按 [MENU] [E] [F2]([RECV])键,再在 PC 机用鼠标左键单击 FA-124

![Calculator]窗口工具栏的 图标,启动数据同步操作。

将![Calculator]窗口 [List File]图标下的串列文件 File1 复制到 [FA-124]窗口的 [List File]图标下,鼠标左键单击该图标下的 File 1 文件,执行下拉菜单"File/CSV/Save as CSV"命令,将串列文件 File 1 以文件名 File1.csv 存入 PC 机硬盘或 U 盘文件夹中。

(12) 执行成果整理程序 H2X8.exe 输出成果文件

将随书光盘文件"\2章\H2X8.exe"复制到存储了 File1.csv 的 PC 机硬盘或 U 盘文件夹下,鼠标左键双击 H2X8.exe 文件名执行该程序,弹出图 2-12 所示的程序窗口。输入字符"file1/10"(图 2-12 灰底色字符)按回车键,程序自动从同路径下的 File1.csv 文件中读入数据,并在同路径下生成四个成果文件 File1.txt、CSfile1.dat、SUfile1.csv、SKfile1.csv,这些文件连同源串列文件 File1.csv 均位于光盘"\2章\[例2-1]\"路径下。

用户输入字符"file1/10"的意义是:从串列文件 file1.csv 读取数据,文件名 file1 后的"/10"为逐桩间距值。当用户只输入了串列文件名 file1,没有输入其后的字符"/10"时,程序自动取 20m 为逐桩间距计算逐桩点坐标。

在 Win98 操作系统下执行 H2X8.exe 程序文件的界面如图 2-12 所示。

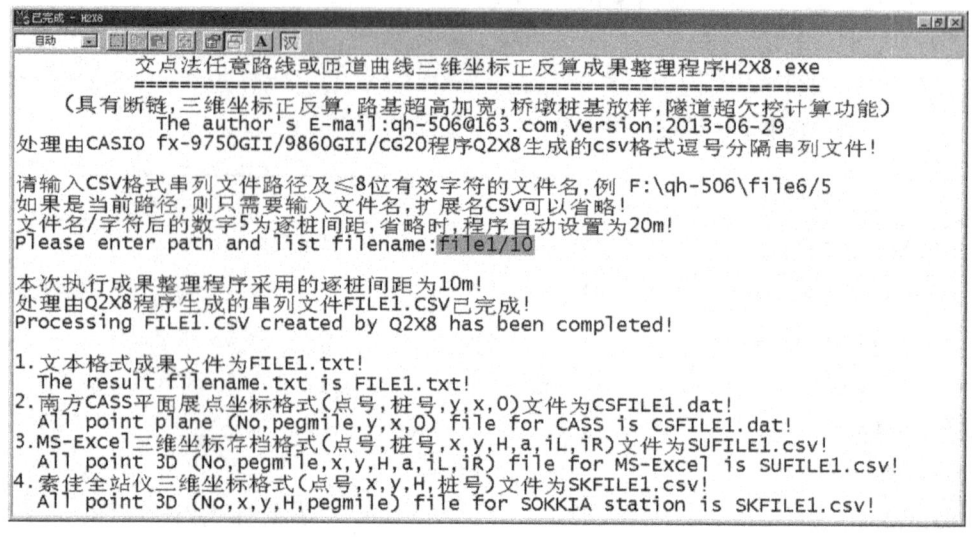

图 2-12 在 Win98 操作系统下执行 H2X8.exe 程序输入字符"file1/10"的界面

在 WinXP 操作系统下执行 H2X8.exe 程序文件的界面如图 2-13 所示。

在 Win7/32bit 操作系统下执行 H2X8.exe 程序文件的界面如图 2-14 所示。

需要特别说明的是,微软市售的 Win7 操作系统有 32bit 版与 64bit 版两种版本,当用户 PC 机安装的是 Win7 操作系统时,H2X8.exe 程序文件只能在 32bit 版的 Win7 操作系统下执行,不能在 64bit 版的 Win7 操作系统下执行。

本例输出的成果文件 File1.txt 的部分内容如图 2-15 所示,该文件只输出了平曲线设计数据、曲线要素及主点数据,不输出逐桩坐标数据。

如图 2-15 灰底色字符所示,程序算出的起点 QD(或 SP)与 CJD1 之间的夹直线长为

图 2-13　在 WinXP 操作系统下执行 H2X8.exe 程序输入字符"file1/10"的界面

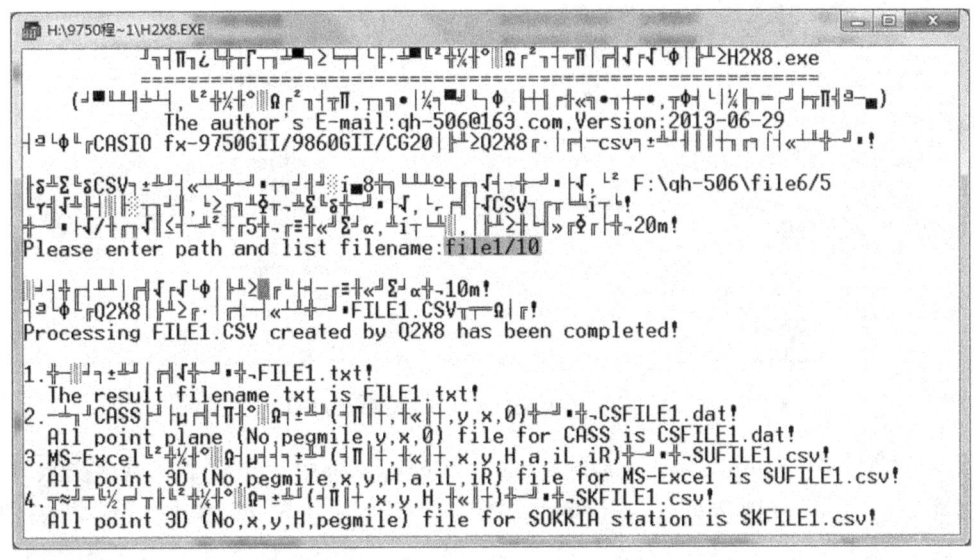

图 2-14　在 Win7/32bit 操作系统下执行 H2X8.exe 程序输入字符"file1/10"的界面

-0.0012m，CJD1 与 CJD2 之间的夹直线长为 -0.001m，不等于 0，这属于设计误差。程序应用起点、各交点及终点平面坐标反算出的交点转角为六十进制角度，负数为左转角，正数为右转角；主点的走向方位角也是六十进制角度。

☞在有些设计院的图纸上，称主点走向方位角为切线方位角，这是不确切的。因为主点切线有两个方位角，一个是沿路线或匝道走向方向的方位角，另一个是沿路线或匝道走向反向的方位角，两者相差 180°。一般地，国家级大型设计院，如中交各勘察设计院的图纸统称走向方位角，基本不称切线方位角。

例如 CJD2 的转角为 -16.001401，表示其转角值为 -16°00′14.01″，为左转角。平曲线主点 ZH1 的走向方位角为 120.124194，表示其走向方位角为 120°12′41.94″。

```
FILE1.TXT - 记事本
文件(F) 编辑(E) 格式(O) 查看(V) 帮助(H)
                         交点平曲线设计数据
                         ====================

JD号    反求设计桩号      x(m)            y(m)          A1(m)      R(m)      A2(m)    曲线类型
QD      K0+000          3956375.2460    481293.2730
JD1     K0+053.4106     3956348.3700    481339.4290   181.6322   700.000    .0000   基本型
JD2     K0+229.5935     3956333.1640    481516.9740     .0000    700.000   227.9480  基本型
JD3     K0+590.3692     3956402.9300    481872.2890   192.6512   500.000   331.1057  基本型
ZD      K0+863.7866     3956259.8670    482125.1280

                         含非完整缓和曲线的交点数据
                         ====================

JD号    反求设计桩号      A1(m)      Rs(m)       R(m)      Re(m)       A2(m)
JD1     K0+053.4106     181.6322   186.250    700.000     ∞          .0000

                         交点平曲线要素计算成果
                         ====================

JD号    转角(dms)       T1(m)      T2(m)       Lh1(m)     Ly(m)      Lh2(m)     E(m)      J(m)
JD1    - 25.185921     53.4119    78.6037     130.0000    .0035      .0000     4.3994    2.0121
JD2    - 16.001401     99.5923   134.3705       .0000   158.4099    74.2290    7.0492    1.3239
JD3      40.363968    227.7267   290.5068     74.2290   207.6525   219.2620   35.5324   17.0900

             平曲线主点桩号,中桩坐标(设计高程),走向方位角计算成果
             ============================================

点名     设计桩号         x(m)            y(m)          H(m)       走向方位角(dms)
QD      K0+000          3956375.2460    481293.2730              120.124194
夹直线长(m)=-    .0012
ZH1     -K0-00.0012     3956375.2466    481293.2719              120.124194
HY1     K0+129.9988     3956341.6628    481417.7425               94.534375
YH1     K0+130.0022     3956341.6625    481417.7460               94.534273
HZ1     K0+130.0022     3956341.6625    481417.7460               94.534273
夹直线长(m)=-    .0010
ZH2     K0+130.0012     3956341.6626    481417.7450               94.534273
HY2     K0+130.0012     3956341.6626    481417.7450               94.534273
YH2     K0+288.4112     3956346.0426    481575.7564               81.554502
HZ2     K0+362.6402     3956359.0533    481648.8268               78.532871

                                                                    Ln 1, Col 1
```

图 2-15 成果文件 File1.txt 的部分内容

在 CSfile1.dat、SUfile1.csv、SKfile1.csv 三个坐标文件中,存储了起点、交点、终点、平曲线主点与按用户指定间距 10m 计算的逐桩点坐标。在 PC 机执行成果整理程序 H2X8.exe,在弹出的对话框中输入字符"file1/10"时,三个坐标文件的格式及其用途说明如下:

① CSfile1.dat 展点坐标文件

CSfile1.dat 为南方 CASS 平面展点坐标文件,内容如图 2-16 所示。它包括了起点、交点、终点,每个交点的四个平曲线主点 ZH、HY、YH、HZ 与逐桩点的中桩坐标。每行坐标的格式为

点号,桩号,y,x,0

由于 CSfile1.dat 文件仅用于南方 CASS 平面展点,因此,每行最末的高程字符总是为数字 0。即使用户在 List 23 串列输入了竖曲线设计数据(规则见表 2-1),程序也已算出了平曲线主点及逐桩点的中桩设计高程,CSfile1.dat 文件每行最末的高程数字也是 0。

② SUfile1.csv 存档坐标文件

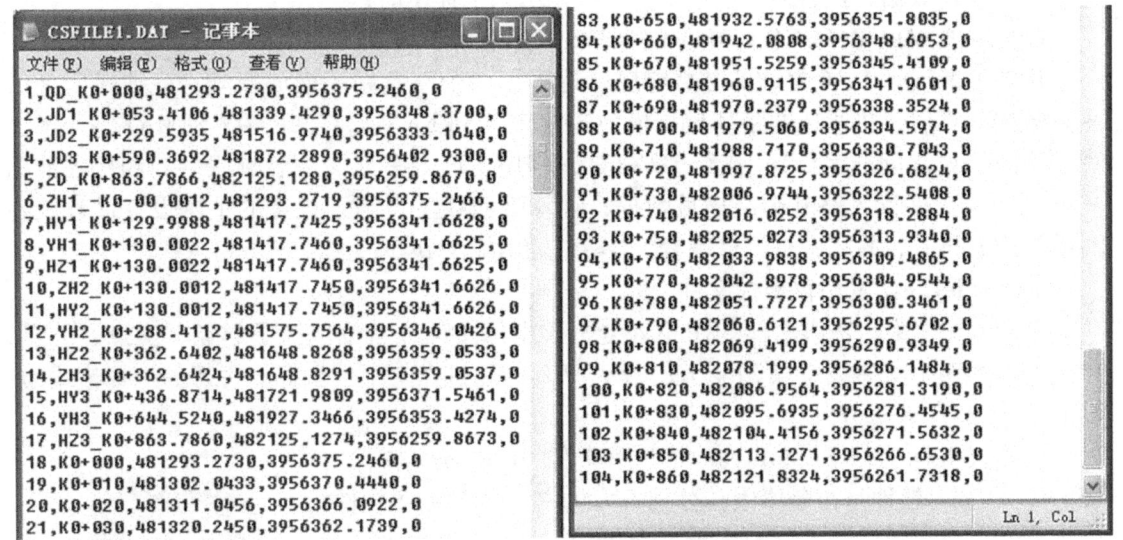

图 2-16 用 Windows 记事本打开展点坐标文件 CSfile1.dat 的内容

SUfile1.csv 为存档坐标文件，可以用 MS-Excel 打开，其部分内容如图 2-17 所示。

	A	B	C	D	E	F
1	序号	设计桩号	x坐标(m)	y坐标(m)	设计高程H(m)	走向方位角
2	1	QD_K0+000	3956375.246	481293.273	0	
3	2	JD1_K0+053.4106	3956348.37	481339.429	0	
4	3	JD2_K0+229.5935	3956333.164	481516.974	0	
5	4	JD3_K0+590.3692	3956402.93	481872.289	0	
6	5	ZD_K0+863.7866	3956259.867	482125.128	0	
7	6	ZH1_-K0-00.0012	3956375.247	481293.2719	0	120°12′41.943″
8	7	HY1_K0+129.9988	3956341.663	481417.7425	0	94°53′43.750″
9	8	YH1_K0+130.0022	3956341.663	481417.746	0	94°53′42.729″
10	9	HZ1_K0+130.0022	3956341.663	481417.746	0	94°53′42.729″
11	10	ZH2_K0+130.0012	3956341.663	481417.745	0	94°53′42.729″
12	11	HY2_K0+130.0012	3956341.663	481417.745	0	94°53′42.729″
13	12	YH2_K0+288.4112	3956346.043	481575.7564	0	81°55′45.022″
14	13	HZ2_K0+362.6402	3956359.053	481648.8268	0	78°53′28.715″
15	14	ZH3_K0+362.6424	3956359.054	481648.8291	0	78°53′28.715″
16	15	HY3_K0+436.8714	3956371.546	481721.9809	0	83°08′39.545″
17	16	YH3_K0+644.5240	3956353.427	481927.3466	0	106°56′22.356″
18	17	HZ3_K0+863.7860	3956259.867	482125.1274	0	119°30′08.390″
19	18	K0+000	3956375.246	481293.273	0	120°12′40.595″
20	19	K0+010	3956370.444	481302.0433	0	117°13′18.665″

图 2-17 用 MS-Excel 打开存档坐标文件 SUfile1.csv 的部分内容

该文件也包括了起点、交点、终点，每个交点的四个平曲线主点 ZH, HY, YH, HZ 与逐桩点的中桩坐标。每行的坐标格式为：

点号, 桩号, $x, y, H, \alpha, i_L, i_R$

其中，α 为六十进制的走向方位角，i_L 为左路基超高横坡度，i_R 为右路基超高横坡度。

只有在 List 23 串列输入了竖曲线设计数据，且在 Mat A 矩阵输入了路基标准横断面与各级边坡设计数据，在 Mat B、Mat C、Mat D、Mat E、Mat F 或 Mat G 矩阵输入了路基

133

超高横坡设计数据，执行 Q2X8 程序，屏幕显示如下提示时：

$i_L\%, i_R\%$ Mat B(1)/C(2)/D(3)/E(4)/F(5)/G(6)/no(0)=?

用户才能输入 1~6 之间的整数响应，选择了一个路基超高横坡矩阵；完成平竖曲线主点数据计算后，将所选的路基超高横坡矩阵下传到 FA – 124，并另存为 MAT_a.csv 文件(a 为 B~G 之间的字母)；执行 H2X8.exe 程序，输入串列文件名响应后，程序才能从 MAT_a.csv 文件读入路基超高横坡数据，计算平曲线主点与逐桩点的中桩设计高程及左右横坡度 i_L 与 i_R，并将中桩设计高程、i_L 与 i_R 的值输出到存档文件 SUfile1.csv。

③ SKfile1.csv 全站仪坐标文件

SKfile1.csv 为拓普康索佳 SET 系列全站仪坐标文件，它也包括了起点、交点、终点，每个交点的四个平曲线主点 ZH, HY, YH, HZ 与逐桩点的中桩坐标。每行的坐标格式为：

点名, x, y, H, 桩号

全站仪坐标文件 SKfile1.csv 可以用索佳 Coord.exe 软件打开。Coord.exe 软件是拓普康索佳公司开发的一个绿色免费软件，无需安装，只需要将随书标配光盘"\ 全站仪通信软件\ 索佳\ Coord.exe"文件复制到 PC 机硬盘，再将其发送到 Windows 桌面，创建如图 2 – 18 所示的桌面图标；双击桌面图标启动 Coord 软件，鼠标左键单击工具栏的  图标，在弹出的图 2 – 19 所示的

图 2 – 18　Coord 软件图标

"打开"对话框中，选择全站仪坐标文件 SKfile1.csv，左键单击 打开(0) 按钮，结果如图 2 – 20 所示。

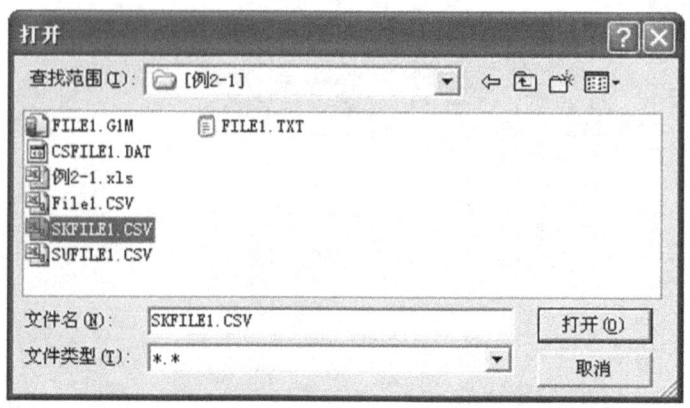

图 2 – 19　在"打开"对话框中选择全站仪坐标文件 SKFILE1.csv

在"文件"栏输入字符"JOB1"（可以在 JOB1~JOB10 之间任意选择），在"版本"栏输入字符"SDR33 V04 – 04.02"，执行下拉菜单"转换\ 转 SDR33 格式"命令，执行下拉菜单"文件\ 另存为"命令以 JOB1.sdr 文件名存盘后，才能执行下拉菜单"通讯"下的命令，将其上传到索佳 SET 系列全站仪内存文件 JOB1 中。

本案例的全部文件位于光盘"\ 2 章\ [例 2 – 1]\ "路径下，请读者播放光盘"\ 操作视频\ 2.3\ [例 2 – 1]操作视频.avi"文件观看操作方法。

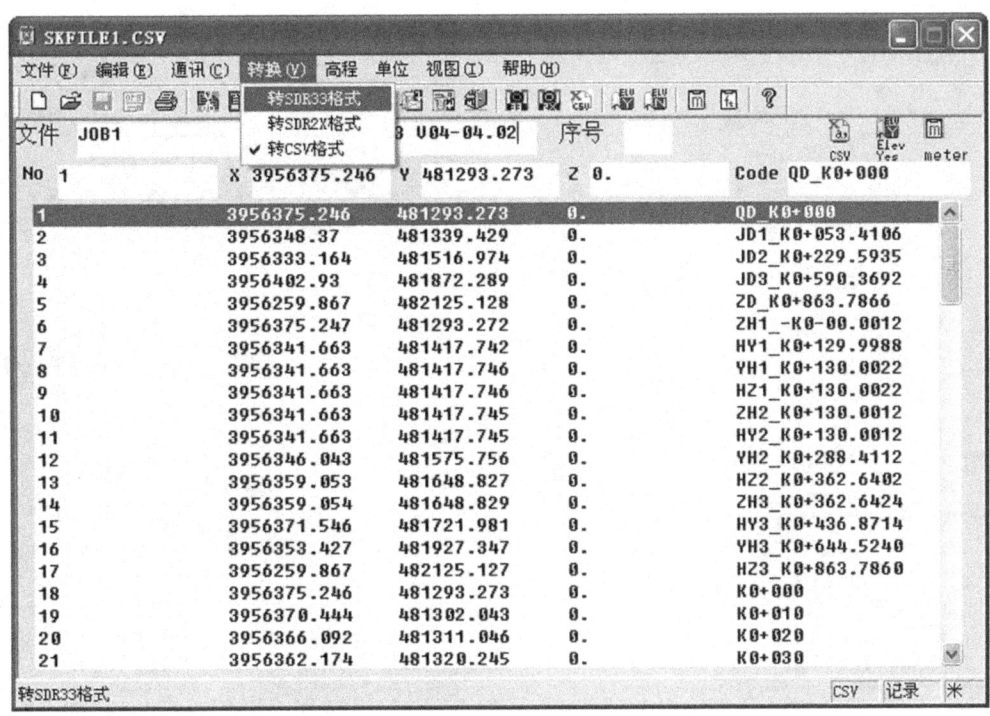

图 2-20 使用索佳 Coord.exe 软件打开全站仪坐标文件 SKfile1.csv 的界面

2.4 交点法设计的高速公路匝道工程案例 2

[例 2-2] 如图 2-21 所示的高速公路 D 匝道有 3 个交点，试验算各交点缓和曲线的起讫半径，用 Q2X8 程序计算平曲线的主点数据。

[解] (1) 在 MS-Excel 输入平曲线设计数据并探测非完整缓和曲线的位置

启动 MS-Excel，按表 2-1 的规定，在 File2 选项卡输入本例 3 个交点的平曲线设计数据。

因本例的 3 个缓和曲线参数有 2 个为整数，故直接在 D、F 列的相应单元输入缓和曲线参数的设计值，结果如图 2-22 所示。

为了快速探测非完整缓和曲线的位置，应用式(2-9)反算各缓和曲线的完整缓和曲线长，其中，各交点的第一缓和曲线长在 G 列计算，第二缓和曲线长在 H 列计算。

① 各交点第一缓和曲线长的验证

在 G1 与 G2 单元输入 0，在 G3 单元输入表达式"=D3^2/$E3"，算出 DJD2 的第一缓和曲线长为 83.333m，因不等于其设计值 78.889m，所以该缓和曲线为非完整缓和曲线，标记 D3、G3 单元为灰底色，需要确定其起点半径 R_{ZH}。

将 G3 单元复制到 G4 单元；算出 DJD3 的第一缓和曲线长为 88.889，因不等于其设计值 102.289m，所以该缓和曲线为非完整缓和曲线，标记 D4、G4 单元为灰底色，需要确定其起点半径 R_{ZH}。

四川省绵阳至遂宁高速公路(G93)绵阳段一期土建工程LJ04标
松垭互通式立交D匝道直线、曲线及转角表(局部)
设计单位：华杰工程咨询有限公司
施工单位：南京东部路桥工程有限公司

交点号	交点桩号及交点坐标		转角	曲线要素/m				
				半径	缓和曲线参数	缓和曲线长	切线长	曲线总长	切曲差(校正值)
SP	桩	DK0+000							
	N	3 473 541.830							
	E	488 018.722 8							
DJD1	桩	DK0+092.552	4°42′39.6″(Y)	2 250	0	0	92.552	130	0.143
	N	3 473 485.251			0	0	92.552		
	E	488 091.967 1							
DJD2	桩	DK0+236.611	19°50′16.″(Y)	120	100	78.889	51.611	232.642	0.669
	N	3 473 388.049			0	0	27.947		
	E	488 198.432 1							
DJD3	桩	DK0+658.459	157°33′27.4″(Y)	72	80	35.556	394.570	245.568	573.703
	N	3 473 014.183			102.289	108.445	424.701		
	E	488 395.268 2							
EP	桩	DK0+509.457							
	N	3 473 285.989							
	E	488 068.935 9							

图 2-21 松垭互通式立交 D 匝道直线、曲线及转角表(局部)

图 2-22 在 MS-Excel 的 File2 选项卡输入 D 匝道的交点法平曲线设计数据并探测非完整缓和曲线的位置

② 各交点第二缓和曲线长的验证

在 H1～H3 单元输入 0，在 H4 单元输入表达式"= F4^2/$E4"，算出 DJD3 的第二缓和曲线长为 145.32m，因不等于其设计值 108.445m，所以该缓和曲线为非完整缓和曲线，标记 F4、H4 单元为灰底色，需要确定其终点半径 R_{HZ}。

本例的 3 条缓和曲线均为非完整缓和曲线，其位置如图 2-22 灰底色单元所示，需要计算这些单元非完整缓和曲线的起讫半径。

☞ 在图 2-2 所示的案例中，因其缓和曲线参数绝大部分为非整数，可以依据式(2-9)在 D 列与 F 列输入表达式计算完整缓和曲线参数的精确值，与其设计参数值相等时，为完整缓和曲线，否则为非完整缓和曲线。而本例的缓和曲线参数有 2 个为整数，只有 1 个为非整数，可以在 D 列与 F 列直接输入缓和曲线参数的设计值，而在 G 列与 H 列，依据式(2-9)计算完整缓和曲线的线长，与其设计线长值相等时，为完整缓和曲线，否则为非完整缓和曲线。

(2)缓和曲线起讫半径的确定

① DJD2 第一缓和曲线起点半径 R_{ZH} 的验算

如图 2-21 所示，DJD2 的第一缓和曲线是与 DJD1 半径为 2 250m 的单圆曲线衔接，DJD2 的圆曲线半径 $R=120$m，可以认为 DJD2 第一缓和曲线的起点半径 $R_{ZH} > R = 120$m，由式(2-8)，得

$$R_{ZH} = \left(R^{-1} - \frac{L_{h1}}{A_1^2}\right)^{-1} = \left(120^{-1} - \frac{78.889}{100^2}\right)^{-1} = 2\,250.056\,251\text{m} \approx 2\,250\text{m}$$

② DJD3 第一缓和曲线起点半径 R_{ZH} 的验算

如图 2-21 所示，DJD3 的第一缓和曲线是与 DJD2 半径为 120m 的圆曲线衔接，DJD3 的圆曲线半径 $R=72$m，可以认为 DJD3 第一缓和曲线的起点半径 $R_{ZH} > R = 72$m，由式(2-8)，得

$$R_{ZH} = \left(R^{-1} - \frac{L_{h1}}{A_1^2}\right)^{-1} = \left(72^{-1} - \frac{35.556}{80^2}\right)^{-1} = 120.000\,1\text{m} \approx 120\text{m}$$

③ DJD3 第二缓和曲线终点半径 R_{HZ} 的验算

因 DJD3 第二缓和曲线终点也是 D 匝道的终点，没有再与其他线元衔接，所以，很难判断其终点半径是满足 $R_{HZ} > R$ 还是 $R_{HZ} < R$，只能分别计算这两种情形的 R_{HZ}，再用缓和曲线偏角差方程选择。

设 $R_{HZ} > R$，由式(2-8)，得

$$R'_{HZ} = \left(R^{-1} - \frac{L_{h2}}{A_2^2}\right)^{-1} = \left(72^{-1} - \frac{108.445}{102.289^2}\right)^{-1} = 283.743\,495\,8\text{m}$$

设 $R_{HZ} < R$，由式(2-8)，得

$$R''_{HZ} = \left(R^{-1} + \frac{L_{h2}}{A_2^2}\right)^{-1} = \left(72^{-1} + \frac{108.445}{102.289^2}\right)^{-1} = 41.231\,217\,05\text{m}$$

上述算出的 R'_{HZ} 与 R''_{HZ} 都是正数，都能满足第二缓和曲线线长方程，还需要使用偏角差方程验算并从中选择一个正确的半径值。

一般地，设参数为 A 的缓和曲线上任意点 j 的曲率半径为 ρ_j，则该点相对于原点（$\rho = \infty$ 点）的偏角为

$$\beta_j = \frac{A^2}{2\rho_j^2} = \frac{A^2}{2\left(\frac{A^2}{l_j}\right)^2} = \frac{l_j^2}{2A^2} \tag{2-13}$$

由此得 DJD3 第一缓和曲线的偏角差为

$$\Delta\beta_1 = \frac{A_1^2}{2R^2} - \frac{A_1^2}{2R_{ZH}^2} = \frac{80^2}{2\times72^2} - \frac{80^2}{2\times120^2} = 0.395\,061\,728\,4 \text{ 弧度} = 22°38'7.33''$$

由图 2-21 所示的直曲表可知，DJD3 的曲线总长为 $L=245.568$m，则圆曲线长为

$$L_y = L - L_{h1} - L_{h2} = 245.568 - 35.556 - 108.445 = 101.567\text{m}$$

对应的圆心角为

$$\beta_y = \frac{L_y}{R} = \frac{101.567}{72} = 1.410\,652\,778 \text{ 弧度} = 80°49'28.02''$$

所以，DJD3 第二缓和曲线偏角差的理论值应为

$\Delta \tilde{\beta}_2 = \Delta - \Delta \beta_1 - \beta_y = 157°33'27.4'' - 22°38'7.33'' - 80°49'28.02'' = 54°5'52.05'' = 0.944\ 184\ 582$ 弧度

式中，Δ 为 DJD3 的转角。

当取 $R'_{HZ} = 283.743\text{m}$ 时，第二缓和曲线偏角差的实际值为

$\Delta \beta'_2 = \dfrac{A_2^2}{2R^2} - \dfrac{A_2^2}{2R'^2_{HZ}} = \dfrac{102.289^2}{2 \times 72^2} - \dfrac{102.289^2}{2 \times 283.743^2} = 0.944\ 186\ 942\ 1$ 弧度 $\approx \Delta \tilde{\beta}_2$

取 $R''_{HZ} = 41.231\text{m}$ 时，第二缓和曲线偏角差的实际值为

$\Delta \beta''_2 = \dfrac{A_2^2}{2R''^2_{HZ}} - \dfrac{A_2^2}{2R^2} = \dfrac{102.289^2}{2 \times 41.231^2} - \dfrac{102.289^2}{2 \times 72^2} = 2.068\ 206\ 342$ 弧度 $\neq \Delta \tilde{\beta}_2$

由此可知，应取 $R_{HZ} = R'_{HZ} = 283.743\text{m}$ 才能满足偏角差方程。上述计算结果汇总于表 2-10。

表 2-10　D 匝道非完整缓和曲线起讫半径的验算结果

交点号	第一缓和曲线		圆曲线半径	第二缓和曲线	
	A_1	R_{ZH}	R	A_2	R_{HZ}
CJD2	100	2 250	120	0	无
CJD3	80	120	72	102.289	283.743

（3）输出 CSV 格式文件并上载到 fx-9860GⅡ主存储器

将 File2 选项卡的数据另存为 File2.csv 文件，退出 MS-Excel。使用 FA-124 通信软件，将 File2.csv 文件上载到 fx-9860GⅡ主存储器的 File2 串列文件。

在 fx-9860GⅡ按 [MENU] [2] 键进入 **STAT** 模式，按 [SHIFT] [SETUP] 键调出设置菜单，按 ▼ ▼ 键移动光标到"List File"行，按 [F1]（[FILE]）[2] [EXE] [EXE] 键设置 File2 为当前串列文件。

移动光标到 List 4[3] 串列单元，按 [F6]（▷）[F2]（[EDIT]）键编辑光标单元的数值，添加 2250 为其复数虚部数值；同理，编辑 List 4[4] 串列单元，添加 120 为其复数虚部数值；编辑 List 6[4] 串列单元，添加 283.743 为其复数虚部数值，结果如图 2-23 所示。

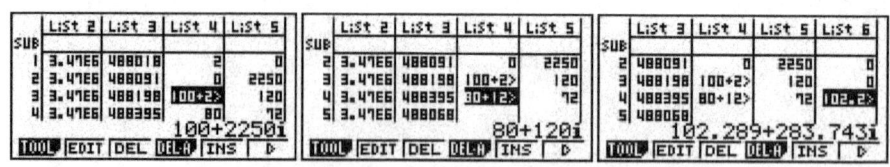

图 2-23　在 **STAT** 模式添加 List 4[3]、List 4[4]、List 6[4] 串列单元的复数虚部数值

🔗 如图 2-22 所示，在将 File2 选项卡的数据另存为 File2.csv 文件之前，不需要删除 G 列与 H 列粗黑框所示的缓和曲线长验算数据，因为根据表 2-1 的规定，执行 Q2X8 程序计算平曲线主点数据时，G 列用于存储程序反算出的各交点转角 Δ，H 列用于存储程序算出的各交点第一切线长 T_1，并自动用相应的计算结果覆盖 G 与 H 列的原有数值。

（4）执行 Q2X8 程序计算平曲线主点数据

在 fx-9860GⅡ执行 Q2X8 程序，计算 D 匝道平曲线主点数据的屏幕提示与用户操作过程如下：

屏幕提示	按键	说明
JD curve xyH Q2X8		显示程序标题
new(0)/old(≠0) main point data=?	0 EXE	输入 0 为重新计算主点数据
hor-curve first JD num=?	1 EXE	输入平曲线起始交点号(number)
Z_{ZD}(m)=509.4575	EXE	显示平曲线终点设计桩号(0.5mm)/耗时 4.59s
α_{ZD}=309°47′28.72″	EXE	显示平曲线终点走向方位角
Press [MENU][2]⇒Stop!	EXE	继续计算
Del List 4/List 6 Imp, yes(0)/no(≠0)=?	0 EXE	输入 0 删除 List 4 与 List 6 串列复数虚部数值
st xy new(0)/old(>0)/no(<0)=?	MENU 2	停止程序并进入 STAT 模式查看主点数据

执行 Q2X8 程序，完成交点平曲线主点数据计算后，只要屏幕显示的终点桩号与设计图纸相符，就说明用户已正确输入了平曲线设计数据。本案例的全部文件位于光盘"\2章\［例 2-2］\"路径下，请读者播放光盘"\操作视频\2.4\［例 2-2］操作视频.avi"文件观看操作方法。

2.5 交点法设计的高速公路匝道工程案例 3

［例 2-3］ 如图 2-24 所示的高速公路 F 匝道有 5 个交点，试验算各交点缓和曲线的起讫半径，用 Q2X8 程序计算平曲线的主点数据。

［解］ (1) 在 MS-Excel 输入平曲线设计数据并探测非完整缓和曲线的位置

启动 MS-Excel，按表 2-1 的规定，在 File3 选项卡输入本例 5 个交点的平曲线设计数据。

因本例的 5 个缓和曲线参数均为整数，故直接在 D、F 列的相应单元输入缓和曲线参数，在 G、H 列输入表达式计算缓和曲线长来探测非完整缓和曲线的位置，结果如图 2-25 所示。

① 各交点第一缓和曲线长的验证

在 G2 单元输入表达式"=D2^2/$E2"，算出 FJD1 的第一缓和曲线长为 86.806m，因等于其设计值 86.806m，所以该缓和曲线为完整缓和曲线。

将 G2 单元复制到 G3～G6 单元，G4 单元的值为 91.429m，因不等于其设计值 62.984m，所以该缓和曲线为非完整缓和曲线，标记 D4、G4 单元为灰底色，需要确定其起点半径 R_{ZH}。

G5 单元的值为 87.781m，因等于其设计值 87.781m，所以该缓和曲线为完整缓和曲线。

② 各交点第二缓和曲线长的验证

在 H2 单元输入表达式"=F2^2/$E2"，算出 FJD1 的第二缓和曲线长为 98.889m，因不等于其设计值 146.768m，所以该缓和曲线为非完整缓和曲线，标记 F2、H2 单元为

浙江省嘉兴至绍兴跨江公路通道南岸连接线
第5合同段沽诸枢纽F匝道直线、曲线及转角表(局部)
设计单位：浙江省交通规划设计研究院
施工单位：浙江省交通工程建设集团

交点号	交点桩号及交点坐标		转角	半径	曲线要素/m					
					缓和曲线参数	缓和曲线长	切线长	曲线总长	切曲差(校正值)
SP	桩	FK0+000							
	N	3 327 913.672							
	E	477 887.890							
FJD1	桩	FK0+571.666	59°20′20″(Z)	180	125	86.806	146.768	259.866	20.437
	N	3 327 856.638							
	E	478 456.704			130	75.111	133.535		
FJD2	桩	FK0+844.242	20°05′49″(Z)	900	0	0	159.479	315.680	3.278
	N	3 328 092.523							
	E	478 630.530			0	0	159.479		
FJD3	桩	FK1+120.912	36°11′11″(Z)	280	160	62.984	120.468	262.996	8.022
	N	3 328 361.231							
	E	478 709.055			175	109.375	150.550		
FJD4	桩	FK1+404.456	13°48′13″(Y)	800	265	87.781	141.016	262.543	1.030
	N	3 328 631.764							
	E	478 600.321			320	81.455	122.557		
FJD5	桩	FK1+784.348	13°23′46″(Y)	2 199.985	0	0	258.366	514.375	2.357
	N	3 329 008.893							
	E	478 546.696			0	0	258.366		
EP	桩	FK2+040.358							
	N	3 329 266.153							
	E	478 570.576							

图 2-24　沽诸枢纽 F 匝道直线、曲线及转角表(局部)

图 2-25　在 MS-Excel 的 File3 选项卡输入 F 匝道的交点法平曲线设计数据
　　　　　并探测非完整缓和曲线的位置

灰底色，需要确定其终点半径 R_{HZ}。

将 H2 单元复制到 H3~H6 单元，H4 的值为 109.375m，因等于其设计值 109.375m，所以该缓和曲线为完整缓和曲线。

H5 的值为 128m，因不等于其设计值 81.455m，所以该缓和曲线为非完整缓和曲线，标记 F5、H5 单元为灰底色，需要确定其终点半径 R_{HZ}。

本例共有 5 条缓和曲线，其中的 3 条缓和曲线为非完整缓和曲线，其位置如图 2 - 25 灰底色单元所示。

(2) 缓和曲线起讫半径的确定

① FJD1 第二缓和曲线终点半径 R_{HZ} 的验算

如图 2 - 24 所示，FJD1 第二缓和曲线与 FJD2 半径为 900m 的单圆曲线衔接，FJD1 的圆曲线半径 $R = 180$m，可以认为 FJD1 第二缓和曲线的终点半径 $R_{HZ} > R = 180$m，由式(2 - 8)，得

$$R_{HZ} = \left(R^{-1} - \frac{L_{h2}}{A_2^2}\right)^{-1} = \left(180^{-1} - \frac{75.111}{130^2}\right)^{-1} = 899.994\ 674\ 6\text{m} \approx 900\text{m}$$

② FJD3 第一缓和曲线起点半径 R_{ZH} 的验算

FJD3 第一缓和曲线是与 FJD2 半径为 900m 的单圆曲线衔接，FJD3 的圆曲线半径 $R = 280$m，可以认为 FJD3 第一缓和曲线的起点半径 $R_{ZH} > R = 280$m，由式(2 - 8)，得

$$R_{ZH} = \left(R^{-1} - \frac{L_{h1}}{A_1^2}\right)^{-1} = \left(280^{-1} - \frac{62.984}{160^2}\right)^{-1} = 899.995\ 982\ 2\text{m} \approx 900\text{m}$$

③ FJD4 第二缓和曲线终点半径 R_{HZ} 的验算

FJD4 第二缓和曲线是与 FJD5 半径为 2 199.985m 的单圆曲线衔接，FJD4 的圆曲线半径 $R = 800$m，可以认为 FJD4 第二缓和曲线的终点半径 $R_{HZ} > R = 800$m，由式(2 - 8)，得

$$R_{HZ} = \left(R^{-1} - \frac{L_{h2}}{A_2^2}\right)^{-1} = \left(800^{-1} - \frac{81.455}{320^2}\right)^{-1} = 2\ 200.021\ 485\text{m} \approx 2\ 199.985\text{m}$$

上述计算结果汇总于表 2 - 11。

表 2 - 11　F 匝道非完整缓和曲线起讫半径的验算结果

交点号	第一缓和曲线		圆曲线半径	第二缓和曲线	
	A_1	R_{ZH}	R	A_2	R_{HZ}
FJD1	125	∞	180	130	900
FJD3	160	900	280	175	∞
FJD4	265	∞	800	320	2 199.985

(3) 输出 CSV 格式文件并上载到 fx-9860GⅡ主存储器

将 File3 选项卡的数据另存为 File3.csv 文件，退出 MS-Excel。使用 FA - 124 通信软件，将 File3.csv 文件上载到 fx-9860GⅡ主存储器的 File3 串列文件。

在 fx-9860GⅡ按 [MENU] [2] 键进入 **STAT** 模式，按 [SHIFT] [SETUP] 键调出设置菜单，按 [▼] [▼] 键移动光标到"List File"行，按 [F1]([FILE]) [3] [EXE] [EXE] 键设置 File3 为当前串列文件。

移动光标到 List 6[2] 串列单元，按 [F6]([▷]) [F2]([EDIT]) 键编辑光标单元的数值，添加 900 为其复数虚部数值；同理，编辑 List 4[4] 串列单元，添加 900 为其复数虚部数值；编辑 List 6[5] 串列单元，添加 2199.985 为其复数虚部数值，结果如图 2 - 26 所示。

(4) 执行 Q2X8 程序计算平曲线主点数据

执行 Q2X8 程序，计算 F 匝道平曲线主点数据的屏幕提示与用户操作过程如下：

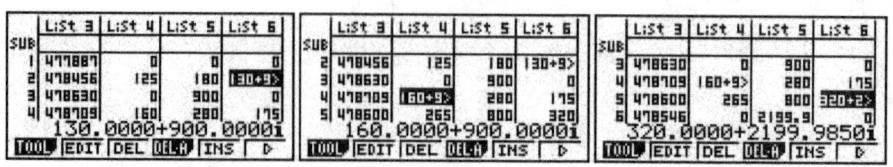

图 2-26 在 STAT 模式添加 List 6[2]、List 4[4]、List 6[5] 串列单元的复数虚部数值

屏幕提示	按键	说明
JD curve xyH Q2X8		显示程序标题
new(0)/old(≠0) main point data=?	**0** EXE	输入 0 为重新计算主点数据
hor-curve first JD num=?	**12** EXE	输入平曲线起始交点号(number)
Z_{ZD}(m)=2040.3588		显示平曲线终点设计桩号(0.8mm)/耗时 6.4s
$α_{ZD}$=5°18′11.69″	EXE	显示平曲线终点走向方位角
Press [MENU][2]≒Stop!	EXE	继续计算
Del List 4/List 6 Imp, yes(0)/no(≠0)=?	**0** EXE	输入 0 删除 List 4 与 List 6 串列复数虚部数值
st xy new(0)/old(>0)/no(<0)=?	MENU ②	停止程序并进入 STAT 模式查看主点数据

执行 Q2X8 程序，完成交点平曲线主点数据计算后，只要屏幕显示的终点桩号与设计图纸相符，就说明用户已正确输入了平曲线设计数据。本案例的全部文件位于光盘"\2章\［例2-3］\"路径下，请读者播放光盘"\操作视频\2.5\［例2-3］操作视频.avi"文件观看操作方法。

2.6　交点法设计的高速公路匝道工程案例 4

［例 2-4］　如图 2-27 所示的高速公路 B 匝道有 2 个交点，试验算各交点缓和曲线的起讫半径，用 Q2X8 程序计算平曲线的主点数据；计算加桩 BK0+365 的中桩坐标，计算边桩点(4 215 196.706，445 574.846)的桩号、边距及其中桩坐标。

［解］　（1）在 MS-Excel 输入平曲线设计数据并探测非完整缓和曲线的位置

启动 MS-Excel，按表 2-1 的规定，在 File4 选项卡输入本例 2 个交点的平曲线设计数据。

因本例的 2 个缓和曲线参数均为整数，故直接在 D、F 列的相应单元输入缓和曲线参数，在 G、H 列输入表达式计算缓和曲线长来探测非完整缓和曲线的位置，结果如图 2-28 所示。

① 各交点第一缓和曲线长的验证

在 G1、G2 单元输入 0，在 G3 单元输入表达式"=D3^2/$E3"，算出 BJD2 的第一缓和曲线长为 78.75m，因等于其设计值 78.75m，所以该缓和曲线为完整缓和曲线。

② 各交点第二缓和曲线长的验证

在 H1 单元输入 0，在 H2 单元输入表达式"=F2^2/$E2"，算出 BJD1 的第二缓和曲线长为 82.972m，因等于其设计值 82.972m，所以该缓和曲线为完整缓和曲线。

山西省平定至阳曲高速公路12标
孟县南互通式立交B匝道直线、曲线及转角表(局部)
设计单位：山西省交通规划勘察设计院
施工单位：山西华通路桥集团有限公司

交点号	交点桩号及交点坐标		转角	半径	曲线要素/m				
					缓和曲线参数	缓和曲线长	切线长	曲线总长	切曲差(校正值)
SP	桩	BK0+000							
	N	4 214 873.977							
	E	445 546.054							
BJD1	桩	BK0+027.663	2°36′28.5″(Z)	911.448	0	0	27.663	82.972	0.011
	N	4 214 896.629			275	82.972	55.321		
	E	445 530.174							
BJD2	桩	BK0+649.807	148°42′37.6″(Y)	140	105	78.75	566.835	433.619	638.889
	N	4 215 389.292			360	239.092	550.673		
	E	445 150.226							
EP	桩	BK0+516.592							
	N	4 215 191.315							
	E	445 664.080							

图2-27　孟县南互通式立交B匝道直线、曲线及转角表(局部)

图2-28　在MS-Excel的File3选项卡输入B匝道的交点法平曲线设计数据
并探测非完整缓和曲线的位置

将H2单元复制到H3单元，H3的值为925.714m，因不等于其设计值239.093m，所以该缓和曲线为非完整缓和曲线，标记F3、H3单元为灰底色，需要确定其终点半径R_{HZ}。

本例共有3条缓和曲线，其中的1条缓和曲线为非完整缓和曲线，其位置如图2-28灰底色单元所示。

(2)BJD2第二缓和曲线终点半径R_{HZ}的验算

因BJD2第二缓和曲线终点也是B匝道的终点，没有再与其他线元衔接，所以，很难判断其终点半径$R_{HZ}>R$还是$R_{HZ}<R$，只能分别计算这两种情形的R_{HZ}，再用缓和曲线偏角差方程选择。

设$R_{HZ}>R$，由式(2-8)，得

$$R'_{HZ} = \left(R^{-1} - \frac{L_{h2}}{A_2^2}\right)^{-1} = \left(140^{-1} - \frac{239.092}{360^2}\right)^{-1} = 188.750\ 063\ 5\text{m}$$

设$R_{HZ}<R$，由式(2-8)，得

$$R''_{HZ} = \left(R^{-1} + \frac{L_{h2}}{A_2^2}\right)^{-1} = \left(140^{-1} + \frac{239.092}{360^2}\right)^{-1} = 111.2631358 \text{m}$$

上述算出的 R'_{HZ} 与 R''_{HZ} 都是正数，都能满足第二缓和曲线线长方程，还需要使用偏角差方程验算并从中选择一个正确的半径值。

因 BJD2 的第一缓和曲线为完整缓和曲线，其偏角为

$$\beta_{h1} = \frac{A_1^2}{2R^2} = \frac{105^2}{2 \times 140^2} = 0.28125 \text{ 弧度}$$

BJD2 的圆曲线长为 $L_y = L - L_{h1} - L_{h2} = 433.619 - 78.75 - 239.092 = 115.777$，圆曲线长所夹圆心角为

$$\beta_y = \frac{L_y}{R} = \frac{115.777}{140} = 0.8269785714 \text{ 弧度}$$

因 BJD2 的转角为 $\Delta = 148°42'37.6'' \times \pi \div 180 = 2.595486888$ 弧度，所以，第二缓和曲线偏角差的理论值应为

$$\tilde{\beta}_{h2} = \Delta - \beta_{h1} - \beta_y = 2.595486888 - 0.28125 - 0.8269785714 = 1.487258316 \text{ 弧度}$$

取 $R'_{HZ} = 188.7500635 \text{m}$ 时，第二缓和曲线的偏角差为

$$\beta'_{h2} = \frac{A_2^2}{2R^2} - \frac{A_2^2}{2R_{HZ}^2} = \frac{360^2}{2 \times 140^2} - \frac{360^2}{2 \times 188.7500635^2} = 1.487256079 \text{ 弧度} \approx \tilde{\beta}_{h2}$$

取 $R''_{HZ} = 111.2631358 \text{m}$ 时，第二缓和曲线的偏角差为

$$\beta''_{h2} = \frac{A_2^2}{2R_{HZ}^2} - \frac{A_2^2}{2R^2} = \frac{360^2}{2 \times 111.2631358^2} - \frac{360^2}{2 \times 140^2} = 1.928343926 \text{ 弧度} \neq \tilde{\beta}_{h2}$$

由此可知，应取 $R_{HZ} = R'_{HZ} = 188.75 \text{m}$ 时才能满足偏角方程。上述半径验算结果汇总于表 2-12。

表 2-12 B 匝道非完整缓和曲线起讫半径的验算结果

交点号	第一缓和曲线		圆曲线半径	第二缓和曲线	
	A_1	R_{ZH}	R	A_2	R_{HZ}
BJD2	105	∞	140	360	188.75

（3）缓和曲线切线支距坐标计算公式的精度分析

取四项的幂级数形式切线支距坐标公式为[1]

$$\left.\begin{aligned} x' &= l - \frac{l^5}{40A^4} + \frac{l^9}{3456A^8} - \frac{l^{13}}{599040A^{12}} \\ y' &= \frac{l^3}{6A^2} - \frac{l^7}{336A^6} + \frac{l^{11}}{42240A^{10}} - \frac{l^{15}}{9676800A^{14}} \end{aligned}\right\} \quad (2-14)$$

切线支距坐标的积分公式为

$$\left.\begin{aligned} x' &= \int_0^l \cos\frac{l^2}{2A^2} dl \\ y' &= \int_0^l \sin\frac{l^2}{2A^2} dl \end{aligned}\right\} \quad (2-15)$$

文献[1]证明了，当取切线支距坐标的计算精度为 ±1mm 时，式(2-14)的第一式要求缓和曲线测点的原点偏角 $\beta \leq 50°$，式(2-14)的第二式要求缓和曲线测点的原点偏角 $\beta \leq 65°$，否则应使用式(2-15)的积分公式计算。

本例 BJD2 的第一缓和曲线为完整缓和曲线，HY 点的原点偏角为最大，其值为

$$\beta_{HY} = \frac{A_1^2}{2R^2} = \frac{105^2}{2 \times 140^2} = 0.281\ 25 \text{ 弧度} = 16°6'51.98'' < 50°$$

因此，可以使用式(2-14)计算其切线支距坐标。

BJD2 的第二缓和曲线为非完整缓和曲线，起点 YH 的半径 $R = 140$m，终点半径为 $R_{HZ} = 188.75$m，YH 点的原点偏角为最大，其值为

$$\beta_{YH} = \frac{A_2^2}{2R^2} = \frac{360^2}{2 \times 140^2} = 3.306\ 122\ 449 \text{ 弧度} = 189°25'36.71'' > 65°$$

HZ 点的原点偏角为最小，其值为

$$\beta_{HZ} = \frac{A_2^2}{2R^2} = \frac{360^2}{2 \times 188.75^2} = 1.818\ 867\ 594 \text{ 弧度} = 104°12'48.37'' > 65°$$

可见，第二缓和曲线所有测点的切线支距坐标都应使用式(2-15)的积分公式计算。

由式(2-9)，得 HZ 点的原点线长为

$$l_{HZ} = \frac{A_2^2}{R_{HZ}} = \frac{360^2}{188.75} = 686.623\text{m}$$

分别使用式(2-14)与式(2-15)，在 fx-9860GⅡ编程计算 BJD2 的第一缓和曲线 HY 点、第二缓和曲线 YH 点与 HZ 点的切线支距坐标结果列于表2-13。

表2-13 BJD2 第一与第二缓和曲线起讫点切线支距坐标计算结果比较

	第一缓和曲线设计数据 $A_1 = 105$, $R_{HY} = 140$, $l_{HY} = 78.75$m					
HY 点原点偏角	式(2-14)/耗时 0.187s		式(2-15)/耗时 0.336s		差	
	x_{HZ}/m	y_{HZ}/m	x_{HZ}/m	y_{HZ}/m	Δx_{HZ}/m	Δy_{HZ}/m
16°6′51.98″	78.129 4	7.341 2	78.129 4	7.341 2	0	0
	第二缓和曲线设计数据 $A_2 = 360$, $R_{HZ} = 188.75$, $l_{HZ} = 686.623$m					
YH 点原点偏角	式(2-14)/耗时 0.092s		式(2-15)/耗时 0.331s		差	
	x_{HZ}/m	y_{HZ}/m	x_{HZ}/m	y_{HZ}/m	Δx_{HZ}/m	Δy_{HZ}/m
104°12′48.37″	491.603 5	327.677	491.72	327.698 2	-0.116 5	0.021 2
	第二缓和曲线设计数据 $A_2 = 360$, $R_{YH} = 140$, $l_{HZ} = 925.714$m					
HZ 点原点偏角	式(2-14)/耗时 0.09s		式(2-15)/耗时 0.327s		差	
	x_{YH}/m	y_{YH}/m	x_{YH}/m	y_{YH}/m	Δx_{YH}/m	Δy_{YH}/m
189°25′36.71″	296.745 8	447.821 5	314.253 6	453.667 2	-17.507 7	-5.845 8

应用 fx-9860GⅡ编程计算时，使用级数公式(2-14)的计算耗时普遍小于使用积分公式(2-15)计算的耗时。例如 HY 点使用级数公式(2-14)的计算耗时为 0.187s，使用积分公式(2-15)的计算耗时为 0.336s，后者是前者的 0.336/0.187 = 1.8 倍。同理，YH 点的计算耗时后者是前者的 0.331/0.092 = 3.6 倍；HZ 点的计算耗时后者是前者的 0.327/

0.09 = 3.63 倍。

表 2 – 13 的结果说明，缓和曲线细部点的原点偏角越大，两式计算的切线支距坐标差也越大。因第二缓和曲线的原点偏角普遍较大，使用级数公式(2 – 14)计算的误差也比较大。

图 2 – 29 为分别使用式(2 – 14)与式(2 – 15)计算第二缓和曲线($A = 360$)偏角 β 从 0°变化到 360°的切线支距坐标绘制的整圆周完整缓和曲线，该图更直观地反映了两式算出的缓和曲线细部点坐标受其原点偏角变化的影响。

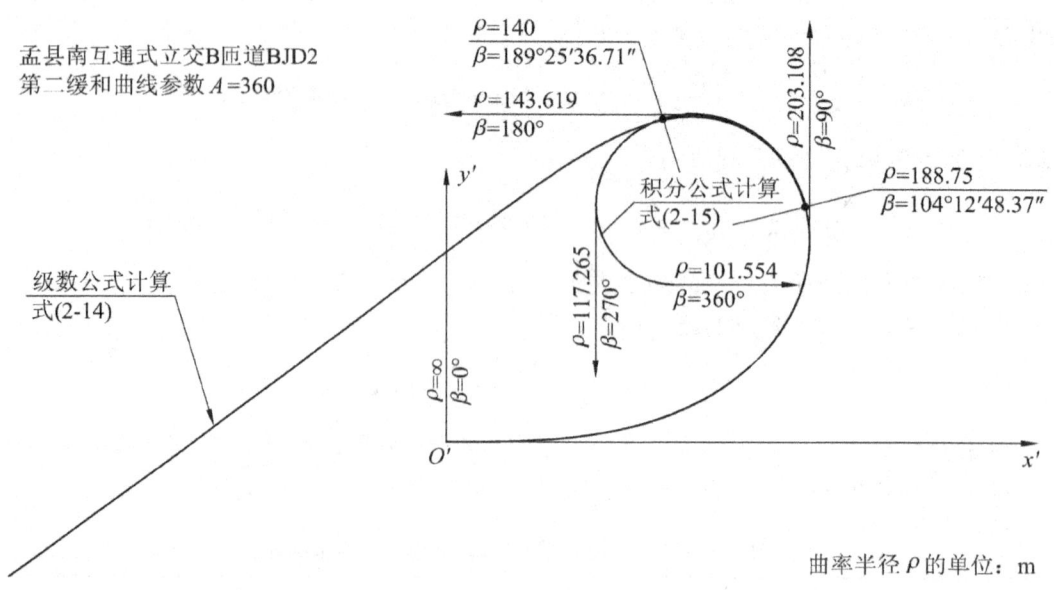

图 2 – 29　应用级数公式(2 – 14)与积分公式(2 – 15)计算缓和曲线切线支距坐标结果的比较

Q2X8 程序在计算缓和曲线细部点的切线支距坐标时，能根据细部点原点偏角的大小，自动在式(2 – 14)与式(2 – 15)两者中选择合适的公式计算，以确保切线支距坐标的计算误差控制在 ±1mm 以内。

（4）输出 CSV 格式文件并上载到 fx-9860GⅡ主存储器

将 File4 选项卡的数据另存为 File4.csv 文件，退出 MS-Excel。使用 FA – 124 通信软件，将 File4.csv 文件上载到 fx-9860GⅡ主存储器的 File4 串列文件。

在 fx-9860GⅡ按 MENU 2 键进入 STAT 模式，按 SHIFT SET UP 键调出设置菜单，按 ▼ ▼ 键移动光标到"List File"行，按 F1 (FILE) 4 EXE EXE 键设置 File4 为当前串列文件。

移动光标到 List 6[3] 串列单元，按 F6 (▷) F2 (EDIT) 键编辑光标单元的数值，添加 188.75 为其复数虚部数值，结果如图 2 – 30 所示。

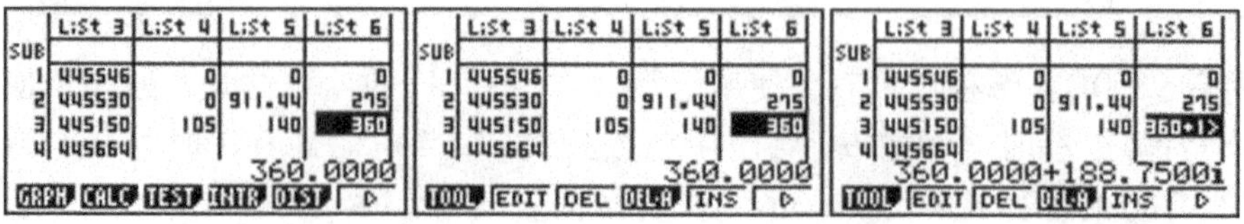

图 2 – 30　在 STAT 模式添加 List 6[3] 串列单元的复数虚部数值

（5）执行 Q2X8 程序计算平曲线主点数据及坐标正算

在 fx-9860GⅡ执行 Q2X8 程序，选择 BJD1 为测站点，计算 B 匝道平曲线主点数据及坐标正算的屏幕提示与用户操作过程如下：

屏幕提示	按键	说明
JD curve xyH Q2X8		显示程序标题
new(0)/old(≠0) main point data=?	0 EXE	输入 0 为重新计算主点数据
hor-curve first JD num=?	1 EXE	输入平曲线起始交点号（number）
Z_{ZD}(m)=516.5914		显示平曲线终点设计桩号（-0.6mm）/耗时 3.91s
α_{ZD}=111°04′14.2″	EXE	显示平曲线终点走向方位角
Press [MENU][2]⇌Stop!	EXE	继续计算
Del List 4/List 6 Imp, yes(0)/no(≠0)=?	0 EXE	输入 0 删除 List 4 与 List 6 串列复数虚部数值
st xy new(0)/old(>0)/no(<0)=?	0 EXE	输入 0 选择重新输入测站点（station）
station JD(<0)/Mat S(>0)/x(m)=?	-2 EXE	输入 -2 选择 BJD1 为测站点
Z→xy(1)/xy→Z(2)/pier(4)=?	1 EXE	输入 1 选择坐标正算
+Z(m),<QD⇌end=?	365 EXE	输入加桩号
Z_j=365.0000		重复显示加桩号/耗时 1.18s
x_j=4215182.059		显示中桩坐标
y_j=445517.7578		
α_j=59°58′28.17″	EXE	显示中桩走向方位角
Z_j=365.0000		重复显示加桩号
x_j=4215182.059		重复显示中桩坐标
y_j=445517.7578		
HD=285.7001		显示测站点至加桩的放样平距
HR=357°30′33.17″	EXE	显示测站点至加桩的方位角（全站仪右旋角）
W_L(m) ± ∠γi,0⇌no=?	2.5 EXE	输入左边距
Z_j=365.0000		重复显示加桩号
x_L=4215184.224		重复显示左边桩坐标
y_L=445516.5069		
H_L=no design H	EXE	显示左边桩无设计高程
d_L=2.5000		显示用户输入的左边距
x_L=4215184.224		重复显示左边桩坐标
y_L=445516.5069		
HD=287.9192		显示测站点至左边桩的放样平距
HR=357°16′45.21″	EXE	显示测站点至左边桩的方位角（全站仪右旋角）
W_L(m) ± ∠γi,0⇌no=?	0 EXE	输入 0 结束左边桩坐标计算

续表

屏幕提示	按键	说明
$W_R(m),0 \dotdiv no=?$	5 EXE	输入右边距
$Z_j=365.0000$		重复显示加桩号
$x_R=4215177.730$		显示右边桩坐标
$y_R=445520.2590$		
$H_R=$no design H	EXE	显示右边桩无设计高程
$d_R=5.0000$		显示用户输入的右边距
$x_R=4215177.730$		重复显示右边桩坐标
$y_R=445520.2590$		
HD=281.2759		显示测站点至左边桩的放样平距
HR=357°58′48.2″	EXE	显示测站点至左边桩的方位角(全站仪右旋角)
$W_R(m),0 \dotdiv no=?$	0 EXE	输入0结束右边桩坐标计算
+Z(m),<QD$\dotdiv$end=?	-1 EXE	输入小于 QD 的桩号结束程序
Q2X8$\dotdiv$End		程序结束显示

设置了测站点,用全站仪放样中边桩点位时,为使用户尽可能多地查看到计算结果,当显示中桩点的极坐标放样参数时,重复显示加桩桩号及其中桩坐标;当显示边桩点的极坐标放样参数时,重复用户最近输入的边距及其边桩坐标,以提醒用户注意当前放样点的性质及其坐标计算结果。

在 fx-9860GⅡ执行 Q2X8 程序,完成交点平曲线主点数据计算后,只要屏幕显示的终点桩号与设计图纸相符,就说明用户已正确输入了平曲线设计数据。

在 fx-9860GⅡ重复执行 Q2X8 程序,设置测站点坐标为(4 215 176.751,445 473.683),计算加桩 BK0+365 中桩坐标的屏幕提示与用户操作过程如下:

屏幕提示	按键	说明
JD curve xyH Q2X8		显示程序标题
new(0)/old(≠0) main point data=?	1 EXE	输入≠0 的数值为使用已有主点数据
st xy new(0)/old(>0)/no(<0)=?	0 EXE	输入0选择重新输入测站点(station)
station JD(<0)/Mat S(>0)/x(m)=?	4215176.751 EXE	直接输入测站点的平面坐标
station y(m)=?	445473.683 EXE	
Z→xy(1)/xy→Z(2)/pier(4)=?	1 EXE	输入1选择坐标正算
+Z(m),<QD$\dotdiv$end=?	365 EXE	输入加桩号
$Z_j=365.0000$		重复显示加桩号/耗时1.18s
$x_j=4215182.059$		显示中桩坐标
$y_j=445517.7578$		
$\alpha_j=59°58′28.17″$	EXE	显示中桩走向方位角

续表

屏幕提示	按键	说明
Z_j=365.0000		重复显示加桩号
x_j=4215182.059		重复显示中桩坐标
y_j=445517.7578		
HD=44.3933		显示测站点至加桩的放样平距
HR=83°07′57.61″	EXE	显示测站点至加桩的方位角(全站仪右旋角)
W_L(m)±∠γi,0÷no=?	-5 EXE	输入-5结束边桩坐标计算
+Z(m),<QD÷end=?	-1 EXE	输入小于 QD 的桩号结束程序
Q2X8÷End		程序结束显示

测站坐标的输入方式有三种:① 输入-1 为选择起点的坐标为测站点,输入-2 为选择 BJD1 的坐标为测站点,依此类推;② 直接输入测站点的 x、y 坐标;③ 预先将最多 50 个导线点的 x、y、H 三维坐标存入 Mat S 矩阵,输入 1 为选择 Mat S 矩阵第 1 行的坐标为测站点坐标,输入 2 为选择 Mat S 矩阵第 2 行的坐标为测站点坐标,依此类推。

(6) 坐标反算

在 fx-9860GⅡ重复执行 Q2X8 程序,设置 BJD1 为测站点,计算边桩点 (4 215 196.706,445 574.846)坐标反算的屏幕提示与用户操作过程如下:

屏幕提示	按键	说明
JD curve xyH Q2X8		显示程序标题
new(0)/old(≠0) main point data=?	2 EXE	输入非零数使用现有主点数据计算
st xy new(0)/old(>0)/no(<0)=?	2 EXE	输入>0 的数选择最近的测站点(station)
Z→xy(1)/xy→Z(2)/pier(4)=?	2 EXE	输入 2 选择坐标反算
x_j(m)/π÷end	4215196.706 EXE	输入边桩测点的三维坐标
y_j(m)+ni =?	445574.846 EXE	
Z_p=424.9999		显示垂点桩号/耗时 3.92s
n=8.0000		显示垂点所在平曲线元号
d_R=5.0000		显示测点边距
x_P=4215201.6500		显示垂点中桩坐标
y_P=445574.0994		
x_j(m)/π÷end	SHIFT π EXE	输入 π 结束程序
Q2X8÷End		程序结束显示

虽然选择最近一次输入的 BJD1 为测站点,但坐标反算不会计算与显示垂点的极坐标放样参数。本案例的全部文件位于光盘"\2 章\[例 2-4]\"路径下,请读者播放光盘"\操作视频\2.6\[例 2-4]操作视频.avi"文件观看操作方法。

2.7 交点法设计的高速公路匝道工程案例 5

[例 2 – 5] 如图 2 – 31 所示的高速公路 B 匝道有 1 个交点，试验算该交点缓和曲线的起讫半径，用 Q2X8 程序计算平曲线的主点数据；计算加桩 BK0 + 450 的中桩坐标，计算边桩点(4 343 951.255, 517 803.595)的桩号、边距及其中桩坐标。

内蒙古宗别力(张家房)至查哈尔滩高速公路
张家房互通式立交B匝道直线、曲线及转角表(局部)
设计单位：内蒙古交通设计院有限责任公司
施工单位：内蒙古九泰龙集团有限公司

交点号	交点桩号及交点坐标		转角	曲线要素/m					
				半径	缓和曲线参数	缓和曲线长	切线长	曲线总长	切曲差(校正值)
SP	桩	BK0+000							
	N	4 343 957.022							
	E	517 508.576 5							
BJD1	桩	BK1+315.038	170°54′27.3″(Y)	80	104.123	135.521	1 186.735	340.926	1 998.912
	N	4 344 580.592			125.051	116.193	1 153.104		
	E	518 666.370							
EP	桩	BK0+469.232							
	N	4 343 880.248							
	E	517 750.312 9							

图 2 – 31 张家房互通式立交 B 匝道直线、曲线及转角表(局部)

[解] （1）在 MS-Excel 输入平曲线设计数据并探测非完整缓和曲线的位置

启动 MS-Excel，按表 2 – 1 的规定，在 File5 选项卡输入本例 1 个交点的平曲线设计数据。

因本例的缓和曲线参数均不为整数，可以在 D、F 列输入表达式计算缓和曲线参数来判断是否为非完整缓和曲线。

① 第一缓和曲线参数的验证

在 D2 单元输入表达式"=SQRT($E2*135.521)"计算第一缓和曲线参数为 104.123，因等于其设计值 104.123，所以该缓和曲线为完整缓和曲线。

② 第二缓和曲线参数的验证

将 D2 单元复制到 F2 单元，修改缓和曲线长为 116.193，计算第二缓和曲线参数为 96.413，因不等于其设计值 125.051，所以该缓和曲线为非完整缓和曲线，标记 F2 单元为灰底色，需要确定其终点半径 R_{HZ}。

本例共有 2 条缓和曲线，其中的 1 条缓和曲线为非完整缓和曲线，其参数如图 2 – 32 灰底色单元所示。

（2）BJD1 第二缓和曲线终点半径 R_{HZ} 的确定

设 $R_{HZ} > R$，由式(2 – 8)，得

$$R'_{HZ} = \left(R^{-1} - \frac{L_{h2}}{A_2^2} \right)^{-1} = \left(80^{-1} - \frac{116.193}{125.051^2} \right)^{-1} = 197.249\,849\,8\,\text{m} \approx 197.25\,\text{m}$$

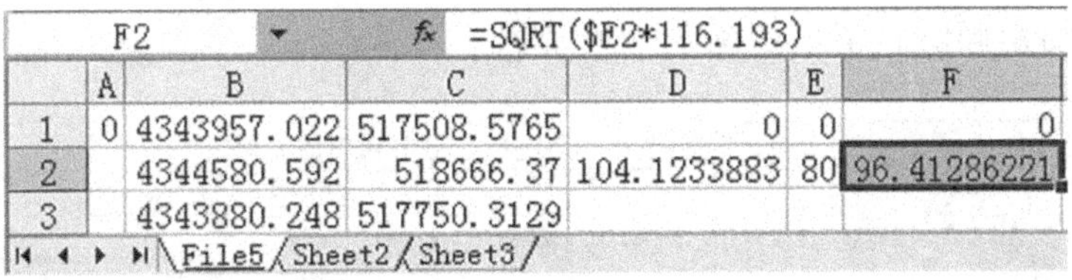

F2		f_x =SQRT($E2*116.193)				
	A	B	C	D	E	F
1	0	4343957.022	517508.5765	0	0	0
2		4344580.592	518666.37	104.1233883	80	96.41286221
3		4343880.248	517750.3129			

File5 / Sheet2 / Sheet3

图 2-32　在 MS-Excel 的 File5 选项卡输入 B 匝道的交点平曲线设计数据并探测非完整缓和曲线的位置

设 $R_{HZ}<R$，由式(2-8)，得

$$R''_{HZ}=\left(R^{-1}+\frac{L_{h2}}{A_2^2}\right)^{-1}=\left(80^{-1}+\frac{116.193}{125.051^2}\right)^{-1}=50.174\ 890\ 48\text{m}$$

上述算出的 R'_{HZ} 与 R''_{HZ} 都是正数，都能满足第二缓和曲线线长方程，还需要使用偏角差方程验算并从中选择一个正确的半径值。

因 BJD1 的第一缓和曲线为完整缓和曲线，其偏角为

$$\beta_{h1}=\frac{A_1^2}{2R^2}=\frac{104.1233883^2}{2\times 80^2}=0.847\ 006\ 249\ 3\ \text{弧度}$$

BJD1 的圆曲线长为 $L_y=L-L_{h1}-L_{h2}=340.926-135.521-116.193=88.286$，圆曲线长所夹圆心角为

$$\beta_y=\frac{L_y}{R}=\frac{88.286}{80}=1.103\ 575\ \text{弧度}$$

因 BJD1 的转角为 $\Delta=170°54'27.3''\times\pi\div 180=2.982\ 900\ 046$ 弧度，所以，第二缓和曲线偏角差的理论值应为

$$\tilde{\beta}_{h2}=\Delta-\beta_{h1}-\beta_y=2.982900046-0.8470062493-1.103575=1.032\ 318\ 796\ \text{弧度}$$

取 $R'_{HZ}=197.25\text{m}$ 时，第二缓和曲线的偏角差为

$$\beta'_{h2}=\frac{A_2^2}{2R^2}-\frac{A_2^2}{2R_{HZ}^2}=\frac{125.051^2}{2\times 80^2}-\frac{125.051^2}{2\times 197.25^2}=1.020\ 739\ 1\ \text{弧度}\approx\tilde{\beta}_{h2}$$

取 $R''_{HZ}=50.175\text{m}$ 时，第二缓和曲线的偏角差为

$$\beta''_{h2}=\frac{A_2^2}{2R_{HZ}^2}-\frac{A_2^2}{2R^2}=\frac{125.051^2}{2\times 50.175^2}-\frac{125.051^2}{2\times 80^2}=1.884\ 072\ 648\ \text{弧度}\neq\tilde{\beta}_{h2}$$

由此可知，应取 $R_{HZ}=R'_{HZ}=197.25\text{m}$ 时才能满足偏角差方程。上述半径验算结果汇总于表 2-14。

表 2-14　B 匝道非完整缓和曲线起讫半径的验算结果

交点号	第一缓和曲线		圆曲线半径	第二缓和曲线	
	A_1	R_{ZH}	R	A_2	R_{HZ}
BJD1	104.123 4	∞	80	125.051	197.25

当已确定了第二缓和曲线的终点半径 R_{HZ} 时，可由式(2-12)计算非完整缓和曲线参数 A 的精确值。在 F2 单元输入表达式"=SQRT(116.193/(1/80-1/197.25))"重新计算第二缓

和曲线参数 A_2 的精确值，结果如图 2-33 所示。

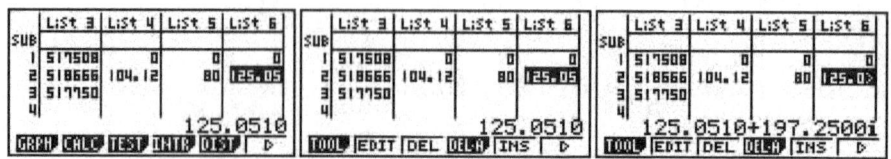

图 2-33 在 F2 单元重新输入表达式计算非完整缓和曲线的参数

（3）输出 CSV 格式文件并上载到 fx-9860GⅡ主存储器

将 File5 选项卡的数据另存为 File5.csv 文件，退出 MS-Excel。使用 FA-124 通信软件，将 File5.csv 文件上载到 fx-9860GⅡ主存储器的 File5 串列文件。

在 fx-9860GⅡ按 [MENU] [2] 键进入 **STAT** 模式，按 [SHIFT] [SETUP] 键调出设置菜单，按 [▽] [▽] 键移动光标到"List File"行，按 [F1]（[FILE]）[5] [EXE] [EXE] 键设置 File5 为当前串列文件。

移动光标到 List 6[2] 串列单元，按 [F6]（[▷]）[F2]（[EDIT]）键编辑光标单元的数值，添加 197.25 为其复数虚部数值，结果如图 2-34 所示。

图 2-34 在 **STAT** 模式添加 List 6[2] 串列单元的复数虚部数值

（4）执行 Q2X8 程序计算平曲线主点数据及坐标正算

在 fx-9860GⅡ执行 Q2X8 程序，不设置测站点，计算 B 匝道平曲线主点数据及坐标正算的屏幕提示与用户操作过程如下：

屏幕提示	按键	说明
JD curve xyH Q2X8		显示程序标题
new(0)/old(≠0) main point data=?	0 [EXE]	输入 0 为重新计算主点数据
hor-curve first JD num=?	1 [EXE]	输入平曲线起始交点号（number）
Z_{ZD}(m)=469.2268		显示平曲线终点设计桩号（-5.2mm）/耗时 2.55s
$α_{ZD}$=232°36′04.91″	[EXE]	显示平曲线终点走向方位角
Press [MENU][2]⇒Stop!	[EXE]	继续计算
Del List 4/List 6 Imp,yes(0)/no(≠0)=?	0 [EXE]	输入 0 删除 List 4 与 List 6 串列复数虚部数值
st xy new(0)/old(>0)/no(<0)=?	-1 [EXE]	输入负数为不设置测站点（station）
Z→xy(1)/xy→Z(2)/pier(4)=?	1 [EXE]	输入 1 选择坐标正算
+Z(m),<QD⇒end=?	365 [EXE]	输入加桩号
Z_J=365.0000		重复显示加桩号/耗时 1.21s

续表

屏幕提示	按键	说明
x_j=4343966.848		显示中桩坐标
y_j=517802.0841		
$α_j$=182°25′23.32″	EXE	显示中桩走向方位角
W_L(m)±∠γi,0÷no=?	-5 EXE	输入-5结束边桩坐标计算
+Z(m),<QD÷end=?	-1 EXE	输入小于QD的桩号结束程序
Q2X8÷End		程序结束显示

执行 Q2X8 程序，完成交点平曲线主点数据计算后，只要屏幕显示的终点桩号与设计图纸相符，就说明用户已正确输入了平曲线设计数据。

（5）坐标反算

在 fx-9860GⅡ 重复执行 Q2X8 程序，不设置测站点，计算边桩点（4 343 951.255，517 803.595）坐标反算的屏幕提示与用户操作过程如下：

屏幕提示	按键	说明
JD curve xyH Q2X8		显示程序标题
new(0)/old(≠0) main point data=?	2 EXE	输入非零数使用现有主点数据计算
st xy new(0)/old(>0)/no(<0)=?	2 EXE	使用最近输入的测站点（station）
Z→xy(1)/xy→Z(2)/pier(4)=?	2 EXE	输入2选择坐标反算
x_j(m)/π÷end	4343951.255 EXE	输入边桩测点的三维坐标
y_j(m)+ni=?	517803.595 EXE	
Z_p=379.9994		显示垂点桩号/耗时2.66s
n=4.0000		显示垂点所在平曲线元号
d_L=-3.4996		显示测点边距
x_P=4343951.988		显示垂点中桩坐标
y_P=517800.1731		
x_j(m)/π÷end	SHIFT π EXE	输入π结束程序
Q2X8÷End		程序结束显示

本案例的全部文件位于光盘"\2章\[例2-5]\"路径下，请读者播放光盘"\操作视频\2.7\[例2-5]操作视频.avi"文件观看操作方法。

2.8 交点法设计的高速公路匝道工程案例6

[例2-6] 如图2-35所示的高速公路G匝道有1个交点，试验算该交点缓和曲线的起讫半径，用Q2X8程序计算平曲线的主点数据；计算加桩GK0+255的中桩坐标，计算边桩点（3 990 346.601，494 849.576）的桩号、边距及其中桩坐标。

河南省南乐至林州高速公路
南乐南互通式立交G匝道直线、曲线及转角表(局部)
设计单位：河南省交通规划勘察设计院有限责任公司
施工单位：中铁七局集团有限公司

交点号	交点桩号及交点坐标		转角	半径	曲线要素/m				切曲差(校正值)
					缓和曲线参数	缓和曲线长	切线长	曲线总长	
SP	桩	GK0+000							
	N	3 990 371.296							
	E	494 670.045							
GJD1	桩	GK0+719.096	163°57′01″(Y)	90	70	54.444	719.096	371.440	1 121.964
	N	3 990 983.421			125	173.491	774.308		
	E	495 047.407							
EP	桩	GK0+371.440							
	N	3 990 237.648							
	E	494 839.138							

图 2-35　南乐南互通式立交 G 匝道直线、曲线及转角表(局部)

[解]　(1) 在 MS-Excel 输入平曲线设计数据并探测非完整缓和曲线的位置

启动 MS-Excel，按表 2-1 的规定，在 File6 选项卡输入本例 1 个交点的平曲线设计数据。

因本例的缓和曲线参数均为整数，故直接在 D、F 列的相应单元输入缓和曲线参数的设计值，在 G、H 列输入表达式计算缓和曲线长来探测非完整缓和曲线的位置，结果如图 2-36 所示。

图 2-36　在 MS-Excel 的 File6 选项卡输入 G 匝道的交点法平曲线设计数据
　　　　　并探测非完整缓和曲线的位置

① 第一缓和曲线长的验证

在 G2 单元输入表达式"= D2^2/\$E2"，算出 GJD1 的第一缓和曲线长为 54.444m，因等于其设计值 54.444m，所以该缓和曲线为完整缓和曲线。

② 第二缓和曲线长的验证

在 H2 单元输入表达式"= F2^2/\$E2"，算出 GJD1 的第二缓和曲线长为 173.611m，因不等于其设计值 173.491m，所以该缓和曲线为非完整缓和曲线，标记 F2、H2 单元为灰底色，需要确定其终点半径 R_{HZ}。

本例共有 2 条缓和曲线，其中的 1 条缓和曲线为非完整缓和曲线，其参数如图 2-36 灰底色单元所示。

(2) GJD1 第二缓和曲线终点半径 R_{HZ} 的确定

设 $R_{HZ} > R$，由式(2-8)，得

$$R'_{HZ} = \left(R^{-1} - \frac{L_{h2}}{A_2^2}\right)^{-1} = \left(90^{-1} - \frac{173.491}{125^2}\right)^{-1} = 130\ 087.881\ 6\text{m}$$

设 $R_{HZ} < R$，由式(2-8)，得

$$R''_{HZ} = \left(R^{-1} + \frac{L_{h2}}{A_2^2}\right)^{-1} = \left(90^{-1} + \frac{173.491}{125^2}\right)^{-1} = 45.015\ 571\ 79\text{m}$$

上述算出的 R'_{HZ} 与 R''_{HZ} 都是正数，都能满足第二缓和曲线线长方程，还需要使用偏角差方程验算并从中选择一个正确的半径值。

因第一缓和曲线为完整缓和曲线，其偏角为

$$\beta_{h1} = \frac{A_1^2}{2R^2} = \frac{70^2}{2 \times 90^2} = 0.302\ 469\ 135\ 8\ \text{弧度}$$

GJD1 的圆曲线长为 $L_y = L - L_{h1} - L_{h2} = 371.44 - 54.444 - 173.491 = 143.508$，圆曲线长所夹圆心角为

$$\beta_y = \frac{L_y}{R} = \frac{143.505}{90} = 1.594\ 5\ \text{弧度}$$

因 GJD1 的转角为 $\Delta = 163°57'01'' \times \pi \div 180 = 2.861\ 472\ 157$ 弧度，所以，第二缓和曲线偏角差的理论值应为

$$\tilde{\beta}_{h2} = \Delta - \beta_{h1} - \beta_y = 2.861472157 - 0.3024691358 - 1.5945 = 0.964\ 503\ 021\ \text{弧度}$$

取 $R'_{HZ} = 130\ 087.882\text{m}$ 时，第二缓和曲线的偏角差为

$$\beta'_{h2} = \frac{A_2^2}{2R^2} - \frac{A_2^2}{2R_{HZ}^2} = \frac{125^2}{2 \times 90^2} - \frac{125^2}{2 \times 130087.882^2} = 0.964\ 505\ 711\ 2\ \text{弧度} \approx \tilde{\beta}_{h2}$$

取 $R''_{HZ} = 45.016\text{m}$ 时，第二缓和曲线的偏角差为

$$\beta''_{h2} = \frac{A_2^2}{2R_{HZ}^2} - \frac{A_2^2}{2R^2} = \frac{125^2}{2 \times 45.016^2} - \frac{125^2}{2 \times 90^2} = 2.890\ 776\ 497\ \text{弧度} \neq \tilde{\beta}_{h2}$$

由此可知，应取 $R_{HZ} = R'_{HZ} = 130\ 087.882\text{m}$ 时才能满足偏角方程。上述半径验算结果汇总于表 2-15。

表 2-15 G 匝道非完整缓和曲线起讫半径的验算结果

交点号	第一缓和曲线		圆曲线半径	第二缓和曲线	
	A_1	R_{ZH}	R	A_2	R_{HZ}
GJD1	70	∞	90	125	130 087.882

因本例的第二缓和曲线参数 A_2 为整数，因此，不需要使用式(2-12)重新计算非完整缓和曲线参数 A_2 的精确值。

(3) 输出 CSV 格式文件并上载到 fx-9860GⅡ主存储器

将 File6 选项卡的数据另存为 File6.csv 文件，退出 MS-Excel。使用 FA-124 通信软件，将 File6.csv 文件上载到 fx-9860GⅡ主存储器的 File6 串列文件。

在 fx-9860GⅡ按 MENU ② 键进入 **STAT** 模式，按 SHIFT SETUP 键调出设置菜单，按 ▽ ▽ 键移动光标到 "List File" 行，按 F1 (**FILE**) ⑥ EXE EXE 键设置 File6 为当前串列文件。

移动光标到 List 6[2]串列单元,按 F6([▷])F2(EDIT)键编辑光标单元的数值,添加 130087.882 为其复数虚部数值,结果如图 2-37 所示。

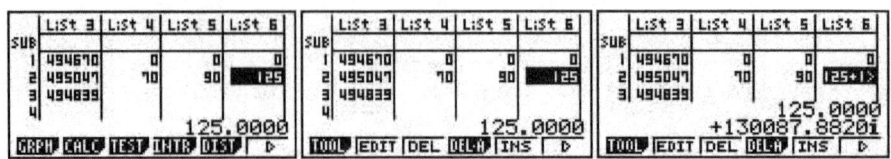

图 2-37 在 **STAT** 模式添加 List 6[2]串列单元的复数虚部数值

(4) 执行 Q2X8 程序计算平曲线主点数据及坐标正算

在 fx-9860GⅡ执行 Q2X8 程序,计算 G 匝道平曲线主点数据及坐标正算的屏幕提示与用户操作过程如下:

屏幕提示	按键	说明
JD curve xyH Q2X8		显示程序标题
new(0)/old(≠0) main point data=?	0 EXE	输入 0 为重新计算主点数据
hor-curve first JD num=?	1 EXE	输入平曲线起始交点号(number)
Z_{ZD}(m)=371.4408		显示平曲线终点设计桩号(-0.8mm)/耗时 2.37s
α_{ZD}=195°36′11.66″	EXE	显示平曲线终点走向方位角
Press [MENU][2]⇌Stop!	EXE	继续计算
Del List 4/List 6 Imp, yes(0)/no(≠0)=?	0 EXE	输入 0 删除 List 4 与 List 6 串列复数虚部数值
st xy new(0)/old(>0)/no(<0)=?	-1 EXE	输入负数为不设置测站点(station)
Z→xy(1)/xy→Z(2)/pier(4)=?	1 EXE	输入 1 选择坐标正算
+Z(m),<QD⇌end=?	255 EXE	输入加桩号
Z_j=255.0000		重复显示加桩号/耗时 1.21s
x_j=3990352.177		显示中桩坐标
y_j=494853.8189		
α_j=170°41′35.07″	EXE	显示中桩走向方位角
W_L(m)±∠γi,0⇌no=?	-5 EXE	输入 -5 结束边桩坐标计算
+Z(m),<QD⇌end=?	-1 EXE	输入小于 QD 的桩号结束程序
Q2X8⇌End		程序结束显示

执行 Q2X8 程序,完成交点平曲线主点数据计算后,只要屏幕显示的终点桩号与设计图纸相符,就说明用户已正确输入了平曲线设计数据。

(5) 坐标反算

在 fx-9860GⅡ重复执行 Q2X8 程序,不设置测站点,计算边桩点(3 990 346.601, 494 849.576)坐标反算的屏幕提示与用户操作过程如下:

屏幕提示	按键	说明
JD curve xyH Q2X8		显示程序标题
new(0)/old(≠0) main point data=?	2 EXE	输入非零数使用现有主点数据计算
st xy new(0)/old(>0)/no(<0)=?	2 EXE	使用最近输入的测站点(station)
Z→xy(1)/xy→Z(2)/pier(4)=?	2 EXE	输入2选择坐标反算
$x_j(m)/\pi \dot{=} end$	3990346.601 EXE	输入边桩测点的三维坐标
$y_j(m)+ni=?$	494849.576 EXE	
$Z_p=259.9997$		显示垂点桩号/耗时2.66s
n=4.0000		显示垂点所在平曲线元号
$d_R=5.0002$		显示测点边距
$x_P=3990347.229$		显示垂点中桩坐标
$y_P=494854.5366$		
$x_j(m)/\pi \dot{=} end$	SHIFT π EXE	输入π结束程序
Q2X8 $\dot{=}$ End		程序结束显示

本案例的全部文件位于光盘"\2章\[例2-6]\"路径下,请读者播放光盘"\操作视频\2.8\[例2-6]操作视频.avi"文件观看操作方法。

2.9 交点法设计的高速公路匝道工程案例7

[例2-7] 如图2-38所示的高速公路E匝道有1个交点,试验算缓和曲线的起讫半径,用Q2X8程序计算平曲线的主点数据;计算加桩EK0+030与EK0+165的中桩坐标,计算边桩点(3 925 561.35,502 796.44)与(3 925 653.688,502 852.762)的桩号、边距及其中桩坐标。

日(照)至兰(考)高速公路
郓城南立交改造工程E匝道直线、曲线及转角表(局部)
设计单位:山东省交通规划设计院
施工单位:中铁十八局集团轨道交通工程有限公司

交点号	交点桩号及交点坐标		转角	曲线要素/m				
				半径	缓和曲线参数	缓和曲线长	切线长	曲线总长	切曲差(校正值)
SP	桩	EK0+000							
	N	3 925 525.975							
	E	502 796.176							
EJD1	桩	EK0+111.144	54°42′54.3″(Y)	180	95	41.078	111.144	202.475	15.178
	N	3 925 636.876			180	70.370	106.509		
	E	502 803.526							
EP	桩	EK0+202.475							
	N	3 925 692.515							
	E	502 894.346							

图2-38 郓城南立交改造工程E匝道直线、曲线及转角表(局部)

［**解**］　(1) 在 MS-Excel 输入平曲线设计数据并探测非完整缓和曲线的位置

启动 MS-Excel，按表 2－1 的规定，在 File1 选项卡输入本例 1 个交点的平曲线设计数据。

因本例的缓和曲线参数均为整数，故直接在 D、F 列的相应单元输入缓和曲线参数的设计值，而在 G、H 列计算完整缓和曲线长，结果如图 2－39 所示。

① 第一缓和曲线长的验证

在 G2 单元输入表达式"=D2^2/$E2"，算出 EJD1 的第一缓和曲线长为 50.139m，因不等于其设计值 41.078m，所以该缓和曲线为非完整缓和曲线，标记 D2、G2 单元为灰底色，需要确定其起点半径 R_{ZH}。

G2　　fx　=D2^2/$E2

	A	B	C	D	E	F	G	H
1	0	3925525.975	502796.176	0	0	0	0	0
2		3925636.876	502803.526	95	180	180	50.13888889	180
3		3925692.515	502894.346					

File1 / Sheet2 / Sheet3

图 2－39　在 MS-Excel 的 File1 选项卡输入 E 匝道的交点法平曲线设计数据并探测非完整缓和曲线的位置

② 第二缓和曲线长的验证

在 H2 单元输入表达式"=F2^2/$E2"，算出 EJD1 的第二缓和曲线长为 180m，因不等于其设计值 70.37m，所以该缓和曲线为非完整缓和曲线，标记 F2、H2 单元为灰底色，需要确定其终点半径 R_{HZ}。

本例的 2 条缓和曲线均为非完整缓和曲线，其参数如图 2－39 灰底色单元所示。

(2)缓和曲线起讫半径的确定

① EJD1 第一缓和曲线起点半径 R_{ZH} 的验算

设 $R_{ZH} > R$，由式(2－8)，得

$$R'_{ZH} = \left(R^{-1} - \frac{L_{h1}}{A_1^2}\right)^{-1} = \left(180^{-1} - \frac{41.078}{95^2}\right)^{-1} = 996.039\ 142\ 6\text{m}$$

设 $R_{ZH} < R$，由式(2－8)，得

$$R''_{ZH} = \left(R^{-1} + \frac{L_{h1}}{A_1^2}\right)^{-1} = \left(180^{-1} + \frac{41.078}{95^2}\right)^{-1} = 98.940\ 011\ 11\text{m}$$

上述算出的 R'_{ZH} 与 R''_{ZH} 都是正数，都能满足第二缓和曲线线长方程。下面计算 R_{ZH} 分别取 R'_{ZH} 与 R''_{ZH} 时的缓和曲线偏角差。

取 $R'_{ZH}=996.039\ 1\text{m}$ 时，第一缓和曲线的偏角差为

$$\beta'_{h1} = \frac{A_1^2}{2R^2} - \frac{A_1^2}{2R'^2_{ZH}} = \frac{95^2}{2\times180^2} - \frac{95^2}{2\times996.0391^2} = 0.134\ 726\ 230\ 7 \text{ 弧度}$$

取 $R''_{ZH}=98.94\text{m}$ 时，第一缓和曲线的偏角差为

$$\beta''_{h1} = \frac{A_1^2}{2R''^2_{ZH}} - \frac{A_1^2}{2R^2} = \frac{95^2}{2\times98.94^2} - \frac{95^2}{2\times180^2} = 0.321\ 696\ 094\ 6 \text{ 弧度}$$

② EJD1 第二缓和曲线终点半径 R_{HZ} 的验算

设 $R_{HZ}>R$，由式(2-8)，得

$$R'_{HZ} = \left(R^{-1} - \frac{L_{h2}}{A_2^2}\right)^{-1} = \left(180^{-1} - \frac{70.37}{180^2}\right)^{-1} = 295.539\,542\,1\text{m}$$

设 $R_{HZ}<R$，由式(2-8)，得

$$R''_{HZ} = \left(R^{-1} + \frac{L_{h2}}{A_2^2}\right)^{-1} = \left(180^{-1} + \frac{70.37}{180^2}\right)^{-1} = 129.408\,475\,5\text{m}$$

上述算出的 R'_{HZ} 与 R''_{HZ} 都是正数，都能满足第二缓和曲线线长方程。下面计算 R_{HZ} 分别取 R'_{HZ} 与 R''_{HZ} 时的缓和曲线偏角差。

取 $R'_{HZ}=295.539\,5\text{m}$ 时，第二缓和曲线的偏角差为

$$\beta'_{h2} = \frac{A_2^2}{2R^2} - \frac{A_2^2}{2R'^2_{HZ}} = \frac{180^2}{2\times 180^2} - \frac{180^2}{2\times 295.5395^2} = 0.314\,525\,612\,3 \text{ 弧度}$$

取 $R''_{HZ}=129.408\,5\text{m}$ 时，第二缓和曲线的偏角差为

$$\beta''_{h2} = \frac{A_2^2}{2R''^2_{HZ}} - \frac{A_2^2}{2R^2} = \frac{180^2}{2\times 129.4085^2} - \frac{180^2}{2\times 180^2} = 0.467\,362\,856\,8 \text{ 弧度}$$

EJD1 的圆曲线长为 $L_y = L - L_{h1} - L_{h2} = 202.475 - 41.078 - 70.37 = 91.027$，圆曲线长所夹圆心角为

$$\beta_y = \frac{L_y}{R} = \frac{91.027}{180} = 0.505\,705\,555\,6 \text{ 弧度}$$

因 EJD1 的转角为 $\Delta = 54°42'54.3'' \times \pi \div 180 = 0.954\,958\,354\,7$ 弧度，所以，第一与第二缓和曲线总偏角差的理论值应为

$$\tilde{\beta}_h = \Delta - \beta_y = 0.9549583547 - 0.5057055556 = 0.449\,252\,799\,1 \text{ 弧度}$$

显然，第二缓和曲线的 $\beta''_{h2} > \tilde{\beta}_h$，故只能取 β'_{h2}，也即取 $R'_{HZ}=295.539\,5\text{m}$，由此求出第一缓和曲线偏角差的理论值应为

$$\tilde{\beta}_{h1} = \tilde{\beta}_h - \beta'_{h2} = 0.4492527991 - 0.3145256123 = 0.134\,727\,186\,8 \text{ 弧度} \approx \beta'_{h1}$$

故应取 $R'_{ZH}=996.039\,1\text{m}$。上述半径验算结果汇总于表 2-16。

表 2-16 E 匝道非完整缓和曲线起讫半径的验证结果

交点号	第一缓和曲线		圆曲线半径	第二缓和曲线	
	A_1	R_{ZH}	R	A_2	R_{HZ}
GJD1	95	996.039 1	180	180	295.539 5

因本例的第一与第二缓和曲线参数均为整数，因此，不需要使用式(2-12)重新计算非完整缓和曲线参数的精确值。

☞本例的特殊之处在于：只有一个交点 EJD1，且第一与第二缓和曲线均为非完整缓和曲线，第一缓和曲线起点半径 $R'_{ZH}>R$ 与 $R''_{ZH}<R$ 不确定，第二缓和曲线终点半径 $R'_{HZ}>R$ 与 $R''_{HZ}<R$ 也不确定。此时，可以应用直曲表给出的交点转角 Δ 与圆曲线长 L_y 反算出第一与第二缓和曲线偏角差之和的理论值 $\tilde{\beta}_h$，再应用 R'_{ZH} 与 R''_{ZH} 分别算出第一缓和

曲线的两个偏角差 β'_{h1} 与 β''_{h1}，应用 R'_{HZ} 与 R''_{HZ} 分别算出第二缓和曲线的两个偏角差 β'_{h2} 与 β''_{h2}，剔除大于 $\tilde{\beta}_h$ 的偏角差，即可先确定一条非完整缓和曲线的起讫半径。

(3) 输出 CSV 格式文件并上载到 fx-9860GⅡ主存储器

将 File1 选项卡的数据另存为 File1.csv 文件，退出 MS-Excel。使用 FA-124 通信软件，将 File1.csv 文件上载到 fx-9860GⅡ主存储器的 File1 串列文件。

在 fx-9860GⅡ按 MENU ② 键进入 STAT 模式，按 SHIFT SETUP 键调出设置菜单，按 ▼ ▼ 键移动光标到 "List File" 行，按 F1(FILE) ① EXE EXE 键设置 File1 为当前串列文件。

移动光标到 List 4[2] 串列单元，按 F6(▷) F2(EDIT) 键编辑光标单元的数值，添加 996.0391 为其复数虚部数值；同理，编辑 List 6[2] 串列单元，添加 295.5395 为其复数虚部数值，结果如图 2-40 所示。

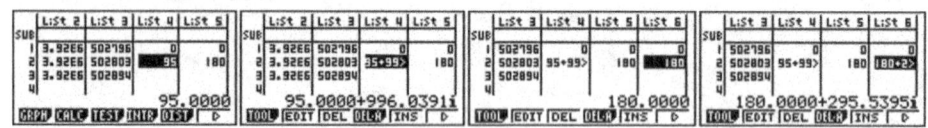

图 2-40　在 STAT 模式添加 List 4[2] 与 List 6[2] 串列单元的复数虚部数值

(4) 执行 Q2X8 程序计算平曲线主点数据及坐标正算

在 fx-9860GⅡ执行 Q2X8 程序，计算 G 匝道平曲线主点数据及坐标正算的屏幕提示与用户操作过程如下：

屏幕提示	按键	说明
JD curve xyH Q2X8		显示程序标题
new(0)/old(≠0) main point data=?	0 EXE	输入 0 为重新计算主点数据
hor-curve first JD num=?	1 EXE	输入平曲线起始交点号 (number)
Z_{ZD}(m) =202.4750		显示平曲线终点设计桩号 (0mm)/耗时 2.41s
α_{ZD}=58°30′25.71″	EXE	显示平曲线终点走向方位角
Press [MENU][2]⇌Stop!	EXE	继续计算
Del List 4/List 6 Imp, yes(0)/no(≠0)=?	0 EXE	输入 0 删除 List 4 与 List 6 串列复数虚部数值
st xy new(0)/old(>0)/no(<0)=?	-1 EXE	输入负数为不设置测站点 (station)
Z→xy(1)/xy→Z(2)/pier(4)=?	1 EXE	输入 1 选择坐标正算
+Z(m),<QD⇌end=?	30 EXE	输入加桩号
Z_j=30.0000		重复显示加桩号/耗时 0.73s
x_j=3925555.823		显示中桩坐标
y_j=502799.1063		
α_j=8°22′27.63″	EXE	显示中桩走向方位角
W_L(m) ± ∠γi,0⇌no=?	-5 EXE	输入 -5 结束边桩坐标计算
+Z(m),<QD⇌end=?	165 EXE	输入加桩号

续表

屏幕提示	按键	说明
Z_j=165.0000		重复显示加桩号/耗时 0.94s
x_j=3925670.752		显示中桩坐标
y_j=502863.8801		
α_j=49°59′59.71″	EXE	显示中桩走向方位角
W_L(m)±∠γi,0÷no=?	-5 EXE	输入 -5 结束边桩坐标计算
+Z(m),<QD÷end=?	-1 EXE	输入小于 QD 的桩号结束程序
Q2X8÷End		程序结束显示

执行 Q2X8 程序，完成交点平曲线主点数据计算后，只要屏幕显示的终点桩号与设计图纸相符，就说明用户已正确输入了平曲线设计数据。

（4）坐标反算

在 fx-9860GⅡ重复执行 Q2X8 程序，不设置测站点，计算两个边桩点坐标反算的屏幕提示与用户操作过程如下：

屏幕提示	按键	说明
JD curve xyH Q2X8		显示程序标题
new(0)/old(≠0) main point data=?	2 EXE	输入非零数使用现有主点数据计算
st xy new(0)/old(>0)/no(<0)=?	2 EXE	使用最近输入的测站点(station)
Z→xy(1)/xy→Z(2)/pier(4)=?	2 EXE	输入 2 选择坐标反算
x_j(m)/π÷end	3925561.35 EXE	输入边桩测点的三维坐标
y_j(m)+ni =?	502796.44 EXE	
Z_p=34.9993		显示垂点桩号/耗时 1.42s
n=2.0000		显示垂点所在平曲线元号
d_L=-3.5001		显示测点边距
x_P=3925560.761		显示垂点中桩坐标
y_P=502799.8901		
x_j(m)/π÷end	3925653.688 EXE	输入边桩测点的三维坐标
y_j(m)+ni =?	502852.762 EXE	
Z_p=145.000		显示垂点桩号/耗时 1.72s
n=4.0000		显示垂点所在平曲线元号
d_R=5.0003		显示测点边距
x_P=3925657.189		显示垂点中桩坐标
y_P=502849.1921		
x_j(m)/π÷end	SHIFT π EXE	输入 π 结束程序
Q2X8÷End		程序结束显示

本案例的全部文件位于光盘"\2章\[例2-7]\"路径下，请读者播放光盘"\操作视频\2.9\[例2-7]操作视频.avi"文件观看操作方法。

2.10 交点法设计的高速公路匝道工程案例8

[**例2-8**] 如图2-41所示的高速公路D匝道有3个交点，试验算各交点缓和曲线的起讫半径，用Q2X8程序计算平曲线的主点数据。

[**解**] （1）在MS-Excel输入平曲线设计数据并探测非完整缓和曲线的位置

启动MS-Excel，按表2-1的规定，在File2选项卡输入本例3个交点的平曲线设计数据。

因本例的缓和曲线参数均不为整数，可以在D、F列输入表达式计算缓和曲线参数来判断是否为非完整缓和曲线。

① 各交点第一缓和曲线参数的验证

在D1单元输入0，在D2单元输入表达式"=SQRT($E2*67.057)"，计算DJD1的第一缓和曲线参数为137.025，因基本等于其设计值137.026，所以该缓和曲线为完整缓和曲线。

复制D2单元到D3~D4，D3单元输入0，修改D4单元表达式中的缓和曲线长为50.039，计算DJD3的第一缓和曲线参数为157.343，因基本等于其设计值157.342，所以该缓和曲线为完整缓和曲线。

内蒙古乌兰察布市集宁东绕城高速公路
三岔口互通式立交D匝道直线、曲线及转角表(局部)
设计单位：内蒙古交通设计研究院有限责任公司
施工单位：内蒙古新大地建设集团股份有限公司

交点号	交点桩号及交点坐标		转角	曲线要素/m					
				半径	缓和曲线参数	缓和曲线长	切线长	曲线总长	切曲差(校正值)
SP	桩	DK0+000							
	N	4 558 235.440							
	E	435 498.861 7							
DJD1	桩	DK0+549.631	49°31′36.8″(Y)	280	137.026	67.057	163.407	284.790 5	16.956
	N	4 558 593.861			407.357	104.584	138.341		
	E	435 915.549 2							
DJD2	桩	DK0+731.195	19°46′42.5″(Y)	340	0	0	60.180	142.387	1.229
	N	4 558 563.402			130.434	50.039	83.435		
	E	436 111.719 4							
DJD3	桩	DK0+857.418	4°57′35.7″(Y)	494.75	157.342	50.039	44.015	67.848 3	0.034
	N	4 558 502.384			0	0	23.867		
	E	436 223.614 4							
EP	桩	DK0+881.250							
	N	4 558 489.189							
	E	436 243.501 7							

图2-41 三岔口互通式立交D匝道直线、曲线及转角表(局部)

② 各交点第二缓和曲线参数的验证

在 F1 单元输入 0，在 F2 单元输入表达式“=SQRT($E2*104.584)”，计算 DJD1 的第二缓和曲线参数为 171.124，因不等于其设计值 407.357，所以该缓和曲线为非完整缓和曲线，标记 F2 单元为灰底色，需要确定其终点半径 R_{HZ}。

将 F2 单元复制到 F3 单元，修改缓和曲线长为 50.039，计算 DJD2 的第二缓和曲线参数为 130.435，因基本等于设计值 130.434，所以该缓和曲线为完整缓和曲线。F3 单元输入 0。

本例共有 4 条缓和曲线，其中的 1 条缓和曲线为非完整缓和曲线，其参数如图 2－42 灰底色单元所示。

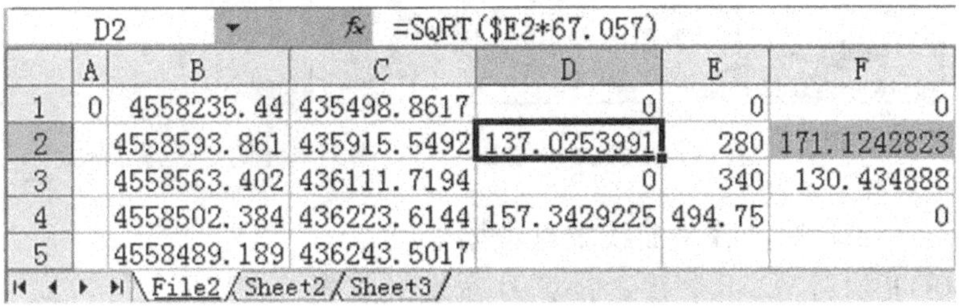
D2 =SQRT($E2*67.057)

	A	B	C	D	E	F
1	0	4558235.44	435498.8617	0	0	0
2		4558593.861	435915.5492	137.0253991	280	171.1242823
3		4558563.402	436111.7194	0	340	130.434888
4		4558502.384	436223.6144	157.3429225	494.75	0
5		4558489.189	436243.5017			

File2 / Sheet2 / Sheet3

图 2－42　在 MS-Excel 的 File2 选项卡输入 D 匝道的交点法平曲线设计数据并探测非完整缓和曲线的位置

(2) DJD1 第二缓和曲线终点半径 R_{HZ} 的验算

因 DJD1 的第二缓和曲线是与 DJD2 半径为 340m 的圆曲线衔接，而 DJD1 的圆曲线半径 $R=280\text{m}$，故可以认为 $R_{HZ}>R$，由式(2－8)得

$$R_{HZ}=\left(R^{-1}-\frac{L_{h2}}{A_2^2}\right)^{-1}=\left(280^{-1}-\frac{104.584}{407.357^2}\right)^{-1}=340.000\,097\,1\text{m}\approx 340\text{m}$$

依据式(2－12)，将 F2 的表达式修改为“=SQRT(104.584/(1/$E2-1/340))”，重新计算 DJD1 第二缓和曲线参数 A_2 的精确值，结果如图 2－43 所示。

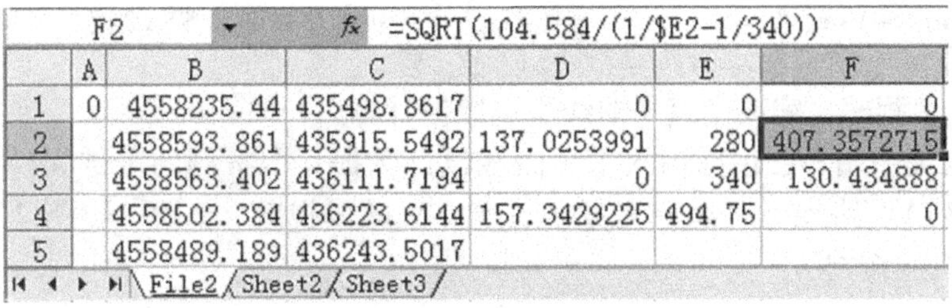
F2 =SQRT(104.584/(1/$E2-1/340))

	A	B	C	D	E	F
1	0	4558235.44	435498.8617	0	0	0
2		4558593.861	435915.5492	137.0253991	280	407.3572715
3		4558563.402	436111.7194	0	340	130.434888
4		4558502.384	436223.6144	157.3429225	494.75	0
5		4558489.189	436243.5017			

File2 / Sheet2 / Sheet3

图 2－43　在 MS-Excel 的 File2 选项卡修改 F2 单元的表达式结果

DJD1 非完整缓和曲线起讫半径验算结果汇总于表 2－17。

表 2－17　D 匝道非完整缓和曲线起讫半径的验算结果

交点号	第一缓和曲线		圆曲线半径	第二缓和曲线	
	A_1	R_{ZH}	R	A_2	R_{HZ}
DJD1	137.026	∞	280	407.357	340

(3) 输出 CSV 格式文件并上载到 fx-9860GⅡ主存储器

将 File2 选项卡的数据另存为 File2.csv 文件,退出 MS-Excel。使用 FA-124 通信软件,将 File2.csv 文件上载到 fx-9860GⅡ主存储器的 File2 串列文件。

在 fx-9860GⅡ按 MENU ② 键进入 **STAT** 模式,按 SHIFT SETUP 键调出设置菜单,按 ▽ ▽ 键移动光标到"List File"行,按 F1 (FILE) ② EXE EXE 键设置 File2 为当前串列文件。

移动光标到 List 6[2]串列单元,按 F6 (▷) F2 (EDIT)键编辑光标单元的数值,添加 340 为其复数虚部数值,结果如图 2-44 所示。

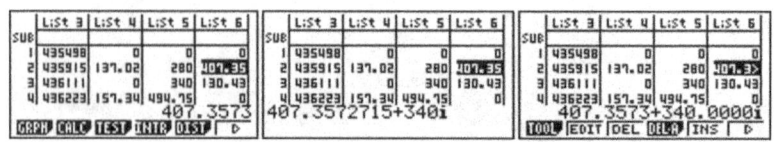

图 2-44　在 **STAT** 模式添加 List 6[2]串列单元的复数虚部数值

(3) 执行 Q2X8 程序计算平曲线主点数据

在 fx-9860GⅡ执行 Q2X8 程序,计算 D 匝道平曲线主点数据的屏幕提示与用户操作过程如下:

屏幕提示	按键	说明
JD curve xyH Q2X8		显示程序标题
new(0)/old(≠0) main point data=?	0 EXE	输入 0 为重新计算主点数据
hor-curve first JD num=?	1 EXE	输入平曲线起始交点号(number)
Z_{ZD}(m) =881.2504		显示平曲线终点设计桩号(0.4mm)/耗时 4.06s
$α_{ZD}$=123°33′49.78″	EXE	显示平曲线终点走向方位角
Press [MENU][2]⇒Stop!	EXE	继续计算
Del List 4/List 6 Imp, yes(0)/no(≠0)=?	0 EXE	输入 0 删除 List 4 与 List 6 串列复数虚部数值
st xy new(0)/old(>0)/no(<0)=?	MENU ②	停止程序并进入 **STAT** 模式查看主点数据

执行 Q2X8 程序,完成交点平曲线主点数据计算后,只要屏幕显示的终点桩号与设计图纸相符,就说明用户已正确输入了平曲线设计数据。本案例的全部文件位于光盘"\2 章\[例 2-8]\"路径下,请读者播放光盘"\操作视频\2.10\[例 2-8]操作视频.avi"文件观看操作方法。

2.11　交点法设计的高速公路匝道工程案例 9

[例 2-9]　如图 2-45 所示的高速公路互通式立交 B 匝道有 2 个交点,试验算各交点缓和曲线的起讫半径,用 Q2X8 程序计算平曲线的主点数据。

[解]　(1) 在 MS-Excel 输入平曲线设计数据并探测非完整缓和曲线的位置

启动 MS-Excel,按表 2-1 的规定,在 File3 选项卡输入本例 2 个交点的平曲线设计数据。

因本例的缓和曲线参数均不为整数，可以在 D、F 列输入表达式计算缓和曲线参数来判断是否为非完整缓和曲线。

在 D1 单元输入 0，在 D2 单元输入表达式"=SQRT($E2*178.083)"，计算 BJD1 的第一缓和曲线参数为 133.448，因基本等于设计值 133.45，所以该缓和曲线为完整缓和曲线。

复制 D2 单元到 D3 单元，修改 D3 单元表达式中的缓和曲线长为 40，计算 BJD2 的第一缓和曲线参数为 66.332，因不等于其设计值 140.71，所以该缓和曲线为非完整缓和曲线，标记 D3 单元为灰底色，需要确定其起点半径 R_{ZH}。

无名互通式立交B匝道直线、曲线及转角表(局部)

交点号	交点桩号及交点坐标		转角	曲线要素/m					
				半径	缓和曲线参数	缓和曲线长	切线长	曲线总长	切曲差(校正值)
SP	桩	BK0+000							
	N	3 803 985.406							
	E	479 743.653							
BJD1	桩	BK0+161.455			133.45	178.083	161.455		
	N	3 804 110.587	75°52′19.8″(Y)	100				221.463	31.188
	E	479 641.685			0	0	91.196		
BJD2	桩	BK0+269.684			140.71	40	48.22		
	N	3 804 222.357	50°40′43.7″(Y)	110				92.852	6.652
	E	479 725.018			0	0	51.284		
EP	桩	BK0+314.315							
	N	3 804 224.696							
	E	479 776.248							

图 2－45　无名互通式立交 B 匝道直线、曲线及转角表(局部)

本例共有 2 条缓和曲线，其中的 1 条缓和曲线为非完整缓和曲线，其参数如图 2－46 灰底色单元所示。

D2　=SQRT($E2*178.083)

	A	B	C	D	E	F
1	0	3803985.406	479743.653	0	0	0
2		3804110.587	479641.685	133.4477426	100	0
3		3804222.357	479725.018	66.33249581	110	0
4		3804224.696	479776.248			

File3 / Sheet2 / Sheet3

图 2－46　在 MS-Excel 的 File3 选项卡输入 B 匝道的交点法平曲线设计数据并探测非完整缓和曲线的位置

(2) BJD2 第一缓和曲线起点半径 R_{ZH} 的验算

设 $R_{ZH} > R = 110\text{m}$，由式(2－8)，得

$$R'_{\text{ZH}} = \left(R^{-1} - \frac{L_{\text{h1}}}{A_1^2}\right)^{-1} = \left(110^{-1} - \frac{40}{140.71^2}\right)^{-1} = 141.429\,991\,7\text{m}$$

设 $R_{\text{ZH}} < R$，由式(2-8)，得

$$R''_{\text{ZH}} = \left(R^{-1} + \frac{L_{\text{h1}}}{A_1^2}\right)^{-1} = \left(110^{-1} + \frac{40}{140.71^2}\right)^{-1} = 89.999\,424\,86\text{m} \approx 90\text{m}$$

上述算出的 R'_{ZH} 与 R''_{ZH} 都是正数，都能满足第一缓和曲线线长方程，还需要使用偏角差方程验算并从中选择一个正确的半径值。

BJD2 无第二缓和曲线，其圆曲线长为 $L_y = L - L_{\text{h1}} = 92.852 - 40 = 52.852$，圆曲线长所夹圆心角为

$$\beta_y = \frac{L_y}{R} = \frac{52.852}{110} = 0.480\,472\,727\,3 \text{ 弧度}$$

因 BJD2 的转角为 $\Delta = 50°40'43.7'' \times \pi \div 180 = 0.884\,512\,017\,9$ 弧度，所以，第一缓和曲线偏角差的理论值应为

$$\tilde{\beta}_{\text{h1}} = \Delta - \beta_y = 0.8845120179 - 0.4804727273 = 0.404\,039\,290\,6 \text{ 弧度}$$

取 $R'_{\text{ZH}} = 141.429\,991\,7\text{m}$ 时，第一缓和曲线的偏角差为

$$\beta'_{\text{h1}} = \frac{A_1^2}{2R^2} - \frac{A_1^2}{2R'^2_{\text{ZH}}} = \frac{140.74^2}{2 \times 110^2} - \frac{140.71^2}{2 \times 141.4299917^2} = 0.323\,230\,903\,1 \text{ 弧度} \neq \tilde{\beta}_{\text{h1}}$$

取 $R''_{\text{ZH}} = 89.999\,424\,86\text{m}$ 时，第一缓和曲线的偏角差为

$$\beta''_{\text{h1}} = \frac{A_1^2}{2R''^2_{\text{ZH}}} - \frac{A_1^2}{2R^2} = \frac{140.71^2}{2 \times 89.99942486^2} - \frac{140.74^2}{2 \times 110^2} = 0.404\,041\,824\,1 \text{ 弧度} \approx \tilde{\beta}_{\text{h1}}$$

由此可知，应取 $R_{\text{ZH}} = R''_{\text{ZH}} = 90\text{m}$ 才能满足偏角方程，上述半径验算结果汇总于表2-18。

表2-18 B匝道非完整缓和曲线起讫半径的验算结果

交点号	第一缓和曲线		圆曲线半径	第二缓和曲线	
	A_1	R_{ZH}	R	A_2	R_{HZ}
BJD2	140.71	90	110	0	0

用式(2-12)反算第一缓和曲线参数的准确值，方法是在 D3 单元输入表达式"=SQRT(40/(1/90-1/\$E3))"，结果如图2-47所示。

👉本例的特点是：BJD1 与 BJD2 之间的夹直线长为0(图2-45未列出)，BJD1 无第二缓和曲线，故 BJD1 半径为 $R = 100\text{m}$ 的圆曲线与 BJD2 的第一缓和曲线径相连接，BJD1 的曲线终点 ZY 与 BJD2 的曲线起点 ZH 重合为 GQ 点；而 BJD2 第一缓和曲线的起点半径为 $R_{\text{ZH}} = 90\text{m}$，由此可知，GQ 点的半径是从 100 过渡到 90，半径过渡不连续。

(3) 输出 CSV 格式文件并上载到 fx-9860GⅡ主存储器

将 File3 选项卡的数据另存为 File3.csv 文件，退出 MS-Excel。使用 FA-124 通信软件，将 File3.csv 文件上载到 fx-9860GⅡ主存储器的 File3 串列文件。

在 fx-9860GⅡ按 MENU ② 键进入 **STAT** 模式，按 SHIFT SETUP 键调出设置菜单，按 ▼ ▼ 键移动光标到"List File"行，按 F1 (**FILE**) ③ EXE EXE 键设置 File3 为当前串列文件。

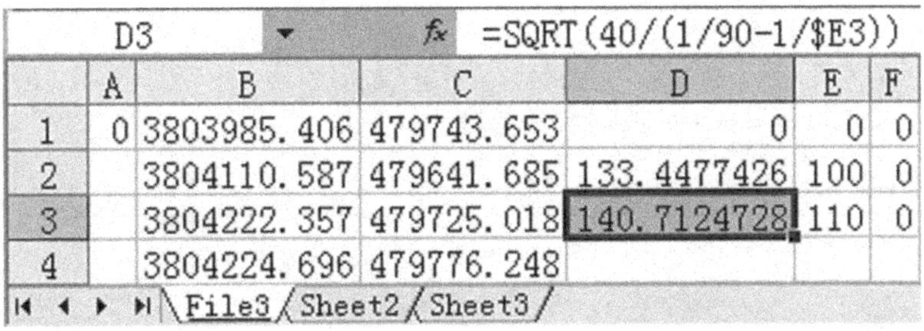

图 2-47 在 D3 单元重新输入表达式计算非完整缓和曲线参数

移动光标到 List 4[3] 串列单元,按 F6(▷)F2(EDIT)键编辑光标单元的数值,添加 90 为其复数虚部数值,结果如图 2-48 所示。

图 2-48 在 **STAT** 模式添加 List 4[3] 串列单元的复数虚部数值

(4) 执行 Q2X8 程序计算平曲线主点数据

在 fx-9860GⅡ执行 Q2X8 程序,计算 B 匝道平曲线主点数据的屏幕提示与用户操作过程如下:

屏幕提示	按键	说明
JD curve xyH Q2X8		显示程序标题
new(0)/old(≠0) main point data=?	0 EXE	输入 0 为重新计算主点数据
hor-curve first JD num=?	1 EXE	输入平曲线起始交点号(number)
Z_{ZD}(m) =314.3148		显示平曲线终点设计桩号(-0.2mm)/耗时 4.32s
α_{ZD}=87°23′09.14″	EXE	显示平曲线终点走向方位角
Press [MENU][2]⇒Stop!	EXE	继续计算
Del List 4/List 6 Imp, yes(0)/no(≠0)=?	0 EXE	输入 0 删除 List 4 与 List 6 串列复数虚部数值
st xy new(0)/old(>0)/no(<0)=?	MENU 2	停止程序并进入 **STAT** 模式查看主点数据

执行 Q2X8 程序,完成交点平曲线主点数据计算后,只要屏幕显示的终点桩号与设计图纸相符,就说明用户已正确输入了平曲线设计数据。本案例的全部文件位于光盘"\2章\[例 2-9]\"路径下,请读者播放光盘"\操作视频\2.11\[例 2-9]操作视频.avi"文件观看操作方法。

2.12 交点法设计的高速公路匝道工程案例 10

[例 2-10] 如图 2-49 所示的高速公路互通式立交 C 匝道有 4 个交点,试验算各交

点缓和曲线的起讫半径，用 Q2X8 程序计算平曲线的主点数据。

四川省南充大竹梁平(川渝界)高速公路建设项目TJ-A合同段
潭家沟互通式立交C匝道直线、曲线及转角表(局部)
设计单位：辽宁省交通规划设计院
施工单位：四川永茂建设有限公司

交点号	交点桩号及交点坐标		转角	曲线要素/m					
				半径	缓和曲线参数	缓和曲线长	切线长	曲线总长	切曲差(校正值)
SP	桩	CK0+000							
	N	3 405 781.870							
	E	474 965.534							
CJD1	桩	CK0+105.761	4°36′31″(Z)	2 628.241	0	0	105.761	211.408	0.114
	N	3 405 798.644							
	E	474 861.111			0	0	105.761		
CJD2	桩	CK0+320.067	48°38′57″(Y)	180	100	55.556	108.659	181.971	10.245
	N	3 405 815.530							
	E	474 647.357			420	51.579	83.557		
CJD3	桩	CK0+478.264	46°36′13″(Y)	190	0	0	84.885	196.780	9.959
	N	3 405 950.346							
	E	474 546.377			140	93.349	121.854		
CJD4	桩	CK0+656.307	3°47′31″(Y)	1 998.25	0	0	66.147	132.247	0.047
	N	3 406 135.621							
	E	474 578.278			0	0	66.147		
EP	桩	CK0+722.406							
	N	3 406 199.924							
	E	474 593.789							

图 2-49　潭家沟互通式立交 C 匝道直线、曲线及转角表(局部)

[解]　（1）在 MS-Excel 输入平曲线设计数据并探测非完整缓和曲线的位置

启动 MS-Excel，按表 2-1 的规定，在 File4 选项卡输入本例 4 个交点的平曲线设计数据。

因本例的缓和曲线参数均为整数，故直接在 D、F 列的相应单元输入缓和曲线参数的设计值，在 G、H 列输入表达式计算缓和曲线长来探测非完整缓和曲线的位置，结果如图 2-50 所示。

图 2-50　在 MS-Excel 的 File4 选项卡输入 C 匝道的交点法平曲线
设计数据并探测非完整缓和曲线的位置

① 各交点第一缓和曲线长的验证

在 G1、G2 单元输入 0，在 G3 单元输入表达式"=D3^2/$E3"，算出 CJD2 的第一缓和曲线长为 55.556m，因等于其设计值 55.556m，所以该缓和曲线为完整缓和曲线。

② 各交点第二缓和曲线长的验证

在 H1、H2 单元输入 0，在 H3 单元输入表达式"=F3^2/$E3"，算出 CJD2 的第二缓和曲线长为 980m，因不等于其设计值 51.579m，所以该缓和曲线为非完整缓和曲线，标记 F3、H3 为灰底色，需要确定其终点半径 R_{HZ}。

复制 H3 单元到 H4 单元，算出 CJD3 的第二缓和曲线长为 103.158m，因不等于其设计值 93.349m，所以该缓和曲线为非完整缓和曲线，标记 F4、H4 为灰底色，需要确定其终点半径 R_{HZ}。

本例共有 3 条缓和曲线，其中的 2 条缓和曲线为非完整缓和曲线，其参数如图 2-50 灰底色单元所示。

(2) 缓和曲线起讫半径的确定

① CJD2 第二缓和曲线终点半径 R_{HZ} 的验算

CJD2 第二缓和曲线是与 CJD3 半径为 190m 的圆曲线衔接，CJD2 的圆曲线半径为 $R=180m$，因此，可以认为 $R_{HZ}>R=180m$，由式 (2-8)，得

$$R_{HZ} = \left(R^{-1} - \frac{L_{h2}}{A_2^2}\right)^{-1} = \left(180^{-1} - \frac{51.579}{420^2}\right)^{-1} = 190.000\,010\,8m \approx 190m$$

② CJD3 第二缓和曲线终点半径 R_{HZ} 的验算

CJD3 第二缓和曲线是与 CJD4 半径为 1 998.25m 的圆曲线衔接，CJD3 的圆曲线半径为 $R=190m$，因此，可以认为 $R_{HZ}>R=190m$，由式 (2-8)，得

$$R_{HZ} = \left(R^{-1} - \frac{L_{h2}}{A_2^2}\right)^{-1} = \left(190^{-1} - \frac{93.349}{140^2}\right)^{-1} = 1\,998.186\,394m \approx 1\,998.25m$$

上述半径验算结果汇总于表 2-19。

表 2-19 C 匝道非完整缓和曲线起讫半径的验算结果

交点号	第一缓和曲线		圆曲线半径	第二缓和曲线	
	A_1	R_{ZH}	R	A_2	R_{HZ}
CJD2	100	∞	180	420	190
CJD3	0	0	190	140	1 998.25

(3) 输出 CSV 格式文件并上载到 fx-9860GⅡ主存储器

将 File4 选项卡的数据另存为 File4.csv 文件，退出 MS-Excel。使用 FA-124 通信软件，将 File4.csv 文件上载到 fx-9860GⅡ主存储器的 File4 串列文件。

在 fx-9860GⅡ按 MENU ② 键进入 **STAT** 模式，按 SHIFT SETUP 键调出设置菜单，按 ▽ ▽ 键移动光标到"List File"行，按 F1 (FILE) ④ EXE EXE 键设置 File4 为当前串列文件。

移动光标到 List 6[3] 串列单元，按 F6 (▷) F2 (EDIT) 键编辑光标单元的数值，添加 190 为其复数虚部数值；同理，为 List 6[4] 串列单元添加 1 998.25 为复数虚部数值，结果如图 2-51 所示。

(4) 执行 Q2X8 程序计算平曲线主点数据

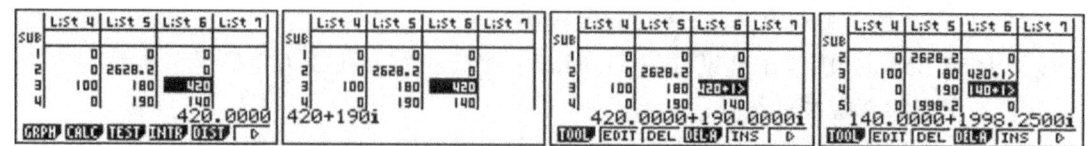

图 2-51 在 **STAT** 模式添加 List 6[3]与 List 6[4]串列单元的复数虚部数值

在 fx-9860GⅡ执行 Q2X8 程序，计算主线平曲线主点数据的屏幕提示与用户操作过程如下：

屏幕提示	按键	说明
JD curve xyH Q2X8		显示程序标题
new(0)/old(≠0) main point data=?	0 EXE	输入 0 为重新计算主点数据
hor-curve first JD num=?	1 EXE	输入平曲线起始交点号（number）
Z_{ZD}(m)=722.4058		显示平曲线终点设计桩号(−0.2mm)/耗时 6.18s
α_{ZD}=13°33′42″	EXE	显示平曲线终点走向方位角
Press [MENU][2]⇒Stop!	EXE	继续计算
Del List 4/List 6 Imp, yes(0)/no(≠0)=?	0 EXE	输入 0 删除 List 4 与 List 6 串列复数虚部数值
st xy new(0)/old(>0)/no(<0)=?	MENU 2	停止程序并进入 **STAT** 模式查看主点数据

执行 Q2X8 程序，完成交点平曲线主点数据计算后，只要屏幕显示的终点桩号与设计图纸相符，就说明用户已正确输入了平曲线设计数据。本案例的全部文件位于光盘"\2章\[例2-10]\"路径下，请读者播放光盘"\操作视频\2.12\[例2-10]操作视频. avi"文件观看操作方法。

2.13　交点法设计的高速公路匝道工程案例 11

[例 2-11] 如图 2-52 所示的高速公路互通式立交 H 匝道有 5 个交点，试验算各交点缓和曲线的起讫半径，用 Q2X8 程序计算平曲线的主点数据。

[解] （1）在 MS-Excel 输入平曲线设计数据并探测非完整缓和曲线的位置

启动 MS-Excel，按表 2-1 的规定，在 File5 选项卡输入本例 5 个交点的平曲线设计数据。

因本例的缓和曲线参数均为整数，故直接在 D、F 列的相应单元输入缓和曲线参数的设计值，在 G、H 列输入表达式计算缓和曲线长来探测非完整缓和曲线的位置，结果如图 2-53 所示。

① 各交点第一缓和曲线长的验证

在 G1、G2 单元输入 0，在 G3 单元输入表达式"=D3^2/$E3"，算出 HJD2 的第一缓和曲线长为 82.571m，等于其设计值 82.571m，所以该缓和曲线为完整缓和曲线。

复制 G3 单元到 G4~G6 单元，在 G5 单元算出 HJD4 的第一缓和曲线长为 144m，不等于其设计值 72m，所以该缓和曲线为非完整缓和曲线，标记 D5、G5 单元为灰底色，需

170

广西防城至东兴高速公路第1合同段茅岭互通式立交H匝道直线、曲线及转角表(局部)
设计单位：广西壮族自治区交通规划勘察设计研究院
施工单位：广西壮族自治区公路桥梁工程总公司
监理单位：广西双建工程咨询有限公司

交点号	交点桩号及交点坐标		转角	半径	曲线要素/m				切曲差(校正值)
					缓和曲线参数	缓和曲线长	切线长	曲线总长	
SP	桩	HK0+001.520							
	N	414 928.193							
	E	542 966.915							
HJD1	桩	HK0+085.414	2°37′49.7″(Z)	3 000	0	0	83.894	194.444	0.033
	N	414 853.048			1 000	194.444	110.583		
	E	542 929.611							
HJD2	桩	HK0+320.556	26°50′25.3″(Y)	350	170	82.571	124.592	223.325	3.374
	N	414 637.824			200	64.286	102.107		
	E	542 834.818							
HJD3	桩	HK0+558.238	19°42′23.1″(Y)	800	0	0	138.949	275.154	2.745
	N	414 484.854			0	0	138.949		
	E	542 648.517							
HJD4	桩	HK0+834.450	33°46′17.3″(Y)	400	240	72	140.007	283.414	7.504
	N	414 390.899			210	80.85	150.911		
	E	542 385.859							
HJD5	桩	HK1+151.636	13°13′00.5″(Y)	1 500	0	0	173.779	346.015	1.543
	N	414 469.937			0	0	173.779		
	E	542 070.936							
EP	桩	HK1+323.872							
	N	414 549.656							
	E	541 916.521							

图 2-52 茅岭互通式立交 H 匝道直线、曲线及转角表(局部)

要确定其起点半径 R_{ZH}。

图 2-53 在 MS-Excel 的 File5 选项卡输入 H 匝道的交点法平曲线设计数据并探测非完整缓和曲线的位置

② 各交点第二缓和曲线长的验证

在 H1 单元输入 0，在 H2 单元输入表达式"=F2^2/\$E2"，算出 HJD1 的第二缓和曲线长为 333.333m，因不等于其设计值 194.444m，所以该缓和曲线为非完整缓和曲线，标记 F2、H2 为灰底色，需要确定其终点半径 R_{HZ}。

复制 H2 单元到 H3～H6 单元，在 H3 单元算出 HJD2 的第二缓和曲线长为 114.286m，因不等于其设计值 64.286m，所以该缓和曲线为非完整缓和曲线，标记 F3、H3 为灰底色，需要确定其终点半径 R_{HZ}。

在 H5 单元算出 HJD4 的第二缓和曲线长为 110.25m，因不等于其设计值 80.85m，所以该缓和曲线为非完整缓和曲线，标记 F5、H5 为灰底色，需要确定其终点半径 R_{HZ}。

本例共有 5 条缓和曲线，其中的 4 条缓和曲线为非完整缓和曲线，其参数如图 2-53 灰底色单元所示。

(2) 缓和曲线起讫半径的确定

① HJD1 第二缓和曲线终点半径 R_{HZ} 的验算

HJD1 的第二缓和曲线是与 HJD2 的第一缓和曲线衔接，而 HJD2 的第一缓和曲线为完整缓和曲线，其起点半径为∞，所以，可以认为 HJD1 第二缓和曲线的终点半径 $R_{HZ} > R$，由式(2-8)，得

$$R_{HZ} = \left(R^{-1} - \frac{L_{h2}}{A_2^2}\right)^{-1} = \left(3000^{-1} - \frac{194.444}{1000^2}\right)^{-1} = 7\,199.976\,96\text{m} \approx 7\,199.977\text{m}$$

② HJD2 第二缓和曲线终点半径 R_{HZ} 的验算

HJD2 的第二缓和曲线是与 HJD3 半径为 800m 的圆曲线衔接，HJD2 的圆曲线半径为 $R = 350$m，所以，可以认为 HJD2 第二缓和曲线的终点半径 $R_{HZ} > R$，由式(2-8)，得

$$R_{HZ} = \left(R^{-1} - \frac{L_{h2}}{A_2^2}\right)^{-1} = \left(350^{-1} - \frac{64.286}{200^2}\right)^{-1} = 800.004\,571\,5\text{m} \approx 800\text{m}$$

③ HJD4 第一缓和曲线起点半径 R_{ZH} 的验算

HJD4 的第一缓和曲线是与 HJD3 半径为 800m 的圆曲线衔接，HJD4 的圆曲线半径为 $R = 400$m，所以，可以认为 HJD4 第一缓和曲线的起点半径 $R_{ZH} > R$，由式(2-8)，得

$$R_{ZH} = \left(R^{-1} - \frac{L_{h1}}{A_2^2}\right)^{-1} = \left(400^{-1} - \frac{72}{240^2}\right)^{-1} = 800\text{m}$$

④ HJD4 第二缓和曲线终点半径 R_{HZ} 的验算

HJD4 的第二缓和曲线是与 HJD5 半径为 1 500m 的单圆曲线衔接，HJD4 的圆曲线半径 $R = 400$m，所以，可以认为 HJD4 第二缓和曲线的终点半径 $R_{HZ} > R$，由式(2-8)，得

$$R_{HZ} = \left(R^{-1} - \frac{L_{h2}}{A_2^2}\right)^{-1} = \left(400^{-1} - \frac{80.85}{210^2}\right)^{-1} = 1\,500\text{m}$$

本例非完整缓和曲线起讫半径的验算结果汇总于表 2-20。

表 2-20　H 匝道非完整缓和曲线起讫半径的验算结果

交点号	第一缓和曲线		圆曲线半径	第二缓和曲线	
	A_1	R_{ZH}	R	A_2	R_{HZ}
HJD1	0	0	3 000	1 000	7 199.977
HJD2	170	∞	350	200	800
HJD4	240	800	400	210	1 500

(3) 输出 CSV 格式文件并上载到 fx-9860GⅡ主存储器

如图 2-53 所示，将 File5 选项卡的数据另存为 File5.csv 文件，退出 MS-Excel。使用

FA-124 通信软件,将 File5.csv 文件上载到 fx-9860GⅡ主存储器的 File5 串列文件。

在 fx-9860GⅡ按 MENU ② 键进入 **STAT** 模式,按 SHIFT SETUP 键调出设置菜单,按 ▼ ▼ 键移动光标到"List File"行,按 F1 (FILE) ⑤ EXE EXE 键设置 File5 为当前串列文件。

移动光标到 List 6[2]串列单元,按 F6 (▷) F2 (EDIT)键编辑光标单元的数值,添加 7 199.977 为其复数虚部数值;同理,为 List 6[3]串列单元添加 800 为复数虚部数值,为 List 4[5]串列单元添加 800 为复数虚部数值,为 List 6[5]串列单元添加 1 500 为复数虚部数值,结果如图 2-54 所示。

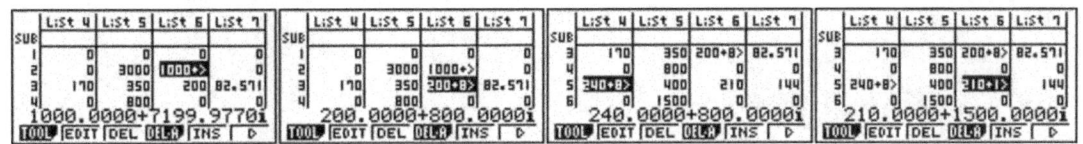

图 2-54 在 **STAT** 模式添加 List 6[2]、List 6[3]、List 4[5]与 List 6[5]串列单元的复数虚部数值

(4) 执行 Q2X8 程序计算平曲线主点数据

在 fx-9860GⅡ执行 Q2X8 程序,计算 H 匝道平曲线主点数据的屏幕提示与用户操作过程如下:

屏幕提示	按键	说明
JD curve xyH Q2X8		显示程序标题
new(0)/old(≠0) main point data=?	0 EXE	输入 0 为重新计算主点数据
hor-curve first JD num=?	1 EXE	输入平曲线起始交点号(number)
Z_{ZD}(m) =1323.8723		显示平曲线终点设计桩号(0.3mm)/耗时 6.25s
$α_{ZD}$=297°18′20.54″	EXE	显示平曲线终点走向方位角
Press [MENU][2]⇒Stop!	EXE	继续计算
Del List 4/List 6 Imp, yes(0)/no(≠0)=?	0 EXE	输入 0 删除 List 4 与 List 6 串列复数虚部数值
st xy new(0)/old(>0)/no(<0)=?	MENU ②	停止程序并进入 **STAT** 模式查看主点数据

执行 Q2X8 程序,完成交点平曲线主点数据计算后,只要屏幕显示的终点桩号与设计图纸相符,就说明用户已正确输入了平曲线设计数据。本案例的全部文件位于光盘"\2章\[例 2-11]\"路径下,请读者播放光盘"\操作视频\2.13\[例 2-11]操作视频.avi"文件观看操作方法。

2.14 交点法设计的高速公路主线工程案例 1

[例 2-12] 如图 2-55 所示的高速公路主线有 7 个交点,试验算各交点缓和曲线的起讫半径,用 Q2X8 程序计算平曲线的主点数据。

[解] (1) 在 MS-Excel 输入平曲线设计数据并探测非完整缓和曲线的位置

启动 MS-Excel,按表 2-1 的规定,在 File5 选项卡输入本例 7 个交点的平曲线设计数据。

山西省忻州市岢岚至临县高速公路第三合同段直线、曲线及转角表(局部)
设计单位：山西省交通科学研究院
施工单位：中铁六局集团太原铁建路桥分公司

交点号	交点桩号及交点坐标		转角	曲线要素/m					
				半径	缓和曲线参数	缓和曲线长	切线长	曲线总长	切曲差(校正值)
JD11	桩	K14+353.078							
	N	4 288 514.762							
	E	538 303.534 2							
JD12	桩	K15+706.476	16°07′07.1″(Y)	1 481.146	494.357 2	165	292.325 3	581.680 8	2.970
	N	4 287 245.763			494.357 2	165	292.325 3		
	E	537 791.233 2							
JD13	桩	K16+318.935	25°07′37.1″(Z)	1 112.495	408.502 4	150	323.104	637.882 6	8.326
	N	4 286 761.478			408.502 4	150	323.104		
	E	537 411.467 6							
JD14	桩	K17+276.241	47°08′44″(Y)	1 300	441.588	150	642.527 1	1 219.698 9	65.355
	N	4 285 820.505			441.588	150	642.527 1		
	E	537 194.644 8							
JD15	桩	K18+088.173	20°00′54.2″(Z)	904.411 7	368.322 9	150	234.760 3	465.936 8	3.584
	N	4 285 383.472			368.322 9	150	234.760 3		
	E	536 433.963 9							
JD16	桩	K19+294.166	29°33′02″(Y)	959.126 7	379.300 7	150	330.031 9	630.900 3	11.952
	N	4 284 458.327			503.763 7	180	312.820 3		
	E	535 654.744 7							
JD17	桩	K19+876.561	10°43′19.7″(Y)	3 000	0	0	281.527 2	561.410 3	1.644
	N	4 284 251.708			0	0	281.527 2		
	E	535 097.467 9							
JD18	桩	K20+755.819	18°56′41.5″(Z)	1 266.627	477.485 9	180	304.745 8	583.978 1	4.322
	N	4 284 104.483			638.581 2	220	283.554 4		
	E	534 228.955 9							
JD19	桩	K21+467.705							
	N	4 283 762.016							
	E	533 599.933							

图 2-55　高速公路主线直线、曲线及转角表(局部)

因本例的缓和曲线参数均不为整数，可以在 D、F 列输入表达式计算缓和曲线参数来判断是否为非完整缓和曲线。

① 各交点第一缓和曲线参数的验证

在 D1 单元输入 0，在 D2 单元输入表达式"= SQRT($E2*165)"，其中的 165 为 JD12 的第一缓和曲线长，算出 JD12 的第一缓和曲线参数为 494.3572，因等于其设计值 494.3572，所以该缓和曲线为完整缓和曲线。

将 D2 单元复制到 D3~D8 单元，修改 D3 单元的缓和曲线长为 150，计算 JD13 的第一缓和曲线参数为 408.5024，因等于其设计值 408.5024，所以该缓和曲线为完整缓和曲线。

修改 D4 单元的缓和曲线长为 150，计算 JD14 的第一缓和曲线参数为 441.588，因等于其设计值 441.588，所以该缓和曲线为完整缓和曲线。

修改 D5 单元的缓和曲线长为 150，计算 JD15 的第一缓和曲线参数为 368.3229，因等于其设计值 368.3229，所以该缓和曲线为完整缓和曲线。

修改 D6 单元的缓和曲线长为 150，计算 JD16 的第一缓和曲线参数为 379.3007，因等于其设计值 379.3007，所以该缓和曲线为完整缓和曲线。

因 JD17 为单圆曲线，在 D7 单元重新输入 0。

修改 D8 单元的缓和曲线长为 180，计算 JD18 的第一缓和曲线参数为 477.486，因基本等于其设计值 477.4859，所以该缓和曲线为完整缓和曲线。

	A	B	C	D	E	F
1	14337.9692	4288514.762	538303.5342	0	0	0
2		4287245.763	537791.2332	494.3572494	1481.146	494.3572494
3		4286761.478	537411.4676	408.502448	1112.495	408.502448
4		4285820.505	537194.6448	441.5880433	1300	441.5880433
5		4285383.472	536433.9639	368.322895	904.4117	368.322895
6		4284458.327	535654.7447	379.3006789	959.1267	415.5030758
7		4284251.708	535097.4679	0	3000	0
8		4284104.483	534228.9559	477.4859789	1266.627	527.8806115
9		4283762.016	533599.933			

图 2-56　在 MS-Excel 的 File6 选项卡输入主线交点平曲线的设计数据并探测非完整缓和曲线的位置

② 各交点第二缓和曲线参数的验证

在 F1 单元输入 0，在 F2 单元输入表达式"=SQRT($E2*165)"，其中的 165 为 JD12 的第二缓和曲线长，算出 JD12 的第二缓和曲线参数为 494.3572，因等于其设计值 494.3572，所以该缓和曲线为完整缓和曲线。

将 F2 单元复制到 F3~F8 单元，修改 F3 单元的缓和曲线长为 150，计算 JD13 的第二缓和曲线参数为 408.5024，因等于其设计值 408.5024，所以该缓和曲线为完整缓和曲线。

修改 F4 单元的缓和曲线长为 150，计算 JD14 的第二缓和曲线参数为 441.588，因等于其设计值 411.588，所以该缓和曲线为完整缓和曲线。

修改 F5 单元的缓和曲线长为 150，计算 JD15 的第二缓和曲线参数为 368.3229，因等于其设计值 368.3229，所以该缓和曲线为完整缓和曲线。

修改 F6 单元的缓和曲线长为 180，计算 JD16 的第二缓和曲线参数为 415.503，因不等于其设计值 503.7637，所以该缓和曲线为非完整缓和曲线，标记 F6 单元为灰底色，需要确定其终点半径 R_{HZ}。

因 JD17 为单圆曲线，在 F7 单元重新输入 0。

修改 F8 单元的缓和曲线长为 220，计算 JD18 的第二缓和曲线参数为 527.8806，因不等于其设计值 638.5812，所以该缓和曲线为非完整缓和曲线，标记 F8 单元为灰底色，需要确定其终点半径 R_{HZ}。

本例共有 12 条缓和曲线，其中的 2 条缓和曲线为非完整缓和曲线，位置如图 2-56 灰底色单元所示。

(2)非完整缓和曲线起讫半径的确定

① JD16 第二缓和曲线终点半径的验算

JD16 第二缓和曲线是与 JD17 半径为 3 000m 的圆曲线衔接，JD16 的圆曲线半径 R = 959.1267m，因此，可以认为 $R_{HZ} > R = 959.1267$m。由式(2-8)得

$$R_{\text{HZ}} = \left(R^{-1} - \frac{L_{\text{h2}}}{A_2^2}\right)^{-1} = \left(959.1267^{-1} - \frac{180}{503.7637^2}\right)^{-1} = 2\,999.999\,363\text{m} \approx 3\,000\text{m}$$

② JD18 第二缓和曲线终点半径的验算

如果没有 JD19 的曲线设计数据，是无法判断其终点半径是满足 $R_{\text{HZ}} > R$ 还是 $R_{\text{HZ}} < R$，只能分别计算这两种情形的 R_{HZ}，再用缓和曲线偏角差方程选择。

设 $R_{\text{HZ}} > R = 1\,266.627\text{m}$。由式(2-8)得

$$R'_{\text{HZ}} = \left(R^{-1} - \frac{L_{\text{h2}}}{A_2^2}\right)^{-1} = \left(1266.627^{-1} - \frac{220}{638.5812^2}\right)^{-1} = 4\,000.005\,09\text{m} \approx 4\,000\text{m}$$

设 $R_{\text{HZ}} < R = 1\,266.627\text{m}$。由式(2-8)得

$$R''_{\text{HZ}} = \left(R^{-1} + \frac{L_{\text{h2}}}{A_2^2}\right)^{-1} = \left(1266.627^{-1} + \frac{220}{638.5812^2}\right)^{-1} = 752.447\,070\,3\text{m}$$

上述算出的 R'_{HZ} 与 R''_{HZ} 都是正数，都能满足第二缓和曲线线长方程，还需要使用偏角差方程验算并从中选择一个正确的半径值。

因 JD18 的第一缓和曲线为完整缓和曲线，由式(2-13)算的其偏角为

$$\Delta\beta_1 = \frac{A_1^2}{2R^2} = \frac{477.4859789^2}{2 \times 1266.627^2} = 0.071\,054\,856\,73\text{ 弧度} = 4°4'16.12''$$

由图 2-55 所示的直曲表可知，JD18 的曲线总长为 $L = 583.978\,1\text{m}$，则圆曲线长为

$$L_y = L - L_{\text{h1}} - L_{\text{h2}} = 583.978\,1 - 180 - 220 = 183.978\,1\text{m}$$

对应的圆心角为

$$\beta_y = \frac{L_y}{R} = \frac{183.9781}{1266.627} = 0.145\,250\,417\,1\text{ 弧度} = 8°19'20.05''$$

所以，JD18 第二缓和曲线偏角差的理论值应为

$$\Delta\tilde{\beta}_2 = \Delta - \Delta\beta_1 - \beta_y = 18°56'41.5'' - 4°4'16.12'' - 8°19'20.05''$$
$$= 6°33'5.33'' = 0.114\,344\,906\,6\text{ 弧度}$$

式中，Δ 为 JD18 的转角。当取 $R'_{\text{HZ}} = 4\,000\text{m}$ 时，第二缓和曲线偏角差的实际值为

$$\Delta\beta'_2 = \frac{A_2^2}{2R^2} - \frac{A_2^2}{2R'^2_{\text{HZ}}} = \frac{638.5812^2}{2 \times 1266.627^2} - \frac{638.5812^2}{2 \times 4000^2} = 0.114\,344\,757\,5\text{ 弧度} \approx \Delta\tilde{\beta}_2$$

取 $R''_{\text{HZ}} = 752.447\text{m}$ 时，第二缓和曲线偏角差的实际值为

$$\Delta\beta''_2 = \frac{A_2^2}{2R''^2_{\text{HZ}}} - \frac{A_2^2}{2R^2} = \frac{638.5812^2}{2 \times 752.447^2} - \frac{638.5812^2}{2 \times 1266.627^2} = 0.233\,034\,576\,9\text{ 弧度} \neq \Delta\tilde{\beta}_2$$

由此可知，应取 $R_{\text{HZ}} = R'_{\text{HZ}} = 4\,000\text{m}$ 才能满足偏角差方程。上述计算结果汇总于表 2-21。

表 2-21 高速公路主线非完整缓和曲线起讫半径的验算结果

交点号	第一缓和曲线		圆曲线半径	第二缓和曲线	
	A_1	R_{ZH}	R	A_2	R_{HZ}
JD16	379.300 7	∞	959.126 7	503.763 7	3 000
JD18	477.485 9	∞	1 266.627	638.581 2	4 000

需要重新计算 F6 与 F8 单元非完整缓和曲线的参数。依据式（2－12），在 F6 单元输入表达式"=SQRT(180/(1/E6-1/3000))"，重新计算 JD16 的第二缓和曲线参数 A_2 的精确值；在 F8 单元输入表达式"=SQRT(220/(1/E8-1/4000))"，重新计算 JD18 的第二缓和曲线参数 A_2 的精确值，结果如图 2－57 所示。

	F6		f_x	=SQRT(180/(1/E6-1/3000))	
	A	B	C	D	E	F
1	14337.9692	4288514.762	538303.5342	0	0	0
2		4287245.763	537791.2332	494.3572494	1481.146	494.3572494
3		4286761.478	537411.4676	408.502448	1112.495	408.502448
4		4285820.505	537194.6448	441.5880433	1300	441.5880433
5		4285383.472	536433.9639	368.322895	904.4117	368.322895
6		4284458.327	535654.7447	379.3006789	959.1267	503.7636749
7		4284251.708	535097.4679	0	3000	0
8		4284104.483	534228.9559	477.4859789	1266.627	638.5813883
9		4283762.016	533599.933			

图 2－57 重新输入 F6 与 F8 单元的表达式计算非完整缓和曲线参数的精确值

(3) JD11 起点桩号的计算

在图 2－55 所示的直曲表中，只给出了 JD11 的交点桩号，且未给出该交点的切曲差。因为 JD11 不在路线中线上，因此，JD11 的设计桩号不能用于路线的起点桩号，需要使用式(2－2)计算 JD11 的起点桩号，也即应用 JD12 的桩号 K15＋706.476 减去 JD11 至 JD12 的平距。

在 fx-9860GⅡ上，使用复数模函数 Abs 反算 JD11 至 JD12 的平距并计算 JD11 起点桩号的方法是：按 MENU ① 键进入 **RUN·MAT** 模式，按 **4288514.762** ＋ **5383036.5342** SHIFT *i* → ALPHA A EXE 键将 JD11 的平面坐标复数存入 **A** 变量存储器，结果如图 2－58 左图所示。

按 **4287245.763** ＋ **537791.2332** SHIFT *i* → ALPHA B EXE 键将 JD12 的平面坐标复数存入 **B** 变量存储器，结果如图 2－58 中图所示。

按 **15706.476** － OPTN F3 (**CPLX**) F2 (**Abs**) (ALPHA B － ALPHA A) EXE 键计算 JD11 的起点桩号，结果如图 2－58 右图所示。

由图 2－55 可知，JD11 的设计桩号为 K14＋353.078，由图 2－58 可知，JD11 的起点桩号为 K14＋337.9692，两者之差 15.108 8m 应为 JD11 的切曲差 J_{11}（图 2－55 未给出）。

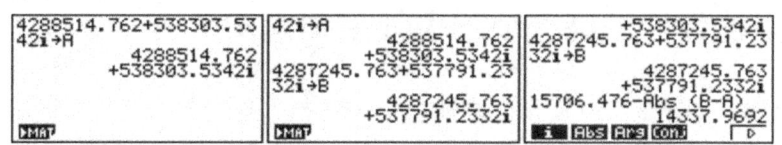

图 2－58 在 **RUN·MAT** 模式用复数计算 JD11 的起点桩号

(4) 输出 CSV 格式文件并上载到 fx-9860GⅡ主存储器

将 File6 选项卡的数据另存为 File6.csv 文件，退出 MS-Excel。使用 FA－124 通讯软件，将 File6.csv 文件上载到 fx-9860GⅡ主存储器的 File6 串列文件。

在 fx-9860GⅡ按 MENU ② 键进入 **STAT** 模式，按 SHIFT SETUP 键调出设置菜单，按 ▽ ▽

键移动光标到"List File"行，按 F1（FILE）6 EXE EXE 键设置 File6 为当前串列文件。

移动光标到 List 6[6] 串列单元，按 F6（▷）F2（EDIT）键编辑光标单元的数值，添加 3 000 为其复数虚部数值；同理，为 List 6[8] 串列单元添加 4 000 为其复数虚部数值，结果如图 2-59 所示。

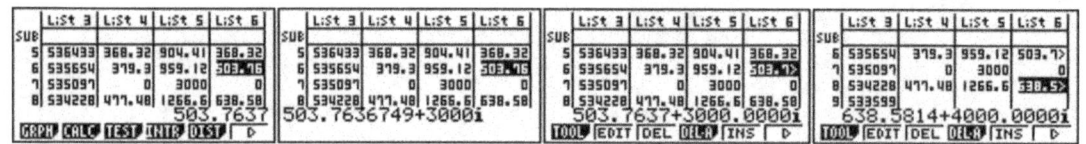

图 2-59　在 **STAT** 模式添加 List 6[6] 与 List 6[8] 串列单元的复数虚部数值

（5）执行 Q2X8 程序计算平曲线主点数据

在 fx-9860GⅡ执行 Q2X8 程序，计算平曲线主点数据的屏幕提示与用户操作过程如下：

屏幕提示	按键	说明
JD curve xyH Q2X8		显示程序标题
new(0)/old(≠0) main point data=?	0 EXE	输入 0 为重新计算主点数据
hor-curve first JD num=?	12 EXE	输入平曲线起始交点号（number）
Z_{ZD}(m) =21467.7053		显示平曲线终点设计桩号（0.3mm）/耗时 8.62s
α_{ZD} =241°26′03.25″	EXE	显示平曲线终点走向方位角
Press [MENU][2]⇒ Stop!	EXE	继续计算
Del List 4/List 6 Imp, yes(0)/no(≠0)=?	0 EXE	输入 0 删除 List 4 与 List 6 串列复数虚部数值
st xy new(0)/old(>0)/no(<0)=?	MENU 2	停止程序并进入 **STAT** 模式查看主点数据

执行 Q2X8 程序，完成交点平曲线主点数据计算后，只要屏幕显示的终点桩号与设计图纸相符，就说明用户已正确输入了平曲线设计数据。本案例的全部文件位于光盘"\2章\[例 2-12]\"路径下，请读者播放光盘"\操作视频\2.14\[例 2-12]操作视频.avi"文件观看操作方法。

2.15　交点法设计的高速公路主线工程案例 2

[**例 2-13**]　如图 2-60 所示的高速公路主线有 7 个交点，纵坡与竖曲线设计数据列于表 2-22。试验算各交点缓和曲线的起讫半径，用 Q2X8 程序计算平竖曲线的主点数据。

表 2-22　纵坡与竖曲线设计数据

点名	设计桩号	H/m	R/m	i/%	点名	设计桩号	H/m	R/m	i/%
SJD_{54}	K347+670	731.597 9		0.76	SJD_{59}	K351+429.218	815.637 1	10 000	1.49
SJD_{55}	K348+960	741.402	30 000	1.95	SJD_{60}	K354+260	857.815 7	100 000	1.2

续表 2-22

点名	设计桩号	H/m	R/m	i/%	点名	设计桩号	H/m	R/m	i/%
SJD_{56}	K349+670	755.247	10 000	3.8	SJD_{61}	K355+799.756	876.292 8	30 000	2.5
SJD_{57}	K350+350	781.087	15 000	2.456	SJD_{62}	K357+070	908.077 7	60 000	2
SJD_{58}	K350+700	789.683	16 000	3.8	SJD_{63}	K358+060	927.878		

陕西省定汉线宝鸡至汉中(陕川界)公路HC-08合同段直线、曲线及转角表(局部)
设计单位：中交第一公路勘察设计研究院有限公司
施工单位：中铁十二局集团有限公司　　　　　　　　　高斯平面坐标系中央子午线经度107°07'E

交点号	交点桩号及交点坐标		转 角	曲线要素/m					断 链
				半径	缓和曲线参数	缓和曲线长	切线长	曲线总长	
QD	桩	K347+881.672							
	N	3 633 183.814							
	E	482 129.972							
JD34	桩	K348+847.809	89°23'33.9″(Y)	900	367.424	150	966.137	1 492.815	
	N	3 632 629.655							
	E	482 921.381 6			861.684	150	905.159		
JD35	桩	K349+527.919	15°17'38.2″(Y)	1 100	0	0	153.432	393.622 6	
	N	3 631 756.127							
	E	482 323.417 8			469.042	200	242.123		
JD36	桩	K350+841.614	61°05'57.5″(Z)	800	346.410	150	547.676	956.228	短链：-46.216m K350+700= K350+746.216
	N	3 630 934.866							
	E	481 355.463 6			490.299	130	501.031		
JD37	桩	K351+474.423	17°54'09.4″(Z)	1 410	0	0	224.257	515.567 9	
	N	3 630 223.918							
	E	481 498.974 1			459.891	150	295.029		
JD38	桩	K354+105.981	32°42'27.3″(Y)	2 600	883.176	300	913.350	1 784.223	
	N	3 627 926.109							
	E	482 789.227 8			883.176	300	913.350		
JD39	桩	K356+174.460	36°29'52″(Y)	1 500	441.588	130	149.201	241.165	
	N	3 625 818.853							
	E	482 664.302 3			0	0	92.190		
JD40	桩	K356+503.308	31°27'34.6″(Y)	750	387.298	100	236.885	501.805 4	长链：1.174 K356+710= K356+708.826
	N	3 625 494.899							
	E	482 606.470 5			312.250	130	276.016		
JD41	桩	K357+096.969							
	N	3 625 041.655							
	E	482 204.325 4							

图 2-60　高速公路主线直线、曲线及转角表(局部)

[解]　(1) 在 MS-Excel 输入平曲线设计数据并探测非完整缓和曲线的位置

启动 MS-Excel，按表 2-1 的规定，在 File1 选项卡输入本例 7 个交点的平曲线设计数据。

因本例的缓和曲线参数均不为整数，可以在 D、F 列输入表达式计算缓和曲线参数来判断是否为非完整缓和曲线。

① 各交点第一缓和曲线参数的验证

在 D1 单元输入 0，在 D2 单元输入表达式"=SQRT($E2*150)"，其中的 150 为 JD34 的第一缓和曲线长，算出 JD34 的第一缓和曲线参数为 367.423，因基本等于其设计值 367.424，所以该缓和曲线为完整缓和曲线。

将 D2 单元复制到 D3～D8 单元；JD35 无第一缓和曲线，在 D3 单元重新输入 0。

D4 单元计算 JD36 的第一缓和曲线参数为 346.41，因等于其设计值 346.41，所以该缓和曲线为完整缓和曲线。

JD37 无第一缓和曲线，在 D5 单元重新输入 0。

修改 D6 单元的缓和曲线长为 300，计算 JD38 的第一缓和曲线参数为 883.176，因等于其设计值 883.176，所以该缓和曲线为完整缓和曲线。

修改 D7 单元的缓和曲线长为 130，计算 JD39 的第一缓和曲线参数为 441.588，因等于其设计值 441.588，所以该缓和曲线为完整缓和曲线。

修改 D8 单元的缓和曲线长为 100，计算 JD40 的第一缓和曲线参数为 273.861，因不等于其设计值 387.298，所以该缓和曲线为非完整缓和曲线，标记 D8 单元为灰底色，需要确定其起点半径 R_{ZH}。

② 各交点第二缓和曲线参数的验证

在 F1 单元输入 0，在 F2 单元输入表达式"=SQRT($E2*150)"，其中的 150 为 JD34 的第二缓和曲线长，算出 JD34 的第二缓和曲线参数为 367.423，因不等于其设计值 861.684，所以该缓和曲线为非完整缓和曲线，标记 F2 单元为灰底色，需要确定其终点半径 R_{HZ}。

复制 F2 单元到 F3～F8，修改 F3 单元的缓和曲线长为 200，计算 JD35 的第二缓和曲线参数为 469.042，因等于其设计值 469.042，所以该缓和曲线为完整缓和曲线。

修改 F4 单元的缓和曲线长为 130，计算 JD36 的第二缓和曲线参数为 322.49，因不等于其设计值 490.299，所以该缓和曲线为非完整缓和曲线，标记 F4 单元为灰底色，需要确定其终点半径 R_{HZ}。

F5 单元计算 JD37 的第二缓和曲线参数为 459.891，因等于其设计值 459.891，所以该缓和曲线为完整缓和曲线。

修改 F6 单元的缓和曲线长为 300，计算 JD38 的第二缓和曲线参数为 883.176，因等于其设计值 883.176，所以该缓和曲线为完整缓和曲线。

因 JD39 为无第二缓和曲线，在 F7 单元重新输入 0。

修改 F8 单元的缓和曲线长为 130，计算 JD40 的第二缓和曲线参数为 312.25，因等于其设计值 312.25，所以该缓和曲线为完整缓和曲线。

本例共有 11 条缓和曲线，其中的 3 条缓和曲线为非完整缓和曲线，位置如图 2－61 灰底色单元所示。

（2）非完整缓和曲线起讫半径的确定

① JD34 第二缓和曲线终点半径 R_{HZ} 的验证

JD34 的第二缓和曲线是与 JD35 半径为 1 100m 的圆曲线衔接，而 JD34 的圆曲线半径为 $R=900$m，可以认为有 $R_{HZ}>R=900$m，由式（2－8）得

$$R_{HZ} = \left(R^{-1} - \frac{L_{h2}}{A_2^2}\right)^{-1} = \left(900^{-1} - \frac{150}{861.684^2}\right)^{-1} = 1\ 100.000\ 225\text{m} \approx 1\ 100\text{m}$$

D2 f_x =SQRT($E2*150)

	A	B	C	D	E	F
1	347881.672	3633183.814	482129.972	0	0	0
2		3632629.655	482921.3816	367.4234614	900	367.4234614
3		3631756.127	482323.4178	0	1100	469.041576
4		3630934.866	481355.4636	346.4101615	800	322.4903099
5		3630223.918	481498.9741	0	1410	459.8912915
6		3627926.109	482789.2278	883.1760866	2600	883.1760866
7		3625818.853	482664.3023	441.5880433	1500	0
8		3625494.899	482606.4705	273.8612788	750	312.2498999
9		3625041.655	482204.3254			

File1 / Sheet2 / Sheet3

图 2－61　在 MS-Excel 的 File1 选项卡输入 7 个交点的平曲线设计数据并探测非完整缓和曲线的位置

② JD36 第二缓和曲线终点半径 R_{HZ}的验证

JD36 的第二缓和曲线是与 JD37 半径为 1 410m 的圆曲线衔接，而 JD36 的圆曲线半径为 $R=800$m，可以认为有 $R_{HZ}>R=800$m，由式(2－8)得

$$R_{HZ}=\left(R^{-1}-\frac{L_{h2}}{A_2^2}\right)^{-1}=\left(800^{-1}-\frac{130}{490.299^2}\right)^{-1}=1\ 410.001\ 49\approx 1\ 410\text{m}$$

③ JD40 第一缓和曲线起点半径 R_{ZH}的验证

JD40 的第一缓和曲线是与 JD39 半径为 1 500m 的圆曲线衔接，JD40 的圆曲线半径为 $R=750$m，可以认为有 $R_{ZH}>R=750$m，由式(2－8)得

$$R_{ZH}=\left(R^{-1}-\frac{L_{h1}}{A_1^2}\right)^{-1}=\left(750^{-1}-\frac{100}{387.298^2}\right)^{-1}=1\ 500.002\ 592\approx 1\ 500\text{m}$$

上述计算结果汇总于表 2－23。

表 2－23　高速公路主线非完整缓和曲线起讫半径的验算结果

交点号	第一缓和曲线		圆曲线半径	第二缓和曲线	
	A_1	R_{ZH}	R	A_2	R_{HZ}
JD34	367.424	∞	900	861.684	1 100
JD36	346.410	∞	800	490.299	1 410
JD40	387.298	1 500	750	312.250	∞

需要重新计算 F2、F4 与 D8 单元的非完整缓和曲线参数。依据式(2－12)，在 F2 单元输入表达式“=SQRT(150/(1/E2－1/1100))”，重新计算 JD34 的第二缓和曲线参数 A_2的精确值；在 F4 单元输入表达式“=SQRT(130/(1/E4－1/1410))”，重新计算 JD36 的第二缓和曲线参数 A_2的精确值；在 D8 单元输入表达式“=SQRT(100/(1/E8－1/1500))”，重新计算 JD40 的第一缓和曲线参数 A_1的精确值，结果如图 2－62 所示。

(3)输入断链数据与竖曲线设计数据

根据表 2－1 的规定，在 D9 与 E9 单元输入如图 2－60 所示的短链桩数据，在 D10 与

E10 单元输入长链桩数据，在 W 列输入如表 2-22 所示的 8 个变坡点的竖曲线设计数据（应有 4+3×8=28 行），结果如图 2-62 所示。

	F2		fx	=SQRT(150/(1/$E2-1/1100))				W		W
	A	B	C	D	E	F	1	347670	15	351429.2
1	347881.672	3633183.814	482129.972	0	0	0	2	731.5979	16	815.6371
2		3632629.655	482921.3816	367.4234614	900	861.684397	3	348960	17	10000
3		3631756.127	482323.4178	0	1100	469.041576	4	741.402	18	354260
4		3630934.866	481355.4636	346.4101615	800	490.2993398	5	30000	19	857.8157
5		3630223.918	481498.9741	0	1410	459.8912915	6	349670	20	100000
6		3627926.109	482789.2278	883.1760866	2600	883.1760866	7	755.247	21	355799.8
7		3625818.853	482664.3023	441.5880433	1500	0	8	10000	22	876.2928
8		3625494.899	482606.4705	387.2983346	750	312.2498999	9	350350	23	30000
9		3625041.655	482204.3254		350700	350746.216	10	781.087	24	357070
10					356710	356708.826	11	15000	25	908.0777
							12	350700	26	60000
		\File1 / Sheet2 / Sheet3 /					13	789.683	27	358060
							14	16000	28	927.878

图 2-62 在 MS-Excel 的 File1 选项卡修改灰底色单元的表达式重新计算非完整缓和曲线参数的精确值添加断链数据与变坡点竖曲线设计数据

（4）输出 CSV 格式文件并上载到 fx-9860GⅡ主存储器

将 File1 选项卡的数据另存为 File1.csv 文件，退出 MS-Excel。使用 FA-124 通讯软件，将 File1.csv 文件上载到 fx-9860GⅡ主存储器的 File1 串列文件。

在 fx-9860GⅡ按 MENU ② 键进入 **STAT** 模式，按 SHIFT SETUP 键调出设置菜单，按 ▼ ▼ 键移动光标到"List File"行，按 F1 (**FILE**) ① EXE EXE 键设置 File1 为当前串列文件。

移动光标到 List 6[2] 串列单元，按 F6 (▷) F2 (**EDIT**) 键编辑光标单元的数值，添加 1 100 为其复数虚部数值；同理，为 List 6[4] 串列单元添加 1 410 为其复数虚部数值；为 List 4[8] 串列单元添加 1 500 为其复数虚部数值；结果如图 2-63 所示。

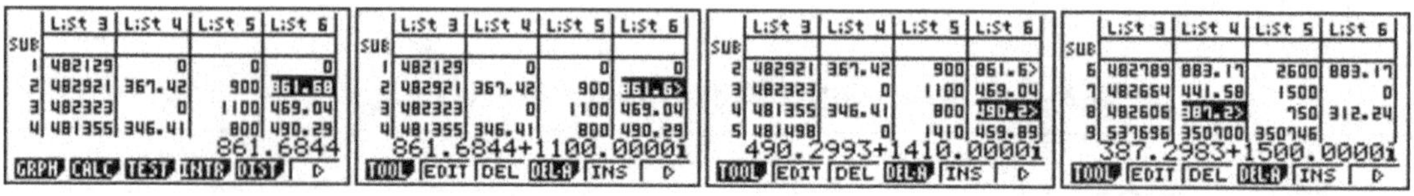

图 2-63 在 **STAT** 模式添加 List 6[2]、List 6[4]、List 4[8] 串列单元的复数虚部数值

（5）执行 Q2X8 程序计算平竖曲线主点数据

在 fx-9860GⅡ执行 Q2X8 程序，计算平竖曲线主点数据的屏幕提示与用户操作过程如下：

屏幕提示	按键	说明
JD curve xyH Q2X8		显示程序标题
new(0)/old(≠0) main point data=?	0 EXE	输入 0 为重新计算主点数据
$i_L\%, i_R\%$ Mat B(1)/C(2)/D(3)/ E(4)/F(5)/G(6)/no(0)=?	0 EXE	输入 0 为不选择路基超高横坡矩阵
hor-curve first JD num=?	34 EXE	输入平曲线起始交点号（number）

续表

屏幕提示	按键	说明
ver-curve first SJD num=?	55 EXE	输入竖曲线起始变坡点号/耗时 9.03s
Z_{ZD}(m)=357096.9685	EXE	显示平曲线终点设计桩号(−0.5mm)/耗时 7.27s
$α_{ZD}$=221°34′52.86″	EXE	显示平曲线终点走向方位角
Press [MENU][2]⇒Stop!	EXE	继续计算
Del List 4/List 6 Imp, yes(0)/no(≠0)=?	0 EXE	输入 0 删除 List 4 与 List 6 串列复数虚部数值
st xy new(0)/old(>0)/no(<0)=?	MENU 2	停止程序并进入 STAT 模式查看主点数据

执行 Q2X8 程序，完成交点平竖曲线主点数据计算后，只要屏幕显示的终点桩号与设计图纸相符，就说明用户已正确输入了平曲线设计数据。按 MENU 2 键进入 STAT 模式，移动光标到 List 26 串列，核对程序反算的纵坡值是否等于表 2 − 22 最后一列的纵坡值，竖曲线半径是否等于表 2 − 22 所列的竖曲线半径，如果对应相等，则说明 List 23 串列的竖曲线设计数据输入无误。

如表 2 − 1 所示，当路线曲线含有断链时，List 1 串列存储的是各 JD 的设计桩号，而 List 15 串列存储的是平曲线主点的连续桩号，List 24 串列存储的是竖曲线主点的连续桩号。

本案例的全部文件位于光盘"\ 2 章 \ [例 2 − 13] \ "路径下。

（6）重复执行 Q2X8 程序进行坐标正算

在 fx-9860GⅡ重复执行 Q2X8 程序，不设置测站点，计算短链空桩区加桩 K350 + 720 与长链重桩区加桩 K356 + 709 的屏幕提示与用户操作过程如下：

屏幕提示	按键	说明
JD curve xyH Q2X8		显示程序标题
new(0)/old(≠0) main point data=?	1 EXE	输入非零数使用现有主点数据计算
st xy new(0)/old(>0)/no(<0)=?	−1 EXE	输入负数为不输入测站点(station)坐标
Z→xyH(1)/xyH→Z(2)/xyH→δr(3)/pier(4)=?	1 EXE	输入 1 选择坐标正算
+Z(m),<QD⇒end=?	350720 EXE	输入短链空桩区加桩号
j in-break Z n=1.0000	EXE	显示加桩位于 1 号短链(−break)空桩区
+Z(m),<QD⇒end=?	350700 EXE	输入短链桩后加桩号
Z_j=350700.0000		重复显示加桩号/耗时 2.59s
x_j=3630938.066		显示中桩坐标
y_j=481496.0229		
H_j=790.0437		显示中桩设计高程
$α_j$=202°39′59.3″	EXE	显示中桩走向方位角
W_L(m) ± ∠γi,0⇒no=?	−5 EXE	输入 −5 结束边桩坐标计算

续表

屏幕提示	按键	说明
+Z(m),<QD≑end=?	350746.216 EXE	输入短链桩前加桩号
Z_j=350746.2160		重复显示加桩号/耗时2.59s
x_j=3630938.066		显示中桩坐标
y_j=481496.0229		
H_j=790.0437		显示中桩设计高程
$α_j$=202°39′59.3″	EXE	显示中桩走向方位角
W_L(m) ± ∠γi,0≑no=?	-5 EXE	输入-5结束边桩坐标计算
+Z(m),<QD≑end=?	356709 EXE	输入长链重桩区加桩号
←(0)　+break→(≠0)=?	0 EXE	输入0选择长链(+break)后重桩区
Z_j=356709		重复显示加桩号/耗时2.59s
x_j=3625332.973		显示中桩坐标
y_j=482462.3256		
H_j=899.0235		显示中桩设计高程
$α_j$=220°33′02.13″	EXE	显示走向方位角
W_L(m) ± ∠γi,0≑no=?	-5 EXE	输入-5结束边桩坐标计算
+Z(m),<QD≑end=?	356709 EXE	重复输入长链重桩区加桩号
←(0)　+break→(≠0)=?	1 EXE	输入非零数选择长链(+break)前重桩区
Z_j=356709		重复显示加桩号/耗时2.59s
x_j=3625332.082		显示中桩坐标
y_j=482461.5621		
H_j=899.0529		显示中桩设计高程
$α_j$=220°35′27.78″	EXE	显示走向方位角
W_L(m) ± ∠γi,0≑no=?	-5 EXE	输入-5结束边桩坐标计算
+Z(m),<QD≑end=?	-1 EXE	输入小于QD的桩号结束程序
Q2X8≑End		程序结束显示

短链空桩区内的桩号在实际路线中是不存在的,执行Q2X8程序的坐标正算功能时,如果用户输入短链空桩区内的桩号,程序不能计算,并提示用户重新输入加桩号。

当用户分别输入短链的后桩号与前桩号进行坐标正算时,由于这2个中桩点位实际上就是一个点,因此,屏幕显示的走向方位角、中桩坐标与设计高程是完全相同的。

(7)重复执行Q2X8程序进行坐标反算

在fx-9860GⅡ重复执行Q2X8程序,不设置测站点,分别计算长链重桩区两个中桩测点(3 625 332.973,482 462.326)与(3 625 332.082,482 461.562)坐标反算的屏幕提示与用户操作过程如下:

屏幕提示	按键	说明
JD curve xyH Q2X8		显示程序标题
new(0)/old(≠0) main point data=?	2 EXE	输入非零数使用现有主点数据计算
st xy new(0)/old(>0)/no(<0)=?	2 EXE	使用最近输入的测站点(station)
Z→xyH(1)/xyH→Z(2)/xyH→δr(3)/pier(4)=?	2 EXE	输入2选择坐标反算
x_j(m)/π⇒end=?	3625332.973 EXE	输入长链重桩区中桩测点的平面坐标
y_j(m)+ni =?	482462.326 EXE	
Z_p=356709.0005		显示垂点桩号/耗时2.34s
n =28.0000		显示垂点所在平曲线元号
d_L= - 0.0007		显示测点边距
x_P=3625332.973		显示垂点中桩坐标
y_P=482462.3254		
H_P=899.0235		显示垂点设计高程
x_j(m)/π⇒end=?	3625332.082 EXE	输入长链重桩区中桩测点的平面坐标
y_j(m)+ni =?	482461.562 EXE	
Z_p=356708.9998		显示垂点桩号/耗时2.33s
n =28.0000		显示垂点所在平曲线元号
d_R=0.0003		显示测点边距
x_P=3625332.082		显示垂点中桩坐标
y_P=482461.5622		
H_P=899.0529		显示垂点设计高程
x_j(m)/π⇒end=?	SHIFT π EXE	输入π结束程序
Q2X8⇒End		程序结束显示

长链重桩区内的桩号对应有2个中桩点位,一个是重桩区后的中桩点位,另一个是重桩区前的中桩点位(以路线走向为前进方向)。执行Q2X8程序的坐标正算功能时,如果用户输入长链空桩区内的桩号,要求用户输入0响应选择长链重桩区后中桩点位计算,或输入≠0数值响应选择长链重桩区前中桩点位计算。

用户分别输入长链重桩区内具有相同设计桩号的2个测点的坐标进行计算时,程序反算出的设计桩号是相同的。

本案例的全部文件位于光盘"\2章\[例2-13]\"路径下,请读者播放光盘"\操作视频\2.15\[例2-13]操作视频.avi"文件观看操作方法。

2.16 交点法设计的高速公路主线工程案例3

[例2-14] 如图2-64所示的高速公路主线有5个交点,纵坡与竖曲线设计数据列

于表 2-24。试算各交点缓和曲线的起讫半径，用 Q2X8 程序计算平竖曲线的主点数据。

表 2-24 纵坡与竖曲线设计数据

点名	设计桩号	H/m	R/m	$i/\%$	点名	设计桩号	H/m	R/m	$i/\%$
SQD	K12+290	2 186.568		1.53	SJD_9	K18+810	2 241.617	30 000	-1.85
SJD_1	K14+920	2 226.807	16 000	-1.85	SJD_{10}	K19+290	2 232.787	10 000	1
SJD_2	K15+720	2 212.007	10 000	2	SJD_{11}	K19+583.697	2 235.724	13 147.849	-1.3
SJD_3	K16+064.05	2 218.888	45 000	1.5	SJD_{12}	K20+050	2 229.662	10 000	1.2
SJD_4	K16+400	2 223.927	16 000	3	SJD_{13}	K20+670	2 237.102	25 000	0.3
SJD_5	K16+870	2 238.027	30 000	2	SJD_{14}	K21+040	2 238.212	15 000	2
SJD_6	K17+330	2 247.227	16 000	-0.5	SJD_{15}	K21+353.985	2 244.492	20 000	0.75
SJD_7	K18+000	2 243.877	25 000	0.65	SZD	K21+710	2 247.162		
SJD_8	K18+380	2 246.3470	16 000	-1.1					

[解] （1）在 MS-Excel 输入平曲线设计数据并探测非完整缓和曲线的位置

启动 MS-Excel，按表 2-1 的规定，在 File2 选项卡输入本例 5 个交点的平曲线设计数据。

因本例的缓和曲线参数绝大多数不为整数，可以在 D、F 列输入表达式计算缓和曲线参数来判断是否为非完整缓和曲线。

① 各交点第一缓和曲线参数的验证

在 D2 单元输入表达式"=SQRT($E2*250)"，其中的 250 为 JD1 的第一缓和曲线长，算出 JD1 的第一缓和曲线参数为 750，因等于其设计值 750，所以该缓和曲线为完整缓和曲线。

复制 D2 单元到 D3~D6 单元，修改 D3 单元的缓和曲线长为 180，计算 JD2 的第一缓和曲线参数为 492.95，因等于其设计值 492.95，所以该缓和曲线为完整缓和曲线。

修改 D4 单元的缓和曲线长为 150，计算 JD3 的第一缓和曲线参数为 436.463，因等于其设计值 436.463，所以该缓和曲线为完整缓和曲线。

修改 D5 单元的缓和曲线长为 170，计算 JD4 的第一缓和曲线参数为 391.152，因等于其设计值 391.152，所以该缓和曲线为完整缓和曲线。

修改 D6 单元的缓和曲线长为 270，计算 JD5 的第一缓和曲线参数为 810，因等于其设计值 810，所以该缓和曲线为完整缓和曲线。

② 各交点第二缓和曲线参数的验证

在 F2 单元输入表达式"=SQRT($E2*250)"，其中的 250 为 JD1 的第二缓和曲线长，算出 JD1 的第二缓和曲线参数为 750，因等于其设计值 750，所以该缓和曲线为完整缓和曲线。

复制 F2 单元到 F3~F6 单元，修改 F3 单元的缓和曲线长为 180，计算 JD2 的第二缓和曲线参数为 492.95，因等于其设计值 492.95，所以该缓和曲线为完整缓和曲线。

修改 F4 单元的缓和曲线长为 150，计算 JD3 的第二缓和曲线参数为 436.463，因等于其设计值 436.463，所以该缓和曲线为完整缓和曲线。

京藏高速(G6)西宁南绕城公路工程
第三标段主线直线、曲线及转角表(局部)
设计单位：中交第一公路勘察设计研究院
施工单位：中交第二公路工程局有限公司隧道工程公司

交点号	交点桩号及交点坐标		转 角	曲线要素/m					断 链
				半 径	缓和曲线参数	缓和曲线长	切线长	曲线总长	
SP	桩	K11+437.978							
	N	45 774.185							
	E	88 165.972							
JD1	桩	K15+238.376	44°20′14.3″(Z)	2 250	750	250	1 042.231	1 991.122	
	N	46 885.287							
	E	84 531.625			750	250	1 042.231		
JD2	桩	K16+659.727	31°36′50.4″(Y)	1 350	492.95	180	472.459	924.887	
	N	46 189.688							
	E	83 186.102			492.05	180	472.459		
JD3	桩	K18+081.465	40°00′50.8″(Y)	1 270	436.463	150	537.679	1 036.940	
	N	46 297.194							
	E	81 748.347			436.463	150	537.679		
JD4	桩	K18+828.810	20°02′15.2″(Z)	900	391.152	170	248.084	519.749	短链：-2.699m K19+100.4750= K19+103.174
	N	46 845.889							
	E	81 185.889			464.758	240	275.524		
JD5	桩	K20+142.194	12°23′49.3″(Y)	2430	810	270	399.040	795.776	
	N	47 385.855							
	E	79 987.365			810	270	399.040		
EP	桩	K20+843.165							
	N	47 805.656							
	E	79 423.128							

图 2-64　高速公路主线直线、曲线及转角表(局部)

修改 F5 单元的缓和曲线长为 240，计算 JD4 的第二缓和曲线参数为 464.758，因等于其设计值 464.758，所以该缓和曲线为完整缓和曲线。

修改 F6 单元的缓和曲线长为 270，计算 JD5 的第二缓和曲线参数为 810，因等于其设计值 810，所以该缓和曲线为完整缓和曲线。

本例的全部 10 条缓和曲线均为完整缓和曲线。

(2)输入断链桩数据与竖曲线设计数据

根据表 2-1 的规定，在 D7 与 E7 输入图 2-64 所示的短链桩数据，在 W 列输入表 2-22 所示 15 个变坡点的竖曲线设计数据(应有 $4+3\times15=49$ 行)，结果如图 2-65 所示。

(3)输出 CSV 格式文件并上载到 fx-9860GⅡ主存储器

将 File2 选项卡的数据另存为 File2.csv 文件，退出 MS-Excel。使用 FA-124 通讯软件，将 File2.csv 文件上载到 fx-9860GⅡ主存储器的 File2 串列文件。

在 fx-9860GⅡ按 MENU ② 键进入 **STAT** 模式，按 SHIFT SETUP 键调出设置菜单，按 ▼ ▼ 键移动光标到"List File"行，按 F1 (FILE) ② EXE EXE 键设置 File2 为当前串列文件。

(4)执行 Q2X8 程序计算平竖曲线主点数据

在 fx-9860GⅡ执行 Q2X8 程序，计算主线平竖曲线主点数据的屏幕提示与用户操作过

D2	fx =SQRT($E2*250)					
	A	B	C	D	E	F
1	11437.978	45774.185	88165.972	0	0	0
2		46885.287	84531.625	750	2250	750
3		46189.688	83186.102	492.9503018	1350	492.9503018
4		46297.194	81748.347	436.4630569	1270	436.4630569
5		46845.889	81185.889	391.1521443	900	464.7580015
6		47385.855	79987.365	810	2430	810
7		47805.656	79423.128	19100.475	19103.174	

File2 / Sheet2 / Sheet3

	W		W		W		W		W
1	12290	12	16400	24	18380	36	20050	48	21710
2	2186.568	13	2223.927	25	2246.347	37	2229.662	49	2247.162
3	14920	14	16000	26	16000	38	10000		
4	2226.807	15	16870	27	18810	39	20670		
5	16000	16	2238.027	28	2241.617	40	2237.102		
6	15720	17	30000	29	30000	41	25000		
7	2212.007	18	17330	30	19290	42	21040		
8	10000	19	2247.227	31	2232.787	43	2238.212		
9	16064.05	20	16000	32	10000	44	15000		
10	2218.888	21	18000	33	19583.697	45	21353.985		
11	45000	22	2243.877	34	2235.724	46	2244.492		
		23	25000	35	13147.849	47	20000		

图 2－65　在 MS-Excel 的 File2 选项卡输入平竖曲线设计数据并探测非完整缓和曲线的位置

程如下：

屏幕提示	按键	说明
JD curve xyH Q2X8		显示程序标题
new(0)/old(≠0) main point data=?	**0** EXE	输入 0 重新计算主点数据
i_L%, i_R% Mat B(1)/C(2)/D(3)/ E(4)/F(5)/G(6)/no(0)=?	**0** EXE	输入 0 不选择路基超高横坡矩阵
hor-curve first JD num=?	**1** EXE	输入平曲线起始交点号(number)
ver-curve first SJD num=?	**1** EXE	输入竖曲线起始变坡点号/耗时 6.47s
Z_{ZD}(m) =20843.1646		显示平曲线终点设计桩号(－0.4mm)/耗时 8.54s
α_{ZD}=306°38′59.33″	EXE	显示平曲线终点走向方位角
Press [MENU][2]⇒Stop!	MENU 2	停止程序并进入 **STAT** 模式查看主点数据

执行 Q2X8 程序，完成交点平曲线主点数据计算后，只要屏幕显示的终点桩号与设计图纸相符，就说明用户已正确输入了平曲线设计数据。按 MENU 2 键进入 **STAT** 模式，移动光标到 List 26 串列，核对程序反算的纵坡值是否等于表 2－24 最后一列的纵坡值，竖曲线半径是否等于表 2－24 所列的竖曲线半径，如果对应相等，则说明 List 23 串列的竖曲线设计数据输入无误。

如表 2－1 所示，当路线曲线含有断链时，List 1 串列存储的是各 JD 的设计桩号，而 List 15 串列存储的是平曲线主点的连续桩号，List 24 串列存储的是竖曲线主点的连续桩号。

(5) 重复执行 Q2X8 程序进行坐标正算

在 fx-9860GⅡ重复执行 Q2X8 程序，不设置测站点，计算短链空桩区加桩 K19+101 与段链桩 2 个加桩的屏幕提示与用户操作过程如下：

屏幕提示	按键	说明
JD curve xyH Q2X8		显示程序标题
new(0)/old(≠0) main point data=?	1 EXE	输入非零数使用现有主点数据计算
st xy new(0)/old(>0)/no(<0)=?	-1 EXE	输入负数为不输入测站点(station)坐标
Z→xyH(1)/xyH→Z(2)/ xyH→δr(3)/pier(4)=?	1 EXE	输入 1 选择坐标正算
+Z(m),<QD÷end=?	19101 EXE	输入短链空桩区加桩号
j in -break Z n =1.0000	EXE	显示加桩位于 1 号短链(-break)空桩区
+Z(m),<QD÷end=?	19100.475 EXE	输入短链桩后桩号
Z_j=19100.4750		重复显示加桩号/耗时 1.76s
x_j=46959.0638		显示中桩坐标
y_j=80934.6830		
H_j=2236.2433		显示中桩设计高程
$α_j$=294°15′10.06″	EXE	显示中桩走向方位角
W_L(m) ± ∠γi,0÷no=?	-5 EXE	输入 -5 结束边桩坐标计算
+Z(m),<QD÷end=?	19103.174 EXE	输入短链桩前桩号
Z_j=19103.1740		重复显示加桩号/耗时 1.76s
x_j=46959.0638		显示中桩坐标
y_j=80934.6830		
H_j=2236.2433		显示中桩设计高程
$α_j$=294°15′10.06″	EXE	显示中桩走向方位角
W_L(m) ± ∠γi,0÷no=?	-5 EXE	输入 -5 结束边桩坐标计算
+Z(m),<QD÷end=?	-1 EXE	输入小于 QD 的桩号结束程序
Q2X8÷End		程序结束显示

本案例的全部文件位于光盘"\2章\[例2-14]\"路径下，请读者播放光盘"\操作视频\2.16\[例2-14]操作视频.avi"文件观看操作方法。

2.17 交点法设计的高速公路主线工程案例 4

[例 2-15] 如图 2-66 所示的高速公路主线有 6 个交点，试验算各交点缓和曲线的起讫半径，用 Q2X8 程序计算平曲线的主点数据。

[解] (1) 使用 MS-Excel 输入平曲线设计数据并检测非完整缓和曲线的位置

启动 MS-Excel，按表 2-1 的规定，在 File3 选项卡输入本例 6 个交点的平曲线设计数据。

因本例的缓和曲线参数均不为整数，可以在 D、F 列输入表达式计算缓和曲线参数来判断是否为非完整缓和曲线。

① 各交点第一缓和曲线参数的验证

在 D2 单元输入表达式"=SQRT($E2*120)"，其中的 120 为 JD1 的第一缓和曲线长，算出 JD1 的第一缓和曲线参数为 336.432，因等于其设计值 336.432，所以该缓和曲线为完整缓和曲线。

复制 D2 单元到 D3～D7 单元，D3 单元的缓和曲线参数为 328.634，等于 JD2 的第一缓和曲线参数 328.634，所以该缓和曲线为完整缓和曲线。

D4 单元的缓和曲线参数为 358.207，等于 JD3 的第一缓和曲线参数 358.207，所以该缓和曲线为完整缓和曲线。

山西吕梁环城高速公路第九合同段Z线直线、曲线及转角表(局部)
设计单位：山西省交通规划勘察设计院
施工单位：山东省德州市公路工程建设总公司
监理单位：山西省交通建设工程监理总公司

交点号	交点桩号及交点坐标		转角	曲线要素/m					
				半径	缓和曲线参数	缓和曲线长	切线长	曲线总长	切曲差(校正值)
SP	桩	ZK19+690.214							
	N	4 167 686.669							
	E	523 493.880							
JD1	桩	ZK20+058.818	36°12′44.1″(Z)	943.223	336.432	120	368.604	716.139	21.069
	N	4 167 353.080			336.432	120	368.604		
	E	523 650.682							
JD2	桩	ZK21+839.165	39°52′20.8″(Y)	900	328.634	120	386.672	746.315	27.029
	N	4 166 490.424			328.634	120	386.672		
	E	525 232.115							
JD3	桩	ZK22+684.346	43°22′55.3″(Z)	1 069.271	358.207	120	485.537	929.609	41.465
	N	4 165 678.992			358.207	120	485.537		
	E	525 552.001							
JD4	桩	ZK24+017.259	20°00′54.2″(Z)	980	342.929	120	623.45	1 142.202	104.698
	N	4 165 095.928			342.929	120	623.45		
	E	526 796.571							
JD5	桩	ZK25+382.119	29°33′02″(Y)	2 500	0	0	183.152	365.650	0.654
	N	4 163 632.267			0	0	183.152		
	E	526 928.086							
JD6	桩	ZK27+587.179	10°43′19.7″(Y)	2 726.584	0	0	244.434	397.158	1.472
	N	4 161 487.629			413.073	146.265	154.196		
	E	527 443.543							
EP	桩	ZK27+739.903							
	N	4 161 333.491							
	E	527 447.786							

图 2-66 高速公路主线直线、曲线及转角表(局部)

D5 单元的缓和曲线参数为 342.929，等于 JD4 的第一缓和曲线参数 342.929，所以该缓和曲线为完整缓和曲线。

JD5 为单圆曲线，在 D6 单元重新输入 0；JD6 无第一缓和曲线，在 D7 单元重新输入 0。

② 各交点第二缓和曲线参数的验证

在 F2 单元输入表达式“=SQRT($E2*120)”，其中的 120 为 JD1 的第二缓和曲线长，算出 JD1 的第二缓和曲线参数为 336.432，因等于其设计值 336.432，所以该缓和曲线为完整缓和曲线。

复制 F2 单元到 F3 ~ F7 单元，F3 单元的缓和曲线参数为 328.634，等于 JD2 的第二缓和曲线参数 328.634，所以该缓和曲线为完整缓和曲线。

F4 单元的缓和曲线参数为 358.207，等于 JD3 的第二缓和曲线参数 358.207，所以该缓和曲线为完整缓和曲线。

F5 单元的缓和曲线参数为 342.929，等于 JD4 的第二缓和曲线参数 342.929，所以该缓和曲线为完整缓和曲线。

JD5 为单圆曲线，在 F6 单元重新输入 0；修改 F7 单元的缓和曲线长为 146.265，算出的 JD6 第二缓和曲线参数为 631.509，因不等于其设计值 413.073，所以该缓和曲线为非完整缓和曲线，标记 F7 单元为灰底色，需要确定其终点半径 R_{HZ}。

本例共有 9 条缓和曲线，其中的 1 条缓和曲线为非完整缓和曲线，位置如图 2 - 67 灰底色单元所示。

D2 　 =SQRT($E2*120)

	A	B	C	D	E	F
1	19690.214	4167686.669	523493.88	0	0	0
2		4167353.08	523650.682	336.4324003	943.223	336.4324003
3		4166490.424	525232.115	328.6335345	900	328.6335345
4		4165678.992	525552.001	358.2073701	1069.271	358.2073701
5		4165095.928	526796.571	342.928564	980	342.928564
6		4163632.267	526928.086	0	2500	0
7		4161487.629	527443.543	0	2726.584	631.5091518
8		4161333.491	527447.786			

File3 / Sheet2 / Sheet3

图 2 - 67　在 MS-Excel 的 File3 选项卡输入 6 个交点的平曲线设计数据并探测非完整缓和曲线的位置

(2) JD6 第二缓和曲线终点半径 R_{HZ} 的验证

设 $R_{HZ} > R$，由式(2 - 8)得

$$R'_{HZ} = \left(R^{-1} - \frac{L_{h2}}{A_2^2}\right)^{-1} = \left(2726.584^{-1} - \frac{146.265}{413.073^2}\right)^{-1} = -2\,038.944\,393\text{m} < 0$$

设 $R_{HZ} < R$，由式(2 - 8)得

$$R''_{HZ} = \left(R^{-1} + \frac{L_{h2}}{A_2^2}\right)^{-1} = \left(2726.584^{-1} + \frac{146.265}{413.073^2}\right)^{-1} = 817.014\,532\,4\text{m} \approx 817.014\,5\text{m}$$

因 R_{HZ} 必须为正数，因此有 $R_{HZ} = R''_{HZ} = 817.014\,5\text{m}$。JD6 非完整缓和曲线起讫半径验算结果汇总于表 2 - 25。

表 2 - 25　高速公路主线非完整缓和曲线起讫半径的验算结果

交点号	第一缓和曲线		圆曲线半径	第二缓和曲线	
	A_1	R_{ZH}	R	A_2	R_{HZ}
JD6	0	0	2 726.584	413.073	817.014 5

依据式（2 - 12），在 F7 单元输入表达式"=SQRT(146.265/(1/817.0145 - 1/$E7))"，重新计算 JD6 的第二缓和曲线参数 A_2 的精确值，结果如图 2 - 68 所示。

图 2 - 68　在 MS-Excel 的 File5 选项卡修改 F7 单元的表达式结果

（3）输出 CSV 格式文件并上载到 fx-9860GⅡ主存储器

将 File3 选项卡的数据另存为 File3.csv 文件，退出 MS-Excel。使用 FA - 124 通讯软件，将 File3.csv 文件上载到 fx-9860GⅡ主存储器的 File3 串列文件。

在 fx-9860GⅡ按 MENU ② 键进入 **STAT** 模式，按 SHIFT SETUP 键调出设置菜单，按 ▽ ▽ 键移动光标到"List File"行，按 F1（FILE） ③ EXE EXE 键设置 File3 为当前串列文件。

移动光标到 List 6[7] 串列单元，按 F6（▷）F2（EDIT）键编辑光标单元的数值，添加 817.014 5 为其复数虚部数值，结果如图 2 - 69 所示。

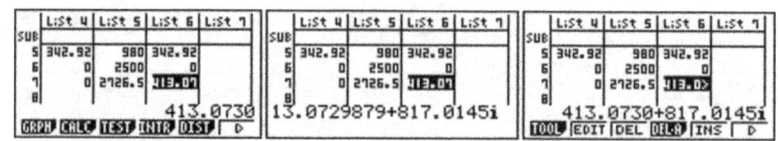

图 2 - 69　在 **STAT** 模式添加 List 6[7] 串列单元的复数虚部数值

（4）执行 Q2X8 程序计算平曲线主点数据

在 fx-9860GⅡ执行 Q2X8 程序，计算 Z 线平曲线主点数据的屏幕提示与用户操作过程如下：

屏幕提示	按键	说明
JD curve xyH Q2X8		显示程序标题
new(0)/old(≠0) main point data=?	0 EXE	输入 0 为重新计算主点数据
hor-curve first JD num=?	12 EXE	输入平曲线起始交点号（number）

续表

屏幕提示	按键	说明
$Z_{ZD}(m)=27739.9026$		显示平曲线终点设计桩号(0.4mm)/耗时7.39s
$α_{ZD}=178°25'23.52''$	EXE	显示平曲线终点走向方位角
Press [MENU][2]⇒Stop!	EXE	继续计算
Del List 4/List 6 Imp, yes(0)/no(≠0)=?	0 EXE	输入0删除List 4与List 6串列复数虚部数值
st xy new(0)/old(>0)/no(<0)=?	MENU 2	停止程序并进入STAT模式查看主点数据

执行Q2X8程序，完成交点平曲线主点数据计算后，只要屏幕显示的终点桩号与设计图纸相符，就说明用户已正确输入了平曲线设计数据。本案例的全部文件位于光盘"\2章\[例2-15]\"路径下，请读者播放光盘"\操作视频\2.17\[例2-15]操作视频.avi"文件观看操作方法。

2.18 交点法设计的高速公路主线工程案例5

[**例2-16**] 如图2-70所示的高速公路主线有9个交点，试验算各交点缓和曲线的起讫半径，用Q2X8程序计算平曲线的主点数据。

[**解**] (1) 使用MS-Excel输入平曲线设计数据并探测非完整缓和曲线的位置

启动MS-Excel，按表2-1的规定，在File4选项卡输入本例9个交点的平曲线设计数据。

因本例的缓和曲线参数均为非整数，可以在D、F列输入表达式计算缓和曲线参数来判断是否为非完整缓和曲线。

① 各交点第一缓和曲线参数的验证

在D2单元输入表达式"=SQRT($E2*140)"，其中的140为JD36的第一缓和曲线长，算出JD36的第一缓和曲线参数为334.664，因等于其设计值334.664，所以该缓和曲线为完整缓和曲线。

复制D2单元到D3~D10单元，修改D3单元的缓和曲线长为150，计算JD37的第一缓和曲线参数为374.196，因等于其设计值374.196，所以该缓和曲线为完整缓和曲线。

JD38为单圆曲线，在D4单元重新输入0。

修改D5单元的缓和曲线长为160，计算JD39的第一缓和曲线参数为339.411，因等于其设计值339.411，所以该缓和曲线为完整缓和曲线。

修改D6单元的缓和曲线长为160，计算JD40的第一缓和曲线参数为419.524，因等于其设计值419.524，所以该缓和曲线为完整缓和曲线。

JD41为单圆曲线，在D7单元重新输入0。

JD42为单圆曲线，在D8单元重新输入0。

修改D9单元的缓和曲线长为180，计算JD43的第一缓和曲线参数为459.858，因不等于其设计值603.606，所以该缓和曲线为非完整缓和曲线，标记D9单元为灰底色，需要确定其起点半径R_{ZH}。

修改 D10 单元的缓和曲线长为 150,计算 JD44 的第一缓和曲线参数为 307.270,因等于其设计值 307.270,所以该缓和曲线为完整缓和曲线。

② 各交点第二缓和曲线参数的验证

复制 D2~D10 单元到 F2~F10 单元。

在 F2 单元算出 JD36 的第二缓和曲线参数为 334.664,因等于其设计值 334.664,所以该缓和曲线为完整缓和曲线。

修改 F3 单元的缓和曲线长为 160,计算 JD37 的第二缓和曲线参数为 386.468,因不等于其设计值 480.189,所以该缓和曲线为非完整缓和曲线,标记 F3 单元为灰底色,需要确定其终点半径 R_{HZ}。

JD38 为单圆曲线,其第二缓和曲线参数 F4 单元的值为 0。

在 F5 单元算出 JD39 的第二缓和曲线参数为 339.411,因等于其设计值 339.411,所以该缓和曲线为完整缓和曲线。

在 F6 单元算出 JD40 的第二缓和曲线参数为 419.524,因不等于其设计值 560.612,所以该缓和曲线为非完整缓和曲线,标记 F6 单元为灰底色,需要确定其终点半径 R_{HZ}。

JD41 为单圆曲线,其第二缓和曲线参数 F7 单元的值为 0。

JD42 为单圆曲线,其第二缓和曲线参数 F8 单元的值为 0。

在 F9 单元算出 JD43 的第二缓和曲线参数为 459.858,因等于其设计值 459.858,所以该缓和曲线为完整缓和曲线。

在 F10 单元算出 JD44 的第二缓和曲线参数为 307.270,因等于其设计值 307.270,所以该缓和曲线为完整缓和曲线。

(2)非完整缓和曲线起讫半径的确定

① JD37 第二缓和曲线终点半径 R_{HZ} 的验证

JD37 的第二缓和曲线是与 JD38 半径为 2 650m 的单元曲线衔接,JD37 的圆曲线半径为 $R = 933.483$m,可以认为 $R_{HZ} > R = 933.483$m,由式(2-8)得

$$R_{HZ} = \left(R^{-1} - \frac{L_{h2}}{A_2^2}\right)^{-1} = \left(933.483^{-1} - \frac{160}{480.189^2}\right)^{-1} = 2\,649.997\,157\text{m} \approx 2\,650\text{m}$$

② JD40 第二缓和曲线终点半径 R_{HZ} 的验证

JD40 的第二缓和曲线与 JD41 半径为 2 500m 的单圆曲线衔接,JD40 的圆曲线半径为 $R = 1\,100$m,可以认为 $R_{HZ} > R = 720$m,由式(2-8)得

$$R_{HZ} = \left(R^{-1} - \frac{L_{h2}}{A_2^2}\right)^{-1} = \left(1\,100^{-1} - \frac{160}{560.612^2}\right)^{-1} = 2\,499.998\,985\text{m} \approx 2\,500\text{m}$$

③ JD43 第一缓和曲线起点半径 R_{ZH} 的验证

JD43 的第一缓和曲线与 JD42 半径为 2 800m 的单圆曲线衔接,JD43 的圆曲线半径为 $R = 1\,174.83$m,可以认为 $R_{ZH} > R = 1\,174.83$m,由式(2-8)得

$$R_{ZH} = \left(R^{-1} - \frac{L_{h1}}{A_1^2}\right)^{-1} = \left(1\,174.83^{-1} - \frac{180}{603.606^2}\right)^{-1} = 2\,799.997\,069\text{m} \approx 2\,800\text{m}$$

JD37、JD40 与 JD43 非完整缓和曲线起讫半径验算结果汇总于表 2-26。

兰州至海口高速公路四川广元至南充段GN6合同段直线、曲线及转角表(局部)
设计单位：四川省交通厅公路规划勘察设计研究院
施工单位：江西省宜春公路桥梁工程有限责任公司

交点号	交点桩号及交点坐标		转 角	半 径	曲线要素/m				
					缓和曲线参数	缓和曲线长	切线长	曲线总长	切曲差(校正值)
QD	桩	K34+355.387							
	N	568 739.094							
	E	582 657.276							
JD36	桩	K34+836.679	30°59′11.5″(Y)	800	334.664	140	292.023	572.654	11.393
	N	568 413.262			334.664	140	292.023		
	E	583 011.502							
JD37	桩	K35+666.301	20°49′30.1″(Y)	933.483	374.196	150	248.161	466.108	4.195
	N	567 606.483			480.189	160	222.142		
	E	583 249.016							
JD38	桩	K36+058.424	7°31′15.3″(Y)	2 650	0	0	174.176	347.851	0.500
	N	567 211.344			0	0	174.176		
	E	583 218.468							
JD39	桩	K36+761.889	34°14′16.0″(Z)	720	339.411	160	302.184	590.245	14.123
	N	566 522.613			339.411	160	302.184		
	E	583 072.807							
JD40	桩	K37+571.184	20°02′28.9″(Y)	1 100	419.524	160	275.372	509.567	4.322
	N	565 760.758			560.612	160	238.517		
	E	583 385.207							
JD41	桩	K38+172.681	16°42′58.6″(Y)	2 500	0	0	367.301	729.385	5.218
	N	565 155.408			0	0	367.301		
	E	583 409.042							
JD42	桩	K39+567.561	11°47′37.7″(Z)	2 800	0	0	289.199	576.355	2.044
	N	563 799.671			0	0	289.199		
	E	583 059.397							
JD43	桩	K40+107.087	19°24′57.5″(Z)	1 174.83	603.606	180	252.371	540.355	4.254
	N	563 258.688			459.858	180	292.238		
	E	583 034.191							
JD44	桩	K41+594.493	48°12′49.2″(Z)	629.432	307.270	150	357.279	679.659	34.899
	N	561 830.304			307.270	150	357.279		
	E	583 464.040							
ZD	桩	K41+916.872							
	N	561 679.097							
	E	583 787.744							

图 2-70　高速公路主线直线、曲线及转角表(局部)

表 2-26　高速公路主线非完整缓和曲线起讫半径的验算结果

交点号	第一缓和曲线		圆曲线半径	第二缓和曲线	
	A_1	R_{ZH}	R	A_2	R_{HZ}
JD37	374.196	∞	933.483	480.189	2 650
JD40	419.524	∞	1 100	560.612	2 500
JD43	603.606	2 800	1 174.83	459.858	∞

	A	B	C	D	E	F
F3			fx	=SQRT($E3*160)		
1	34355.387	568739.094	582657.276	0	0	0
2		568413.262	583011.502	334.664011	800	334.6640106
3		567606.483	583249.016	374.195738	933.483	386.4676959
4		567211.344	583218.468	0	2650	0
5		566522.613	583072.807	339.411255	720	339.411255
6		565760.758	583385.207	419.523539	1100	419.5235393
7		565155.408	583409.042	0	2500	0
8		563799.671	583059.397	0	2800	0
9		563258.688	583034.191	459.858022	1174.83	459.8580216
10		561830.304	583464.04	307.269914	629.432	307.2699139
11		561679.097	583787.744			

图 2-71　在 MS-Excel 的 File4 选项卡输入平曲线设计数据
并探测非完整缓和曲线的位置

依据式(2-12)，在 F3 单元输入表达式"=SQRT(160/(1/$E3-1/2650))"，重新计算 JD37 的第二缓和曲线参数 A_2 的精确值；在 F6 单元输入表达式"=SQRT(220/(1/$E6-1/2500))"，重新计算 JD40 的第二缓和曲线参数 A_2 的精确值，在 D9 单元输入表达式"=SQRT(180/(1/$E9-1/2800))"，重新计算 JD43 的第一缓和曲线参数 A_1 的精确值，结果如图 2-72 所示。

	A	B	C	D	E	F
F3			fx	=SQRT(160/(1/$E3-1/2650))		
1	34355.387	568739.094	582657.276	0	0	0
2		568413.262	583011.502	334.664011	800	334.6640106
3		567606.483	583249.016	374.195738	933.483	480.1888599
4		567211.344	583218.468	0	2650	0
5		566522.613	583072.807	339.411255	720	339.411255
6		565760.758	583385.207	419.523539	1100	560.6119106
7		565155.408	583409.042	0	2500	0
8		563799.671	583059.397	0	2800	0
9		563258.688	583034.191	603.605772	1174.83	459.8580216
10		561830.304	583464.04	307.269914	629.432	307.2699139
11		561679.097	583787.744			

图 2-72　在 MS-Excel 的 File4 选项卡修改 F3、F6 与 D9 单元表达式
重新计算缓和曲线参数

(3) 输出 CSV 格式文件并上载到 fx-9860GⅡ主存储器

将 File4 选项卡的数据另存为 File4.csv 文件，退出 MS-Excel。使用 FA-124 通讯软件，将 File4.csv 文件上载到 fx-9860GⅡ主存储器的 File4 串列文件。

在 fx-9860GⅡ按 MENU ② 键进入 **STAT** 模式，按 SHIFT SETUP 键调出设置菜单，按 ▼ ▼ 键移动光标到"List File"行，按 F1 (**FILE**) ④ EXE EXE 键设置 File4 为当前串列文件。

移动光标到 List 6[3] 串列单元，按 F6 (▷) F2 (EDIT) 键编辑光标单元的数值，

添加 2 650 为其复数虚部数值；同理，为 List 6[6] 串列单元的数值添加 2 500 为复数虚部，为 List 4[9] 串列单元的数值添加 2 800 为复数虚部，结果如图 2-73 所示。

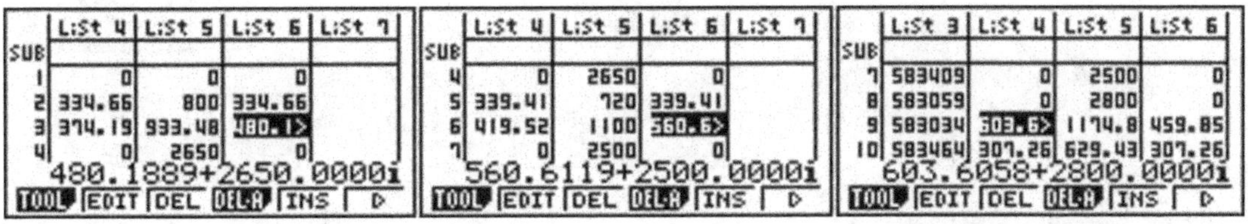

图 2-73 在 **STAT** 模式添加 List 6[3]、List 6[6] 与 List 4[9] 串列单元的复数虚部数值

（4）执行 Q2X8 程序计算平曲线主点数据

在 fx-9860GⅡ执行 Q2X8 程序，计算主线平曲线主点数据的屏幕提示与用户操作过程如下：

屏幕提示	按键	说明
JD curve xyH Q2X8		显示程序标题
new(0)/old(≠0) main point data=?	**0** EXE	输入 0 为重新计算主点数据
hor-curve first JD num=?	**36** EXE	输入平曲线起始交点号(number)
Z_{ZD}(m)=41916.8724	EXE	显示平曲线终点设计桩号(0.4mm)/耗时 12.31s
α_{ZD}=115°02′16.74″	EXE	显示平曲线终点走向方位角
Press [MENU][2]⇒Stop!	EXE	继续计算
Del List 4/List 6 Imp, yes(0)/no(≠0)=?	**0** EXE	输入 0 删除 List 4 与 List 6 串列复数虚部数值
st xy new(0)/old(>0)/no(<0)=?	MENU **2**	停止程序并进入 STAT 模式查看主点数据

执行 Q2X8 程序，完成交点平曲线主点数据计算后，只要屏幕显示的终点桩号与设计图纸相符，就说明用户已正确输入了平曲线设计数据。本案例的全部文件位于光盘"\2章\[例2-16]\"路径下，请读者播放光盘"\操作视频\2.18\[例2-16]操作视频.avi"文件观看操作方法。

2.19 交点法设计的高速公路主线工程案例6

[例2-17] 如图 2-74 所示的高速公路主线标段有 4 个交点，试验算各交点缓和曲线的起讫半径，用 Q2X8 程序计算平曲线的主点数据。

[解] （1）使用 MS-Excel 输入平曲线设计数据并探测非完整缓和曲线的位置

启动 MS-Excel，按表 2-1 的规定，在 File5 选项卡输入本例 4 个交点的平曲线设计数据。

如图 2-74 所示的直曲表只给出了 JD18 的设计桩号，它不能用作为起点桩号，可以用 JD19 的设计桩号减 JD18 至 JD19 之间的平距反算 JD18 的起点桩号，可以在 A1 单元输入表达式"=63935.842-SQRT((B1-B2)^2+(C1-C2)^2)"计算 JD18 的起点桩号，其中的 63935.842 为 JD19 的设计桩号，结果如图 2-75 所示。

陕西榆林至佳县高速公路第8合同段直线、曲线及转角表(局部)
设计单位：中交第二公路勘察设计研究院有限公司
施工单位：中国交通建设股份有限公司BOT建设项目

交点号	交点桩号及交点坐标		转角	曲线要素/m					断链
				半径	缓和曲线参数	缓和曲线长	切线长	曲线总长	
JD18	桩	K62+418.170							
	N	4 224 057.904							
	E	475 576.904							
JD19	桩	K63+935.842	23°43′02.5″(Z)	1 550	513.323	170	410.624	811.616	
	N	4 222 622.947							
	E	476 310.432			513.323	170	410.624		
JD20	桩	K66+929.200	26°23′04.9″(Y)	2 500	866.025	300	736.351	1 451.249	长链：4.070m K66+496.919= K66+492.849
	N	4 220 721.986							
	E	478 640.399			866.025	300	736.351		
JD21	桩	K68+599.460	29°19′32.9″(Z)	3 000	1 009.95	340	955.361	1 875.495	
	N	4 219 181.435							
	E	479 339.393			1 009.95	340	955.361		
JD22	桩	K70+138.302	29°10′45.5″(Y)	1 950	654.981	220	617.819	1 213.087	短链：-0.889m K69+739.594= K69+740.483
	N	4 218 250.778							
	E	480 607.766			654.981	220	617.819		
JD23	桩	K72+790.567							
	N	4 215 817.801							
	E	481 719.189							

图 2-74 高速公路主线直线、曲线及转角表(局部)

因本例的缓和曲线参数均不为整数，可以在 D、F 列输入表达式计算缓和曲线参数来判断是否为非完整缓和曲线。

① 各交点第一缓和曲线参数的验证

在 D2 单元输入表达式"=SQRT($E2*170)"，其中的 170 为 JD19 的第一缓和曲线长，算出 JD19 的第一缓和曲线参数为 513.323，因等于其设计值 513.323，所以该缓和曲线为完整缓和曲线。

复制 D2 单元到 D3~D5 单元，修改 D3 单元的缓和曲线长为 300，计算 JD20 的第一缓和曲线参数为 866.025，因等于其设计值 866.025，所以该缓和曲线为完整缓和曲线。

修改 D4 单元的缓和曲线长为 340，计算 JD21 的第一缓和曲线参数为 1 009.95，因等于其设计值 1 009.95，所以该缓和曲线为完整缓和曲线。

修改 D5 单元的缓和曲线长为 220，计算 JD22 的第一缓和曲线参数为 654.981，因等于其设计值 654.981，所以该缓和曲线为完整缓和曲线。

② 各交点第二缓和曲线参数的验证

本例 4 个交点均为对称基本型平曲线，将 D2~D5 单元复制到 F2~F5 单元，算出的 JD19~JD22 的第二缓和曲线参数值也与其对应的设计值相等，且均为完整缓和曲线。

本例的 8 条缓和曲线均为完整缓和曲线。

按表 2-1 的规定，按其桩号顺序，在 D6 与 E6 输入长链桩数据，在 D7 与 E7 输入短链桩数据，结果如图 2-75 粗黑框单元所示。

	A	B	C	D	E	F
	A1		fx	=63935.842-SQRT((B1-B2)^2+(C1-C2)^2)		
1	62324.2698	4224057.904	475576.904	0	0	0
2		4222622.947	476310.432	513.3225107	1550	513.3225107
3		4220721.986	478640.399	866.0254038	2500	866.0254038
4		4219181.435	479339.393	1009.950494	3000	1009.950494
5		4218250.778	480607.766	654.9809158	1950	654.9809158
6		4215817.801	481719.189	66496.919	66492.849	
7				69739.594	69740.483	

\File5 / Sheet2 / Sheet3 /

图 2-75　在 MS-Excel 的 File5 选项卡输入平曲线设计数据

(2) 输出 CSV 格式文件并上载到 fx-9860GⅡ主存储器

将 File5 选项卡的数据另存为 File5.csv 文件，退出 MS-Excel。使用 FA-124 通讯软件，将 File5.csv 文件上载到 fx-9860GⅡ主存储器的 File5 串列文件。

在 fx-9860GⅡ按 MENU ② 键进入 **STAT** 模式，按 SHIFT SETUP 键调出设置菜单，按 ▼ ▼ 键移动光标到"List File"行，按 F1 (**FILE**) 5 EXE EXE 键设置 File5 为当前串列文件。

(3) 执行 Q2X8 程序计算平曲线主点数据

在 fx-9860GⅡ执行 Q2X8 程序，计算主线平曲线主点数据的屏幕提示与用户操作过程如下：

屏幕提示	按键	说明
JD curve xyH Q2X8		显示程序标题
new(0)/old(≠0) main point data=?	0 EXE	输入 0 为重新计算主点数据
hor-curve first JD num=?	19 EXE	输入平曲线起始交点号(number)
Z_{ZD}(m) =72790.5687		显示平曲线终点设计桩号(1.7mm)/耗时 5.65s
$α_{ZD}$=155°26′53.94″	EXE	显示平曲线终点走向方位角
Press [MENU][2]⇒Stop!	MENU ②	停止程序并进入 **STAT** 模式查看主点数据

执行 Q2X8 程序，完成交点平曲线主点数据计算后，只要屏幕显示的终点桩号与设计图纸相符，就说明用户已正确输入了平曲线设计数据。本案例的全部文件位于光盘"\2 章\[例 2-17]\"路径下，请读者播放光盘"\操作视频\2.19\[例 2-17]操作视频.avi"文件观看操作方法。

2.20　交点法设计的普通公路工程案例

[例 2-18]　如图 2-76 所示的普通公路共有 11 个交点曲线，试验算各交点缓和曲线的起讫半径，用 Q2X8 程序计算平曲线的主点数据。

[解]　(1) 使用 MS-Excel 输入平曲线设计数据并探测非完整缓和曲线的位置

启动 MS-Excel，按表 2-1 的规定，在 File6 选项卡输入本例 11 个交点的平曲线设计数据。

因本例的缓和曲线参数均不为整数，可以在 D、F 列输入表达式计算缓和曲线参数来判断是否为非完整缓和曲线。

① 各交点第一缓和曲线参数的验证

在 D2 单元输入表达式"=SQRT($E2*40)"，其中的 40 为 JD5 的第一缓和曲线长，算出 JD5 的第一缓和曲线参数为 78.414，因等于其设计值 78.414，所以该缓和曲线为完整缓和曲线。

复制 D2 单元到 D3~D12 单元，D3 单元算出的 JD6 的第一缓和曲线参数为 44.721，因不等于其设计值 45.175，所以该缓和曲线为非完整缓和曲线，标记 D3 单元为灰底色，需要确定其起点半径 R_{ZH}。

修改 D4 单元的缓和曲线长为 35，计算 JD7 的第一缓和曲线参数为 116.521，因等于其设计值 116.521，所以该缓和曲线为完整缓和曲线。

修改 D5 单元的缓和曲线长为 35，计算 JD8 的第一缓和曲线参数为 61.187，因等于其设计值 61.187，所以该缓和曲线为完整缓和曲线。

修改 D6 单元的缓和曲线长为 45，计算 JD9 的第一缓和曲线参数为 81.652，因等于其设计值 81.652，所以该缓和曲线为完整缓和曲线。

修改 D7 单元的缓和曲线长为 45，计算 JD10 的第一缓和曲线参数为 65.679，因等于其设计值 65.679，所以该缓和曲线为完整缓和曲线。

修改 D8 单元的缓和曲线长为 50，计算 JD11 的第一缓和曲线参数为 72.413，因等于其设计值 72.413，所以该缓和曲线为完整缓和曲线。

修改 D9 单元的缓和曲线长为 45，计算 JD12 的第一缓和曲线参数为 61.847，因等于其设计值 61.847，所以该缓和曲线为完整缓和曲线。

D10 单元 JD13 的第一缓和曲线参数为 59.195，因等于其设计值 59.195，所以该缓和曲线为完整缓和曲线。

D11 单元的 JD14 的第一缓和曲线参数为 74.807，因等于其设计值 74.807，所以该缓和曲线为完整缓和曲线。

JD15 无第一缓和曲线，在 D12 单元输入 0。

② 各交点第二缓和曲线参数的验证

在 F2 单元输入表达式"=SQRT($E2*40)"，其中的 40 为 JD5 的第二缓和曲线长，算出 JD5 的第二缓和曲线参数为 78.414，因不等于其设计值 80.942，所以该缓和曲线为非完整缓和曲线，标记 F2 单元为灰底色，需要确定其终点半径 R_{HZ}。

复制 F2 单元到 F3~F11 单元，F3 单元算出 JD6 的第二缓和曲线参数为 44.721，因等于其设计值 44.721，所以该缓和曲线为完整缓和曲线。

修改 F4 单元的缓和曲线长为 35，计算 JD7 的第二缓和曲线参数为 116.521，因等于其设计值 116.521，所以该缓和曲线为完整缓和曲线。

修改 F5 单元的缓和曲线长为 35，计算 JD8 的第二缓和曲线参数为 61.187，因等于其设计值 61.187，所以该缓和曲线为完整缓和曲线。

修改 F6 单元的缓和曲线长为 45，计算 JD9 的第二缓和曲线参数为 81.652，因等于其

无名公路直线、曲线及转角表(局部)

交点号	交点桩号及交点坐标		转角	半径	曲线要素/m				
					缓和曲线参数	缓和曲线长	切线长	曲线总长	切曲差(校正值)
QD	桩	K0+957.721							
	N	3 265 098.788							
	E	537 651.140 8							
JD5	桩	K1+068.270	25°21′32.1″(Z)	153.719 3	78.414	40	54.783	106.806	1.314
	N	3 265 122.079							
	E	537 759.208 7			80.942	40	53.337		
JD6	桩	K1+178.810	74°31′16.6″(Z)	50	45.175	40	58.517	104.632	12.876
	N	3 265 190.206							
	E	537 847.922 5			44.721	40	58.991		
JD7	桩	K1+287.442	13°14′05.1″(Y)	387.915 9	116.521	35	62.517	124.605	0.429
	N	3 265 302.831							
	E	537 802.320 2			116.521	35	62.517		
JD8	桩	K1+395.235	29°25′57.9″(Z)	106.968 7	61.187	35	45.705	89.950	1.460
	N	3 265 409.777							
	E	537 785.748 3			61.187	35	45.705		
JD9	桩	K1+498.430	27°33′16.1″(Y)	148.156 1	81.652	45	58.950	116.251	1.650
	N	3 265 491.974							
	E	537 720.969 5			81.652	45	58.950		
JD10	桩	K1+759.733	36°29′52″(Y)	95.861 4	65.679	45	54.357	106.064	2.649
	N	3 265 750.367							
	E	537 672.208 3			65.679	45	54.357		
JD11	桩	K1+873.258	38°23′56.4″(Z)	104.871 6	72.413	50	61.817	120.284	3.350
	N	3 265 854.951							
	E	537 722.791 2			72.413	50	61.817		
JD12	桩	K1+991.830	47°18′00.7″(Y)	85	61.847	45	60.105	115.171	5.039
	N	3 265 973.943							
	E	537 696.220			61.847	45	60.105		
JD13	桩	K2+133.310	46°57′49″(Z)	78.945 7	56.195	40	54.620	104.709	4.531
	N	3 266 094.384							
	E	537 779.656 3			56.195	40	54.620		
JD14	桩	K2+259.236	47°38′16.1″(Y)	139.900 8	74.807	40	75.837	113.272	6.120
	N	3 266 221.870							
	E	537 751.973 5			69.687	40	43.556		
JD15	桩	K2+363.581	89°59′05.6″(Y)	65	0	0	66.910	129.585	29.644
	N	3 266 311.929							
	E	537 815.943 1			59.791	55	92.319		
JD16	桩	K2+770.298							
	N	3 266 059.330							
	E	538 171.759							

图 2-76 无名公路直线、曲线及转角表(局部)

设计值 81.652，所以该缓和曲线为完整缓和曲线。

修改 F7 单元的缓和曲线长为 45，计算 JD10 的第二缓和曲线参数为 65.679，因等于其设计值 65.679，所以该缓和曲线为完整缓和曲线。

修改 F8 单元的缓和曲线长为 50，计算 JD11 的第二缓和曲线参数为 72.413，因等于

图 2-77 在 MS-Excel 的 File6 选项卡输入 11 个交点的平曲线设计数据
并探测非完整缓和曲线的位置

其设计值 72.413，所以该缓和曲线为完整缓和曲线。

修改 F9 单元的缓和曲线长为 45，计算 JD12 的第二缓和曲线参数为 61.847，因等于其设计值 61.847，所以该缓和曲线为完整缓和曲线。

F10 单元 JD13 的第二缓和曲线参数为 59.195，因等于其设计值 59.195，所以该缓和曲线为完整缓和曲线。

F11 单元的 JD14 的第二缓和曲线参数为 74.807，因不等于其设计值 69.687，所以该缓和曲线为非完整缓和曲线，标记 F11 单元为灰底色，需要确定其终点半径 R_{HZ}。

修改 F12 单元的缓和曲线长为 55，计算 JD15 的第二缓和曲线参数为 59.791，因等于其设计值 59.791，所以该缓和曲线为完整缓和曲线。

本例共有 21 条缓和曲线，其中的 3 条缓和曲线为非完整缓和曲线，位置如图 2-77 灰底色单元所示，需要重新计算这些单元非完整缓和曲线的起讫半径及其参数的精确值。

（2）非完整缓和曲线起讫半径的确定

① JD5 第二缓和曲线终点半径 R_{HZ} 的验证

JD5 的第二缓和曲线是与 JD6 的第一缓和曲线衔接，而两者都是非完整缓和曲线，前者的终点半径 R_{HZ} 与后者的起点半径 R_{ZH} 都不确定。

设 $R_{HZ} > R$，由式（2-8）得

$$R'_{HZ} = \left(R^{-1} - \frac{L_{h2}}{A_2^2}\right)^{-1} = \left(153.7193^{-1} - \frac{40}{80.942^2}\right)^{-1} = 2\,500.049\,866\,\text{m} \approx 2\,500.05\,\text{m}$$

设 $R_{HZ} < R$，由式（2-8）得

$$R''_{HZ} = \left(R^{-1} + \frac{L_{h2}}{A_2^2}\right)^{-1} = \left(153.7193^{-1} + \frac{40}{80.942^2}\right)^{-1} = 79.297\,513\,01\,\text{m}$$

上述算出的 R'_{HZ} 与 R''_{HZ} 均为正数，都能满足第一缓和曲线线长方程，还需要使用偏角差方程验算并从中选择一个正确的半径值。

因 JD5 的第一缓和曲线为完整缓和曲线，其偏角为
$$\beta_{h1} = \frac{A_1^2}{2R^2} = \frac{78.414^2}{2 \times 153.7193^2} = 0.1301069286 \text{ 弧度}$$

本交点的圆曲线长为 $L_y = L - L_{h1} - L_{h2} = 106.806 - 2 \times 40 = 26.806\text{m}$，圆曲线长所夹圆心角为

$$\beta_y = \frac{L_y}{R} = \frac{26.806}{153.7193} = 0.1743827873 \text{ 弧度}$$

因 JD5 的转角为 $\Delta = 25°21'32.1'' \times \pi \div 180 = 0.4425965906$ 弧度，所以，第二缓和曲线偏角差的理论值应为

$$\tilde{\beta}_{h2} = \Delta - \beta_{h1} - \beta_y = 0.4425965906 - 0.1301069286 - 0.1743827873 = 0.1381068747 \text{ 弧度}$$

取 $R'_{HZ} = 2500.049866\text{m}$ 时，第二缓和曲线的偏角差为

$$\beta'_{h2} = \frac{A_2^2}{2R^2} - \frac{A_2^2}{2R'^2_{HZ}} = \frac{80.942^2}{2 \times 153.7193^2} - \frac{80.942^2}{2 \times 2500.05^2} = 0.1381071204 \text{ 弧度} \approx \tilde{\beta}_{h2}$$

取 $R''_{HZ} = 79.29751301\text{m}$ 时，第二缓和曲线的偏角差为

$$\beta''_{h2} = \frac{A_2^2}{2R''^2_{HZ}} - \frac{A_2^2}{2R^2} = \frac{80.942^2}{2 \times 79.29751301^2} - \frac{80.942^2}{2 \times 153.7193^2} = 0.3823219995 \text{ 弧度} \neq \tilde{\beta}_{h2}$$

由此可知，应取 $R_{HZ} = R'_{HZ} = 2500.05\text{m}$ 时才能满足偏角方程。

② JD6 第一缓和曲线起点半径 R_{ZH} 的验证

JD6 的第一缓和曲线是与 JD5 的第二缓和曲线衔接，前已确定 JD5 第二缓和曲线的终点半径为 $R_{HZ} = 2500.05\text{m}$，而 JD6 的圆曲线半径为 $R = 50\text{m}$，因此，可以认为 $R_{ZH} > R$，由式(2-8)得

$$R_{ZH} = \left(R^{-1} - \frac{L_{h1}}{A_1^2}\right)^{-1} = \left(50^{-1} - \frac{40}{45.175^2}\right)^{-1} = 2502.14486\text{m}$$

因 JD5 第二缓和曲线的终点半径为 2500.05m，在直曲表中，JD5 与 JD6 之间的夹直线长为 0（图 2-77 未列出），JD5 的 HZ 点与 JD6 的 ZH 点重合为 GQ 点，路线在 GQ 点的半径应为连续过渡。设计图纸通常应将 GQ 点的半径设计为一个整数，本例估计应为 $R_{GQ} = 2500\text{m}$。上述求出的 R_{HZ} 和 R_{ZH} 都不等于 2500 的原因，应与缓和曲线参数取位不足有关。

如设 $R_{HZ} = 2500\text{m}$，反求 JD5 第二缓和曲线参数的精确值应为

$$A_2 = \sqrt{\frac{L_{h2}}{R^{-1} - R_{HZ}^{-1}}} = \sqrt{\frac{40}{153.7193^{-1} - 2500^{-1}}} = 80.94205289$$

如设 $R_{ZH} = 2500\text{m}$，反求 JD6 第一缓和曲线参数的准确值应为

$$A_1 = \sqrt{\frac{L_{h1}}{R^{-1} - R_{ZH}^{-1}}} = \sqrt{\frac{40}{50^{-1} - 2500^{-1}}} = 45.17539515$$

③ JD14 第二缓和曲线终点半径 R_{HZ} 的验证

JD14 的第二缓和曲线是与 JD15 半径为 65m 的圆曲线衔接，而 JD14 的圆曲线半径为 $R = 139.9008\text{m}$，可以认为 $R_{HZ} < R$，由式(2-8)得

$$R_{HZ} = \left(R^{-1} + \frac{L_{h2}}{A_2^2}\right)^{-1} = \left(139.9008^{-1} - \frac{40}{69.687^2}\right)^{-1} = 64.99971536\text{m} \approx 65\text{m}$$

JD5、JD6 与 JD14 缓和曲线起讫半径验算结果汇总于表 2 - 27。

表 2 - 27　无名公路非完整缓和曲线起讫半径的验算结果

交点号	第一缓和曲线		圆曲线半径	第二缓和曲线	
	A_1	R_{ZH}	R	A_2	R_{HZ}
JD5	78.414	∞	153.719 3	80.942	2 500
JD6	45.175	2 500	50	44.721	∞
JD14	75.837	∞	139.900 8	69.687	65

依据式(2 - 12)，在 F2 单元输入表达式“=SQRT(40/(1/$E2-1/2500))”，重新计算 JD5 的第二缓和曲线参数 A_2 的精确值，在 D3 单元输入表达式“=SQRT(40/(1/$E3-1/2500))”，重新计算 JD6 的第一缓和曲线参数 A_1 的精确值，在 F11 单元输入表达式“=SQRT(40/(1/65-1/$E11))”，重新计算 JD14 的第二缓和曲线参数 A_2 的精确值，结果如图 2 - 78 所示。

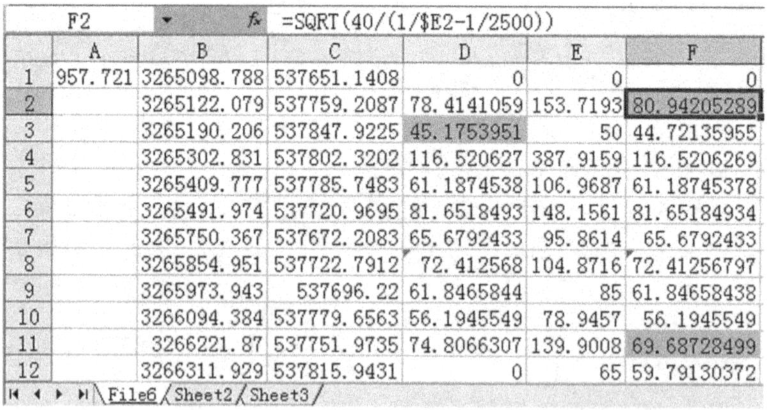

F2　fx =SQRT(40/(1/$E2-1/2500))

	A	B	C	D	E	F
1	957.721	3265098.788	537651.1408	0	0	0
2		3265122.079	537759.2087	78.4141059	153.7193	80.94205289
3		3265190.206	537847.9225	45.1753951	50	44.72135955
4		3265302.831	537802.3202	116.520627	387.9159	116.5206269
5		3265409.777	537785.7483	61.1874538	106.9687	61.18745378
6		3265491.974	537720.9695	81.6518493	148.1561	81.65184934
7		3265750.367	537672.2083	65.6792433	95.8614	65.6792433
8		3265854.951	537722.7912	72.412568	104.8716	72.41256797
9		3265973.943	537696.22	61.8465844	85	61.84658438
10		3266094.384	537779.6563	56.1945549	78.9457	56.1945549
11		3266221.87	537751.9735	74.8066307	139.9008	69.68728499
12		3266311.929	537815.9431	0	65	59.79130372

File6 / Sheet2 / Sheet3

图 2 - 78　重新输入 F2、D3 与 F11 单元的表达式计算非完整缓和曲线参数的精确值

将图 2 - 78 灰底色所示非完整缓和曲线的参数计算值与图 2 - 76 对应缓和曲线参数的设计值比较可知，两者对应相等。

(3) 输出 CSV 格式文件并上载到 fx-9860GⅡ主存储器

将图 2 - 78 所示 File6 选项卡的数据另存为 File6.csv 文件，退出 MS-Excel。使用 FA - 124 通讯软件，将 File6.csv 文件上载到 fx-9860GⅡ主存储器的 File6 串列文件。

在 fx-9860GⅡ按 [MENU] [2] 键进入 **STAT** 模式，按 [SHIFT] [SETUP] 键调出设置菜单，按 [▼] [▼] 键移动光标到“List File”行，按 [F1](FILE) [6] [EXE] [EXE] 键设置 File6 为当前串列文件。

移动光标到 List 6[2]串列单元，按 [F6](▷) [F2](EDIT) 键编辑光标单元的数值，添加 2 500 为其复数虚部数值；同理，为 List 4[3]串列单元添加 2 500 为其复数虚部数值，为 List 6[11]串列单元添加 65 为其复数虚部数值，结果如图 2 - 79 所示。

(4) 执行 Q2X8 程序计算平曲线主点数据

在 fx-9860GⅡ执行 Q2X8 程序，计算平曲线主点数据的屏幕提示与用户操作过程如下：

图 2-79　在 STAT 模式添加 List 6[2]、List 4[3]、List 6[11]串列单元的复数虚部数值

屏幕提示	按键	说明
JD curve xyH Q2X8		显示程序标题
new(0)/old(≠0) main point data=?	0 EXE	输入 0 为重新计算主点数据
hor-curve first JD num=?	5 EXE	输入平曲线起始交点号(number)
Z_{ZD}(m) =2770.2984		显示平曲线终点设计桩号(0.4mm)/耗时 13.89s
$α_{ZD}$=125°22′17.43″	EXE	显示平曲线终点走向方位角
Press [MENU][2]⇒Stop!	EXE	继续计算
Del List 4/List 6 Imp, yes(0)/no(≠0)=?	0 EXE	输入 0 删除 List 4 与 List 6 串列复数虚部数值
st xy new(0)/old(>0)/no(<0)=?	MENU 2	停止程序并进入 STAT 模式查看主点数据

执行 Q2X8 程序，完成交点平曲线主点数据计算后，只要屏幕显示的终点桩号与设计图纸相符，就说明用户已正确输入了平曲线设计数据。本案例的全部文件位于光盘"\2章\[例 2-18]\"路径下，请读者播放光盘"\操作视频\2.20\[例 2-18]操作视频.avi"文件观看操作方法。

2.21　单交点卵形平曲线拆分为双交点基本型平曲线程序 QC28

如图 2-80 所示，称由"第一缓和曲线 + 第一圆曲线 + 第二缓和曲线 + 第二圆曲线 + 第三缓和曲线"组成的交点平曲线为卵形平曲线，曲线半径过渡的原则是：第一缓和曲线的终点半径应等于第一圆曲线的半径 R_1，第二缓和曲线的起点半径应等于第一圆曲线的半径 R_1，第二缓和曲线的终点半径应等于第二圆曲线的半径 R_2，第三缓和曲线的起点半径应等于第二圆曲线的半径 R_2。也即，第二缓和曲线一定是非完整缓和曲线。

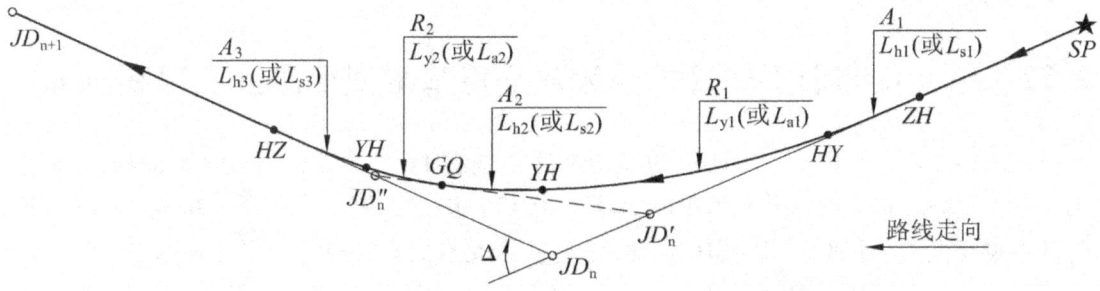

图 2-80　单交点卵形平曲线拆分为双交点基本型平曲线的原理

作为特例，当第一缓和曲线为非完整缓和曲线时，则有 $R_{ZH} < \infty$；当第三缓和曲线为非完整缓和曲线时，则有 $R_{HZ} < \infty$。

交点法程序 Q2X8 只能计算基本型平曲线，如要使用 Q2X8 程序计算单交点卵形平曲线，需要先应用 QC28 程序将其拆分为双交点基本型平曲线。其中，第一个交点 JD'_n 的平曲线为"第一缓和曲线+第一圆曲线+第二缓和曲线"，其中的第二缓和曲线一定为非完整缓和曲线；第二个交点 JD''_n 的平曲线为"第二圆曲线+第三缓和曲线"，无第一缓和曲线。QC28 程序的功能是应用卵形平曲线设计数据求出图 2-80 所示两个交点 JD'_n 与 JD''_n 的平面坐标。

QC28 程序文件为光盘"\2章\QC28.g1m"文件。执行 QC28 程序前，应先按表 2-28 的规定，在当前串列文件输入卵形曲线的平曲线设计数据，表中灰底色的串列单元为用户输入数据，其余串列单元为程序计算结果。

表 2-28 单交点卵形平曲线拆分为双交点基本型平曲线程序 QC28 输入输出串列明细表

行数	List 1	List 2	List 3	List 4	List 5	List6	List 7	List 8	List 9
子名	x_{JD}(m)	y_{JD}(m)	Ref	Δ(Deg)	β(Deg)	L(m)	T(m)	x'_{JD}(m)	y'_{JD}(m)
1	起点 x 坐标	起点 y 坐标	$A_1 + R_{ZH}i$	Δ	β_{h1}	L_{h1}	T_1	$x_{JD'_n}$	$y_{JD'_n}$
2	交点 x 坐标	交点 y 坐标	R_1	Δ_1	β_{y1}	L_{y1}	T_2	$x_{JD''_n}$	$y_{JD''_n}$
3	终点 x 坐标	终点 y 坐标	A_2	Δ_2	β_{h2}	L_{h2}	T_3		
4			R_2		β_{y2}	L_{y2}	T_4		
5			$A_3 + R_{HZ}i$		β_{h3}	L_{h3}			
6			L_{y1}						

当卵形曲线的第一缓和曲线为非完整缓和曲线时，应将 R_{ZH} 的值输入为 List 3[1] 串列单元的复数虚部数值；当卵形曲线的第三缓和曲线为非完整缓和曲线时，应将 R_{HZ} 的值输入为 List 3[5] 串列单元的复数虚部数值。表 2-28 中 List 3[6] 串列单元应输入第一圆曲线长 L_{y1}（或 L_{a1}）。

执行 QC28 程序后，算出的 JD'_n 与 JD''_n 的平面分别坐标存储在 List 8 与 List 9 串列的第 1 行与第 2 行。

2.22 单交点卵形平曲线拆分为双交点基本型平曲线工程案例 1

[例 2-19] 如图 2-81 所示的高速公路主线有 11 个交点，纵坡与竖曲线设计数据列于表 2-29。在直曲表中，JD10、JD11、JD12、JD13、JD14、JD16、JD17 等 7 个交点为基本型平曲线，JD8、JD9、JD15、JD18 等 4 个交点为单交点卵形平曲线（灰底色行所示的交点），试拆分 JD8、JD9、JD15、JD18 的单交点卵形平曲线为双交点基本型平曲线，验算各交点缓和曲线的起讫半径；用 Q2X8 程序计算平竖曲线的主点数据。

表 2-29　纵坡与竖曲线设计数据

点名	设计桩号	H/m	R/m	i/%	点名	设计桩号	H/m	R/m	i/%
SJD_9	K153+250	67.218		0.95	SJD_{19}	K162+360	73.218	20 000	-2.85
SJD_{10}	K154+000	74.343	65 000	0.6	SJD_{20}	K163+020	54.408	12 000	2
SJD_{11}	K154+920	79.863	16 000	-2.8	SJD_{21}	K163+920	72.408	20 000	-0.6
SJD_{12}	K155+540	62.503	12 000	-0.6	SJD_{22}	K164+700	67.728	22 000	0.8
SJD_{13}	K156+840	54.703	10 000	3.4151	SJD_{23}	K165+280	72.368	25 000	-1.5
SJD_{14}	K157+700	84.073	25 000	0.9	SJD_{24}	K166+600	52.568	60 000	-0.95
SJD_{15}	K158+900	94.873	25 000	-1.33	SJD_{25}	K168+000	39.268	25 000	1.05
SJD_{16}	K159+950	80.908	12 000	0.8	SJD_{26}	K168+850	48.193	25 000	-0.9
SJD_{17}	K160+500	85.308	25 000	-0.8244	SJD_{27}	K169+700	40.543		
SJD_{18}	K161+360	78.218	80 000	-0.5					

[解]　请读者自行验证 JD10、JD11、JD12、JD13、JD14、JD16、JD17 等 7 个交点的第一与第二缓和曲线均为完整缓和曲线。

(1) JD8 单交点卵形平曲线拆分为双交点基本型平曲线

① JD8 单交点卵形平曲线缓和曲线起讫半径的验算

设第一缓和曲线为完整缓和曲线，由式 (2-9) 得

$$L_{h1} = \frac{A_1^2}{R_1} = \frac{536.656^2}{240} = 1\ 199.998\ 593 \text{m} \approx 1\ 200 \text{m}$$

因此，第一缓和曲线为完整缓和曲线，有 $R_{ZH} = \infty$。

设第二缓和曲线的起点半径为 $R_1 = 1\ 200\text{m}$，终点半径为 $R_2 = 2\ 000\text{m}$，由式 (2-4) 求得其线长为

$$L_{h2} = \frac{A_2^2}{R_1} - \frac{A_2^2}{R_2} = \frac{948.684^2}{1\ 200} - \frac{948.684^2}{2\ 000} = 300.000\ 444 \text{m} \approx 300 \text{m}$$

所以，第二缓和曲线为连接起点半径为 $R_1 = 1\ 200\text{m}$，终点半径为 $R_2 = 2\ 000\text{m}$ 的非完整缓和曲线。

设第三缓和曲线为完整缓和曲线，由式 (2-9) 得

$$L_{h3} = \frac{A_3^2}{R_2} = \frac{692.14^2}{2\ 000} = 239.528\ 889\ 8 \text{m} \approx 239.529 \text{m}$$

因此，第三缓和曲线为完整缓和曲线，有 $R_{HZ} = \infty$。

② JD8 单交点卵形平曲线拆分为双交点基本型平曲线

在 MS-Excel 的 File1 选项卡，按表 2-28 的规定，输入 JD8 的平曲线设计数据。其中，在 C1 单元输入表达式 "=SQRT(C2*240)" 计算第一缓和曲线参数的精确值，在 C3 单元依据式 (2-12) 输入表达式 "=SQRT(300/(1/C2-1/C4))" 计算第二缓和曲线参数的精确值，标记 C3 单元为灰底色，在 C5 单元输入表达式 "=SQRT(C4*239.529)" 计算第三缓和曲线参数的精确值，结果如图 2-82 所示。

大(庆)至广(州)高速公路(G45)粤境连平至从化段S30合同段主线直曲表(局部)
设计单位：中铁二院工程集团有限责任公司
施工单位：中铁十二局集团有限公司第三工程公司

交点号	交点桩号及交点坐标		转 角	曲线要素/m					切曲差(校正值) J
				第一缓和曲线 $\dfrac{A_1}{L_{s1}}$	第一圆曲线 $\dfrac{R_1}{L_{a1}}$	第二缓和曲线 $\dfrac{A_2}{L_{s2}}$	第二圆曲线 $\dfrac{R_2}{L_{a2}}$	第三缓和曲线 $\dfrac{A_3}{L_{s3}}$	
JD7	桩	K152+491.054	26°20′00.5″(Y)	657.267	1 800	657.267			15.466
	N	622 245.845		240	587.290	240			
	E	465 776.200							
JD8	桩	K154+320.964	63°33′05.8″(Z)	536.656	1 200	948.684	2 000	692.140	177.888
	N	620 872.170		240	685.646	300	355.862	239.529	
	E	464 543.954							
JD9	桩	K157+370.244	43°47′45.9″(Y)	666.369	1 707.875	1 387.405	2 220	759.737	81.440
	N	617 872.832		260	275.541	260	740.807	260	
	E	465 734.998							
JD10	桩	K158+788.780	20°40′12.5″(Z)	738.918	2 100	738.918			8.781
	N	616 483.436		260	497.599	260			
	E	465 169.751							
JD11	桩	K160+173.915	41°44′07.2″(Y)	547.723	1 500	547.723			51.838
	N	615 089.977		200	892.628	200			
	E	465 134.046							
JD12	桩	K161+277.626	28°40′54.7″(Z)	547.723	1 500	519.615			16.572
	N	614 247.661		200	560.889	180			
	E	464 342.973							
JD13	桩	K162+817.148	50°33′32″(Y)	519.615	1 500	519.615			93.977
	N	612 741.277		180	1 143.629	180			
	E	463 952.798							
JD14	桩	K163+864.181	19°04′41.6″(Z)	519.615	1 500	519.615			4.948
	N	612 260.513		180	319.466	180			
	E	462 918.019							
JD15	桩	K164+837.282	25°34′13.7″(Y)	629.820	2 000	1 016.387	6600		20.548
	N	611 581.127		240	379.922	360	521.764		
	E	462 214.446							
JD16	桩	K168+408.926	20°56′18.4″(Z)	897.218	3 500	897.218			14.652
	N	610 445.615		230	1 049.058	230			
	E	458 806.446							
JD17	桩	K169+960.217	37°57′32.9″(Y)	678.233	2 000	748.331			51.596
	N	609 452.381		230	1 070.024	280			
	E	457 595.801							
JD18	桩	K173+297.533	77°26′44″(Z)	1 009.95	3 000	1 404.076	2 300	742.967	747.345
	N	609 369.175		340	3 179.586	200	244.181	240	
	E	454 207.910							
EP	桩	K174+939.919							
	N	607 024.530 5							
	E	453 745.887 8							

图 2-81 高速公路主线含单交点卵形平曲线的直线、曲线及转角表(局部)

	A	B	C	D
1	622245.845	465776.2	536.6563146	
2	620872.17	464543.954	1200	
3	617872.832	465734.998	948.6832981	
4			2000	
5			692.1401592	
6			685.646	

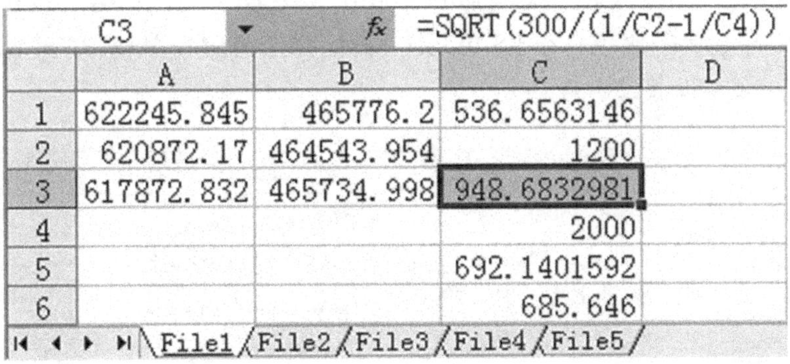

图 2-82　在 MS-Excel 的 File1 选项卡输入 JD8 单交点卵形平曲线的设计数据

将 File1 选项卡的数据另存为 File1. csv 文件后，退出 MS-Excel。

使用 FA-124 通讯软件，将 File1. csv 文件上载到 fx-9860GⅡ主存储器，在 fx-9860GⅡ按 MENU 2 键进入 **STAT** 模式，按 SHIFT SET UP 键调出设置菜单，按 ▼ ▼ 键移动光标到 "List File" 行，按 F1 (FILE) 1 EXE EXE 键设置 File1 为当前串列文件。

在 fx-9860GⅡ执行 QC28 程序的屏幕提示如下：

屏幕提示	按键	说明
JDegg curve QC28		显示程序标题
$x_{JD1'}$, $x_{JD2'}$ →List 8		显示拆分后的双交点 x 坐标存储串列
$y_{JD1'}$, $y_{JD2'}$ →List 9		显示拆分后的双交点 y 坐标存储串列
QC28⇛End		程序结束显示

在 fx-9860GⅡ执行 QC28 程序的屏幕显示如图 2-83 左图所示。用户不需要按任何键，程序自动从当前串列文件的 List 1～List 3 串列读入设计数据，并将算出的双交点坐标存入 List 8 与 List 9 串列。按 MENU 2 键进入 **STAT** 模式查看计算结果，如图 2-83 右图所示，算出的 JD'_8 与 JD''_8 的坐标如表 2-30 所示。

本例计算的串列文件为光盘"\2 章\[例 2-19]\JD8 卵形平曲线拆分\File1. g1m"文件，请读者播放光盘"\操作视频\2. 22\JD8 卵形曲线拆分操作视频 . avi"文件观看操作方法。

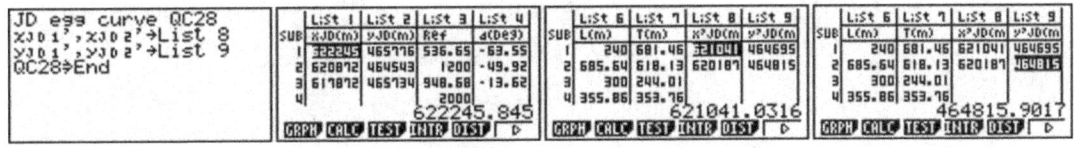

图 2-83　执行 QC28 程序拆分 JD_8 的屏幕显示及串列结果

(2) JD9 单交点卵形平曲线拆分为双交点基本型平曲线

同理，在 MS-Excel 的 File2 选项卡，按表 2-28 的规定，输入 JD9 的平曲线设计数据。其中，在 C1 单元输入表达式"=SQRT(C2*260)"计算第一缓和曲线参数的精确值，在

C3 单元依据式(2 - 12)输入表达式“=SQRT(260/(1/C2 - 1/C4))”计算第二缓和曲线参数的精确值，标记 C3 单元为灰底色；在 C5 单元输入表达式“=SQRT(C4*260)”计算第三缓和曲线参数的精确值，结果如图 2 - 84 所示。

C3 =SQRT(260/(1/C2-1/C4))

	A	B	C	D
1	620872.17	464543.954	666.3688918	
2	617872.832	465734.998	1707.875	
3	616483.436	465169.751	1387.404866	
4			2220	
5			759.7367965	
6			275.541	

File1 File2 File3 File4 File5

图 2 - 84　在 MS-Excel 的 File2 选项卡输入 JD9 单交点卵形平曲线的设计数据

将 File2 选项卡的数据另存为 File2. csv 文件后，退出 MS-Excel。应用 FA - 124 将 File2. csv 文件上载到机器内存，设置 File2 为当前串列文件。执行 QC28 算出的 JD'_9与 JD''_9的坐标如表 2 - 30 所示。

本例计算的串列文件为光盘“\ 2 章 \ [例 2 - 19] \ JD9 卵形平曲线拆分 \ File2. g1m”文件，请读者播放光盘“\ 操作视频 \ 2. 22 \ JD9 卵形曲线拆分操作视频 . avi”文件观看操作方法。

(3) JD15 单交点卵形平曲线拆分为双交点基本型平曲线

同理，在 MS-Excel 的 File3 选项卡，按表 2 - 28 的规定，输入 JD15 的平曲线设计数据。其中，在 C1 单元输入表达式“=SQRT(C2*240)”计算第一缓和曲线参数的精确值；在 C3 单元依据式(2 - 12)输入表达式“=SQRT(360/(1/C2-1/C4))”计算第二缓和曲线参数的精确值，标记 C3 单元为灰底色；因 JD15 无第三缓和曲线，因此在 C5 单元输入 0，结果如图 2 - 85 所示。

C3 =SQRT(360/(1/C2-1/C4))

	A	B	C	D
1	612260.513	462918.019	692.820323	
2	611581.127	462214.446	2000	
3	610445.615	458806.446	1016.387465	
4			6600	
5			0	
6			379.922	

File1 File2 File3 File4 File5

图 2 - 85　在 MS-Excel 的 File3 选项卡输入 JD15 单交点卵形平曲线的设计数据

将 File3 选项卡的数据另存为 File3. csv 文件后，退出 MS-Excel。应用 FA - 124 将

File3. csv 文件上载到机器内存，设置 File3 为当前串列文件。执行 QC28 算出的 JD'_{15} 与 JD''_{15} 的坐标如表 2 – 30 所示。

本例计算的串列文件为光盘“\ 2 章 \ [例 2 – 19] \ JD15 卵形平曲线拆分 \ File3. g1m”文件，请读者播放光盘“\ 操作视频 \ 2. 22 \ JD15 卵形曲线拆分操作视频 . avi”文件观看操作方法。

（4）JD18 单交点卵形平曲线拆分为双交点基本型平曲线

同理，在 MS-Excel 的 File4 选项卡，按表 2 – 28 的规定，输入 JD18 的平曲线设计数据。其中，在 C1 单元输入表达式“=SQRT(C2*340)”计算第一缓和曲线参数的精确值；在 C3 单元依据式(2 – 12)输入表达式“=SQRT(200/(1/C4 – 1/C2))”计算第二缓和曲线参数的精确值，标记 C3 单元为灰底色；在 C5 单元输入表达式“=SQRT(C4*240)”计算第三缓和曲线参数的精确值，结果如图 2 – 86 所示。

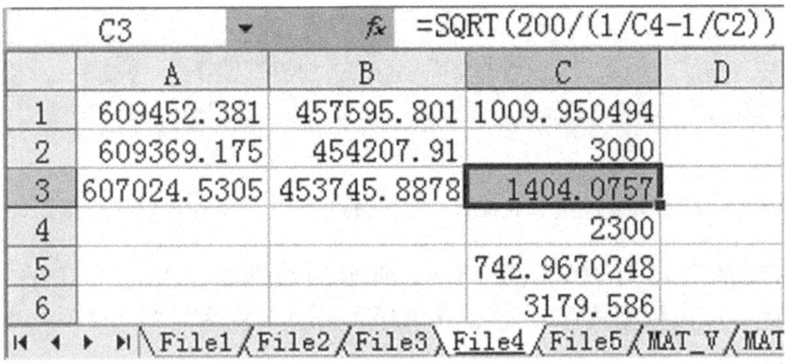
C3 =SQRT(200/(1/C4-1/C2))

	A	B	C	D
1	609452.381	457595.801	1009.950494	
2	609369.175	454207.91	3000	
3	607024.5305	453745.8878	1404.0757	
4			2300	
5			742.9670248	
6			3179.586	

File1 File2 File3 File4 File5 MAT_V MAT

图 2 – 86　在 MS-Excel 的 File4 选项卡输入 JD18 单交点卵形平曲线的设计数据

本例计算的串列文件为光盘“\ 2 章 \ [例 2 – 19] \ JD18 卵形平曲线拆分 \ File4. g1m”文件，请读者播放光盘“\ 操作视频 \ 2. 22 \ JD18 卵形曲线拆分操作视频 . avi”文件观看操作方法。

将 File4 选项卡的数据另存为 File4. csv 文件后，退出 MS-Excel。应用 FA – 124 将 File4. csv 文件上载到机器内存，设置 File4 为当前串列文件。执行 QC28 算出的 JD'_{18} 与 JD''_{18} 的坐标如表 2 – 30 所示。

表 2 – 30　将 4 个交点分别拆分后为 8 个交点的平面坐标

交点名	x/m	y/m	交点名	x/m	y/m
JD'_8	621 041. 031 6	464 695. 430 2	JD'_{15}	611 676. 678 7	462 313. 399 4
JD''_8	620 187. 339 8	464 815. 901 7	JD''_{15}	611 383. 442 3	461 621. 137 1
JD'_9	618 282. 047 9	465 572. 497 4	JD'_{18}	609 377. 894 8	454 562. 952 5
JD''_9	617 484. 913 2	465 577. 181 3	JD''_{18}	607 314. 874 1	453 803. 101 2

（5）在 MS-Excel 输入平竖曲线设计数据

本例有 11 个交点，因将 4 个卵形曲线交点 JD8、JD9、JD15、JD18 分别拆分为 2 个交点，故基本型平曲线的交点总数应为 11 + 4 = 15 个。

按表 2-1 的规定，在 MS-Excel 的 File5 选项卡输入本例 15 个交点的平曲线设计数据，在 W 列顺序输入表 2-29 所列的纵坡与竖曲线设计数据，17 个变坡点应输入 4 + 3 × 17 = 55 行数据，结果如图 2-87 所示。

	A	B	C	D	E	F		W		W		W
1	152475.588	622245.845	465776.2	0	0	0	1	153250	19	94.873	37	72.408
2		621041.0316	464695.4302	536.6563146	1200	948.6832981	2	67.218	20	25000	38	20000
3		620187.3398	464815.9017	0	2000	692.1401592	3	154000	21	159950	39	164700
4		618282.0479	465572.4974	666.3688918	1707.875	1387.404866	4	74.343	22	80.908	40	67.728
5		617484.9132	465577.1813	0	2220	759.7367965	5	65000	23	12000	41	22000
6		616483.436	465169.751	738.9181281	2100	738.9181281	6	154920	24	160500	42	165280
7		615089.977	465134.046	547.7225575	1500	547.7225575	7	79.863	25	85.308	43	72.368
8		614247.661	464342.973	547.7225575	1500	519.6152423	8	16000	26	25000	44	25000
9		612741.277	463952.798	519.6152423	1500	519.6152423	9	155540	27	161360	45	166600
10		612260.513	462918.019	519.6152423	1500	519.6152423	10	62.503	28	78.218	46	52.568
11		611676.6787	462313.3994	692.820323	2000	1016.387465	11	12000	29	80000	47	60000
12		611383.4423	461621.1371	0	6600	0	12	156840	30	162360	48	168000
13		610445.615	458806.446	897.2179222	3500	897.2179222	13	54.703	31	73.218	49	39.268
14		609452.381	457595.801	678.2329983	2000	478.3314774	14	10000	32	20000	50	25000
15		609377.8948	454562.9525	1009.950494	3000	1404.0757	15	157700	33	163020	51	168850
16		607314.8741	453803.1012	0	2300	742.9670248	16	84.073	34	54.408	52	48.193
17		607024.5305	453745.8878				17	25000	35	12000	53	25000
							18	158900	36	163920	54	169700
											55	40.543

图 2-87 在 MS-Excel 的 File5 选项卡输入 15 个交点的曲线设计数据与 17 个变坡点的竖曲线设计数据

本例平曲线的起点为 JD7，图 2-81 所示的直曲表给出了 JD7 的切曲差为 J_7 = 15.466m，因此，可以依据式（2-1），在 A1 单元输入表达式"= 152491.054 - 15.466"计算 JD7 的起点桩号。

依据式（2-12），在 F2 单元输入表达式"=SQRT(300/(1/1200-1/2000))"，重新计算 JD8′的第二缓和曲线参数 A_2 的精确值，在 F4 单元输入表达式"=SQRT(260/(1/1707.875-1/2220))"，重新计算 JD9′的第二缓和曲线参数 A_2 的精确值，在 F11 单元输入表达式"=SQRT(360/(1/2000-1/6600))"，重新计算 JD15′的第二缓和曲线参数 A_2 的精确值，在 F15 单元输入表达式"=SQRT(200/(1/2300-1/3000))"，重新计算 JD18′的第二缓和曲线参数 A_2 的精确值，结果如图 2-87 所示。

如图 2-87 所示的 4 个灰底色单元分别为 JD8′、JD9′、JD15′、JD18′的第二非完整缓和曲线参数单元，还应输入其终点半径 R_{HZ} 为其复数虚部，但因在 MS-Excel 单元不能输入复数，需要将 File5.csv 文件上载到 fx-9860GⅡ主存储器后，在 fx-9860GⅡ上编辑串列单元数值补充输入。

（6）输出 CSV 格式文件并上载到 fx-9860GⅡ主存储器

将 File5 选项卡的数据另存为 File5.csv 文件后，退出 MS-Excel。使用 FA-124 通讯软件，将 File5.csv 文件上载到 fx-9860GⅡ主存储器的 File5 串列文件。

在 fx-9860GⅡ按 MENU 2 键进入 STAT 模式，按 SHIFT SETUP 键调出设置菜单，按 ▽ ▽ 键移动光标到"List File"行，按 F1 (FILE) 5 EXE EXE 键设置 File5 为当前串列文件。

移动光标到 List 6[2] 串列单元，按 F6 (▷) F2 (EDIT) 键编辑光标单元的数值，添加 2 000 为其复数虚部数值；同理，为 List 6[4] 串列单元添加 2 200 为其复数虚部数值，为 List 6[11] 串列单元添加 6 600 为其复数虚部数值，为 List 6[15] 串列单元添加 2 300 为其复数虚部数值。结果如图 2-88 所示。

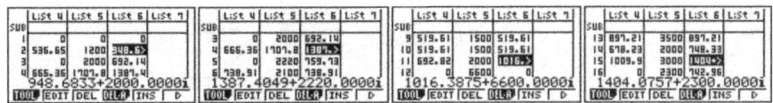

图 2-88　在 **STAT** 模式添加 List 6[2]、List 6[4]、List 6[11]、List 6[15] 串列单元的复数虚部数值

（7）执行 Q2X8 程序计算平竖曲线主点数据

在 fx-9860GⅡ执行 Q2X8 程序，计算平竖曲线主点数据并计算加桩 K154+480 中桩坐标及其设计高程的屏幕提示与用户操作过程如下：

屏幕提示	按键	说明
JD curve xyH Q2X8		显示程序标题
new(0)/old(≠0) main point data=?	0 EXE	输入 0 为重新计算主点数据
i_L%, i_R% Mat B(1)/C(2)/D(3)/E(4)/F(5)/G(6)/no(0)=?	0 EXE	输入 0 为不选择路基超高横坡矩阵
hor-curve first JD num=?	8 EXE	输入平曲线起始交点号（number）
ver-curve first SJD num=?	10 EXE	输入竖曲线起始变坡点号/耗时 16.78s
Z_{ZD}(m)=174939.9199		显示平曲线终点设计桩号（0.2mm）/耗时 16.55s
α_{ZD}=191°08′51.16″	EXE	显示平曲线终点走向方位角
Press [MENU][2]⇒Stop!	EXE	继续计算
Del List 4/List 6 Imp, yes(0)/no(≠0)=?	0 EXE	输入 0 删除 List 4 与 List 6 串列复数虚部数值
st xy new(0)/old(>0)/no(<0)=?	-1 EXE	输入负数为不设置测站点（station）
Z→xyH(1)/xyH→Z(2)/xyH→δr(3)/pier(4)=?	1 EXE	输入 1 选择坐标正算
+Z(m),<QD⇒end=?	154480 EXE	输入加桩号
Z_j=154480.0000		重复显示加桩号/耗时 0.91s
x_j=620586.4695		显示中桩坐标
y_j=464766.6403		
H_j=77.2230		显示中桩设计高程
α_j=177°17′59.94″	EXE	显示中桩走向方位角
W_L(m)±∠γi,0⇒no=?	12.25 EXE	输入左边距
Z_j=154480.0000		重复显示加桩号
x_L=620587.0466		重复显示左边桩坐标
y_L=464778.8767		
H_L=no design H	EXE	显示左边桩无设计高程
W_L(m)±∠γi,0⇒no=?	0 EXE	输入 0 结束左边桩坐标计算

213

续表

屏幕提示	按键	说明
$W_R(m), 0 \div no=?$	12.25 EXE	输入右边距
$Z_j=154480.0000$		重复显示加桩号
$x_R=620585.8924$		显示右边桩坐标
$y_R=464754.4039$		
$H_R=no\ design\ H$	EXE	显示右边桩无设计高程
$W_R(m), 0 \div no=?$	0 EXE	输入0结束右边桩坐标计算
$+Z(m), <QD \div end=?$	1 EXE	输入小于 QD 的桩号结束程序
Q2X8÷End		程序结束显示

完成交点平曲线主点数据计算后，只要屏幕显示的终点桩号与设计图纸相符，就说明用户已正确输入了平曲线设计数据。本案例的全部文件位于光盘"\2章\[例2-19]\"路径下。

检查竖曲线设计数据是否正确输入的方法是：按 MENU ② 键进入 **STAT** 模式，查看当前串列文件 List 26 串列的数据，本例 List 26 串列数据列于表2-31。

表2-31 程序反算出的存储于 List 26 串列的纵坡坡度与竖曲线半径值

行号	i/R	行号	i/R	行号	i/R	行号	i/R
1	0.95	10	25 000	19	-0.5	28	25 000
2	65 000	11	0.9	20	20 000	29	-1.5
3	0.6	12	25 000	21	-2.85	30	60 000
4	16 000	13	-1.33	22	12 000	31	-0.95
5	-2.8	14	12 000	23	2	32	25 000
6	12 000	15	0.8	24	20 000	33	1.05
7	-0.6	16	25 000	25	-0.6	34	25 000
8	10 000	17	-0.824 4	26	22 000	35	-0.9
9	3.415 1	18	80 000	27	0.8	36	-0.9

在 List 26 串列中，奇数行为程序用起点、变坡点、终点的设计桩号与高程反求出的纵坡坡率，单位为%，偶数行为竖曲线半径，单位为 m。一般地，执行 Q2X8 程序完成平竖曲线主点数据计算后，如果存储在 List 26 串列奇数行的纵坡坡率与设计值相符，说明在 List 23 串列输入的起点、变坡点、终点的设计桩号与高程值正确；当存储在 List 26 串列偶数行的竖曲线半径与设计值相符时，说明在 List 23 串列输入的竖曲线半径正确，此时，存储在 List 24 与 List 25 串列的竖曲线主点数据才是正确的。

（8）坐标反算

重复执行 Q2X8 程序，不设置测站点，计算边桩点(611 549.67，462 031.6)坐标反算的屏幕提示与用户操作过程如下：

屏幕提示	按键	说明
JD curve xyH Q2X8		显示程序标题
new(0)/old(≠0) main point data=?	2 EXE	输入非零数使用现有主点数据计算
st xy new(0)/old(>0)/no(<0)=?	2 EXE	使用最近输入的测站点(station)
Z→xyH(1)/xyH→Z(2)/ xyH→δr(3)/pier(4)=?	2 EXE	输入2选择坐标反算
x_j(m)/π÷end	611549.67 EXE	输入边坡测点 P_1 点的三维坐标
y_j(m)+ni=?	462031.6 EXE	
Z_P=165000.0002		显示垂点桩号/耗时3.92s
n=40.0000		显示垂点所在平曲线元号
d_L=-10.4994		显示测点边距
x_P=611559.1510		显示垂点中桩坐标
y_P=462027.0892		
H_P=70.1269	EXE	显示垂点设计高程
x_j(m)/π÷end	SHIFT π EXE	输入π结束程序
Q2X8÷End		程序结束显示

请读者播放光盘"\操作视频\2.22\[例2-19]操作视频.avi"文件观看操作方法。

2.23 单交点卵形平曲线拆分为双交点基本型平曲线工程案例2

[例2-20] 图2-89所示的路线有2个交点,其中JD1为基本型平曲线,JD1为单交点卵形平曲线(灰底色行交点曲线),试拆分JD2单交点卵形平曲线为双交点基本型平曲线,验算各交点缓和曲线的起讫半径;用Q2X8程序计算平曲线的主点数据。

[解] (1) 缓和曲线起讫半径的确定

① JD1 缓和曲线起讫半径的验算

JD1 为对称基本型平曲线,设第一缓和曲线为完整缓和曲线,由式(2-9)得

$$L_{h1} = \frac{A_1^2}{R_1} = \frac{424.264\ 1^2}{1\ 000} = 180.000\ 026\ 5\text{m} \approx 180\text{m}$$

因此,第一与第二缓和曲线均为完整缓和曲线,有 $R_{ZH} = R_{HZ} = \infty$。

② JD2 单交点卵形平曲线缓和曲线起讫半径的验算

设第一缓和曲线为完整缓和曲线,由式(2-9)得

$$L_{h1} = \frac{A_1^2}{R_1} = \frac{546.808\ 9^2}{1\ 300} = 229.999\ 979\ 3\text{m} \approx 230\text{m}$$

因此,第一缓和曲线为完整缓和曲线,有 $R_{ZH} = \infty$。

设第二缓和曲线的起点半径为 $R_1 = 1\ 300$m,终点半径为 $R_2 = 4\ 000$m,由式(2-4)求得其线长为

广东省珠海市凤凰山公路隧道工程右洞直线、曲线及转角表
设计单位：中铁二院工程集团有限责任公司
施工单位：路桥国际建设股份有限公司　　　　　　监理单位：云南省公路工程监理咨询有限公司

交点号	交点桩号及交点坐标		转角	曲线要素/m					备注
				第一缓和曲线 $\dfrac{A_1}{L_{s1}}$	第一圆曲线 $\dfrac{R_1}{L_{a1}}$	第二缓和曲线 $\dfrac{A_2}{L_{s2}}$	第二圆曲线 $\dfrac{R_2}{L_{a2}}$	第三缓和曲线 $\dfrac{A_3}{L_{s3}}$	
SP	桩	YK3+837							
	N	1 011 338.058							
	E	399 210.713							
JD1	桩	YK4+107.404	18°31′54.3″(Z)	424.264 1	1 000	424.264 1	0	0	对称基本型曲线
	N	1 011 076.264							
	E	399 143.021		180	143.441	180	0	0	
JD2	桩	YK5+553.842	42°41′45.6″(Y)	546.808 9	1 300	665.554 6	4 000	0	卵形曲线
	N	1 009 630.177							
	E	399 245.017		230	277.953	230	1 302.812	0	
EP	桩	YK7+903.555							
	N	1 007 722.164							
	E	397 718.515							

图 2-89　城市道路主线直线、曲线及转角表（局部）

$$L_{h2} = \frac{A_2^2}{R_1} - \frac{A_2^2}{R_2} = \frac{665.554\ 6^2}{1\ 300} - \frac{665.554\ 6^2}{4\ 000} = 229.999\ 980\ 6\text{m} \approx 230\text{m}$$

所以，第二缓和曲线为连接起点半径为 $R_1 = 1\ 300$m，终点半径为 $R_2 = 4\ 000$m 的非完整缓和曲线。

（2）JD2 单交点卵形平曲线拆分为双交点基本型平曲线

在 MS-Excel 的 File1 选项卡，按表 2-28 的规定，输入平曲线设计数据。其中，在 C1 单元输入表达式"=SQRT(C2*230)"计算第一缓和曲线参数的精确值；在 C3 单元依据式（2-12）输入表达式"=SQRT(200/(1/C2-1/C4))"计算第二缓和曲线参数的精确值，标记 C3 单元为灰底色；因无第三缓和曲线，在 C5 单元输入 0，结果如图 2-90 所示。

	A	B	C	D
1	1011076.264	399143.021	546.8089246	
2	1009630.177	399245.017	1300	
3	1007722.164	397718.515	665.5546281	
4			4000	
5			0	
6			277.953	

C3　fx =SQRT(230/(1/C2-1/C4))

图 2-90　在 MS-Excel 的 File1 选项卡输入 JD2 单交点卵形平曲线的设计数据

将 File1 选项卡的数据另存为 File1.csv 文件后，退出 MS-Excel。

使用 FA-124 通讯软件，将 File1.csv 文件上载到 fx-9860GⅡ主存储器，在 fx-9860GⅡ按 MENU ② 键进入 **STAT** 模式，按 SHIFT SET UP 键调出设置菜单，按 ▼ ▼ 键移动光标到 "List File"行，按 F1(**FILE**) ① EXE EXE 键设置 File1 为当前串列文件。

在 fx-9860GⅡ执行 QC28 程序的屏幕提示如下：

屏幕提示	按键	说明
JDegg curve QC28		显示程序标题
$x_{JD1'}, x_{JD2'} \rightarrow$ List 8		显示拆分后的双交点 x 坐标存储串列
$y_{JD1'}, y_{JD2'} \rightarrow$ List 9		显示拆分后的双交点 y 坐标存储串列
QC28⇌End		程序结束显示

在 fx-9860GⅡ执行 QC28 程序的屏幕显示如图 2-91 左图所示，用户不需要按任何键，程序自动从当前串列文件的 List 1～List 3 串列读入设计数据，并将算出的双交点坐标存入 List 8 与 List 9 串列。按 MENU ② 键进入 **STAT** 模式查看计算结果，如图 2-91 右图所示。算出的 JD'_2 与 JD''_2 的坐标如表 2-32 所示。

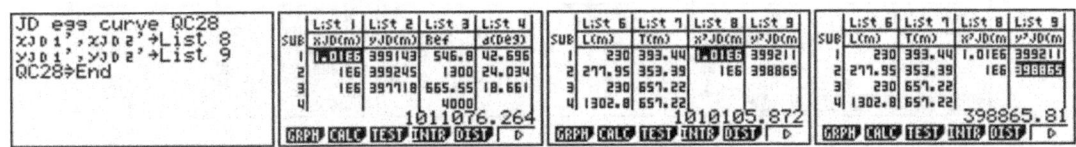

图 2-91 执行 QC28 程序拆分 JD_2 的屏幕显示及串列结果

本例计算的串列文件为光盘"\2章\［例 2-20］\JD2 卵形平曲线拆分\File1.g1m"文件，请读者播放光盘"\操作视频\2.23\JD2 卵形曲线拆分操作视频.avi"文件观看操作方法。

表 2-32 将 JD2 交点拆分后为 2 个交点的平面坐标

交点名	x/m	y/m	交点名	x/m	y/m
JD'_2	1 010 105.872	399 211.465 1	JD''_2	1 009 156.197	398 865.810

（3）在 MS-Excel 输入平曲线设计数据

本例有 2 个交点，因将 JD2 的卵形曲线交点拆分为 JD'_2 与 JD''_2 两个交点，故基本型平曲线的交点总数应为 3 个。

按表 2-1 的规定，在 MS-Excel 的 File4 选项卡输入本例 3 个交点的平曲线设计数据，结果如图 2-92 所示。图 2-92 所示 F3 灰底色单元为输入表达式"=SQRT(230/(1/E3-1/E4)"计算非完整缓和曲线参数的精确值，因在 MS-Excel 单元不能输入复数，还需要在 fx-9860GⅡ的 **STAT** 模式添加终点半径 $R_{HZ}=4000$ 为复数虚部。

（4）输出 CSV 格式文件并上载到 fx-9860GⅡ主存储器

将 File4 选项卡的数据另存为 File4.csv 文件，退出 MS-Excel。使用 FA-124 通讯软件，将 File4.csv 文件上载到 fx-9860GⅡ主存储器的 File4 串列文件。

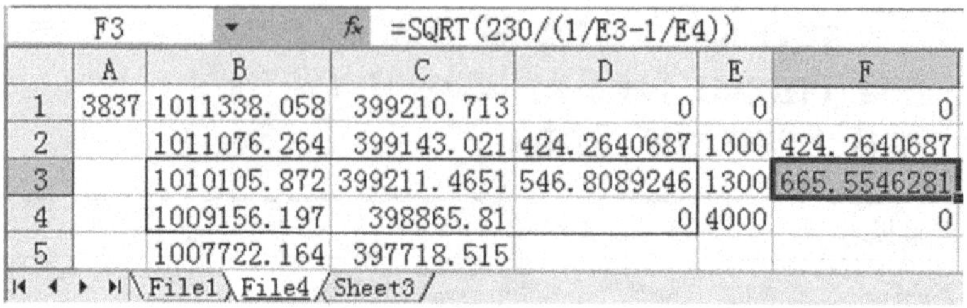

图 2-92　在 MS-Excel 的 File4 选项卡输入 3 个交点的平曲线设计数据

使用 FA-124 通讯软件，将 File4.csv 文件上载到 fx-9860GⅡ主存储器，在 fx-9860GⅡ按 MENU ② 键进入 **STAT** 模式，按 SHIFT SETUP 键调出设置菜单，按 ▽ ▽ 键移动光标到"List File"行，按 F1（**FILE**） ④ EXE EXE 键设置 File4 为当前串列文件。

移动光标到 List 6[3] 串列单元，按 F6（▷） F2（**EDIT**）键编辑光标单元的数值，添加 4000 为其复数虚部数值，结果如图 2-93 所示。

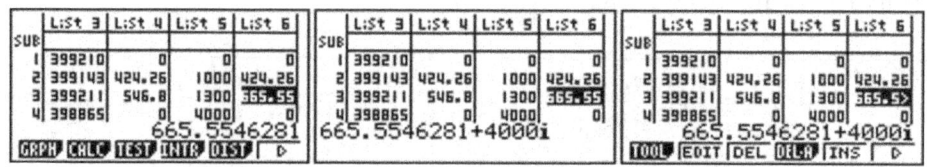

图 2-93　在 **STAT** 模式添加 List 6[3] 串列单元的复数虚部数值

（5）执行 Q2X8 程序计算平曲线主点数据

在 fx-9860GⅡ执行 Q2X8 程序，计算平曲线主点数据的屏幕提示与用户操作过程如下：

屏幕提示	按键	说明
JD curve xyH Q2X8		显示程序标题
new(0)/old(≠0) main point data=?	0 EXE	输入 0 为重新计算主点数据
hor-curve first JD num=?	1 EXE	输入平曲线起始交点号（number）
Z_{ZD}(m)=7903.5553		显示平曲线终点设计桩号（0.3mm）/耗时 4.18s
$α_{ZD}$=218°39′41.33″	EXE	显示平曲线终点走向方位角
Press [MENU][2]⇒Stop!	EXE	继续计算
Del List 4/List 6 Imp, yes(0)/no(≠0)=?	0 EXE	输入 0 删除 List 4 与 List 6 串列复数虚部数值
st xy new(0)/old(>0)/no(<0)=?	MENU ②	停止程序并进入 **STAT** 模式查看主点数据

执行 Q2X8 程序，完成交点平曲线主点数据计算后，只要屏幕显示的终点桩号与设计图纸相符，就说明用户已正确输入了平曲线设计数据。本案例的全部文件位于光盘"\2 章\[例 2-20]\"路径下。

请读者播放光盘"\操作视频\2.23\[例 2-20]操作视频.avi"文件观看操作方法。

2.24 单交点卵形平曲线拆分为双交点基本型平曲线工程案例3

[**例 2-21**] 如图 2-94 所示的路线有 4 个交点,纵坡与竖曲线设计数据列于表 2-33。在直曲表中,JD1 为基本型平曲线,JD2 与 JD4 为单交点卵形平曲线(灰底色行交点曲线),试拆分 JD2 与 JD4 单交点卵形平曲线为双交点基本型平曲线,验算各交点缓和曲线的起讫半径,用 Q2X8 程序计算平竖曲线的主点数据。

重庆市涪陵区望州公园西路一期工程直线、曲线及转角表
设计单位:重庆大恒建筑设计有限公司 平面坐标系:重庆市涪陵独立坐标系
施工单位:重庆金科集团 高程系:1956年黄海高程系

交点号	交点桩号及交点坐标		转 角	曲线要素/m					备注
				第一缓和曲线 A_1 / L_{s1}	第一圆曲线 R_1 / L_{a1}	第二缓和曲线 A_2 / L_{s2}	第二圆曲线 R_2 / L_{a2}	第三缓和曲线 A_3 / L_{s3}	
SP	桩	K0+018.067							
	N	286 902.574							
	E	501 293.594							
JD1	桩	K0+141.727	78°44′40″(Y)	37.416 6	70	37.416 6	0	0	对称基本型曲线
	N	286 779.657		20	76.204 5	20	0	0	
	E	501 307.120							
JD2	桩	K0+774.974	169°33′10″(Z)	32.077 4	51.447 9	0	40	28.284 3	卵形曲线
	N	286 583.121		20	50.489 3	0	61.340 6	20	
	E	500 685.128							
JD3	桩	K0+493.498	12°39′33.6″(Y)	0	95	0	0	0	单圆曲线
	N	286 651.902		0	20.99	0	0	0	
	E	501 238.266							
JD4	桩	K0+809.751	164°34′46.6″(Y)	28.212 5	38.888 3	0	39.384 9	28.066	卵形曲线
	N	286 621.191		20.467 5	48.828 1	0	1 302.812	20	
	E	501 553.110							
EP	桩	K0+664.883							
	N	286 565.260							
	E	501 230.953							

图 2-94 城市公园道路主线直线、曲线及转角表(局部)

表 2-33 纵坡与竖曲线设计数据

点名	设计桩号	H/m	R/m	i/%	点名	设计桩号	H/m	R/m	i/%
SQD	K0+18.067	342.36		0.4485	SJD_3	K0+562.21	399.255	900	9.9
SJD_1	K0+39.47	342.456	300	13	SZD	K0+664.883	409.42		
SJD_2	K0+450.63	395.908	500	3					

[**解**] (1) JD1 缓和曲线起讫半径的验算

JD1 为对称基本型平曲线,设第一缓和曲线为完整缓和曲线,由式(2-9)得

219

$$L_{h1} = \frac{A_1^2}{R_1} = \frac{37.4166^2}{70} = 20.000\,027\,94\text{m} \approx 20\text{m}$$

因此，第一与第二缓和曲线均为完整缓和曲线，有 $R_{ZH} = R_{HZ} = \infty$。

（2）JD2 单交点卵形平曲线缓和曲线起讫半径的验算

设第一缓和曲线为完整缓和曲线，由式(2-9)得

$$L_{h1} = \frac{A_1^2}{R_1} = \frac{32.0774^2}{51.4479} = 20.000\,030\,92\text{m} \approx 20\text{m}$$

因此，第一缓和曲线为完整缓和曲线，有 $R_{ZH} = \infty$。

该卵形曲线无第二缓和曲线，设第三缓和曲线为完整缓和曲线，由式(2-9)得

$$L_{h3} = \frac{A_3^2}{R_2} = \frac{28.2843^2}{40} = 20.000\,040\,66\text{m} \approx 20\text{m}$$

所以，第三缓和曲线为完整缓和曲线，有 $R_{HZ} = \infty$。

（3）JD4 单交点卵形平曲线缓和曲线起讫半径的验算

设第一缓和曲线为完整缓和曲线，由式(2-9)得

$$L_{h1} = \frac{A_1^2}{R_1} = \frac{32.0823^2}{38.8883} = 26.467\,445\,82\text{m} \approx 26.467\,5\text{m}$$

因此，第一缓和曲线为完整缓和曲线，有 $R_{ZH} = \infty$。

该卵形曲线无第二缓和曲线，设第三缓和曲线为完整缓和曲线，由式(2-9)得

$$L_{h3} = \frac{A_3^2}{R_2} = \frac{28.066^2}{39.3849} = 20.000\,059\,82\text{m} \approx 20\text{m}$$

所以，第三缓和曲线为完整缓和曲线，有 $R_{HZ} = \infty$。

（4）JD2 单交点卵形平曲线拆分为双交点基本型平曲线

在 MS-Excel 的 File1 选项卡，按表 2-28 的规定，输入 JD2 的平曲线设计数据，其中，在 C1 单元输入表达式"=SQRT(C2*20)"计算第一缓和曲线参数的精确值，因没有第二缓和曲线，所以 C3 单元输入 0，在 C5 单元输入表达式"=SQRT(C4*20)"计算第三缓和曲线参数的精确值，结果如图 2-95 左图所示。

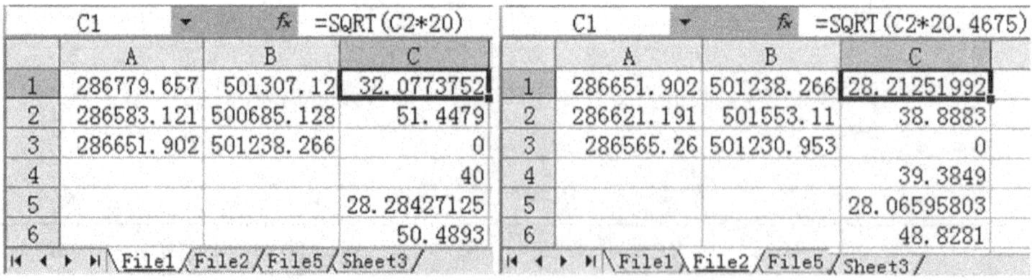

图 2-95 在 MS-Excel 的 File1 选项卡输入 JD2 单交点卵形平曲线的设计数据
在 File2 选项卡输入 JD4 单交点卵形平曲线的设计数据

将 File1 选项卡的数据另存为 File1.csv 文件，退出 MS-Excel。使用 FA-124 通讯软件，将 File1.csv 文件上载到 fx-9860GⅡ主存储器的 File1 串列文件，在 fx-9860GⅡ按 (MENU) ②键进入 **STAT** 模式，按 (SHIFT) (SETUP) 键调出设置菜单，按 ▽ ▽ 键移动光标到"List File"行，按 (F1)(**FILE**) ① (EXE) (EXE) 键设置 File1 为当前串列文件。

在 fx-9860GⅡ执行 QC28 程序的屏幕提示如下：

屏幕提示	按键	说明
JDegg curve QC28		显示程序标题
$x_{JD1'},x_{JD2'}$→List 8		显示拆分后的双交点 x 坐标存储串列
$y_{JD1'},y_{JD2'}$→List 9		显示拆分后的双交点 y 坐标存储串列
QC28⇒End		程序结束显示

在 fx-9860GⅡ执行 QC28 程序的屏幕显示如图 2-96 左图所示，用户不需要按任何键，程序自动从当前串列文件的 List 1~List 3 串列读入设计数据，并将算出的双交点坐标存入 List 8 与 List 9 串列。按 MENU 2 键进入 STAT 模式查看计算结果，如图 2-96 右图所示，算出的 JD'_2 与 JD''_2 的坐标如表 2-34 所示。

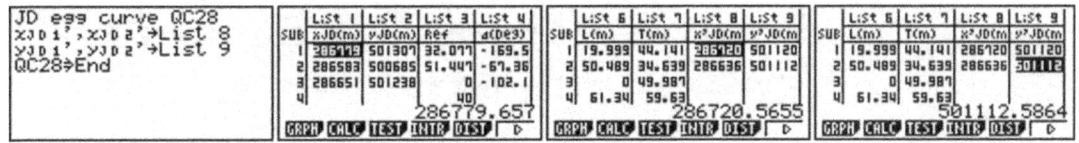

图 2-96　执行 QC28 程序拆分 JD_2 的屏幕显示及串列结果

本例计算的串列文件为光盘"\2 章\[例 2-21]\JD2 卵形平曲线拆分\File1.g1m"文件，请读者播放光盘"\操作视频\2.24\JD2 卵形曲线拆分操作视频.avi"文件观看操作方法。

表 2-34　将 JD2 与 JD4 分别拆分后为 2 个交点的平面坐标

交点名	x/m	y/m	交点名	x/m	y/m
JD'_2	286 720.565 5	501 120.108 7	JD''_2	286 636.274 1	501 112.586 4
JD'_4	286 645.949 4	501 299.291 2	JD''_4	286 576.579 8	501 296.153 9

（5）JD4 单交点卵形平曲线拆分为双交点基本型平曲线

在 MS-Excel 的 File2 选项卡，按表 2-28 的规定，输入平曲线设计数据，结果如图 2-95 右图所示。其中，在 C1 单元输入表达式"=SQRT(C2*26.4675)"计算第一缓和曲线参数的精确值，因没有第二缓和曲线，所以在 C3 单元输入 0，在 C5 单元输入表达式"=SQRT(C4*20)"计算第三缓和曲线参数的精确值，结果如图 2-95 右图所示。

将 File2 选项卡的数据另存为 File2.csv 文件后，退出 MS-Excel。

使用 FA-124 通讯软件，将 File2.csv 文件上载到 fx-9860GⅡ主存储器，在 fx-9860GⅡ按 MENU 2 键进入 STAT 模式，按 SHIFT SETUP 键调出设置菜单，按 ▼ ▼ 键移动光标到"List File"行，按 F1（FILE）2 EXE EXE 键设置 File2 为当前串列文件。

在 fx-9860GⅡ执行 QC28 程序的屏幕提示如下：

屏幕提示	按键	说明
JDegg curve QC28		显示程序标题
$x_{JD1'}, x_{JD2'} \rightarrow$ List 8		显示拆分后的双交点 x 坐标存储串列
$y_{JD1'}, y_{JD2'} \rightarrow$ List 9		显示拆分后的双交点 y 坐标存储串列
QC28⇌End		程序结束显示

在 fx-9860GⅡ执行 QC28 程序的屏幕显示如图 2-97 左图所示，用户不需要按任何键，程序自动从当前串列文件的 List 1～List 3 串列读入设计数据，并将算出的双交点坐标存入 List 8 与 List 9 串列。按 MENU ②键进入 **STAT** 模式查看计算结果，如图 2-97 右图所示，算出的 JD'_4 与 JD''_4 的坐标如表 2-34 所示。

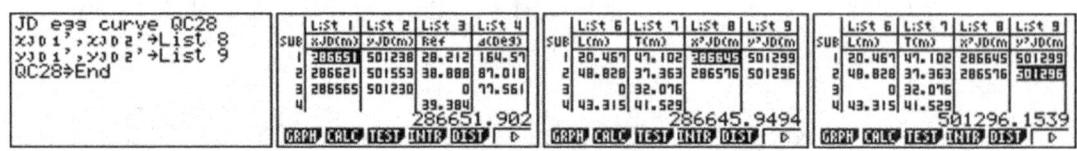

图 2-97　执行 QC28 程序拆分 JD_4 的屏幕显示及串列结果

本例计算的串列文件为光盘"\2章\[例2-21]\JD4 卵形平曲线拆分\File2.g1m"文件，请读者播放光盘"\操作视频\2.24\JD4 卵形曲线拆分操作视频.avi"文件观看操作方法。

☞ 本例的特点是：JD2 与 JD4 单交点卵形曲线均无第二缓和曲线，也即，第一与第二圆曲线在公切点 GQ 处，半径过渡不连续。

(6) 在 MS-Excel 输入平竖曲线设计数据

本例有 4 个交点，因将 JD2 的卵形曲线交点拆分为 JD'_2 与 JD''_2 两个交点，将 JD4 的卵形曲线交点拆分为 JD'_4 与 JD''_4 两个交点，故基本型平曲线的交点总数应为 6 个。

按表 2-1 的规定，在 MS-Excel 的 File5 选项卡输入本例 6 个交点的平曲线设计数据，在 W 列输入表 2-33 所示 3 个变坡点的竖曲线设计数据，应有 $4+3\times3=13$ 行数据，结果如图 2-98 所示。

	A	B	C	D	E	F		W		W
1	18.067	286902.574	501239.594	0	0	0	1	18.067	9	562.21
2		286779.657	501307.12	37.41657387	70	37.41657387	2	342.36	10	399.255
3		286720.5655	501120.1087	32.0773752	51.4479		3	39.47	11	900
4		286636.2741	501112.5864	0	40	28.28427125	4	342.456	12	664.883
5		286651.902	501238.266	0	95	0	5	300	13	409.42
6		286645.9494	501299.2912	28.21251992	38.8883	0	6	450.63		
7		286576.5798	501296.1539	0	39.3849	28.06595803	7	395.908		
8		286565.26	501230.953				8	500		

图 2-98　在 MS-Excel 的 File5 选项卡输入 6 个交点的平曲线与竖曲线设计数据

因本例 JD2 与 JD4 的卵形曲线均无第二缓和曲线，而其第一与第三缓和曲线均为完整缓和曲线，所以，6个交点平曲线均为完整缓和曲线。

（7）输出 CSV 格式文件并上载到 fx-9860GⅡ主存储器

将 File5 选项卡的数据另存为 File5.csv 文件后，退出 MS-Excel。使用 FA-124 通讯软件，将 File5.csv 文件上载到 fx-9860GⅡ主存储器，在 fx-9860GⅡ按 MENU ② 键进入 **STAT** 模式，按 SHIFT SETUP 键调出设置菜单，按 ▼ ▼ 键移动光标到"List File"行，按 F1（**FILE**）⑤ EXE EXE 键设置 File5 为当前串列文件。

（8）执行 Q2X8 程序计算平竖曲线主点数据

在 fx-9860GⅡ执行 Q2X8 程序，计算平竖曲线主点数据的屏幕提示与用户操作过程如下：

屏幕提示	按键	说明
JD curve xyH Q2X8		显示程序标题
new(0)/old(≠0) main point data=?	0 EXE	输入 0 重新计算主点数据
i_L%, i_R% Mat B(1)/C(2)/D(3)/E(4)/F(5)/G(6)/no(0)=?	0 EXE	输入 0 不选择路基超高横坡矩阵
hor-curve first JD num=?	1 EXE	输入平曲线起始交点号（number）
ver-curve first SJD num=?	1 EXE	输入竖曲线起始变坡点号/耗时 6.7s
Z_{ZD}(m)=664.8846		显示平曲线终点设计桩号（1.6mm）/耗时 4.15s
$α_{ZD}$=260°09′02.94″	EXE	显示平曲线终点走向方位角
Press [MENU][2]⇒Stop!	MENU ②	停止程序并进入 **STAT** 模式查看主点数据

执行 Q2X8 程序，完成交点平曲线主点数据计算后，只要屏幕显示的终点桩号与设计图纸相符，就说明用户已正确输入了平曲线设计数据。本案例的全部文件位于光盘"\2章\[例2-21]\"路径下，请读者播放光盘"\操作视频\2.24\[例2-21]操作视频.avi"文件观看操作方法。

2.25 单交点双圆平曲线拆分为双交点基本型平曲线与直转点工程案例

[例2-22] 如图 2-99 所示的城市道路有 11 个交点。在直曲表中，JD1、JD3、JD5、JD6、JD8、JD9、JD10 为直转点，JD11 为单交点双圆平曲线（灰底色行交点曲线），它是单交点卵形平曲线 $A_1=A_2=A_3=0$ 的特殊形式，试拆分 JD11 单交点双圆平曲线为双交点单圆平曲线，用 Q2X8 程序计算平竖曲线的主点数据；计算加桩 K4+216.559 与 K4+491.221 的中桩坐标，计算边桩点（386 936.692，524 679.208）的桩号、边距及其中桩坐标。

[解]（1）JD2 缓和曲线起讫半径的验算

该交点平曲线为对称基本型平曲线，设缓和曲线为完整缓和曲线，由式（2-9）得

$$L_h = \frac{A^2}{R} = \frac{120^2}{280} = 51.428\,571\,43\text{m} \approx 51.429\text{m}$$

因此,第一与第二缓和曲线均为完整缓和曲线。

湖北省武汉市长江大道综合改造工程(局部)
设计单位:武汉市政工程设计研究院有限责任公司
施工单位:中建三局建设工程股份有限公司

交点号	交点桩号及交点坐标		转角	曲线要素/m					备注
				第一缓和曲线 A_1 / L_{s1}	第一圆曲线 R_1 / L_{a1}	第二缓和曲线 A_2 / L_{s2}	第二圆曲线 R_2 / L_{a2}	第三缓和曲线 A_3 / L_{s3}	
SP	桩	K3+500							
	N	387 833.000							
	E	524 278.300							
JD1	桩	K3+860.241	0°00′48.6″(Z)						直转点
	N	387 521.181							
	E	524 458.696							
JD2	桩	K4+216.559	23°58′56.7″(Y)	120	280	120			对称基本曲线
	N	387 212.800		51.429	65.771	51.429			
	E	524 637.200							
JD3	桩	K4+491.221	0°26′39.0″(Z)						直转点
	N	386 937.800							
	E	524 666.500							
JD4	桩	K4+844.550	13°13′46.0″(Y)		1 100				单圆曲线
	N	386 586.761			253.987				
	E	524 706.656							
JD5	桩	K5+057.983	2°02′36.7″(Y)						直转点
	N	386 373.660							
	E	524 681.609							
JD6	桩	K5+159.875	2°11′28.2″(Z)						直转点
	N	386 272.954							
	E	524 666.114							
JD7	桩	K5+405.877	21°48′54.6″(Z)	150	375	150			对称基本曲线
	N	386 028.560		60	82.780	60			
	E	524 638.027							
JD8	桩	K5+759.459	0°06′56.2″(Z)						直转点
	N	385 685.619							
	E	524 731.583							
JD9	桩	K6+447.266	3°35′12.6″(Z)						直转点
	N	385 022.426							
	E	524 994.917							
JD10	桩	K6+696.467	6°43′47.1″(Z)						直转点
	N	384 786.748							
	E	524 994.917							
JD11	桩	K7+234.435	32°11′32.5″(Y)		700		190		单交点双圆曲线
	N	384 301.963			130.862 9		71.233 1		
	E	525 228.139							
JD12	桩	K7+396.077							
	N	384 136.482							
	E	525 209.282							

图2-99 城市道路改造主线含直转点与单交点双圆平曲线的直线、曲线及转角表(局部)

(2) JD7 缓和曲线起讫半径的验算

该交点平曲线为对称基本型平曲线，设缓和曲线为完整缓和曲线，由式(2-9)得

$$L_h = \frac{A^2}{R} = \frac{150^2}{375} = 60\text{m}$$

因此，第一与第二缓和曲线均为完整缓和曲线。

(3) JD11 单交点双圆平曲线的拆分为双交点单圆平曲线

在 MS-Excel 的 File1 选项卡，按表 2-13 的规定，输入平曲线设计数据，结果如图 2-100 所示。

将 File1 选项卡的数据另存为 File1.csv 文件后，退出 MS-Excel。

使用 FA-124 通讯软件，将 File1.csv 文件上载到 fx-9860GⅡ主存储器，在 fx-9860GⅡ按 MENU ② 键进入 **STAT** 模式，按 SHIFT SETUP 键调出设置菜单，按 ▽ ▽ 键移动光标到"List File"行，按 F1 (**FILE**) ① EXE EXE 键设置 File1 为当前串列文件。

图 2-100　在 MS-Excel 的 File1 选项卡输入 JD11 单交点双圆平曲线的设计数据

在 fx-9860GⅡ执行 QC28 程序的屏幕提示如下：

屏幕提示	按键	说明
JDegg curve QC28		显示程序标题
$x_{JD1'}, x_{JD2'} \rightarrow$ **List 8**		显示拆分后的双交点 x 坐标存储串列
$y_{JD1'}, y_{JD2'} \rightarrow$ **List 9**		显示拆分后的双交点 y 坐标存储串列
QC28≑End		程序结束显示

执行 QC28 程序，用户不需要按任何键，程序自动从当前串列文件的 List 1～List 3 串列读入设计数据，并将算出的双交点坐标存入 List 8 与 List 9 串列。按 MENU ② 键进入 **STAT** 模式查看计算结果，算出的 JD'_{11} 与 JD''_{11} 的坐标如图 2-101 所示。

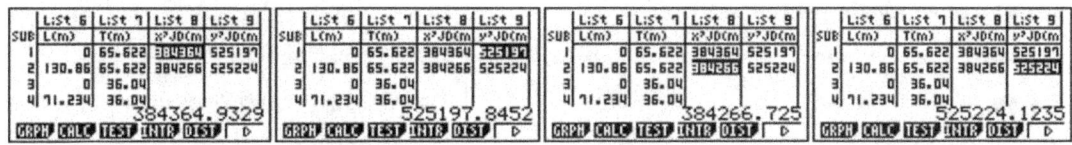

图 2-101　执行 QC28 程序拆分 JD_{11} 的屏幕显示及串列结果

本例计算的串列文件为光盘"\ 2 章 \ [例 2-22] \ JD11 双圆平曲线拆分 \

File1.g1m"文件,请读者播放光盘"\操作视频\2.23\JD11双圆曲线拆分操作视频.avi"文件观看操作方法。

(4)在MS-Excel输入交点平曲线的设计数据

在MS-Excel的File6选项卡输入本例12个交点平曲线的设计数据,结果如图2-102所示。将File6选项卡的数据另存为File6.csv文件后,退出MS-Excel。

	A	B	C	D	E	F
1	3500	387833	524278.3	0	0	0
2		387521.181	524458.696	0	0	0
3		387212.8	524637.2	120	280	120
4		386937.8	524666.5	0	0	0
5		386586.761	524706.656	0	1100	0
6		386373.66	524681.609	0	0	0
7		386272.954	524666.114	0	0	0
8		386028.56	524638.027	150	375	150
9		385685.619	524731.583	0	0	0
10		385022.426	524913.943	0	0	0
11		384786.748	524994.917	0	0	0
12		384364.9329	525197.8452	0	700	0
13		384266.725	525224.1235	0	190	0
14		384136.482	525209.282			

图2-102 在MS-Excel的Flie6选项卡输入12交点的平曲线设计数据

使用FA-124通讯软件,将File6.csv文件上载到fx-9860GⅡ主存储器,在fx-9860GⅡ按 MENU ② 键进入 **STAT** 模式,按 SHIFT SETUP 键调出设置菜单,按 ▼ ▼ 键移动光标到"List File"行,按 F1 (**FILE**) ⑥ EXE EXE 键设置File6为当前串列文件。

(5)执行Q2X8程序计算平曲线主点数据及坐标正算

在fx-9860GⅡ执行Q2X8程序,计算平曲线主点数据的屏幕提示与用户操作过程如下:

屏幕提示	按键	说明
JD curve xyH Q2X8		显示程序标题
new(0)/old(≠0) main point data=?	0 EXE	输入0为重新计算主点数据
hor-curve first JD num=?	1 EXE	输入平曲线起始交点号(number)
Z_{ZD}(m) =7396.0770	EXE	显示平曲线终点设计桩号(0mm)/耗时8.3s
α_{ZD}=186°30′03.42″	EXE	显示平曲线终点走向方位角
Press [MENU][2]⇒Stop!	EXE	继续计算
st xy new(0)/old(>0)/no(<0)=?	-1 EXE	输入负数为不设置测站点(station)

续表

屏幕提示	按键	说明
Z →xy(1)/xy →Z(2)/pier(4)=?	1 EXE	输入1选择坐标正算
+Z(m),<QD÷end=?	4216.559 EXE	输入加桩号(JD2的桩号)
Z_j=4216.5590		重复显示加桩号/耗时0.91s
x_j=387209.8369		显示中桩坐标
y_j=524631.1719		
α_j=162°07′15.17″	EXE	显示中桩走向方位角
W_L(m)±∠γi,0÷no=?	-5 EXE	输入-5为不计算边桩坐标
+Z(m),<QD÷end=?	4491.221 EXE	输入加桩号(直转点JD3的桩号)
Z_j=4491.2210		重复显示加桩号/耗时1.15s
x_j=386937.8005		显示中桩坐标
y_j=524666.4999		
α_j=173°55′06.02″	EXE	显示中桩走向方位角
W_L(m)±∠γi,0÷no=?	-5 EXE	输入-5为不计算边桩坐标
+Z(m),<QD÷end=?	1 EXE	输入小于QD的桩号结束程序
Q2X8÷End		程序结束显示

如图2-99所示,加桩桩号K4+216.559实际上是JD2的桩号,因JD2为对称基本型平曲线,所以,算出的加桩中桩坐标位于路线曲线上,它不等于JD2的坐标。加桩桩号K4+491.221实际上是JD3的桩号,但因JD3为直转点,也即JD3位于路线中线上,程序算出的中桩坐标就等于JD3的坐标。

(6)坐标反算

重复执行Q2X8程序,不设置测站点,计算边桩点(386 936.692,524 679.208)坐标反算的屏幕提示与用户操作过程如下:

屏幕提示	按键	说明
JD curve xyH Q2X8		显示程序标题
new(0)/old(≠0) main point data=?	2 EXE	输入非零数使用现有主点数据计算
st xy new(0)/old(>0)/no(<0)=?	2 EXE	使用最近输入的测站点(station)
Z →xy(1)/xy →Z(2)/pier(4)=?	2 EXE	输入2选择坐标反算
x_j(m)/π÷end	386936.692 EXE	输入边坡测点P_1点的三维坐标
y_j(m)+ni=?	524679.208 EXE	
Z_p=4493.7666		显示垂点桩号/耗时2.3s
n=13.0000		显示垂点所在平曲线元号
d_L=-12.4997		显示测点边距
x_p=386935.2714		显示垂点中桩坐标

续表

屏幕提示	按键	说明
y_p =524666.7893 x_j(m)/π ≑ end Q2X8 ≑ End	SHIFT π EXE	输入 π 结束程序 程序结束显示

本案例的全部文件位于光盘"\2章\[例2-22]\"路径下,请读者播放光盘"\操作视频\2.25\[例2-22]操作视频.avi"文件观看操作方法。

高速公路因设计时速比较高,其平曲线不允许出现直转点。在市政道路改造中,当交点转角较小时,为了减少拆迁量、降低工程造价,通常将其设置为直转点。

2.26 桥梁墩台桩基坐标的验算

图2-103所示的佛子凹中桥为例2-19项目的内容,仍然使用例2-19项目的平竖曲线串列文件File5计算。佛子凹中桥有0#~4#共五个墩台,其中0#与4#桥台共有32个桩基,1#~3#桥墩共有18个桩基,佛子凹中桥设计共有50个桩基。50个墩台桩基的设计平面坐标见图2-103所示的光盘"\2章\[例2-19]\例2-19.xls"文件。

(1)编写墩台类号

将桩基布置完全相同的墩台合并为同类,并编著墩类号。在图2-32中,0#桥台编为1类墩,1#~3#桥墩的桩基布置完全相同,编为2类墩,4#桥台编为3类墩。

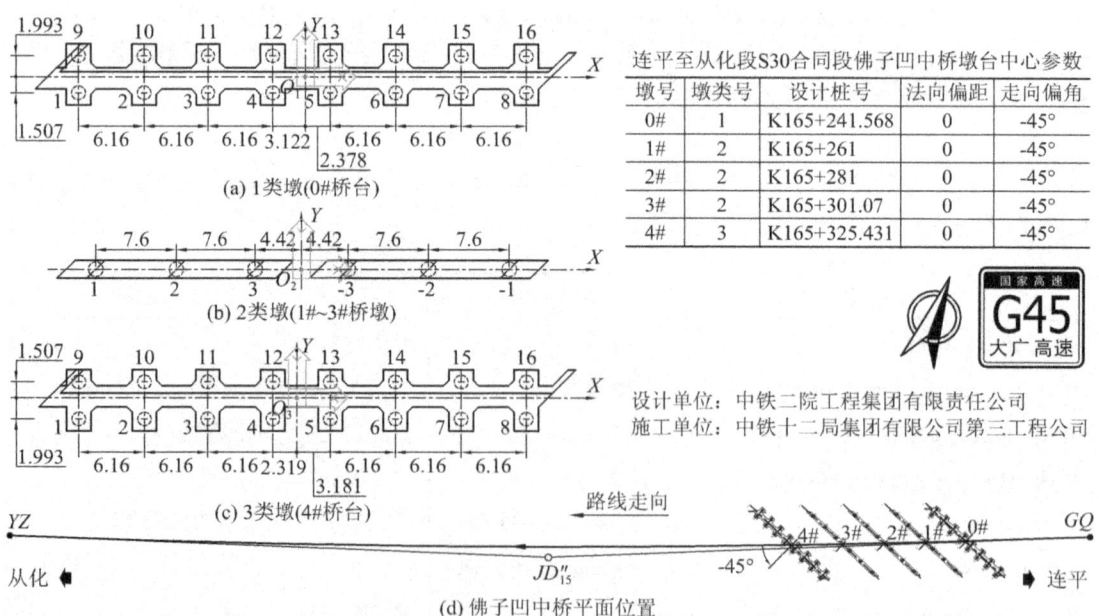

图2-103 佛子凹中桥设计图

(2)采集桩基的墩台中心坐标并输入到 Mat V 矩阵

启动 AutoCAD,以 m 为单位,按1:1的比例分别绘制1、2、3类墩的桩基大样图,执行 AutoCAD 的 UCS/新建(N)命令，用鼠标对象捕捉图 2-103a 中的 O_1 点，建立图示的 XO_1Y 用户坐标系(简称墩台中心坐标系)。在 AutoCAD 中执行 id 命令，分别对象捕捉 1～16 号桩基点，将命令行显示的墩台中心坐标依次输入到 Mat V 矩阵的 1～2 列，规则如表 2-5 所示。

重复上述操作，分别采集 2 类与 3 类墩台桩基的墩台中心坐标，并输入到 Mat V 矩阵的 3～4 列与 5～6 列，结果如图 2-104 左图所示，其中灰底色 G、H 列的数值为涵洞放样点在涵中坐标系的坐标。

由于 2 类墩的桩基是关于 Y 轴对称的图形，故只需为左幅(也可以是右幅)的三个桩基编写桩基号 1、2、3 并采集其墩台中心坐标，右幅对称桩基号分别为 -1、-2、-3，不需要采集它们的墩台中心坐标，由 Q2X8 程序根据对称于 Y 轴的原则自动计算。

	A	B	C	D	E	F	G	H
1	-21.602	-1.507	-19.62	0	-20.799	-1.993	-37.155	0
2	-15.442	-1.507	-12.02	0	-14.639	-1.993	35.8535	0
3	-9.282	-1.507	-4.42	0	-8.479	-1.993	-30.229	9.1185
4	-3.122	-1.507	0	0	-2.319	-1.993	-25.562	-8.3
5	2.378	-1.507	0	0	3.181	-1.993	-40.381	12.0409
6	8.538	-1.507	0	0	9.341	-1.993	-34.931	-8.3
7	14.698	-1.507	0	0	15.501	-1.993	24.2603	8.3
8	20.858	-1.507	0	0	21.661	-1.993	28.9276	-9.1185
9	-21.602	1.993	0	0	-20.799	1.507	33.6296	8.3
10	-15.442	1.993	0	0	-14.639	1.507	39.0799	-12.0409
11	-9.282	1.993	0	0	-8.479	1.507	0	0
12	-3.122	1.993	0	0	-2.319	1.507	0	0
13	2.378	1.993	0	0	3.181	1.507	0	0
14	8.538	1.993	0	0	9.341	1.507	0	0
15	14.698	1.993	0	0	15.501	1.507	0	0
16	20.858	1.993	0	0	21.661	1.507	0	0

File1 / File2 / File3 / File4 / File5 / MAT_V / MAT_U / 佛子凹中桥桩

	A	B	C	D
1	1	165241.568	0	-45
2	2	165261	0	-45
3	2	165281	0	-45
4	2	165301.07	0	-45
5	3	165325.431	0	-45
6	4	164899	0	15

MAT_V / MAT_U / 佛

图 2-104　在 MS-Excel 的 MAT_V 选项卡输入 3 类墩台的桩基坐标
在 MAT_U 选项卡输入墩台中心设计参数

(3)输入墩台中心设计参数到 Mat U 矩阵

如表 2-6 所示，每个墩台有四个墩台中心设计参数，它们是墩类号 n、设计桩号 Z、法向偏距 d、走向偏角 δ，需按桥墩号 0#、1#、2#、…的顺序分别输入到 Mat U 矩阵的 1、2、3、…行，每个桥墩的四个墩台中心设计参数需要占用 Mat U 矩阵 4 列。将图 2-32 内表所列的墩台中心设计参数输入到 MAT_U 矩阵的结果如图 2-33 右图所示。其中灰底色行的数值为涵洞中心设计参数。

将 MAT_V 选项卡的数据另存为 MAT_V. csv 文件，将 MAT_U 选项卡的数据另存为 MAT_U. csv 文件。

用通用 USB 数据线连接 fx-9860GⅡ与 PC 机的 USB 接口，使两者数据同步。

鼠标左键单击 FA-124 窗口内的 FA-124 图标，执行下拉菜单"File/CSV/Load from CSV"命令，在弹出的"Select file to CSV read"对话框中的设置内容如图 2-105 所示，单击 OK 按钮，即将 MAT_V. csv 文件数据输入到 FA-124 的 FA-124 主存储器窗口下的

"No Title 1"文件夹。

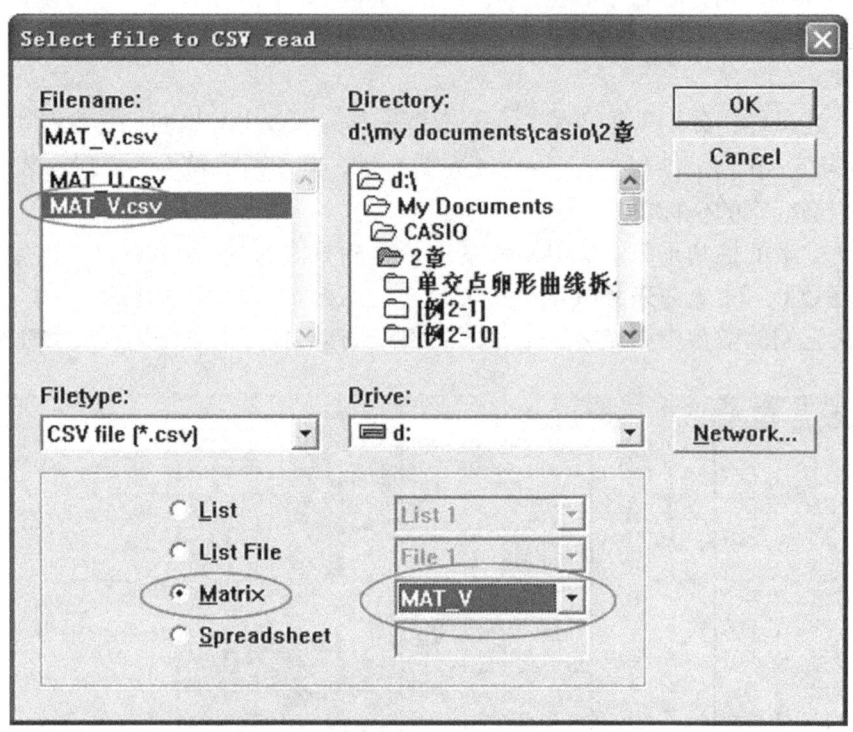

图 2-105 从 PC 机硬盘输入 MAT_V.csv 文件数据到 FA-124 窗口

重复上述操作,将 MAT_U.csv 文件数据输入到 FA-124 的 FA-124 主存储器窗口下的"No Title 2"文件夹。

在 FA-124 主存储器窗口鼠标右键单击"No Title 2"文件夹,在弹出的快捷菜单下左键单击 Import 命令,在弹出的"Insert CASIO File"对话框中,选择光盘"\ 2 章 \[例 2-19]\ File5.g1m"文件,左键单击 打开(O) 按钮,将 File5.g1m 文件输入到 FA-124 主存储器窗口的"\ No Title 2 \ List File"文件夹下。

在 FA-124 主存储器窗口,按住 Ctrl 键,鼠标左键分别单击"No Title 1 \ Matrix \ MAT_V"、"No Title 2 \ Matrix \ MAT_U"与"No Title 2 \ List File \ List 5"文件,按 Ctrl + C 键将它们复制到 Windows 的粘贴板;鼠标左键单击 Calculator 主存储器窗口,按 Ctrl + V 键即将 Windows 粘贴板的三个文件复制到 fx-9860G Ⅱ 主存储器。鼠标左键单击 Calculator 窗口工具栏的 图标,断开 FA-124 与 fx-9860G Ⅱ 的连接。

在 fx-9860G Ⅱ 上按 MENU ② 键进入 **STAT** 模式,按 SHIFT SETUP ▼ ▼ F1 (FILE) ⑤ EXE EXE 键设置 File5 为当前串列文件。

(4)计算墩台桩基设计坐标

在 fx-9860G Ⅱ 上重复执行 Q2X8 程序,不重新计算平竖曲线的主点数据,不设置测站点,计算墩台桩基坐标的屏幕提示与用户操作过程如下:

屏幕提示	按键	说明
JD curvexyH Q2X8		显示程序标题
new(0)/old(≠0) main point data=?	2 EXE	输入非零数使用现有主点数据计算
st xy new(0)/old(>0)/no(<0)=?	-1 EXE	输入负数为不设置测站点(station)
Z→xyH(1)/xyH→Z(2)/xyH→δr(3)/pier(4)=?	4 EXE	输入4选择桥墩(pier)桩基坐标计算
pier n#,<0 ÷ end=?	0 EXE	输入0#桥台
pier n#=0.0000		显示墩台号
Zn#=165241.5680		显示墩台中心桩号
type n=1.0000	EXE	显示墩类号
Z_j=165241.5680		重复显示墩台中心桩号/3.99s
x_j=611462.0209		显示墩台中心坐标
y_j=461805.9386		
H_j=70.8199		显示墩台中心桥面设计高程
$α_j$=247°33′56″	EXE	显示墩台中心走向方位角
stake num/X +Yi(m)/π ÷ end=?	1 EXE	输入1号桩基(stake)
pier n#=0.0000		显示墩台号
stake n=1.0000		显示桩基号
x_{sj}=611455.1229		显示桩基测量坐标
y_{sj}=461826.4651		
stake num/X +Yi(m)/π ÷ end=?	2 EXE	输入2号桩基(stake)
pier n#=0.0000		显示墩台号
stake n=2.0000		显示桩基号
x_{sj}=611457.4868		显示桩基测量坐标
y_{sj}=461820.7767	EXE	
stake num/X +Yi(m)/π ÷ end=?	-9.282 -1.507 SHIFT i EXE	输入3号桩基的墩台中心坐标复数
pier n#=0.0000		显示墩台号
X_{sj}=-9.2820		显示输入的墩台中心坐标
Y_{sj}=-1.507		
x_{sj}=611459.8506		显示桩基测量坐标
y_{sj}=461815.0883	EXE	
stake num/X +Yi(m)/π ÷ end=?	SHIFT π EXE	输入π结束0#桥墩桩基坐标计算
pier n#,<0 ÷ end=?	1 EXE	输入1#桥墩
pier n#=1.0000		显示墩台号

续表

屏幕提示	按键	说明
Zn#=165261.0000		显示墩台中心桩号
type n=2.0000	EXE	显示墩类号
Z_j=16261.0000		重复显示墩台中心桩号/3.99s
x_j=611454.6316		显示墩台中心坐标
y_j=461787.9664		
H_j=70.7742		显示墩台中心桥面设计高程
$α_j$=247°44′03.3″	EXE	显示墩台中心走向方位角
stake num/X +Yi(m)/π ≑ end=?	1 EXE	输入1号桩基(stake)
pier n#=1.0000		显示墩台号
stake n=1.0000		显示桩基号
x_{sj}=611447.0493		显示桩基测量坐标
y_{sj}=461806.0621	EXE	
stake num/X +Yi(m)/π ≑ end=?	2 EXE	输入2号桩基(stake)
pier n#=1.0000		显示墩台号
stake n=2.0000		显示桩基号
x_{sj}=611449.9863		显示桩基测量坐标
y_{sj}=461799.0525	EXE	
stake num/X +Yi(m)/π ≑ end=?	3 EXE	输入3号桩基(stake)
pier n#=1.0000		显示墩台号
stake n=3.0000		显示桩基号
x_{sj}=611452.9234		显示桩基测量坐标
y_{sj}=461792.0430	EXE	
stake num/X +Yi(m)/π ≑ end=?	-3 EXE	输入-3号桩基(stake)
pier n#=1.0000		显示墩台号
stake n=-3.0000		显示桩基号
x_{sj}=611456.3397		显示桩基测量坐标
y_{sj}=461783.8898	EXE	
stake num/X+Yi(m)/π ≑ end=?	-2 EXE	输入-2号桩基(stake)
pier n#=1.0000		显示墩台号
stake n=-2.0000		显示桩基号
x_{sj}=611459.2768		显示桩基测量坐标
y_{sj}=461776.8803	EXE	
stake num/X +Yi(m)/π ≑ end=?	-1 EXE	输入-1号桩基(stake)

续表

屏幕提示	按键	说明
pier n#=1.0000		显示墩台号
stake n = -1.0000		显示桩基号
x_{sj}=611462.2138		显示桩基测量坐标
y_{sj}=461769.8707	[EXE]	
stake num/X+Yi(m)/π⇒end=?	[SHIFT] [π] [EXE]	输入 π 结束 3#桥墩桩基坐标计算
pier n#,<0⇒end=?	-1 [EXE]	输入任意负数结束程序
Q2X8⇒End		程序结束显示

佛子凹中桥 0#~4#墩台共设计有 50 个桩基，上述只计算了 0#桥台 6 个桩基与 1#桥墩 6 个桩基的坐标，剩余 38 个桩基的坐标请读者自行计算。图 2-106 为在 MS-Excel 的"佛子凹中桥桩基坐标比较"选项卡计算桩基坐标设计值与计算值的比较结果，为节省图书篇幅，图中只列出部分桩基的坐标比较结果，详细请参见光盘"\2 章\[例 2-19]\例 2-19.xls"文件。请读者播放光盘"\操作视频\2.26\佛子凹中桥桥墩桩基坐标计算操作视频.avi"文件观看操作方法。

			设计图纸		Q2X8程序计算		坐标差	
	墩号	点号	x/m	y/m	x/m	y/m	△x/m	△y/m
3		1	611455.125	461826.466	611455.1229	461826.4651	0.0021	0.0009
4		2	611457.488	461820.777	611457.4868	461820.7767	0.0012	0.0003
5		3	611459.851	461815.089	611459.8506	461815.0883	0.0004	0.0007
6		4	611462.215	461809.4	611462.2144	461809.3999	0.0006	0.0001
7		5	611464.325	461804.321	611464.325	461804.321	0	0
8		6	611466.688	461798.632	611466.6889	461798.6326	-0.0009	-0.0006
9		7	611469.052	461792.943	611469.0527	461792.9442	-0.0007	-0.0012
10	0#	8	611471.415	461787.255	611471.4165	461787.2558	-0.0015	-0.0008
11		9	611451.892	461825.123	611451.8909	461825.122	0.0011	0.001
12		10	611454.256	461819.434	611454.2547	461819.4336	0.0013	0.0004
13		11	611456.619	461813.746	611456.6186	461813.7452	0.0004	0.0008
14		12	611458.983	461808.057	611458.9824	461808.0568	0.0006	0.0002
15		13	611461.093	461802.978	611461.093	461802.9779	0	0.0001
16		14	611463.456	461797.289	611463.4568	461797.2895	-0.0008	-0.0005
17		15	611465.82	461791.601	611465.8207	461791.6011	-0.0007	-0.0001
18		16	611468.183	461785.912	611468.1845	461785.9127	-0.0015	-0.0007
19		1	611447.049	461806.064	611447.0493	461806.0621	-0.0003	0.0019
20		2	611449.986	461799.054	611449.9863	461799.0525	-0.0003	0.0015
21	1#	3	611452.923	461792.045	611452.9234	461792.043	-0.0004	0.002
22		-3	611456.34	461783.889	611456.3397	461783.8898	0.0003	-0.0008
23		-2	611459.278	461776.88	611459.2768	461776.8803	0.0012	-0.0003
24		-1	611462.215	461769.87	611462.2138	461769.8707	0.0012	-0.0007

图 2-106　在 MS-Excel 中比较佛子凹中桥桩基坐标设计值与计算值的比较

2.27　斜交涵洞的坐标计算

图 2-107 为 K164+899 涵洞设计图纸，为例 2-19 项目的内容，仍然使用例 2-19 项目的平竖曲线串列文件 File5 计算，请将光盘"\2 章\[例 2-19]\File5.g1m"文件上

载到 fx-9860GⅡ 主存储器,并设置 File5 串列文件为当前串列文件,下面介绍计算涵洞坐标的方法。

(1)坐标正算法

如图 2-107b 所示,如果仅仅计算图中涵洞轴线端点 1、2 点的平面坐标,可以使用 Q2X8 程序的坐标正算功能。

在 fx-9860GⅡ 重复执行 Q2X8 程序,不设置测站点,选择坐标正算功能计算 K164+899 涵洞轴线端点坐标的屏幕提示与用户操作过程如下:

屏幕提示	按键	说明
JD curvexyH Q2X8		显示程序标题
new(0)/old(≠0) main point data=?	1 EXE	输入非零数使用现有主点数据计算
st xy new(0)/old(>0)/no(<0)=?	-1 EXE	输入负数为不设置测站点(station)
Z→xyH(1)/xyH→Z(2)/xyH→δr(3)/pier(4)=?	1 EXE	输入 1 选择坐标正算
+Z(m),<QD≑end=?	164899 EXE	输入涵洞设计桩号
Z_j=164899.0000		显示涵洞设计桩号/耗时 3.64s
x_j=611604.1896		显示中桩坐标
y_j=462117.4845		
H_j=69.3200		显示中桩设计高程
$α_j$=244°22′50.4″	EXE	显示中桩走向方位角
W_L(m)±∠γi,0≑no=?	37.155 + 105 SHIFT i EXE	输入涵洞左边距+右偏角i复数
Z_j=164899.0000		显示涵洞设计桩号/耗时 3.64s
x_L=611567.9322		显示左边桩坐标
y_L=462125.6019		
H_L=no design H	EXE	显示无设计高程
W_R(m),0≑no=?	35.854 EXE	输入右边距
Z_j=164899.0000		显示涵洞设计桩号/耗时 3.64s
x_R=611639.1775		显示右边桩坐标
y_R=462109.6514		
H_L=no design H	EXE	显示无设计高程
+Z(m),<QD≑end=?	1 EXE	输入小于 QD 的桩号结束程序
Q2X8≑End		程序结束显示

(2)桥梁墩台桩基坐标计算法

如图 2-107b 所示,如果还需要计算图中 3~10 号点的设计平面坐标,就应使用 Q2X8 程序的墩台桩基坐标计算功能。

① 采集放样点的涵洞中心坐标并输入到 MAT_V 选项卡

如图 2-107b 所示,在 AutoCAD 中,以 m 为单位,按 1∶1 的比例绘制涵洞平面图,

要求涵洞的轴线 X 为水平线。在 AutoCAD 中执行"UCS/新建(N)"命令，设置图中 O 点为用户坐标系的原点。执行 id 命令，分别采集图中 1~10 号点在用户坐标系的坐标，并输入到 MAT_V 选项卡的 G 与 H 列，如图 2-104 左图灰底色单元数值所示。

如图 2-104 所示，因在 A~F 列已输入图 2-103 所示 1~3 类墩桩基的墩台中心坐标，因此，在 AutoCAD 中采集的涵洞放样点的涵洞中心坐标只能作为第 4 类墩输入到 G、H 列。

② 输入涵洞中心设计参数到 MAT_U 选项卡

本例涵洞中心的三个设计参数为：设计桩号 K164+899，法向偏距 0，走向偏角 15°。按表 2-6 的规定，输入涵洞三个设计参数的结果见图 2-104 右图第 6 行灰底色单元数值。由于走向偏角是定义为涵洞中心走向方位角与涵洞中心坐标轴 $+Y$ 轴的水平夹角，而图 2-107 所示的设计图纸标注的是涵洞中心走向方位角与涵洞中心坐标轴 $+X$ 轴的水平夹角，需要减去 90°才能作为走向偏角输入。

将 MAT_V 选项卡的数据另存为 MAT_V.csv 文件，将 MAT_U 选项卡的数据另存为 MAT_U.csv 文件，退出 MS-Excel。

使用 FA-124 通讯软件，将 MAT_V.csv 与 MAT_U 文件上载到 fx-9860GⅡ主存储器。

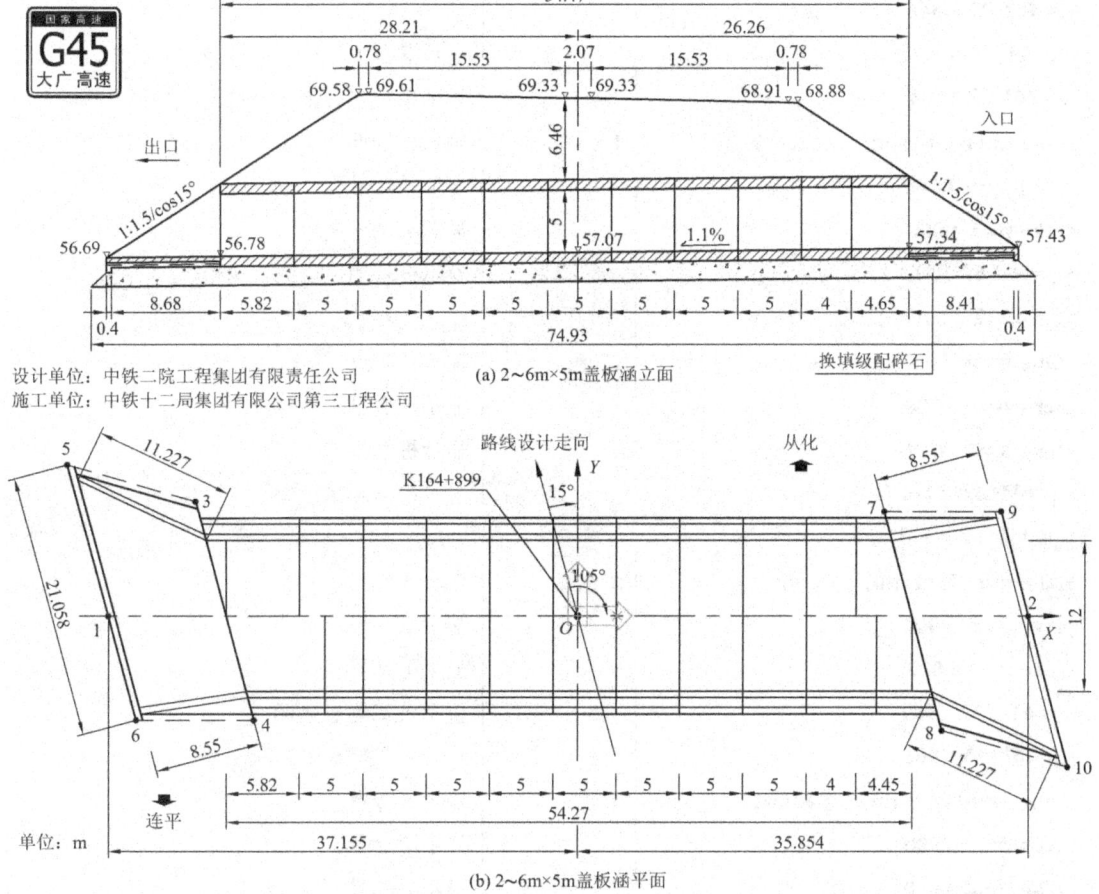

图 2-107　大广高速公路粤境连平至从化段 S30 合同段 K164+899 斜交涵洞设计图纸

③ 使用 Q2X8 程序的墩台桩基坐标计算功能计算涵洞放样点坐标

在 fx-9860GⅡ中重复执行 Q2X8 程序，不设置测站点，选择桥墩桩基坐标功能，计算涵洞放样点坐标的屏幕提示与用户操作过程如下：

屏幕提示	按键	说明
JD curvexyH Q2X8		显示程序标题
new(0)/old($\neq$0) main point data=?	1 EXE	输入非零数使用现有主点数据计算
st xy new(0)/old(>0)/no(<0)=?	-1 EXE	输入负数为不设置测站点(station)
Z→xyH(1)/xyH→Z(2)/xyH→δr(3)/pier(4)=?	4 EXE	输入4选择桥墩(pier)桩基坐标计算
pier n#,<0$\div$end=?	5 EXE	输入5#涵洞
pier n#=5.0000		显示墩台号
Z_n#=164899.0000		显示墩台中心桩号
type n=4.0000	EXE	显示墩类号
Z_j=164899.0000		重复显示墩台中心桩号/3.99s
x_j=611604.1896		显示墩台中心坐标
y_j=462117.4845		
H_j=69.3200		显示墩台中心桥面设计高程
α_j=242°22′50.4″	EXE	显示墩台中心走向方位角
stake num/X+Yi(m)/$\pi$$\div$end=?	1 EXE	输入1号点
pier n#=5.0000		显示墩台号
stake n=1.0000		显示桩基号
x_{sj}=611567.9322		显示桩基测量坐标
y_{sj}=462125.6019		
stake num/X+Yi(m)/$\pi$$\div$end=?	2 EXE	输入2号点
pier n#=5.0000		显示墩台号
stake n=2.0000		显示桩基号
x_{sj}=611639.1770		显示桩基测量坐标
y_{sj}=462109.6515		
stake num/X+Yi(m)/$\pi$$\div$end=?	3 EXE	输入3号点
pier n#=5.0000		显示墩台号
stake n=3.0000		显示桩基号
x_{sj}=611572.6987		显示桩基测量坐标
y_{sj}=462115.1905		
stake num/X+Yi(m)/$\pi$$\div$end=?	4 EXE	输入4号点
pier n#=5.0000		显示墩台号
stake n=4.0000		显示桩基号

续表

屏幕提示	按键	说明
x_{sj}=611581.0588		显示桩基测量坐标
y_{sj}=462131.1686		
stake num/X+Yi(m)/π⇌end=?	5 EXE	输入5号点
pier n#=5.0000		显示墩台号
stake n=5.0000		显示桩基号
x_{sj}=611562.1532		显示桩基测量坐标
y_{sj}=462114.5567		
stake num/X+Yi(m)/π⇌end=?	6 EXE	输入6号点
pier n#=5.0000		显示墩台号
stake n=6.0000		显示桩基号
x_{sj}=611571.9158		显示桩基测量坐标
y_{sj}=462133.2155		
stake num/X+Yi(m)/π⇌end=?	7 EXE	输入7号点
pier n#=5.0000		显示墩台号
stake n=7.0000		显示桩基号
x_{sj}=611626.0506		显示桩基测量坐标
y_{sj}=462104.0848		
stake num/X+Yi(m)/π⇌end=?	8 EXE	输入8号点
pier n#=5.0000		显示墩台号
stake n=8.0000		显示桩基号
x_{sj}=611634.4106		显示桩基测量坐标
y_{sj}=462120.0629		
stake num/X+Yi(m)/π⇌end=?	9 EXE	输入9号点
pier n#=5.0000		显示墩台号
stake n=9.0000		显示桩基号
x_{sj}=611635.1935		显示桩基测量坐标
y_{sj}=462102.0379		
stake num/X+Yi(m)/π⇌end=?	10 EXE	输入10号点
pier n#=5.0000		显示墩台号
stake n=10.0000		显示桩基号
x_{sj}=611644.9561		显示桩基测量坐标
y_{sj}=462120.6967		
stake num/X+Yi(m)/π⇌end=?	SHIFT π EXE	输入π结束0#涵洞坐标计算
pier n#,<0⇌end=?	-1 EXE	输入任意负数结束程序
Q2X8⇌End		程序结束显示

上述表格算出的涵洞1、2号放样点的测量坐标(表中灰底色行)与前面应用Q2X8程序的坐标正算功能，算出的涵洞斜交轴线1、2点的测量坐标(表中灰底色行)基本相同。

与墩台桩基坐标计算不同，设计图纸只给出2-107所示的涵洞平立面图，并不给出图中1~10号放样点的测量坐标，因此，Q2X8程序计算涵洞放样点坐标的准确度，主要取决于用户在AutoCAD绘制的涵洞平面图的精度。如果涵洞平面图绘制有误，则所采集的放样点在涵洞中心坐标系的坐标也有误，从而影响Q2X8程序计算涵洞放样点坐标的准确性，请用户务必注意。

请读者播放光盘"\操作视频\2.27\斜交涵洞的计算操作视频.avi"文件观看操作方法。

2.28　高速公路隧道超欠挖测量工程案例

[**例2-23**]　如图2-108为蒿地岭隧道右洞(K线)平竖曲线设计图纸，图2-109为该隧道左洞(Z线)平竖曲线设计图纸，已验算只有Z线JD1的第二缓和曲线为非完整缓和曲线，其终点半径$R_{GQ}=2700$m；图2-110为该隧道两个二衬轮廓线设计图纸，表2-35为右洞围岩洞身支护参数，表2-36为左洞围岩洞身支护参数，试用Q2X8程序进行隧道超欠挖计算。

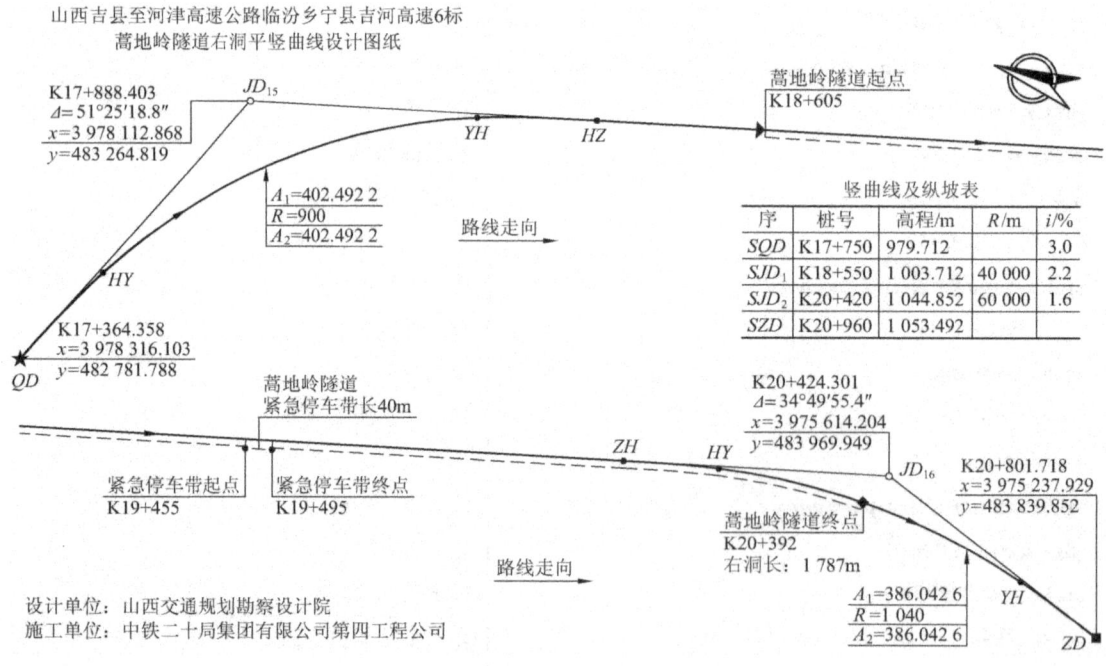

图2-108　蒿地岭隧道右洞(K线)平竖曲线设计图

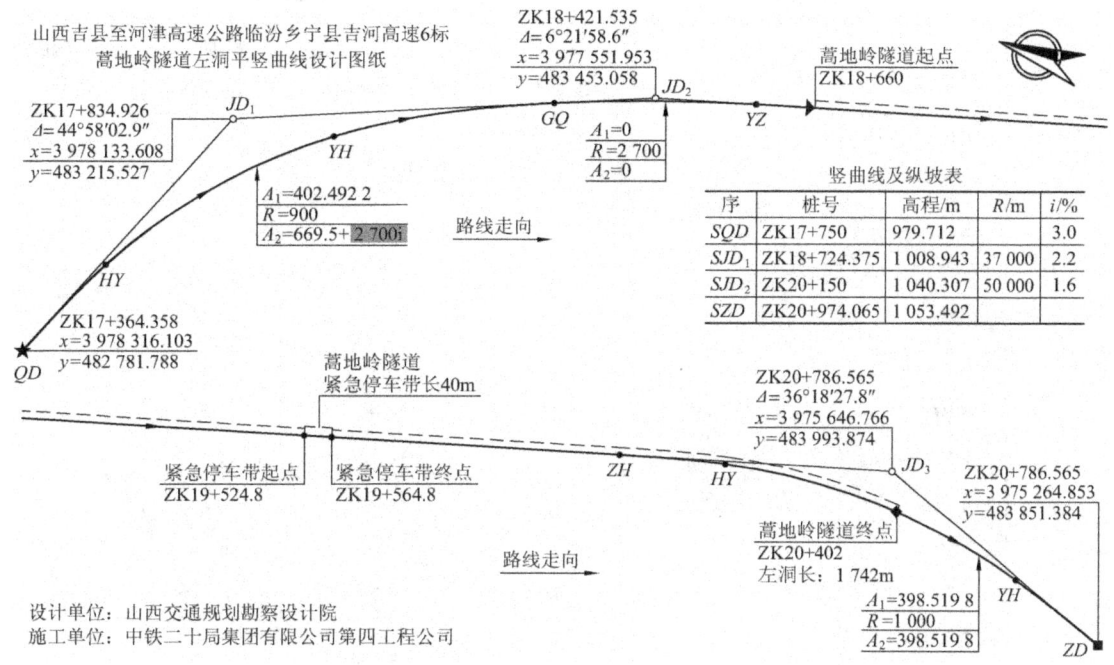

图 2-109　蒿地岭隧道左洞（Z线）平竖曲线设计图纸

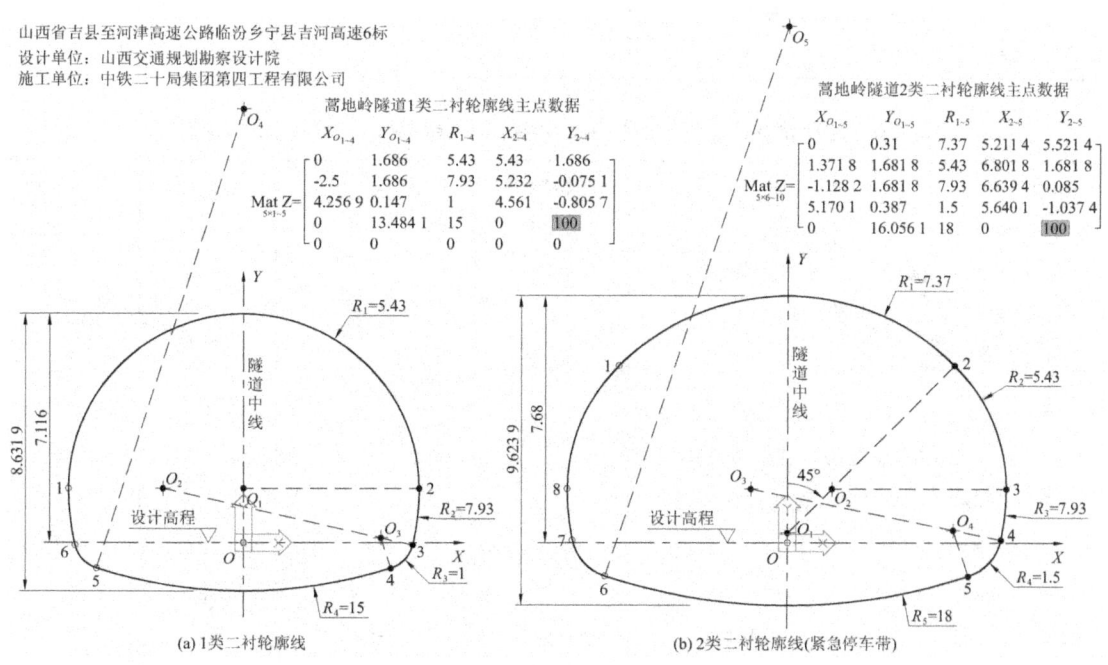

(a) 1类二衬轮廓线　　　(b) 2类二衬轮廓线（紧急停车带）

图 2-110　蒿地岭隧道二衬轮廓线设计图

表2-35 蒿地岭隧道右洞（K线）围岩洞身支护参数 Mat Y 矩阵（13行×5列）

MatY 行号	设计桩号	围岩	二衬轮廓线类号	二衬厚+预留变形量 δ_1/m	喷射层厚 δ_2/m	隧中偏距 δ_3/m
	K18+605	明洞15m				
1	K18+620	V-3	1	0.57	0.27	5.4
2	K18+800	V-1	1	0.55	0.25	5.4
3	K19+130	IV-2	1	0.48	0.22	5.4
4	K19+340	IV-2加强	1	0.57	0.27	5.4
5	K19+430	IV-2	1	0.48	0.22	5.4
6	K19+455	IV-2紧急正常	2	0.60	0.25	6.775
7	K19+490	IV-2紧急加强	2	0.62	0.27	6.775
8	K19+495	IV-2加强	1	0.48	0.23	5.4
9	K19+510	IV-2	1	0.48	0.22	5.4
10	K19+920	V-3	1	0.57	0.27	5.4
11	K20+050	V-1	1	0.55	0.25	5.4
12	K20+180	V-3	1	0.48	0.23	5.4
13	K20+280	V-3	1	0.57	0.27	5.4
	K20+363	明洞29m				
	K20+392	终点				

表2-36 蒿地岭隧道左洞（Z线）围岩洞身支护参数 Mat X 矩阵（10行×5列）

MatX 行号	设计桩号	围岩	二衬轮廓线类号	二衬厚+预留变形量 δ_1/m	喷射层厚 δ_2/m	隧中偏距 δ_3/m
	ZK18+660	明洞15m				
1	ZK18+675	V-3	1	0.57	0.27	-5.4
2	ZK18+830	V-1	1	0.55	0.25	-5.4
3	ZK19+220	IV-2	1	0.48	0.22	-5.4
4	ZK19+509.8	IV-2加强	1	0.48	0.23	-5.4
5	ZK19+524.8	IV-2紧急加强	2	0.62	0.27	-6.775
6	ZK19+529.8	IV-2紧急正常	2	0.6	0.25	-6.775
7	ZK19+564.8	IV-2	1	0.48	0.22	-5.4
8	ZK19+930	V-3	1	0.57	0.27	-5.4
9	ZK20+180	V-1	1	0.55	0.25	-5.4
10	ZK20+300	V-3	1	0.57	0.27	-5.4
	ZK20+370	明洞32m				
	ZK20+402	终点				

［解］ （1）在 MS-Excel 输入隧道右洞平竖曲线设计数据

在 MS-Excel 的 File1 选项卡，按表 2－1 的规定，输入图 2－108 所示隧道右洞（K 线）的平竖曲线设计数据，结果如图 2－111 上图所示。

同理，在 File2 选项卡输入图 2－109 所示隧道左洞（Z 线）的平竖曲线设计数据，其中，依据式（2－12），在 F2 单元输入表达式“=SQRT(332.0224/(1/900－1/2700))”，计算 Z 线 JD1 第二非完整缓和曲线参数的精确值，结果如图 2－111 下图所示。F2 单元标记为灰底色，表示还应在 fx-9860GⅡ的 **STAT** 模式输入其终点半径 R_{GQ} =2 700 为复数虚部数值。

D2 =SQRT($E2*180)

	A	B	C	D	E	F
1	17364.358	3978316.103	482781.788	0	0	0
2		3978112.868	483264.819	402.4922359	900	402.4922359
3		3975614.204	483969.949	386.0425883	1040	386.0425883
4		3975237.929	483839.852			

File1 / File2 / MAT_Z / MAT_Y / MAT_X

	W
1	17750
2	979.712
3	18550
4	1003.712
5	40000
6	20420
7	1044.852
8	60000
9	20960
10	1053.492

F2 =SQRT(332.0224/(1/900-1/2700))

	A	B	C	D	E	F
1	17364.358	3978316.103	482781.788	0	0	0
2		3978133.608	483215.527	402.4922359	900	669.4999925
3		3977551.953	483453.058	0	2700	0
4		3975646.766	483993.874	398.5197611	1000	398.5197611
5		3975264.853	483851.384			

File1 / File2 / MAT_Z / MAT_Y / MAT_X

	W
1	17750
2	979.712
3	18724.375
4	1008.943
5	37000
6	20150
7	1040.307
8	50000
9	20974.065
10	1053.492

图 2－111　在 MS-Excel 的 File1 选项卡输入隧道右洞（K 线）平竖曲线设计数据，
在 File2 选项卡输入隧道左洞（Z 线）平竖曲线设计数据

将 File1 选项卡的数据另存为 File1. csv 文件，将 File2 选项卡的数据另存为 File2. csv 文件，将 File1. csv 与 File2. csv 文件上载到 fx-9860GⅡ主存储器。

在 fx-9860GⅡ按 MENU ② 键进入 **STAT** 模式，按 SHIFT SET UP 键调出设置菜单，按 ▼ ▼ 键移动光标到“List File”行，按 F1（FILE）② EXE EXE 键设置 File2 为当前串列文件。

移动光标到 List 6［2］串列单元，按 F6（▷）F2（EDIT）键编辑光标单元的数值，添加 2 700 为其复数虚部数值，操作过程如图 2－112 所示。

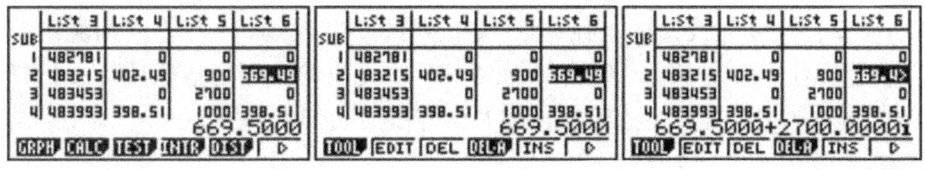

图 2－112　在 **STAT** 模式为 List 6［2］串列单元添加复数虚部数值

请读者播放光盘“\ 操作视频 \ 2.28 \ 蒿地岭隧道平竖曲线设计数据的输入操作视频. avi”文件观看操作方法。

（2）二衬轮廓线主点数据矩阵 Mat Z 的输入

① 隧道二衬轮廓线的绘制与隧中坐标系的定义

隧道二衬轮廓线定义为隧道第二次砼支护内侧的轮廓线。用户应在 AutoCAD 中，以

m 为单位,按 1:1 的比例精确地绘制二衬轮廓线图形。以竖曲线算出的设计高程线为横轴(X 轴),以隧道中线为纵轴(Y 轴)定义的直角坐标系 XOY 称为隧中坐标系。

② 二衬轮廓线线元及其主点的定义

二衬轮廓线线元编号的规则是:拱顶线元为 1 号线元,其后按顺时针方向依次编 2,3,4,…号线元。

二衬轮廓线线元主点的编号规则是:1 号线元左侧起点编为 1 号主点,其后按顺时针方向依次编 2,3,4,…号主点。

Q2X8 程序要求隧道二衬轮廓线图形是关于隧道中线(Y 轴)左右对称的图形,不能计算左右不对称的图形。由于二衬轮廓线图形是关于隧道中线(Y 轴)左右对称的图形,所以,只需要输入二衬轮廓线 Y 轴右侧线元的主点数据,Y 轴左侧线元的主点数据由 Q2X8 程序按对称原则自动反求出。

③ 二衬轮廓线主点数据矩阵 Mat Z 的定义

如某类二衬轮廓线有 n 个线元,则该类二衬轮廓线的主点数据就有 t 行 ×5 列,两者的关系是

$$t = \frac{n}{2} + 1 \qquad (2-16)$$

如图 2-110 所示,本例 1 类二衬轮廓线的线元数为 $n_1 = 6$,主点数据的行数为 $t_1 = n_1/2 + 1 = 4$;2 类二衬轮廓线的线元数为 $n_2 = 8$,主点数据的行数为 $t_2 = n_2/2 + 1 = 5$。

二衬轮廓线主点数据应输入到 Mat Z 矩阵,主点数据的内容包括:1,2,3,…号线元圆心的隧中坐标,占用 Mat Z 矩阵 2 列;1,2,3,…号线元半径(如有直线线元,其半径应输入 0),占用 Mat Z 矩阵 1 列;2,3,4,…号主点的隧中坐标,占用 Mat Z 矩阵 2 列。

每类二衬轮廓线主点数据占用 Mat Z 矩阵 5 列,两类二衬轮廓线主点数据需要占用 Mat Z 矩阵 10 列,依此类推。

本例的 1 类二衬轮廓线的主点数据行数为 $t_1 = 4$,需要将二衬轮廓线主点数据输入到 Mat Z 矩阵 1~5 列的 1~4 行;2 类二衬轮廓线的主点数据行数为 $t_2 = 5$,需要将二衬轮廓线主点数据输入到 Mat Z 矩阵 6~10 列的 1~5 行。

因此,按表 2-7 的规定,本例 1 类二衬轮廓线主点数据应输入到 Mat Z 矩阵 1~5 列的 1~4 行,其中,第 1、2 列数据为 1、2、3 号线元圆心 O_1、O_2、O_3 点的隧中坐标;第 3 列数据为 1、2、3、4 号线元的半径;第 4、5 列数据为 2、3、4 号主点的隧中坐标;Mat Z[4,4] 单元没有使用,应输入 0;Mat Z[4,5] 单元应输入固定数值 100,用于程序自动计算 1 类二衬轮廓线的实际主点数据行数 t_1,再依据式(2-16)进一步反求出 1 类二衬轮廓线的线元数为 $n_1 = (t_1 - 1)/2$。

2 类二衬轮廓线主点数据应输入到 Mat Z 矩阵 6~10 列的 1~5 行,其中,第 6、7 列数据为 1、2、3、4 号线元圆心 O_1、O_2、O_3、O_4 点的隧中坐标;第 8 列数据为 1、2、3、4、5 号线元的半径;第 9、10 列数据为 2、3、4、5 号主点的隧中坐标;Mat Z[5,9] 单元没有使用,应输入 0,Mat Z[10,5] 单元应输入固定数值 100,用于程序自动计算 2 类二衬轮廓线的实际主点数据行数 t_2,再依据式(2-16)进一步反求出 2 类二衬轮廓线的线元数为 $n_2 = (t_2 - 1)/2$。

④ 采集各类二衬轮廓线主点数据的方法

应在 AutoCAD 中采集二衬轮廓线主点数据，方法如下：

执行"UCS/新建(N)"命令选项，交点捕捉 1 类二衬轮廓线的隧中坐标系原点 O，建立 1 类二衬轮廓线的隧中坐标系 XOY；在 AutoCAD 中执行 id 命令，分别采集 1 类二衬轮廓线 1，2，3 号线元圆心 O_1，O_2，O_3 点的隧中坐标，2、3、4 号主点的隧中坐标。同理，交点捕捉 2 类二衬轮廓线的隧中坐标系原点 O，建立 2 类二衬轮廓线的隧中坐标系 XOY，同法采集该类二衬轮廓线的主点数据。

⑤ 在 MS-Excel 的 MAT_Z 选项卡输入二衬轮廓线主点数据

用 MS-Excel 打开图 2-111 所示的"例 2-23.xls"文件，在 MAT_Z 选项卡输入图 2-110 所示的 1、2 类二衬轮廓线主点数据，结果如图 2-113 所示。

	A	B	C	D	E	F	G	H	I	J
1	0	1.686	5.43	5.43	1.686	0	0.31	7.37	5.2114	5.5214
2	-2.5	1.686	7.93	5.232	-0.0751	1.3718	1.6818	5.43	6.8018	1.6818
3	4.2569	0.147	1	4.561	-0.8057	-1.1282	1.6818	7.93	6.6394	0.085
4	0	13.4841	15	0	100	5.1701	0.387	1.5	5.6401	-1.0374
5	0	0	0	0	0	0	16.0561	18	0	100

图 2-113　在 MS-Excel 的 MAT_Z 选项卡输入 1、2 类二衬轮廓线的主点数据

在串列文件中，各串列所输入数据的行数可以不相等。例如，在图 2-111 上图中，用户可以在 List 1 串列输入 1 行数据，在 List 2 与 List 3 串列输入 4 行数据，在 List 4 ~ List 6 串列输入 3 行数据。

而在矩阵中，则要求矩阵所有列的数据行数应相同，没有数据行的矩阵单元应输入 0 补齐。

例如，在 Mat Z 矩阵的 1 ~ 5 列输入图 2-110a 所示的 1 类二衬轮廓线主点数据时，实际只需要输入 4 行数据；而在 Mat Z 矩阵的 6 ~ 10 列输入图 2-110b 所示的 2 类二衬轮廓线主点数据时，需要输入 5 行数据。因此，应将 Mat Z 矩阵定义为 5 行 ×10 列，其中，A ~ E 列第 5 行的数据应输入 0 补齐，使 A ~ E 列仍保持有 5 行数据。

请读者播放光盘"\ 操作视频\ 2.28\ 蒿地岭隧道二衬轮廓线的绘制操作视频.avi"文件观看操作方法。

将图 2-113 所示 MAT_Z 选项卡的正确数据另存为 MAT_Z.csv 文件，将 MAT_Z.csv 文件上载到 fx-9860GⅡ主存储器。

☞用户可以做一个试验，如图 2-113 所示，在 MAT_Z 选项卡中，将 A ~ E 列第 5 行的 5 个 0 删除，并另存为 MAT_Z.csv 文件；在 FA-124 的 FA-124 主窗口执行下拉菜单"File/CSV/Load form CSV"命令，选择 MAT_Z.csv 文件上载到 FA-124 的 Calculator 主存储器窗口的 Mat Z 矩阵，将出现图 2-114 所示的错误提示对话框，其意义是所输入 CSV 文件的第 1 列(1 column)第 5 行(1 row)数据时出错。

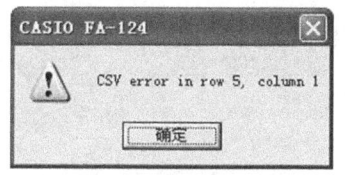

图 2-114　输入 MAT_Z.csv 文件错误提示对话框

(3)围岩洞身支护参数矩阵 Mat Y 与 Mat X 的输入

考虑到高速公路隧道的左洞与右洞是分开设计的，Q2X8 程序设计有两个围岩洞身支护参数矩阵，一般是将右洞的围岩洞身支护参数输入到 Mat Y 矩阵，将左洞的围岩洞身支护参数输入到 Mat X 矩阵。

如表 2－8 所示，每个桩号处断面的围岩洞身支护参数有 5 个：设计桩号 Z、所用的二衬轮廓线类号 c、“二衬厚＋预留变形量”δ_1、初期支护喷射层厚度 δ_2、隧中偏距 δ_3。隧道明洞部分不需要输入围岩洞身支护参数。

本例是将表 2－35 蒿地岭隧道右洞（K 线）的围岩洞身支护参数输入到 MAT_Y 选项卡，结果如图 2－115 左图所示；将表 2－36 蒿地岭隧道左洞（Z 线）的围岩洞身支护参数输入到 MAT_X 选项卡，结果如图 2－115 右图所示。

	A	B	C	D	E
1	18620	1	0.57	0.27	5.4
2	18800	1	0.55	0.25	5.4
3	19130	1	0.48	0.22	5.4
4	19340	1	0.57	0.27	5.4
5	19430	1	0.48	0.22	5.4
6	19455	2	0.6	0.25	6.775
7	19490	2	0.62	0.27	6.775
8	19495	1	0.48	0.23	5.4
9	19510	1	0.48	0.22	5.4
10	19920	1	0.57	0.27	5.4
11	20050	1	0.55	0.25	5.4
12	20180	1	0.48	0.23	5.4
13	20280	1	0.57	0.27	5.4

MAT_Z / MAT_Y / MAT_X

	A	B	C	D	E
1	18675	1	0.57	0.27	-5.4
2	18830	1	0.55	0.25	-5.4
3	19220	1	0.48	0.22	-5.4
4	19509.8	1	0.48	0.23	-5.4
5	19524.8	2	0.62	0.27	-6.775
6	19529.8	2	0.6	0.25	-6.775
7	19564.8	1	0.48	0.22	-5.4
8	19930	1	0.57	0.27	-5.4
9	20180	1	0.55	0.25	-5.4
10	20300	1	0.57	0.27	-5.4

MAT_Z / MAT_Y / MAT_X

图 2－115　在 MS-Excel 的 MAT_Y 选项卡输入 K 线的围岩洞身支护参数，
在 MAT_X 选项卡输入 Z 线的围岩洞身支护参数

将 MAT_Y 选项卡的数据另存为 MAT_Y. csv 文件，将 MAT_X 选项卡的数据另存为 MAT_X. csv 文件，将 MAT_Y. csv 与 MAT_X. csv 文件上载到 fx-9860GⅡ主存储器。

在 fx-9860GⅡ按 MENU 1 键进入 **RUN·MAT** 模式，按 F1（▶MAT）键调出矩阵菜单，按 ALPHA Z EXE 键为查看已上载到 fx-9860GⅡ主存储器的 Mat Z 矩阵的数据，结果如图 2－116 左二图所示。

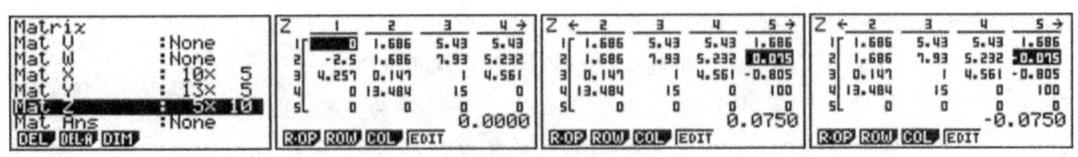

图 2－116　在 **MAT·RUN** 模式查看 Mat Z 矩阵的数据

FA－124 V2.00 版通信软件存在一个设计缺陷，在 csv 文件中，串列或矩阵单元数值的绝对值≤0.09 的负数，通过 FA－124 上载到 fx-9860GⅡ主存储器后，将会丢失负号。

如图 2－113 所示，MAT_Z 选项卡 E2 单元的数值为－0.075，上载到 fx-9860GⅡ主存储器的 Mat Z 矩阵后，变成了 0.075，结果如图 2－116 右二图所示，用户应将其修改为－0.075，结果如图 2－116 右图所示。

再按 [EXIT] [▲] [EXE] 键为查看已上载到 fx-9860GⅡ 主存储器的 Mat Y 矩阵的数据，结果如图 2-117 中图所示；再按 [EXIT] [▲] [EXE] 键为查看已上载到 fx-9860GⅡ 主存储器的 Mat X 矩阵的数据，结果如图 2-117 右图所示。

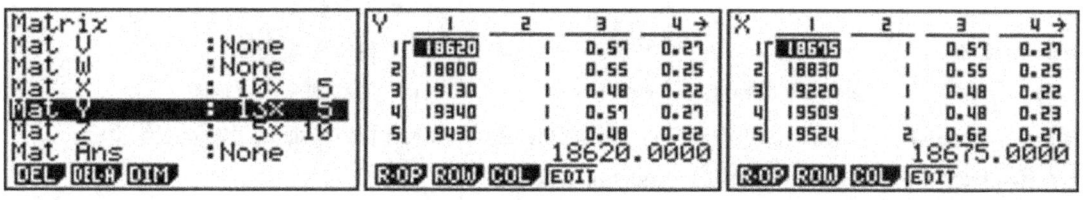

图 2-117　在 **MAT·RUN** 模式查看 Mat Y 与 Mat X 矩阵的数据

请读者播放光盘"\操作视频\2.28\蒿地岭隧道围岩洞身支护参数的输入操作视频.avi"文件观看操作方法。

(4) 蒿地岭隧道右洞选择"开挖轮廓线"进行超欠挖计算案例

在 fx-9860GⅡ 设置 File1 为当前串列文件，执行 Q2X8 程序，计算平竖曲线主点数据，在程序主菜单选择隧道超欠挖功能，选择开挖轮廓线计算 2 个测点的隧道超欠挖值的屏幕提示与用户操作过程如下：

屏幕提示	按键	说明
JD curve xyH Q2X8		显示程序标题
new(0)/old(≠0) main point data=?	0 [EXE]	输入 0 重新计算主点数据
i_L%, i_R% Mat B(1)/C(2)/D(3)/ E(4)/F(5)/G(6)/no(0)=?	0 [EXE]	输入 0 不选择路基超高横坡矩阵
hor-curve first JD num=?	15 [EXE]	输入平曲线起始交点号 (number)
ver-curve first SJD num=?	1 [EXE]	输入竖曲线起始变坡点号/耗时 2.98s
Z_{ZD}(m)=20801.7180		显示平曲线终点设计桩号 (0mm)/耗时 1.54s
$α_{ZD}$=199°04′22.14″	[EXE]	显示平曲线终点走向方位角
Press [MENU][2]⇒Stop!	[EXE]	继续执行程序
st xy new(0)/old(>0)/no(<0)=?	-1 [EXE]	输入负数为不设置测站点 (station)
Z→xyH(1)/xyH→Z(2)/xyH→δr(3)/ pier(4)=?	3 [EXE]	输入 3 选择隧道超欠挖计算
Mat Y(0)/Mat X(≠0)=?	0 [EXE]	输入 0 选择 Mat Y 矩阵为洞身支护参数
contour line(1/0/2)=?	0 [EXE]	输入 0 选择开挖轮廓线
x_i(m)/π⇒end=?	3977078.629 [EXE]	输入隧道掌子面 P_1 号测点三维坐标
y_i(m)+ni=?	483546.818 [EXE]	
H_i(m)=?	1018.452 [EXE]	
Z_p=18900.0007		显示垂点桩号/耗时 2.47s
n=5.0000		显示测点所在平曲线元号
x_j=4.0953		显示测点隧中 X 坐标

续表

屏幕提示	按键	说明
$y_j=7.0400$		显示测点隧中 Y 坐标
$\delta r=0.5107$		显示超欠挖径距
type n=1.0000	[EXE]	显示二衬轮廓线类号
←→ +↑↓i(m) =0.9097+0.6592i	[EXE]	显示水平移距+垂直移距 i 复数
$x_i(m)/\pi \Rightarrow end=?$	3977078.302 [EXE]	输入隧道掌子面 P_2 号测点三维坐标
$y_i(m)+ni=?$	483545.658 [EXE]	
$H_i(m)=?$	1010.656 [EXE]	
$Z_p=18900.0004$		显示垂点桩号/耗时 2.47s
n=5.0000		显示测点所在平曲线元号
$x_j=5.3005$		显示测点隧中 X 坐标
$y_j=-0.7560$		显示测点隧中 Y 坐标
$\delta r=-0.4199$		显示超欠挖径距
type n=1.0000	[EXE]	显示二衬轮廓线类号
←→ +↑↓i(m)=-0.5135-0.5636i	[EXE]	显示水平移距+垂直移距 i 复数
$x_i(m)/\pi \Rightarrow end=?$	[SHIFT][π][EXE]	输入 π 结束程序
Q2X8 ⇒ End		程序结束显示

在 fx-9860GⅡ执行 Q2X8 程序的隧道超欠挖功能时,测点极坐标放样功能自动失效,无论用户是否输入测站点坐标,程序都不会显示测点的极坐标放样数据。

与文献[1]的 Q2X8 程序的隧道超欠挖计算功能比较,本书的 Q2X8 程序采用集中显示隧道超欠挖计算结果,以减少按[EXE]键的次数,可使用户在一屏显示中,尽可能多地查看更多的计算结果。当用户选择开挖轮廓线时,新增显示测点隧中坐标功能,如上表灰底色行所示。

① 屏幕显示内容与计算结果说明

执行 Q2X8 程序,屏幕显示下列主菜单时:

Z→xyH(1)/xyH→Z(2)/xyH→δr(3)/pier(4)=?

输入 3 响应为选择隧道超欠挖计算功能,屏幕显示下列洞身支护参数矩阵提示时:

Mat Y(0)/Mat X(≠0)=?

输入 0 响应为选择 Mat Y 矩阵作为洞身支护参数矩阵,或输入非零数值响应为选择 Mat X 矩阵作为洞身支护参数矩阵。屏幕显示下列超欠挖计算的基准线提示时:

contour line(1/0/2)=?

输入 0 响应为选择"开挖轮廓线"为计算的基准线,或输入 1 响应为选择"初期支护轮廓线"为计算的基准线,或输入 2 响应为选择"二衬轮廓线"为计算的基准线。

如图 2-118 所示,二衬轮廓线外偏"二衬厚+预留变形量"δ_1 得初期支护轮廓线,初期支护轮廓线外偏喷射层厚 δ_2 得开挖轮廓线。

上述执行 Q2X8 程序算出的 2 个测点超欠挖值(δr)、"水平移距+垂直移距 i"(←→ +↑↓i)复数的几何意义如图 2-118 所示。

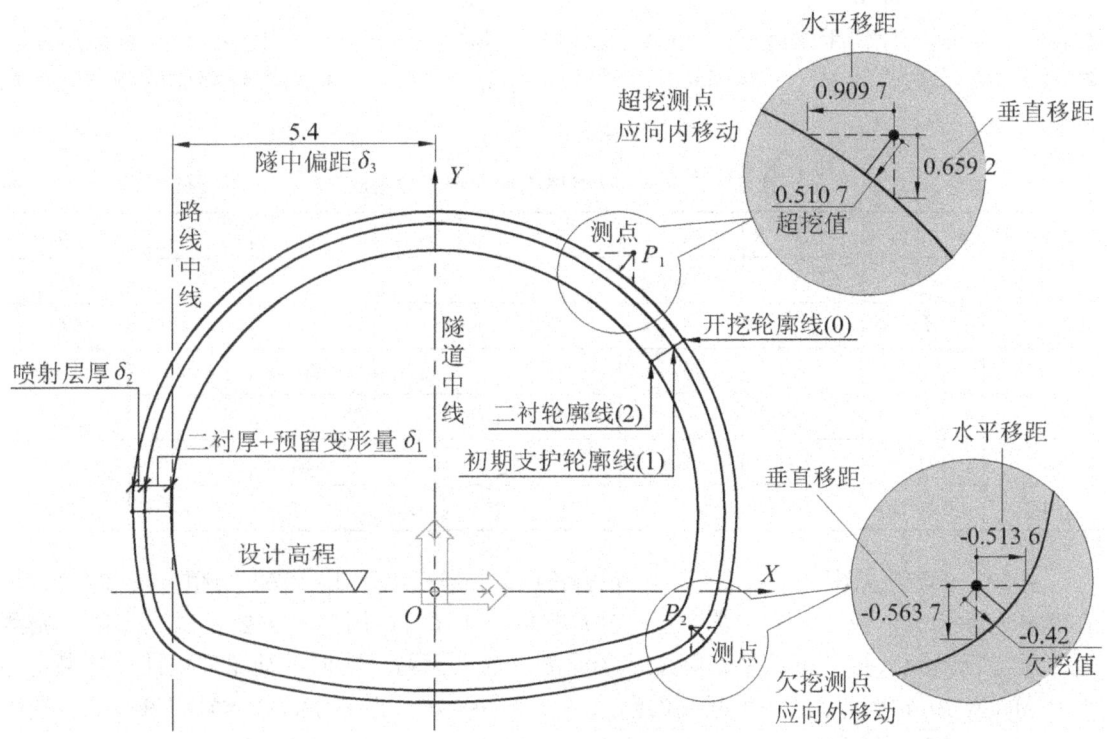

图 2-118 在 fx-9860GⅡ执行 Q2X8 程序算出的测点 P_1 与 P_2 测点超欠挖值 δr 与"水平移距 + 垂直移距 i"复数的几何意义

程序算出 P_1 测点的 δr + ni = 0.5107 + 1.0000i，表示该测点超挖了 0.5107m，且测点位于基准线的 1 号线元。←→ + ↑↓i(m) = 0.9097 + 0.6592i 表示 P_1 测点沿水平方向，向隧道内移动 0.9097m 即到达基准线位置，垂直向下移动 0.6592m 即到达基准线位置。

程序算出 P_2 测点的 δr + ni = -0.5136 - 1.0000i，表示该测点欠挖 0.5136m，且测点位于基准线的 1 号线元。←→ + ↑↓i(m) = -0.5136 - 0.5637i 表示 P_2 测点沿水平方向，向隧道外移动 0.5136m 即到达基准线位置，垂直向下移动 0.5637m 即到达基准线位置。

隧道施工测量时，应将程序计算出的每个测点的超欠挖值，或水平移距与垂直移距，用红色油漆标注在隧道掌子面，以指导钻爆施工。

② Mat W 矩阵数据说明

结束 Q2X8 程序后，按 MENU ① 键进入 **MAT·RUN** 模式，按 F1（▶MAT）ALPHA W 键为查看 Mat W 矩阵的数据，本例结果如图 2-119 所示。

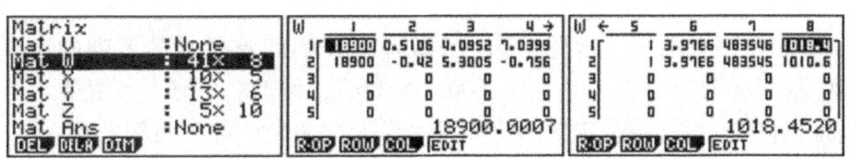

图 2-119 在 **MAT·RUN** 模式查看 Mat W 矩阵的数据

程序定义 Mat W 矩阵为 41 行 ×8 列，用于存储最多 40 个测点的数据，第 41 行用于存储中间数据，以便于执行 PC 机成果整理程序 H2X8.exe 时，自动读取本次测量所使用的洞身支护参数矩阵 Mat Y 或 Mat X 及选择的基准线类型。Mat W 矩阵存储的测点数据意义列于表 2-37。

表 2-37　Mat W 矩阵存储的测点数据意义

行/列	1	2	3	4	5	6	7	8
1	Z_{p1}	δr_1	X_1	Y_1	c_1	x_1	y_1	H_1
2	Z_{p2}	δr_2	X_2	Y_2	c_2	x_2	y_2	H_2
3	Z_{p3}	δr_3	X_3	Y_3	c_3	x_3	y_3	H_3
...	...	...	...	...	...	...	...	...
40	Z_{p40}	δr_{40}	X_{40}	Y_{40}	c_{40}	x_{40}	y_{40}	H_{40}
41	$0/\neq 0$	1/0/2	x_L	y_L	H_L	0	0	0

如图 2-119 中图所示，Mat W 矩阵存储了 2 个测点原始测量数据与超欠挖计算结果。在 fx-9860GⅡ执行 Q2X8 程序进行隧道超欠挖测量计算时，用户不需要记录测点的原始测量三维坐标及超欠挖计算结果，隧道掌子面测点的坐标测量数据及其超欠挖计算结果均存储在 Mat W 矩阵中。完成一个断面的测量后，将 fx-9860GⅡ主存储器 **<MATRIX>** 数据组下的 Mat W 矩阵数据命名 MATn 存为永久存储器的 MATn.g1m 文件即可，其中 n 为 1，2，3，…断面序号，详细操作方法参见图 2-121。

③ 程序对洞身支护参数矩阵 Mat Y 的处理

如图 2-117 左图所示，在执行 Q2X8 程序进行隧道超欠挖计算之前，Mat Y 矩阵只有 5 列数据，在执行 Q2X8 程序进行隧道超欠挖计算，选择 Mat Y 为洞身支护参数矩阵后，程序自动为 Mat Y 矩阵增加一列为 6 列，将第一列的设计桩号转换为连续桩号并存入第 6 列，以便程序能按连续桩号搜索测点所在的围岩类型，本例处理后的 Mat Y 矩阵内容如图 2-120 所示。

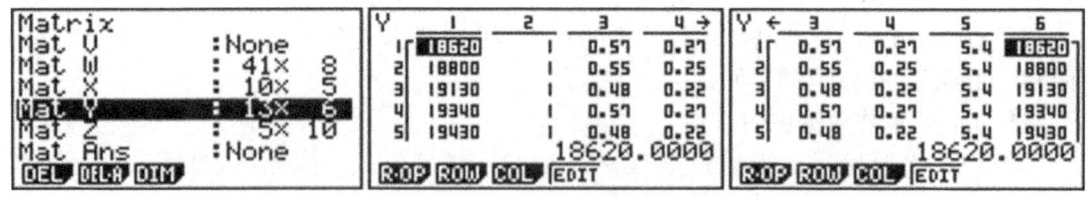

图 2-120　在 **MAT·RUN** 模式查看 Mat Y 矩阵的数据

因本例平曲线没有断链，因此，Mat Y 矩阵第 6 列的结果与第 1 列的结果对应相等。如图 2-120 左图所示，由于还没有选择 Mat X 矩阵，因此，它还是维持 5 列数据。

(5) 嵩地岭隧道右洞选择"初期支护轮廓线"进行超欠挖计算案例

在 fx-9860GⅡ重复执行 Q2X8 程序，选择"初期支护轮廓线"计算上述 2 个测点超欠挖值的屏幕提示与用户操作过程如下：

屏幕提示	按键	说明
JD curve xyH Q2X8		显示程序标题
new(0)/old(≠0) main point data=?	1 EXE	输入非零数为使用现有主点数据计算
st xy new(0)/old(>0)/no(<0)=?	-1 EXE	输入负数为不设置测站点(station)
Z→xyH(1)/xyH→Z(2)/xyH→δr(3)/pier(4)=?	3 EXE	输入 3 选择隧道超欠挖计算
Mat Y(0)/Mat X(≠0)=?	0 EXE	输入 0 选择 Mat Y 矩阵为洞身支护参数
contour line(1/0/2)=?	1 EXE	输入 1 选择初期支护轮廓线
ClrMatW(0), no(≠0)=?	0 EXE	输入 0 为清除前已存储的测点数据 *
$x_i(m)/\pi \div end=?$	3977078.629 EXE	输入隧道掌子面 P_1 号测点三维坐标
$y_i(m)+ni=?$	483546.818 EXE	
$H_i(m)=?$	1018.452 EXE	
$Z_p=18900.0007$		显示垂点桩号/耗时 2.47s
n=5.0000		显示测点所在平曲线元号
$H_p=1011.4120$		显示垂点设计高程
$x_j=4.0953$		显示测点隧中 X 坐标
δr=0.7607		显示超欠挖径距
type n=1.0000	EXE	显示二衬轮廓线类号
←→ +↑↓i(m) =1.4316+0.9964i	EXE	显示水平移距 + 垂直移距 i 复数
$x_i(m)/\pi \div end=?$	3977078.302 EXE	输入隧道掌子面 P_2 号测点三维坐标
$y_i(m)+ni=?$	483545.658 EXE	
$H_i(m)=?$	1010.656 EXE	
$Z_p=18900.0004$		显示垂点桩号/耗时 2.47s
n=5.0000		显示测点所在平曲线元号
$H_p=1011.4120$		显示垂点设计高程
$x_j=5.3005$		显示测点隧中 X 坐标
δr=-0.1699		显示超欠挖径距
type n=1.0000	EXE	显示二衬轮廓线类号
←→ +↑↓i(m)=-0.2162-0.2430i	EXE	显示水平移距 + 垂直移距 i 复数
$x_i(m)/\pi \div end=?$	SHIFT π EXE	输入 π 结束程序
Q2X8 ÷ End		程序结束显示

Mat W 矩阵已存储的测点数据个数计数变量为 List 22[14] 串列单元,在 fx-9860GⅡ重新执行 Q2X8 程序,只有当 List 22[14] >0 时,屏幕才显示下列是否删除 Mat W 矩阵数据的提示

ClrMatW(0), no(≠0)=?
输入 0 响应为删除 Mat W 矩阵的数据,并为 List 22[14] 串列单元赋 0 值;输入 ≠0 的数值

响应为紧接着最近一次存储的行数后继续存储新输入的测点数据到 Mat W 矩阵。

采用钻爆法施工时，完成隧道断面开挖后，一般应沿隧道走向，每隔 0.5m 安装一个钢拱架，再在两个钢拱架之间拉钢筋网连接，然后才能进行喷射层的施工。

选择"初期支护轮廓线"是为了满足安装钢拱架的需要。使用无棱镜测距全站仪，直接瞄准现场钢拱架的内侧测点，施工员按程序算出的超欠挖值调整钢拱架的位置，最后使钢拱架准确地安置在设计位置。为便于快速安置钢拱架，程序增加显示垂点设计高程与测点隧中 X 坐标。

请读者播放光盘"\ 操作视频 \ 2.28 \ 蒿地岭隧道右洞超欠挖计算案例 1 操作视频 .avi"文件观看操作方法。

(6) 蒿地岭隧道右洞选择"二衬轮廓线"进行超欠挖计算案例

隧道竣工后，需要进行净空测量。《公路隧道施工技术细则》[6]规定，隧道竣工测量应在直线段每 50m、曲线段每 20m 及需要加测断面处，测绘以路线中线为准的隧道实际净空，标出拱顶高程、起拱线宽度和路面水平宽度。

在 fx-9860GⅡ重复执行 Q2X8 程序，选择"二衬轮廓线"计算 20 个测点超欠挖值的屏幕提示与用户操作过程如下：

屏幕提示	按键	说明
JD curve xyH Q2X8		显示程序标题
new(0)/old(≠0) main point data=?	1 EXE	输入非零数为使用现有主点数据计算
st xy new(0)/old(>0)/no(<0)=?	-1 EXE	输入负数为不设置测站点(station)
Z→xyH(1)/xyH→Z(2)/xyH→δr(3)/pier(4)=?	3 EXE	输入 3 选择隧道超欠挖计算
Mat Y(0)/Mat X(≠0)=?	0 EXE	输入 0 选择 Mat Y 矩阵为洞身支护参数
contour line(1/0/2)=?	2 EXE	输入 2 选择二衬轮廓线
ClrMatW(0), no(≠0)=?	0 EXE	输入 0 为清除前已存储的测点数据 *
x_i(m)/π÷end=?	3977079.736 EXE	输入二衬轮廓线内侧 1 号测点三维坐标
y_i(m)+ni=?	483550.737 EXE	
H_i(m)=?	1018.551 EXE	
Z_p=18899.9997		显示垂点桩号/耗时 2.47s
n=5.0000		显示测点所在平曲线元号
δr=0.0231		显示超欠挖径距
type n=1.0000	EXE	显示二衬轮廓线类号
x_i(m)/π÷end=?	3977079.328 EXE	输入二衬轮廓线内侧 2 号测点三维坐标
y_i(m)+ni=?	483549.294 EXE	
H_i(m)=?	1018.325 EXE	
Z_p=18900.0004		显示垂点桩号/耗时 2.49s
n=5.0000		显示测点所在平曲线元号

续表

屏幕提示	按键	说明
δr=0.0142		显示超欠挖径距
type n=1.0000	EXE	显示二衬轮廓线类号
x_i(m)/π÷end=?	3977078.897 EXE	输入二衬轮廓线内侧 3 号测点三维坐标
y_i(m)+ni=?	483547.766 EXE	
H_i(m)=?	1017.567 EXE	
Z_p=18900.0002		显示垂点桩号/耗时 2.49s
n=5.0000		显示测点所在平曲线元号
δr=0.0147		显示超欠挖径距
type n=1.0000	EXE	显示二衬轮廓线类号
x_i(m)/π÷end=?	3977078.424 EXE	输入二衬轮廓线内侧 4 号测点三维坐标
y_i(m)+ni=?	483546.091 EXE	
H_i(m)=?	1015.583 EXE	
Z_p=18900.0005		显示垂点桩号/耗时 2.49s
n=5.0000		显示测点所在平曲线元号
δr=0.0201		显示超欠挖径距
type n=1.0000	EXE	显示二衬轮廓线类号
x_i(m)/π÷end=?	3977078.265 EXE	输入二衬轮廓线内侧 5 号测点三维坐标
y_i(m)+ni=?	483545.527 EXE	
H_i(m)=?	1013.499 EXE	
Z_p=18900.0004		显示垂点桩号/耗时 2.49s
n=5.0000		显示测点所在平曲线元号
δr=0.0214		显示超欠挖径距
type n=1.0000	EXE	显示二衬轮廓线类号
x_i(m)/π÷end=?	3977078.292 EXE	输入二衬轮廓线内侧 6 号测点三维坐标
y_i(m)+ni=?	483545.62 EXE	
H_i(m)=?	1011.739 EXE	
Z_p=18899.9997		显示垂点桩号/耗时 2.49s
n=5.0000		显示测点所在平曲线元号
δr=0.0267		显示超欠挖径距
type n=1.0000	EXE	显示二衬轮廓线类号
x_i(m)/π÷end=?	3977078.519 EXE	输入二衬轮廓线内侧 7 号测点三维坐标
y_i(m)+ni=?	483546.427 EXE	
H_i(m)=?	1010.56 EXE	

续表

屏幕提示	按键	说明
$Z_p=18900.0004$		显示垂点桩号/耗时2.49s
$n=5.0000$		显示测点所在平曲线元号
$\delta r=0.0262$		显示超欠挖径距
type n=1.0000	EXE	显示二衬轮廓线类号
$x_i(m)/\pi \div end=?$	3977078.935 EXE	输入二衬轮廓线内侧8号测点三维坐标
$y_i(m)+ni=?$	483547.9 EXE	
$H_i(m)=?$	1010.171 EXE	
$Z_p=18900.0001$		显示垂点桩号/耗时2.49s
$n=5.0000$		显示测点所在平曲线元号
$\delta r=0.0218$		显示超欠挖径距
type n=1.0000	EXE	显示二衬轮廓线类号
$x_i(m)/\pi \div end=?$	3977079.409 EXE	输入二衬轮廓线内侧9号测点三维坐标
$y_i(m)+ni=?$	483549.579 EXE	
$H_i(m)=?$	1009.918 EXE	
$Z_p=18899.9999$		显示垂点桩号/耗时2.49s
$n=5.0000$		显示测点所在平曲线元号
$\delta r=0.0282$		显示超欠挖径距
type n=1.0000	EXE	显示二衬轮廓线类号
$x_i(m)/\pi \div end=?$	3977079.85 EXE	输入二衬轮廓线内侧10号测点三维坐标
$y_i(m)+ni=?$	483551.143 EXE	
$H_i(m)=?$	1009.882 EXE	
$Z_p=18900.0002$		显示垂点桩号/耗时2.49s
$n=5.0000$		显示测点所在平曲线元号
$\delta r=0.0194$		显示超欠挖径距
type n=1.0000	EXE	显示二衬轮廓线类号
$x_i(m)/\pi \div end=?$	3977080.338 EXE	输入二衬轮廓线内侧11号测点三维坐标
$y_i(m)+ni=?$	483552.87 EXE	
$H_i(m)=?$	1010.029 EXE	
$Z_p=18899.9996$		显示垂点桩号/耗时2.49s
$n=5.0000$		显示测点所在平曲线元号
$\delta r=0.0280$		显示超欠挖径距
type n=1.0000	EXE	显示二衬轮廓线类号
$x_i(m)/\pi \div end=?$	3977080.74 EXE	输入二衬轮廓线内侧12号测点三维坐标

续表

屏幕提示	按键	说明
$y_i(m)+ni=?$	483554.296 EXE	
$H_i(m)=?$	1010.328 EXE	
$Z_p=18900.0000$		显示垂点桩号/耗时 2.49s
$n=5.0000$		显示测点所在平曲线元号
$\delta r=0.0245$		显示超欠挖径距
type $n=1.0000$	EXE	显示二衬轮廓线类号
$x_i(m)/\pi \div end=?$	3977081.099 EXE	输入二衬轮廓线内侧 13 号测点三维坐标
$y_i(m)+ni=?$	483555.57 EXE	
$H_i(m)=?$	1010.856 EXE	
$Z_p=18900.0005$		显示垂点桩号/耗时 2.49s
$n=5.0000$		显示测点所在平曲线元号
$\delta r=0.0219$		显示超欠挖径距
type $n=1.0000$	EXE	显示二衬轮廓线类号
$x_i(m)/\pi \div end=?$	3977081.203 EXE	输入二衬轮廓线内侧 14 号测点三维坐标
$y_i(m)+ni=?$	483555.936 EXE	
$H_i(m)=?$	1012.001 EXE	
$Z_p=18899.9999$		显示垂点桩号/耗时 2.49s
$n=5.0000$		显示测点所在平曲线元号
$\delta r=0.0251$		显示超欠挖径距
type $n=1.0000$	EXE	显示二衬轮廓线类号
$x_i(m)/\pi \div end=?$	3977081.222 EXE	输入二衬轮廓线内侧 15 号测点三维坐标
$y_i(m)+ni=?$	483556.004 EXE	
$H_i(m)=?$	1013.323 EXE	
$Z_p=18900.0000$		显示垂点桩号/耗时 2.49s
$n=5.0000$		显示测点所在平曲线元号
$\delta r=0.0243$		显示超欠挖径距
type $n=1.0000$	EXE	显示二衬轮廓线类号
$x_i(m)/\pi \div end=?$	3977081.159 EXE	输入二衬轮廓线内侧 16 号测点三维坐标
$y_i(m)+ni=?$	483555.782 EXE	
$H_i(m)=?$	1014.695 EXE	
$Z_p=18900.0004$		显示垂点桩号/耗时 2.49s
$n=5.0000$		显示测点所在平曲线元号
$\delta r=0.0278$		显示超欠挖径距

253

续表

屏幕提示	按键	说明
type n=1.0000	EXE	显示二衬轮廓线类号
$x_i(m)/\pi \div end=?$	3977081.003 EXE	输入二衬轮廓线内侧17号测点三维坐标
$y_i(m)+ni=?$	483555.228 EXE	
$H_i(m)=?$	1015.967 EXE	
$Z_p=18900.0000$		显示垂点桩号/耗时2.49s
n=5.0000		显示测点所在平曲线元号
$\delta r=0.0282$		显示超欠挖径距
type n=1.0000	EXE	显示二衬轮廓线类号
$x_i(m)/\pi \div end=?$	3977080.746 EXE	输入二衬轮廓线内侧18号测点三维坐标
$y_i(m)+ni=?$	483554.318 EXE	
$H_i(m)=?$	1017.107 EXE	
$Z_p=18900.0002$		显示垂点桩号/耗时2.49s
n=5.0000		显示测点所在平曲线元号
$\delta r=0.0239$		显示超欠挖径距
type n=1.0000	EXE	显示二衬轮廓线类号
$x_i(m)/\pi \div end=?$	3977080.412 EXE	输入二衬轮廓线内侧19号测点三维坐标
$y_i(m)+ni=?$	483553.135 EXE	
$H_i(m)=?$	1017.956 EXE	
$Z_p=18900.0004$		显示垂点桩号/耗时2.49s
n=5.0000		显示测点所在平曲线元号
$\delta r=0.0192$		显示超欠挖径距
type n=1.0000	EXE	显示二衬轮廓线类号
$x_i(m)/\pi \div end=?$	3977080.1 EXE	输入二衬轮廓线内侧20号测点三维坐标
$y_i(m)+ni=?$	483552.027 EXE	
$H_i(m)=?$	1018.387 EXE	
$Z_p=18899.9997$		显示垂点桩号/耗时2.49s
n=5.0000		显示测点所在平曲线元号
$\delta r=0.0206$		显示超欠挖径距
type n=1.0000	EXE	显示二衬轮廓线类号
$x_i(m)/\pi \div end=?$	SHIFT π EXE	输入π结束程序
Q2X8÷End		程序结束显示

① 在 fx-9860GⅡ将 Mat W 矩阵数据复制到永久存储器文件的方法

完成一个隧道断面的超欠挖测量与计算后,应将存储在 Mat W 矩阵的测点数据输出到 fx-9860GⅡ 的永久存储器或 SD 卡存储器保存后,才能清除 Mat W 矩阵的数据,开始下一个断面的超欠挖测量与计算。

将 Mat W 矩阵数据输出到 fx-9860GⅡ 永久存储器的方法是:按 MENU F 键进入图 2 – 121 左上图所示的 **MEMORY** 模式,按 F1 (MAIN) 键进入图 2 – 121 左上二图所示的主存储器界面,移动光标到 **<MATRIX>** 数据组按 EXE 键,进入图 2 – 121 右上二图所示的矩阵界面,移动光标到 Mat W 行按 F1 (SEL) 键选择。此时,Mat W 行右侧显示▶符号,表示已选中 Mat W 矩阵;按 F2 (COPY) ① (**Storage Mem**) EXE 键进入图 2 – 121 左下二图所示的文件名输入界面,且自动锁定字母输入模式,按 M A T W ALPHA ① 键输入文件名 MATW1,按 EXE 键,即将 Mat W 矩阵的数据复制到永久存储器根目录的 MATW1.g1m 文件。

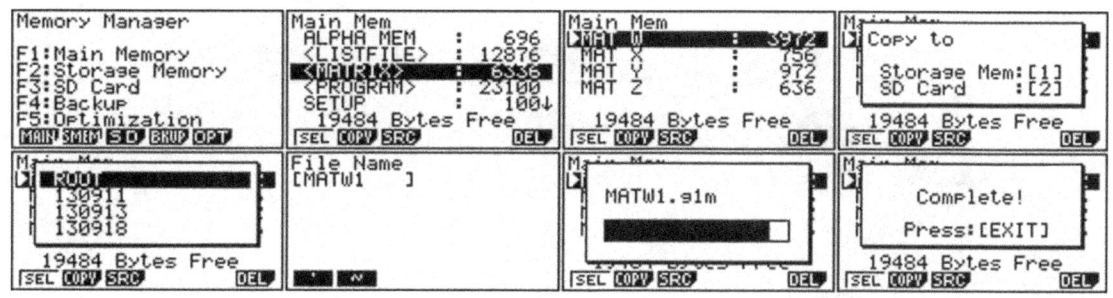

图 2 – 121　在 **MEMORY** 模式下复制 Mat W 矩阵数据到永久存储器 MATW1.g1m 文件的操作过程

在图 2 – 121 左下图所示的界面下,ROOT 表示为永久存储器的根目录,其下的 130911、130913、130918 为根目录下的文件夹,可以按 ▼ 或 ▲ 键移动光标选择文件存储文件夹。在永久存储器创建文件夹的方法参见图 1 – 115。

在隧道掌子面完成 Mat W 矩阵数据的存储后,在 fx-9860GⅡ 重复执行 Q2X8 程序,开始下一个断面的隧道超欠挖测量与计算时,屏幕显示下列提示时

ClrMat W(0), no(≠0)=?

可以输入 0 响应,删除 Mat W 矩阵的已有数据,以便腾出空间存储隧道新断面的超欠挖测量与计算数据。

② fx-9860GⅡ 永久存储器下的矩阵文件 MATWn.g1m 输出为 MAT_Wn.csv 文件的方法

操作思路是:在 fx-9860GⅡ 与 FA – 124 通信软件数据同步后,鼠标左键单击 FA-124 窗口工具栏的 按钮进入 FA – 124 的永久存储器窗口;将 Calculator 窗口的 MATWn.g1m 文件复制到 FA-124 窗口;在 FA-124 窗口执行右键快捷菜单命令 Export,将 MATWn.g1m 文件另存入用户 PC 机的缺省设置路径文件"我的文档 \ CASIO \ FA – 124 \ MATWn.g1m"。

鼠标左键单击 FA-124 窗口工具栏的 按钮进入 FA – 124 的主存储器窗口;在 FA-124 窗口执行右键快捷菜单命令 Import,将用户 PC 机的硬盘文件 MATWn.g1m 文件输入到 FA-124 窗口;左键点击 Mat Z 文件,执行下拉菜单"File/CSV/Save as CSV"命令,将 Mat Z 矩阵的数据存入用户 PC 机的缺省设置路径文件"我的文档 \ CASIO \ FA –

124\MAT_W.csv"。

再在 Windows 的资源管理器下,将"我的文档\CASIO\FA-124"路径下的 MAT_W.csv 文件名修改为 MAT_Wn.csv,n 为数字 1,2,3,…,代表隧道测量的断面号。具体方法如下。

a. 从 fx-9860GⅡ永久存储器复制矩阵文件到 FA-124 永久存储器窗口

用通用 USB 数据线连接 fx-9860GⅡ与 PC 机,使两者数据同步,鼠标左键单击 FA-124 窗口工具栏的 按钮进入永久存储器窗口,在 Calculator 窗口选择需要复制的若干个矩阵文件,右键单击已选的矩阵文件,在弹出的快捷菜单下,左键单击 Copy 命令(或按 Ctrl+C 键),将已选矩阵文件复制到 Windows 的粘贴板;左键单击 FA-124 窗口的目录图标,按 Ctrl+V 键将 Windows 粘贴板的矩阵文件复制到已选的目录图标下,图 2-122 为复制到 130918 目录图标下。

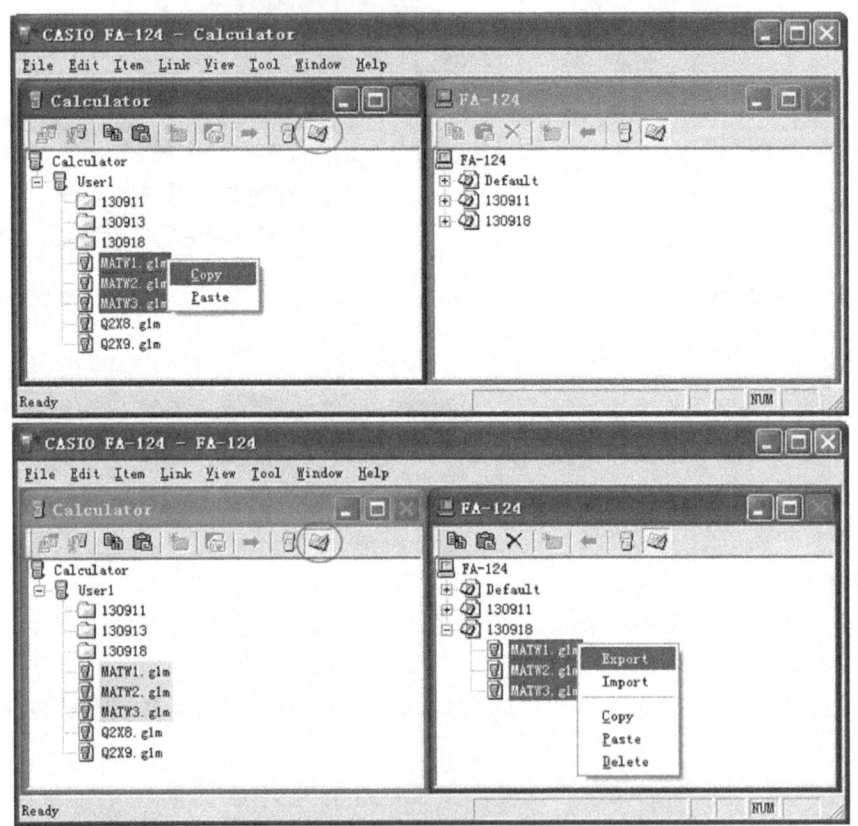

图 2-122 在 FA-124 的永久存储器窗口下,将 Calculator 窗口的矩阵文件复制到 FA-124 窗口,在 FA-124 窗口执行 Export 快捷命令,输出矩阵文件到 PC 机硬盘

b. 在 FA-124 永久存储器窗口逐个输出 g1m 格式矩阵文件到 PC 机

在 FA-124 窗口选择需要输出的若干个矩阵文件(图 2-122 下图为选择 MATW1.g1m ~ MATW3.g1m 三个矩阵文件),右键单击已选的矩阵文件,在弹出的快捷菜单下,左键单击 Export 命令,弹出图 2-123 所示的"浏览文件夹"对话框。使用该对话框只能改变文件存储路径,不能输入文件名,系统缺省设置的文件存储路径为"我的文档

\CASIO\FA-124"，左键单击 [确定] 按钮完成操作。此时，在用户 PC 机的"我的文档\CASIO\FA-124"路径下应该已输出了 MATW1.g1m、MATW2.g1m、MATW3.g1m 三个文件。

图 2-123　FA-124 缺省设置的文件路径

c. 在 [FA-124] 主存储器窗口逐个输入 g1m 格式矩阵文件

鼠标左键单击 [FA-124] 窗口工具栏的 按钮进入主存储器窗口，右键单击该窗口的某个图标项，在弹出的快捷菜单下左键单击 Import 命令，在弹出的"Insert CASIO File"对话框中，选择 MATW1.g1m 文件，左键单击 [打开(O)] 按钮，操作过程如图 2-124 所示。

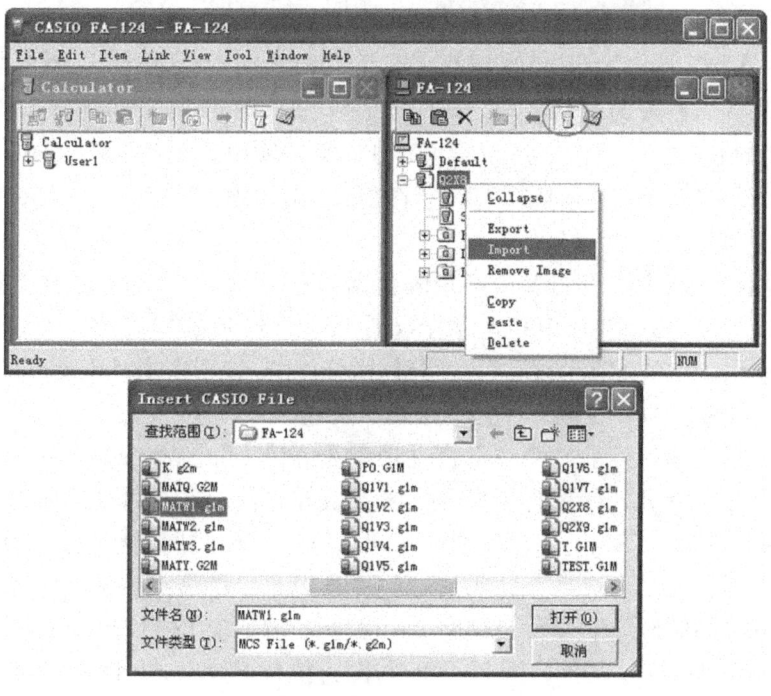

图 2-124　在 [FA-124] 主存储器窗口执行 Import 快捷命令
　　　　　从 PC 机硬盘输入矩阵文件到 [FA-124] 窗口

257

☞ 执行 Import 命令，一次只能选择一个矩阵文件到 FA-124 窗口的所选图标下，且自动进入 Mat W 矩阵。

d. 在 FA-124 主存储器窗口另存 Mat W 矩阵数据为 MAT_W.csv 文件

左键单击需要输出的 Mat W 矩阵，执行下拉菜单"File/CSV/Save as CSV"命令（图 2 - 125），弹出图 2 - 123 所示的"浏览文件夹"对话框，使用该对话框只能改变文件存储路径，不能输入文件名，系统缺省设置的文件存储路径为"我的文档 \ CASIO \ FA - 124"，左键单击 确定 按钮完成操作，此时，在用户 PC 机的"我的文档 \ CASIO \ FA - 124"路径下应该已输出了 MAT_W.csv 文件。

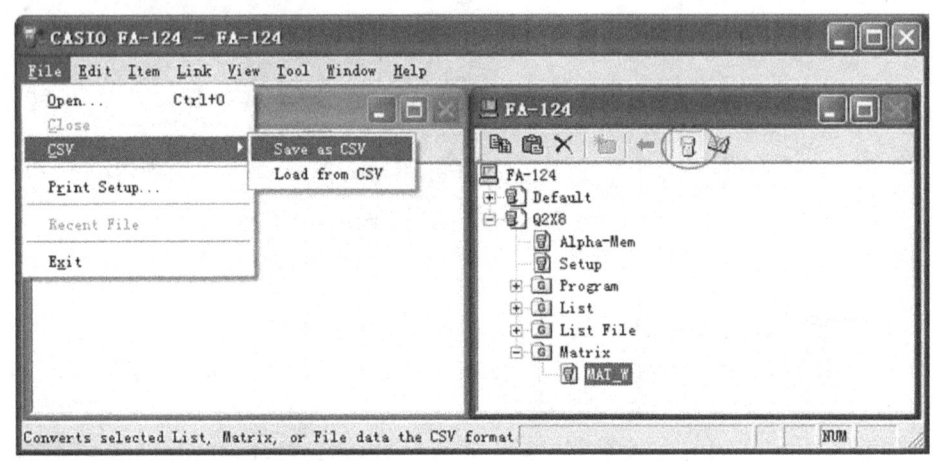

图 2 - 125　在 FA-124 主存储器窗口执行下拉菜单"File/CSV/Save as CSV"命令

建议用户在 Windows 的资源管理器下，将"我的文档 \ CASIO \ FA - 124"路径下的 MAT_W.csv 文件名修改为 MAT_W1.csv，以免后续输出的同名文件覆盖前已输出的文件。

重复上述的 c. 与 d. 操作，将 MATW2.g1m 文件输出为 MAT_W.csv 文件，并将其文件名修改为 MAT_W2.csv；将 MATW3.g1m 文件输出为 MAT_W.csv 文件，并将其文件名修改为 MAT_W3.csv。

将上述计算的 20 个测点的 Mat W 矩阵数据另存为 Mat_W1.csv 文件，将 File1.csv 与 Mat_W1.csv 文件复制到用户 PC 机的某个文件夹下，将光盘"\ 2 章 \ H2X8.exe"文件复制到该文件夹下，在 Windows 的资源管理器下，鼠标左键双击 H2X8.exe 文件，在弹出的对话框中输入 File1，即可在该文件夹下得到一系列成果文件。

H2X8.exe 程序能在当前文件夹下自动搜索是否有 Mat_W.csv，Mat_W1.csv ~ Mat_W99.csv 等 100 个文件名，如果有，则逐个读入矩阵文件，并为每个矩阵文件输出一对矩阵成果文件 MATRIWn.CSV 与 MATRIWn.DAT（n 为 1 ~ 99 之间的整数），前者用于隧道超欠挖外业观测与计算数据存档，后者为南方 CASS 断面绘图展点文件。

图 2 - 126 左图所示为执行 H2X8.exe 程序之前的文件目录，当前文件夹下只有 File1.csv 与 MAT_W1.csv 文件，图 2 - 126 右图为执行 H2X8.exe 程序后的成果文件目录。

图 2 - 127 为本例 Mat W 矩阵成果文件 MATRIW1.csv 的内容，图 2 - 128 左图所示为本例 Mat W 矩阵展点文件 MATRIW1.dat 的内容。

图 2-126 在 PC 机某文件夹下执行 H2X8.exe 程序整理 Mat_W1.csv 文件的成果文件目录

序号	设计桩号	超欠挖值(m)	X隧中(m)	Y隧中(m)	二衬轮廓线类号	x坐标(m)	y坐标(m)	高程H(m)
1	K18+899.9997	0.0231	0.023	7.139	1	3977079.736	483550.737	1018.551
2	K18+900.0004	0.0142	1.5225	6.913	1	3977079.328	483549.294	1018.325
3	K18+900.0002	0.0147	3.1101	6.155	1	3977078.897	483547.766	1017.567
4	K18+900.0005	0.0201	4.8506	4.171	1	3977078.424	483546.091	1015.583
5	K18+900.0002	0.0214	5.4366	2.087	1	3977078.265	483545.527	1013.499
6	K18+899.9997	0.0267	5.3398	0.327	1	3977078.292	483545.62	1011.739
7	K18+900.0004	0.0262	4.5015	-0.852	1	3977078.519	483546.427	1010.56
8	K18+900	0.0218	2.9709	-1.241	1	3977078.935	483547.9	1010.171
9	K18+899.9999	0.0282	1.2262	-1.494	1	3977079.409	483549.579	1009.918
10	K18+900.0002	0.0194	-0.3987	-1.53	1	3977079.85	483551.143	1009.882
11	K18+899.9996	0.028	-2.1934	-1.383	1	3977080.338	483552.87	1010.029
12	K18+900	0.0245	-3.675	-1.084	1	3977080.74	483554.296	1010.328
13	K18+900.0005	0.0218	-4.9986	-0.556	1	3977081.099	483555.57	1010.856
14	K18+899.9999	0.0251	-5.3791	0.589	1	3977081.203	483555.936	1012.001
15	K18+900	0.0243	-5.4497	1.911	1	3977081.222	483556.004	1013.323
16	K18+900.0004	0.0278	-5.2189	3.283	1	3977081.159	483555.782	1014.695
17	K18+900	0.0282	-4.6434	4.555	1	3977081.003	483555.228	1015.967
18	K18+900.0002	0.0239	-3.6978	5.695	1	3977080.746	483554.318	1017.107
19	K18+900.0005	0.0192	-2.4685	6.544	1	3977080.412	483553.135	1017.956
20	K18+899.9997	0.0206	-1.3174	6.975	1	3977080.1	483552.027	1018.387

图 2-127 执行 H2X8 程序输出的 MATRIW1.csv 成果文件内容

启动南方 CASS，执行下拉菜单"绘图处理/展野外测点代码"命令（局部界面如图 2-128 右图所示），在弹出的文件选择对话框中选择 MATRIW1.dat 文件，即可在 CASS 绘图区得到上述 20 个超欠挖点的平面位置，并在点位右侧注记该点的超欠挖值，结果如图 2-129 所示。

执行 AutoCAD 的 id 命令，测量 1 号测点的隧中坐标，结果如图 2-129 底部的命令行所示，其中高程位数值为测点所使用的二衬轮廓线类号，1 号点为 1 类轮廓线。

请读者播放光盘"\操作视频\2.28\蒿地岭隧道右洞超欠挖计算案例 2 操作视频.avi"文件观看操作方法。

（7）蒿地岭隧道左洞选择"开挖轮廓线"进行超欠挖计算案例

在 fx-9860G Ⅱ设置 File2 为当前串列文件，执行 Q2X8 程序，计算平竖曲线主点数据，在程序主菜单选择隧道超欠挖功能，选择"开挖轮廓线"计算 2 个测点的隧道超欠挖值的屏幕提示与用户操作过程如下：

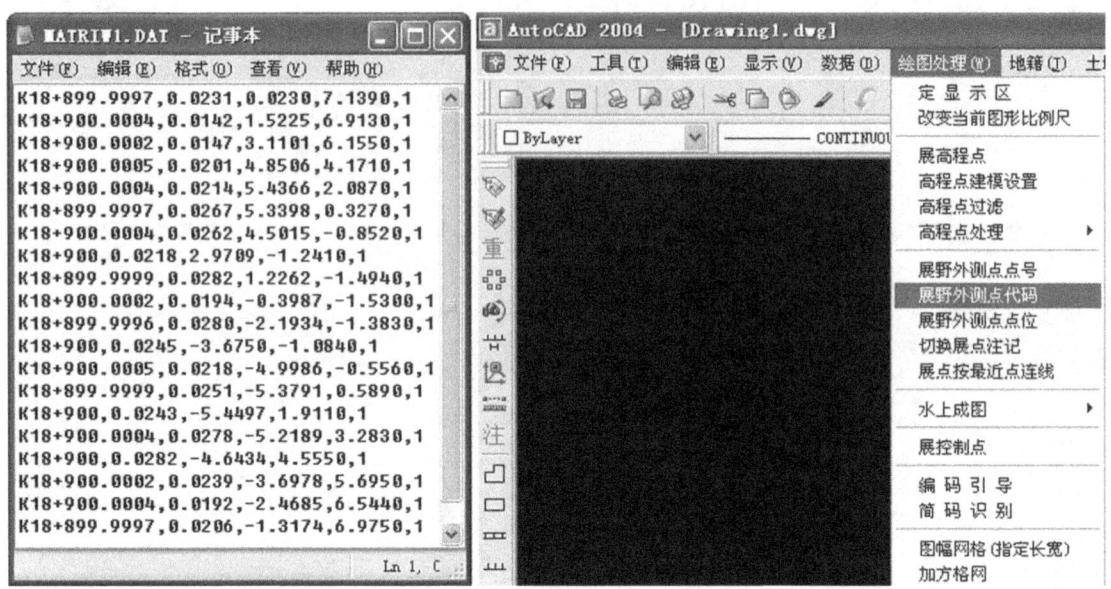

图 2-128　在 PC 机执行 H2X8.exe 程序输出的 MATRIW1.dat 展点文件内容与执行 CASS 展点命令界面

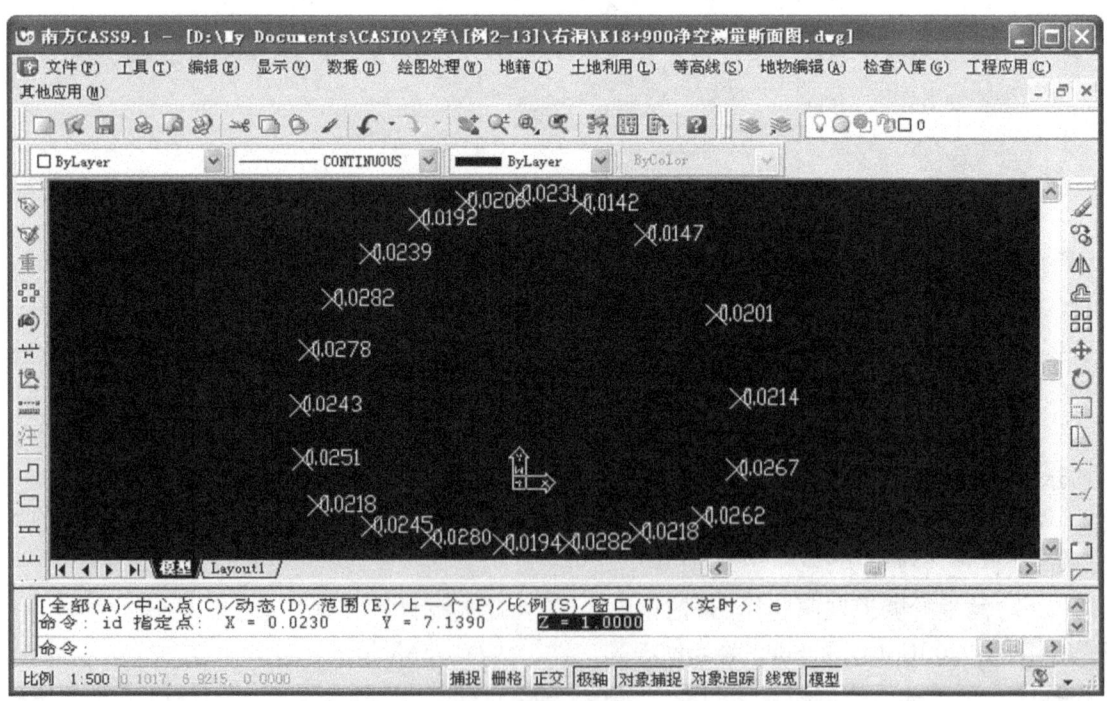

图 2-129　蒿地岭隧道右洞 K18+900 断面净空测量测点的横断面图

屏幕提示	按键	说明
JD curve xyH Q2X8		显示程序标题
new(0)/old(≠0) main point data=?	0 [EXE]	输入 0 重新计算主点数据
i_L%, i_R% Mat B(1)/C(2)/D(3)/E(4)/F(5)/G(6)/no(0)=?	0 [EXE]	输入 0 不选择路基超高横坡矩阵
hor-curve first JD num=?	1 [EXE]	输入平曲线起始交点号(number)
ver-curve first SJD num=?	1 [EXE]	输入竖曲线起始变坡点号/耗时 4.10s
Z_{ZD}(m)=20786.5653	[EXE]	显示平曲线终点设计桩号(0.3mm)/耗时 1.90s
$α_{ZD}$=200°27′37.14″	[EXE]	显示平曲线终点走向方位角
Press [MENU][2]⇏Stop!	[EXE]	继续执行程序
Del List 4/List 6 Imp, yes(0)/no(≠0)=?	0 [EXE]	输入 0 删除 List 4 与 List 6 串列复数虚部数值
st xy new(0)/old(>0)/no(<0)=?	-1 [EXE]	输入负数为不设置测站点(station)
Z→xyH(1)/xyH→Z(2)/xyH→δr(3)/pier(4)=?	3 [EXE]	输入 3 选择隧道超欠挖计算
Mat Y(0)/Mat X(≠0)=?	1 [EXE]	输入 1 选择 Mat X 矩阵为洞身支护参数
contour line(1/0/2)=?	0 [EXE]	输入 0 选择开挖轮廓线
ClrMatW(0), no(≠0)=?	0 [EXE]	输入 0 为清除前已存储的测点数据 *
x_i(m)/π⇏end=?	3976479.25 [EXE]	输入隧道掌子面 1 号测点三维坐标
y_i(m)+ni=?	483771.072 [EXE]	
H_i(m)=?	1032.377 [EXE]	
Z_p=19540.0003		显示垂点桩号/耗时 2.47s
n=9.0000		显示测点所在平曲线元号
x_j=-6.2226		显示测点隧中 X 坐标
y_j=5.4901		显示测点隧中 Y 坐标
δr=-0.1129		显示超欠挖径距
type n=2.0000	[EXE]	显示二衬轮廓线类号
←→ +↑↓i(m) = -0.1427 - 0.1802i	[EXE]	显示水平移距+垂直移距 i 复数
x_i(m)/π⇏end=?	3976479.552 [EXE]	输入隧道掌子面 2 号测点三维坐标
y_i(m)+ni=?	483772.135 [EXE]	
H_i(m)=?	1026.093 [EXE]	
Z_p=19540.0001		显示垂点桩号/耗时 2.47s
n=9.0000		显示测点所在平曲线元号
x_j=-7.3277		显示测点隧中 X 坐标
y_j=-0.7939		显示测点隧中 Y 坐标
δr=0.1096		显示超欠挖径距
type n=2.0000	[EXE]	显示二衬轮廓线类号

续表

屏幕提示	按键	说明
←→ +↑↓i(m) =0.1258+0.2495i	EXE	显示水平移距+垂直移距i复数
x_i(m)/π÷end=?	SHIFT π EXE	输入π结束程序
Q2X8÷End		程序结束显示

上述 2 个测点的桩号为 ZK19+540，由图 2-109 可知，它们位于左洞的紧急停车带，因此，程序自动调用 2 类二衬轮廓线的主点数据进行计算。本案例的全部文件位于光盘"\2章\[例2-23]\"路径下。

请读者播放光盘"\操作视频\2.28\蒿地岭隧道左洞超欠挖计算案例操作视频.avi"文件观看操作方法。

2.29 隧道二衬轮廓线主点数据的获取方法

文献[1]出版后，很多工程用户来信询问获取隧道二衬轮廓线主点数据的详细方法，这需要先说明 Q2X8 与 Q2X9 程序（以下简称程序）判断隧道掌子面测点所在二衬轮廓线线元号的原理，下面以图 2-110a 所示的 1 类二衬轮廓线为例说明。

1) 隧道横断面各类径向边隧中方位角的定义

如图 2-130 所示，1 类二衬轮廓线由 6 个圆曲线元径相连接组成，隧道断面任意直线的隧中方位角的定义是：隧中方向+Y轴顺时针到隧道断面直线的夹角，也即以隧中线+Y轴为隧中方位角的 0 方向。

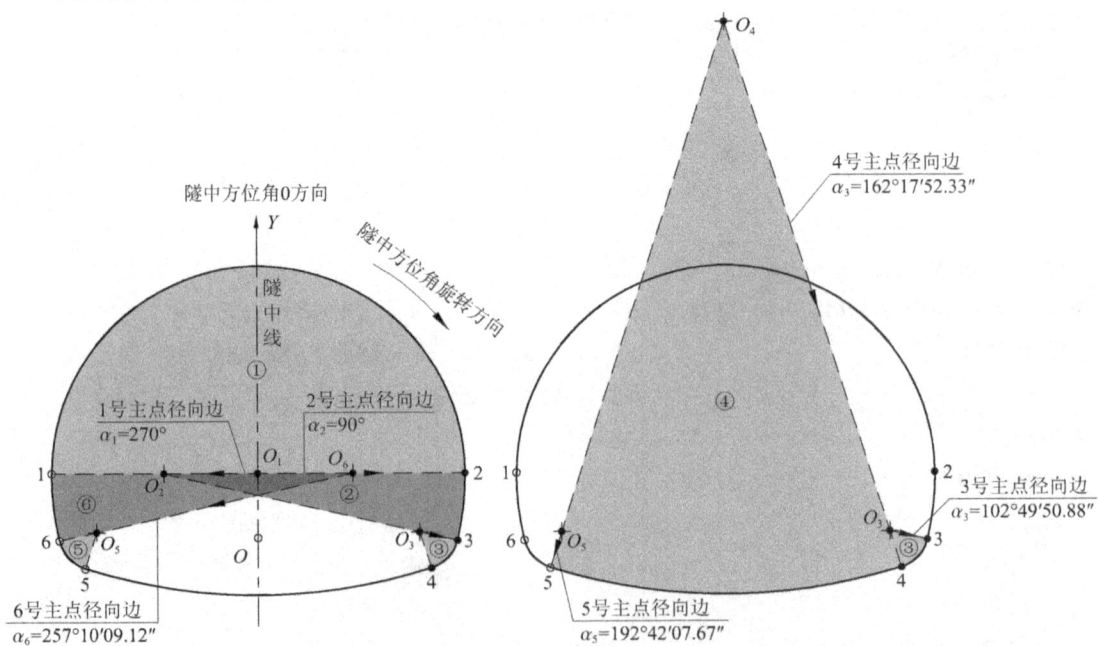

图 2-130　蒿地岭隧道 1 类二衬轮廓线主点径向边的隧中方位角及其区域定义

定义 j 号线元的圆心→j 号主点的连线为二衬轮廓线 j 号主点径向边。图 2-130 所示的 1 类二衬轮廓线有 6 个主点,因此,有 1~6 号主点径向边。

利用存储在 Mat Z 矩阵 1、2 列的二衬轮廓线线元圆心隧中坐标,5、6 列的主点隧中坐标,根据圆心与主点关于 Y 轴对称的原理,程序反算出 1~6 号主点径向边的隧中方位角,本例的 6 个隧中方位角结果列于表 2-38 左侧。

表 2-38 蒿地岭隧道 1 类二衬轮廓线 6 个主点径向边的隧中方位角及其区域号

序号	主点径向边起讫点名	隧中方位角	主点径向区域号	隧中方位角起讫范围
1	$O_1 \to 1$	270°	①	270°~90°
2	$O_2 \to 2$	90°	②	90°~102°49′50.88″
3	$O_3 \to 3$	102°49′50.88″	③	102°49′50.88″~162°17′52.33″
4	$O_4 \to 4$	162°17′52.33″	④	162°17′52.33″~192°42′07.67″
5	$O_5 \to 5$	192°42′07.67″	⑤	192°42′07.67″~257°10′09.12″
6	$O_6 \to 6$	257°10′09.12″	⑥	257°10′09.12″~270°

称 1、2 号主点径向边所夹的扇形区域为①号主点径向区域,其区域圆心角等于 2 号主点径向边隧中方位角与 1 号主点径向边隧中方位角之差;2、3 号主点径向边所夹的扇形区域为②号主点径向区域,其区域圆心角等于 3 号主点径向边隧中方位角与 2 号主点径向边隧中方位角之差;…,6、1 号主点径向边所夹扇形区域为⑥号主点径向区域,其区域圆心角等于 1 号主点径向边隧中方位角与 6 号主点径向边隧中方位角之差,6 个主点径向区域的圆心角之和等于 360°。①~⑥主点径向区域的隧中方位角范围列于表 2-38 右侧。

2)测点所在隧道二衬轮廓线线元号的确定原理

在图 2-131 中,P 为隧道掌子面测点,称二衬轮廓线 1 号线元圆心 $O_1 \to P$ 的连线为 1 号测点径向边,2 号线元圆心 $O_2 \to P$ 的连线为 2 号测点径向边,…,6 号线元圆心 $O_6 \to P$ 的连线为 6 号测点径向边。

程序通过坐标反算,将用户输入的测点 P 的测量三维坐标换算为隧中坐标,再依次算出各测点径向边 $O_j \to P$ 点($j=1, 2, 3, \cdots, 6$)的隧中方位角,依据表 2-38 所列的 6 个主点径向边区域的起讫隧中方位角,来判断测点所在的二衬轮廓线线元号。

图 2-131 内表列出了程序反算出的、1~6 号测点径向边的隧中方位角,显然,只有 1 号测点径向边 $O_1 \to P$ 的隧中方位角 53°32′39″位于①号主点径向区域的隧中方位角范围 270°~90°内,如图 2-131 灰底色所示,据此确定 P 点位于 1 号线元。

3)测点超欠挖值计算原理

假设测点 P 位于二衬轮廓线的 1 号线元。

当用户选择的隧道断面基准线为二衬轮廓线时,P 点的超欠挖值 δ_r 为

$$\delta_r = 1 \text{ 号测点径向边长} - R_1 \qquad (2-17)$$

式中,R_1 为隧道二衬轮廓线 1 号线元的半径。如图 2-131 所示,算出的 $\delta_r > 0$ 时为超挖,

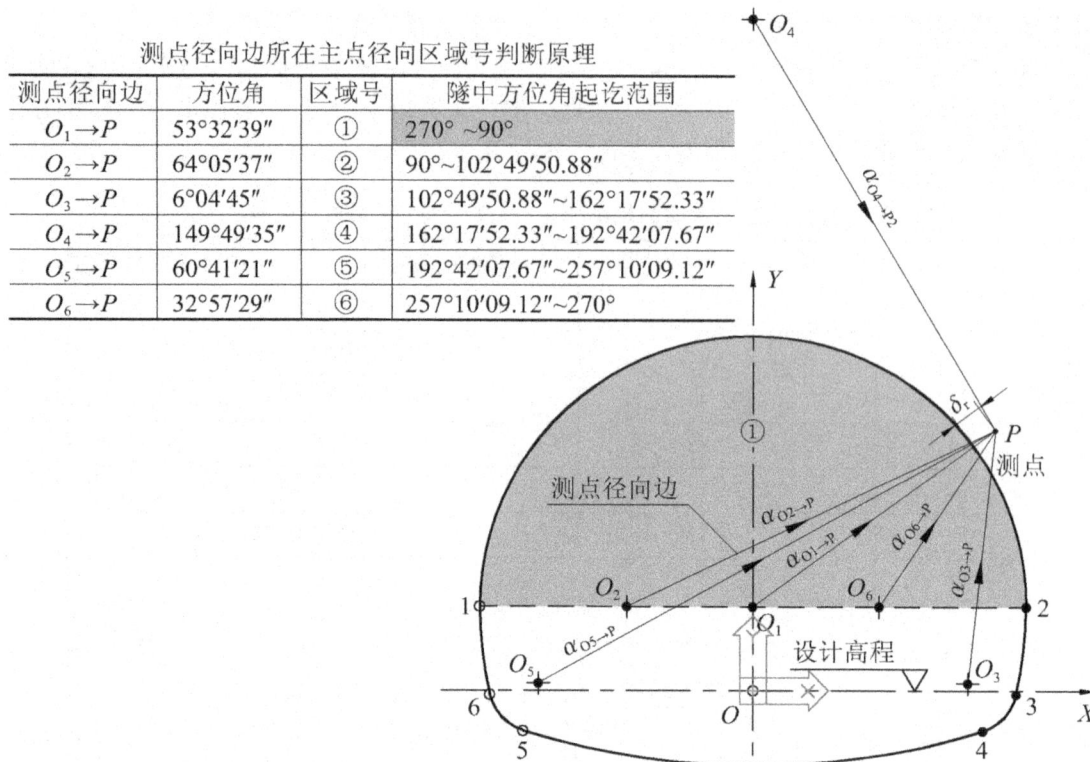

测点径向边所在主点径向区域号判断原理

测点径向边	方位角	区域号	隧中方位角起讫范围
$O_1 \to P$	53°32′39″	①	270°~90°
$O_2 \to P$	64°05′37″	②	90°~102°49′50.88″
$O_3 \to P$	6°04′45″	③	102°49′50.88″~162°17′52.33″
$O_4 \to P$	149°49′35″	④	162°17′52.33″~192°42′07.67″
$O_5 \to P$	60°41′21″	⑤	192°42′07.67″~257°10′09.12″
$O_6 \to P$	32°57′29″	⑥	257°10′09.12″~270°

图2-131　使用测点径向隧中方位角判断测点 P 所在的主点径向区域

$\delta_r < 0$ 时为欠挖。

当用户选择的隧道断面基准线为初期支护轮廓线时，P 点的超欠挖值 δ_r 为

$$\delta_r = 1\text{号测点径向边长} - R_1 - \delta_1 \qquad (2-18)$$

式中，δ_1 为二衬轮廓线厚度 + 预留变形量。

当用户选择的隧道断面基准线为开挖支护轮廓线时，P 点的超欠挖值 δ_r 为

$$\delta_r = 1\text{号测点径向边长} - R_1 - \delta_1 - \delta_2 \qquad (2-19)$$

式中，δ_2 为混凝土喷射层厚度。

4）含直线线元的隧道二衬轮廓线圆心的确定

（1）单线铁路隧道二衬轮廓线案例

图2-132为单线铁路二衬轮廓线的典型设计图纸，该二衬轮廓线的线元数 $n=10$，依据式（2-16）应在 Mat Z 矩阵输入 $t = n/2 + 1 = 6$ 行主点数据。请读者播放光盘文件"\操作视频\2.29\白岩脚隧道二衬轮廓线.avi"观看绘制该二衬轮廓线图形及其采集主点数据的操作过程。

该二衬轮廓线右幅的4、5号线元为直线线元，其中4号直线线元为倾斜直线，与3号圆曲线元径相连接；5号直线线元为水平直线，与6号圆曲线元（仰拱）非径相连接，直线线元的半径应输入为0。文献[1]的读者普遍感到比较困难的是，应该如何确定4、5号直线线元的圆心位置。

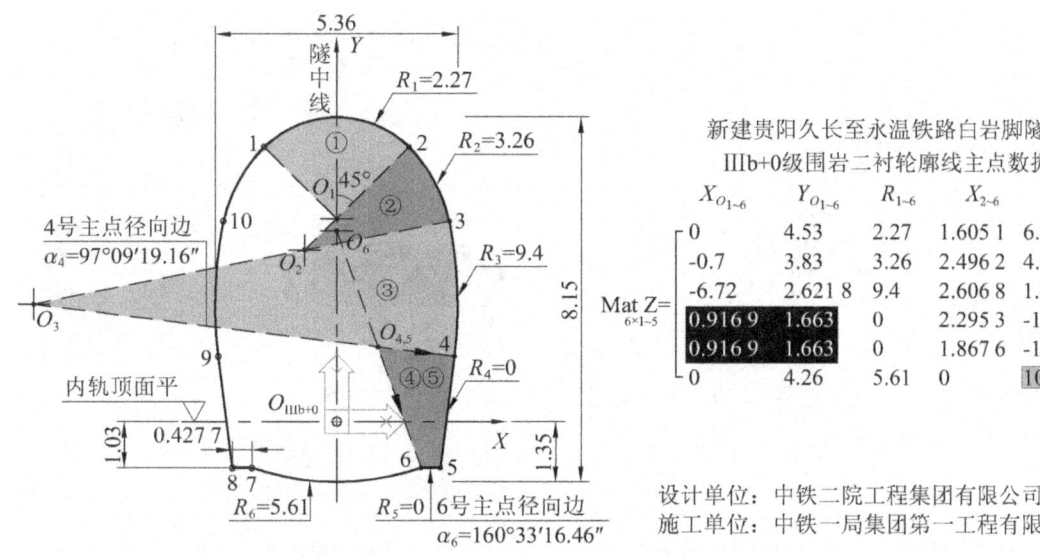

图 2-132 白岩脚隧道二衬轮廓线及其主点数据

程序计算二衬轮廓线圆曲线元的主点径向边的隧中方位角,需要应用圆心坐标,由式(2-17)可知,程序在计算位于二衬轮廓线圆曲线元的测点 P 的超欠挖值时,仍然需要使用线元的圆心坐标计算主点径向边长。而直线线元圆心的作用,只限于确定测点 P 所在的直线线元号,再计算测点 P 至直线线元的垂距来计算超欠挖值。

众所周知,直线是没有圆心的,但为了定义位于直线线元的测点,其测点径向边应该满足的隧中方位角条件的需要,必须定义直线线元的圆心,否则,程序就无法搜索到直线线元测点所处的线元号。

如图 2-132 所示,因为 4 号直线线元在主点 4 与 3 号圆曲线元径相连接,其径向边为 $O_3 \to 4$,隧中方位角为 α_4;5 号直线线元在主点 6 与 6 号圆曲线元(仰拱)非径相连接,其径向边为 $O_6 \to 6$,隧中方位角为 α_6,文献[1]定义这两条径向边的交点为 4、5 号直线线元的共同圆心 $O_{4,5}$,其值如图 2-132 反白数值所示。显然,圆心 $O_{4,5}$ 是虚拟的,但具有应用测点径向边搜索测点所在线元号的重要作用。

程序采用排除法来确定测点是否位于直线线元,其原理是:如果程序算出的测点 P 径向边隧中方位角 $\alpha_{O_{4,5} \to P}$ 位于主点径向边隧中方位角(α_4, α_6)的范围内,则 P 点一定位于 4 号或 5 号直线线元,具体位于 4、5 号的哪个线元,则是通过进一步求出 P 点分别至 4 号、5 号直线线元的垂距来确定,原则是 P 点位于具有最小垂距的直线线元。

(2)地铁隧道开挖轮廓线案例

① 案例 1

图 2-133 所示的地铁开挖轮廓线是图 2-132 案例的变种,该轮廓线的线元数 $n=8$,依据式(2-16)应在 Mat Z 矩阵输入 $t=n/2+1=5$ 行主点数据。请读者播放光盘文件"\操作视频\2.29\ⅣD级围岩二衬轮廓线.avi"观看绘制该二衬轮廓线图形及其采集主点数据的操作过程。

由于重庆金山寺站至嘉陵江南桥头区间遂道ⅣD级围岩的二衬轮廓线与开挖轮廓线的

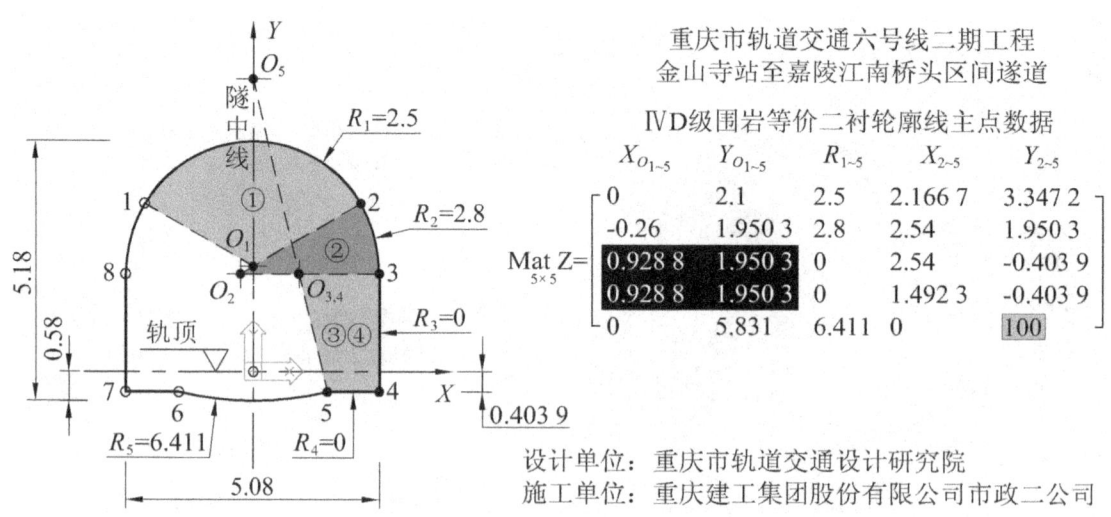

图 2-133　金山寺站至嘉陵江南桥头区间遂道ⅣD级围岩等价二衬轮廓线及其主点数据

几何形状不相似，图 2-133 是将开挖轮廓线图形向内偏移ⅣD级围岩的"二衬厚度 + 预留变形量 + 喷射层厚度 = 0.57m"后，复制的等价二衬轮廓线图形，并将该等价二衬轮廓线的类号 2 输入为 Mat X 与 Mat Y 矩阵第 2 列相应行的复数虚部数值，详细参见文献[1]图 4-180。

该轮廓线的 3 号线元为竖直直线，4 号线元为水平直线，3 号直线线元在主点 3 处与 2 号圆曲线元径相连接，其径向边为 $O_2 \rightarrow 3$，隧中方位角为 α_3；4 号直线线元在主点 5 处与 5 号圆曲线元(仰拱)连接，其径向边为 $O_5 \rightarrow 5$，隧中方位角为 α_5。定义这两条径向边的交点为 3、4 号直线线元的共同圆心 $O_{3,4}$，其值如图 2-133 反白数值所示。

② 案例 2

图 2-134 所示的地铁开挖轮廓线的线元数 $n = 8$，依据式(2-16)应在 Mat Z 矩阵输入 $t = n/2 + 1 = 5$ 行主点数据。请读者播放光盘文件"\操作视频\2.29\ⅣE级围岩二衬轮廓线.avi"观看绘制该二衬轮廓线图形及其采集主点数据的操作过程。

轮廓线的 4 号线元为水平直线，其在主点 4 处与 3 号圆曲线元非径相连接，其径向边为 $O_3 \rightarrow 4$，隧中方位角为 α_4；在主点 5 处与 5 号圆曲线元(仰拱)非径相连接，其径向边为 $O_5 \rightarrow 5$，隧中方位角为 α_5，定义这两条径向边的交点为 4 号直线线元的圆心 O_4，其值如图 2-134 反白数值所示。

③ 案例 3

图 2-135 所示的地铁开挖轮廓线的线元数 $n = 6$，依据式(2-16)应在 Mat Z 矩阵输入 $t = n/2 + 1 = 4$ 行主点数据。请读者播放光盘文件"\操作视频\2.29\龙桃区间隧道Ⅰ类二衬轮廓线.avi"观看绘制该二衬轮廓线图形及其采集主点数据的操作过程。

由于轮廓线的 6 个圆曲线元均为径相连接，各线元圆心坐标的确定方法与图 2-131 完全相同。

(3) 高速公路无仰拱隧道二衬轮廓线案例

图 2-136 所示的高速公路二衬轮廓线无仰拱，线元数 $n = 6$，依据式(2-16)应在 Mat

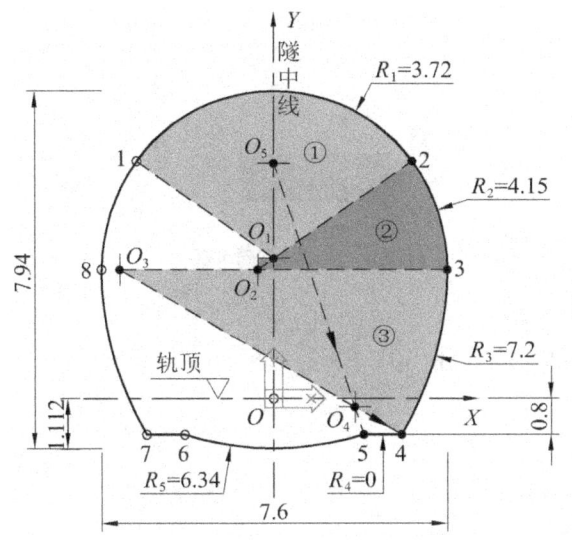

$$\text{Mat } Z_{5\times 5}=\begin{bmatrix} X_{O1-5} & Y_{O1-5} & R_{1-5} & X_{2-5} & Y_{2-5} \\ 0 & 3.108 & 3.72 & 3.027\,9 & 5.269\,1 \\ -0.35 & 2.858\,2 & 4.15 & 3.8 & 2.858\,2 \\ -3.4 & 2.858\,2 & 7.2 & 2.801\,4 & -0.8 \\ 1.765\,2 & -0.188\,7 & 0 & 1.964\,4 & -0.8 \\ 0 & 5.228 & 6.34 & 0 & 100 \end{bmatrix}$$

重庆市轨道交通六号线二期工程
金山寺站至嘉陵江南桥头区间遂道
ⅣE级围岩等价二衬轮廓线主点数据

设计单位：重庆市轨道交通设计研究院
施工单位：重庆建工集团股份有限公司市政二公司

图 2-134 金山寺站至嘉陵江南桥头区间遂道ⅣE级围岩等价二衬轮廓线及其主点数据

广东省深圳市地铁7号线
龙桃区间隧道1类二衬轮廓线主点数据

$$\text{Mat } Z_{4\times 5}=\begin{bmatrix} X_{O1-4} & Y_{O1-4} & R_{1-4} & X_{2-4} & Y_{2-4} \\ 0 & 1.995 & 2.55 & 2.55 & 1.995 \\ -2.55 & 1.995 & 5.1 & 2.242\,8 & 0.251\,7 \\ 1.068\,1 & 0.678\,9 & 1.25 & 1.871\,9 & -0.278\,4 \\ 0 & 1.951 & 2.911 & & 100 \end{bmatrix}$$

设计单位：铁道第三勘察设计院集团有限公司
施工单位：中国水利水电第八工程局有限公司

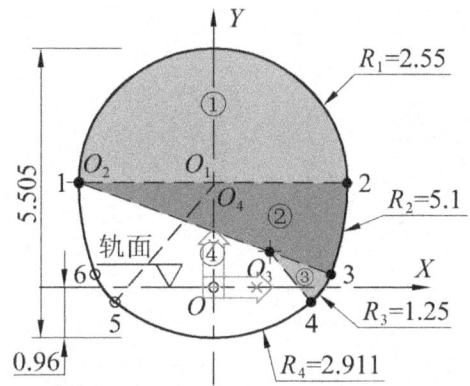

图 2-135 龙桃区间隧道1类二衬轮廓线及其主点数据

Z 矩阵输入 $t=n/2+1=4$ 行主点数据。请读者播放光盘文件"\操作视频\2.29\八亩隧道Ⅱ级围岩二衬轮廓线.avi"观看绘制该二衬轮廓线图形及其采集主点数据的操作过程。

3号线元为竖直直线，在3号主点与2号圆曲线元径相连接。在这种情况下，程序要求将3号竖直直线的圆心设置为2号圆曲线元的圆心，如图2-136中的反白数值所示。

4号直线线元为水平直线，它是与3、5号竖直直线线元垂直连接，在这种情况下，程序要求将4号直线线元的圆心设置为隧中坐标系的原点(0,0)。

由图2-136可知，当测点径向方位角位于主点径向区①、②或⑥时，程序可以唯一确定测点所在的二衬轮廓线线元号，当测点径向方位角大于 $\alpha_3=90°$，小于 $\alpha_6=270°$ 时，测点可能位于3、4、5号直线线元中的某一个，程序是通过求出 P 点分别至3、4、5号直线线元的垂距来确定所处的直线线元号的，原则是，P 点位于具有最小垂距的直线线元。

(4)高速公路同时有仰拱与竖直直线的隧道二衬轮廓线案例

图2-137所示的高速公路二衬轮廓线同时有仰拱与竖直直线，线元数 $n=6$，依据式

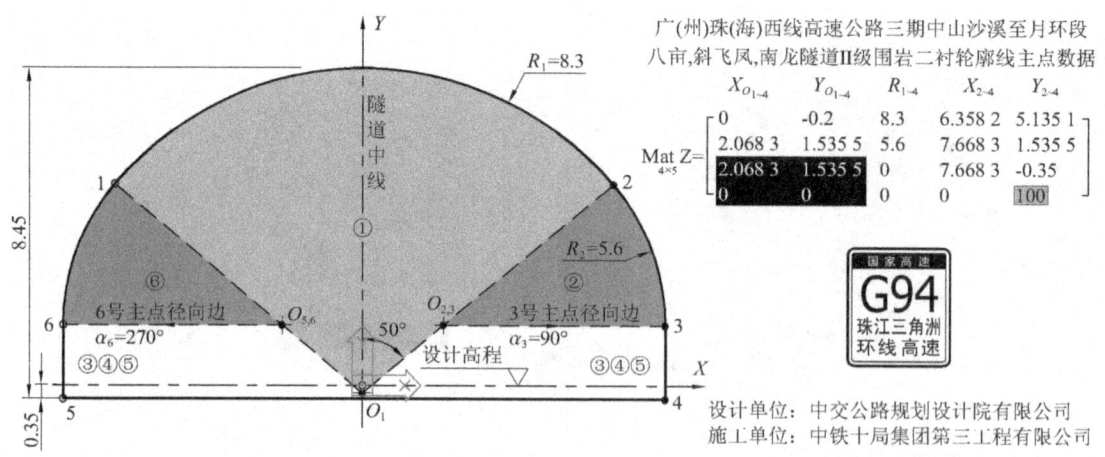

图 2-136 八亩、斜飞凤、南龙隧道Ⅱ级围岩二衬轮廓线及其主点数据

(2-16)应在 Mat Z 矩阵输入 $t=n/2+1=4$ 行主点数据。请读者播放光盘文件"\操作视频\2.29\骆驼山隧道1类二衬轮廓线.avi"观看绘制该二衬轮廓线图形及其采集主点数据的操作过程。

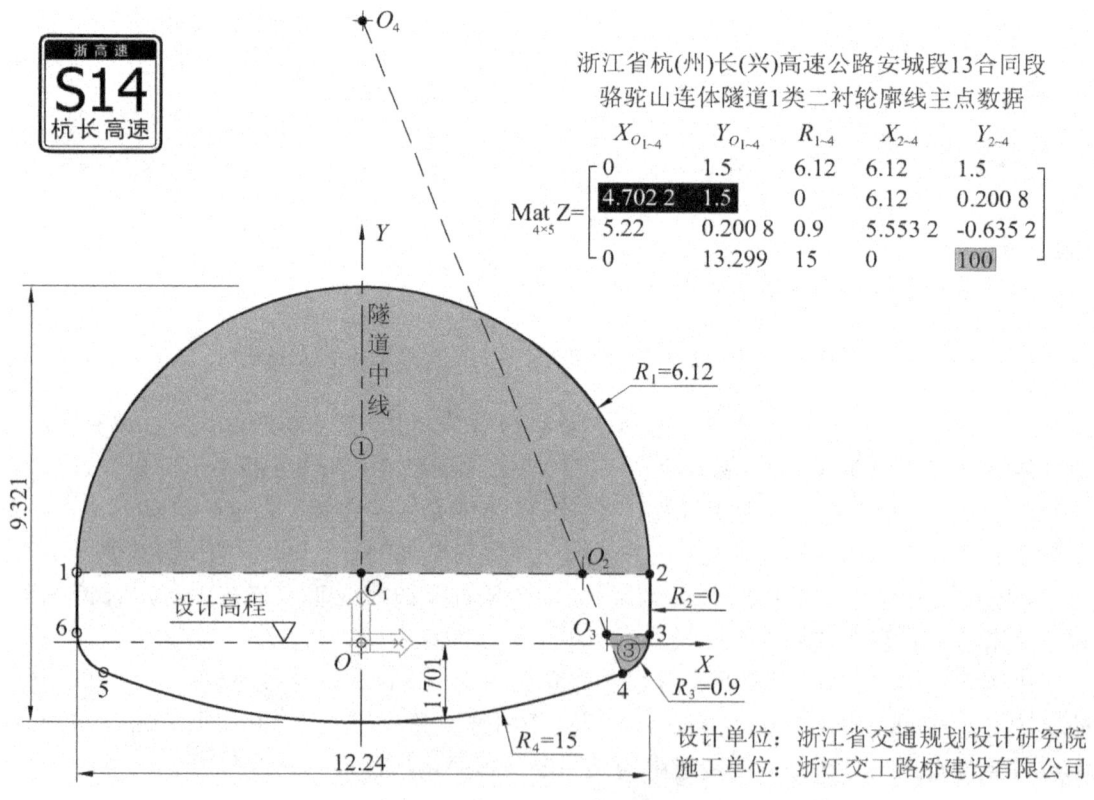

图 2-137 骆驼山连体隧道1类二衬轮廓线及其主点数据

如果按照图 2-134 所示案例确定 4 号水平直线圆心的规则，本例 2 号竖直直线的圆心应该是该直线起点 2 的径向边 $O_1 \to 2$ 与终点 3 的径向边 $O_3 \to 3$ 的交点。由图 2-137 可知，径向边 $O_1 \to 2$ 平行于径向边 $O_3 \to 3$，两者无交点。为此，定义径向边 $O_1 \to 2$ 与径向边 $O_4 \to 4$ 的交点为 2 号竖直直线的圆心 O_2，其值如图 2-137 反白数值所示。

(5)高速公路无仰拱隧道二衬轮廓线案例

图 2-138 所示的高速公路二衬轮廓线无仰拱，线元数 $n=4$ 依据式(2-16)应在 Mat Z 矩阵输入 $t=n/2+1=3$ 行主点数据。请读者播放光盘文件"\操作视频\2.29\小杞隧道 SJ3 断面二衬轮廓线.avi"观看绘制该二衬轮廓线图形及其采集主点数据的操作过程。

3 号线元为水平直线，在主点 3 处与 2 号圆曲线元连接，其径向边为 $O_2 \to 3$，隧中方位角为 α_3；在主点 4 处与 4 号圆曲线元连接，其径向边为 $O_4 \to 4$，隧中方位角为 α_4，定义这两条径向边的交点为 3 号直线线元的圆心 O_3，其值如图 2-138 反白数值所示。

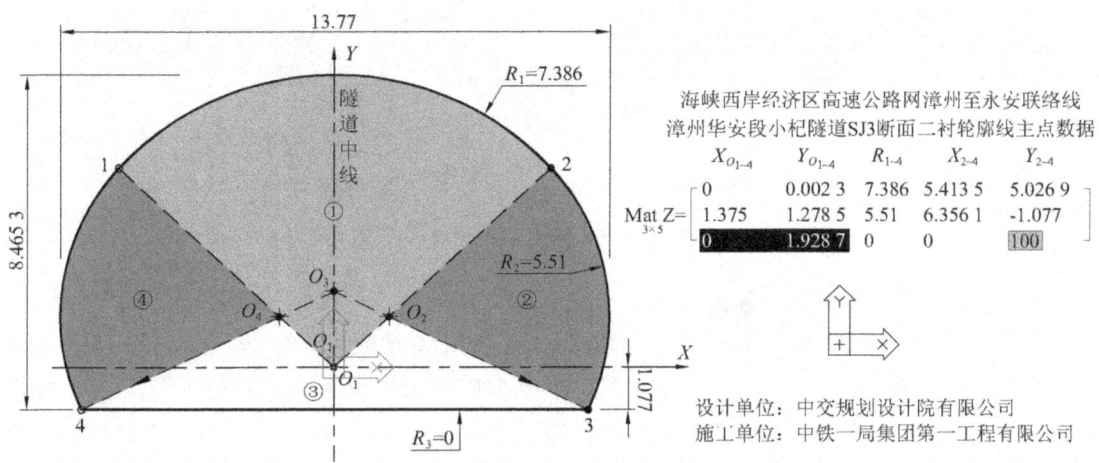

图 2-138 小杞隧道 SJ3 断面二衬轮廓线及其主点数据

5)某些不能计算的隧道二衬轮廓线案例及其处理方法

在二衬轮廓线中，要求相邻圆曲线元必须是径相连接，否则程序不能计算。

作为特例，当圆曲线元与直线线元连接时，可以是径相连接(如图 2-132 所示的 3 号圆曲线元与 4 号直线线元所示)，也可以是非径相连接(如图 2-132 的 5 号直线线元与 6 号圆曲线元所示)。

在图 2-139a 所示的二衬轮廓线案例中，由于 2 号圆曲线元与 3 号圆曲线元(仰拱)在 3 号主点处为非径相连接，所以，程序不能计算该二衬轮廓线。

相邻圆曲线元在主点处非径向连接带来的问题是：主点 3 相邻的两条径向边不重合，从而造成隧中方位角中断，当测点径向边的隧中方位角位于中断的隧中方位角区间时，无法判断其所在的线元号。

例如，在图 2-139a 中，过 3 号主点、2 号圆曲线元径向边 $O_2 \to 3$ 的隧中方位角为 113°37′46.5″，过 3 号主点、3 号圆曲线元(仰拱)径向边 $O_3 \to 3$ 的隧中方位角为 159°9′16.9″，3 号主点两条相邻径向边的隧中方位角中断区间角为 45°31′30.4″。

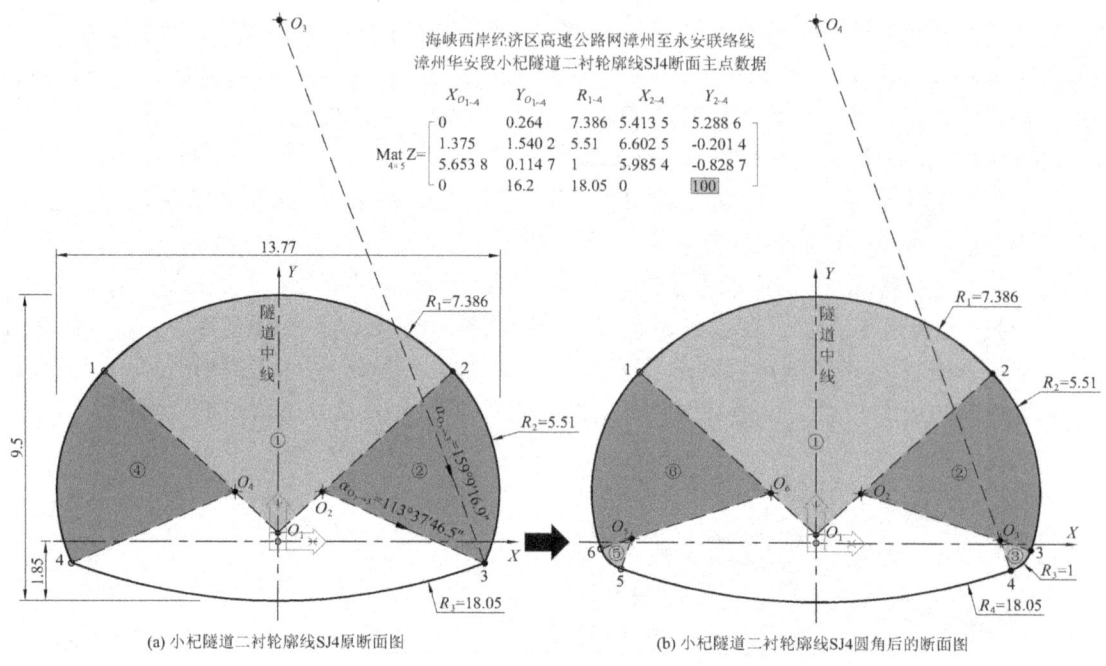

图 2-139 小杞隧道 SJ4 断面二衬轮廓线及其主点数据

解决该问题的方法是,分别在仰拱与 2、4 号圆曲线元之间,各增设一个半径为 1m 圆角,结果如图 2-139b 所示。修改后的二衬轮廓线线元数 $n=6$,依据式(2-16)应在 Mat Z 矩阵输入 $t = n/2 + 1 = 4$ 行主点数据,该断面的二衬轮廓线主点数据矩阵如图 2-139 所示。

请读者播放光盘文件"\操作视频\2.29\小杞隧道 SJ4 断面二衬轮廓线.avi"观看绘制该二衬轮廓线图形及其采集主点数据的操作过程。

2.30　含 15 条路线的高速公路标段工程施工测量计算案例

[例 2-24]　如图 2-140 所示的高速公路标段含分离式路基 K 线、分离式路基 Z 线、整体式路基 K18 线 3 条主线;两个互通式立交,其中荷塘互通式立交有 6 条匝道,石山互通式立交也有 6 条匝道,该标段共有 3+6+6=15 条路线。

[解]　如果采用一个串列文件存储一条路线设计数据的方案,fx-9860GⅡ只有 File1~File6 六个串列文件,只能存储 6 条路线的设计数据。本例提出另一种路线曲线设计数据的存储方法,即将每条路线的设计数据都存储在 File1 串列文件,路基标准横断面数据存储在 Mat A 矩阵,路基超高设计数据存储在 Mat B 矩阵,路基加宽设计数据存储在 Mat H 矩阵(如果有)。每完成一条路线的平竖曲线主点数据计算后,按 MENU F F1 (MAIN)键进入主存储器界面,按 F1 (SEL)键选择 <LISTFILE> 数据组与 <MATRIX> 数据组,按 F2 (COPY) 1 (Storage Mem) EXE 键将所选数据复制到永久存储器的命名 g2m 或 g1m 文件。

完成全部路线的平竖曲线主点数据计算及存储后,施工测量需要计算哪条路线,就从

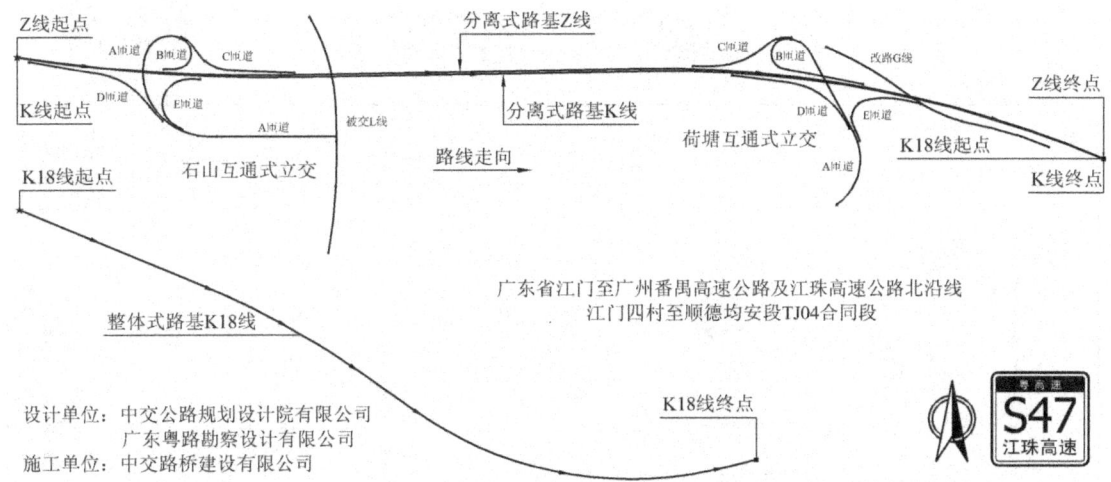

图 2-140　江门四村至顺德均安段 TJ04 合同段 15 条路线展点图

永久存储器复制相应的 g2m 或 g1m 文件到主存储器即可。重新执行 Q2X8 程序时，可以直接调用原有的主点数据计算，不需要重新计算平竖曲线的主点数据。也即，每次执行 Q2X8 程序计算时，只保留一条路线的全部数据在主存储器，且当前串列文件总是设置为 File1。

1) 分离式路基 K 线平竖曲线设计数据、路基标准横断面、路基超高数据的输入

图 2-141 为主线分离式路基 K 线直曲表，表 2-39 为其纵坡与竖曲线设计数据，表 2-40 左幅为其路基超高横坡设计数据，使用的路基标准横断面如图 2-142b 所示的 2 号断面。

表 2-39　分离式路基 K 线纵坡与竖曲线设计数据

点名	设计桩号	H/m	R/m	$i/\%$	点名	设计桩号	H/m	R/m	$i/\%$
SQD	K13+600	14		0	SJD_4	K17+100	22.074	20 000	-0.5
SJD_1	K15+045.067	14	32 000	1.5	SJD_5	K18+230	16.424	23 000	-2
SJD_2	K15+700	23.824	31 000	2.5	SJD_6	K18+640	8.224	13 000	0
SJD_3	K16+365	40.449	16 000	-2.5	SZD	K18+908.513	8.224		

表 2-40　分离式路基 K 线与 Z 线超高横坡设计数据

设计桩号	$i_L/\%$	$i_R/\%$	路基横断面号	设计桩号	$i_L/\%$	$i_R/\%$	路基横断面号
K14+545.043	0	2	2	ZK14+545.043	2	0	3
K18+908.513	0	2	2	ZK18+908.513	2	0	3

(1) 在 MS-Excel 中输入平竖曲线设计数据

启动 MS-Excel，按表 2-1 的规定，在 K 选项卡输入图 2-141 所示 2 个交点的平曲线设计数据，本例 2 个交点均为单圆曲线，故 D、F 列的数值均输入 0；在 W 列输入表 2-

广东省江门至广州番禺高速公路及江珠高速公路北沿线
江门四村至顺德均安段TJ04合同段主线分离式路基K线直线、曲线及转角表(局部)
设计单位：中交公路规划设计院有限公司，广东粤路勘察设计有限公司
施工单位：中交路桥建设有限公司

交点号	交点桩号及交点坐标		转角	曲线要素/m					
				半径	缓和曲线参数	缓和曲线长	切线长	曲线总长	切曲差(校正值)
SP	桩	K14+545.043							
	N	2 511 343.892							
	E	490 758.312							
JD1	桩	K15+113.017	9°59′15.7″(Z)	6 500	0	0	567.974	1 133.07	2.878
	N	2 511 254.363							
	E	491 319.186			0	0	567.974		
JD2	桩	K17+991.959	23°40′58.5″(Y)	4 500	0	0	943.498	1 860.052	26.944
	N	2 511 300.554							
	E	494 200.635			0	0	943.498		
EP	桩	K18+908.513							
	N	2 510 935.473							
	E	495 070.637							

平面坐标系：1980西安坐标系(中央子午线经度113°10′E)　　　　高程系：1985国家高程基准

图 2－141　分离式路基 K 线直线、曲线及转角表(局部)

39 所示 6 个变坡点的设计数据(应有 4＋3×6＝22 行)，平竖曲线设计数据输入结果如图 2－143 所示。

（2）在 MS-Excel 中输入路基横断面与路基超高横坡设计数据

根据表 2－2 的规定，在 MAT_A 选项卡输入图 2－142 所示 3 个路基标准横断面设计数据。其中，1～3 行为 1 号整体式路基标准横断面的设计数据，4～6 行为 2 号分离式路基右幅标准横断面的设计数据，7～9 行为 3 号分离式路基左幅标准横断面的设计数据，结果如图 2－144 左图所示。

根据表 2－3 的规定，在 K_MAT_B 选项卡输入表 2－40 左幅所示 K 线路基超高横坡设计数据，结果如图 2－144 右上图所示。

（3）输出 CSV 格式文件并上载到 fx-9860GⅡ主存储器

在 fx-9860GⅡ上按 MENU F F1 (MAIN) 键进入主存储器界面，删除 <LISTFILE> 与 <MATRIX> 数据组下的全部数据。

将 K 选项卡的数据另存为 K.csv 文件，将 MAT_A 选项卡的数据另存为 MAT_A.csv 文件，将 K_MAT_B 选项卡的数据另存为 K_MAT_B.csv 文件，退出 MS-Excel。

使用 FA－124 通讯软件，将 K.csv 文件上载到 fx-9860GⅡ主存储器的 File1 串列文件，将 MAT_A.csv 文件上载到 fx-9860GⅡ主存储器的 Mat A 矩阵，将 K_MAT_B.csv 文件上载到 fx-9860GⅡ主存储器的 Mat B 矩阵。

在 fx-9860GⅡ按 MENU 2 键进入 **STAT** 模式，按 SHIFT SETUP 键调出设置菜单，按 ▽ ▽ 键移动光标到"List File"行，按 F1 (FILE) 1 EXE EXE 键设置 File1 为当前串列文件。

（4）执行 Q2X8 程序计算平竖曲线主点数据

在 fx-9860GⅡ执行 Q2X8 程序，计算分离式路基 K 线平竖曲线主点数据的屏幕提示与用户操作过程如下：

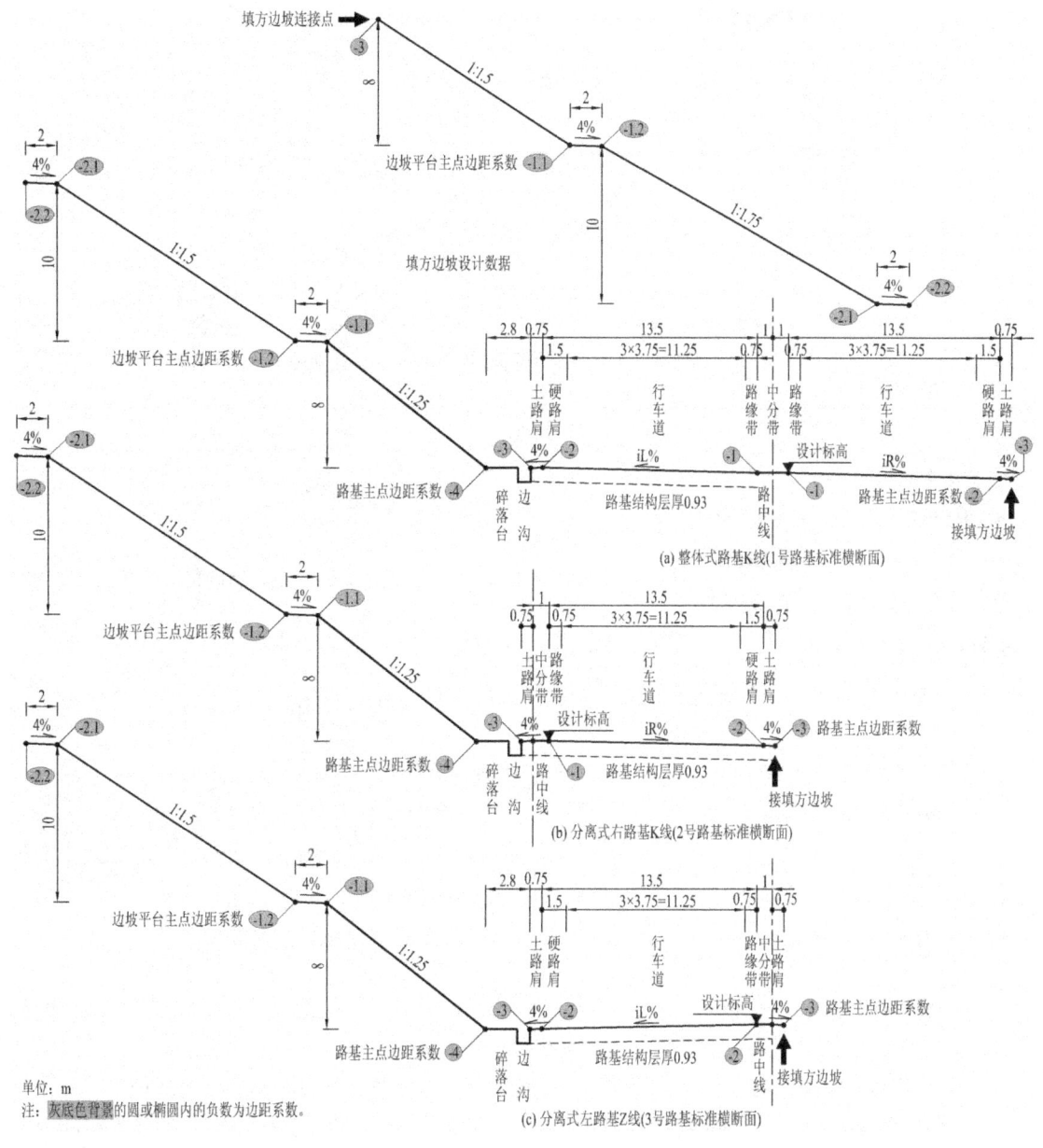

图 2-142 分离式路基与整体式路基标准横断面设计图

	A	B	C	D	E	F		W		W		W		W
1	14545.043	2511343.892	490758.312	0	0	0	1	13600	6	15700	12	17100	18	18640
2		2511254.363	491319.186	0	6500	0	2	14	7	23.824	13	22.074	19	8.224
3		2511300.554	494200.635	0	4500	0	3	15045.067	8	31000	14	20000	20	13000
4		2510935.473	495070.637				4	14	9	16365	15	18230	21	18908.513
	K / MAT_A / K_MAT_B / Z / Z_MAT_B / K18 / K18_MAT_						5	32000	10	40.449	16	16.424	22	8.224
									11	16000	17	23000		

图 2-143 在 MS-Excel 的 K 选项卡输入分离式路基 K 线的平竖曲线设计数据

	A	B	C	D	E	F	G	H	I	J
1	0.75	4	13.5	1	1	13.5	4	0.75	2.8	0.93
2	1.5	8	4	2	1.75	10	4	2	0	0
3	1.25	8	4	2	1.5	10	4	2	0	0
4	0.75	4	0	0	1	13.5	4	0.75	2.8	0.93
5	1.5	8	4	2	1.75	10	4	2	0	0
6	1.25	8	4	2	1.5	10	4	2	0	0
7	0.75	4	13.5	1	0	0	4	0.75	2.8	0.93
8	1.5	8	4	2	1.75	10	4	2	0	0
9	1.25	8	4	2	1.5	10	4	2	0	0

\K\MAT_A\K_MAT_B\Z\Z_MAT_B\K18\K18_MA

	A	B	C	D
1	14545.043	0	2	2
2	18908.513	0	2	2

\K_MAT_B\Z\Z_

	A	B	C	D
1	14545.043	2	0	3
2	18908.513	2	0	3

\Z_MAT_B\K18_

图 2-144　在 MS-Excel 的 MAT_A 选项卡输入 3 个路基标准横断面设计数据
在 K_MAT_B 选项卡输入分离式路基 K 线超高横坡设计数据
在 Z_MAT_B 选项卡输入分离式路基 Z 线超高横坡设计数据

屏幕提示	按键	说明
JD curve xyH Q2X8		显示程序标题
new(0)/old(≠0) main point data=?	0 EXE	输入 0 重新计算主点数据
i_L%, i_R% Mat B(1)/C(2)/D(3)/E(4)/F(5)/G(6)/no(0)=?	1 EXE	输入 1 选择 Mat B 为路基超高横坡矩阵
k(0)/k^3(≠0)=?	0 EXE	输入 0 选择超高渐变方式为线性渐变
+W_L, +W_R Mat H(1)/I(2)/J(3)/K(4)/L(5)/M(6)/no(0)=?	0 EXE	输入 0 没有路基加宽矩阵
hor-curve first JD num=?	1 EXE	输入平曲线起始交点号(number)
ver-curve first SJD num=?	1 EXE	输入竖曲线起始变坡点号/耗时 2.34s
Z_{ZD}(m)=18908.5129		显示平曲线终点设计桩号(-0.1mm)/耗时 2.91s
$α_{ZD}$=112°45′52.19″	EXE	显示平曲线终点走向方位角
Press [MENU][2]⇒Stop!	MENU 2	停止程序并进入 STAT 模式查看主点数据

　　执行 Q2X8 程序, 完成交点平竖曲线主点数据计算后, 只要屏幕显示的终点桩号与设计图纸相符, 就说明用户已正确输入了平曲线设计数据。

　　(5)将 File1 串列文件与全部矩阵数据复制到永久存储器的 K.g2m 文件保存

　　按 MENU F F1 (MAIN) 键进入图 2-145 左上二图所示的永久存储器界面, 移动光标到 <LIST FILE> 数据组按 F1 (SEL) 键选择 File1 串列文件, 移动光标到 <MATRIX> 数据组按 F1 (SEL) 键选择所有矩阵数据, 结果如图 2-145 右上二图所示。

　　按 F2 (COPY) 1 (Storage Mem) EXE 键进入图 2-145 下左二图所示的文件名输入界面, 按 K EXE 键完成将主存储器的 File1 串列文件与所有矩阵文件复制到永久存储器的 K.g2m 文件的操作, 结果如图 2-145 右下图所示。

　　(6)坐标正算及其输入边距系数计算边桩点的设计三维坐标

　　在 fx-9860GⅡ重复执行 Q2X8 程序, 不设置测站点, 计算加桩 K17+480 的中桩坐标, 输入图 2-142 所示灰底色背景的圆或椭圆内的负数边距系数值计算边桩坐标的屏幕提示与用户操作过程如下:

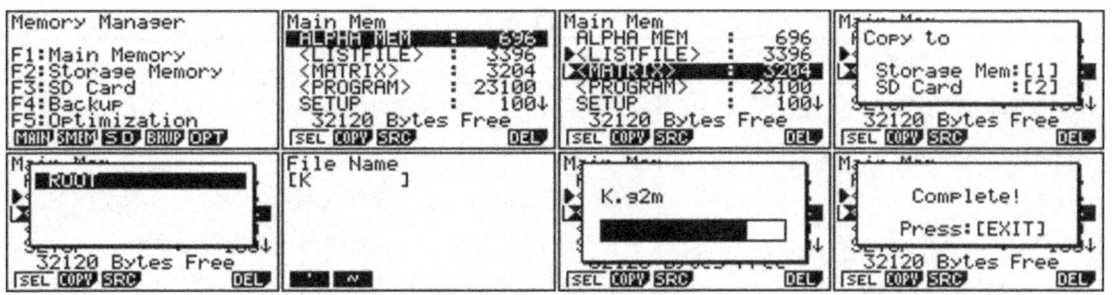

图 2-145　复制主存储器 File1 串列文件与全部矩阵数据到永久存储器的 K.g2m 文件的操作过程

屏幕提示	按键	说明
JD curve xyH Q2X8		显示程序标题
new(0)/old($\neq$0) main point data=?	1 EXE	输入非零数为使用现有主点数据计算
st xy new(0)/old(>0)/no(<0)=?	-1 EXE	输入负数为不输入测站点(station)坐标
Z$\to$xyH(1)/xyH$\to$Z(2)/xyH$\to$$\delta$r(3)/pier(4)=?	1 EXE	输入 1 选择坐标正算
+Z(m),<QD$\doteq$end=?	17480 EXE	输入加桩号
Z_j=17480.0000		显示加桩号/耗时 0.93s
x_j=2511271.664		显示中桩坐标
y_j=493688.4123		
H_j=20.1740		显示中桩设计高程
α_j=94°34′34.01″	EXE	显示中桩走向方位角
W_L(m) $\pm$ $\angle\gamma$i,0$\doteq$no=?	-1 EXE	输入左中分带外缘点边距系数
Z_j=17480.0000		重复显示加桩号
d_L=0.0000		显示路基主点边距值
x_L=2511271.664		显示该点边桩坐标
y_L=493688.4123		
H_L=20.1740 +19.2440i	EXE	显示该点路面+路基设计高程 i 复数
W_L(m) $\pm$ $\angle\gamma$i,0$\doteq$no=?	-3 EXE	输入土路肩外缘点边距系数
Z_j=17480.0000		重复显示加桩号
d_L=0.7500		显示路基主点边距值
x_L=2511272.412		显示该点边桩坐标
y_L=493688.4721		
H_L=20.1440 +19.2140i	EXE	显示该点路面+路基设计高程 i 复数
W_L(m) $\pm$ $\angle\gamma$i, 0 $\doteq$ no=?	-4 EXE	输入边沟+碎落台外缘点边距系数
Z_j=17480.0000		重复显示加桩号
d_L=3.5500		显示路基主点边距值

275

续表

屏幕提示	按键	说明
x_L=2511275.203		显示该点边桩坐标
y_L=493688.6955		
H_L=20.1440	EXE	显示该点设计高程
$W_L(m) \pm \angle \gamma i, 0 \div no$=?	-1.1 EXE	输入一级边坡平台内缘点边距系数
T(>0)/W(<0)/no(0)=?	-3 EXE	输入负数为挖方边坡
Z_j=17480.0000		重复显示加桩号
d_L=13.5500		显示边坡平台主点边距值
x_L=2511285.171		显示该点边桩坐标
y_L=493689.4934		
H_L=28.1440	EXE	显示该点设计高程
$W_L(m) \pm \angle \gamma i, 0 \div no$=?	-1.2 EXE	输入一级边坡平台外缘点边距系数
T(>0)/W(<0)/no(0)=?	-3 EXE	输入负数为挖方边坡
Z_j=17480.0000		重复显示加桩号
d_L=15.5500		显示边坡平台主点边距值
x_L=2511287.165		显示该点边桩坐标
y_L=493689.6529		
H_L=28.2240	EXE	显示该点设计高程
$W_L(m) \pm \angle \gamma i, 0 \div no$=?	-2.1 EXE	输入二级边坡平台内缘点边距系数
T(>0)/W(<0)/no(0)=?	-3 EXE	输入负数为挖方边坡
Z_j=17480.0000		重复显示加桩号
d_L=30.5500		显示边坡平台主点边距值
x_L=2511302.117		显示该点边桩坐标
y_L=493690.8497		
H_L=38.2240	EXE	显示该点设计高程
$W_L(m) \pm \angle \gamma i, 0 \div no$=?	-2.2 EXE	输入二级边坡平台外缘点边距系数
T(>0)/W(<0)/no(0)=?	-3 EXE	输入负数为挖方边坡
Z_j=17480.0000		重复显示加桩号
d_L=32.5500		显示边坡平台主点边距值
x_L=2511304.111		显示二级边坡平台外缘点边桩坐标
y_L=493691.0092		
H_L=38.3040	EXE	显示该点设计高程
$W_L(m) \pm \angle \gamma i, 0 \div no$=?	0 EXE	输入0结束左边桩坐标计算
$W_R(m), 0 \div no$=?	-1 EXE	输入右中分带外缘点边距系数

续表

屏幕提示	按键	说明
Z_j=17480.0000		重复显示加桩号
d_R=1.0000		显示路基主点边距值
x_R=2511270.668		显示该点边桩坐标
y_R=493688.3325		
H_R=20.1740 +19.2440i	[EXE]	显示该点路面+路基设计高程 i 复数
W_R(m), 0÷no=?	-2 [EXE]	输入硬路肩外缘点边距系数
Z_j=17480.0000		重复显示加桩号
d_R=14.5000		显示路基主点边距值
x_R=2511257.211		显示该点边桩坐标
y_R=493687.2554		
H_R=19.9040 +18.9740i	[EXE]	显示该点路面+路基设计高程 i 复数
W_R(m), 0÷no=?	-3 [EXE]	输入土路肩外缘点边距系数
Z_j=17480.0000		重复显示加桩号
d_R=15.2500		显示路基主点边距值
x_R=2511256.463		显示该点边桩坐标
y_R=493687.1956		
H_R=19.8740 +18.9440i	[EXE]	显示该点路面+路基设计高程 i 复数
W_R(m), 0÷no=?	-1.1 [EXE]	输入一级边坡平台内缘点边距系数
T(>0)/W(<0)/no(0)=?	2 [EXE]	输入正数为填方边坡
Z_j=17480.0000		重复显示加桩号
d_R=27.2500		显示边坡平台主点边距值
x_R=2511244.501		显示该点边桩坐标
y_R=493686.2382		
H_R=11.8740	[EXE]	显示该点设计高程
W_R(m), 0÷no=?	-1.2 [EXE]	输入一级边坡平台外缘点边距系数
T(>0)/W(<0)/no(0)=?	2 [EXE]	输入正数为填方边坡
Z_j=17480.0000		重复显示加桩号
d_R=29.2500		显示边坡平台主点边距值
x_R=2511242.508		显示该点边桩坐标
y_R=493686.0786		
H_R=11.7940	[EXE]	显示该点设计高程
W_R(m), 0÷no=?	-2.1 [EXE]	输入二级边坡平台内缘点边距系数
T(>0)/W(<0)/no(0)=?	2 [EXE]	输入正数为填方边坡

续表

屏幕提示	按键	说明
$Z_J=17480.0000$		重复显示加桩号
$d_R=46.7500$		显示边坡平台主点边距值
$x_R=2511225.063$		显示该点边桩坐标
$y_R=493684.6824$		
$H_R=1.7940$	EXE	显示该点设计高程
$W_R(m), 0 \div no=?$	-2.2 EXE	输入二级边坡平台外缘点边距系数
$T(>0)/W(<0)/no(0)=?$	2 EXE	输入正数为填方边坡
$Z_J=17480.0000$		重复显示加桩号
$d_R=48.7500$		显示边坡平台主点边距值
$x_R=2511223.070$		显示该点边桩坐标
$y_R=493684.5229$		
$H_R=1.7140$	EXE	显示该点设计高程
$W_R(m), 0 \div no=?$	0 EXE	输入0结束右边桩坐标计算
$+Z(m), <QD \div end=?$	-2 EXE	输入小于 QD 的桩号结束程序
Q2X8 ÷ End		程序结束显示

① 如图2-142所示，路基的左、右幅有-1、-2、-3、-4四个边距系数，分别代表中分带外缘点、硬路肩外缘点、土路肩外缘点、"边沟+碎落台"外缘点，其中，"边沟+碎落台"外缘点只有当该幅路基的边坡为挖方边坡时才设置；为填方边坡时不需要设置"边沟+碎落台"。

② 本例为分离式路基K线，使用的是图2-142b所示的2号路基标准横断面，因只有右幅路基，无左幅路基（图2-144左图C4单元为0），且左幅的中分带宽为0（图2-144左图D4单元为0），所以，左幅路基的-1、-2点均位于中分带上，边距为0；-3点的边距为0.75m。

③ 输入边坡平台边距系数-1.1、-1.2、-2.1、…后，屏幕显示下列提示时：
$T(>0)/W(<0)/no(0)=?$
输入任意正数为填（汉语拼音Tian）方边坡，输入任意负数为挖（汉语拼音Wa）方边坡，输入0为不计算边桩点的设计高程。

④ 图2-142所示的1~3号路基，都是按左幅为挖方边坡，右幅为填方边坡绘制，但计算时，应根据实际地形来选择。例如，在某些桩号区间可能左右幅都是挖方边坡，或左右幅都是填方边坡，或左幅为填方边坡、右幅为挖方边坡。

⑤ 在图2-144左图所示的J1、J4、J7单元都输入1~3号路基标准横断面的结构层厚度0.93m，因此，当输入的边距系数为-1、-2、-3时，程序显示这些路基主点的"路面+路基设计高程i"复数。其中，主点的路基设计高程=路面设计高程-结构层厚度。

（7）坐标正算及其输入路基或边坡平台主点边距值计算边桩点的设计三维坐标

在 fx-9860GⅡ重复执行 Q2X8 程序，不设置测站点，计算加桩 K17+480 的中桩坐标，输入边距值计算边桩坐标的屏幕提示与用户操作过程如下：

屏幕提示	按键	说明
JD curve xyH Q2X8		显示程序标题
new(0)/old(≠0) main point data=?	1 EXE	输入非零数为使用现有主点数据计算
st xy new(0)/old(>0)/no(<0)=?	-1 EXE	输入负数为不输入测站点(station)坐标
Z→xyH(1)/xyH→Z(2)/xyH→δr(3)/pier(4)=?	1 EXE	输入 1 选择坐标正算
+Z(m),<QD≑end=?	17480 EXE	输入加桩号
Z_j=17480.0000		显示加桩号/耗时 0.93s
x_j=2511271.664		显示中桩坐标
y_j=493688.4123		
H_j=20.1740		显示中桩设计高程
α_j=94°34′34.01″	EXE	显示中桩走向方位角
W_L(m)±∠γi,0≑no=?	0.75 EXE	输入左中分带外缘点的边距值
Z_j=17480.0000		重复显示加桩号
i_L(%)=0.0000		显示左幅路基横坡
x_L=2511272.412		显示该点边桩坐标
y_L=493688.4721		
H_L=20.1440 +19.2140i	EXE	显示该点路面+路基设计高程 i 复数
W_L(m)±∠γi,0≑no=?	3.55 EXE	输入土路肩外缘点的边距值
T(>0)/W(<0)/no(0)=?	-3 EXE	输入负数为挖方边坡
Z_j=17480.0000		重复显示加桩号
i_L(%)=0.0000		显示左幅路基横坡
x_L=2511275.203		显示该点边桩坐标
y_L=493688.6955		
H_L=20.1440	EXE	显示该点设计高程
W_L(m)±∠γi,0≑no=?	0 EXE	输入 0 结束左边桩坐标计算
W_R(m),0≑no=?	14.5 EXE	输入硬路肩外缘点的边距值
Z_j=17480.0000		重复显示加桩号
i_R(%)=2.0000		显示右幅路基横坡
x_R=2511257.211		显示该点边桩坐标
y_R=493687.2554		
H_R=19.9040 +18.9740i	EXE	显示该点路面+路基设计高程 i 复数
W_R(m),0≑no=?	37.756 EXE	输入任意点的边距值

续表

屏幕提示	按键	说明
T(>0)/W(<0)/no(0)=?	1 [EXE]	输入正数为填方边坡
Z_j=17480.0000		重复显示加桩号
i_R(%)=2.0000		显示右幅路基横坡
x_R=2511234.029		显示该点边桩坐标
y_R=493685.4000		
H_R=6.9334	[EXE]	显示该点设计高程
W_R(m),0⇒no=?	0 [EXE]	输入0结束右边桩坐标计算
+Z(m),<QD⇒end=?	-2 [EXE]	输入小于 QD 的桩号结束程序
Q2X8⇒End		程序结束显示

  输入路基、边坡平台主点边距系数计算边桩坐标时，屏幕集中显示的第 2 行内容为主点的边距值；输入边距值计算边桩坐标时，屏幕集中显示的第 2 行内容为路基横坡值，如上表灰底色行所示。

  因本例为分离式路基 K 线，使用的是图 2-142b 所示的 2 号路基标准横断面（表示为在图 2-144 右上角所示的 K_MAT_B 选项卡的 D 列输入2），所以没有左幅路基，其路基横坡为0（表示为在图 2-144 右上角所示的 K_MAT_B 选项卡的 B 列输入0），右幅路基的横坡为固定值2（表示为在图 2-144 右上角所示的 K_MAT_B 选项卡的 C 列输入2）。

  （8）三维坐标反算

  设全站仪实测 3 个边桩点的三维坐标分别为(2 511 297.612，493 348.844，29.475)、(2 511 274.407，493 348.744，21.906)、(2 511 255.972，493 348.665，13.437)，在 fx-9860GⅡ重复执行 Q2X8 程序，不设置测站点，分别计算这 3 个点三维坐标反算的屏幕提示与用户操作过程如下：

屏幕提示	按键	说明
JD curve xyH Q2X8		显示程序标题
new(0)/old(≠0) main point data=?	2 [EXE]	输入非零数使用现有主点数据计算
st xy new(0)/old(>0)/no(<0)=?	2 [EXE]	使用最近输入的测站点(station)
Z→xyH(1)/xyH→Z(2)/xyH→δr(3)/pier(4)=?	2 [EXE]	输入 2 选择坐标反算
x_j(m)/π⇒end=?	2511297.612 [EXE]	输入全站仪实测边桩点三维坐标
y_j(m)+ni =?	493348.844 [EXE]	
H_j(m),0⇒no=?	29.475 [EXE]	
Z_p=17139.9996		显示垂点设计桩号/耗时 1.88s
n=7.0000		显示垂点所在平曲线元号
d_L(m)=-11.6446		显示测点边距

续表

屏幕提示	按键	说明
x_P=2511285.967		显示垂点中桩坐标
y_P=493348.7938		
H_P=22.5137	EXE	显示垂点设计高程
T(>0)/W(<0)/no(0)=?	-1 EXE	输入负数为挖方边坡
i_L(%)=0.0000		显示左幅路基横坡
H_{Lj}↗=28.9594		显示测点边坡(↗)设计高程
H_{Lj}↘=no design H		显示测点边坡无路基(↘)设计高程
δh_j↗↓=0.5156		显示测点边坡(↗)挖方高差(↓)
δh_j↘=no ± h!	EXE	显示测点边坡无路基(↘)挖填高差
δd_j+ni=-1.9054 +1.0000i	EXE	显示坡口平距+边坡级数 i 复数
x_j(m)/π⇒end=?	2511274.407 EXE	输入全站仪实测边桩点三维坐标
y_j(m)+ni=?	493348.744 EXE	
H_j(m),0⇒no=?	21.906 EXE	
Z_P=17139.9996		显示垂点设计桩号/耗时 1.35s
n=7.0000		显示垂点所在平曲线元号
d_R=11.5606		显示测点边距
x_P=2511285.967		显示垂点中桩坐标
y_P=493348.7939		
H_P=22.5137	EXE	显示垂点设计高程
i_R(%)=2.0000		显示右幅路基横坡
H_{Rj}↗=22.3025		显示测点路面(↗)设计高程
H_{Rj}↘=21.3725		显示测点路基(↘)设计高程
δh_j↗↑=-0.3965		显示测点路面(↗)填方高差(↑)
δh_j↘↓=0.5335	EXE	显示测点路基(↘)挖方高差(↓)
x_j(m)/π⇒end=?	2511255.972 EXE	输入全站仪实测边桩点三维坐标
y_j(m)+ni=?	493348.665 EXE	
H_j(m),0⇒no=?	13.437 EXE	
Z_P=17140.0001		显示垂点设计桩号/耗时 1.80s
n=7.0000		显示垂点所在平曲线元号
d_R=29.9958		显示测点边距
x_P=2511285.967		显示垂点中桩坐标
y_P=493348.7944		
H_P=22.5137	EXE	显示垂点设计高程

续表

屏幕提示	按键	说明
T(>0)/W(<0)/no(0)=?	1 EXE	输入正数为填方边坡
i_R(%)=2.0000		显示右幅路基横坡
H_{Rj}↗=13.7075		显示测点边坡(↗)设计高程
H_{Rj}↘=no design H		显示测点无路基(↘)设计高程
δh_j↗↑= -0.2705		显示测点路面(↗)填方高差(↑)
δh_j↘=no ±h!	EXE	显示测点无路基(↘)挖填高差
δd_j+ni=2.7458 +1.0000i	EXE	显示坡口平距+边坡级数 i 复数
x_j(m)/π÷end=?	SHIFT π EXE	输入 π 结束程序
Q2X8÷End		程序结束显示

① 只有当边桩测点位于左幅土路肩外缘点与右幅土路肩外缘点之间时,程序才显示"路面+路基设计高程 i"复数。屏幕显示提示字符"↗"表示为路面设计高程,字符"↘"表示为路基设计高程。

② 挖填高差=实测边桩点高程-设计高程,正数为挖方高差,字符"δh_j"后添加字符"↓"表示;负数为填方高差,字符"δh_j"后添加字符"↑"表示。

本案例的全部文件位于光盘"\2章\[例2-24]\分离路基 K 线"路径下,请读者播放光盘"\操作视频\2.30\分离式路基 K 线操作视频.avi"文件观看操作方法。

2) 分离式路基 Z 线平竖曲线设计数据、路基超高数据的输入

图 2-146 为主线分离式路基 Z 线的直曲表,表 2-41 为其纵坡与竖曲线设计数据,表 2-40 右幅为其路基超高横坡设计数据,使用的路基标准横断面如图 2-142c 所示的 3 号断面。

表 2-41 分离式路基 Z 线纵坡与竖曲线设计数据

点名	设计桩号	H/m	R/m	i/%	点名	设计桩号	H/m	R/m	i/%
SQD	ZK13+600	14		0	SJD_4	ZK17+100	22.054	20 000	-0.5
SJD_1	ZK15+045.067	14	32 000	1.5	SJD_5	ZK18+230	16.404	23 000	-2
SJD_2	ZK15+698.038	23.795	31 000	2.5	SJD_6	ZK18+639.019	8.224	13 000	0
SJD_3	ZK16+364.215	40.449	16 000	-2.5	SZD	ZK18+909.595	8.224		

(1) 使用 MS-Excel 输入平竖曲线设计数据

启动 MS-Excel,按表 2-1 的规定,在 Z 选项卡输入图 2-146 所示 2 个交点的平曲线设计数据,本例 2 个交点均为单圆曲线,故 D、F 列的数值均输入 0;在 W 列输入表 2-41 所示 6 个变坡点的设计数据,平竖曲线设计数据输入结果如图 2-147 所示。

(2) 在 MS-Excel 中输入路基超高横坡设计数据

根据表 2-3 的规定,在 Z_MAT_B 选项卡输入表 2-40 右幅所示 Z 线路基超高横坡设计数据,结果如图 2-144 右下图所示。

广东省江门至广州番禺高速公路及江珠高速公路北沿线
江门四村至顺德均安段TJ04合同段主线分离式路基Z线直线、曲线及转角表(局部)
设计单位：中交公路规划设计院有限公司，广东粤路勘察设计有限公司
施工单位：中交路桥建设有限公司

交点号	交点桩号及交点坐标		转角	曲线要素/m					
				半径	缓和曲线参数	缓和曲线长	切线长	曲线总长	切曲差(校正值)
SP	桩	ZK14+545.043							
	N	2 511 345.867							
	E	490 758.627							
JD1	桩	ZK15+069.599	9°59′15.7″(Z)	6 003.115	0	0	524.556	1 046.454	2.658
	N	2 511 263.182							
	E	491 276.626			0	0	524.556		
JD2	桩	ZK17+974.494	23°40′58.5″(Y)	4 591.055	0	0	962.589	1 897.689	27.489
	N	2 511 309.786							
	E	494 183.805			0	0	962.589		
EP	桩	ZK18+909.594							
	N	2 510 937.317							
	E	495 071.411							

平面坐标系：1980西安坐标系(中央子午线经度113°10′E)　　　　高程系：1985国家高程基准

图 2 - 146　分离式路基 Z 线直线、曲线及转角表(局部)

图 2 - 147　在 MS-Excel 的 Z 选项卡输入分离式路基 Z 线的平竖曲线设计数据

(3) 输出 CSV 格式文件并上载到 fx-9860GⅡ主存储器

将 Z 选项卡的数据另存为 Z.csv 文件，将 Z_MAT_B 选项卡的数据另存为 Z_MAT_B.csv 文件，退出 MS-Excel。

使用 FA-124 通讯软件，将 Z.csv 文件上载到 fx-9860GⅡ主存储器的 File1 串列文件，将 Z_MAT_B.csv 文件上载到 fx-9860GⅡ主存储器的 Mat B 矩阵，应保证分离式路基输入的路基标准横断面数据矩阵 Mat A 仍位于主存储器内，并设置 File1 为当前串列文件。

(4) 执行 Q2X8 程序计算平竖曲线主点数据

在 fx-9860GⅡ执行 Q2X8 程序，计算分离式路基 Z 线平竖曲线主点数据的屏幕提示与用户操作过程如下：

屏幕提示	按键	说明
JD curve xyH Q2X8		显示程序标题
new(0)/old(≠0) main point data=?	0 EXE	输入 0 重新计算主点数据
i_L%, i_R% Mat B(1)/C(2)/D(3)/E(4)/F(5)/G(6)/no(0)=?	1 EXE	输入 1 选择 Mat B 为路基超高横坡矩阵

续表

屏幕提示	按键	说明
$k(0)/k^3(\neq 0)=?$	0 EXE	输入 0 选择超高渐变方式为线性渐变
$+W_L, +W_R$ Mat H(1)/I(2)/J(3)/K(4)/L(5)/M(6)/no(0)=?	0 EXE	输入 0 没有路基加宽矩阵
hor-curve first JD num=?	1 EXE	输入平曲线起始交点号(number)
ver-curve first SJD num=?	1 EXE	输入竖曲线起始变坡点号/耗时 2.35s
Z_{ZD}(m)=18909.5945		显示平曲线终点设计桩号(0.5mm)/耗时 2.57s
$\alpha_{ZD}=112°45'52.35''$	EXE	显示平曲线终点走向方位角
Press [MENU][2]⇒Stop!	MENU 2	停止程序并进入 STAT 模式查看主点数据

执行 Q2X8 程序,完成交点平竖曲线主点数据计算后,只要屏幕显示的终点桩号与设计图纸相符,就说明用户已正确输入了平曲线设计数据。本案例的全部文件位于光盘"\2 章\[例 2-24]\分离路级 Z 线"路径下,请读者播放光盘"\操作视频\2.30\分离式路基 Z 线操作视频.avi"文件观看操作方法。

(5)将 File1 串列文件与全部矩阵数据复制到永久存储器的 K.g2m 文件保存

按 MENU F F1 (MAIN)键进入主存储器界面,按 F1 (SEL)键选择 <LISTFILE>数据组与 <MATRIX>数据组,按 F2 (COPY) 1 (Storage Mem) EXE 键将所选数据复制到永久存储器的 Z.g2m 文件,操作过程与图 2-145 类似。

3)整体式路基 K 线平竖曲线设计数据、路基超高数据的输入

广东省江门至广州番禺高速公路及江珠高速公路北沿线
江门四村至顺德均安段TJ04合同段主线整体式路基K线直线、曲线及转角表(局部)
设计单位:中交公路规划设计院有限公司,广东粤路勘察设计有限公司
施工单位:中交路桥建设有限公司

交点号	交点桩号及交点坐标		转角	曲线要素/m					
				半径	缓和曲线参数	缓和曲线长	切线长	曲线总长	切曲差(校正值)
SP	桩	K18+908.513							
	N	2 510 936.395							
	E	495 071.024							
JD1	桩	K20+054.903	12°45'14.8"(Y)	2 900	978.264	330	489.268	975.542	2.994
	N	2510492.806			978.264	330	489.268		
	E	496128.114							
JD2	桩	K21+357.609	49°39'12"(Z)	1 460	639.375	280	816.431	1 545.257	87.605
	N	2 509 734.238			639.375	280	816.431		
	E	497 190.858							
EP	桩	K22+086.435							
	N	2 510 588.085							
	E	500 581.462							

平面坐标系:1980西安坐标系(中央子午线经度113°10'E)　　　　　　　　高程系:1985国家高程基准

图 2-148 整体式路基 K 线直线、曲线及转角表(局部)

图 2-148 为主线整体式路基 K 线直曲表,表 2-42 为其纵坡与竖曲线设计数据,表 2-43 为其路基超高横坡设计数据,使用的路基标准横断面如图 2-142a 所示的 1 号断面。

表 2-42 整体式路基 K 线纵坡与竖曲线设计数据

点名	设计桩号	H/m	R/m	i/%	点名	设计桩号	H/m	R/m	i/%
SQD	K18+640	8.224		0	SJD_4	K20+675	9.599	18 000	-0.734
SJD_1	K19+550	8.224	43 000	0.5	SJD_5	K21+000	7.214	17 950.306	1.65
SJD_2	K19+870	9.824	26 000	-0.35	SJD_6	K21+680	18.434	16 000	-0.9
SJD_3	K20+370	8.074	25 000	0.5	SZD	K22+283.771	13.000		

表 2-43 整体式路基 K 线超高横坡设计数据

设计桩号	i_L/%	i_R/%	路基横断面号	设计桩号	i_L/%	i_R/%	路基横断面号
K18+908.513	2	2	1	K20+608.678	2	-2	1
K19+664	2	2	1	K20+815	4	-4	1
K19+800	-2	2	1	K21+810	4	-4	1
K20+473.678	-2	2	1	K21+878.333	2	-2	1
K20+541.178	0	0	1	K22+086.435	2	2	1

(1)在 MS-Excel 中输入平竖曲线设计数据

启动 MS-Excel,按表 2-1 的规定,在 K18 选项卡输入图 2-148 所示 2 个交点的平曲线设计数据,本例 2 个交点均为对称基本型曲线。

在 D2 单元输入表达式"=SQRT($E2*330)",其中 $E2 单元为 JD1 的圆曲线半径,330 为 JD1 的第一缓和曲线长。

将该表达式复制到 D3 单元,编辑 D3 单元的表达式,使表达式内的缓和曲线长等于实际设计值;同理,将 D 列复制到 F 列,并编辑各单元表达式内的缓和曲线长,使其等于实际设计值,结果如图 2-149 左图所示。

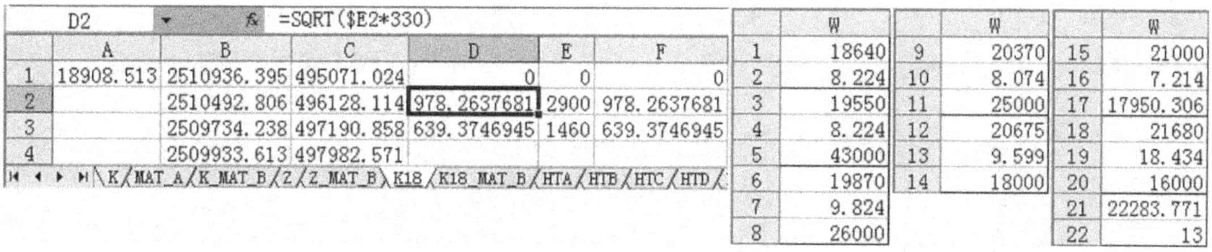

图 2-149 在 MS-Excel 的 K18 选项卡输入整体式路基 K 线的平竖曲线设计数据

在 W 列输入表 2-42 所示 6 个变坡点的设计数据,结果如图 2-149 右图所示。

(2)在 MS-Excel 中输入路基超高横坡设计数据

根据表 2-3 的规定,在 K18_MAT_B 选项卡输入表 2-43 所示整体式路基 K 线路基超高横坡设计数据,结果如图 2-150 所示。

(3) 输出 CSV 格式文件并上载到 fx-9860GⅡ主存储器

将 K18 选项卡的数据另存为 K18. csv 文件，将 K18_MAT_B 选项卡的数据另存为 K18_MAT_B. csv 文件，退出 MS-Excel。

使用 FA－124 通讯软件，将 K18. csv 文件上载到 fx-9860GⅡ主存储器的 File1 串列文件，将 K18_MAT_B. csv 文件上载到 fx-9860GⅡ主存储器的 Mat B 矩阵，应保证分离式路基输入的路基标准横断面数据矩阵 Mat A 仍位于主存储器内，并设置 File1 为当前串列文件。

	A	B	C	D
1	18908.513	2	2	1
2	19664	2	2	1
3	19800	-2	2	1
4	20473.678	-2	2	1
5	20541.178	0	0	1
6	20608.678	2	-2	1
7	20815	4	-4	1
8	21810	4	-4	1
9	21878.333	2	-2	1
10	22086.435	2	2	1

K18_MAT_B / HTA

图 2－150　在 MS-Excel 的 K18_MAT_B 选项卡输入整体式路基 K 线超高横坡设计数据

(4) 执行 Q2X8 程序计算平竖曲线主点数据

在 fx-9860GⅡ执行 Q2X8 程序，计算整体式路基 K 线平竖曲线主点数据的屏幕提示与用户操作过程如下：

屏幕提示	按键	说明
JD curve xyH Q2X8		显示程序标题
new(0)/old(≠0) main point data=?	**0** EXE	输入 0 重新计算主点数据
i_L%, i_R% Mat B(1)/C(2)/D(3)/ E(4)/F(5)/G(6)/no(0)=?	**1** EXE	输入 1 选择 Mat B 为路基超高横坡矩阵
k(0)/k^3(≠0)=?	**0** EXE	输入 0 选择超高渐变方式为线性渐变
+W_L, +W_R Mat H(1)/I(2)/J(3)/ K(4)/L(5)/M(6)/no(0)=?	**0** EXE	输入 0 没有路基加宽矩阵
hor-curve first JD num=?	**1** EXE	输入平曲线起始交点号(number)
ver-curve first SJD num=?	**1** EXE	输入竖曲线起始变坡点号/耗时 3.08s
Z_{ZD}(m)=22086.4348		显示平曲线终点设计桩号(－0.2mm)/耗时 3.03s
α_{ZD}=75°51′54.93″	EXE	显示平曲线终点走向方位角
Press [MENU][2]⇒Stop!	MENU 2	停止程序并进入 **STAT** 模式查看主点数据

执行 Q2X8 程序，完成交点平竖曲线主点数据计算后，只要屏幕显示的终点桩号与设计图纸相符，就说明用户已正确输入了平曲线设计数据。

(5) 将 File1 串列文件与全部矩阵数据复制到永久存储器的 K18. g2m 文件保存

按 MENU F F1 (MAIN) 键进入主存储器界面，按 F1 (SEL) 键选择 **<LISTFILE>** 数据组与 **<MATRIX>** 数据组，按 F2 (COPY) 1 (**Storage Mem**) EXE 键将所选数据复制到永久存储器的 K18. g2m 文件，操作过程与图 2－145 类似。

(6) 执行成果整理程序 H2X8. exe 输出系列成果文件

将本例的当前串列文件输出为 File1. csv 文件，将 Mat B 矩阵数据输出为 MAT_B. csv

文件，执行成果整理程序 H2X8. exe 处理 File1. csv 与 MAT_B. csv 文件创建的系列成果文件位于光盘“ \ 2 章 \ [例 2 – 24] \ 整体路基 K 线”路径下。

图 2 – 151 为成果文件 File1. txt 的部分内容，其中包括 H2X8. exe 程序从 MAT_B. csv 文件读入的路基超高横坡设计数据，文件中注记有本次计算的路基超高渐变方式为“线性渐变”。

FILE1.TXT - 记事本

文件(F) 编辑(E) 格式(O) 查看(V) 帮助(H)

竖曲线主点桩号与设计高程

========================

点名	设计桩号	设计高程H(m)	点名	桩号	设计高程H(m)
SQD	K18+640	8.2240			
SZY1	K19+442.5007	8.2240	SYZ1	K19+657.4980	8.7615
SZY2	K19+759.5014	9.2715	SYZ2	K19+980.4993	9.4373
SZY3	K20+263.7507	8.4459	SYZ3	K20+476.2486	8.6052
SZY4	K20+563.9554	9.0438	SYZ4	K20+786.0430	8.7841
SZY5	K20+786.0564	8.7840	SYZ5	K21+213.9202	10.7437
SZY6	K21+476.0298	15.0685	SYZ6	K21+883.9897	16.5981
SZD	K22+283.7710	13.0000			

使用的路基超高横坡矩阵为MAT B

============================

路基超高横坡渐变方式:线性渐变

序	设计桩号	连续桩号	左横坡(%)	右横坡(%)	路基类号
1	K18+908.5130	K18+908.5130	2.0000	2.0000	1
2	K19+664	K19+664	2.0000	2.0000	1
3	K19+800	K19+800	-2.0000	2.0000	1
4	K20+473.6780	K20+473.6780	-2.0000	2.0000	1
5	K20+541.1780	K20+541.1780	.0000	.0000	1
6	K20+608.6780	K20+608.6780	2.0000	-2.0000	1
7	K20+815	K20+815	4.0000	-4.0000	1
8	K21+810	K21+810	4.0000	-4.0000	1
9	K21+878.3330	K21+878.3330	2.0000	-2.0000	1
10	K22+086.4350	K22+086.4350	2.0000	2.0000	1

Ln 1, Col 1

图 2 – 151　平竖曲线成果文件 File1. txt 包含 Mat B 矩阵的路基超高横坡设计数据

图 2 – 152 为成果文件 SUfile1. csv 的部分内容，其中包括 H2X8. exe 程序使用从 MAT_B. csv 文件读入的路基超高横坡设计数据计算平曲线主点及逐桩的路基左右超高横坡度数据。

	A	B	C	D	E	F	G	H
1	序号	设计桩号	x坐标(m)	y坐标(m)	设计高程H(m)	走向方位角	左横坡(%)	右横坡(%)
2	1	QD_K18+908.5130	2510936.395	495071.024	0			
3	2	JD1_K20+054.9032	2510492.806	496128.114	0			
4	3	JD2_K21+357.6094	2509734.238	497190.858	0			
5	4	ZD_K22+086.4348	2509933.613	497982.571	0			
6	5	ZH1_K19+565.6355	2510682.125	495676.9587	8.4003	112° 45′ 52.163″	2	2
7	6	HY1_K19+895.6355	2510548.705	495978.7331	9.5958	116° 01′ 27.920″	-2	2
8	7	YH1_K20+211.1780	2510395.122	496254.1981	8.6299	122° 15′ 31.129″	-2	2
9	8	HZ1_K20+541.1780	2510208.558	496526.3423	8.9299	125° 31′ 06.885″	-2	2
10	9	ZH2_K20+541.1783	2510208.557	496526.3426	8.9299	125° 31′ 06.885″	0	0
11	10	HY2_K20+821.1783	2510053.316	496759.2287	8.5606	120° 01′ 28.068″	4	-4
12	11	YH2_K21+806.4347	2509873.972	497709.1137	17.1081	81° 21′ 33.744″	4	-4

SUFILE1

图 2 – 152　平曲线主点与逐桩点成果文件 SUfile1. csv 包含路基左右幅超高横坡数据

本案例的全部文件位于光盘"\2章\[例2-24]\整体路基K线"路径下,请读者播放光盘"\操作视频\2.30\整体式路基K线操作视频.avi"文件观看操作方法。

4)荷塘互通式立交A匝道平竖曲线设计数据的输入

图2-153为荷塘互通式立交A匝道直曲表,表2-44为其纵坡与竖曲线设计数据。

表2-44　荷塘互通式立交A匝道纵坡与竖曲线设计数据

点名	设计桩号	H/m	R/m	i/%	点名	设计桩号	H/m	R/m	i/%
SQD	AK0+000	4.6		-1.5	SJD_3	AK0+440	13.53	2 000	-2.6
SJD_1	AK0+040	4	2 622.95	1.55	SJD_4	AK0+575	10.02	3 658.536	1.5
SJD_2	AK0+260	7.41	3 000	3.4	SZD	AK0+783.99	13.155		

广东省江门至广州番禺高速公路及江珠高速公路北沿线
江门四村至顺德均安段TJ04合同段荷塘互通式立交A匝道直线、曲线及转角表(局部)
设计单位:中交公路规划设计院有限公司,广东粤路勘察设计有限公司
施工单位:中交路桥建设有限公司

交点号	交点桩号及交点坐标		转角	半径	曲线要素/m				
					缓和曲线参数	缓和曲线长	切线长	曲线总长	切曲差(校正值)
SP	桩	AK0+000							
	N	2 510 751.785							
	E	494 001.926							
AJD1	桩	AK0+197.662	83°35′59.1″(Z)	220	0	0	197.662	356.511	73.226
	N	2 510 864.665							
	E	494 164.187			125	71.023	232.075		
AJD2	桩	AK0+739.405	50°07′28.3″(Z)	100	100	100	92.899	137.484	7.559
	N	2 511 405.494							
	E	493 871.456			0	0	52.144		
EP	桩	AK0+783.989							
	N	2 510 415.845							
	E	493 820.349							

平面坐标系:1980西安坐标系(中央子午线经度113°10′E)　　　　　　　　高程系:1985国家高程基准

图2-153　荷塘互通式立交A匝道直线、曲线及转角表(局部)

(1)在MS-Excel中输入平竖曲线设计数据

启动MS-Excel,按表2-1的规定,在HTA选项卡(HT为荷塘汉语拼音的2个声母,A表示A匝道)输入图2-153所示2个交点的平曲线设计数据。

在H2单元输入表达式"=F2^2/$E2"计算AJD1的第二缓和曲线长,因其等于设计值71.023,故为完整缓和曲线;在G3单元输入表达式"=D3^2/$E3"计算AJD2的第一缓和曲线长,因其等于设计值100,故为完整缓和曲线。

在W列输入表2-44所示4个变坡点的设计数据,平竖曲线设计数据输入结果如图2-154所示。

(2)输出CSV格式文件并上载到fx-9860GⅡ主存储器

将HTA选项卡的数据另存为HTA.csv文件。使用FA-124通讯软件,将HTA.csv文

H2 　 f_x =F2^2/$E2

	A	B	C	D	E	F	G	H
1	0	2510751.785	494001.926	0	0	0	0	0
2		2510864.665	494164.187	0	220	125	0	71.02272727
3		2511405.494	493871.456	100	100	0	100	0
4		2511415.845	493820.349					

K_MAT_B / Z / Z_MAT_B / K18 / K18_MAT_B / HTA / HTB / HTC / HTD

	W
1	0
2	4.6
3	40
4	4
5	2622.95
6	260
7	7.41
8	3000
9	440
10	13.53
11	2000
12	575
13	10.02
14	3658.536
15	783.99
16	13.155

图 2-154　在 MS-Excel 的 HTA 选项卡输入荷塘互通式立交 A 匝道的平竖曲线设计数据

件上载到 fx-9860GⅡ主存储器的 File1 串列文件，并设置 File1 为当前串列文件。

（3）执行 Q2X8 程序计算平竖曲线主点数据

在 fx-9860GⅡ执行 Q2X8 程序，计算 A 匝道平竖曲线主点数据的屏幕提示与用户操作过程如下：

屏幕提示	按键	说明
JD curve xyH Q2X8		显示程序标题
new(0)/old(≠0) main point data=?	**0** [EXE]	输入 0 重新计算主点数据
i_L%, i_R% Mat B(1)/C(2)/D(3)/ E(4)/F(5)/G(6)/no(0)=?	**0** [EXE]	输入 0 没有路基超高横坡矩阵
hor-curve first JD num=?	**1** [EXE]	输入平曲线起始交点号(number)
ver-curve first SJD num=?	**1** [EXE]	输入竖曲线起始变坡点号/耗时 2.67s
Z_{ZD}(m) =783.9899		显示平曲线终点设计桩号(0.9mm)/耗时 1.95s
α_{ZD}=281°26′58.45″	[EXE]	显示平曲线终点走向方位角
Press [MENU][2]⇒Stop!	[MENU] [2]	停止程序并进入 **STAT** 模式查看主点数据

执行 Q2X8 程序，完成交点平竖曲线主点数据计算后，只要屏幕显示的终点桩号与设计图纸相符，就说明用户已正确输入了平曲线设计数据。本案例的全部文件位于光盘“\2 章\[例 2-24]\荷塘 A 匝道”路径下，请读者播放光盘“\操作视频\2.30\荷塘互通式立交 A 匝道操作视频.avi”文件观看操作方法。

（4）将 File1 串列文件复制到永久存储器的 HTA.g1m 文件保存

按 [MENU] [F] [F1]（MAIN）键进入主存储器界面，按 [F1]（SEL）键选择 **<LISTFILE>** 数据组，按 [F2]（COPY）[1]（**Storage Mem**）[EXE] 键将所选数据复制到永久存储器的 HTA.g1m 文件，操作过程与图 2-145 类似，因为本例没有输入路基超高矩阵 Mat B，故不需要从 Mat A 矩阵调用路基标准横断面数据，所以，将单独的串列文件 File1 的数据复制到永久存储器文件的扩展名为 g1m。

5）荷塘互通式立交 B 匝道平竖曲线设计数据的输入

设计院同时给出了荷塘互通式立交 B 匝道交点法与线元法设计图纸，在交点法设计图纸中，BJD2 为回头曲线，因与 BJD1 反方向重叠，无法使用 Q2X8 程序计算，图 2-155 为其线元法设计图纸，表 2-45 为其纵坡与竖曲线设计数据，需要使用 Q2X9 程序计算。

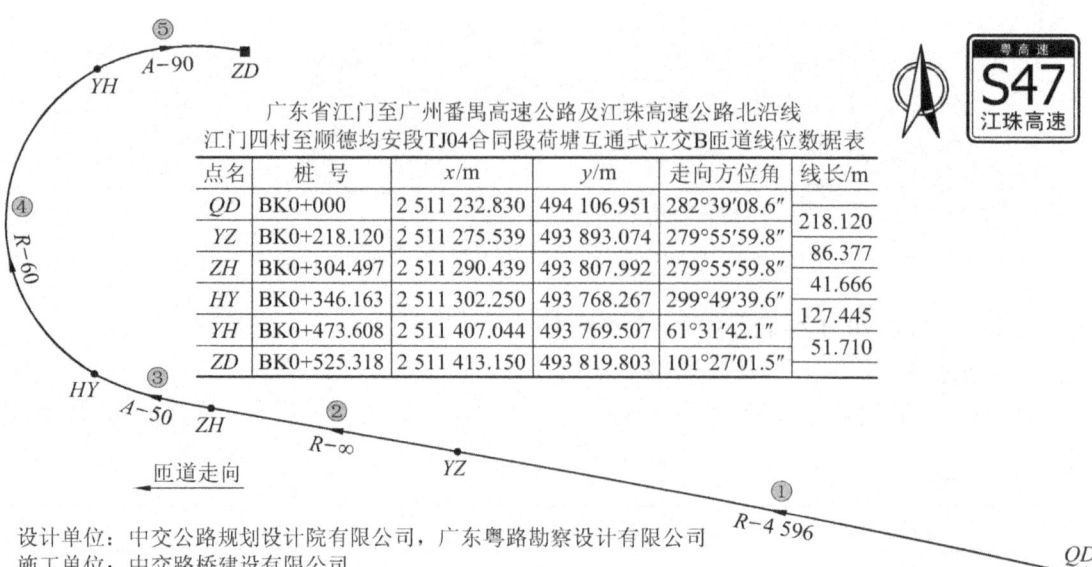

图 2-155 荷塘互通式立交 B 匝道线位数据表

表 2-45 荷塘互通式立交 B 匝道纵坡与竖曲线设计数据

点名	设计桩号	H/m	R/m	i/%	点名	设计桩号	H/m	R/m	i/%
SQD	BK0+000	4.6		-1.5	SJD_3	BK0+440	13.53	2 000	-2.6
SJD_1	BK0+040	4	2 622.95	1.55	SJD_4	BK0+575	10.02	3 658.536	1.5
SJD_2	BK0+260	7.41	3 000	3.4	SZD	BK0+783.99	13.155		

(1)非完整缓曲线元起讫半径的验算

如图 2-155 所示，B 匝道共有 5 个线元，其中 3 号与 5 号为缓曲线元，需要确定它们的起讫半径。

① 3 号非完整缓曲线元起讫半径的验算

3 号缓曲线元的终点名为 HY，可以认为有 $R_e = 60\text{m}$。如果该缓曲线元为完整缓和曲线，由式(2-9)得

$$L_h = \frac{A^2}{R} = \frac{50^2}{60} = 41.666\ 666\ 67\text{m} \approx 41.666\text{m}$$

因此，该缓曲线元为完整缓和曲线，起点半径 $R_s = \infty$。

② 5 号非完整缓曲线元起讫半径的验算

5 号缓曲线元的起点名为 YH，可以认为有 $R_s = 60\text{m}$。如果该缓曲线元为完整缓和曲线，由式(2-9)得

$$L_h = \frac{A^2}{R} = \frac{90^2}{60} = 135\text{m} \neq 51.71\text{m}$$

因此，该缓曲线元为非完整缓和曲线，需要反算终点半径 R_e。

如果设 $R_s < R_e$，由式(2-8)有

$$R'_e = \left(R_s^{-1} - \frac{L_h}{A^2}\right)^{-1} = \left(60^{-1} - \frac{51.71}{90^2}\right)^{-1} = 97.250\,570\,3\text{m}$$

如果设 $R_s > R_e$，由式(2－8)有

$$R''_e = \left(R_s^{-1} + \frac{L_h}{A^2}\right)^{-1} = \left(60^{-1} + \frac{51.71}{90^2}\right)^{-1} = 43.382\,786\,14\text{m}$$

R'_e，R''_e具体取哪个，需要应用该缓曲线元的偏角差方程验算。

5 号缓曲线元偏角差的理论值为

$$\Delta\tilde{\beta}_h = 101°27'01.5'' - 61°31'42.1'' = 39°55'19.4'' = 0.696\,771\,313\,6\text{ 弧度。}$$

由式(2－12)得

$$\Delta\beta'_h = \frac{A^2}{2R_s^2} - \frac{A^2}{2R'^2_e} = \frac{90^2}{2\times 60^2} - \frac{90^2}{2\times 97.2505703^2} = 0.696\,776\,290\,2\text{ 弧度} \approx \Delta\tilde{\beta}_h$$

$$\Delta\beta''_h = \frac{A^2}{2R''^2_e} - \frac{A^2}{2R_s^2} = \frac{90^2}{2\times 43.38278614^2} - \frac{90^2}{2\times 60^2} = 1.026\,890\,376\text{ 弧度} \neq \Delta\tilde{\beta}_h$$

由此可知，应取 $R_e = 97.250\,6$m。

综上所述，本例 5 个线元的设计数据列于表 2－46。

表 2－46　荷塘互通式立交 B 匝道 5 个线元的设计数据

线元号	R_s/m	R_e/m	L/m	偏转系数	说明
1	4 596	4 596	218.12	－1	左偏
2	∞	∞	86.377	0	直线
3	∞	60	41.666	1	右偏
4	60	60	127.445	1	右偏
5	60	97.250 6	51.71	1	右偏

(2)在 MS-Excel 中输入平竖曲线设计数据

按表 3－1 的规定，在 MS-Excel 的 HTB 选项卡输入表 2－46 所示 5 个线元的平曲线设计数据，输入表 2－45 的竖曲线设计数据；B 匝道的 QD 走向方位角为 282°39′8.6″，应在 J1 单元输入以十进制度为单位的 QD 走向方位角，如图 2－156 所示，可以输入表达式"=282＋39/60＋8.6/3600"，由 MS-Excel 换算为十进制度，结果如图 2－156 所示。

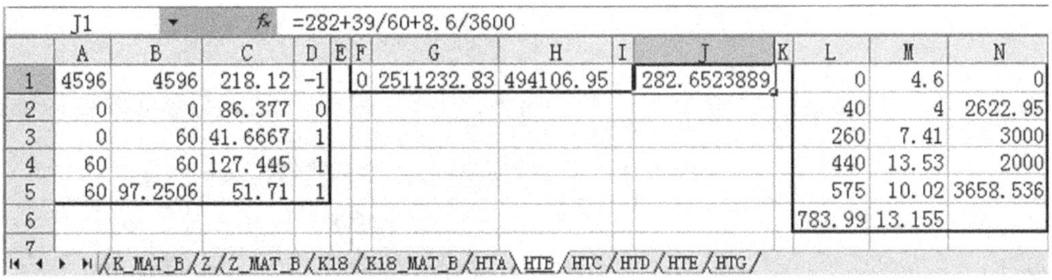

	A	B	C	D	E	F	G	H	I	J	K	L	M	N
1	4596	4596	218.12	-1		0	2511232.83	494106.95		282.6523889		0	4.6	0
2	0	0	86.377	0								40	4	2622.95
3	0	60	41.6667	1								260	7.41	3000
4	60	60	127.445	1								440	13.53	2000
5	60	97.2506	51.71	1								575	10.02	3658.536
6												783.99	13.155	
7														

图 2－156　在 MS-Excel 的 HTB 选项卡输入荷塘互通式立交 B 匝道的平竖曲线设计数据

（3）输出 CSV 格式文件并上载到 fx-9860GⅡ主存储器

将 HTB 选项卡的数据另存为 HTB.csv 文件。使用 FA-124 通讯软件，将 HTB.csv 文件上载到 fx-9860GⅡ主存储器的 File1 串列文件，并设置 File1 为当前串列文件。

按 (MENU) (F) (F1)(**MAIN**)键进入主存储器界面，选择 **<PROGRQM>** 文件组，按 (F6) (**DEL**)键删除主存储器的全部程序文件。按 (MENU) (F) (F2)(**SMEM**)键进入永久存储器界面，选择 Q2X9.g1m 文件并将其复制到主存储器（假设 Q2X9.g1m 程序文件已经上载到 fx-9860GⅡ的永久存储器）。

（4）执行 Q2X9 程序计算平竖曲线主点数据

在 fx-9860GⅡ执行 Q2X9 程序，计算 B 匝道平竖曲线主点数据的屏幕提示与用户操作过程如下：

屏幕提示	按键	说明
Route or rampxyH Q2X9		显示程序标题
new(0)/old(≠0) main point data=?	0 (EXE)	输入 0 为重新计算主点数据
hor-curve QD num=?	1 (EXE)	输入平曲线起始点号（number）
ver-curve first SJD num=?	1 (EXE)	输入竖曲线起始变坡点号/耗时 1.79s
Z_{ZD}(m)=525.3187		显示平曲线终点设计桩号（0.7mm）/耗时 1.99s
x_{ZD}(m)=2511413.150		显示终点中桩 x 坐标（$\Delta x = 0$mm）
y_{ZD}(m)=493819.8041		显示终点中桩 y 坐标（$\Delta y = 1.1$mm）
H_{ZD}(m)=11.3992		显示终点设计高程
α_{ZD}=101°27′03.32″	(EXE)	显示终点走向方位角（1.82″）
Press [MENU][2]⇒Stop!	(MENU) (2)	进入 STAT 模式查看主点数据

完成平竖曲线主点数据计算后，只有屏幕显示的终点桩号、走向方位角及其平面坐标均与设计图纸相符时，才说明用户已正确输入了平曲线设计数据。本案例的全部文件位于光盘"\2章\[例2-24]\荷塘B匝道"路径下，请读者播放光盘"\操作视频\2.30\荷塘互通式立交B匝道操作视频.avi"文件观看操作方法。

（4）将 File1 串列文件复制到永久存储器的 HTB.g1m 文件保存

按 (MENU) (F) (F1)(**MAIN**)键进入主存储器界面，按 (F1)(**SEL**)键选择 **<LISTFILE>** 数据组，按 (F2)(**COPY**)(1)(**Storage Mem**)(EXE)键将所选数据复制到永久存储器的 HTB.g1m 文件，操作过程与图 2-145 类似。

6）荷塘互通式立交 C 匝道平竖曲线设计数据的输入

图 2-157 为荷塘互通式立交 C 匝道直曲表，表 2-47 为其纵坡与竖曲线设计数据。

表 2-47 荷塘互通式立交 C 匝道纵坡与竖曲线设计数据

点名	设计桩号	H/m	R/m	i/%	点名	设计桩号	H/m	R/m	i/%
SQD	CK0+000	13.425		1.435	SJD_2	CK0+260	20.095	4 301.701	0.854
SJD_1	CK0+040	13.999	5 990.94	2.771	SZD	CK0+301.22	20.447		

广东省江门至广州番禺高速公路及江珠高速公路北沿线
江门四村至顺德均安段TJ04合同段荷塘互通式立交C匝道直线、曲线及转角表(局部)
设计单位：中交公路规划设计院有限公司，广东粤路勘察设计有限公司
施工单位：中交路桥建设有限公司

交点号	交点桩号及交点坐标		转角	曲线要素/m					
				半径	缓和曲线参数	缓和曲线长	切线长	曲线总长	切曲差(校正值)
SP	桩	CK0+000							
	N	2 511 420.256							
	E	493 821.243							
CJD1	桩	CK0+049.719	49°31′33.4″(Z)	104.5	0	0	49.719	117.243	6.551
	N	2 511 430.126							
	E	493 772.513			75	53.828	74.075		
CJD2	桩	CK0+253.694	39°45′02.2″(Y)	290	125	53.879	136.451	304.17	9.646
	N	2 511 300.295							
	E	493 606.788			210	152.069	177.365		
EP	桩	CK0+421.413							
	N	2 511 305.480							
	E	493 429.499							

平面坐标系：1980西安坐标系(中央子午线经度113°10′E)　　　　高程系：1985国家高程基准

图 2 – 157　荷塘互通式立交 C 匝道直线、曲线及转角表(局部)

(1) 在 MS-Excel 中输入平竖曲线设计数据

启动 MS-Excel，按表 2 – 1 的规定，在 HTC 选项卡输入图 2 – 157 所示 2 个交点的平曲线设计数据。

本例的缓和曲线参数均为整数，故在 D、F 单元应直接输入缓曲参数，为验算缓和曲线是否为完整缓和曲线，在 H2 单元输入表达式"=F2^2/$E2"计算 CJD1 的第二缓和曲线长，因其等于设计值 53.828，故为完整缓和曲线；在 G3 单元输入表达式"=D3^2/$E3"计算 CJD2 的第一缓和曲线长，因其等于设计值 53.879，故为完整缓和曲线；在 H3 单元输入表达式"=F3^2/$E3"计算 CJD2 的第二缓和曲线长，因其等于设计值 152.069，故为完整缓和曲线。

在 W 列输入表 2 – 47 所示 2 个变坡点的设计数据，平竖曲线设计数据输入结果如图 2 – 158 所示。

图 2 – 158　在 MS-Excel 的 HTC 选项卡输入荷塘互通式立交 C 匝道的平竖曲线设计数据

(2) 输出 CSV 格式文件并上载到 fx-9860GⅡ主存储器

将 HTC 选项卡的数据另存为 HTC.csv 文件。使用 FA – 124 通讯软件，将 HTC.csv 文件上载到 fx-9860GⅡ主存储器的 File1 串列文件，并设置 File1 为当前串列文件。

按 [MENU] [F] [F1]([MAIN])键进入主存储器界面,选择 <PROGRQM> 文件组,按 [F6]([DEL])键删除主存储器的全部程序文件。按 [MENU] [F] [F2]([SMEM])键进入永久存储器界面,选择 Q2X8.g1m 文件并将其复制到主存储器(假设 Q2X8.g1m 程序文件已经上载到 fx-9860GⅡ的永久存储器)。

(3)执行 Q2X8 程序计算平竖曲线主点数据

在 fx-9860GⅡ执行 Q2X8 程序,计算 C 匝道平竖曲线主点数据的屏幕提示与用户操作过程如下:

屏幕提示	按键	说明
JD curve xyH Q2X8		显示程序标题
new(0)/old(≠0) main point data=?	0 [EXE]	输入0重新计算主点数据
i_L%, i_R% Mat B(1)/C(2)/D(3)/E(4)/F(5)/G(6)/no(0)=?	0 [EXE]	输入0没有路基超高横坡矩阵
hor-curve first JD num=?	1 [EXE]	输入平曲线起始交点号(number)
ver-curve first SJD num=?	1 [EXE]	输入竖曲线起始变坡点号/耗时 2.67s
Z_{ZD}(m)=421.4127	[EXE]	显示平曲线终点设计桩号(0.9mm)/耗时 1.95s
$α_{ZD}$=271°40′30.71″	[EXE]	显示平曲线终点走向方位角
Press [MENU][2]⇒Stop!	[MENU] 2	停止程序并进入 STAT 模式查看主点数据

执行 Q2X8 程序,完成交点平竖曲线主点数据计算后,只要屏幕显示的终点桩号与设计图纸相符,就说明用户已正确输入了平曲线设计数据。本案例的全部文件位于光盘"\2章\[例2-24]\荷塘 C 匝道"路径下,请读者播放光盘"\操作视频\2.30\荷塘互通式立交 C 匝道操作视频.avi"文件观看操作方法。

(4)将 File1 串列文件复制到永久存储器的 HTC.g1m 文件保存

按 [MENU] [F] [F1]([MAIN])键进入主存储器界面,按 [F1]([SEL])键选择 <LISTFILE> 数据组,按 [F2]([COPY]) [1](Storage Mem) [EXE] 键将所选数据复制到永久存储器的 HTC.g1m 文件,操作过程与图 2-145 类似。

7)荷塘互通式立交 D 匝道平竖曲线设计数据的输入

图 2-159 为荷塘互通式立交 D 匝道直曲表,表 2-48 为其纵坡与竖曲线设计数据。

表 2-48 荷塘互通式立交 D 匝道纵坡与竖曲线设计数据

点名	设计桩号	H/m	R/m	i/%	点名	设计桩号	H/m	R/m	i/%
SQD	DK0+220.939	19.197		-0.596	SJD_2	DK0+445	12.557	2 129.414	-1.144
SJD_1	DK0+260	18.964	2 724.795	-3.463	SZD	DK0+469.654	12.275		

(1)在 MS-Excel 中输入平竖曲线设计数据

启动 MS-Excel,按表 2-1 的规定,在 HTD 选项卡输入图 2-159 所示 2 个交点的平曲线设计数据。

本例的缓和曲线参数均为整数，故在 D、F 单元应直接输入缓曲参数，为验算缓和曲线是否为完整缓和曲线，在 H2 单元输入表达式"=F2^2/$E2"计算 DJD1 的第二缓和曲线长，因其不等于设计值 85.74，故为非完整缓和曲线；在 H3 单元输入表达式"=F3^2/$E3"计算 DJD2 的第二缓和曲线长，因其不等于设计值 107.457，故为非完整缓和曲线。本例的 2 个交点的第二缓和曲线均为非完整缓和曲线，需要确定其终点半径 R_{HZ}。

广东省江门至广州番禺高速公路及江珠高速公路北沿线
江门四村至顺德均安段TJ04合同段荷塘互通式立交D匝道直线、曲线及转角表(局部)
设计单位：中交公路规划设计院有限公司，广东粤路勘察设计有限公司
施工单位：中交路桥建设有限公司

交点号	交点桩号及交点坐标		转角	曲线要素/m					
				半径	缓和曲线参数	缓和曲线长	切线长	曲线总长	切曲差(校正值)
SP	桩	DK0+000							
	N	2 511 268.711							
	E	493 583.089							
DJD1	桩	DK0+225.275	11°54′36.7″(Y)	4 500	0	0	225.275	289.314	0.776
	N	2 511 246.225			160	85.740	64.815		
	E	493 807.236							
DJD2	桩	DK0+405.715	44°00′47.5″(Y)	280	0	0	116.401	255.504	12.036
	N	2 511 191.313			200	107.457	151.139		
	E	493 979.933							
EP	桩	DK0+544.818							
	N	2 511 058.299							
	E	494 051.697							

平面坐标系：1980西安坐标系(中央子午线经度113°10′E)　　　　高程系：1985国家高程基准

图 2-159　荷塘互通式立交 D 匝道直线、曲线及转角表(局部)

在 W 列输入表 2-48 所示 2 个变坡点的设计数据，平竖曲线设计数据输入结果如图 2-160 所示。

图 2-160　在 MS-Excel 的 HTD 选项卡输入荷塘互通式立交 D 匝道的平竖曲线设计数据

(2)非完整缓曲线元起讫半径的验算

① DJD1 第二缓和曲线终点半径的验算

DJD1 的圆曲线半径为 $R=4\ 500$m，DJD2 的圆曲线半径为 280m，且 DJD2 无第一缓和曲线，因此，可以认为 DJD1 第二缓和曲线的终点半径 $R_{HZ}<R=4\ 500$m，由式(2-8)有

$$R_{HZ} = \left(R^{-1} + \frac{L_h}{A^2}\right)^{-1} = \left(4\ 500^{-1} + \frac{85.74}{160^2}\right)^{-1} = 279.999\ 027\ 8\text{m} \approx 280\text{m}$$

② DJD2 第二缓和曲线终点半径的验算

DJD2 的圆曲线半径为 $R=280\text{m}$，如果 DJD2 第二缓和曲线的终点半径 $R_{HZ} < R = 280\text{m}$，由式(2-8)有

$$R'_{HZ} = \left(R^{-1} + \frac{L_h}{A^2}\right)^{-1} = \left(280^{-1} + \frac{107.457}{200^2}\right)^{-1} = 159.799\,200\,9\text{m}$$

如果 DJD2 第二缓和曲线的终点半径 $R_{HZ} > R = 280\text{m}$，由式(2-8)有

$$R''_{HZ} = \left(R^{-1} - \frac{L_h}{A^2}\right)^{-1} = \left(280^{-1} - \frac{107.457}{200^2}\right)^{-1} = 1\,129.938\,943\text{m}$$

取 R'_{HZ} 还是取 R''_{HZ} 作为 DJD2 第二缓和曲线的终点半径，需要使用 Q2X8 程序计算平主点数据，看哪一个的终点桩号与设计值相符才能确定。

(3) 输出 CSV 格式文件并上载到 fx-9860GⅡ主存储器

将 HTD 选项卡的数据另存为 HTD.csv 文件。使用 FA-124 通讯软件，将 HTD.csv 文件上载到 fx-9860GⅡ主存储器的 File1 串列文件。

在 fx-9860GⅡ按 MENU ② 键进入 STAT 模式，按 SHIFT SETUP 键调出设置菜单，按 ▼ ▼ 键移动光标到 "List File" 行，按 F1 (FILE) ① EXE EXE 键设置 File1 为当前串列文件。

为 List 6[2] 串列单元的数值添加 DJD1 第二缓和曲线的终点半径 280m 为其虚部数值，为 List 6[3] 串列单元的数值添加 DJD2 第二缓和曲线的终点半径 $R'_{HZ}=159.799\text{m}$ 为其虚部数值，结果如图 2-161 所示。

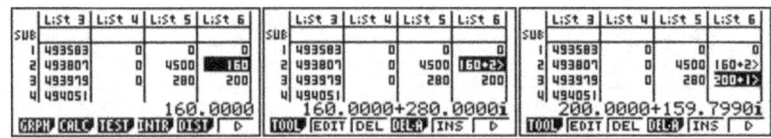

图 2-161 在 STAT 模式添加两个串列单元的复数虚部数值

(4) 执行 Q2X8 程序计算平竖曲线主点数据

在 fx-9860GⅡ执行 Q2X8 程序，计算 D 匝道平竖曲线主点数据的屏幕提示与用户操作过程如下：

屏幕提示	按键	说明
JD curve xyH Q2X8		显示程序标题
new(0)/old(≠0) main point data=?	0 EXE	输入 0 重新计算主点数据
$i_L\%, i_R\%$ Mat B(1)/C(2)/D(3)/E(4)/F(5)/G(6)/no(0)=?	0 EXE	输入 0 没有路基超高横坡矩阵
hor-curve first JD num=?	1 EXE	输入平曲线起始交点号(number)
ver-curve first SJD num=?	1 EXE	输入竖曲线起始变坡点号/耗时 2.75s
$Z_{ZD}(\text{m})=547.6821$		显示平曲线终点设计桩号(2.8641mm)/耗时 1.51s
$\alpha_{ZD}=151°39'07.76''$	EXE	显示平曲线终点走向方位角
Press [MENU][2]⇒Stop!	MENU ②	停止程序并进入 STAT 模式查看主点数据

上述取 $R_{HZ}=R'_{HZ}$ 计算出的终点桩号与设计值相差较大，故 $R_{HZ}\ne R'_{HZ}=159.799$m。下面使用 $R_{HZ}=R''_{HZ}=1\,129.938\,9$m 计算。按 [MENU] [2] 键进入 **STAT** 模式，将 List 6[3] 串列单元的复数虚部数值修改为 1129.9389，结果如图 2-162 所示。

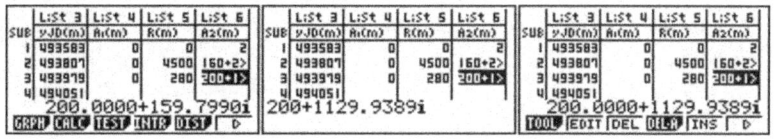

图 2-162　在 **STAT** 模式修改 List 6[3] 串列单元的复数虚部数值

在 fx-9860GⅡ再次执行 Q2X8 程序，重新计算 D 匝道平竖曲线主点数据的屏幕提示与用户操作过程如下：

屏幕提示	按键	说明
JD curve xyH Q2X8		显示程序标题
new(0)/old(≠0) main point data=?	0 EXE	输入 0 重新计算主点数据
i_L%,i_R% Mat B(1)/C(2)/D(3)/E(4)/F(5)/G(6)/no(0)=?	0 EXE	输入 0 没有路基超高横坡矩阵
hor-curve first JD num=?	1 EXE	输入平曲线起始交点号（number）
ver-curve first SJD num=?	1 EXE	输入竖曲线起始变坡点号/耗时 2.73s
Z_{ZD}(m)=544.8176	EXE	显示平曲线终点设计桩号(-0.4mm)/耗时 1.51s
α_{ZD}=151°39′07.76″	EXE	显示平曲线终点走向方位角
Press [MENU][2]⇒Stop!	EXE	继续计算
Del List 4/List 6 Imp, yes(0)/no(≠0)=?	0 EXE	输入 0 删除 List 4 与 List 6 串列复数虚部数值
st xy new(0)/old(>0)/no(<0)=?	[MENU] [2]	停止程序并进入 **STAT** 模式查看主点数据

本次计算的平曲线终点桩号与设计值符合，故取 $R_{HZ}=R''_{HZ}=1\,129.938\,9$m 是正确的。

执行 Q2X8 程序，完成交点平竖曲线主点数据计算后，只要屏幕显示的终点桩号与设计图纸相符，就说明用户已正确输入了平曲线设计数据。本案例的全部文件位于光盘"\2 章\[例 2-24]\荷塘 D 匝道"路径下，请读者播放光盘"\操作视频\2.30\荷塘互通式立交 D 匝道操作视频.avi"文件观看操作方法。

(5) 将 File1 串列文件复制到永久存储器的 HTD.g1m 文件保存

按 [MENU] [F] [F1]（[MAIN]）键进入主存储器界面，按 [F1]（[SEL]）键选择 <LISTFILE> 数据组，按 [F2]（[COPY]）[1]（**Storage Mem**）[EXE] 键将所选数据复制到永久存储器的 HTD.g1m 文件，操作过程与图 2-145 类似。

8）荷塘互通式立交 E 匝道平竖曲线设计数据的输入

图 2-163 为荷塘互通式立交 E 匝道直曲表，表 2-49 为其纵坡与竖曲线设计数据。

广东省江门至广州番禺高速公路及江珠高速公路北沿线
江门四村至顺德均安段TJ04合同段荷塘互通式立交E匝道直线、曲线及转角表(局部)
设计单位：中交公路规划设计院有限公司，广东粤路勘察设计有限公司
施工单位：中交路桥建设有限公司

交点号	交点桩号及交点坐标		转角	曲线要素/m				
				半径	缓和曲线长	切线长	曲线总长	切曲差(校正值)
SP	桩	EK0+000						
	N	2 511 009.374						
	E	494 093.285						
EJD1	桩	EK0+014.489	5°24′11.2″(Z)	230.263 2	0	0	14.489	43.429	0.026
	N	2 511 023.029			100	43.429	28.966		
	E	494 088.441							
EJD2	桩	EK0+155.291	103°21′10.2″(Y)	65	60	55.385	111.859	162.527	51.401
	N	2 511 150.725			60	44.135	102.069		
	E	494 029.062							
EJD3	桩	EK0+285.633	24°37′49.1″(Y)	320	0	0	79.674	215.179	2.82
	N	2 511 187.226			240	167.159	138.325		
	E	494 207.103							
EP	桩	EK0+421.137							
	N	2 511 156.005							
	E	494 341.858							

平面坐标系：1980西安坐标系(中央子午线经度113°10′E)　　　高程系：1985国家高程基准

图 2-163　荷塘互通式立交 E 匝道直线、曲线及转角表(局部)

表 2-49　荷塘互通式立交 E 匝道纵坡与竖曲线设计数据

点名	设计桩号	H/m	R/m	$i/\%$	点名	设计桩号	H/m	R/m	$i/\%$
SQD	EK0+069.29	10.379		2.55	SJD_2	EK0+265	17.164	2 013.264	-0.274
SJD_1	EK0+090	10.907	4 038.968	3.576	SZD	EK0+303.752	17.058		

(1)在 MS-Excel 中输入平竖曲线设计数据

启动 MS-Excel，按表 2-1 的规定，在 HTE 选项卡输入图 2-163 所示 3 个交点的平曲线设计数据。

本例的缓和曲线参数均为整数，故在 D、F 单元应直接输入缓曲参数，为验算缓和曲线是否为完整缓和曲线，在 G3 单元输入表达式"=D3^2/$E3"计算 EJD2 的第一缓和曲线长，因其等于设计值 55.385，故为完整缓和曲线。

在 H2 单元输入表达式"=F2^2/$E2"计算 EJD1 的第二缓和曲线长，因其等于设计值 43.429，故为完整缓和曲线；复制 H2 单元到 H3 与 H4 单元，因 H3 单元的值不等于设计值 44.135，故为非完整缓和曲线；因 H4 不等于设计值 167.159，故为非完整缓和曲线；本例需要确定 2 条非完整缓和曲线的终点半径。

在 W 列输入表 2-49 所示 2 个变坡点的设计数据，平竖曲线设计数据输入结果如图 2-164 所示。

(2)非完整缓曲线元起讫半径的验算

① EJD2 第二缓和曲线终点半径的验算

H3 =F3^2/$E3

	A	B	C	D	E	F	G	H
1	0	2511009.374	494093.286	0	0	0	0	0
2		2511023.029	494088.441	0	230.2632	100	0	43.42856349
3		2511150.725	494029.062	60	65	60	55.38461538	55.38461538
4		2511187.226	494207.103	0	320	240	0	180
5		2511156.005	494341.858					

	W		W
1	69.29	6	265
2	10.379	7	17.164
3	90	8	2013.264
4	10.907	9	303.752
5	4038.968	10	17.058

K_MAT_B / Z / Z_MAT_B / K18 / K18_MAT_B / HTA / HTB / HTC / HTD / HTE / HTG /

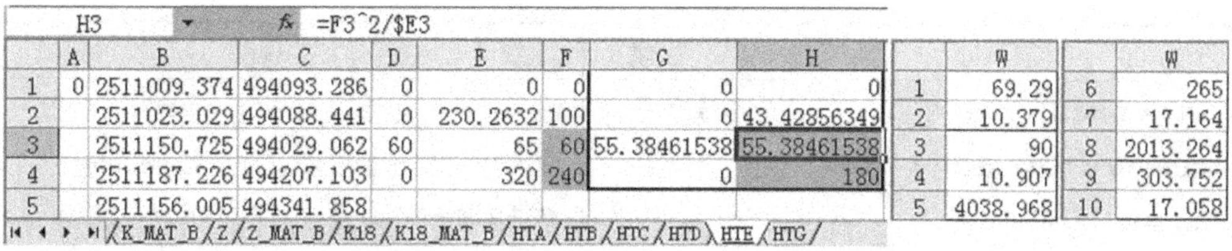

图 2 - 164　在 MS-Excel 的 HTE 选项卡输入荷塘互通式立交 E 匝道的平竖曲线设计数据

EJD2 的圆曲线半径为 $R=65\text{m}$，EJD3 无第一缓和曲线，其圆曲线半径为 320m，可以认为 $R_{HZ}>R=65\text{m}$，由式(2 - 8)有

$$R_{HZ}=\left(R^{-1}-\frac{L_h}{A^2}\right)^{-1}=\left(65^{-1}-\frac{44.135}{60^2}\right)^{-1}=320.010\,940\,5\text{m}\approx320\text{m}$$

② EJD3 第二缓和曲线终点半径的验算

EJD3 的圆曲线半径为 $R=320\text{m}$，假设 $R_{HZ}>R=320\text{m}$，由式(2 - 8)有

$$R_{HZ}=\left(R^{-1}-\frac{L_h}{A^2}\right)^{-1}=\left(320^{-1}-\frac{167.159}{240^2}\right)^{-1}=4\,485.631\,96\text{m}$$

(3) 输出 CSV 格式文件并上载到 fx-9860GⅡ主存储器

将 HTE 选项卡的数据另存为 HTE.csv 文件。使用 FA - 124 通讯软件，将 HTE.csv 文件上载到 fx-9860GⅡ主存储器的 File1 串列文件。

在 fx-9860GⅡ按 MENU 2 键进入 **STAT** 模式，按 SHIFT SET UP 键调出设置菜单，按 ▼ ▼ 键移动光标到"List File"行，按 F1 (FILE) 1 EXE EXE 键设置 File1 为当前串列文件。

为 List 6[3]串列单元的数值添加 EJD2 第二缓和曲线的终点半径 320m 为其虚部数值，为 List 6[4]串列单元的数值添加 EJD3 第二缓和曲线的终点半径 $R_{HZ}=4\,485.632\text{m}$ 为其虚部数值，结果如图 2 - 165 所示。

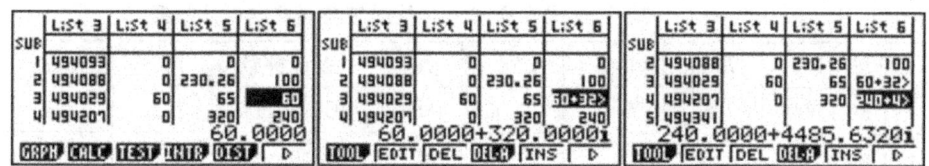

图 2 - 165　在 **STAT** 模式添加两个串列单元的复数虚部数值

(4) 执行 Q2X8 程序计算平竖曲线主点数据

在 fx-9860GⅡ执行 Q2X8 程序，计算 E 匝道平竖曲线主点数据的屏幕提示与用户操作过程如下：

屏幕提示	按键	说明
JD curve xyH Q2X8		显示程序标题
new(0)/old(≠0) main point data=?	**0** EXE	输入 0 重新计算主点数据
i_L%, i_R% Mat B(1)/C(2)/D(3)/ E(4)/F(5)/G(6)/no(0)=?	**0** EXE	输入 0 没有路基超高横坡矩阵

续表

屏幕提示	按键	说明
hor-curve first JD num=?	1 EXE	输入平曲线起始交点号（number）
ver-curve first SJD num=?	1 EXE	输入竖曲线起始变坡点号/耗时4.06s
Z_{ZD}(m) =421.1367	EXE	显示平曲线终点设计桩号（-0.3mm）/耗时1.72s
α_{ZD}=103°02′40.34″	EXE	显示平曲线终点走向方位角
Press [MENU][2]⇒Stop!	EXE	继续计算
Del List 4/List 6 Imp, yes(0)/no(≠0)=?	0 EXE	输入0删除List 4与List 6串列复数虚部数值
st xy new(0)/old(>0)/no(<0)=?	MENU 2	停止程序并进入STAT模式查看主点数据

　　本次计算的平曲线终点桩号与设计值符合，故取 R_{HZ} = 4 485.632m 是正确的。
　　执行 Q2X8 程序，完成交点平竖曲线主点数据计算后，只要屏幕显示的终点桩号与设计图纸相符，就说明用户已正确输入了平曲线设计数据。本案例的全部文件位于光盘"\2章\［例2-24］\荷塘 E 匝道"路径下，请读者播放光盘"\操作视频\2.30\荷塘互通式立交 E 匝道操作视频.avi"文件观看操作方法。
　　（5）将 File1 串列文件复制到永久存储器的 HTE.g1m 文件保存
　　按 MENU F F1 (MAIN) 键进入主存储器界面，按 F1 (SEL) 键选择 <LISTFILE> 数据组，按 F2 (COPY) 1 (Storage Mem) EXE 键将所选数据复制到永久存储器的 HTE.g1m 文件，操作过程与图 2-145 类似。

9）荷塘互通式立交改路 G 线平竖曲线设计数据的输入

　　设计院只给出了荷塘互通式立交改路 G 线线元法设计图纸，如图 2-166 所示，表 2-50 为其纵坡与竖曲线设计数据，需要使用 Q2X9 程序计算。

表 2-50　荷塘互通式立交改路 G 线纵坡与竖曲线设计数据

点名	设计桩号	H/m	R/m	i/%	点名	设计桩号	H/m	R/m	i/%
SQD	GK0+000	7.82		-0.009	SQD	GK0+000	7.82		-0.009
SZD	GK0+980	7.728			SJD_1	GK0+490	7.774	0	-0.009
					SZD	GK0+980	7.728		

　　如表 2-50 左幅所示，改路 G 线的竖曲线为直线降坡，图纸只给出的竖曲线起点与终点的桩号及其高程，没有变坡点，而 Q2X9 程序要求至少应有一个变坡点才能进行竖曲线计算。为此，取直线降坡的中点为虚拟变坡点 SDJ_1，其竖曲线半径为 0，结果如表 2-50 右幅所示。
　　（1）在 MS-Excel 中输入平竖曲线设计数据
　　如图 2-166 所示，本例有 6 个缓曲线元，均按完整缓和曲线输入设计数据，结果如图 2-167 所示。
　　由表 3-1 可知，List 5（E 列）用于存储程序反求出的缓曲线元参数，为了验算缓曲线元是否为完整缓和曲线，可以应用式（2-9），在 E 列的缓曲线元行输入表达式反算缓曲

广东省江门至广州番禺高速公路及江珠高速公路北沿线
江门四村至顺德均安段TJ04合同段荷塘互通式立交改路G线线位数据表

点名	桩 号	x/m	y/m	走向方位角	线长/m
QD	GK0+000	2 511 381.501	493 959.888	115°18′24.2″	48.386
ZH	GK0+048.386	2 511 360.817	494 003.631	115°18′24.2″	90
HY	GK0+138.386	2 511 321.411	494 084.540	117°17′24.2″	140.652
YH	GK0+279.039	2 511 250.293	494 205.809	123°29′20.9″	90
GQ	GK0+369.039	2 511 198.917	494 279.698	125°28′20.8″	80
HY	GK0+449.039	2 511 153.960	494 345.852	121°39′09.8″	173.582
YH	GK0+622.621	2 511 085.360	494 504.645	105°04′36.6″	80
GQ	GK0+702.621	2 511 068.007	494 582.724	101°15′25.6″	60
HY	GK0+762.621	2 511 055.642	494 641.433	103°10′01.1″	89.812
YH	GK0+852.433	2 511 030.858	494 727.719	108°53′04.4″	60
HZ	GK0+912.433	2 511 010.182	494 724.041	110°47′39.9″	75.161
ZD	GK0+987.594	2 510 983.499	494 854.306	110°47′39.9″	

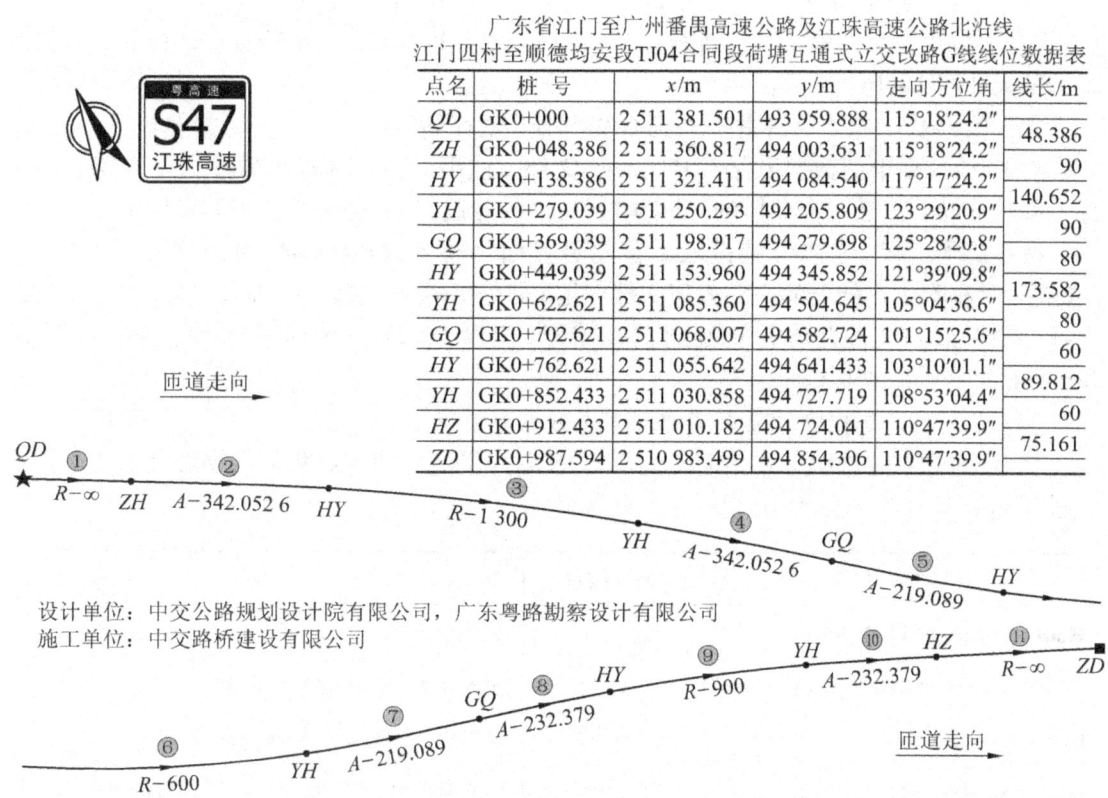

图 2－166　荷塘互通式立交改路 G 线线位数据表

E2　=SQRT(B2*C2)

	A	B	C	D	E	F	G	H	I	J	K	L	M	N
1	0	0	48.386	0	0	0	2511381.501	493959.888		115.3067222		0	7.82	0
2	0	1300	90	1	342.0526275							490	7.774	0
3	1300	1300	140.653	1	0							980	7.728	
4	1300	0	90	1	342.0526275									
5	0	600	80	-1	219.089023									
6	600	600	173.582	-1	0									
7	600	0	80	-1	219.089023									
8	0	900	60	1	232.3790008									
9	900	900	89.812	1	0									
10	900	0	60	1	232.3790008									
11	0	0	75.161	0	0									

K / MAT_A / K_MAT_B / Z / Z_MAT_B / K18 / K18_MAT_B / HTA / HTB / HTC / HTD / HTE / HTG / SSA / SSB / SSC / SSD

图 2－167　在 MS-Excel 的 HTG 选项卡输入荷塘互通式立交改路 G 线的平竖曲线设计数据

参数 A。在 E2 单元输入表达式“=SQRT(B2*C2)”，在 E4 单元输入表达式“=SQRT(A4*C4)”，依此输入其余 4 个单元的表达式，结果如图 2－167 所示。将 E 列的 6 个缓曲参数与图 2－166 的设计值比较可知，基本相符，这就表明，本例的 6 个缓曲线元均为完整缓和曲线。

改路 G 线的 QD 走向方位角为 115°18′24.2″，应在 J1 单元输入以十进制度为单位的 QD 走向方位角，可以输入表达式"= 115 + 18/60 + 24.2/3600"，由 MS-Excel 换算为十进制度，结果如图 2 – 167 所示。

（2）输出 CSV 格式文件并上载到 fx-9860GⅡ主存储器

将 HTG 选项卡的数据另存为 HTG.csv 文件。使用 FA – 124 通讯软件，将 HTG.csv 文件上载到 fx-9860GⅡ主存储器的 File1 串列文件，并设置 File1 为当前串列文件。

按 MENU F F1 (MAIN) 键进入主存储器界面，选择 **<PROGRQM >** 文件组，按 F6 (DEL) 键删除主存储器的全部程序文件。按 MENU F F2 (SMEM) 键进入永久存储器界面，选择 Q2X9.g1m 文件并将其复制到主存储器（假设 Q2X9.g1m 程序文件已经上载到 fx-9860GⅡ的永久存储器）。

（3）执行 Q2X9 程序计算平竖曲线主点数据

在 fx-9860GⅡ执行 Q2X9 程序，计算改路 G 线平竖曲线主点数据的屏幕提示与用户操作过程如下：

屏幕提示	按键	说明
Route or rampxyH Q2X9		显示程序标题
new(0)/old(≠0) main point data=?	0 EXE	输入 0 为重新计算主点数据
hor-curve QD num=?	1 EXE	输入平曲线起始点号（number）
ver-curve first SJD num=?	1 EXE	输入竖曲线起始变坡点号/耗时 2.62s
$Z_{ZD}(m)=987.5940$		显示平曲线终点设计桩号（0mm）/耗时 1.55s
$x_{ZD}(m)=2510983.499$		显示终点中桩 x 坐标（$\Delta x = 0$mm）
$y_{ZD}(m)=494854.3058$		显示终点中桩 y 坐标（$\Delta y = -0.2$mm）
$\alpha_{ZD}=110°47′40.12″$	EXE	显示终点走向方位角（0.22″）
Press [MENU][2]⇒Stop!	MENU 2	进入 **STAT** 模式查看主点数据

完成平竖曲线主点数据计算后，只有屏幕显示的终点桩号、走向方位角及其平面坐标与设计图纸相符时，才说明用户已正确输入了平曲线设计数据。本案例的全部文件位于光盘"\2 章\［例 2 – 24］\荷塘改路 G 线"路径下，请读者播放光盘"\操作视频\2.30\荷塘互通式立交改路 G 线操作视频.avi"文件观看操作方法。

（4）将 File1 串列文件复制到永久存储器的 HTG.g1m 文件保存

按 MENU F F1 (MAIN) 键进入主存储器界面，按 F1 (SEL) 键选择 **<LISTFILE >** 数据组，按 F2 (COPY) ① (**Storage Mem**) EXE 键将所选数据复制到永久存储器的 HTG.g1m 文件，操作过程与图 2 – 145 类似。

10）石山互通式立交 A 匝道平竖曲线设计数据的输入

图 2 – 168 为石山互通式立交 A 匝道直曲表，表 2 – 51 为其纵坡与竖曲线设计数据。

广东省江门至广州番禺高速公路及江珠高速公路北沿线
江门四村至顺德均安段TJ04合同段石山互通式立交A匝道直线、曲线及转角表(局部)
设计单位：中交公路规划设计院有限公司，广东粤路勘察设计有限公司
施工单位：中交路桥建设有限公司

交点号	交点桩号及交点坐标		转角	半径	曲线要素/m				
					缓和曲线参数	缓和曲线长	切线长	曲线总长	切曲差(校正值)
SP	桩	AK0+000							
	N	2511422.506							
	E	491404.043							
AJD1	桩	AK0+126.688	102°30′31″(Z)	100	0	0	126.688	197.385	72.653
	N	2511473.704			100	60.784	143.350		
	E	491288.161							
AJD2	桩	AK0+509.064	101°14′45″(Z)	255	0	0	311.679	489.035	171.934
	N	2511027.538			140	76.863	349.290		
	E	491198.787							
EP	桩	AK1+159.670							
	N	2511026.367							
	E	492021.325							

平面坐标系：1980西安坐标系(中央子午线经度113°10′E)　　　　　　高程系：1985国家高程基准

图 2-168　石山互通式立交 A 匝道直线、曲线及转角表(局部)

表 2-51　石山互通式立交 A 匝道纵坡与竖曲线设计数据

点名	设计桩号	H/m	R/m	i/%	点名	设计桩号	H/m	R/m	i/%
SQD	AK0+000	12.788		-3	SJD_3	AK0+635	5.336	2 800	-0.3
SJD_1	AK0+235	5.757	2 000	2.8	SJD_4	AK0+971.148	4.33	5 000	2
SJD_2	AK0+435	11.338	2 000	-3	SZD	AK1+159.67	8.1		

(1)在 MS-Excel 中输入平竖曲线设计数据

在 MS-Excel 的 SSA 选项卡(SS 为石山汉语拼音的 2 个声母，A 表示 A 匝道)输入图 2-168 所示 2 个交点的平曲线设计数据。

在 H2 单元输入表达式"=F2^2/\$E2"计算 AJD1 的第二缓和曲线长，因其不等于设计值 60.784，故为非完整缓和曲线，其缓曲参数单元 F2 以灰底色背景表示；复制 H2 单元到 H3 单元计算 AJD2 的第二缓和曲线长，因其等于设计值 76.863，故为完整缓和曲线。

在 W 列输入表 2-51 所示 4 个变坡点的设计数据，平竖曲线设计数据输入结果如图 2-169 所示。

(2)非完整缓曲线元起讫半径的验算

AJD1 的圆曲线半径为 $R=100$m，AJD2 无第一缓和曲线，其圆曲线半径为 255m，可以认为 $R_{HZ}>R=100$m，由式(2-8)有

$$R_{HZ} = \left(R^{-1} - \frac{L_h}{A^2}\right)^{-1} = \left(100^{-1} - \frac{60.784}{100^2}\right)^{-1} = 254.99796\text{m} \approx 255\text{m}$$

(3)输出 CSV 格式文件并上载到 fx-9860GⅡ主存储器

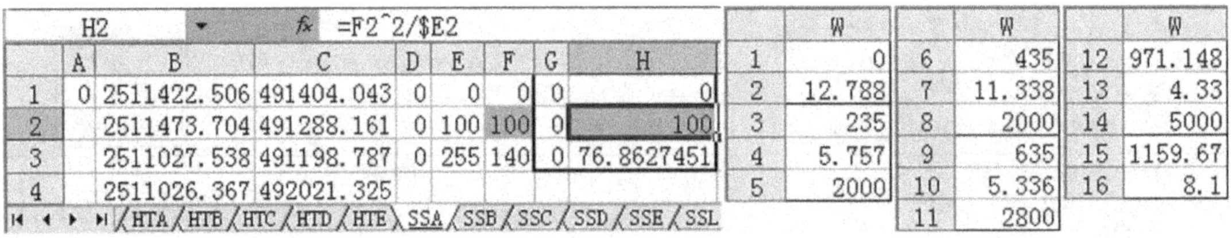

图 2-169　在 MS-Excel 的 SSA 选项卡输入石山互通式立交 A 匝道的平竖曲线设计数据

将 SSA 选项卡的数据另存为 SSA.csv 文件，退出 MS-Excel。使用 FA-124 通讯软件，将 SSA.csv 文件上载到 fx-9860GⅡ主存储器的 File1 串列文件。

在 fx-9860GⅡ按 MENU ② 键进入 **STAT** 模式，按 SHIFT SETUP 键调出设置菜单，按 ▼ ▼ 键移动光标到"List File"行，按 F1（**FILE**）① EXE EXE 键设置 File1 为当前串列文件。

为 List 6[2]串列单元的数值添加 AJD1 第二缓和曲线的终点半径 255m 为其虚部数值，结果如图 2-170 所示。

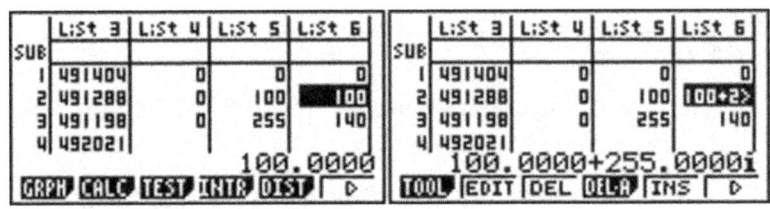

图 2-170　在 **STAT** 模式添加 1 个串列单元的复数虚部数值

（4）执行 Q2X8 程序计算平竖曲线主点数据

在 fx-9860GⅡ执行 Q2X8 程序，计算 A 匝道平竖曲线主点数据的屏幕提示与用户操作过程如下：

屏幕提示	按键	说明
JD curve xyH Q2X8		显示程序标题
new(0)/old(≠0) main point data=?	0 EXE	输入 0 重新计算主点数据
i_L%，i_R% Mat B(1)/C(2)/D(3)/E(4)/F(5)/G(6)/no(0)=?	0 EXE	输入 0 没有路基超高横坡矩阵
hor-curve first JD num=?	1 EXE	输入平曲线起始交点号（number）
ver-curve first SJD num=?	1 EXE	输入竖曲线起始变坡点号/耗时 2.55s
Z_{ZD}(m) =1159.6699		显示平曲线终点设计桩号（-0.1mm）/耗时 2.14s
$α_{ZD}$=90°04′53.65″	EXE	显示平曲线终点走向方位角
Press [MENU][2]⇌Stop!	EXE	继续计算
Del List 4/List 6 Imp, yes(0)/no(≠0)=?	0 EXE	输入 0 删除 List 4 与 List 6 串列复数虚部数值
st xy new(0)/old(>0)/no(<0)=?	MENU ②	停止程序并进入 **STAT** 模式查看主点数据

执行 Q2X8 程序，完成交点平竖曲线主点数据计算后，只要屏幕显示的终点桩号与设计图纸相符，就说明用户已正确输入了平曲线设计数据。本案例的全部文件位于光盘"\2章\［例2-24］\石山A匝道"路径下，请读者播放光盘"\操作视频\2.30\石山互通式立交A匝道操作视频.avi"文件观看操作方法。

（5）将File1串列文件复制到永久存储器的SSA.g1m文件保存

按 MENU F F1（MAIN）键进入主存储器界面，按 F1（SEL）键选择 **<LISTFILE>** 数据组，按 F2（COPY）1（Storage Mem）EXE 键将所选数据复制到永久存储器的SSA.g1m文件，操作过程与图2-145类似。

11）石山互通式立交B匝道平竖曲线设计数据的输入

图2-171为石山互通式立交B匝道直曲表，表2-52为其纵坡与竖曲线设计数据。

广东省江门至广州番禺高速公路及江珠高速公路北沿线
江门四村至顺德均安段TJ04合同段石山互通式立交B匝道直线、曲线及转角表（局部）
设计单位：中交公路规划设计院有限公司，广东粤路勘察设计有限公司
施工单位：中交路桥建设有限公司

粤高速 S47 江珠高速

交点号	交点桩号及交点坐标		转角	曲线要素/m					
				半径	缓和曲线参数	缓和曲线长	切线长	曲线总长	切曲差（校正值）
SP	桩	BK0+000							
	N	2511419.991							
	E	491402.932							
BJD1	桩	BK0+366.918	159°40′45″(Y)	60	90	51.71	366.918	223.059	545.487
	N	2511271.711			75	92.811	401.628		
	E	491738.553							
EP	桩	BK0+223.059							
	N	2511296.337							
	E	491337.681							

平面坐标系：1980西安坐标系(中央子午线经度113°10′E)　　　　　　　　高程系：1985国家高程基准

图2-171　石山互通式立交B匝道直线、曲线及转角表（局部）

表2-52　石山互通式立交B匝道纵坡与竖曲线设计数据

点名	设计桩号	H/m	R/m	i/%
SQD	BK0+000	12.653		3
SJD_1	BK0+119.867	16.249	2 573.185	2.8
SZD	BK0+169.271	15.834		

（1）在MS-Excel中输入平竖曲线设计数据

在MS-Excel的SSB选项卡输入图2-171所示1个交点的平曲线设计数据。

在G2单元输入表达式"=D2^2/$E2"计算BJD1的第一缓和曲线长，因其不等于设计值51.71，故为非完整缓和曲线，其缓曲参数单元D2以灰底色背景表示；在H2单元输入表达式"=F2^2/$E2"计算BJD1的第二缓和曲线长，因其不等于设计值92.811，故为非完整缓和曲线，其缓曲参数单元F2以灰底色背景表示。

在 W 列输入表 2－52 所示 1 个变坡点的设计数据，平竖曲线设计数据输入结果如图 2－172 所示。

G2 f_x =D2^2/$E2

	A	B	C	D	E	F	G	H
1	0	2511419.991	491402.932	0	0	0	0	0
2		2511271.711	491738.553	90	60	75	135	93.75
3		2511296.337	491337.681					
4								

HTA HTB HTC HTD HTE SSA SSB SSC SSD

	W
1	0
2	12.653
3	119.867
4	16.249
5	2573.185
6	169.271
7	15.834

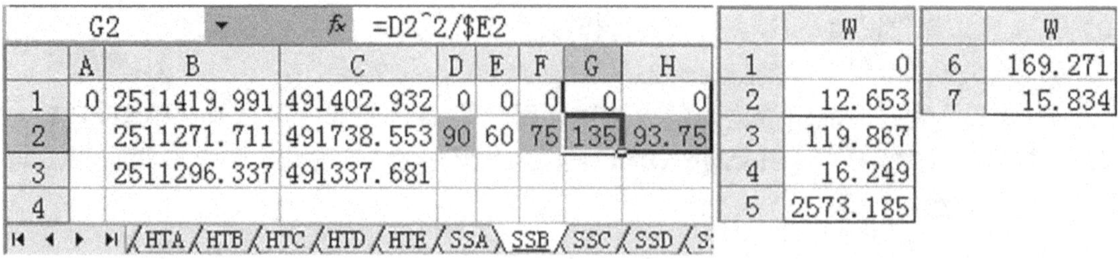

图 2－172　在 MS-Excel 的 SSB 选项卡输入石山互通式立交 B 匝道的平竖曲线设计数据

（2）非完整缓曲线元起讫半径的验算

BJD1 的圆曲线半径 $R=60\text{m}$，在匝道平曲线设计中，已属于很小的数值，因此，可以设 BJD1 的第一缓和曲线起点半径 $R_{ZH}>R=60\text{m}$，由式（2－8）有

$$R_{ZH}=\left(R^{-1}-\frac{L_{h1}}{A_1^2}\right)^{-1}=\left(60^{-1}-\frac{51.71}{90^2}\right)^{-1}=97.250\ 570\ 3\text{m}$$

同理，可以设 BJD1 的第二缓和曲线终点半径 $R_{HZ}>R=60\text{m}$，由式（2－8）有

$$R_{HZ}=\left(R^{-1}-\frac{L_{h2}}{A_2^2}\right)^{-1}=\left(60^{-1}-\frac{92.811}{75^2}\right)^{-1}=5\ 990.415\ 335\text{m}$$

（3）输出 CSV 格式文件并上载到 fx-9860GⅡ主存储器

将 SSB 选项卡的数据另存为 SSB. csv 文件，退出 MS-Excel。使用 FA－124 通讯软件，将 SSB. csv 文件上载到 fx-9860GⅡ主存储器的 File1 串列文件。

在 fx-9860GⅡ按 MENU 2 键进入 **STAT** 模式，按 SHIFT SET UP 键调出设置菜单，按 ▼ ▼ 键移动光标到“List File”行，按 F1（FILE）1 EXE EXE 键设置 File1 为当前串列文件。

为 List 4[2]串列单元的数值添加 BJD1 第一缓和曲线的终点半径 97.250 6m 为其虚部数值，为 List 6[2]串列单元的数值添加 BJD1 第二缓和曲线的终点半径 5990.415 3m 为其虚部数值，结果如图 2－173 所示。

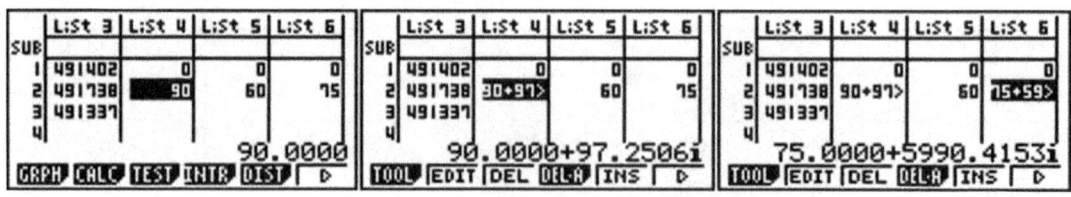

图 2－173　在 **STAT** 模式添加两个串列单元的复数虚部数值

（4）执行 Q2X8 程序计算平竖曲线主点数据

在 fx-9860GⅡ执行 Q2X8 程序，计算 B 匝道平竖曲线主点数据的屏幕提示与用户操作过程如下：

屏幕提示	按键	说明
JD curve xyH Q2X8		显示程序标题
new(0)/old(≠0) main point data=?	0 EXE	输入0重新计算主点数据
i_L%,i_R% Mat B(1)/C(2)/D(3)/E(4)/F(5)/G(6)/no(0)=?	0 EXE	输入0没有路基超高横坡矩阵
hor-curve first JD num=?	1 EXE	输入平曲线起始交点号(number)
ver-curve first SJD num=?	1 EXE	输入竖曲线起始变坡点号/耗时2.81s
Z_{ZD}(m)=223.0625		显示平曲线终点设计桩号(-3.5mm)/耗时1.02s
$α_{ZD}$=273°30′55.17″	EXE	显示平曲线终点走向方位角
Press [MENU][2]⇨Stop!	EXE	继续计算
Del List 4/List 6 Imp, yes(0)/no(≠0)=?	0 EXE	输入0删除List 4与List 6串列复数虚部数值
st xy new(0)/old(>0)/no(<0)=?	MENU 2	停止程序并进入STAT模式查看主点数据

执行Q2X8程序,完成交点平竖曲线主点数据计算后,只要屏幕显示的终点桩号与设计图纸相符,就说明用户已正确输入了平曲线设计数据。本案例的全部文件位于光盘"\2章\[例2-24]\石山B匝道"路径下,请读者播放光盘"\操作视频\2.30\石山互通式立交B匝道操作视频.avi"文件观看操作方法。

(5)将File1串列文件复制到永久存储器的SSB.g1m文件保存

按 MENU F F1 (MAIN) 键进入主存储器界面,按 F1 (SEL) 键选择 <LISTFILE> 数据组,按 F2 (COPY) 1 (Storage Mem) EXE 键将所选数据复制到永久存储器的SSB.g1m文件,操作过程与图2-145类似。

12)石山互通式立交C匝道平竖曲线设计数据的输入

图2-174为石山互通式立交C匝道直曲表,表2-53为其纵坡与竖曲线设计数据。

表2-53　石山互通式立交C匝道纵坡与竖曲线设计数据

点名	设计桩号	H/m	R/m	i/%
SQD	CK0+230.752	19.194		-1.62
SJD_1	CK0+375.012	16.857	6 500	-3
SJD_2	CK0+502.645	13.028		

(1)在MS-Excel中输入平竖曲线设计数据

在MS-Excel的SSC选项卡输入图2-174所示3个交点的平曲线设计数据。

在G3单元输入表达式"=D3^2/$E3"计算CJD2的第一缓和曲线长,因其不等于设计值72.407,故为非完整缓和曲线,其缓曲参数单元D2以灰底色背景表示;复制G3单元到G4单元,计算CJD3的第一缓和曲线长,因其等于设计值53.828,故为完整缓和曲线。

在H3单元输入表达式"=F3^2/$E3"计算CJD2的第二缓和曲线长,因其等于设计值53.519,故为完整缓和曲线。

广东省江门至广州番禺高速公路及江珠高速公路北沿线
江门四村至顺德均安段TJ04合同段荷塘互通式立交C匝道直线、曲线及转角表(局部)
设计单位：中交公路规划设计院有限公司，广东粤路勘察设计有限公司
施工单位：中交路桥建设有限公司

交点号	交点桩号及交点坐标		转角	曲线要素/m				
				半径	缓和曲线长	切线长	曲线总长	切曲差(校正值)
SP	桩	CK0+000						
	N	2 511 280.844						
	E	491 855.901						
CJD1	桩	CK0+145.938	1°44′44″(Y)	6 000	0	91.401	182.788	0.014
	N	2 511 284.586			0	91.401		
	E	491 710.011						
CJD2	桩	CK0+377.028	51°09′51″(Y)	135	100	72.407	99.704	182.701	9.808
	N	2 511 295.301			85	53.519	92.805		
	E	491 519.207						
CJD3	桩	CK0+473.459	30°32′33″(Z)	104.5	75	53.828	53.433	82.619	1.614
	N	2 511 414.176			0	0	30.800		
	E	491 434.034						
EP	桩	CK0+502.645						
	N	2 511 426.622						
	E	491 405.862						

平面坐标系：1980西安坐标系(中央子午线经度113°10′E)　　高程系：1985国家高程基准

图 2-174　石山互通式立交 C 匝道直线、曲线及转角表(局部)

在 W 列输入表 2-53 所示 1 个变坡点的设计数据，平竖曲线设计数据输入结果如图 2-175 所示。

	G3		f_x	=D3^2/$E3							
	A	B	C	D	E	F	G	H		W	W
1	0	2511280.844	491855.901	0	0	0	0	0	1	230.752	6	502.645
2		2511284.586	491710.011	0	6000	0	0	0	2	19.194	7	13.028
3		2511295.301	491519.207	100	135	85	74.07407407	53.51851852	3	375.012		
4		2511414.176	491434.034	75	104.5	0	53.8277512	0	4	16.857		
5		2511426.622	491405.862						5	6500		

K18_MAT_B / HTA / HTB / HTC / HTD / HTE / SSA / SSB / SSC / SSD / SSE / SSL /

图 2-175　在 MS-Excel 的 SSC 选项卡输入石山互通式立交 C 匝道的平竖曲线设计数据

(2)非完整缓曲线元起讫半径的验算

CJD2 的圆曲线半径 $R = 135\mathrm{m}$，CJD1 单元曲线半径 $R = 6\,000\mathrm{m}$，因此，可以设 CJD1 的第一缓和曲线起点半径 $R_{ZH} > R = 135\mathrm{m}$，由式(2-8)有

$$R_{ZH} = \left(R^{-1} - \frac{L_{h1}}{A_1^2}\right)^{-1} = \left(135^{-1} - \frac{72.407}{100^2}\right)^{-1} = 5\,998.533\,692\mathrm{m}$$

(3)输出 CSV 格式文件并上载到 fx-9860GⅡ主存储器

将 SSC 选项卡的数据另存为 SSC.csv 文件，退出 MS-Excel。使用 FA-124 通讯软件，将 SSC.csv 文件上载到 fx-9860GⅡ主存储器的 File1 串列文件。

在 fx-9860GⅡ按 [MENU] [2] 键进入 **STAT** 模式，按 [SHIFT] [SETUP] 键调出设置菜单，按 ▽ ▽

键移动光标到"List File"行，按 [F1]（[FILE]）[1] [EXE] [EXE] 键设置 File1 为当前串列文件。

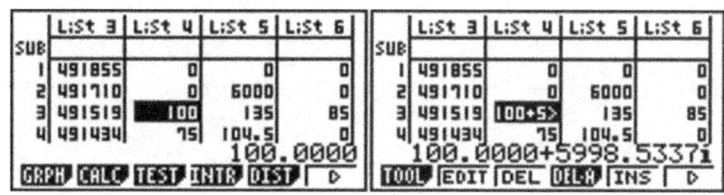

图 2-176 在 **STAT** 模式添加 1 个串列单元的复数虚部数值

为 List 4[3] 串列单元的数值添加 CJD2 第一缓和曲线的终点半径 5 998.533 7m 为其虚部数值，结果如图 2-176 所示。

（4）执行 Q2X8 程序计算平竖曲线主点数据

在 fx-9860G Ⅱ 执行 Q2X8 程序，计算 C 匝道平竖曲线主点数据的屏幕提示与用户操作过程如下：

屏幕提示	按键	说明
JD curve xyH Q2X8		显示程序标题
new(0)/old(≠0) main point data=?	0 [EXE]	输入 0 重新计算主点数据
i_L%,i_R% Mat B(1)/C(2)/D(3)/E(4)/F(5)/G(6)/no(0)=?	0 [EXE]	输入 0 没有路基超高横坡矩阵
hor-curve first JD num=?	1 [EXE]	输入平曲线起始交点号（number）
ver-curve first SJD num=?	1 [EXE]	输入竖曲线起始变坡点号/耗时 4.01s
Z_{ZD}(m)=502.6454		显示平曲线终点设计桩号(0.4mm)/耗时 1.47s
$α_{ZD}$=293°50′06.64″	[EXE]	显示平曲线终点走向方位角
Press [MENU][2]⇒Stop!	[EXE]	继续计算
Del List 4/List 6 Imp, yes(0)/no(≠0)=?	0 [EXE]	输入 0 删除 List 4 与 List 6 串列复数虚部数值
st xy new(0)/old(>0)/no(<0)=?	[MENU] [2]	停止程序并进入 **STAT** 模式查看主点数据

执行 Q2X8 程序，完成交点平竖曲线主点数据计算后，只要屏幕显示的终点桩号与设计图纸相符，就说明用户已正确输入了平曲线设计数据。本案例的全部文件位于光盘"\2 章\[例 2-24]\石山 C 匝道"路径下，请读者播放光盘"\操作视频\2.30\石山互通式立交 C 匝道操作视频.avi"文件观看操作方法。

（5）将 File1 串列文件复制到永久存储器的 SSC.g1m 文件保存

按 [MENU] [F] [F1]（[MAIN]）键进入主存储器界面，按 [F1]（[SEL]）键选择 <LISTFILE>数据组，按 [F2]（[COPY]）[1]（**Storage Mem**）[EXE] 键将所选数据复制到永久存储器的 SSC.g1m 文件，操作过程与图 2-145 类似。

13）石山互通式立交 D 匝道平竖曲线设计数据的输入

图 2-177 为石山互通式立交 D 匝道直曲表，表 2-54 为其纵坡与竖曲线设计数据。

广东省江门至广州番禺高速公路及江珠高速公路北沿线
江门四村至顺德均安段TJ04合同段荷塘互通式立交D匝道直线、曲线及转角表(局部)
设计单位：中交公路规划设计院有限公司，广东粤路勘察设计有限公司
施工单位：中交路桥建设有限公司

交点号	交点桩号及交点坐标		转角	曲线要素/m				
				半径	缓和曲线长	切线长	曲线总长	切曲差(校正值)
SP	桩	DK0+000						
	N	2 511 326.176						
	E	490 806.294						
DJD1	桩	DK0+119.153	2°05′44″(Z)	6 515.25	0	119.153	238.28	0.026
	N	2 511 303.409			0	119.153		
	E	470 923.252						
DJD2	桩	DK0+387.603	41°52′52″(Y)	275	155	87.364	149.323	288.378	10.268
	N	2 511 261.780			155	87.364	149.323		
	E	491 188.481						
DJD3	桩	DK0+576.633	8°11′44″(Z)	261.75	140	74.881	49.974	74.881	0.102
	N	2 511 107.334			0	0	25.009		
	E	491 314.439						
EP	桩	DK0+601.539						
	N	2 511 090.404						
	E	491 332.847						

平面坐标系：1980西安坐标系(中央子午线经度113°10′E)　　　高程系：1985国家高程基准

图 2-177　石山互通式立交 D 匝道直线、曲线及转角表(局部)

表 2-54　石山互通式立交 D 匝道纵坡与竖曲线设计数据

点名	设计桩号	H/m	R/m	$i/\%$	点名	设计桩号	H/m	R/m	$i/\%$
SQD	DK0+230.991	13.612		-0.02	SJD_2	DK0+465	8.619	1 832.261	2.45
SJD_1	DK0+274.995	13.603	3 380.991	-2.62	SZD	DK0+511.475	9.758		

(1) 在 MS-Excel 中输入平竖曲线设计数据

在 MS-Excel 的 SSD 选项卡输入图 2-177 所示 3 个交点的平曲线设计数据。

在 G3 单元输入表达式"=D3^2/\$E3"计算 DJD2 的第一缓和曲线长，因其等于设计值 87.364，故为完整缓和曲线；复制 G3 单元到 G4 单元，计算 DJD3 的第一缓和曲线长，因其等于设计值 74.881，故为完整缓和曲线。

在 H3 单元输入表达式"=F3^2/\$E3"计算 DJD2 的第二缓和曲线长，因其等于设计值 87.364，故为完整缓和曲线。因此，本例的 3 条缓和曲线均为完整缓和曲线。

在 W 列输入表 2-54 所示 2 个变坡点的设计数据，平竖曲线设计数据输入结果如图 2-178 所示。

(2) 输出 CSV 格式文件并上载到 fx-9860GⅡ主存储器

将 SSD 选项卡的数据另存为 SSC.csv 文件，退出 MS-Excel。使用 FA-124 通讯软件，将 SSD.csv 文件上载到 fx-9860GⅡ主存储器的 File1 串列文件。

在 fx-9860GⅡ按 [MENU] [2] 键进入 **STAT** 模式，按 [SHIFT] [SETUP] 键调出设置菜单，按 [▼] [▼] 键移动光标到"List File"行，按 [F1] (**FILE**) [1] [EXE] [EXE] 键设置 File1 为当前串列文件。

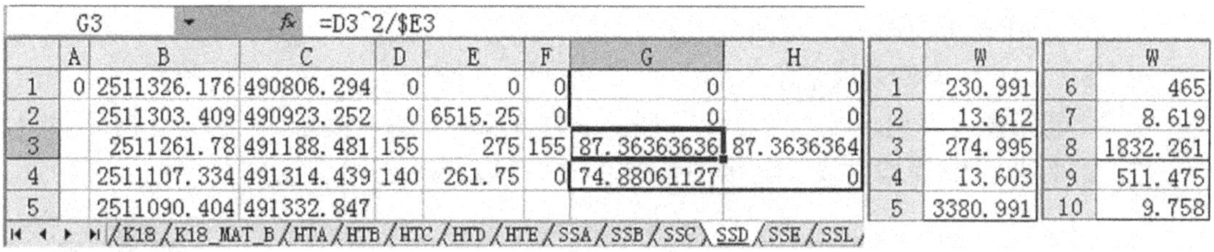

	G3		fx	=D3^2/$E3							
	A	B	C	D	E	F	G	H		W		W
1	0	2511326.176	490806.294	0	0	0	0	0	1	230.991	6	465
2		2511303.409	490923.252	0	6515.25	0	0	0	2	13.612	7	8.619
3		2511261.78	491188.481	155	275	155	87.36363636	87.3636364	3	274.995	8	1832.261
4		2511107.334	491314.439	140	261.75	0	74.88061127	0	4	13.603	9	511.475
5		2511090.404	491332.847						5	3380.991	10	9.758

K18 / K18_MAT_B / HTA / HTB / HTC / HTD / HTE / SSA / SSB / SSC / **SSD** / SSE / SSL

图 2-178　在 MS-Excel 的 SSD 选项卡输入石山互通式立交 D 匝道的平竖曲线设计数据

（3）执行 Q2X8 程序计算平竖曲线主点数据

在 fx-9860GⅡ执行 Q2X8 程序，计算 D 匝道平竖曲线主点数据的屏幕提示与用户操作过程如下：

屏幕提示	按键	说明
JD curve xyH Q2X8		显示程序标题
new(0)/old(≠0) main point data=?	0 EXE	输入 0 重新计算主点数据
i_L%, i_R% Mat B(1)/C(2)/D(3)/E(4)/F(5)/G(6)/no(0)=?	0 EXE	输入 0 没有路基超高横坡矩阵
hor-curve first JD num=?	1 EXE	输入平曲线起始交点号(number)
ver-curve first SJD num=?	1 EXE	输入竖曲线起始变坡点号/耗时 3.6s
Z_{ZD}(m)=601.5396		显示平曲线终点设计桩号(0.6mm)/耗时 1.69s
$α_{ZD}$=132°36′18.07″	EXE	显示平曲线终点走向方位角
Press [MENU][2]⇒Stop!	MENU 2	停止程序并进入 STAT 模式查看主点数据

执行 Q2X8 程序，完成交点平竖曲线主点数据计算后，只要屏幕显示的终点桩号与设计图纸相符，就说明用户已正确输入了平曲线设计数据。本案例的全部文件位于光盘"\2章\[例 2-24]\石山 D 匝道"路径下，请读者播放光盘"\操作视频\2.30\石山互通式立交 D 匝道操作视频.avi"文件观看操作方法。

（4）将 File1 串列文件复制到永久存储器的 SSD.g1m 文件保存

按 MENU F F1 (MAIN) 键进入主存储器界面，按 F1 (SEL) 键选择 **<LISTFILE>** 数据组，按 F2 (COPY) 1 (**Storage Mem**) EXE 键将所选数据复制到永久存储器的 SSD.g1m 文件，操作过程与图 2-145 类似。

14）石山互通式立交 E 匝道平竖曲线设计数据的输入

图 2-179 为石山互通式立交 E 匝道直曲表，表 2-55 为其纵坡与竖曲线设计数据。

表 2-55　石山互通式立交 E 匝道纵坡与竖曲线设计数据

点名	设计桩号	H/m	R/m	i/%	点名	设计桩号	H/m	R/m	i/%
SQD	EK0+071.129	9.826		1.83	SJD_2	EK0+240	15.399	4 811.104	1.86
SJD_1	EK0+100	10.354	3 255.668	3.6	SZD	EK0+281.917	16.179		

(1) 在 MS-Excel 中输入平竖曲线设计数据

在 MS-Excel 的 SSE 选项卡输入图 2–179 所示 1 个交点的平曲线设计数据。

在 G2 单元输入表达式"=D2^2/$E3"计算 EJD1 的第一缓和曲线长，因其不等于设计值 93.573，故为非完整缓和曲线，其缓曲参数单元 D2 以灰底色背景表示。

广东省江门至广州番禺高速公路及江珠高速公路北沿线
江门四村至顺德均安段TJ04合同段石山互通式立交E匝道直线、曲线及转角表(局部)
设计单位：中交公路规划设计院有限公司，广东粤路勘察设计有限公司
施工单位：中交路桥建设有限公司

交点号	交点桩号及交点坐标		转角	半径	曲线要素/m				切曲差(校正值)
					缓和曲线参数	缓和曲线长	切线长	曲线总长	
SP	桩	EK0+000							
	N	2 511 055.062							
	E	491411.828							
EJD1	桩	EK0+576.256	159°20′30″(Y)	95	120	93.573	576.256	345.713	830.801
	N	2 511 283.034			100	105.263	600.258		
	E	490 882.584							
EP	桩	EK0+345.713							
	N	2 511 255.326							
	E	491 482.201							

平面坐标系：1980西安坐标系(中央子午线经度113°10′E)　　　　　高程系：1985国家高程基准

图 2–179　石山互通式立交 E 匝道直线、曲线及转角表(局部)

在 H2 单元输入表达式"=F2^2/$E3"计算 EJD1 的第二缓和曲线长，因其等于设计值 105.263，故为完整缓和曲线。因此，本例的只有一条缓和曲线为完整缓和曲线。

在 W 列输入表 2–55 所示 2 个变坡点的设计数据，平竖曲线设计数据输入结果如图 2–180 所示。

	G2	▼	f_x	=D2^2/$E2							W		W
	A	B	C	D	E	F	G	H	1	71.129	6	240
1	0	2511055.062	491411.828	0	0	0	0	0	2	9.826	7	15.399
2		2511283.034	490882.584	120	95	100	151.578947	105.263158	3	100	8	4811.104
3		2511255.326	491482.201						4	10.354	9	281.917
	∖HTA∖HTB∖HTC∖HTD∖HTE∖SSA∖SSB∖SSC∖SSD∖SSE∖SSL∖								5	3255.668	10	16.179

图 2–180　在 MS-Excel 的 SSE 选项卡输入石山互通式立交 E 匝道的平竖曲线设计数据

(2) 非完整缓曲线元起讫半径的验算

可以设 EJD1 第一缓和曲线的起点半径 $R_{ZH} > R = 90\text{m}$，由式(2–8)有

$$R_{ZH} = \left(R^{-1} - \frac{L_{h1}}{A_1^2}\right)^{-1} = \left(95^{-1} - \frac{93.573}{120^2}\right)^{-1} = 248.250\,406\,3\text{m}$$

(3) 输出 CSV 格式文件并上载到 fx-9860GⅡ主存储器

将 SSE 选项卡的数据另存为 SSE.csv 文件，退出 MS-Excel。使用 FA–124 通讯软件，将 SSE.csv 文件上载到 fx-9860GⅡ主存储器的 File1 串列文件。

在 fx-9860GⅡ按 MENU ②键进入 STAT 模式，按 SHIFT SETUP 键调出设置菜单，按 ▼ ▼

键移动光标到"List File"行,按 F1(FILE) 1 EXE EXE 键设置 File1 为当前串列文件。

为 List 4[2] 串列单元的数值添加 EJD1 第一缓和曲线的终点半径 248.250 4m 为其虚部数值,结果如图 2-181 所示。

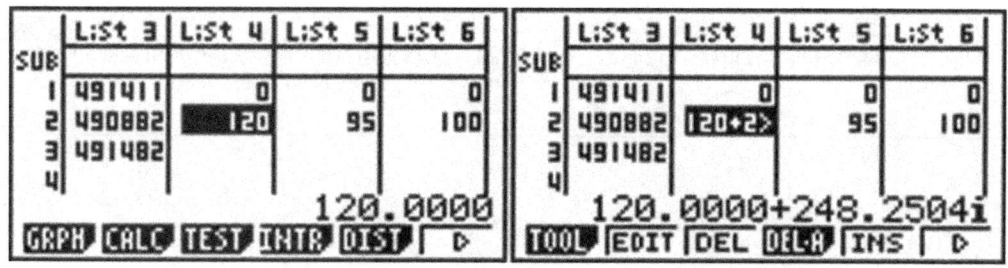

图 2-181　在 **STAT** 模式添加 1 个串列单元的复数虚部数值

(4) 执行 Q2X8 程序计算平竖曲线主点数据

在 fx-9860GⅡ执行 Q2X8 程序,计算 E 匝道平竖曲线主点数据的屏幕提示与用户操作过程如下:

屏幕提示	按键	说明
JD curve xyH Q2X8		显示程序标题
new(0)/old(≠0) main point data=?	0 EXE	输入 0 重新计算主点数据
i_L%, i_R% Mat B(1)/C(2)/D(3)/E(4)/F(5)/G(6)/no(0)=?	0 EXE	输入 0 没有路基超高横坡矩阵
hor-curve first JD num=?	1 EXE	输入平曲线起始交点号(number)
ver-curve first SJD num=?	1 EXE	输入竖曲线起始变坡点号/耗时 2.19s
Z_{ZD}(m)=345.7137		显示平曲线终点设计桩号(0.7mm)/耗时 1.21s
α_{ZD}=92°38′44.62″	EXE	显示平曲线终点走向方位角
Press [MENU][2]⇒Stop!	EXE	继续计算
Del List 4/List 6 Imp, yes(0)/no(≠0)=?	0 EXE	输入 0 删除 List 4 与 List 6 串列复数虚部数值
st xy new(0)/old(>0)/no(<0)=?	MENU 2	停止程序并进入 **STAT** 模式查看主点数据

执行 Q2X8 程序,完成交点平竖曲线主点数据计算后,只要屏幕显示的终点桩号与设计图纸相符,就说明用户已正确输入了平曲线设计数据。本案例的全部文件位于光盘"\ 2 章 \ [例 2-24] \ 石山 E 匝道"路径下,请读者播放光盘"\ 操作视频 \ 2.30 \ 石山互通式立交 E 匝道操作视频.avi"文件观看操作方法。

(5) 将 File1 串列文件复制到永久存储器的 SSE.g1m 文件保存

按 MENU F F1(MAIN) 键进入主存储器界面,按 F1(SEL) 键选择 **<LISTFILE>** 数据组,按 F2(COPY) 1(Storage Mem) EXE 键将所选数据复制到永久存储器的 SSE.g1m 文件,操作过程与图 2-145 类似。

15) 石山互通式立交被交 L 线平竖曲线设计数据的输入

图 2-182 为石山互通式立交被交 L 线直曲表，表 2-56 为其纵坡与竖曲线设计数据。

广东省江门至广州番禺高速公路及江珠高速公路北沿线
江门四村至顺德均安段TJ04合同段石山互通式立交被交L线匝道直线、曲线及转角表(局部)
设计单位：中交公路规划设计院有限公司，广东粤路勘察设计有限公司
施工单位：中交路桥建设有限公司

交点号	交点桩号及交点坐标		转角	曲线要素/m					
				半径	缓和曲线参数	缓和曲线长	切线长	曲线总长	切曲差(校正值)
SP	桩	LK0+000							
	N	2511504.282							
	E	491916.300							
LJD1	桩	LK0+209.885	29°41′33″(Z)	770	0	0	209.885	514.073	9.851
	N	2511322.186			420.899	230.073	314.039		
	E	492020.669							
LJD2	桩	LK0+779.883	10°15′35″(Z)	2 000	600	180	265.810	448.130	1.014
	N	2510742.339			0	0	183.334		
	E	492021.955							
EP	桩	LK0+962.203							
	N	2510561.864							
	E	491989.702							

平面坐标系：1980西安坐标系(中央子午线经度113°10′E)　　　　　　　高程系：1985国家高程基准

图 2-182　石山互通式立交被交 L 线直线、曲线及转角表(局部)

表 2-56　石山互通式立交被交 L 线纵坡与竖曲线设计数据

点名	设计桩号	H/m	R/m	$i/\%$	点名	设计桩号	H/m	R/m	$i/\%$
SQD	LK0+000	8.474			SZD	LK0+962.203	8.428		
SJD_1	LK0+480	8.451	0						

(1) 在 MS-Excel 中输入平竖曲线设计数据

在 MS-Excel 的 SSL 选项卡输入图 2-182 所示 2 个交点的平曲线设计数据。

考虑本例 LJD1 第二缓和曲线参数 A_2 不是整数，故采用式(2-9)计算缓曲参数的方式输入缓曲参数。在 F2 单元输入表达式"=SQRT($E2*230.073)"计算 LJD1 的第二缓和曲线参数；因其等于设计值 420.899，故为完整缓和曲线。

在 D2 单元输入表达式"=SQRT($E3*180)"计算 LJD2 的第一缓和曲线参数，因其等于设计值 600，故为完整缓和曲线，结果如图 2-183 所示。

(2) 输出 CSV 格式文件并上载到 fx-9860GⅡ主存储器

将 SSL 选项卡的数据另存为 SSL.csv 文件，退出 MS-Excel。使用 FA-124 通讯软件，将 SSL.csv 文件上载到 fx-9860GⅡ主存储器的 File1 串列文件。

在 fx-9860GⅡ按 MENU ② 键进入 STAT 模式，按 SHIFT SETUP 键调出设置菜单，按 ▽ ▽ 键移动光标到"List File"行，按 F1 (FILE) ① EXE EXE 键设置 File1 为当前串列文件。

(3) 执行 Q2X8 程序计算平竖曲线主点数据

	F2		f_x	=SQRT($E2*230.073)				W		W
	A	B	C	D	E	F	1	0	6	962.203
1	0	2511504.282	491916.3	0	0	0	2	8.474	7	8.428
2		2511322.186	492020.669	0	770	420.8992872	3	480		
3		2510742.339	492021.955	600	2000	0	4	8.451		
4		2510561.864	491989.702				5	0		

/HTC/HTD/HTE/HTG/SSA/SSB/SSC/SSD/SSE\SSL/

图 2-183　在 MS-Excel 的 SSL 选项卡输入石山互通式立交被交 L 线的平曲线设计数据

在 fx-9860GⅡ执行 Q2X8 程序，计算被交 L 线平曲线主点数据的屏幕提示与用户操作过程如下：

屏幕提示	按键	说明
JD curve xyH Q2X8		显示程序标题
new(0)/old(≠0) main point data=?	0 EXE	输入 0 重新计算主点数据
i_L%，i_R% Mat B(1)/C(2)/D(3)/ E(4)/F(5)/G(6)/no(0)=?	0 EXE	输入 0 没有路基超高横坡矩阵
hor-curve first JD num=?	1 EXE	输入平曲线起始交点号（number）
ver-curve first SJD num=?	1 EXE	输入竖曲线起始变坡点号/耗时 2.19s
Z_{ZD}(m)=962.2035		显示平曲线终点设计桩号（0.5mm）/耗时 1.35s
α_{ZD}=190°07′56.86″	EXE	显示平曲线终点走向方位角
Press [MENU][2]⇒Stop!	MENU 2	停止程序并进入 STAT 模式查看主点数据

执行 Q2X8 程序，完成交点平竖曲线主点数据计算后，只要屏幕显示的终点桩号与设计图纸相符，就说明用户已正确输入了平曲线设计数据。本案例的全部文件位于光盘"\2 章\［例 2-24］\石山 L 线"路径下，请读者播放光盘"\操作视频\2.30\石山互通式立交被交 L 线操作视频.avi"文件观看操作方法。

（4）将 File1 串列文件复制到永久存储器的 SSL.g1m 文件保存

按 MENU F F1 (MAIN) 键进入主存储器界面，按 F1 (SEL) 键选择 **<LISTFILE>** 数据组，按 F2 (COPY) 1 (**Storage Mem**) EXE 键将所选数据复制到永久存储器的 SSL.g1m 文件，操作过程与图 2-145 类似。

16）永久存储器数据文件的使用方法

按 MENU F F2 (SMEM) 键进入图 2-184 左图所示的永久存储器界面，本例存储永久存储器的 15 个 g1m 或 g2m 文件见图 2-184 所示。

由图 2-184 可知，K18.g2m 文件的容量为 11 508 字节，是占用字节数最多的数据文件，永久存储器的容量为 1.5MB，最多可以存储 136 个 11 508 字节的数据文件。一般来说，一个项目的路线条数很少有超过 136 条的，对 fx-9860GⅡ机型，还可以将数据文件复制到 SD 卡存储器。

315

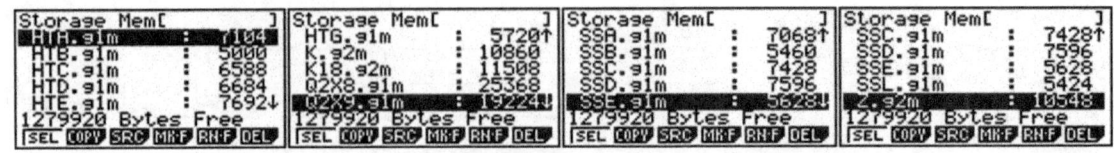

图 2-184　永久存储器的 15 条路线的数据文件内容

例如，当需要对分离式路基 K 线进行三维坐标正反算时，只需要从永久存储器将 K.g2m 文件复制到主存储器即可。

方法是：先按⒨⒠⒩⒰ F F1（**MAIN**）键进入主存储器界面，按 F1（⌈SEL⌉）键选择 **<LISTFILE>** 与 **<MATRIX>** 数据组，按 F6（**DEL**）F1（**Yes**）键删除主存储器的全部串列与矩阵数据。再按⒠⒳⒤⒯键返回 **MEMORY** 模式界面，按 F2（**SMEM**）键进入永久存储器界面，移动光标到 K.g2m 文件，按 F1（⌈SEL⌉）键选择 K.g2m 文件，按 F2（**COPY**）1（**Main Mem**）F1（**Yes**）键，操作过程如图 2-185 所示。

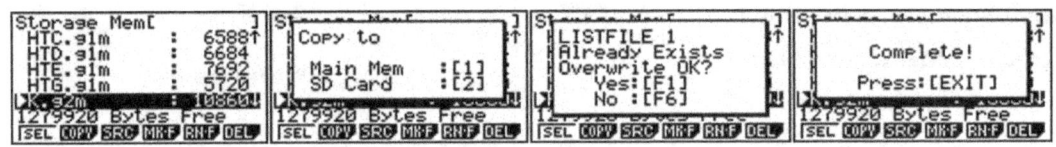

图 2-185　从永久存储器复制 K.g2m 文件到主存储器的操作过程

第3章 新版线元法程序 Q2X9/H2X9 计算工程案例

本章介绍使用线元法程序 Q2X9 进行路线或匝道曲线三维坐标正反算、桥墩桩基坐标计算与隧道超欠挖计算的工程案例，Q2X9 程序取自文献[1]，引入本书时，根据工程用户的意见进行了修改。

路线与匝道平曲线是根据设计需要由直线、圆曲线、缓和曲线三种线元径相连接组合而成，可以将这三种线元的设计数据统一为四个：起点(start)半径 R_s、终点(end)半径 R_e、线长 L、偏转系数 ±1。三种线元起点与终点半径的特点如下：

① 缓曲线元：正向完整缓和曲线的 $R_s > R_e$，$R_s = \infty$；反向完整缓和曲线的 $R_s < R_e$，$R_e = \infty$；正向非完整缓和曲线 $R_s > R_e < \infty$，反向非完整缓和曲线 $R_s < R_e < \infty$；线元左偏时，偏转系数为 -1；线元右偏时，偏转系数为 1。

② 圆曲线元：$R_s = R_e < \infty$，线元左偏时，偏转系数为 -1；线元右偏时，偏转系数为 1。

③ 直线线元：$R_s = R_e = \infty$，直线线元没有偏转系数，应输入 0；当直线线元为直转点直线时，应将直线起点的转角 $\Delta_直$ 输入为偏转系数，左转角应输入负数，右转角应输入正数。

与交点法程序 Q2X8 不同，线元法程序 Q2X9 不需要输入缓曲线元参数 A，A 是由程序根据缓曲线元的设计数据 R_s、R_e、L_h 依据下式反算求出。

$$A = \sqrt{\frac{L_h}{|R_s^{-1} - R_e^{-1}|}} \tag{3-1}$$

为保证缓曲线元参数 A 的反算精度，在可能的情况下，缓曲线元的 R_s、R_e、L_h 应尽可能取位到 0.000 1m。

3.1 线元法程序 Q2X9 设计数据的串列规划

如表 3-1 所示，路线平曲线各线元的设计数据应按行输入到 List 1 ~ List 4 串列单元；平曲线的起点桩号、中桩坐标及其走向方位角应分别输入到 List 6[1]、List 7[1]、List 8[1]、List 10[1] 串列单元。其中，List 10[1] 串列单元的起点走向方位角应输入十进制度为单位的角度。

竖曲线设计数据应输入到 List 12 ~ List 14 串列单元，断链桩数据应输入到 List 19 串列单元，路基超高横坡设计数据应输入到 List 21 ~ List 24 串列单元。

表 3-1　程序 Q2X9 平竖曲线设计数据输入输出串列明细表

行数	List 1	List 2	List 3	List 4				
Excel	A	B	C	D				
子名	$R_s(m)$	$R_e(m)$	$L_{se}(m)$	±1, 0				
1	线元1起点半径	终点半径	线长	偏转系数				
2	线元2起点半径	终点半径	线长	偏转系数				
…	…	…	…	…				

行数	List 5	List 6	List 7	List 8	List 9	List 10		
Excel	E	F	G	H	I	J		
子名	$A(m)$	$Z_m(m)$	$x_m(m)$	$y_m(m)$	$H_m(m)$	$\alpha_m(Deg)$		
1	缓曲参数	线元1起点桩号	x坐标	y坐标	设计高程	走向方位角		
2	缓曲参数	线元2起点桩号	x坐标	y坐标	设计高程	…		
…	…	…	…	…	…	…		

行数	List11	List12	List 13	List 14	List 15	List 16	List 17	List 18
Excel	K	L	M	N	O	P	Q	R
子名	ctrl	$Z_{SJD}(m)$	$H_{SJD}(m)$	$R_{SJD}(m)$	$i_{SJD}(\%)$	Z_m/m	H_m/m	i/R
1	1/2控制系数	起点桩号	高程	0	i_s	起点桩号	起点高程	τ_s
2	平曲线元数	变坡点1桩号	高程	竖曲半径	i_1	ZY_1桩号	ZY_1高程	R_1
3	竖曲变坡点数	变坡点2桩号	高程	竖曲半径	i_2	YZ_1桩号	YZ_1高程	τ_1
4	测站x坐标	…	…	…	…	ZY_2桩号	ZY_2高程	R_2
5	测站y坐标	终点桩号	高程			YZ_2桩号	YZ_2高程	τ_2
6						…	…	…

行数	List19	List20	List 21	List 22	List 23	List 24	List 25	
Excel	S	T	U	V	W	X	Y	
子名	bropeg/m	broval/m	Z_C/m	$i_L/\%$	$i_R/\%$	type	Z_{CC}/m	
1	断链桩1后桩号	断链桩个数	超高桩号1	左横坡1	右横坡1	路基类号1	连续桩号1	
2	断链桩1前桩号	断链桩1断链值	超高桩号2	左横坡2	右横坡2	路基类号2	连续桩号2	
3	断链桩2后桩号	断链桩2断链值	超高桩号3	左横坡2	右横坡2	路基类号2	连续桩号3	
4	断链桩2前桩号	…	超高桩号4	左横坡2	右横坡2	路基类号2	连续桩号4	
5	…		…	…	…	…	…	

注：① 半径为∞时，应输入0；② List 4 串列应输入线元的偏转系数±1，直线线元的偏转系数应输入0，当为直转点时，输入直线的偏角，左偏角为负数，右偏角为正数；③ 输入直转点直线起点偏转角度或起点的走向方位角时，应先输入角度的度数值，再按 OPTN F6 F2 键调出角度功能菜单，按 F4 键输入角度的度分秒值。

在表 3-1 中，灰底色背景的串列单元为用户应输入的设计数据，其余串列单元均为程序计算结果，无须用户输入。表中"Excel"行的字母为在 MS-Excel 中输入设计数据时的字母列号。

与 Q2X8 程序比较，串列数据数据输入的另一个特点是，路基超高横坡设计数据是输入到当前串列文件的 List 21 ~ List 24 串列，而不是输入到 Mat B ~ Mat G 矩阵中。因此，当串列文件含竖曲线设计数据时，执行 Q2X9 程序，屏幕不显示下列提示字符。

i_L%，i_R% Mat B(1)/C(2)/D(3)/E(4)/F(5)/G(6)/no(0)=?

Q2X9 程序的功能也很强大，但要实现某些功能，除在当前串列文件输入平竖曲线设计数据、路基超高横坡设计数据外，还需要在某些矩阵输入相应的设计数据。矩阵数据的意义及可实现的功能如下：

只有在 Mat A 矩阵输入了各类路基标准横断面设计数据、各级填挖边坡设计数据，在当前串列文件的 List 21 ~ List 24 串列输入了路基超高横坡设计数据时，程序才能进行边桩设计高程正反算及边坡坡口三维设计坐标计算。

只有在 Mat H、Mat I、Mat J、Mat K、Mat L 或 Mat M 矩阵输入了路基加宽设计数据，且同时在 Mat A 矩阵输入了路基标准横断面设计数据，在当前串列文件的 List 21 ~ List 24 串列输入了路基超高横坡设计数据，程序才能进行路基加宽计算。

只有在 Mat V 矩阵输入了各类桥墩桩基的墩台中心坐标，在 Mat U 矩阵输入了所有桥墩的墩台中心设计参数时，程序才能进行桥墩桩基坐标计算。桥墩桩基坐标计算允许不在当前串列文件中输入竖曲线设计数据。

只有在 Mat Z 矩阵输入了隧道各类二衬轮廓线主点数据，在 Mat Y 或 Mat X 矩阵输入了隧道左、右洞洞身支护参数时，程序才能进行隧道超欠挖计算。

只有在 Mat S 矩阵输入了导线点（≤50 个）的三维坐标，屏幕显示如下提示时

station Mat S(>0)/x(m)=?

才能以输入 Mat S 矩阵行号的方式，选择导线点作为测站点，计算中边桩的极坐标放样数据。

Q2X9 程序最简单的功能是对平曲线进行坐标正反算计算，此时，用户只需要在当前串列文件的 List 1 ~ List 4 串列输入平曲线线元设计数据，在 List 6[1]、List 7[1]、List 8[1]、List 10[1] 串列单元输入起点数据。作为特例，用户可以只在 List 1[1] ~ List 4[1] 串列单元输入 1 个线元的设计数据。案例见文献[1]的图 5 - 31 所示。

3.2 线元法设计的高速公路互通式立交匝道工程案例1

Q2X9 程序将直线、圆曲线、缓和曲线三种平曲线元设计数据统一为：起点半径 R_s、终点半径 R_e、线长 L、偏转系数 ±1。获取直线与圆曲线元的设计数据并不困难，最麻烦的是如何获取缓曲线元的起讫半径 R_s 与 R_e。因为，按线元法设计的匝道图纸只提供线位数据表，从线位表只能获取缓曲线元参数 A 及其线长 L_h，没有给出起讫半径，需要根据相邻线元的线位数据，依据缓和曲线的线长方程与偏角差方程计算确定。

如图 3 - 1 所示，设计图纸只标注了圆曲线元半径 R 与缓曲线元参数 A，线位数据表中给出了各主点的桩号、中桩坐标、走向方位角与线长（图纸未给出线长时，可依据匝道主点桩号反算得到），各缓曲线元的起点（start）半径 R_s 与终点（end）半径 R_e 均未标注。

缓和曲线两端径相连接的线元,如起讫半径分别与所连线元在该点的半径相等,称半径为连续过渡,否则称为非连续过渡。由于路线曲线设计时速较高(我国高速公路设计时速为 80km/h、100km/h、120km/h),主点的半径一般为连续过渡,而匝道曲线的设计时速较低(一般为 40km/h)就不一定。

在匝道平曲线设计图纸上,半径为连续过渡的主点名一般为 YH、HY、HZ 等,半径为非连续过渡的主点名一般为 GQ(公切)等。

缓曲线元两端的半径过渡是否连续,应对设计数据进行反复试算后才能最终确定,不能仅仅凭设计图纸标注的点名简单下结论。当使用 Q2X9 程序算出的匝道终点数据与设计图纸不符时,其主要原因就是缓曲线元的起讫半径输入有误。

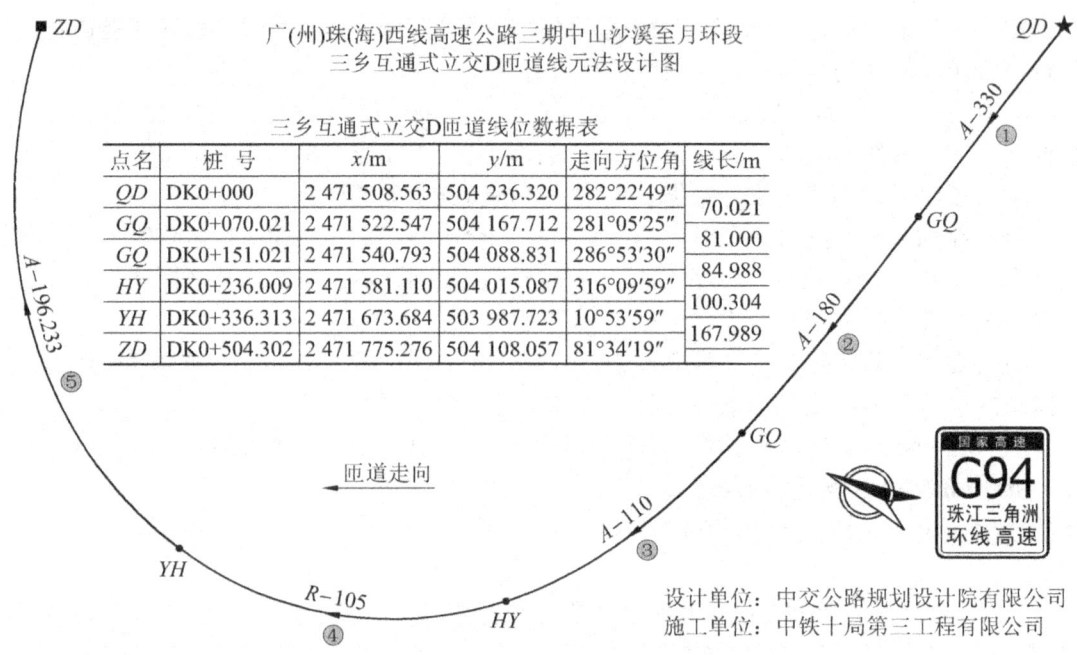

图 3-1 中山三乡(孙中山故居所在地)互通式立交 D 匝道线元法设计图

[**例 3-1**] 如图 3-1 所示的高速公路 D 匝道采用线元法设计,有 4 个缓曲线元,试验算这 4 个缓曲线元的起讫半径,用 Q2X9 程序计算平曲线的主点数据;计算加桩 DK0 + 210 的中边桩坐标,其中左边距取 3.5m,右边距取 5m;使用全站仪实测边桩点坐标为(2 471 719.996,504 004.218),反算其垂点桩号与中桩坐标。

[**解**] (1)缓曲线元起讫半径的验算

① 1 号缓曲线元

1 号缓曲线元的起点半径与终点半径都不确定,无法使用固定小半径的方法确定该缓曲线元另一端的半径。此时,应先应用图纸线位数据表中的走向方位角反算该缓曲线元的偏角差 β_h,以确定大半径。

1 号缓曲线元的偏角差为 $\Delta\beta_h = 282°22'49'' - 281°5'25'' = 1°17'24'' = 0.022\,514\,747\,35$ 弧度。因该缓曲线元终点的走向方位角小于起点的走向方位角,因此,1 号缓曲线元为左偏。

一般地，设该缓曲线元的起点半径为 R_s，其原点线长为 l_s，终点半径为 R_e，其原点线长为 l_e。如果起讫半径满足 $R_s < R_e$，需要求 R_s，由式(2-12)可以列出该缓曲线元的偏角差方程为

$$\Delta\beta_h = \frac{l_s^2}{2A^2} - \frac{l_e^2}{2A^2} = \frac{l_s^2 - l_e^2}{2A^2} = \frac{(l_s - l_e)(l_s + l_e)}{2A^2} = \frac{L_h(l_s + l_s - L_h)}{2A^2} = \frac{2L_h l_s - L_h^2}{2A^2}$$

(3-1)

式中，L_h 为缓曲线长。解式(3-1)，得

$$l_s = \frac{2A^2 \Delta\beta_h + L_h^2}{2L_h}$$

(3-2)

同理，如果起讫半径满足 $R_s > R_e$，需要求 R_s，由式(2-12)可以列出该缓曲线元的偏角差方程为

$$\Delta\beta_h = \frac{l_e^2}{2A^2} - \frac{l_s^2}{2A^2} = \frac{l_e^2 - l_s^2}{2A^2} = \frac{(l_e - l_s)(l_e + l_s)}{2A^2} = \frac{L_h(l_s + L_h + l_s)}{2A^2} = \frac{2L_h l_s + L_h^2}{2A^2}$$

(3-3)

解式(3-3)，得

$$l_s = \frac{2A^2 \Delta\beta_h - L_h^2}{2L_h}$$

(3-4)

将1号线元的缓曲参数 $A = 330$，缓曲线长 $L_h = 70.021 \text{m}$，偏角差 $\beta_h = 0.022\ 514\ 747\ 35$ 代入式(3-2)，得

$$l_s = \frac{2A^2 \Delta\beta_h + L_h^2}{2L_h} = \frac{2 \times 330^2 \times 0.02251474735 + 70.021^2}{2 \times 70.021} = 70.026\ 509\ 29 \text{m} \approx L_h = 70.021 \text{m}$$

由此可知，该缓曲线元的终点半径 $R_e = \infty$。由式(2-9)算出起点半径为

$$R_s = \frac{A^2}{l_s} = \frac{330^2}{70.021} = 1\ 555.247\ 711 \text{m} \approx 1\ 555.25 \text{m}$$

② 2号缓曲线元

因2号缓曲线元的起点名与终点名都是 GQ，因此，两端的半径都不确定。由设计图纸线位数据表中的走向方位角反算该缓曲线元的偏角差为

$$\Delta\beta_h = 286°53'30'' - 281°5'25'' = 5°48'5'' = 0.101\ 253\ 337\ 3 \text{ 弧度}$$

因该缓曲线元终点的走向方位角大于起点的走向方位角，因此，2号缓曲线元为右偏。

因1号缓曲线元的终点半径为 ∞，因此，可以设2号缓曲线元起讫半径满足 $R_s > R_e$。由式(2-12)可以列出2号缓曲线元的偏角差方程为

$$\Delta\beta_h = \frac{l_e^2}{2A^2} - \frac{l_s^2}{2A^2} = \frac{l_e^2 - l_s^2}{2A^2} = \frac{(l_e - l_s)(l_e + l_s)}{2A^2} = \frac{L_h(l_e + l_e - L_h)}{2A^2} = \frac{2L_h l_e - L_h^2}{2A^2}$$

(3-5)

解式(3-5)，得

$$l_e = \frac{2A^2 \Delta\beta_h + L_h^2}{2L_h}$$

(3-6)

将2号线元的缓曲参数 $A = 180$，缓曲线长 $L_h = 81 \text{m}$，偏角差 $\Delta\beta_h = 0.101\ 253\ 337\ 3$ 代

入式(3-6)，得
$$l_e = \frac{2A^2\Delta\beta_h + L_h^2}{2L_h} = \frac{2 \times 180^2 \times 0.1012533373 + 81^2}{2 \times 81} = 81.00133492\text{m} \approx L_h = 81\text{m}$$

由此可知，该缓曲线元的起点半径 $R_s = \infty$。由式(2-9)算出终点半径为
$$R_e = \frac{A^2}{L_h} = \frac{180^2}{81} = 400\text{m}$$

③ 3号缓曲线元起讫半径的验算

因3号缓曲线元的起点名为 GQ 点，终点名为 HY，可以认为有 $R_e = 105\text{m}$，假设 $R_e < R_s$，由式(2-8)有
$$R_s = \left(R_e^{-1} - \frac{L_h}{A^2}\right)^{-1} = \left(105^{-1} - \frac{84.988}{110^2}\right)^{-1} = 399.9987407\text{m} \approx 400\text{m}$$

正好等于2号缓曲线元的终点半径，由此可知，该缓曲线元起点的半径为连续过渡。

④ 5号缓曲线元起讫半径的验算

因5号缓曲线元的起点名为 YH 点，可以认为有 $R_s = 105\text{m}$，如假设 $R_e > R_s$，由式(2-8)，得
$$R_e = \left(R_s^{-1} - \frac{L_h}{A^2}\right)^{-1} = \left(105^{-1} - \frac{167.989}{196.233^2}\right)^{-1} = 193.7497762\text{m}$$

如假设 $R_e < R_s$，由式(2-8)，得
$$R_e = \left(R_s^{-1} + \frac{L_h}{A^2}\right)^{-1} = \left(105^{-1} + \frac{167.989}{196.233^2}\right)^{-1} = 72.01330525\text{m}$$

这说明，分别取上述两个终点半径计算都可以满足线长方程。具体取哪个作为终点半径，还需要使用偏差方程验算。

5号缓曲线元的偏角差为 $\Delta\beta_h = 81°34'19'' - 10°53'59'' = 70°40'20'' = 1.233462967$ 弧度。

取 $R_e = 193.7497762\text{m}$ 的偏角差方程为
$$\Delta\beta_h = \frac{A^2}{2R_s^2} - \frac{A^2}{2R_e^2} = \frac{196.233^2}{2 \times 105^2} - \frac{196.233^2}{2 \times 193.7497762^2} = 1.233468119 \text{弧度}$$

取 $R_e = 72.01330525\text{m}$ 的偏角差方程为
$$\Delta\beta_h = \frac{A^2}{2R_e^2} - \frac{A^2}{2R_s^2} = \frac{196.233^2}{2 \times 73.01330525^2} - \frac{196.233^2}{2 \times 105^2} = 1.86531982 \text{弧度}$$

由此可知，应取 $R_e = 193.7497762\text{m}$。综上所述，本例5个线元的设计数据列于表3-2。

表3-2 D匝道5个线元的设计数据

线元号	R_s/m	R_e/m	L/m	偏转系数	说明
1	1 555.25	∞	70.021	-1	左偏
2	∞	400	81	1	右偏
3	400	105	84.988	1	右偏
4	105	105	100.304	1	右偏
5	105	193.749 8	167.989	1	右偏

(2) 在 MS-Excel 输入平曲线设计数据

按表 3-1 的规定，在 MS-Excel 的 File1 选项卡输入表 3-2 所示 5 个线元的设计数据，结果如图 3-2 所示。

D 匝道的 QD 走向方位角为 282°22′49″，应在 J1 单元输入以十进制度为单位的 QD 走向方位角，如图 3-2 所示，可以输入函数式"= 282 + 22/60 + 49/3600"，由 MS-Excel 换算为十进制度。

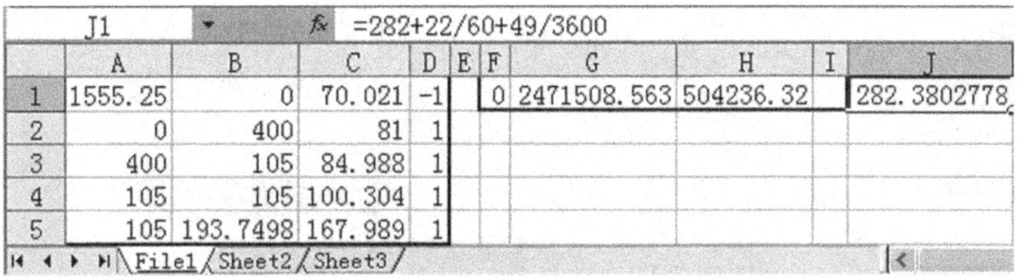

	J1	▼	f_x	=282+22/60+49/3600					
	A	B	C	D	E	F	G	H	I	J
1	1555.25	0	70.021	-1		0	2471508.563	504236.32		282.3802778
2	0	400	81	1						
3	400	105	84.988	1						
4	105	105	100.304	1						
5	105	193.7498	167.989	1						

图 3-2 在 MS-Excel 的 File1 选项卡输入 D 匝道的平曲线设计数据

将 File1 选项卡的数据另存为 File1.csv 文件，将 File1.csv 文件上传到 fx-9750GⅡ 内存，并设置 File1 为当前串列文件。

(3) 计算平曲线主点数据

执行 Q2X9 程序，计算 D 匝道平曲线主点数据的屏幕提示与用户操作过程如下：

屏幕提示	按键	说明
Route or rampxyH Q2X9		显示程序标题
new(0)/old(≠0) main point data=?	0 EXE	输入 0 为重新计算主点数据
hor-curve QD num=?	1 EXE	输入平曲线起始点号(number)
Z_{ZD}(m)=504.302		显示平曲线终点设计桩号(0mm)/耗时 2.2s
x_{ZD}(m)=2471775.276		显示终点中桩 x 坐标($\Delta x = 0$mm)
y_{ZD}(m)=504108.0569		显示终点中桩 y 坐标($\Delta y = -0.1$mm)
α_{ZD}=81°34′19.85″	EXE	显示终点走向方位角(0.85″)
Press [MENU][2]⇒Stop!	MENU 2	进入 STAT 模式查看主点数据

使用交点法程序 Q2X8 计算时，当屏幕显示的终点桩号与设计图纸相符时，说明用户输入的所有平曲线设计数据基本无误。

使用线元法程序 Q2X9 计算时，当屏幕显示的终点桩号与设计图纸相符时，仅仅说明用户输入的平曲线线长无误；显示的终点走向方位角与设计图纸相符时，说明用户输入的各线元设计数据、起点走向方位角无误；显示的终点中桩坐标与设计图纸相符时，说明用户输入的所有设计数据均无误；如果终点走向方位角与设计图纸相符，只是终点坐标与设计图纸不符，则说明起点坐标数据输入有误。

(4) 坐标正算

重复执行 Q2X9 程序，不设置测站点，计算加桩 DK0 + 210 中边桩坐标的屏幕提示与用户操作过程如下：

屏幕提示	按键	说明
Route or ramp xyH Q2X9		显示程序标题
new(0)/old(≠0) main point data=?	1 EXE	输入非零数为使用现有主点数据计算
st xy new(0)/old(>0)/no(<0)=?	-1 EXE	输入负数为不输入测站点(station)坐标
Z→xy(1)/xy→Z(2)/pier(4)=?	1 EXE	输入1选择坐标正算
+Z(m),<QD÷end=?	210 EXE	输入加桩号
Z_j=210.0000		重复显示加桩号/耗时0.89s
x_j=2471564.564		显示中桩坐标
y_j=504035.0855		
$α_j$=303°34′31.94″	EXE	显示中桩走向方位角
W_L(m) ± ∠γi,0÷no=?	3.5 EXE	输入左边距
Z_j=210.0000		重复显示加桩号
x_L=2471561.648		显示左边桩坐标
y_L=504033.1498		
H_L=no design H	EXE	显示该点无设计高程
W_L(m) ± ∠γi,0÷no=?	0 EXE	输入0结束左边桩坐标计算
W_R(m),0÷no=?	5 EXE	输入右边距
Z_j=210.0000		重复显示加桩号
x_R=2471568.729		显示左边桩坐标
y_R=504037.8506		
H_R=no design H	EXE	显示该点无设计高程
W_R(m),0÷no=?	0 EXE	输入0结束右边桩坐标计算
+Z(m),<QD÷end=?	-2 EXE	输入小于QD的桩号结束程序
Q2X9÷End		程序结束显示

执行Q2X9程序，屏幕提示字符的意义与Q2X8程序相同。

（5）坐标反算

重复执行Q2X9程序，不设置测站点，计算边桩点(2 471 719.996，504 004.218)坐标反算的屏幕提示与用户操作过程如下：

屏幕提示	按键	说明
Route or ramp xyH Q2X9		显示程序标题
new(0)/old(≠0) main point data=?	1 EXE	输入非零数为使用现有主点数据计算
st xy new(0)/old(>0)/no(<0)=?	-1 EXE	输入负数为不设置测站点(station)
Z→xy(1)/xy→Z(2)/pier(4)=?	2 EXE	输入2选择坐标反算
x_j(m)/π÷end=?	2471719.996 EXE	输入边桩点坐标

324

续表

屏幕提示	按键	说明
$y_j(m)+ni=?$	504004.218 EXE	
$Z_P=385.0007$		显示垂点设计桩号/耗时1.88s
$n=5.0000$		显示垂点所在平曲线元号
$d_L(m)=-3.5003$		显示测点边距
$x_P=2471717.953$		显示垂点中桩坐标
$y_P=504007.0605$		
$x_j(m)/\pi \doteq end=?$	SHIFT π EXE	输入 π 结束程序
Q2X9 ≑ End		程序结束显示

（6）下传串列文件到通讯软件 FA-124 并输出为 csv 格式文件

用通用 USB 数据线连接好 fx-9750GⅡ 与 PC 机的 USB 口；在 PC 机启动 FA-124，先在 fx-9750GⅡ 上按 MENU C F2 (RECV) 键，再在 PC 机用鼠标左键单击 FA-124 工具栏的 图标，启动数据同步操作；待 fx-9750GⅡ 与 FA-124 Calculator 窗口的数据同步操作完成后，将 Calculator 窗口 G List File 图标下的串列文件 File1 复制到 FA-124 窗口的 G List File 图标下，鼠标左键单击该图标下的 File 1 文件，执行下拉菜单"File/CSV/Save as CSV"命令，将串列文件 File 1 以文件名 File1.csv 另存入 PC 机硬盘或 U 盘文件夹中。

（7）执行成果整理程序 H2X9.exe 输出成果文件

将随书光盘文件"\3章\H2X9.exe"复制到存储了 File1.csv 的硬盘或 U 盘文件夹下，鼠标左键双击 H2X9.exe 文件名执行该程序，输入 file1/10（图3-3 灰底色字符）按回车键，程序自动从同路径下的 File1.CSV 文件中读入数据，并在同路径下生成四个成果文件 File1.txt、CSfile1.dat、SUfile1.csv、SKfile1.csv，这些文件连同源串列文件 File1.CSV 均位于光盘"\3章\[例3-1]\"路径下。

在 Win98 操作系统下执行 H2X9.exe 程序文件的界面如图3-3所示。

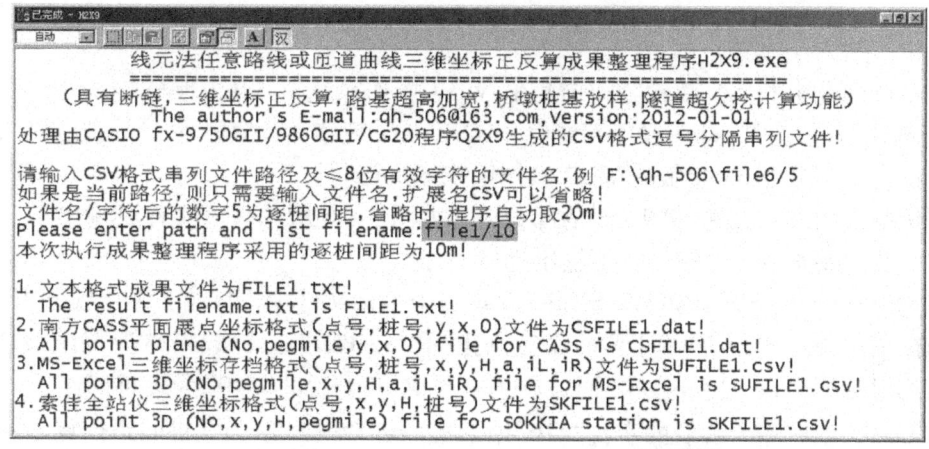

图 3-3　在 Win98 操作系统下执行 H2X9.exe 程序输入 file1/10 串列文件的界面

325

在 WinXP 操作系统下执行 H2X9.exe 程序文件的界面如图 3-4 所示。

在 Win7/32bit 版操作系统下执行 H2X9.exe 程序文件的界面如图 3-5 所示。

图 3-4 在 WinXP 操作系统下执行 H2X9.exe 程序输入 file1/10 串列文件的界面

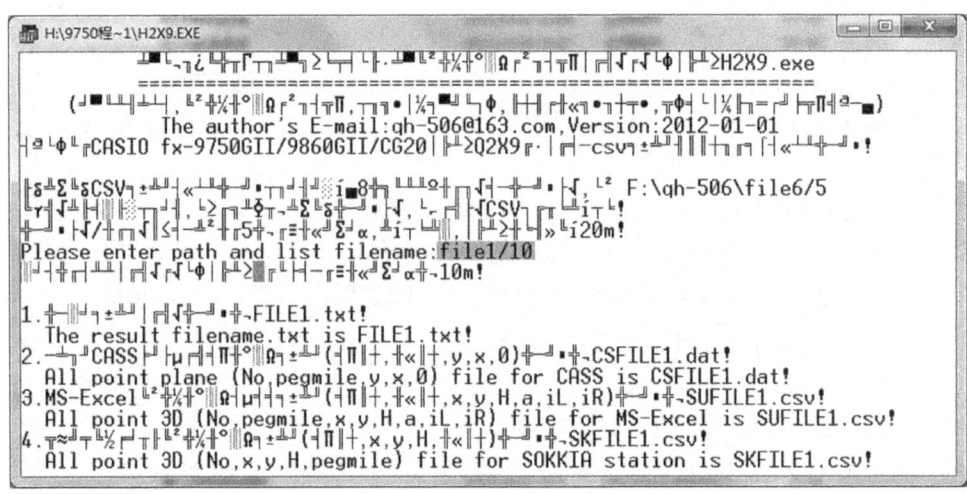

图 3-5 在 Win7/32bit 版操作系统下执行 H2X9.exe 程序输入 file1/10 串列文件的界面

需要特别说明的是，微软公司市售的 Win7 操作系统有 32bit 版与 64bit 版两种版本，当用户 PC 机安装的是 Win7 操作系统时，H2X9.exe 程序文件只能在 32bit 版的 Win7 操作系统下执行，不能在 64bit 版的 Win7 操作系统下执行。

本例输出的成果文件 File1.txt 的部分内容如图 3-6 所示，该文件只输出了平曲线设计数据、曲线要素及主点数据，不输出逐桩坐标数据。

在 CSfile1.dat、SUfile1.csv、SKfile1.csv 三个坐标文件中，存储了平曲线起点、终点、主点与按用户指定间距 10m 计算的逐桩点坐标。在 PC 机执行成果整理程序 H2X9.exe，在弹出的对话框中输入"file1/10"时，串列文件名 file1 后的"/10"为逐桩间距值。当用户只输入 file1，没有输入其后的字符"/10"时，程序自动取 20m 为逐桩间距计算。三个坐标文件的格式及用途说明如下：

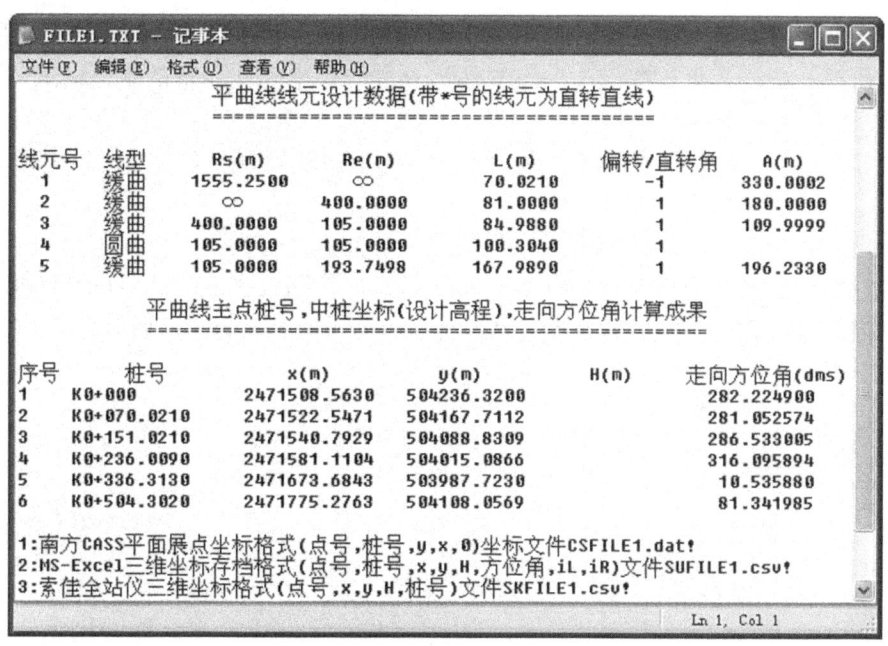

图 3-6 成果文件 File1.txt 的部分内容

① CSfile1.dat 坐标文件

CSfile1.dat 为南方 CASS 平面展点坐标文件，内容如图 3-7 所示。

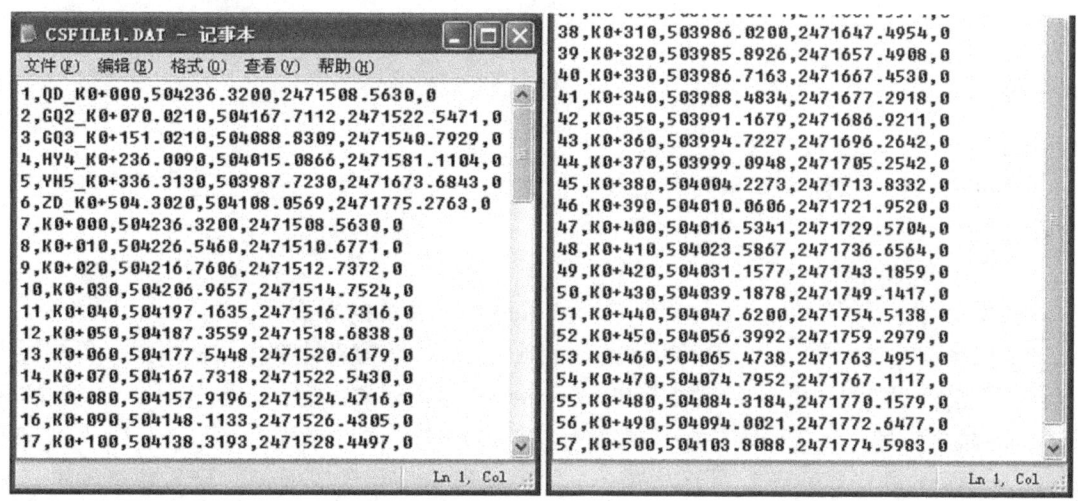

图 3-7 南方 CASS 平面展点坐标文件 CSfile1.dat 的内容

它包括了平曲线起点、终点、主点与按用户指定间距 10m 计算的逐桩点坐标，每行的坐标格式为：

点号,桩号,y,x,0

由于 CSfile1.dat 文件仅用于南方 CASS 平面展点，因此，每行最末的高程字符总是为数字 0。

② SUfile1.csv 坐标文件

SUfile1.csv 为存档坐标文件，可以用 MS-Excel 打开，其部分内容如图 3-8 所示。

它也包括平曲线起点、终点、主点与逐桩点的中桩坐标。每行的坐标格式为：

点号, 桩号, $x, y, H, \alpha, i_L, i_R$

其中，α 为六十进制的走向方位角，i_L 为路基左幅超高横坡度，i_R 为路基右幅超高横坡度。

只有在 List 12～List 14 串列输入了竖曲线设计数据，且在 Mat A 矩阵输入了路基标准横断面设计数据、各级边坡设计数据与路基加宽设计数据，在 List 21～List 24 串列输入了路基超高横坡设计数据，执行成果整理程序 H2X9.exe 时，才能在 SUfile1.csv 文件输出 i_L 与 i_R 的值。

序号	桩号	x坐标(m)	y坐标(m)	设计高程H(m)	走向方位角
1	QD_K0+000	2471508.563	504236.32	0	282°22′49.000″
2	GQ2_K0+070.0210	2471522.547	504167.7112	0	281°05′25.738″
3	GQ3_K0+151.0210	2471540.793	504088.8309	0	286°53′30.049″
4	HY4_K0+236.0090	2471581.11	504015.0866	0	316°09′58.940″
5	YH5_K0+336.3130	2471673.684	503987.723	0	10°53′58.799″
6	ZD_K0+504.3020	2471775.276	504108.0569	0	81°34′19.850″
7	K0+000	2471508.563	504236.32	0	282°22′49.000″
8	K0+010	2471510.677	504226.546	0	282°02′17.455″
9	K0+020	2471512.737	504216.7606	0	281°44′55.317″
10	K0+030	2471514.752	504206.9657	0	281°30′42.587″
11	K0+040	2471516.732	504197.1635	0	281°19′39.264″
12	K0+050	2471518.684	504187.3559	0	281°11′45.348″
13	K0+060	2471520.618	504177.5448	0	281°07′00.839″
14	K0+070	2471522.543	504167.7318	0	281°05′25.738″

图 3-8 存档坐标文件 SUfile1.csv 的部分内容

③ SKfile1.csv 坐标文件

SKfile1.csv 为索佳 SET 系列全站仪坐标文件，它也包括了平曲线起点、终点、主点与逐桩点的中桩坐标。每行的坐标格式为：

点名, x, y, H, 桩号

图 3-9 为用索佳 Coord.exe 软件打开 SKfile1.csv 文件的界面。

执行下拉菜单"转换/转 SDR33 格式"命令，将其转换为索佳坐标文件格式，再执行下拉菜单"文件/另存为"命令，存储为 SKfile1.sdr 格式坐标文件后，才能执行下拉菜单"通讯"下的命令，将其上传到索佳 SET 系列全站仪内存文件中。

Coord.exe 程序是索佳公司开发的一个绿色免费软件，无需安装，只需要将随书标配光盘"\全站仪通讯软件\索佳\Coord.exe"文件复制到 PC 机硬盘，再将其发送到 Windows 桌面，双击其桌面图标即可启动 Coord 软件。

本例的全部数据文件位于光盘"\3 章\[例 3-1]\"路径下，请读者播放光盘"\操作视频\3.2\[例 3-1]操作视频.avi"文件观看操作方法。

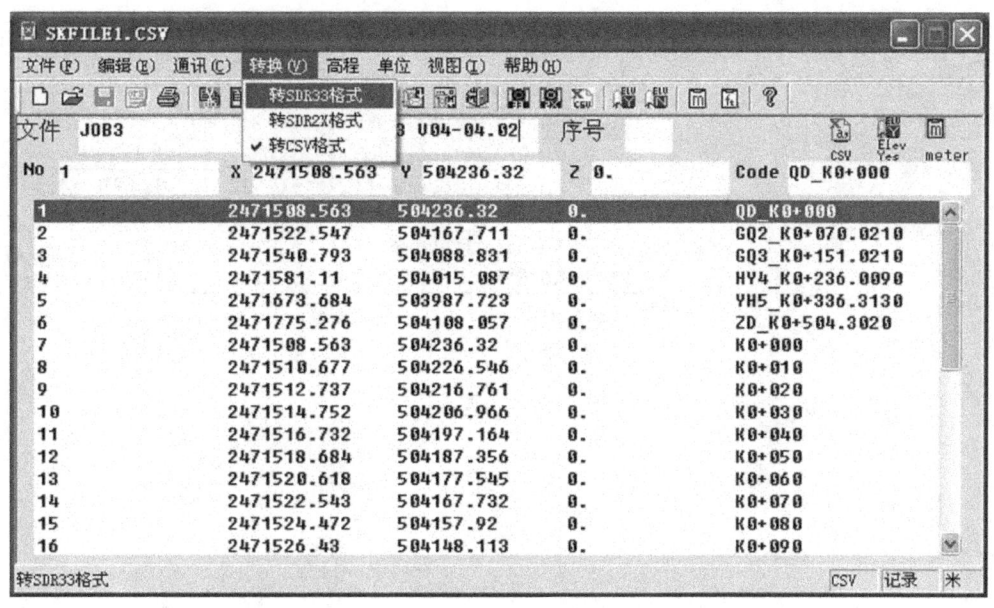

图 3-9 使用索佳 Coord.exe 软件打开 SKfile1.csv 文件的界面

3.3 线元法设计的高速公路互通式立交匝道工程案例2

[例3-2] 如图 3-10 所示的高速公路 A 匝道采用线元法设计，有 3 个缓曲线元，试验算这 3 个缓曲线元的起讫半径，用 Q2X9 程序计算平曲线的主点数据。

[解] （1）缓曲线元起讫半径的验算

① 2 号缓曲线元起讫半径的验算

因 2 号缓曲线元的起点名为 GQ 点，终点名为 HY，可以认为有 $R_e = 60$m。如果该缓曲线元为完整缓和曲线，由式（2-9）得

$$L_h = \frac{A^2}{R} = \frac{85^2}{60} = 120.4166667\text{m} \approx 120.417\text{m}$$

因此，该缓曲线元为完整缓和曲线，也即其起点半径 $R_{GQ} = \infty$，而 1 号圆曲线元在 GQ 点的半径为 $R = 1511.5$m，A 匝道在 GQ 点的半径过渡不连续。

② 4 号缓曲线元起讫半径的验算

4 号缓曲线元是连接起点半径为 60m、终点半径为 120m 的圆曲线元，按固定小半径的原则，应有 $R_s = 60$m，需要反求终点半径 R_e。假设 $R_e > R_s$，由式（2-8）得

$$R_e = \left(R^{-1} - \frac{L_h}{A^2}\right)^{-1} = \left(60^{-1} - \frac{53.333}{80^2}\right)^{-1} = 119.99925\text{m} \approx 120\text{m}$$

因此，4 号缓曲线元在起点与终点的半径过渡都是连续的。

③ 6 号缓曲线元起讫半径的验算

6 号缓曲线元是连接起点半径为 120m 的圆曲线元，可以设 $R_s = 60$m，但终点半径 R_e 不确定。如设 $R_e > R_s$，由式（2-8）得

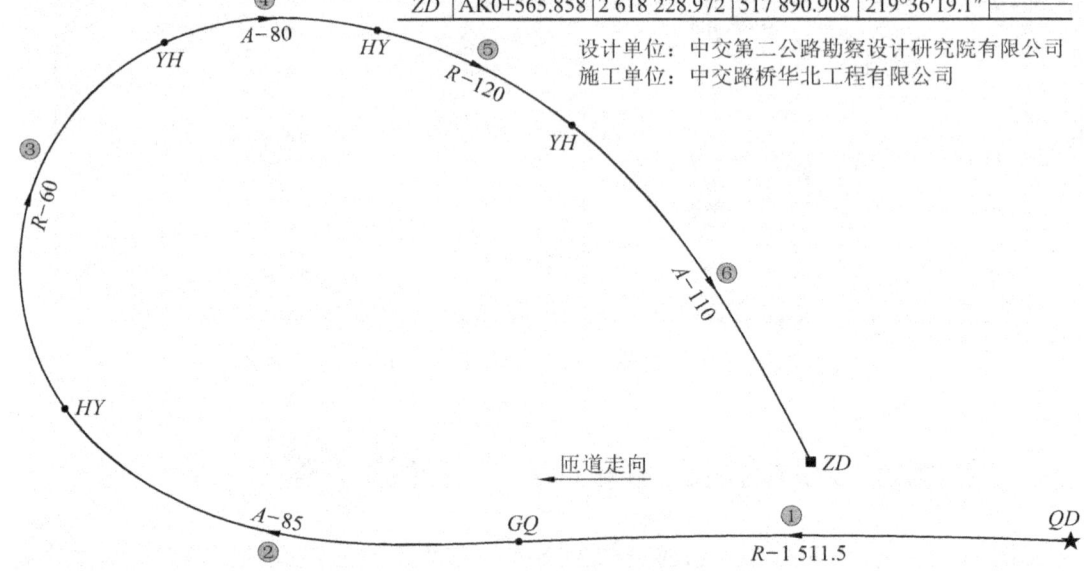

官成互通式立交A匝道线位数据表

点名	桩号	x/m	y/m	走向方位角	线长/m
QD	AK0+000	2 618 163.688	517 897.992	339°06′37.7″	
GQ	AK0+133.197	2 618 285.878	517 845.080	334°03′41.1″	133.197
HY	AK0+253.614	2 618 400.147	517 831.168	31°33′22.1″	120.417
YH	AK0+358.970	2 618 413.221	517 922.571	132°09′47.8″	105.356
HY	AK0+412.303	2 618 366.418	517 946.008	170°21′37.7″	53.333
YH	AK0+465.024	2 618 314.189	517 943.320	195°31′59.2″	52.721
ZD	AK0+565.858	2 618 228.972	517 890.908	219°36′19.1″	100.834

设计单位：中交第二公路勘察设计研究院有限公司
施工单位：中交路桥华北工程有限公司

图 3 – 10 官成互通式立交 A 匝道线元法设计图

$$R_e = \left(R^{-1} - \frac{L_h}{A^2}\right)^{-1} = \left(120^{-1} - \frac{100.834}{110^2}\right)^{-1} = -18\ 150\ 000\text{m} \approx \infty$$

如设 $R_e < R_s$，由式(2 – 8)得

$$R_e = \left(R^{-1} + \frac{L_h}{A^2}\right)^{-1} = \left(120^{-1} + \frac{100.834}{110^2}\right)^{-1} = 59.999\ 801\ 65\text{m} \approx 60\text{m}$$

可见，$R_e = \infty$ 与 $R_e = 60\text{m}$ 都可以满足缓和曲线线长方程，下面还需要用偏角差方程验算。

由 3 – 10 所示的线位数据表，6 号缓曲线元的偏角差为 $\Delta\beta_h = 219°36′19.1″ - 195°31′59.2″ = 24°4′19.9″ = 0.420\ 139\ 051\ 2$ 弧度。

取 $R_e = \infty$ 时，该缓曲线元的偏角差为

$$\Delta\beta_h = \frac{A^2}{2R_s^2} - \frac{A^2}{2R_e^2} = \frac{110^2}{2 \times 120^2} = 0.420\ 138\ 888\ 9 \text{ 弧度}$$

取 $R_e = 60\text{m}$ 时，该缓曲线元的偏角差为

$$\Delta\beta_h = \frac{A^2}{2R_e^2} - \frac{A^2}{2R_s^2} = \frac{110^2}{2 \times 60^2} - \frac{110^2}{2 \times 120^2} = 1.260\ 416\ 667 \text{ 弧度}$$

上述计算结果表明，应取 $R_e = \infty$。综上所述，本例 6 个线元的设计数据列于表 3 – 3。

表 3－3　A 匝道 6 个线元的设计数据

线元号	R_s/m	R_e/m	L/m	偏转系数	说明
1	1 511.5	1 511.5	133.197	－1	左偏
2	∞	60	120.417	1	右偏
3	60	60	105.356	1	右偏
4	60	120	53.333	1	右偏
5	120	120	52.721	1	右偏
6	120	∞	100.834	1	右偏

（2）在 MS-Excel 输入平曲线设计数据

按表 3－1 的规定，在 MS-Excel 的 File2 选项卡输入表 3－3 所示 6 个线元的设计数据，结果如图 3－11 所示。

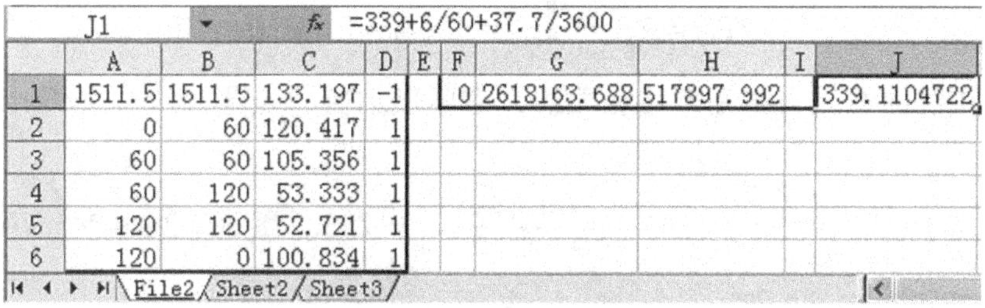
J1　fx　=339+6/60+37.7/3600

	A	B	C	D	E	F	G	H	I	J
1	1511.5	1511.5	133.197	-1		0	2618163.688	517897.992		339.1104722
2	0	60	120.417	1						
3	60	60	105.356	1						
4	60	120	53.333	1						
5	120	120	52.721	1						
6	120	0	100.834	1						

File2 / Sheet2 / Sheet3

图 3－11　在 MS-Excel 的 File2 选项卡输入 A 匝道的平曲线设计数据

A 匝道的 QD 走向方位角为 339°6′37.7″，应在 J1 单元输入以十进制度为单位的 QD 走向方位角，如图 3－11 所示，可以输入函数式“=339＋6/60＋37.7/3600”，由 MS-Excel 换算为十进制度。

将 File2 选项卡的数据另存为 File2.csv 文件，将 File2.csv 文件上传到 fx-9750GⅡ内存，并设置 File2 为当前串列文件。

（3）计算平曲线主点数据

执行 Q2X9 程序，计算 A 匝道平曲线主点数据的屏幕提示与用户操作过程如下：

屏幕提示	按键	说明
Route or rampxyH Q2X9		显示程序标题
new(0)/old(≠0) main point data=?	**0** EXE	输入 0 为重新计算主点数据
hor-curve QD num=?	**1** EXE	输入平曲线起始点号(number)
Z_{ZD}(m)=565.8580	EXE	显示平曲线终点设计桩号(0mm)/耗时 2.33s
x_{ZD}(m)=2618228.972		显示终点中桩 x 坐标(Δx＝0mm)
y_{ZD}(m)=517890.9074		显示终点中桩 y 坐标(Δy＝－0.6mm)
α_{ZD}=219°36′20.15″	EXE	显示终点走向方位角(1.05″)
Press [MENU][2]⇒Stop!	MENU 2	进入 **STAT** 模式查看主点数据

完成平曲线主点数据计算后,只有屏幕显示的终点桩号、走向方位角及其平面坐标与设计图纸相符时,才说明用户已正确输入了平曲线设计数据。本案例的全部文件位于光盘"\3章\[例3-2]\"路径下,请读者播放光盘"\操作视频\3.3\[例3-2]操作视频.avi"文件观看操作方法。

3.4 线元法设计的高速公路互通式立交匝道工程案例3

[**例3-3**] 如图3-12所示的高速公路D匝道采用线元法设计,有3个缓曲线元,试验算这3个缓曲线元的起讫半径,用Q2X9程序计算平曲线的主点数据。

[**解**] (1)缓曲线元起讫半径的验算

① 1号缓曲线元起讫半径的验算

因1号缓曲线元的终点名为HY,可以认为有$R_e = 75$m。如果该缓曲线元为完整缓和曲线,由式(2-9)得

$$L_h = \frac{A^2}{R} = \frac{90^2}{75} = 108\text{m} \neq 74.769\text{m}$$

因此,该缓曲线元为非完整缓和曲线,需要反求其起点半径R_s,如果$R_s > R_e$,由式(2-8)得

$$R_s = \left(R^{-1} - \frac{L_h}{A^2}\right)^{-1} = \left(75^{-1} - \frac{74.769}{90^2}\right)^{-1} = 243.748\,307\,3\text{m} \approx 243.7483\text{m}$$

如果$R_s < R_e$,由式(2-8)得

$$R_s = \left(R^{-1} + \frac{L_h}{A^2}\right)^{-1} = \left(75^{-1} + \frac{74.769}{90^2}\right)^{-1} = 44.318\,237\,78\text{m} \approx 44.3182\text{m}$$

R_s具体取哪个还需要应用偏角方程验算才能确定。

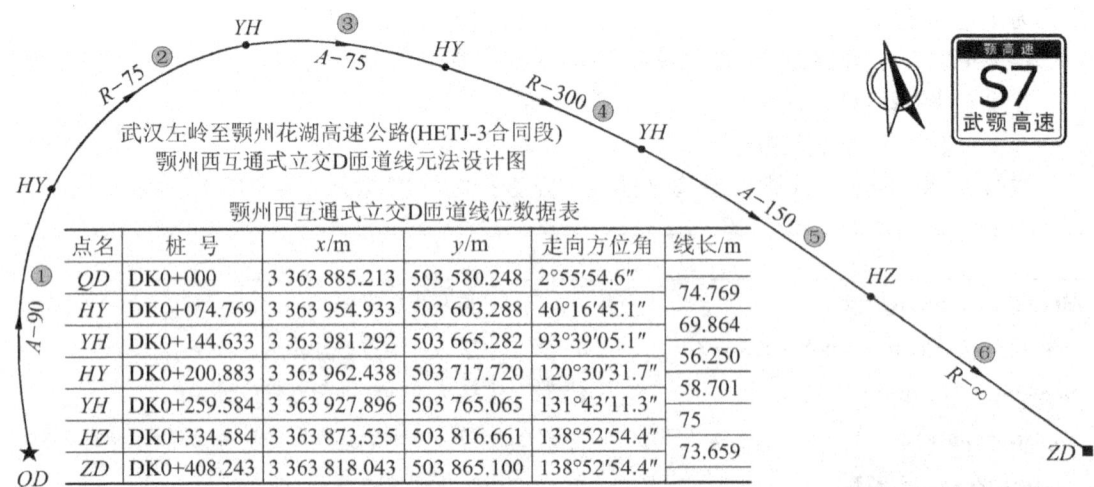

图3-12 鄂州西互通式立交D匝道线元法设计图

由图 3-12 内表线位数据表的走向方位角，反求该缓和曲线的偏角差理论值应为

$$\tilde{\beta}_h = 40°16'45.1'' - 2°55'54.6'' = 37°20'50.5'' = 0.651\,834\,418\,3 \text{ 弧度}$$

取 $R_s = 243.748\,3\text{m}$ 时，该缓和曲线的偏角差为

$$\beta_h = \frac{A^2}{2R^2} - \frac{A^2}{2R_s^2} = \frac{90^2}{2 \times 75^2} - \frac{90^2}{2 \times 243.7483^2} = 0.651\,833\,368\,7 \text{ 弧度} \approx \tilde{\beta}_h$$

取 $R_s = 44.318\,2\text{m}$ 时，该缓和曲线的偏角差为

$$\beta_h = \frac{A^2}{2R_s^2} - \frac{A^2}{2R^2} = \frac{90^2}{2 \times 44.3182^2} - \frac{90^2}{2 \times 75^2} = 1.342\,010\,142 \text{ 弧度}$$

由此可知，应取 $R_s = 243.748\,3\text{m}$ 时才能满足偏角方程。

② 3 号缓曲线元起讫半径的验算

因 3 号缓曲线元起点是连接半径为 75m 的圆曲线元，起点名为 YH，终点是连接半径为 300m 的圆曲线元，终点名为 HY，可以假设 $R_s = 75\text{m}$，$R_e = 300\text{m}$，由式(2-4)求得该缓曲线长为

$$L_h = \frac{A^2}{R_s} - \frac{A^2}{R_e} = \frac{75^2}{75} - \frac{75^2}{300} = 56.25\text{m}$$

它与线位数据表中给出的该缓曲线长相等，故上述假设成立。

③ 5 号缓曲线元起讫半径的验算

因 5 号缓曲线元起点是连接半径为 300m 的圆曲线元，起点名为 YH，终点是连接直线，终点名为 HZ，可以假设 $R_s = 300\text{m}$，$R_e = \infty$，由式(2-4)求得该缓曲线长为

$$L_h = \frac{A^2}{R_s} = \frac{150^2}{300} = 75\text{m}$$

它与线位数据表中给出的该缓曲线长相等，故上述假设成立。综上所述，本例 6 个线元的设计数据列于表 3-4。

表 3-4 D 匝道 6 个线元的设计数据

线元号	R_s/m	R_e/m	L/m	偏转系数	说明
1	243.748 3	75	74.769	1	右偏
2	75	75	69.864	1	右偏
3	75	300	56.250	1	右偏
4	300	300	58.701	1	右偏
5	300	∞	75	1	右偏
6	∞	∞	73.659	0	右偏

（2）在 MS-Excel 输入平曲线设计数据

按表 3-1 的规定，在 MS-Excel 的 File3 选项卡输入表 3-4 所示 6 个线元的设计数据，结果如图 3-13 所示。

D 匝道的 QD 走向方位角为 2°55′54.6″，应在 J1 单元输入以十进制度为单位的 QD 走向方位角，如图 3-11 所示，可以输入函数式"= 2 + 55/60 + 54.6/3600"，由 MS-Excel 换算为十进制度。

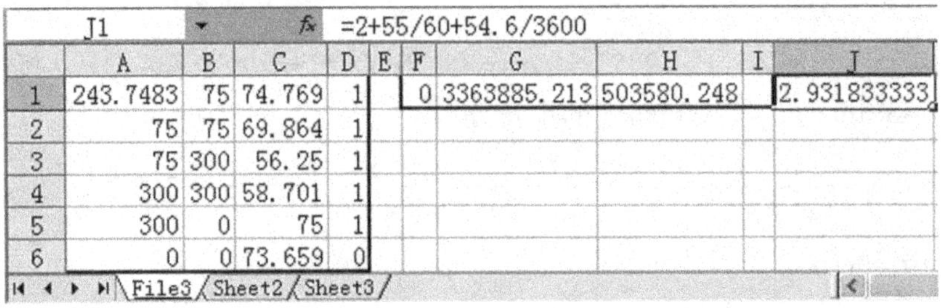

J1 =2+55/60+54.6/3600

	A	B	C	D	E	F	G	H	I	J
1	243.7483	75	74.769	1		0	3363885.213	503580.248		2.931833333
2	75	75	69.864	1						
3	75	300	56.25	1						
4	300	300	58.701	1						
5	300	0	75	1						
6	0	0	73.659	0						

File3 / Sheet2 / Sheet3

图 3－13　在 MS-Excel 的 File3 选项卡输入 D 匝道的平曲线设计数据

将 File3 选项卡的数据另存为 File3. csv 文件，将 File3. csv 文件上传到 fx-9750GⅡ内存，并设置 File3 为当前串列文件。

（3）计算平曲线主点数据

执行 Q2X9 程序，计算 D 匝道平曲线主点数据的屏幕提示与用户操作过程如下：

屏幕提示	按键	说明
Route or rampxyH Q2X9		显示程序标题
new(0)/old(≠0) main point data=?	**0** EXE	输入 0 为重新计算主点数据
hor-curve QD num=?	**1** EXE	输入平曲线起始点号(number)
Z_{ZD}(m)=408. 2430		显示平曲线终点设计桩号(0mm)/耗时 1. 90s
x_{ZD}(m)=3363818. 044		显示终点中桩 x 坐标（$\Delta x=1$mm）
y_{ZD}(m)=503865. 1001		显示终点中桩 y 坐标（$\Delta y=0.1$mm）
α_{ZD}=138°52′54. 24″	EXE	显示终点走向方位角（－0. 16″）
Press [MENU][2]⇒Stop!	MENU 2	进入 **STAT** 模式查看主点数据

完成平曲线主点数据计算后，只有屏幕显示的终点桩号、走向方位角及其平面坐标与设计图纸相符时，才说明用户已正确输入了平曲线设计数据。本案例的全部文件位于光盘“\ 3 章\［例 3－3］\ ”路径下，请读者播放光盘“\ 操作视频\ 3. 4\［例 3－3］操作视频. avi”文件观看操作方法。

3. 5　线元法设计的高速公路互通式立交匝道工程案例 4

［**例** 3－4］　如图 3－14 所示的高速公路 A 匝道采用线元法设计，有 4 个缓曲线元，试验算这 4 个缓曲线元的起讫半径，用 Q2X9 程序计算平曲线的主点数据。

［**解**］（1）缓曲线元起讫半径的验算

① 2 号缓曲线元起讫半径的验算

2 号缓曲线元的终点名为 HY，可以认为有 $R_e=1\ 000$m。如果该缓曲线元为完整缓和曲线，由式(2－9)得

$$L_h=\frac{A^2}{R}=\frac{230^2}{1000}=52.9\text{m}$$

因此,该缓曲线元为完整缓和曲线,其起点半径 $R_s = \infty$,起点 GQ 点处的半径过渡不连续。

② 4 号缓曲线元起讫半径的验算

4 号缓曲线元连接 $R = 1\,000$m 与 $R = 150$m 的两个圆曲线元,按固定小半径的原则,可以设终点半径为 $R_e = 150$m,需要反求起点半径 R_s。如果 $R_s > R_e$,由式(2-8)得

$$R_s = \left(R^{-1} - \frac{L_h}{A^2}\right)^{-1} = \left(150^{-1} - \frac{56.667}{100^2}\right)^{-1} = 1\,000.033\,334\text{m} \approx 1\,000\text{m}$$

因此,该缓曲线元为非完整缓和曲线,其起点半径 $R_s = 1\,000$,在线元起点与终点处的半径过渡均为连续。

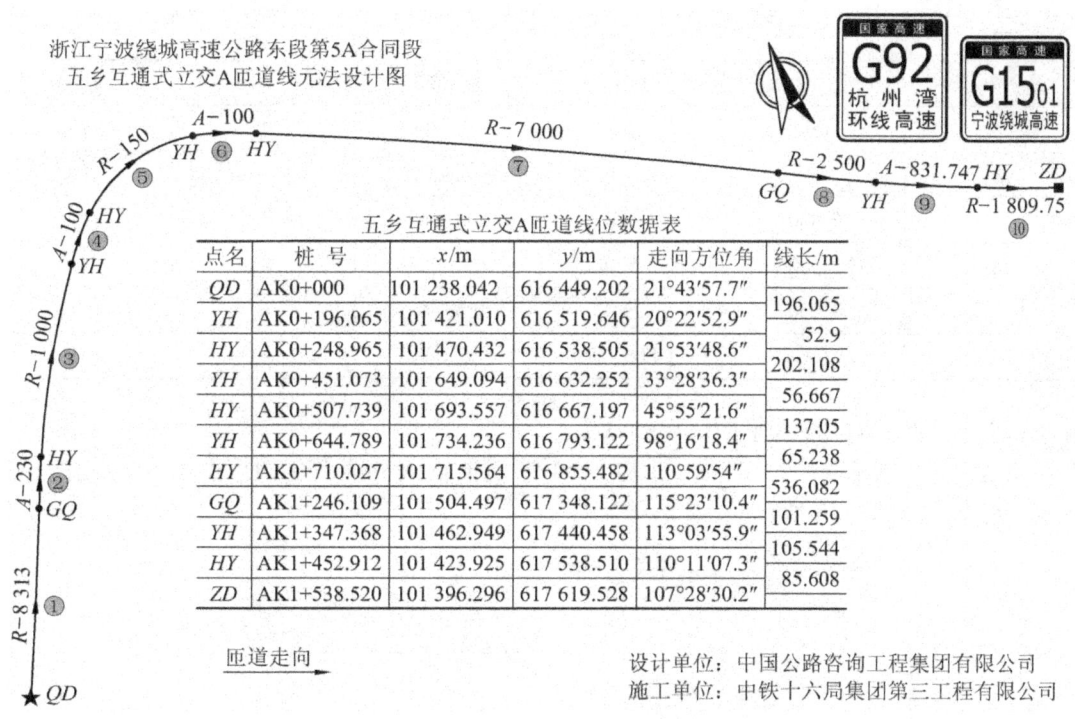

图 3-14 五乡互通式立交 A 匝道线元法设计图

③ 6 号缓曲线元起讫半径的验算

6 号缓曲线元连接 $R = 150$m 与 $R = 7\,000$m 的两个圆曲线元,按固定小半径的原则,可以设起点半径为 $R_s = 150$m,需要反求终点半径 R_e。如果 $R_e > R_s$,由式(2-8)得

$$R_e = \left(R^{-1} - \frac{L_h}{A^2}\right)^{-1} = \left(150^{-1} - \frac{65.238}{100^2}\right)^{-1} = 6\,999.533\,364\text{m} \approx 7\,000\text{m}$$

因此,该缓曲线元为非完整缓和曲线,其终点半径 $R_e = 7\,000$,在线元起点与终点处的半径过渡均为连续。

④ 9 号缓曲线元起讫半径的验算

9 号缓曲线元连接 $R = 2\,500$m 与 $R = 1\,809.75$m 的两个圆曲线元,按固定小半径的原则,可以设终点半径为 $R_e = 1\,809.75$m,需要反求起点半径 R_s。如果 $R_s > R_e$,由式(2-

8)得

$$R_s = \left(R^{-1} - \frac{L_h}{A^2}\right)^{-1} = \left(1\,809.75^{-1} - \frac{105.544}{831.747^2}\right)^{-1} = 2\,500.007\,118\text{m} \approx 2\,500\text{m}$$

因此，该缓曲线元为非完整缓和曲线，其起点半径 $R_s = 2\,500$，在线元起点与终点处的半径过渡均为连续。综上所述，本例 10 个线元的设计数据列于表 3－5。

表 3－5　A 匝道 10 个线元的设计数据

线元号	R_s/m	R_e/m	L/m	偏转系数	说明
1	8 313	8 313	196.065	－1	左偏
2	∞	1 000	52.9	1	右偏
3	1 000	1 000	202.108	1	右偏
4	1 000	150	56.667	1	右偏
5	150	150	137.05	1	右偏
6	150	7 000	65.238	1	右偏
7	7 000	7 000	536.082	1	右偏
8	2 500	2 500	101.259	－1	左偏
9	2 500	1 809.75	105.544	－1	左偏
10	1 809.75	1 809.75	85.608	－1	左偏

（2）在 MS-Excel 输入平曲线设计数据

按表 3－1 的规定，在 MS-Excel 的 File4 选项卡输入如表 3－5 所示 10 个线元的设计数据，结果如图 3－15 所示。

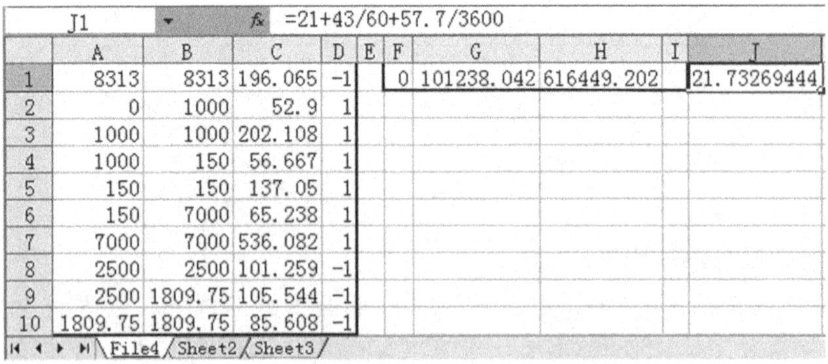
J1 =21+43/60+57.7/3600

	A	B	C	D	E	F	G	H	I	J
1	8313	8313	196.065	-1		0	101238.042	616449.202		21.73269444
2	0	1000	52.9	1						
3	1000	1000	202.108	1						
4	1000	150	56.667	1						
5	150	150	137.05	1						
6	150	7000	65.238	1						
7	7000	7000	536.082	1						
8	2500	2500	101.259	-1						
9	2500	1809.75	105.544	-1						
10	1809.75	1809.75	85.608	-1						

File4 Sheet2 Sheet3

图 3－15　在 MS-Excel 的 File4 选项卡输入 A 匝道的平曲线设计数据

A 匝道的 QD 走向方位角为 21°43′57.5″，应在 J1 单元输入以十进制度为单位的 QD 走向方位角，如图 3－15 所示，可以输入表达式"=21＋43/60＋57.7/3600"，由 MS-Excel 换算为十进制度。

将 File4 选项卡的数据另存为 File4.csv 文件，将 File4.csv 文件上传到 fx-9750GⅡ内存，并设置 File4 为当前串列文件。

(3) 计算平曲线主点数据

执行 Q2X9 程序，计算 A 匝道平曲线主点数据的屏幕提示与用户操作过程如下：

屏幕提示	按键	说明
Route or rampxyH Q2X9		显示程序标题
new(0)/old(≠0) main point data=?	0 [EXE]	输入 0 为重新计算主点数据
hor-curve QD num=?	1 [EXE]	输入平曲线起始点号(number)
Z_{ZD}(m)=1538.5210		显示平曲线终点设计桩号(1mm)/耗时 2.73s
x_{ZD}(m)=101396.2942		显示终点中桩 x 坐标($\Delta x = -1.8$mm)
y_{ZD}(m)=617619.5279		显示终点中桩 y 坐标($\Delta y = -0.1$mm)
α_{ZD}=107°28′30.88″	[EXE]	显示终点走向方位角($-0.16″$)
Press [MENU][2]⇒Stop!	[MENU] 2	进入 STAT 模式查看主点数据

完成平曲线主点数据计算后，只有屏幕显示的终点桩号、走向方位角及其平面坐标与设计图纸相符时，才说明用户已正确输入了平曲线设计数据。本案例的全部文件位于光盘"\3章\［例3-4］\"路径下，请读者播放光盘"\操作视频\3.5\［例3-4］操作视频.avi"文件观看操作方法。

3.6 线元法设计的高速公路互通式立交匝道工程案例5

［**例 3-5**］ 如图 3-16 所示的高速公路 E 匝道采用线元法设计，有 2 个缓曲线元，试验算这 2 个缓曲线元的起讫半径，用 Q2X9 程序计算平曲线的主点数据。

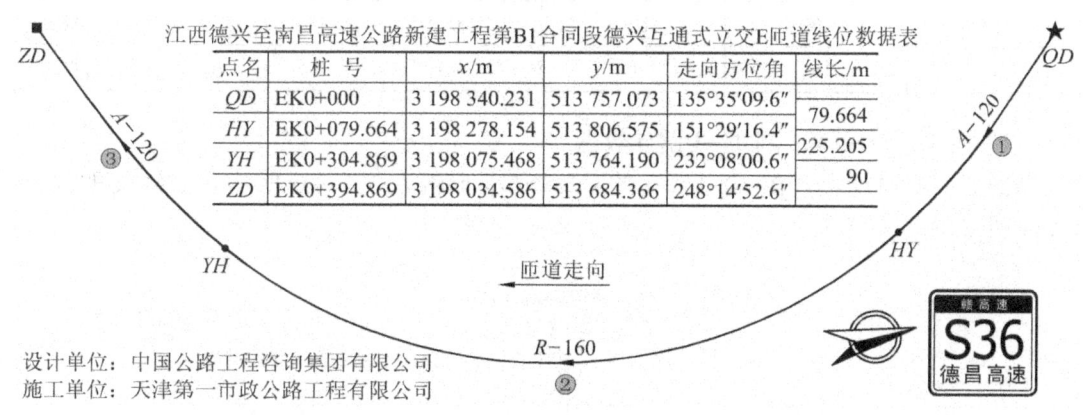

图 3-16 德兴互通式立交 E 匝道线元法设计图

［**解**］ （1）缓曲线元起讫半径的验算

① 1 号缓曲线元起讫半径的验算

1 号缓曲线元的终点名为 HY，可以认为有 $R_e = 160$m。如果该缓曲线元为完整缓和曲线，由式(2-9)得

$$L_\mathrm{h} = \frac{A^2}{R} = \frac{120^2}{160} = 90\mathrm{m} \neq 79.664\mathrm{m}$$

因此，该缓曲线元为非完整缓和曲线，需要计算起点半径 R_s。如果 $R_\mathrm{s} > R_\mathrm{e}$，由式(2-8)得

$$R'_\mathrm{s} = \left(R^{-1} - \frac{L_\mathrm{h}}{A^2}\right)^{-1} = \left(160^{-1} - \frac{79.664}{120^2}\right)^{-1} = 1\,393.188\,854\mathrm{m}$$

如果 $R_\mathrm{s} < R_\mathrm{e}$，由式(2-8)得

$$R''_\mathrm{s} = \left(R^{-1} + \frac{L_\mathrm{h}}{A^2}\right)^{-1} = \left(160^{-1} + \frac{79.664}{120^2}\right)^{-1} = 84.873\,632\,59\mathrm{m}$$

R_s 具体取哪个，需要使用偏角方程确定。

由设计图纸线位数据表中的走向方位角反算该缓曲线元的偏角差为

$$\Delta\beta_\mathrm{h} = 151°29'16.4'' - 135°35'09.6'' = 15°54'6.8'' = 0.277\,540\,318\,4\text{ 弧度}$$

取 $R'_\mathrm{s} = 1\,393.188\,854\mathrm{m}$ 时，该缓曲线元的偏角差为

$$\Delta\beta'_\mathrm{h} = \frac{A^2}{2R_\mathrm{e}^2} - \frac{A^2}{2R_\mathrm{s}^2} = \frac{120^2}{2\times 160^2} - \frac{120^2}{2\times 1393.188854^2} = 0.277\,540\,524\,4\text{ 弧度} \approx \Delta\beta_\mathrm{h}$$

取 $R''_\mathrm{s} = 84.873\,632\,59\mathrm{m}$ 时，该缓曲线元的偏角差为

$$\Delta\beta''_\mathrm{h} = \frac{A^2}{2R_\mathrm{e}^2} - \frac{A^2}{2R_\mathrm{s}^2} = \frac{120^2}{2\times 84.87363259^2} - \frac{120^2}{2\times 160^2} = 0.718\,259\,475\,6\text{ 弧度} \neq \Delta\beta_\mathrm{h}$$

因此，应取 $R_\mathrm{s} = 1\,393.188\,9\mathrm{m}$。综上所述，本例3个线元的设计数据列于表3-6。

表3-6 E匝道3个线元的设计数据

线元号	R_s/m	R_e/m	L/m	偏转系数	说明
1	1 393.188 9	160	79.664	1	右偏
2	160	160	225.205	1	右偏
3	160	∞	90	1	右偏

(2) 在 MS-Excel 输入平曲线设计数据

按表3-1的规定，在 MS-Excel 的 File5 选项卡输入表3-6所示3个线元的设计数据，结果如图3-17所示。

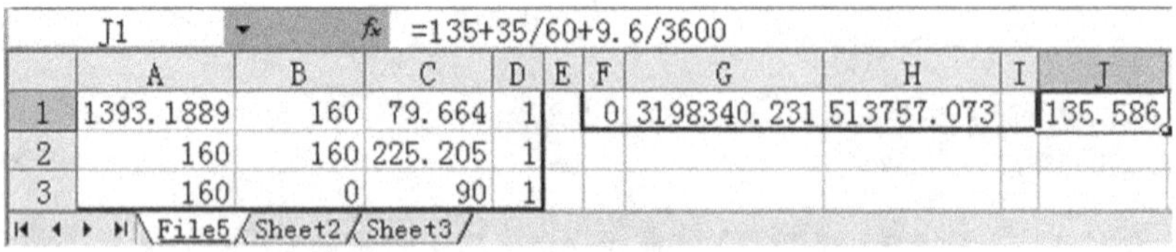

图3-17 在 MS-Excel 的 File5 选项卡输入 E 匝道的平曲线设计数据

E 匝道的 QD 走向方位角为 $135°35'09.6''$，应在 J1 单元输入以十进制度为单位的 QD 走向方位角，如图3-17所示，可以输入表达式"=135+35/60+9.6/3600"，由 MS-Excel 换算为十进制度。

将 File5 选项卡的数据另存为 File5.csv 文件，将 File5.csv 文件上传到 fx-9750GⅡ内

存，并设置 File5 为当前串列文件。

（3）计算平曲线主点数据

执行 Q2X9 程序，计算 E 匝道平曲线主点数据的屏幕提示与用户操作过程如下：

屏幕提示	按键	说明
Route or rampxyH Q2X9		显示程序标题
new(0)/old(≠0) main point data=?	0 EXE	输入 0 为重新计算主点数据
hor-curve QD num=?	1 EXE	输入平曲线起始点号（number）
Z_{ZD}(m)=394.8690		显示平曲线终点设计桩号（0mm）/耗时 1.42s
x_{ZD}(m)=3198034.585		显示终点中桩 x 坐标（$\Delta x = -1$mm）
y_{ZD}(m)=513684.3688		显示终点中桩 y 坐标（$\Delta y = 2.8$mm）
α_{ZD}=248°14′52.59″	EXE	显示终点走向方位角（-0.01″）
Press [MENU][2]⇒Stop!	MENU 2	进入 STAT 模式查看主点数据

完成平曲线主点数据计算后，只有屏幕显示的终点桩号、走向方位角及其平面坐标与设计图纸相符时，才说明用户已正确输入了平曲线设计数据。本案例的全部文件位于光盘"\3章\[例3-5]\"路径下，请读者播放光盘"\操作视频\3.6\[例3-5]操作视频.avi"文件观看操作方法。

3.7 线元法设计的高速公路互通式立交匝道工程案例6

[例3-6] 如图3-16所示的高速公路 E 匝道采用线元法设计，有4个缓曲线元，试验算这4个缓曲线元的起讫半径，用 Q2X9 程序计算平曲线的主点数据。

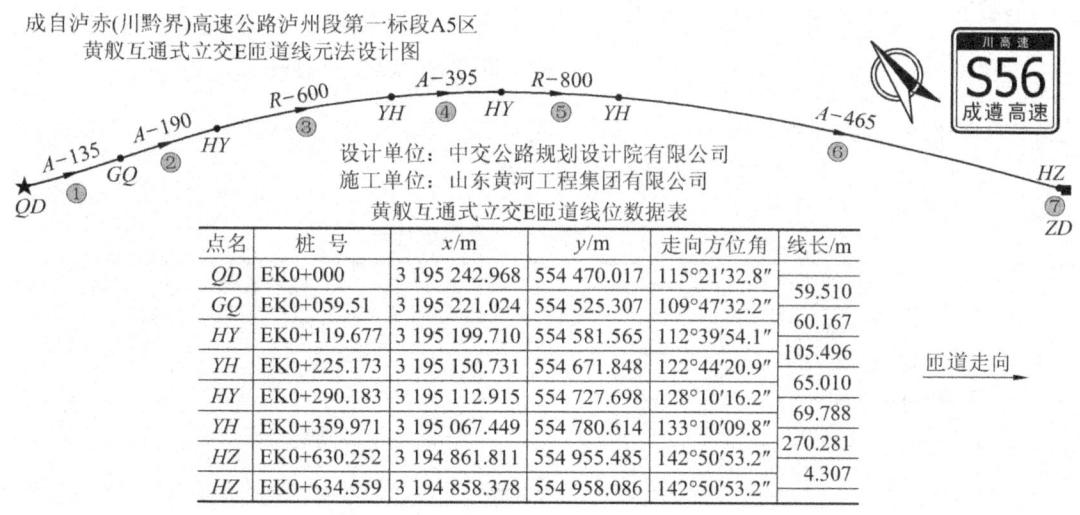

图3-18 黄舣互通式立交 E 匝道线元法设计图

[解] （1）缓曲线元起讫半径的验算

① 2 号缓曲线元起讫半径的验算

2 号缓曲线元的终点名为 HY，可以认为有 $R_e = 600\text{m}$。如果该缓曲线元为完整缓和曲线，由式(2-9)得

$$L_h = \frac{A^2}{R} = \frac{190^2}{600} = 60.166\,666\,67\text{m} \approx 60.667\text{m}$$

因此，该缓曲线元为完整缓和曲线，其起点半径 $R_s = \infty$。

② 1 号缓曲线元起讫半径的验算

假设 1 号缓曲线元为完整缓和曲线，其终点半径 $R_e = \infty$，应有 $R_s < R_e$，由式(2-9)得

$$R_s = \frac{A^2}{L_h} = \frac{135^2}{59.51} = 306.251\,050\,2\text{m} \approx 306.25\text{m}$$

偏角差为

$$\Delta\beta_h = \frac{A^2}{2R_e^2} = \frac{135^2}{2 \times 306.25^2} = 0.097\,159\,516\,87 \text{ 弧度}$$

由设计图纸线位数据表中的走向方位角反算该缓曲线元的偏角差为

$$\Delta\beta_h = 115°21'32.8'' - 109°47'32.2'' = 5°34'0.6'' = 0.097\,159\,570\,58 \text{ 弧度}$$

由此证明，1 号缓曲线元为完整缓和曲线。

③ 4 号缓曲线元起讫半径的验算

4 号缓曲线元是连接半径分别为 600m 与 800m 的圆曲线元，按固定小半径的原则，应有 $R_s = 600\text{m}$，需要反求终点半径 R_e。设 $R_e > R_s$，由式(2-8)得

$$R_e = \left(R_s^{-1} - \frac{L_h}{A^2}\right)^{-1} = \left(600^{-1} - \frac{65.01}{395^2}\right)^{-1} = 799.998\,290\,9\text{m} \approx 800\text{m}$$

④ 6 号缓曲线元起讫半径的验算

6 号缓曲线元起点连接半径分别为 800m 的圆曲线元，终点连接直线线元，可以认为是完整缓和曲线，设 $R_s = 800\text{m}$，由式(2-9)得

$$L_h = \frac{A^2}{R_s} = \frac{465^2}{800} = 270.281\,25\text{m} \approx 270.281\text{m}$$

因此，该缓曲线元为完整缓和曲线，其起点半径 $R_s = 800\text{m}$。

综上所述，本例 7 个线元的设计数据列于表 3-7。

表 3-7　E 匝道 7 个线元的设计数据

线元号	R_s/m	R_e/m	L/m	偏转系数	说明
1	306.25	∞	59.510	-1	左偏
2	∞	600	60.167	1	右偏
3	600	600	105.496	1	右偏
4	600	800	65.010	1	右偏
5	800	800	69.788	1	右偏
6	800	∞	270.281	1	右偏
7	∞	∞	4.307	0	

（2）在 MS-Excel 输入平曲线设计数据

按表 3 – 1 的规定，在 MS-Excel 的 File6 选项卡输入表 3 – 7 所示 7 个线元的设计数据，结果如图 3 – 19 所示。

E 匝道的 *QD* 走向方位角为 115°21′32. 8″，应在 J1 单元输入以十进制度为单位的 *QD* 走向方位角，如图 3 – 19 所示，可以输入表达式“= 115 + 21/60 + 32. 8/3600”，由 MS-Excel 换算为十进制度。

将 File6 选项卡的数据另存为 File6. csv 文件，将 File6. csv 文件上传到 fx-9750GⅡ内存，并设置 File6 为当前串列文件。

J1 =115+21/60+32.8/3600

	A	B	C	D	E	F	G	H	I	J
1	306.25	0	59.51	-1		0	3195242.968	554470.017		115.3591111
2	0	600	60.167	1						
3	600	600	105.496	1						
4	600	800	65.01	1						
5	800	800	69.788	1						
6	800	0	270.281	1						
7	0	0	4.307	0						

File6 / Sheet2 / Sheet3

图 3 – 19　在 MS-Excel 的 File6 选项卡输入 E 匝道的平曲线设计数据

（3）计算平曲线主点数据

执行 Q2X9 程序，计算 E 匝道平曲线主点数据的屏幕提示与用户操作过程如下：

屏幕提示	按键	说明
Route or rampxyH Q2X9		显示程序标题
new(0)/old(≠0) main point data=?	**0** [EXE]	输入 0 为重新计算主点数据
hor-curve QD num=?	**1** [EXE]	输入平曲线起始点号(number)
Z_{ZD}(m)=634. 5590		显示平曲线终点设计桩号(0mm)/耗时 2. 44s
x_{ZD}(m)=3194858. 378		显示终点中桩 *x* 坐标(Δx = 0mm)
y_{ZD}(m)=554950. 0858		显示终点中桩 *y* 坐标(Δy = – 0. 2mm)
α_{ZD}=142°50′53. 19″	[EXE]	显示终点走向方位角(– 0. 01″)
Press [MENU][2]⇒Stop!	[MENU] [2]	进入 **STAT** 模式查看主点数据

完成平曲线主点数据计算后，只有屏幕显示的终点桩号、走向方位角及其平面坐标与设计图纸相符时，才说明用户已正确输入了平曲线设计数据。本案例的全部文件位于光盘“\ 3 章 \ [例 3 – 6] \ ”路径下，请读者播放光盘“ \ 操作视频 \ 3. 7 \ [例 3 – 6] 操作视频 . avi”文件观看操作方法。

3. 8　线元法设计的城市互通式立交匝道工程案例 7

[例 3 – 7]　如图 3 – 20 所示的城市互通式立交 Z4 匝道采用线元法设计，有 4 个缓曲

线元，试验算这 4 个缓曲线元的起讫半径，用 Q2X9 程序计算平曲线的主点数据。

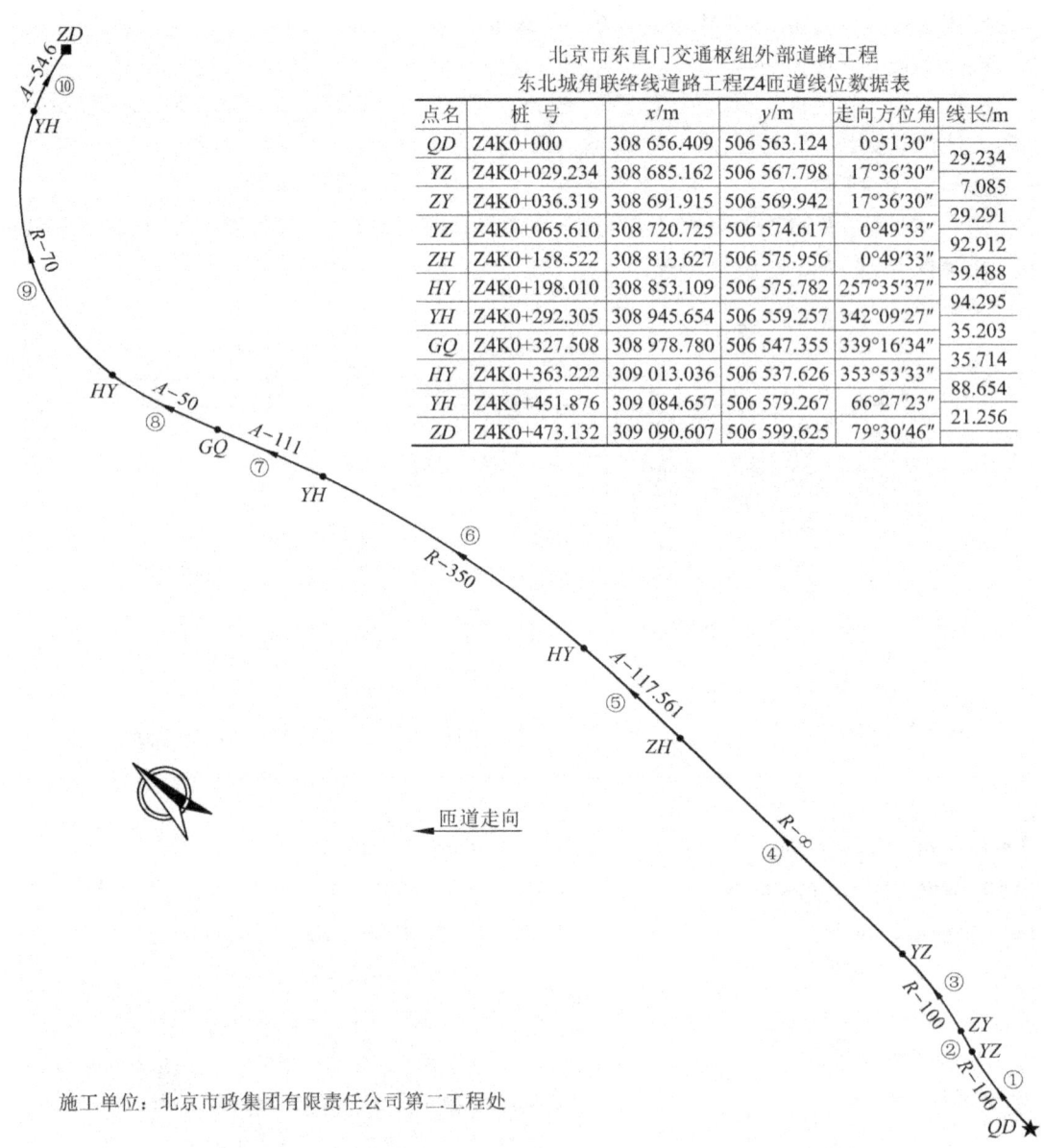

北京市东直门交通枢纽外部道路工程
东北城角联络线道路工程 Z4 匝道线位数据表

点名	桩号	x/m	y/m	走向方位角	线长/m
QD	Z4K0+000	308 656.409	506 563.124	0°51′30″	29.234
YZ	Z4K0+029.234	308 685.162	506 567.798	17°36′30″	7.085
ZY	Z4K0+036.319	308 691.915	506 569.942	17°36′30″	29.291
YZ	Z4K0+065.610	308 720.725	506 574.617	0°49′33″	92.912
ZH	Z4K0+158.522	308 813.627	506 575.956	0°49′33″	39.488
HY	Z4K0+198.010	308 853.109	506 575.782	257°35′37″	94.295
YH	Z4K0+292.305	308 945.654	506 559.257	342°09′27″	35.203
GQ	Z4K0+327.508	308 978.780	506 547.355	339°16′34″	35.714
HY	Z4K0+363.222	309 013.036	506 537.626	353°53′33″	88.654
YH	Z4K0+451.876	309 084.657	506 579.267	66°27′23″	21.256
ZD	Z4K0+473.132	309 090.607	506 599.625	79°30′46″	

施工单位：北京市政集团有限责任公司第二工程处

图 3-20　东北城角联络线道路工程 Z4 匝道线元法设计图

[解]　（1）缓曲线元起讫半径的验算

① 5 号缓曲线元起讫半径的验算

5 号缓曲线元的起点名为 ZH，可以认为有 $R_s = \infty$，是完整缓和曲线，由式(2-9)得

$$L_h = \frac{A^2}{R} = \frac{117.561^2}{350} = 39.487\ 396\ 35\text{m} \approx 39.488\text{m}$$

因此，该缓曲线元为完整缓和曲线，其终点半径 $R_e = 350\text{m}$。

② 7 号缓曲线元起讫半径的验算

7 号缓曲线元的起点名为 YH，可以认为有 $R_s = 350\text{m}$，如果是完整缓和曲线，由式（2-9）得

$$L_h = \frac{A^2}{R} = \frac{111^2}{350} = 35.202\ 857\ 14\text{m} \approx 35.203\text{m}$$

因此，该缓曲线元为完整缓和曲线，其终点半径 $R_e = \infty$。

③ 8 号缓曲线元起讫半径的验算

8 号缓曲线元的终点名为 HY，可以认为有 $R_e = 70\text{m}$，如果是完整缓和曲线，由式（2-9）得

$$L_h = \frac{A^2}{R} = \frac{50^2}{70} = 35.714\ 285\ 71\text{m} \approx 35.714\text{m}$$

因此，该缓曲线元为完整缓和曲线，其起点半径 $R_s = \infty$。

④ 10 号缓曲线元起讫半径的验算

10 号缓曲线元的起点名为 YH，可以认为有 $R_s = 70\text{m}$，如果是完整缓和曲线，由式（2-9）得

$$L_h = \frac{A^2}{R} = \frac{54.6^2}{70} = 42.588\text{m} \neq 21.256\text{m}$$

因此，该缓曲线元为非完整缓和曲线，需求反求终点半径 R_e。

如果设 $R_e > R_s$，由式（2-8）有

$$R'_e = \left(R_s^{-1} - \frac{L_h}{A^2} \right)^{-1} = \left(70^{-1} - \frac{21.256}{54.6^2} \right)^{-1} = 139.750\ 609\ 4\text{m} \approx 139.75\text{m}$$

如果设 $R_e < R_s$，由式（2-8）有

$$R''_e = \left(R_s^{-1} + \frac{L_h}{A^2} \right)^{-1} = \left(70^{-1} + \frac{21.256}{54.6^2} \right)^{-1} = 46.694\ 442\ 7\text{m}$$

R_e 具体取哪一个，需要应用偏角差方程验算。由匝道线位数据表中的走向方位角，得 10 号缓曲线元的偏角差理论值应为

$$\Delta \tilde{\beta}_h = 79°30'46'' - 66°27'23'' = 13°3'23'' = 0.227\ 876\ 974\ 5\ \text{弧度}$$

取 $R_e = 139.75\text{m}$ 的偏角差方程为

$$\Delta \beta'_h = \frac{A^2}{2R_s^2} - \frac{A^2}{2R_e^2} = \frac{54.6^2}{2 \times 70^2} - \frac{54.6^2}{2 \times 139.75^2} = 0.227\ 877\ 663\ 6\ \text{弧度} \approx \Delta \tilde{\beta}_h$$

取 $R_e = 46.694\ 442\ 7\text{m}$ 的偏角差方程为

$$\Delta \beta''_h = \frac{A^2}{2R_e^2} - \frac{A^2}{2R_s^2} = \frac{54.6^2}{2 \times 46.6944427^2} - \frac{54.6^2}{2 \times 70^2} = 0.379\ 435\ 956\ 6\ \text{弧度} \neq \Delta \tilde{\beta}_h$$

故应取 $R_e = 139.75\text{m}$。

综上所述，本例 10 个线元的设计数据列于表 3-8。

表 3-8　Z4 匝道 10 个线元的设计数据

线元号	R_s/m	R_e/m	L/m	偏转系数	说明
1	100	100	29.234	1	左偏

续表 3－8

线元号	R_s/m	R_e/m	L/m	偏转系数	说明
2	∞	∞	7.085	0	右偏
3	100	100	29.291	－1	右偏
4	∞	∞	92.912	0	右偏
5	∞	350	39.488	－1	右偏
6	350	350	94.295	－1	右偏
7	350	∞	35.203	－1	左偏
8	∞	70	35.714	1	右偏
9	70	70	88.654	1	右偏
10	70	139.75	21.256	1	右偏

由于 Q2X9 程序可以计算直转点直线，因此，当直线与曲线径相连接时，直线线元的偏转系数应输入 0，当直线线元与曲线非径相连接时，直线线元的偏转系数应输入以十进制度为单位的转角值，负数为左转角，正数为右转角。这是用户输入直线线元的设计数据时容易出错的地方。

（2）在 MS-Excel 输入平曲线设计数据

按表 3－1 的规定，在 MS-Excel 的 File1 选项卡输入表 3－8 所示 10 个线元的设计数据，结果如图 3－21 所示。

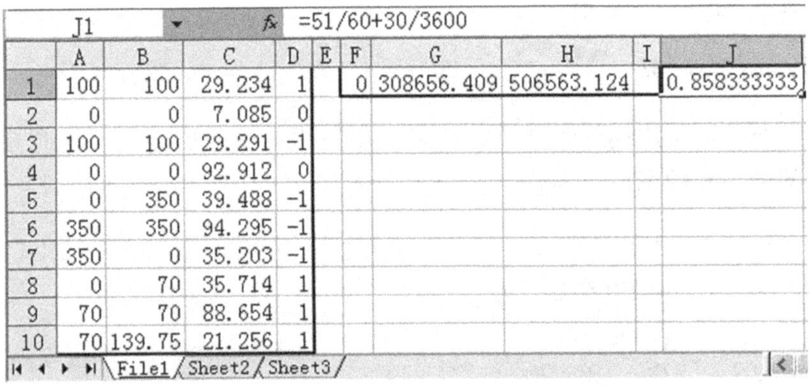
J1 =51/60+30/3600

	A	B	C	D	E	F	G	H	I	J
1	100	100	29.234	1		0	308656.409	506563.124		0.858333333
2	0	0	7.085	0						
3	100	100	29.291	-1						
4	0	0	92.912	0						
5	0	350	39.488	-1						
6	350	350	94.295	-1						
7	350	0	35.203	-1						
8	0	70	35.714	1						
9	70	70	88.654	1						
10	70	139.75	21.256	1						

File1 / Sheet2 / Sheet3

图 3－21　在 MS-Excel 的 File1 选项卡输入 Z4 匝道的平曲线设计数据

Z4 匝道的 *QD* 走向方位角为 0°51′30″，应在 J1 单元输入以十进制度为单位的 *QD* 走向方位角，如图 3－21 所示，可以输入表达式“=51/60＋30/3600”，由 MS-Excel 换算为十进制度。

将 File1 选项卡的数据另存为 File1. csv 文件，将 File1. csv 文件上传到 fx-9750GⅡ内存，并设置 File1 为当前串列文件。

（3）计算平曲线主点数据

执行 Q2X9 程序，计算 Z4 匝道平曲线主点数据的屏幕提示与用户操作过程如下：

屏幕提示	按键	说明
Route or rampxyH Q2X9		显示程序标题
new(0)/old(≠0) main point data=?	0 EXE	输入0为重新计算主点数据
hor-curve QD num=?	1 EXE	输入平曲线起始点号(number)
Z_{ZD}(m)=473.1320		显示平曲线终点设计桩号(0mm)/耗时2.36s
x_{ZD}(m)=309090.6073		显示终点中桩 x 坐标($\Delta x=0.3$mm)
y_{ZD}(m)=506599.6237		显示终点中桩 y 坐标($\Delta y=-1.3$mm)
$α_{ZD}$=79°30′45.92″	EXE	显示终点走向方位角(-0.08″)
Press [MENU][2]⇨Stop!	MENU 2	进入STAT模式查看主点数据

完成平曲线主点数据计算后，只有屏幕显示的终点桩号、走向方位角及其平面坐标与设计图纸相符时，才说明用户已正确输入了平曲线设计数据。本案例的全部文件位于光盘"\3章\[例3-7]\"路径下，请读者播放光盘"\操作视频\3.8\[例3-7]操作视频.avi"文件观看操作方法。

3.9 线元法设计的高速公路互通式立交匝道工程案例8

[**例3-8**] 如图3-16所示的高速公路E匝道采用线元法设计，有3个缓曲线元，试验算这3个缓曲线元的起讫半径，用Q2X9程序计算平曲线的主点数据。

[**解**] （1）缓曲线元起讫半径的验算

① 2号缓曲线元起讫半径的验算

2号缓曲线元的终点名为 HY，可以认为有 $R_e=320$m。如果该缓曲线元为完整缓和曲线，由式(2-9)得

$$L_h = \frac{A^2}{R} = \frac{170^2}{320} = 90.3125\text{m} \approx 90.313\text{m}$$

因此，该缓曲线元为完整缓和曲线，其起点半径 $R_s=\infty$。

② 1号缓曲线元起讫半径的验算

假设1号缓曲线元为完整缓和曲线，其终点半径 $R_e=\infty$，应有 $R_s<R_e$，由式(2-9)得

$$R_s = \frac{A^2}{L_h} = \frac{140^2}{95.03} = 206.2506577\text{m} \approx 206.25\text{m}$$

偏角差为

$$\Delta\beta_h = \frac{A^2}{2R_s^2} = \frac{140^2}{2 \times 206.25^2} = 0.2303764922 \text{ 弧度}$$

由设计图纸线位数据表中的走向方位角反算该缓曲线元的偏角差为

$$\Delta\beta_h = 234°36′1″ - 221°24′2″ = 13°11′59″ = 0.2303786131 \text{ 弧度}$$

由此证明，1号缓曲线元为完整缓和曲线。

③ 4号缓曲线元起讫半径的验算

4号缓曲线元的起点名为 YH，可以认为有 $R_s=320$m。如果该缓曲线元为完整缓和曲

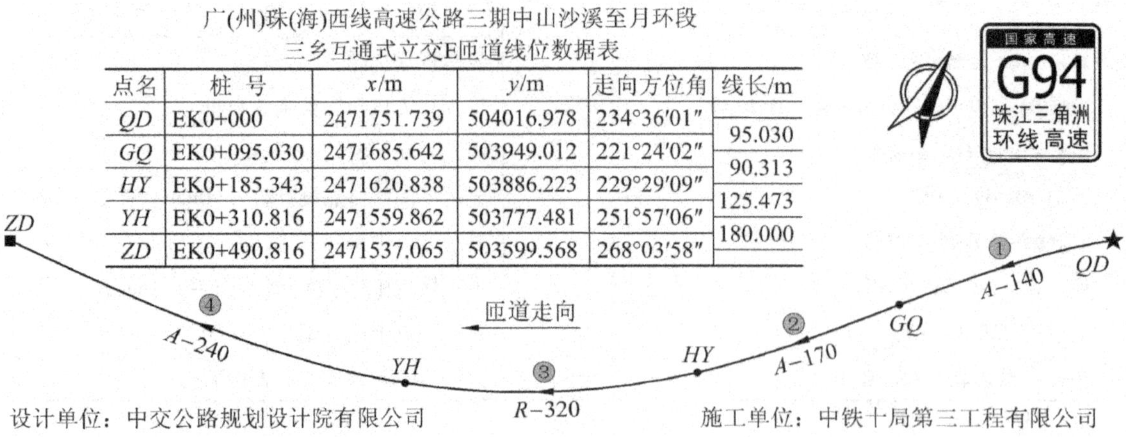

广(州)珠(海)西线高速公路三期中山沙溪至月环段
三乡互通式立交E匝道线位数据表

点名	桩 号	x/m	y/m	走向方位角	线长/m
QD	EK0+000	2471751.739	504016.978	234°36′01″	
					95.030
GQ	EK0+095.030	2471685.642	503949.012	221°24′02″	
					90.313
HY	EK0+185.343	2471620.838	503886.223	229°29′09″	
					125.473
YH	EK0+310.816	2471559.862	503777.481	251°57′06″	
					180.000
ZD	EK0+490.816	2471537.065	503599.568	268°03′58″	

国家高速
G94
珠江三角洲
环线高速
ZD
QD
GQ
HY
YH
A-140
A-170
A-240
R-320
匝道走向
设计单位：中交公路规划设计院有限公司
施工单位：中铁十局第三工程有限公司

图 3－22　中山三乡（孙中山故居所在地）互通式立交 E 匝道线元法设计图

线，由式(2－9)得

$$L_h = \frac{A^2}{R} = \frac{240^2}{320} = 180\text{m}$$

因此，该缓曲线元为完整缓和曲线，其终点半径 $R_e = \infty$ 。

综上所述，本例 4 个线元的设计数据列于表 3－9。

表 3－9　E 匝道 4 个线元的设计数据

线元号	R_s/m	R_e/m	L/m	偏转系数	说明
1	206.26	∞	95.03	－1	左偏
2	∞	320	90.313	1	右偏
3	320	320	125.473	1	右偏
4	320	∞	180	1	右偏

（2）在 MS-Excel 输入平曲线设计数据

按表 3－1 的规定，在 MS-Excel 的 File2 选项卡输入表 3－9 所示 4 个线元的设计数据，结果如图 3－23 所示。

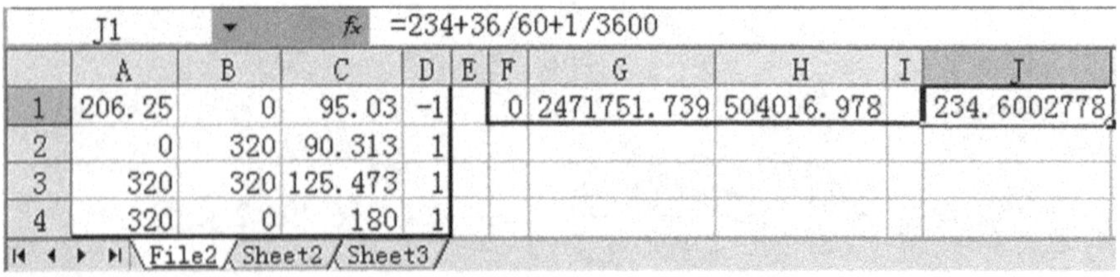
J1　fx　=234+36/60+1/3600

	A	B	C	D	E	F	G	H	I	J
1	206.25	0	95.03	-1		0	2471751.739	504016.978		234.6002778
2	0	320	90.313	1						
3	320	320	125.473	1						
4	320	0	180	1						

File2 / Sheet2 / Sheet3

图 3－23　在 MS-Excel 的 File2 选项卡输入 E 匝道的平曲线设计数据

E 匝道的 *QD* 走向方位角为 234°36′1″，应在 J1 单元输入以十进制度为单位的 *QD* 走向方位角，如图 3－23 所示，可以输入表达式“= 234 + 36/60 + 1/3600”，由 MS-Excel 换算为十进制度。

将 File2 选项卡的数据另存为 File2.csv 文件，将 File2.csv 文件上传到 fx-9750GⅡ内存，并设置 File2 为当前串列文件。

（3）计算平曲线主点数据

执行 Q2X9 程序，计算 E 匝道平曲线主点数据的屏幕提示与用户操作过程如下：

屏幕提示	按键	说明
Route or rampxyH Q2X9		显示程序标题
new(0)/old(≠0) main point data=?	0 EXE	输入 0 为重新计算主点数据
hor-curve QD num=?	1 EXE	输入平曲线起始点号（number）
Z_{ZD}(m)=490.8160		显示平曲线终点设计桩号（0mm）/耗时 1.44s
x_{ZD}(m)=2471537.066		显示终点中桩 x 坐标（Δx = 1mm）
y_{ZD}(m)=503599.5680		显示终点中桩 y 坐标（Δy = 0mm）
α_{ZD}=268°03′58.51″	EXE	显示终点走向方位角（0.51″）
Press [MENU][2]⇒Stop!	MENU 2	进入 **STAT** 模式查看主点数据

完成平曲线主点数据计算后，只有屏幕显示的终点桩号、走向方位角及其平面坐标与设计图纸相符时，才说明用户已正确输入了平曲线设计数据。本案例的全部文件位于光盘"\3章\[例3-8]\"路径下，请读者播放光盘"\操作视频\3.9\[例3-8]操作视频.avi"文件观看操作方法。

3.10 线元法设计的高速公路互通式立交匝道工程案例 9

[**例 3-9**] 如图 3-24 所示的高速公路 AB 匝道采用线元法设计，有 4 个缓曲线元，试验算这 4 个缓曲线元的起讫半径，用 Q2X9 程序计算平曲线的主点数据。

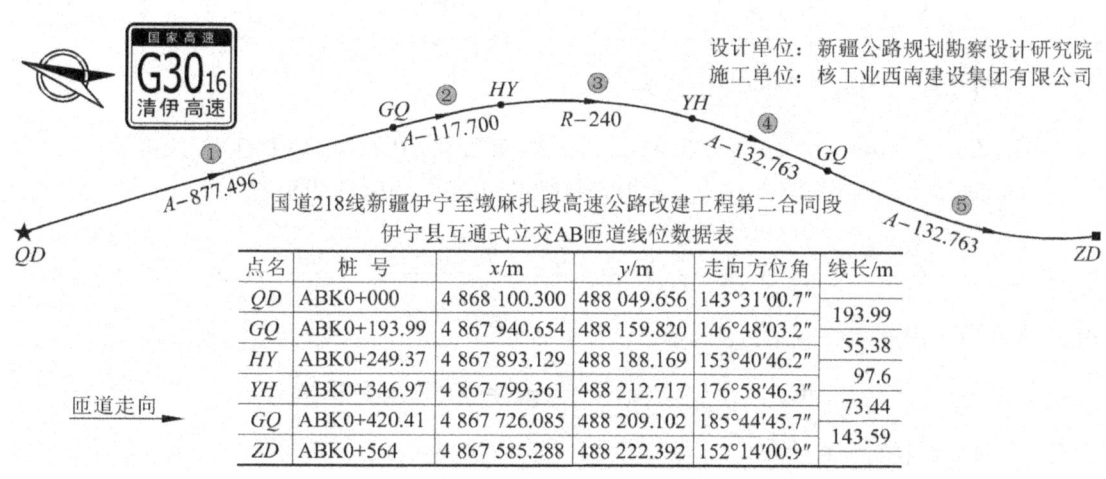

点名	桩号	x/m	y/m	走向方位角	线长/m
QD	ABK0+000	4 868 100.300	488 049.656	143°31′00.7″	
GQ	ABK0+193.99	4 867 940.654	488 159.820	146°48′03.2″	193.99
HY	ABK0+249.37	4 867 893.129	488 188.169	153°40′46.2″	55.38
YH	ABK0+346.97	4 867 799.361	488 212.717	176°58′46.3″	97.6
GQ	ABK0+420.41	4 867 726.085	488 209.102	185°44′45.7″	73.44
ZD	ABK0+564	4 867 585.288	488 222.392	152°14′00.9″	143.59

图 3-24 伊宁县互通式立交 AB 匝道线元法设计图

[解] （1）缓曲线元起讫半径的验算

① 2 号缓曲线元起讫半径的验算

2 号缓曲线元的终点名为 HY，可以认为有 $R_e = 240\mathrm{m}$。如果该缓曲线元为完整缓和曲线，由式(2-9)得

$$L_\mathrm{h} = \frac{A^2}{R} = \frac{117.7^2}{240} = 57.722\,041\,67\mathrm{m} \neq 55.38\mathrm{m}$$

因此，该缓曲线元为非完整缓和曲线，需要反求起点半径 R_s。

如果设 $R_\mathrm{s} > R_\mathrm{e}$，由式(2-8)有

$$R'_\mathrm{s} = \left(R_\mathrm{e}^{-1} - \frac{L_\mathrm{h}}{A^2}\right)^{-1} = \left(240^{-1} - \frac{55.38}{117.7^2}\right)^{-1} = 5\,915.048\,48\mathrm{m}$$

如果设 $R_\mathrm{s} < R_\mathrm{e}$，由式(2-8)有

$$R''_\mathrm{s} = \left(R_\mathrm{e}^{-1} + \frac{L_\mathrm{h}}{A^2}\right)^{-1} = \left(240^{-1} + \frac{55.38}{117.7^2}\right)^{-1} = 122.484\,88\mathrm{m}$$

R_s 具体取哪一个，需要应用偏角差方程验算。由匝道线位数据表中的走向方位角，得 2 号缓曲线元偏角差的理论值应为

$$\Delta\tilde{\beta}_\mathrm{h} = 153°40'46.2'' - 146°48'3.2'' = 6°52'43'' = 0.120\,254\,411\,9\text{ 弧度}$$

取 $R_\mathrm{s} = R'_\mathrm{s} = 5\,915.048\,48\mathrm{m}$ 的偏角差方程为

$$\Delta\beta'_\mathrm{h} = \frac{A^2}{2R_\mathrm{e}^2} - \frac{A^2}{2R_\mathrm{s}^2} = \frac{117.7^2}{2 \times 240^2} - \frac{117.7^2}{2 \times 5915.04848^2} = 0.120\,056\,280\,3\text{ 弧度} \approx \Delta\tilde{\beta}_\mathrm{h}$$

取 $R_\mathrm{s} = R''_\mathrm{s} = 122.484\,88\mathrm{m}$ 的偏角差方程为

$$\Delta\beta''_\mathrm{h} = \frac{A^2}{2R_\mathrm{s}^2} - \frac{A^2}{2R_\mathrm{e}^2} = \frac{117.7^2}{2 \times 122.48488^2} - \frac{117.7^2}{2 \times 240^2} = 0.341\,443\,719\,6\text{ 弧度} \neq \Delta\tilde{\beta}_\mathrm{h}$$

故应取 $R_\mathrm{s} \approx 5\,915.048\,5\mathrm{m}$。

② 1 号缓曲线元起讫半径的验算

1 号缓曲线元的终点名为 GQ，半径过渡在 GQ 点有可能不连续。这样一来，1 号缓曲线元的起点半径 R_s 与终点半径 R_e 均不确定，需要用偏角方程先确定一端的半径。

1 号缓曲线元的偏角差的理论值为

$$\Delta\tilde{\beta}_\mathrm{h} = 146°48'3.2'' - 143°31'0.7'' = 3°17'2.5'' = 0.057\,317\,097\,45\text{ 弧度}$$

如果设 $R_\mathrm{s} > R_\mathrm{e}$，由式(3-4)，求得该缓曲线元起点的原点线长为

$$l'_\mathrm{s} = \frac{2A^2\Delta\tilde{\beta}_\mathrm{h} - L_\mathrm{h}^2}{2L_\mathrm{h}} = \frac{2 \times 877.496^2 \times 0.05731709745 - 193.99^2}{2 \times 193.99} = 130.512\,195\,7\mathrm{m}$$

由式(2-9)算出起点半径为

$$R'_\mathrm{s} = \frac{A^2}{l_\mathrm{s}} = \frac{877.496^2}{130.5121957} = 5899.825\,881\mathrm{m}$$

由式(2-8)求得终点半径为

$$R'_\mathrm{e} = \left(R_\mathrm{s}^{-1} + \frac{L_\mathrm{h}}{A^2}\right)^{-1} = \left(5899.825881^{-1} + \frac{193.99}{877.496^2}\right)^{-1} = 2\,372.862\,927\mathrm{m}$$

如果设 $R_\mathrm{s} < R_\mathrm{e}$，由式(3-2)，求得该缓曲线元起点的原点线长为

$$l''_s = \frac{2A^2\Delta\tilde{\beta}_h + L_h^2}{2L_h} = \frac{2\times 877.496^2 \times 0.05731709745 + 193.99^2}{2\times 193.99} = 324.5021957\text{m}$$

由式(2-9)算出起点半径为

$$R''_s = \frac{A^2}{l_s} = \frac{877.496^2}{324.5021957} = 2372.862927\text{m}$$

由式(2-8)求得终点半径为

$$R''_e = \left(R_s^{-1} - \frac{L_h}{A^2}\right)^{-1} = \left(2372.862927^{-1} - \frac{193.99}{877.496^2}\right)^{-1} = 5899.825879\text{m}$$

由此可知，当缓曲线元的起点半径与终点半径都不确定时，设 $R_s < R_e$ 求得的 R'_s，R'_e 与 $R_s < R_e$ 求得的 R''_s，R''_e 有下列关系

$$R'_s = R''_e \approx 5899.8259\text{m}, \quad R'_e = R''_s \approx 2372.8629\text{m} \quad (3-7)$$

且 R'_s，R'_e 与 R'_s，R'_e 均满足该缓曲线元的偏角差方程。

因 2 号缓曲线元的起点半径为 5915.0485m，考虑到 1 号缓曲线元终点 GQ 点的半径过渡应尽可能连续，1 号缓曲线元的起讫半径应取 $R_s \approx 5899.8259$m，$R_e \approx 2372.8629$m。

③ 4 号缓曲线元起讫半径的验算

4 号缓曲线元的起点名为 YH，可以认为起点半径 $R_s = 240$。如果该缓曲线元为完整缓和曲线，由式(2-9)得

$$L_h = \frac{A^2}{R} = \frac{132.763^2}{240} = 73.4417257\text{m} \approx 73.44\text{m}$$

因此，该缓曲线元为完整缓和曲线，终点半径 $R_e = \infty$。

④ 5 号缓曲线元起讫半径的验算

5 号缓曲线元的起点名为 GQ，该点的半径过渡有可能不连续。这样一来，5 号缓曲线元的起点半径与终点半径都不确定，需要用偏角方程先确定一端的半径。

5 号缓曲线元偏角差的理论值为

$$\Delta\tilde{\beta}_h = 185°44'45.7'' - 152°14'0.9'' = 33°30'44.8'' = 0.5849024959 \text{ 弧度}$$

由 5 号缓曲线元的形状看，应该有 $R_s > R_e$，由式(3-4)，求得该缓和曲线起点的原点线长为

$$l_s = \frac{2A^2\Delta\tilde{\beta}_h - L_h^2}{2L_h} = \frac{2\times 132.763^2 \times 0.5849024959 - 143.59^2}{2\times 143.59} = 0.003173133344\text{m} \approx 0$$

由此可知，该缓曲线元为完整缓和曲线，起点半径 $R_s = \infty$。由式(2-9)反求终点半径为

$$R_s = \frac{A^2}{l_s} = \frac{132.763^2}{143.59} = 122.7523795\text{m}$$

综上所述，本例 5 个线元的设计数据列于表 3-10。

表 3-10 AB 匝道 5 个线元的设计数据

线元号	R_s/m	R_e/m	L/m	偏转系数	说明
1	2372.8629	5899.8259	193.99	1	右偏
2	5915.0485	240	55.38	1	右偏

续表 3-10

线元号	R_s/m	R_e/m	L/m	偏转系数	说明
3	240	240	97.6	1	右偏
4	240	∞	73.44	1	右偏
5	∞	122.752 4	143.59	-1	左偏

（2）在 MS-Excel 输入平曲线设计数据

按表 3-1 的规定，在 MS-Excel 的 File3 选项卡输入表 3-10 所示 5 个线元的设计数据，结果如图 3-25 所示。

AB 匝道的 *QD* 走向方位角为 143°31′00.7″，应在 J1 单元输入以十进制度为单位的 *QD* 走向方位角，如图 3-25 所示，可以输入表达式“=143+31/60+0.7/3600”，由 MS-Excel 换算为十进制度。

将 File3 选项卡的数据另存为 File3.csv 文件，将 File3.csv 文件上传到 fx-9750GⅡ内存，并设置 File3 为当前串列文件。

J1 　 =143+31/60+0.7/3600

	A	B	C	D	E	F	G	H	I	J
1	2372.8629	5899.8259	193.99	1		0	4868100.3	488049.656		143.5168611
2	5915.0485	240	55.38	1						
3	240	240	97.6	1						
4	240	0	73.44	1						
5	0	122.7524	143.59	-1						

File3 / Sheet2 / Sheet3

图 3-25　在 MS-Excel 的 File3 选项卡输入 AB 匝道的平曲线设计数据

（3）计算平曲线主点数据

执行 Q2X9 程序，计算 AB 匝道平曲线主点数据的屏幕提示与用户操作过程如下：

屏幕提示	按键	说明
Route or rampxyH Q2X9		显示程序标题
new(0)/old(≠0) main point data=?	**0** [EXE]	输入 0 为重新计算主点数据
hor-curve QD num=?	**1** [EXE]	输入平曲线起始点号(number)
Z_{ZD}(m)=564.0000		显示平曲线终点设计桩号(0mm)/耗时 1.79s
x_{ZD}(m)=4867585.290		显示终点中桩 x 坐标(Δx=2mm)
y_{ZD}(m)=488222.3919		显示终点中桩 y 坐标(Δy=-0.1mm)
α_{ZD}=152°14′06.67″	[EXE]	显示终点走向方位角(5.77″)
Press [MENU][2]⇒Stop!	[MENU] [2]	进入 **STAT** 模式查看主点数据

完成平曲线主点数据计算后，只有屏幕显示的终点桩号、走向方位角及其平面坐标与设计图纸相符时，才说明用户已正确输入了平曲线设计数据。本案例的全部文件位于光盘“\3 章\[例 3-9]\”路径下，请读者播放光盘“\操作视频\3.10\[例 3-9]操作视频.avi”文件观看操作方法。

(4) 设计数据分析

如图 3-24 所示,因本例的主点桩号只给到了 cm 位,致使由主点桩号反求的线长也只能到 cm 位,在使用缓曲线长反算出的起讫半径,也会产生误差。例如,上述算出的 1 号缓曲线元终点 GQ 点的半径为 $R_e = 5899.8259$ m,而 GQ 点在 2 号缓曲线元起点的半径为 $R_s = 5915.0485$ m,两者不相等。如果设计图纸的主点桩号能给到 mm 位,估计两者应该可以相等。

主点桩号取位不足也是造成用 Q2X9 程序算出的终点走向方位角和 x 坐标与设计图纸相差比较大的主要原因。

3.11 线元法设计的高速公路互通式立交匝道工程案例 10

[例 3-10] 如图 3-26 所示的高速公路 E 匝道采用线元法设计,有 3 个缓曲线元,试验算这 3 个缓曲线元的起讫半径,用 Q2X9 程序计算平曲线的主点数据。

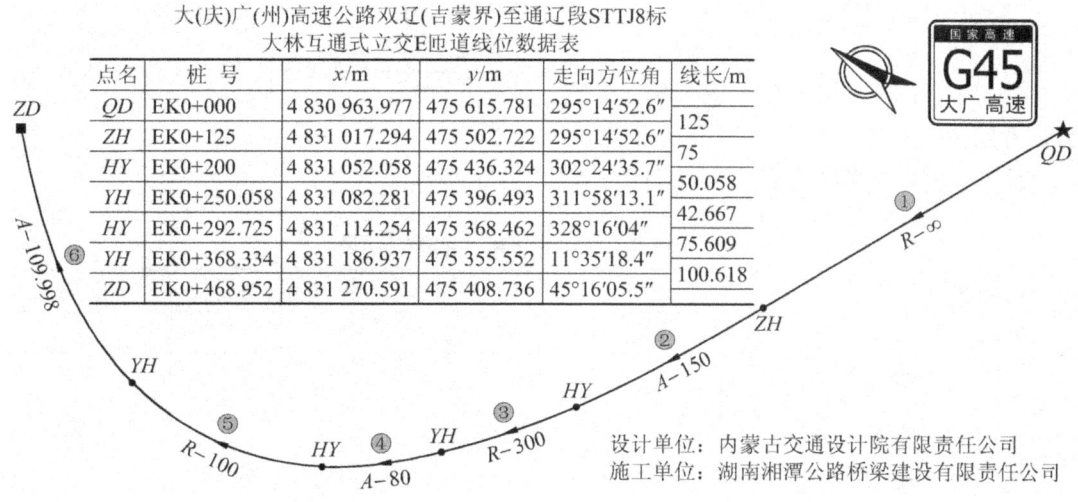

图 3-26 大林互通式立交 E 匝道线元法设计图

[解] (1) 缓曲线元起讫半径的验算

① 2 号缓曲线元起讫半径的验算

2 号缓曲线元的起点名为 ZH,可以认为起点半径 $R_s = \infty$,终点名为 HY,可以认为终点半径 $R_e = 300$ m,由式(2-9)得

$$L_h = \frac{A^2}{R} = \frac{150^2}{300} = 75 \text{ m}$$

因此,该缓曲线元为完整缓和曲线。

② 4 号缓曲线元起讫半径的验算

4 号缓曲线元的起点名为 YH,终点名为 HY,按固定小半径的原则,可以认为终点半径 $R_e = 100$ m,需要反求起点半径 R_s。设 $R_s > R_e$,由式(2-8)得

$$R_s = \left(R_e^{-1} - \frac{L_h}{A^2}\right)^{-1} = \left(100^{-1} - \frac{42.667}{80^2}\right)^{-1} = 300.0046876 \text{ m} \approx 300 \text{ m}$$

③ 6 号缓曲线元起讫半径的验算

6 号缓曲线元的起点名为 YH，可以认为起点半径 $R_s = 100$，需要反求终点半径 R_e。设 $R_e > R_s$，由式(2-8)得

$$R'_e = \left(R_s^{-1} - \frac{L_h}{A^2}\right)^{-1} = \left(100^{-1} - \frac{100.618}{109.998^2}\right)^{-1} = 593.767\,665\,5\text{m}$$

设 $R_e < R_s$，由式(2-8)得

$$R''_e = \left(R_s^{-1} + \frac{L_h}{A^2}\right)^{-1} = \left(100^{-1} + \frac{100.618}{109.998^2}\right)^{-1} = 54.597\,551\,78\text{m}$$

R'_e、R''_e 具体取哪个，需要应用该缓曲线元的偏角差方程验算。

6 号缓曲线元偏角差的理论值为

$$\Delta\tilde{\beta}_h = 45°16'05.5'' - 11°35'18.4'' = 33°40'47.1'' = 0.587\,822\,528\,7\text{ 弧度}。$$

由式(2-12)得

$$\Delta\beta'_h = \frac{A^2}{2R_s^2} - \frac{A^2}{2R'^2_e} = \frac{109.998^2}{2 \times 100^2} - \frac{109.998^2}{2 \times 593.7676655^2} = 0.587\,818\,426\,5\text{ 弧度} \approx \Delta\tilde{\beta}_h$$

$$\Delta\beta''_h = \frac{A^2}{2R''^2_e} - \frac{A^2}{2R_s^2} = \frac{109.998^2}{2 \times 54.59755178^2} - \frac{109.998^2}{2 \times 100^2} = 1.424\,541\,574\text{ 弧度} \neq \Delta\tilde{\beta}_h$$

由此可知，应取 $R_e = 593.767\,7\text{m}$。

综上所述，本例 6 个线元的设计数据列于表 3-11。

表 3-11 E 匝道 6 个线元的设计数据

线元号	R_s/m	R_e/m	L/m	偏转系数	说明
1	∞	∞	125	0	
2	∞	300	75	1	右偏
3	300	300	50.058	1	右偏
4	300	100	42.667	1	右偏
5	100	100	75.609	1	右偏
6	100	593.767 7	100.618	1	右偏

（2）在 MS-Excel 输入平曲线设计数据

按表 3-1 的规定，在 MS-Excel 的 File4 选项卡输入表 3-11 所示 6 个线元的设计数据，结果如图 3-27 所示。

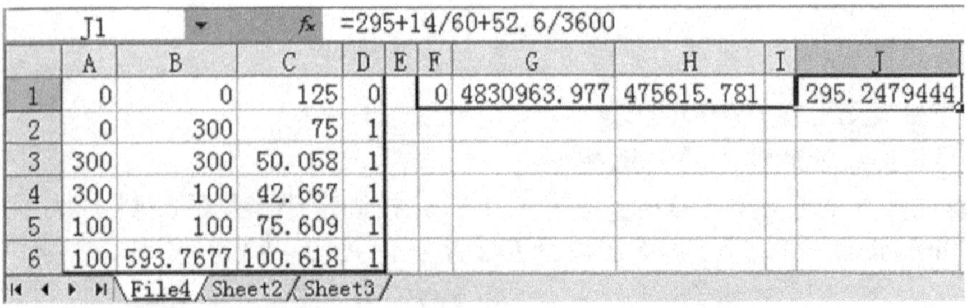

图 3-27 在 MS-Excel 的 File4 选项卡输入 E 匝道的平曲线设计数据

E匝道的 QD 走向方位角为 295°14′52.6″，应在 J1 单元输入以十进制度为单位的 QD 走向方位角，如图 3-27 所示，可以输入表达式"= 295 + 14/60 + 52.6/3600"，由 MS-Excel 换算为十进制度。

将 File4 选项卡的数据另存为 File4.csv 文件，将 File4.csv 文件上传到 fx-9750GⅡ内存，并设置 File4 为当前串列文件。

(3) 计算平曲线主点数据

执行 Q2X9 程序，计算 E 匝道平曲线主点数据的屏幕提示与用户操作过程如下：

屏幕提示	按键	说明
Route or rampxyH Q2X9		显示程序标题
new(0)/old(≠0) main point data=?	0 EXE	输入 0 为重新计算主点数据
hor-curve QD num=?	1 EXE	输入平曲线起始点号(number)
Z_{ZD}(m)=468.9520	EXE	显示平曲线终点设计桩号(0mm)/耗时 1.93s
x_{ZD}(m)=4831270.590	EXE	显示终点中桩 x 坐标(Δx = -1mm)
y_{ZD}(m)=475408.7356	EXE	显示终点中桩 y 坐标(Δy = -0.4mm)
α_{ZD}=45°16′05.39″	EXE	显示终点走向方位角(-0.11″)
Press [MENU][2]⇌Stop!	MENU 2	进入 STAT 模式查看主点数据

完成平曲线主点数据计算后，只有屏幕显示的终点桩号、走向方位角及其平面坐标与设计图纸相符时，才说明用户已正确输入了平曲线设计数据。本案例的全部文件位于光盘"\3章\[例3-10]\"路径下，请读者播放光盘"\操作视频\3.11\[例3-10]操作视频.avi"文件观看操作方法。

3.12 线元法程序 Q2X9 计算平曲线主点数据的精度分析

每个平曲线元的设计数据为起点半径 R_s，终点半径 R_e，线长 L 与偏转系数(0 或 ±1)，Q2X9 程序是按各平曲线元径相连接原理计算路线或匝道平曲线主点数据的，每个主点的数据包括主点桩号、走向方位角及其中桩坐标，其计算精度与用户输入的每个线元的 R_s、R_e、L 的数据位数有关。

一般地，当图纸给出的 R_s、R_e 为整数时，容易准确获取；当不是整数时，图纸给出的数值是四舍五入后取位到 0.001m 的半径值。线长 L，图纸一般也只给到了 0.001m 位，实际上，其 0.0001m 位是有数字的。当标段的总线元数不多时，这种误差积累即使传递到标段终点也不会太大。

对于交点法设计的路线平曲线，还有一个重要的误差来源就是相邻交点平曲线之间的夹直线长，这就与设计院所给图纸的精度有关。下面以图 3-28 所示的匝道案例说明。

[例 3-11] 如图 3-28 所示的高速公路 A 匝道采用交点法设计，有 4 个交点，试验算各交点缓和曲线的起讫半径，分别用 Q2X8 程序与 Q2X9 程序计算平曲线的主点数据。

[解] (1) 在 MS-Excel 输入平曲线设计数据并探测非完整缓和曲线的位置

启动 MS-Excel，按表 2-1 的规定，在 File5 选项卡输入本例 4 个交点的平曲线设计数

内蒙古乌兰察布市集宁东绕城高速公路
三岔口互通式立交A匝道直线、曲线及转角表(局部)
设计单位：内蒙古交通设计研究院有限责任公司
施工单位：内蒙古新大地建设集团股份有限公司

交点号	交点桩号及交点坐标		转角	半径	曲线要素/m				
					缓和曲线参数	缓和曲线长	切线长	曲线总长	切曲差(校正值)
SP	桩	AK0+000							
	N	4 559 351.184							
	E	436 601.979 6							
AJD1	桩	AK0+107.702	3°04′35.6″(Y)	4 010.598	0	0	107.702	215.353 2	0.052
	N	4 559 271.820							
	E	436 529.170 9			0	0	107.702		
AJD2	桩	AK0+333.538	30°48′39.6″(Y)	300	157.203	76.214	118.185	237.565 3	4.461
	N	4 559 113.802							
	E	436 367.753 6			156.811	81.966	123.842		
AJD3	桩	AK1+218.859	137°37′32.4″(Z)	280	151.494	81.966	765.940	755.167 7	777.34
	N	4 558 904.889							
	E	435 502.845 1			152.665	83.238	766.563		
AJD4	桩	AK1+331.224	18°38′55.3″(Y)	500	204.007	83.238	123.138	237.472 7	1.592
	N	4 558 476.340							
	E	436 282.533 1			181.970	66.226	115.927		
EP	桩	AK1+445.559							
	N	4 558 390.946							
	E	436 360.936 2							

图 3 - 28　三岔口互通式立交 A 匝道直线、曲线及转角表(局部)

据。

因本例的缓和曲线参数均不为整数，可以在 D、F 列输入表达式计算缓和曲线参数来判断是否为非完整缓和曲线。

在 E1 单元输入 0，在 E2～E5 单元分别输入 4 个圆曲线的半径 4 010.598、300、280、500。

① 各交点第一缓和曲线参数的验证

分别在 D1、D2 单元输入 0，在 D3 单元输入表达式"=SQRT($E3*76.214)"，计算 AJD2 的第一缓和曲线参数为 151.209，因不基本等于其设计值 157.203，所以该缓和曲线为非完整缓和曲线，标记 D3 单元为灰底色，需要确定其起点半径 R_{ZH}。

复制 D3 单元到 D4～D5，修改 D4 单元的缓和曲线长为 81.966，计算 AJD3 的第一缓和曲线参数为 151.494，因等于其设计值 151.494m，所以该缓和曲线为完整缓和曲线。

修改 D5 单元的缓和曲线长为 83.238，计算 AJD4 的第一缓和曲线参数为 204.007，因等于其设计值 204.007m，所以该缓和曲线为完整缓和曲线。

② 各交点第二缓和曲线参数的验证

分别在 F1、F2 单元输入 0，将 D3～D5 单元复制到 F3～F5。

修改 F3 单元表达式中的缓和曲线长为 81.966，计算 AJD2 的第二缓和曲线参数为 156.811，因等于其设计值 156.811，所以该缓和曲线为完整缓和曲线。

修改 F4 单元表达式中的缓和曲线长为 83.238，计算 AJD3 的第二缓和曲线参数为

152.665，因等于其设计值 152.665，所以该缓和曲线为完整缓和曲线。

修改 F5 单元表达式中的缓和曲线长为 66.226，计算 AJD4 的第二缓和曲线参数为 181.970，因等于其设计值 181.970，所以该缓和曲线为完整缓和曲线。

本例共有 6 条缓和曲线，其中的 1 条缓和曲线为非完整缓和曲线，其位置如图 3－29 灰底色单元所示。

D3 =SQRT($E3*76.214)

	A	B	C	D	E	F
1	0	4559351.184	436601.9796	0	0	0
2		4559271.82	436529.1709	0	4010.598	0
3		4559113.802	436367.7536	151.2091267	300	156.8113516
4		4558904.889	435502.8451	151.4941583	280	152.6651237
5		4558476.34	436282.5331	204.0073528	500	181.9697777
6		4558390.946	436360.9362			

File5 / File6 / Sheet3

图 3－29 在 MS-Excel 的 File5 选项卡输入 A 匝道的交点法平曲线设计数据并探测非完整缓和曲线的位置

（2）AJD2 第一缓和曲线起点半径 R_{ZH} 的验算

如图 3－28 所示，AJD2 第一缓和曲线与 AJD1 半径为 4 101.598m 的单圆曲线衔接，AJD2 的圆曲线半径 $R=300$m，可以认为 AJD2 第一缓和曲线的起点半径 $R_{ZH}>R=300$m，由式(2－8)得

$$R_{ZH}=\left(R^{-1}-\frac{L_{h1}}{A_1^2}\right)^{-1}=\left(300^{-1}-\frac{76.214}{157.203^2}\right)^{-1}=4\,010.549\,769\text{m}\approx 4\,010.598\text{m}$$

半径验算结果汇总于表 3－12。

表 3－12 A 匝道非完整缓和曲线起讫半径的验算结果

交点号	第一缓和曲线		圆曲线半径	第二缓和曲线	
	A_1	R_{ZH}	R	A_2	R_{HZ}
BJD2	157.203	4 010.598	300	156.811	∞

用式(2－12)反算 AJD2 第一缓和曲线参数的准确值，方法是在 D3 单元输入表达式“=SQRT(76.214/(1/E3-1/E2))”，结果如图 3－30 所示。

D3 =SQRT(76.214/(1/E3-1/E2))

	A	B	C	D	E	F
1	0	4559351.184	436601.9796	0	0	0
2		4559271.82	436529.1709	0	4010.598	0
3		4559113.802	436367.7536	157.2029236	300	156.8113516
4		4558904.889	435502.8451	151.4941583	280	152.6651237
5		4558476.34	436282.5331	204.0073528	500	181.9697777
6		4558390.946	436360.9362			

File5 / File6 / File1

图 3－30 在 D3 单元重新输入表达式计算非完整缓和曲线参数

(3) 输出 CSV 格式文件并上载到 fx-9860GⅡ主存储器

将 File5 选项卡的数据另存为 File5.csv 文件，退出 MS-Excel。使用 FA-124 通信软件，将 File5.csv 文件上载到 fx-9860GⅡ主存储器的 File5 串列文件。

在 fx-9860GⅡ按 MENU 2 键进入 **STAT** 模式，按 SHIFT SETUP 键调出设置菜单，按 ▽ ▽ 键移动光标到"List File"行，按 F1（**FILE**）5 EXE EXE 键设置 File5 为当前串列文件。

移动光标到 List 4[3]串列单元，按 F6（▷）F2（**EDIT**）键编辑光标单元的数值，添加 4 010.598 为其复数虚部数值，结果如图 3-31 所示。

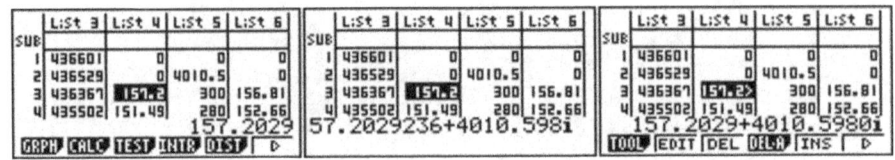

图 3-31　在 **STAT** 模式添加 List 4[3]串列单元的复数虚部数值

(4) 执行 Q2X8 程序计算平曲线主点数据

在 fx-9860GⅡ执行 Q2X8 程序，计算 B 匝道平曲线主点数据的屏幕提示与用户操作过程如下：

屏幕提示	按键	说明
JD curvexyH Q2X8		显示程序标题
new(0)/old(≠0) main point data=?	0 EXE	输入 0 为重新计算主点数据
hor-curve first JD num=?	1 EXE	输入平曲线起始交点号（number）
Z_{ZD}(m)=1445.5594		显示平曲线终点设计桩号（0.4mm）/耗时 5.48s
$α_{ZD}$=137°26′38.09″	EXE	显示平曲线终点走向方位角
Press [MENU][2]⇌Stop!	EXE	继续计算
Del List 4/List 6 Imp, yes(0)/no(≠0)=?	0 EXE	输入 0 删除 List 4 与 List 6 串列复数虚部数值
st xy new(0)/old(>0)/no(<0)=?	MENU 2	停止程序并进入 **STAT** 模式查看主点数据

执行 Q2X8 程序，完成交点平曲线主点数据计算后，只要屏幕显示的终点桩号与设计图纸相符，就说明用户已正确输入了平曲线设计数据。本案例的全部文件位于光盘"\ 3 章 \ [例 3-11] \ 交点法"路径下，请读者播放光盘"\ 操作视频 \ 3.12 \ [例 3-11]交点法操作视频.avi"文件观看操作方法。

用通用 USB 数据线连接 fx-9860GⅡ与用户 PC 机，使 fx-9860GⅡ与 FA-124 数据同步，将在主存储器窗口下，**Calculator** 窗口 **List File** 图标下的 File5 串列文件复制到 **FA-124** 窗口，执行下拉菜单"File/CSV/Save as CSV"命令，将 **FA-124** 窗口 **List File** 图标下的 File5 串列文件另存为 File5.csv 格式文件。

将光盘"3 章 \ H2X9.exe"文件复制到与 File5.csv 文件相同的文件夹下，在 Windwos 的资源管理器下，鼠标左键双击 H2X9.exe 文件，输入 file5/5 按 Enter 键进行成果整理，图 3-32 为使用 Windows 的记事本打开成果文件 File5.txt 的部分内容。

```
FILE5.TXT - 记事本
文件(F) 编辑(E) 格式(O) 查看(V) 帮助(H)
JD号     转角(dms)    T1(m)      T2(m)      Lh1(m)    Ly(m)      Lh2(m)    E(m)       J(m)
JD1      3.043489     107.6956   107.6956   .0000     215.3394   .0000     1.4457     .0517
JD2      30.483954    118.1852   123.8417   76.2140   79.3855    81.9660   12.1380    4.4614
JD3      -137.373234  765.9400   766.5625   81.9660   589.9638   83.2380   497.5381   777.3347
JD4      18.385599    123.1390   115.9277   83.2380   88.0102    66.2260   7.1732     1.5924

                平曲线主点桩号,中桩坐标(设计高程),走向方位角计算成果
                ====================================================
点名     设计桩号         x(m)            y(m)           H(m)      走向方位角(dms)
QD       K0+000           4559351.1840    436601.9796              222.320001
夹直线长(m)=.0065
ZH1      K0+00.0065       4559351.1792    436601.9752              222.320001
HY1      K0+00.0065       4559351.1792    436601.9752              222.320001
YH1      K0+215.3460      4559196.4824    436452.2126              225.363490
HZ1      K0+215.3460      4559196.4824    436452.2126              225.363490
夹直线长(m)=.0068
ZH2      K0+215.3528      4559196.4776    436452.2077              225.363490
HY2      K0+291.5668      4559145.9166    436395.2630              233.255519
YH2      K0+370.9523      4559107.5574    436326.0248              248.353661
HZ2      K0+452.9183      4559084.7251    436247.3738              256.251444
夹直线长(m)=-    .0000
ZH3      K0+452.9182      4559084.7251    436247.3739              256.251444
HY3      K0+534.8842      4559061.6400    436168.8072              248.020390
YH3      K1+124.8480      4558579.2669    436103.8199              127.184115
HZ3      K1+208.0860      4558535.6530    436174.6210              118.474210
夹直线长(m)=-    .0006
                                                                              Ln 1, Col 1
```

图 3-32 成果文件 File5.txt 的部分内容

从 File5.txt 文件摘录的起点、交点、终点之间的 5 个夹直线长列于表 3-12。设计图纸给出的 5 夹直线长均为 0,而 Q2X8 程序算出的 2 个大于 0.001m 的夹直线长分别是 $QD(SP)$ 至 AJD_1 之间的夹直线长为 0.006 5m,$AJD_1 \sim AJD_2$ 之间的夹直线长为 0.006 8m,这是比较大的。编写该例的 Q2X9 程序线元数据文件时,如果忽略了这 2 个夹直线长,将造成了用 Q2X9 程序算出的该标段平曲线终点桩号、走向方位角及其中桩坐标与设计值不符。

表 3-12 执行 Q2X8 程序计算的 A 匝道 4 个交点的夹直线长结果

起讫点名	夹直线长/m	
	Q2X8 程序计算值	图纸设计值
$QD(SP) \sim AJD_1$	0.006 5	0
$AJD_1 \sim AJD_2$	0.006 8	0
$AJD_2 \sim AJD_3$	0.000 0	0
$AJD_3 \sim AJD_4$	-0.000 6	0
$AJD_4 \sim ZD(EP)$	-0.000 2	0

(5)顾及大于 1mm 的夹直线长输入 12 个线元数据执行 Q2X9 程序的计算结果

按表 3-1 的规定,在 MS-Excel 的 File6 选项卡,从图 3-32 所示的 File5.txt 文件摘要输入 12 个线元的设计数据,结果如图 3-33 所示,图中 1 号线元为输入长度为 0.006 5m 的夹直线长,3 号线元为输入长度为 0.006 8m 的夹直线长,忽略小于 0.001m 的夹直线长。

J1 =222+32/60+0.01/3600

	A	B	C	D	E	F	G	H	I	J
1	0	0	0.0065	0		0	4559351.184	436601.9796		222.5333361
2	4010.598	4010.598	215.3394	1						
3	0	0	0.0068	0						
4	4010.598	300	76.214	1						
5	300	300	79.3855	1						
6	300	0	81.966	1						
7	0	280	81.966	-1						
8	280	280	589.9638	-1						
9	280	0	83.238	-1						
10	0	500	83.238	1						
11	500	500	88.0102	1						
12	500	0	66.226	1						

File5 File6 File1

图 3－33 在 MS-Excel 的 File6 选项卡输入 12 个线元平曲线设计数据的结果

A 匝道的 *QD* 走向方位角为 222°32′0.01″，应在 J1 单元输入以十进制度为单位的 *QD* 走向方位角，如图 3－33 所示，可以输入函数式“=222＋32/60＋0.01/3600”，由 MS-Excel 换算为十进制度。

将 File6 选项卡的数据另存为 File6.csv 文件，将 File6.csv 文件上传到 fx-9860GⅡ内存，并设置 File6 为当前串列文件。

在 fx-9860GⅡ执行 Q2X9 程序，计算 A 匝道平曲线主点数据的屏幕提示与用户操作过程如下：

屏幕提示	按键	说明
Route or rampxyH Q2X9		显示程序标题
new(0)/old(≠0) main point data=?	0 EXE	输入 0 为重新计算主点数据
hor-curve QD num=?	1 EXE	输入平曲线起始点号（number）
$\mathbf{Z_{ZD}}$**(m)=1445.5602**		显示平曲线终点设计桩号（1.2mm）/耗时 2.91s
$\mathbf{x_{ZD}}$**(m)=4558390.946**		显示终点中桩 x 坐标（$\Delta x=0$mm）
$\mathbf{y_{ZD}}$**(m)=436360.9368**		显示终点中桩 y 坐标（$\Delta y=0.6$mm）
$\boldsymbol{\alpha_{ZD}}$**=137°26′38.11″**	EXE	显示终点走向方位角（0.02″）*
Press [MENU][2]⇛Stop!	MENU 2	进入 **STAT** 模式查看主点数据

注：设计图纸给出的终点走向方位角为 137°26′37.4″，图 3－28 未标注。

上表计算的 A 匝道终点数据与图 3－28 所示的相应设计值相差很小。本案例的全部文件位于光盘“\3 章\[例 3－11]\线元法”路径下，请读者播放光盘“\操作视频\3.12\[例 3－11]线元法操作视频 1.avi”文件观看操作方法。

（6）忽略＞1mm 的夹直线长输入 10 个线元数据执行 Q2X9 程序的计算结果

如图 3－33 所示，将 File6 选项卡的数据复制到 File1 选项卡，删除 1 号与 3 号线元的夹直线设计数据，使 File1 选项卡只剩 10 个线元的数据，结果如图 3－34 所示。

将 File1 选项卡的数据另存为 File1.csv 文件，将 File1.csv 文件上传到 fx-9860GⅡ内存，并设置 File1 为当前串列文件。

J1 　 f_x =222+32/60+0.01/3600

	A	B	C	D	E	F	G	H	I	J
1	4010.598	4010.598	215.3394	1		0	4559351.184	436601.9796		222.5333361
2	4010.598	300	76.214	1						
3	300	300	79.3855	1						
4	300	0	81.966	1						
5	0	280	81.966	-1						
6	280	280	589.9638	-1						
7	280	0	83.238	-1						
8	0	500	83.238	1						
9	500	500	88.0102	1						
10	500	0	66.226	1						

File5 / File6 / File1

图 3－34　在 MS-Excel 的 File1 选项卡输入 10 个线元平曲线设计数据的结果

在 fx-9860GⅡ执行 Q2X9 程序，计算 A 匝道平曲线主点数据的屏幕提示与用户操作过程如下：

屏幕提示	按键	说明
Route or rampxyH Q2X9		显示程序标题
new(0)/old(≠0) main point data=?	**0** EXE	输入 0 为重新计算主点数据
hor-curve QD num=?	**1** EXE	输入平曲线起始点号(number)
Z_{ZD}(m)=1445.5469		显示平曲线终点设计桩号(－12.1mm)/耗时 2.73s
x_{ZD}(m)=4558390.955		显示终点中桩 x 坐标($\Delta x=9$mm)
y_{ZD}(m)=436360.9460		显示终点中桩 y 坐标($\Delta y=9.8$mm)
α_{ZD}=137°26′38.11″	EXE	显示终点走向方位角(0.71″)
Press [MENU][2]⇒Stop!	MENU 2	进入 **STAT** 模式查看主点数据

上表计算的 A 匝道终点数据与图 3－28 所示的相应设计值相差比较大，原因是忽略了 2 个大于 0.001m 的夹直线长所致。

本案例的全部文件位于光盘“\3 章\[例 3－11]\线元法”路径下，请读者播放光盘“\操作视频\3.12\[例 3－11]线元法操作视频 2.avi”文件观看操作方法。

文献[1]出版后，很多读者来信咨询，使用 Q2X9 程序算出的某些路线的平曲线终点数据与相应设计值相差较大的原因。其实我们在文献[1]的第 5.3 节说明过出现该问题的原因，但因为没有合适的工程案例，而使读者不易理解忽略大于 0.001m 的夹直线长，对终点计算结果的影响。本例应该可以作为此类现象的一个经典诠释。

3.13　起点走向方位角与线长对平曲线主点数据计算精度的影响

[**例** 3－12]　如图 3－35 所示的取水隧洞工程采用线元法设计，设计数据取自设计院给出的 pdf 格式设计文件，试用 Q2X9 程序计算平曲线的主点数据。

[**解**]　(1) 在 MS-Excel 的 File1 选项卡输入平曲线设计数据

启动 MS-Excel，按表 3－1 的规定，在 MS-Excel 的 File1 选项卡，输入 7 个线元的设

广东省深圳市LNG接收站取水隧洞工程线位数据表

点名	桩 号	x/m	y/m	走向方位角	线长/m
QD	K0+001.136	1 950.408	3 912.039	106°39′52.04″	27.920
ZY	K0+029.056	1 942.401	3 938.788	106°39′52.04″	4.558
YZ	K0+033.614	1 940.610	3 942.967	119°43′17.22″	544.136
ZY	K0+577.750	1 670.836	4 415.520	119°43′17.22″	10.117
YZ	K0+587.867	1 663.856	4 422.694	148°42′12.49″	106.980
ZY	K0+694.847	1 572.442	4 478.267	148°42′12.49″	10.926
YZ	K0+705.773	1 562.053	4 481.178	179°59′46.61″	15.401
ZD	K0+721.174	1 546.651	4 481.179	179°59′46.61″	

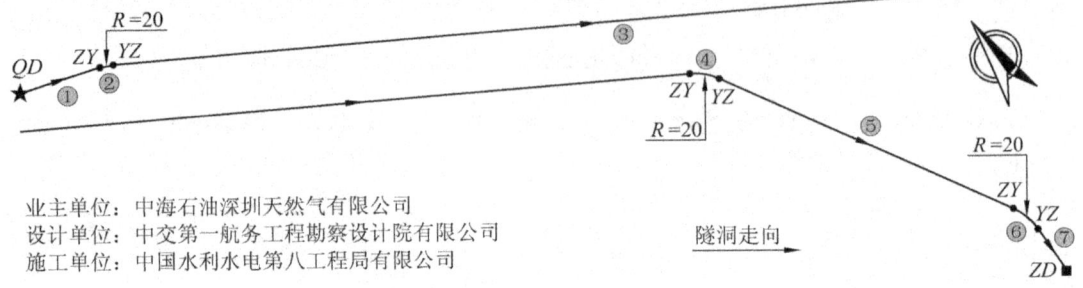

R=20
QD
ZY
YZ
R=20
ZY
YZ
R=20
ZY
YZ
ZD
业主单位：中海石油深圳天然气有限公司
设计单位：中交第一航务工程勘察设计院有限公司
施工单位：中国水利水电第八工程局有限公司
隧洞走向

图 3-35　深圳 LNG 接收站取水隧洞工程线元法设计图

计数据；*QD* 走向方位角为 106°39′52.04″，应在 J1 单元输入以十进制度为单位的 *QD* 走向方位角，如图 3-36 所示，可以输入函数式“=106+39/60+52.04/3600”，由 MS-Excel 换算为十进制度。

J1　=106+39/60+52.04/3600

	A	B	C	D	E	F	G	H	I	J
1	0	0	27.92	0		1.136	1950.408	3912.039		106.6644556
2	20	20	4.558	1						
3	0	0	544.136	0						
4	20	20	10.117	1						
5	0	0	106.98	0						
6	20	20	10.926	1						
7	0	0	15.401	0						

File1 / File2 / Sheet3

图 3-36　在 MS-Excel 的 File1 选项卡输入 7 个线元平曲线设计数据

将 File1 选项卡的数据另存为 File1.csv 文件，将 File1.csv 文件上传到 fx-9860GⅡ内存，并设置 File1 为当前串列文件。

(2) 计算平曲线主点数据

在 fx-9860GⅡ执行 Q2X9 程序，计算取水隧洞平曲线主点数据的屏幕提示与用户操作过程如下：

屏幕提示	按键	说明
Route or rampxyH Q2X9		显示程序标题
new(0)/old(≠0) main point data=?	0 EXE	输入 0 为重新计算主点数据
hor-curve QD num=?	1 EXE	输入平曲线起始点号(number)
Z_{ZD}(m)=721.1740		显示平曲线终点设计桩号(0mm)/耗时 1.47s
x_{ZD}(m)=1546.6436		显示终点中桩 x 坐标($\Delta x = -7.4$mm)
y_{ZD}(m)=4481.1686		显示终点中桩 y 坐标($\Delta y = -10.4$mm)
α_{ZD}=180°00′21.31″	EXE	显示终点走向方位角(34.7″)
Press [MENU][2]⇨Stop!	MENU 2	进入 STAT 模式查看主点数据

本案例的全部文件位于光盘"\3 章\[例 3-12]\pdf 文件获取线元设计数据"路径下，请读者播放光盘"\操作视频\3.13\[例 3-12]pdf 文件获取线元设计数据操作视频.avi"文件观看操作方法。

(3) 终点数据的误差分析

本例只有直线与圆曲线两种线型，无缓和曲线，属于较简单的平曲线。施工单位感到疑惑，为何使用 Q2X9 程序计算的本例终点数据与设计值相差比较大，由[例 3-11]的分析可知，线元线长取位不足应是主要原因之一。

由图 3-35 可知，2 号圆曲线元的线长为 4.558m，4 号圆曲线元的线长为 10.117m，6 号圆曲线元的线长为 10.926m，都比较短，且三个圆曲线元的半径都是 20m，也比较短。圆曲线长取位到 0.001m 带来的圆心角误差也会比较大。例如，半径为 $R = 20$m 的圆，其圆弧长 $\delta l = 0.001$m 所夹的圆心角 δ_θ 为

$$\delta_\theta = \frac{\delta l}{R}\rho'' = \frac{0.001}{20} \times 206265 = 10.31''$$

式中的 $\rho'' = 206\,265$ 为弧秒值。

由于 1 号直线线元的线长只有 27.92m，使用取位到 0.001m 的两端点坐标，反算出的起点走向方位角也会有误差。

在 fx-9860GⅡ的 **RUN·MAT** 模式，由 1 号直线线元两端点、取位到 0.001m 的坐标反算其走向方位角的方法是：按 MENU 1 键进入 **RUN·MAT** 模式，按 **1950.408** + **3912.039** SHIFT (i) → ALPHA (A) EXE 键将起点坐标存入字母变量 A，按 **1942.401** + **3938.788** SHIFT (i) → ALPHA (B) EXE 键将起点坐标存入字母变量 B，按 OPTN F3 (CPLX) F3 (Arg) (ALPHA (B) − ALPHA (A)) EXE 键计算 1 号直线线元的走向方位角，按 OPTN F6 (▷) F5 (ANGL) F5 (°′″) 键，将十进制弧度变换为六十进制角度显示，结果如图 3-37 左图所示，它与图 3-35 给出的起点走向方位角是相等的。

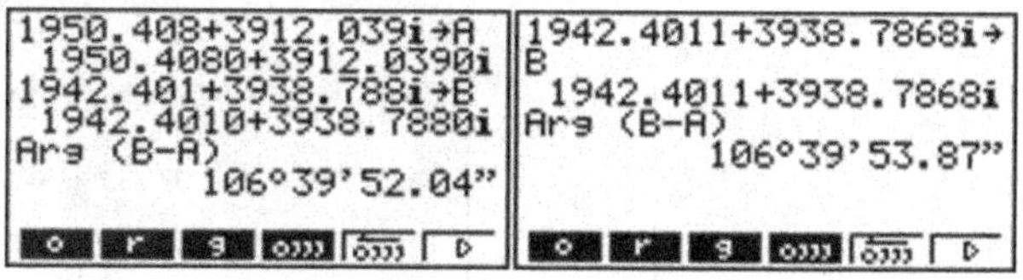

图 3-37 在 **RUN·MAT** 模式计算起点走向方位角

为了获取更精确线元设计数据的需要，施工单位发来了向设计单位索取的 dwg 格式设计文件，在 AutoCAD 中执行 id 命令，量取 1 号线元终点(ZY)取位到 0.000 1m 位的平面坐标为(1 942.401 1，3 938.786 8)，将该坐标的复数形式存入字母变量 B，使用辐角函数 Arg 重新计算 1 号线元的走向方位角的结果如图 3－37 右图所示，它与图 3－37 左图所示的走向方位角相差 53.87″－52.04″＝1.83″。

(4)在 MS-Excel 的 File2 选项卡输入重新获取的平曲线设计数据的精确值

在 MS-Excel 中复制 File1 选项卡，将新复制的选项卡名修改为 File2，将 J1 单元的走向方位角的秒数修改为 53.87。

在 AutoCAD 中按 Ctrl＋1 键打开对象特性管理窗口，分别点击 1～7 号线元，以获取各线元线长取位到 0.000 1m 的精确值，并输入到 MS-Excel 的 C 列相应单元，结果如图 3－38 所示。

J1　　fx　=106+39/60+53.87/3600

	A	B	C	D	E	F	G	H	I	J
1	0	0	27.9205	0		1.136	1950.408	3912.039		106.6649639
2	20	20	4.5576	1						
3	0	0	544.1361	0						
4	20	20	10.1165	1						
5	0	0	106.9807	0						
6	20	20	10.9246	1						
7	0	0	15.401	0						

File1　File2　Sheet3

图 3－38　在 MS-Excel 的 File2 选项卡输入修改后的 7 个线元平曲线设计数据

与图 3－36 所示 File1 选项卡的设计数据比较，图 3－38 灰底色所示单元为修改过的结果。

将 File2 选项卡的数据另存为 File2.csv 文件，将 File2.csv 文件上传到 fx-9860GⅡ内存，并设置 File2 为当前串列文件。

(5) 应用修改后的线元数据重新计算平曲线主点数据

在 fx-9860GⅡ执行 Q2X9 程序，重新计算取水隧洞平曲线主点数据的屏幕提示与用户操作过程如下：

屏幕提示	按键	说明
Route or rampxyH Q2X9		显示程序标题
new(0)/old(≠0) main point data=?	**0** EXE	输入 0 为重新计算主点数据
hor-curve QD num=?	**1** EXE	输入平曲线起始点号(number)
Z_{ZD}(m)=721.1730		显示平曲线终点设计桩号(－1mm)/耗时 1.51s
x_{ZD}(m)=1546.6520		显示终点中桩 x 坐标($\Delta x=1$mm)
y_{ZD}(m)=4481.1772		显示终点中桩 y 坐标($\Delta y=-1.8$mm)
α_{ZD}=179°59′59.41″	EXE	显示终点走向方位角(12.8″)
Press [MENU][2]⇛Stop!	MENU 2	进入 **STAT** 模式查看主点数据

本次计算的终点中桩坐标与设计值相差已经比较小了，但走向方位角与设计值还是相差比较大，这也是与图 3-35 中的主点坐标取位只到 0.001m 位有关。因为 7 号线元为直线线元，表 3-13 左侧的坐标数据即为从图 3-35 摘取的 7 号直线线元两端点、取位到 0.001m 的坐标，其方位角是由其端点坐标反算出来的。

表 3-13　深圳 LNG 接收站取水隧洞工程 7 号直线线元走向方位角的比较

主点号	pdf 格式设计文件			dwg 格式设计文件		
	x/m	y/m	走向方位角	x/m	y/m	走向方位角
YZ	1 562.053	4 481.178	179°59′46.61″	1 562.052 4	4481.176 8	180°00′00″
ZD	1 546.651	4 481.179		1 546.650 8	4481.176 8	

表 3-13 右侧的坐标数据是在设计院提供的 dwg 格式设计文件上，在 AutoCAD 执行 id 命令采集到 7 号直线线元两端点、取位到 0.000 1m 的坐标。由于两端点的 y 坐标相同，所以，由坐标反算出的方位角等于 180°。

在表 3-13 中，pdf 格式设计文件给出的 7 号线元两端点的 y 坐标差为 $\Delta y = 4\,481.179 - 4\,481.178 = 0.001 \text{m} = 1 \text{mm}$，由坐标反算出的其走向方位角为 179°59′46.61″，它与从 dwg 格式设计文件获取的走向方位角相差 179°59′46.61″ − 180° = −13.39″，这是因为，7 号线元的线长比较短，只有 15.401m 的缘故。可以这样理解这个由 $\Delta y = 0.001$m 产生的角差：它是半径为 $R = 15.401$m 的圆，其圆弧长 $\delta l = 0.001$m 所夹的圆心角 δ_θ 为

$$\delta_\theta = \frac{\delta l}{R}\rho'' = \frac{0.001}{15.401} \times 206265 = 13.39''$$

应用修改后的线元数据，重新执行 Q2X9 程序计算平曲线主点数据，求出的终点走向方位角为 179°59′59.41″，其与从 dwg 格式设计文件获取的走向方位角只相差 179°59′59.41″ − 180° = −0.59″。

本案例的全部文件位于光盘"\ 3 章 \［例 3-12］\ dwg 文件获取线元设计数据"路径下，请读者播放光盘"\ 操作视频 \ 3.13 \［例 3-12］dwg 文件获取线元设计数据操作视频.avi"文件观看操作方法。

(6) 结论

线元法计算的原理与支导线计算有类似之处，不同的是，支导线计算中的数据为起点坐标、起始边方位角、导线边长与水平夹角，支导线终止边的方位角主要受起始边方位角和导线边水平夹角影响。

线元法计算的数据为起点坐标及其走向方位角、线元的起讫半径及其线长，其中对终点走向方位角影响较大的是缓曲线元与圆曲线元，当缓曲线元参数 A 较小时，或圆曲线元半径 R 较小时，线长 0.001m 的取位误差，将使缓曲线元或圆曲线元出口主点的走向方位角产生较大的误差。

参 考 文 献

[1] 覃辉，段长虹. CASIO fx-9750GⅡ图形机编程原理与路线施工测量程序[M]. 郑州：黄河水利出版社，2012.

[2] 覃辉，段长虹. CASIO fx-5800P编程计算器公路与铁路施工测量程序[M]. 2版. 上海：同济大学出版社，2011.

[3] 覃辉，段长虹，覃楠. CASIO fx-CG20中文图形编程计算器电子手簿与隧道超欠挖程序[M]. 上海：同济大学出版社，2011.

[4] 覃辉. CASIO fx-5800P编程计算器公路与铁路施工测量程序[M]. 上海：同济大学出版社，2009.

[5] 覃辉. CASIO fx-9750GⅡ图形编程计算器公路与铁路测量程序[M]. 北京：人民交通出版社，2010.

[6] 中华人民共和国行业推荐性标准(JTG F60－2009). 公路隧道施工技术细则[S]. 中华人民共和国交通部2009－08－25发布，2009－10－01实施. 北京：人民交通出版社，2009.

[7] 覃辉，伍鑫，唐平英，等. 土木工程测量[M]. 4版. 上海：同济大学出版社，2013.

[8] 覃辉，马德富，熊友谊. 测量学[M]. 2版. 北京：中国建筑工业出版社，2013.